PANORAMA

Introducción a la lengua española

Volume 2

Lessons 8–15

FOURTH EDITION

José A. Blanco

Philip Redwine Donley, Late
Austin Community College

Boston, Massachusetts

PANORAMA

Introducción a la lengua española

Volume 2

FOURTH EDITION

José A. Blanco

Philip Redwine Donley, Late
Austin Community College

Boston, Massachusetts

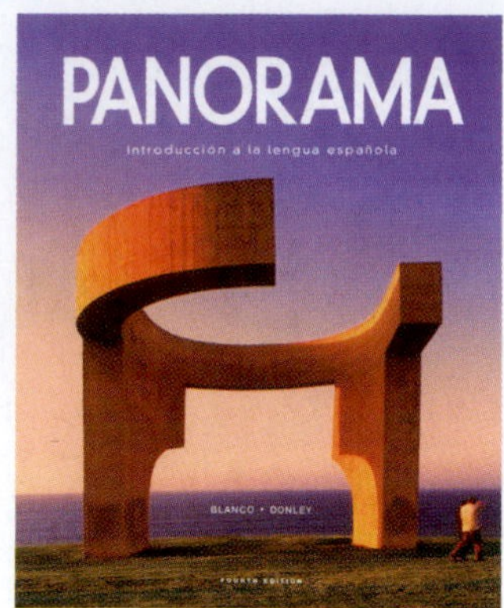

The cover of **PANORAMA, Fourth Edition,** features *Elogio del Horizonte* (In Praise of the Horizon) by the Spanish artist Eduardo Chillida Juantegui. The abstract sculpture overlooks the sea from the northern city of Gijón, in Spain. This is one of many places in the Spanish-speaking world that you will learn about in **PANORAMA**.

Publisher: José A. Blanco
Executive Editors: Deborah Coffey, María Eugenia Corbo
Managing Editor: Paola Ríos Schaaf (Technology)
Senior Consulting Editor: Armando Brito
Project Manager: Lauren Krolick (Technology)
Editors: Darío González (Technology), Egle Gutiérrez (Technology), Adriana Lavergne
Director of Design and Production: Marta Kimball
Design Manager: Susan Prentiss
Design and Production Team: María Eugenia Castaño, Oscar Díez, Mauricio Henao, Jhoany Jiménez, Nick Ventullo

Library of Congress Control Number: 2011937592

3 4 5 6 7 8 9 TC 16 15 14

Printed in Canada

TO THE STUDENT

To Vista Higher Learning's great pride, **PANORAMA** and **VISTAS,** the parent text from which **PANORAMA** is derived, became the best-selling new introductory college Spanish program in more than a decade in its first edition, and its success has only grown over time. It is now our pleasure to welcome you to **PANORAMA, Fourth Edition**, your gateway to the Spanish language and to the vibrant cultures of the Spanish-speaking world.

A direct result of extensive reviews and ongoing input from students and instructors, **PANORAMA 4/e** includes both the highly successful, ground-breaking features of the original program, plus many exciting new elements designed to keep **PANORAMA** the most student-friendly program available. Here are just some of the features you will encounter:

Original, hallmark features

- A unique, easy-to-navigate design built around color-coded sections that appear either completely on one page or on spreads of two facing pages
- Integration of an appealing video, up-front in each lesson of the student text
- Practical, high-frequency vocabulary in meaningful contexts
- Clear, comprehensive grammar explanations with high-impact graphics and other special features that make structures easier to learn and use
- Ample guided practice to make you comfortable with the vocabulary and grammar you are learning and to give you a solid foundation for communication
- An emphasis on communicative interactions with a classmate, small groups, the full class, and your instructor
- A process approach to the development of reading, writing, and listening skills
- Coverage of the entire Spanish-speaking world and integration of everyday culture
- Unprecedented learning support through on-the-spot student sidebars and on-page correlations to the print and technology ancillaries for each lesson section
- A complete set of print and technology ancillaries to help you learn Spanish

NEW! to the Fourth Edition

- A dynamic new **Fotonovela** video that presents language and culture in an engaging context
- An improved **En pantalla** section in Lessons 3, 6, 9, 12, and 15, featuring a TV clip and an authentic short film each time
- **VText**, the online, interactive textbook
- New content and features on the **PANORAMA** Supersite, including audio-synced readings, video-related activities, extended grammar diagnostics, audio record-submit activities, a powerful bilingual dictionary, and much more, all designed to help you learn

PANORAMA 4/e has fifteen lessons, each of which is organized exactly the same way. To familiarize yourself with the organization of the text, as well as its original and new features, turn to page xii and take the **at-a-glance** tour.

table of contents

	contextos	fotonovela

table of contents

	contextos	fotonovela

Lección 5

Las vacaciones

Volume 1

Lección 6

¡De compras!

Volume 1

Lección 7

La rutina diaria

Volume 1

Lección 8

La comida

Volumes 1 & 2

table of contents

cultura	estructura	adelante
En detalle: Semana Santa: vacaciones y tradición . . . . . 284 **Perfil:** Festival de Viña del Mar 285	**9.1** Irregular preterites . . . . . 286 **9.2** Verbs that change meaning in the preterite . 290 **9.3** **¿Qué?** and **¿cuál?** . . . . . . 292 **9.4** Pronouns after prepositions . . . . 294 **Recapitulación** 296	**Lectura:** *Vida social* . . . . 298 **Escritura** . . . . 300 **Escuchar** . . . . 301 **En pantalla:** Anuncio . . . . 302 **En pantalla:** Cortometraje . . . . 303 **Panorama:** Chile 304
En detalle: Servicios de salud . . . . 316 **Perfiles:** Curanderos y chamanes 317	**10.1** The imperfect tense . . . . 318 **10.2** The preterite and the imperfect . . . . 322 **10.3** Constructions with **se** . . 326 **10.4** Adverbs . . . . 330 **Recapitulación** 332	**Lectura:** *Libro de la semana* . . 334 **Panorama:** Costa Rica y Nicaragua 336
En detalle: El teléfono celular . . . . 350 **Perfil:** Los mensajes de texto . . 351	**11.1** Familiar commands . . . . 352 **11.2** **Por** and **para** . . . . 356 **11.3** Reciprocal reflexives . . . . 360 **11.4** Stressed possessive adjectives and pronouns . . 362 **Recapitulación** 366	**Lectura:** *El celular* por Tute . . . 368 **Panorama:** Argentina y Uruguay 370
En detalle: El patio central . . . 384 **Perfil:** Las islas flotantes del lago Titicaca 385	**12.1** Relative pronouns . . . . . 386 **12.2** Formal (**usted/ustedes**) commands . . . . 390 **12.3** The present subjunctive . 394 **12.4** Subjunctive with verbs of will and influence . . . . 398 **Recapitulación** 402	**Lectura:** *Bienvenidos al Palacio de Las Garzas* . . . . . 404 **Escritura** . . . . 406 **Escuchar** . . . . 407 **En pantalla:** Anuncio . . . . 408 **En pantalla:** Cortometraje . . . . 409 **Panorama:** Panamá y El Salvador 410

table of contents

	contextos	fotonovela

Lección 13
La naturaleza

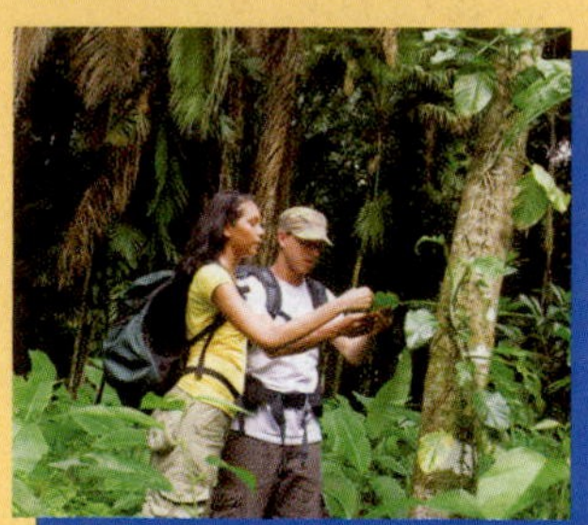

Volume 2

Lección 14
En la ciudad

Volume 2

Lección 15
El bienestar

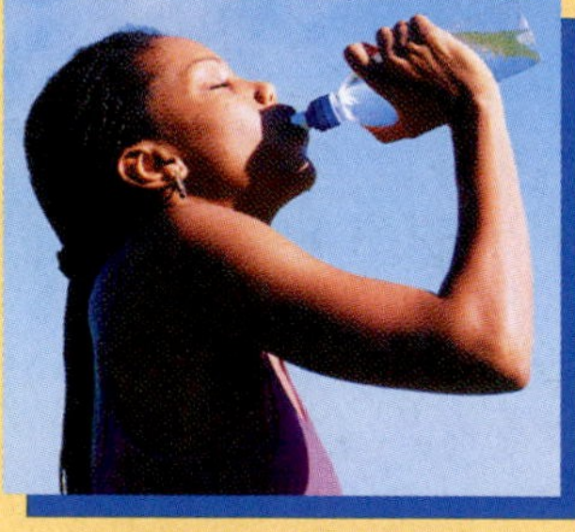

Volume 2

Volume 2:
Lección de repaso

This lesson reviews key concepts in Volume 1. It comes before Lesson 8 in Volume 2.

cultura	estructura	adelante

Consulta (*Reference*)

Volumes 1 & 2

Lesson Openers
outline the content and features of each lesson.

A primera vista activities jump-start the lessons, allowing you to use the Spanish you know to talk about the photos.

Communicative goals highlight the real-life tasks you will be able to carry out in Spanish by the end of each lesson.

Contextos

presents vocabulary in meaningful contexts.

3 contextos

Talking Picture, Tutorials & Games
Audio: Activities

setenta y uno 71

La familia

Más vocabulario

los abuelos	grandparents
el/la bisabuelo/a	great-grandfather/great-grandmother
el/la gemelo/a	twin
el/la hermanastro/a	stepbrother/stepsister
el/la hijastro/a	stepson/stepdaughter
la madrastra	stepmother
el medio hermano/la media hermana	half-brother/half-sister
el padrastro	stepfather
los padres	parents
los parientes	relatives
el/la cuñado/a	brother-in-law/sister-in-law
la nuera	daughter-in-law
el/la suegro/a	father-in-law/mother-in-law
el yerno	son-in-law
el/la amigo/a	friend
el apellido	last name; surname
la gente	people
el/la muchacho/a	boy/girl
el/la niño/a	child
el/la novio/a	boyfriend/girlfriend
la persona	person
el/la artista	artist
el/la ingeniero/a	engineer
el/la doctor(a), el/la médico/a	doctor; physician
el/la periodista	journalist
el/la programador(a)	computer programmer

Variación léxica

madre ⟷ mamá, mami (*colloquial*)
padre ⟷ papá, papi (*colloquial*)
muchacho/a ⟷ chico/a

recursos

¡LENGUA VIVA!
In Spanish-speaking countries, it is common for people to go by both their first name and middle name, such as **José Miguel** or **Juan Carlos**. You will learn more about names and naming conventions on p. 78.

Práctica

1 Escuchar Listen to each statement made by José Miguel Pérez Santoro, then indicate whether it is **cierto** or **falso**, based on his family tree.

	Cierto	Falso		Cierto	Falso
1.	O	O	6.	O	O
2.	O	O	7.	O	O
3.	O	O	8.	O	O
4.	O	O	9.	O	O
5.	O	O	10.	O	O

2 Personas Indicate each word that you hear mentioned in the narration.

1. ____ cuñado
2. ____ tía
3. ____ periodista
4. ____ niño
5. ____ esposo
6. ____ abuelos
7. ____ ingeniera
8. ____ primo

3 Emparejar Provide the letter of the phrase that matches each description. Two items will not be used.

1. Mi hermano programa las computadoras.
2. Son los padres de mi esposo.
3. Son los hijos de mis (*my*) tíos.
4. Mi tía trabaja en un hospital.
5. Es el hijo de mi madrastra y el hijastro de mi padre.
6. Es el esposo de mi hija.
7. Es el hijo de mi hermana.
8. Mi primo dibuja y pinta mucho.
9. Mi hermanastra enseña en la universidad.
10. Mi padre trabaja con planos (*blueprints*).

a. Es médica.
b. Es mi hermanastro.
c. Es programador.
d. Es ingeniero.
e. Son mis suegros.
f. Es mi novio.
g. Es mi padrastro.
h. Son mis primos.
i. Es artista.
j. Es profesora.
k. Es mi sobrino.
l. Es mi yerno.

4 Definiciones Define these family terms in Spanish.

modelo
hijastro *Es el hijo de mi esposo/a, pero no es mi hijo.*

1. abuela
2. bisabuelo
3. tío
4. primas
5. suegra
6. cuñado
7. nietos
8. medio hermano

Más vocabulario boxes call out other important theme-related vocabulary in easy-to-reference Spanish-English lists.

Illustrations High-frequency vocabulary is introduced through expansive, full-color illustrations.

Práctica This section always begins with two listening exercises and continues with activities that practice the new vocabulary in meaningful contexts.

Variación léxica presents alternate words and expressions used throughout the Spanish-speaking world.

Recursos The icons in the **Recursos** boxes let you know exactly which print and technology ancillaries you can use to reinforce and expand on every section of every lesson.

Comunicación activities allow you to use the vocabulary creatively in interactions with a partner, a small group, or the entire class.

Fotonovela

follows the adventures of a group of students living and traveling in Mexico.

3 fotonovela

setenta y cinco 75

Un domingo en familia

Marissa pasa el día en Xochimilco con la familia Díaz.

PERSONAJES: FELIPE, TÍA NAYELI, JIMENA, MARTA, VALENTINA, SRA. DÍAZ, TÍO RAMÓN, SR. DÍAZ, MARISSA

Video: *Fotonovela* Record and Compare

1
JIMENA Hola, tía Nayeli.
TÍA NAYELI ¡Hola, Jimena! ¿Cómo estás?
JIMENA Bien, gracias. Y, ¿dónde están mis primas?
TÍA NAYELI No sé. ¿Dónde están mis hijas? ¡Ah!

2
MARISSA ¡Qué bonitas son tus hijas! Y ¡qué simpáticas!

3
FELIPE Soy guapo y delgado.
JIMENA Ay, ¡por favor! Eres gordo, antipático y muy feo.

4
TÍO RAMÓN ¿Tienes una familia grande, Marissa?
MARISSA Tengo dos hermanos mayores, Zack y Jennifer, y un hermano menor, Adam.

5
MARISSA La verdad, mi familia es pequeña.
SRA. DÍAZ ¿Pequeña? Yo soy hija única. Bueno, y ¿qué más? ¿Tienes novio?
MARISSA No. Tengo mala suerte con los novios.

6
MARISSA Tía Nayeli, ¿cuántos años tienen tus hijas?
TÍA NAYELI Marta tiene ocho años y Valentina doce.

7
SRA. DÍAZ Chicas, ¿compartimos una trajinera?
MARISSA ¡Claro que sí! ¡Qué bonitas son!
SRA. DÍAZ ¿Vienes, Jimena?
JIMENA No, gracias. Tengo que leer.

8
MARISSA Me gusta mucho este sitio. Tengo ganas de visitar otros lugares en México.
SRA. DÍAZ ¡Debes viajar a Mérida!
TÍA NAYELI ¡Sí, con tus amigos! Debes visitar a Ana María, la hermana de Roberto y de Ramón.

9
(*La Sra. Díaz habla por teléfono con la tía Ana María.*)
SRA. DÍAZ ¡Qué bien! Excelente. Sí, la próxima semana. Muchísimas gracias.

10
MARISSA ¡Gracias, Sra. Díaz!
SRA. DÍAZ Tía Ana María.
MARISSA Tía Ana María.
SRA. DÍAZ ¡Un beso, chau!
MARISSA *Bye!*

Expresiones útiles

Talking about your family
¿Tienes una familia grande?
Do you have a big family?
Tengo dos hermanos mayores y un hermano menor.
I have two older siblings and a younger brother.
La verdad, mi familia es pequeña.
The truth is, my family is small.
¿Pequeña? Yo soy hija única.
Small? I'm an only child.

Describing people
¡Qué bonitas son tus hijas!
Y ¡qué simpáticas!
Your daughters are so pretty! And so nice!
Soy guapo y delgado.
I'm handsome and slim.
¡Por favor! Eres gordo, antipático y muy feo.
Please! You're fat, unpleasant, and very ugly.

Talking about plans
¿Compartimos una trajinera?
Shall we share a trajinera?
¡Claro que sí! ¡Qué bonitas son!
Of course! They're so pretty!
¿Vienes, Jimena?
Are you coming, Jimena?
No, gracias. Tengo que leer.
No, thanks. I have to read.

Saying how old people are
¿Cuántos años tienen tus hijas?
How old are your daughters?
Marta tiene ocho años y Valentina doce.
Marta is eight and Valentina twelve.

Additional vocabulary
ensayo *essay*
pobrecito/a *poor thing*
próxima *next*
sitio *place*
todavía *still*
trajinera *type of barge*

recursos

Personajes The photo-based conversations take place among a cast of recurring characters—a Mexican family with two college-age children, and their group of friends.

Fotonovela Video Updated for the Fourth Edition, the **NEW!** video episodes that correspond to this section are available for viewing online. For more information on the **Fotonovela** Video, turn to page xxvi.

Conversations Taken from the **NEW! Fotonovela**, the conversations reinforce vocabulary from **Contextos**. They also preview structures from the upcoming **Estructura** section in context *and* in a comprehensible way.

Icons signal activities by type (pair, group, audio, info gap) and let you know which activities can be completed online. For a legend explaining all icons used in the student text, see page xxix.

Expresiones útiles These expressions organize new, active structures by language function so you can focus on using them for real-life, practical purposes.

Pronunciación & Ortografía

present the rules of Spanish pronunciation and spelling.

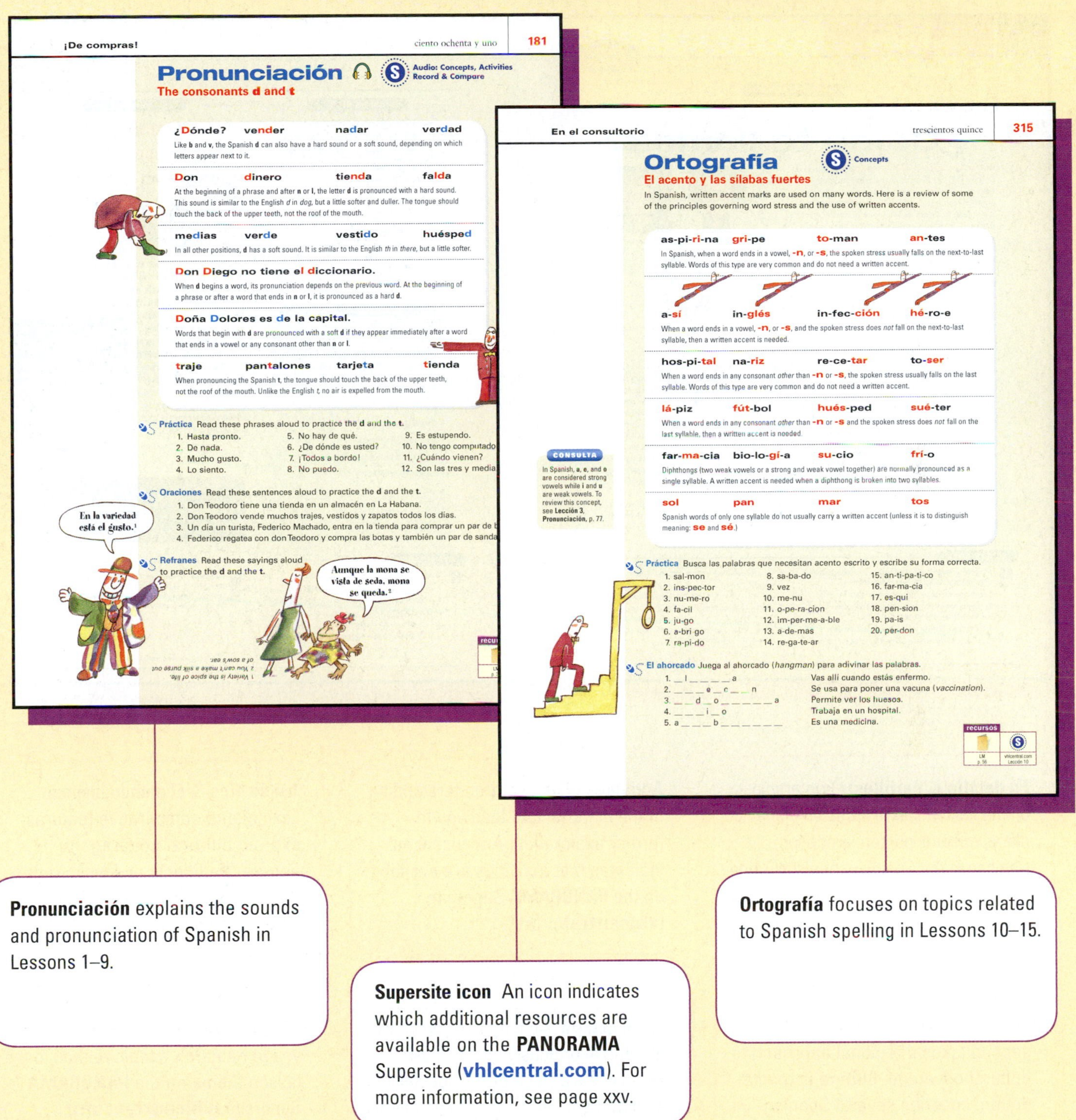

Pronunciación explains the sounds and pronunciation of Spanish in Lessons 1–9.

Supersite icon An icon indicates which additional resources are available on the **PANORAMA** Supersite (**vhlcentral.com**). For more information, see page xxv.

Ortografía focuses on topics related to Spanish spelling in Lessons 10–15.

Cultura

shows different aspects of Hispanic cultures that are tied to the lesson theme.

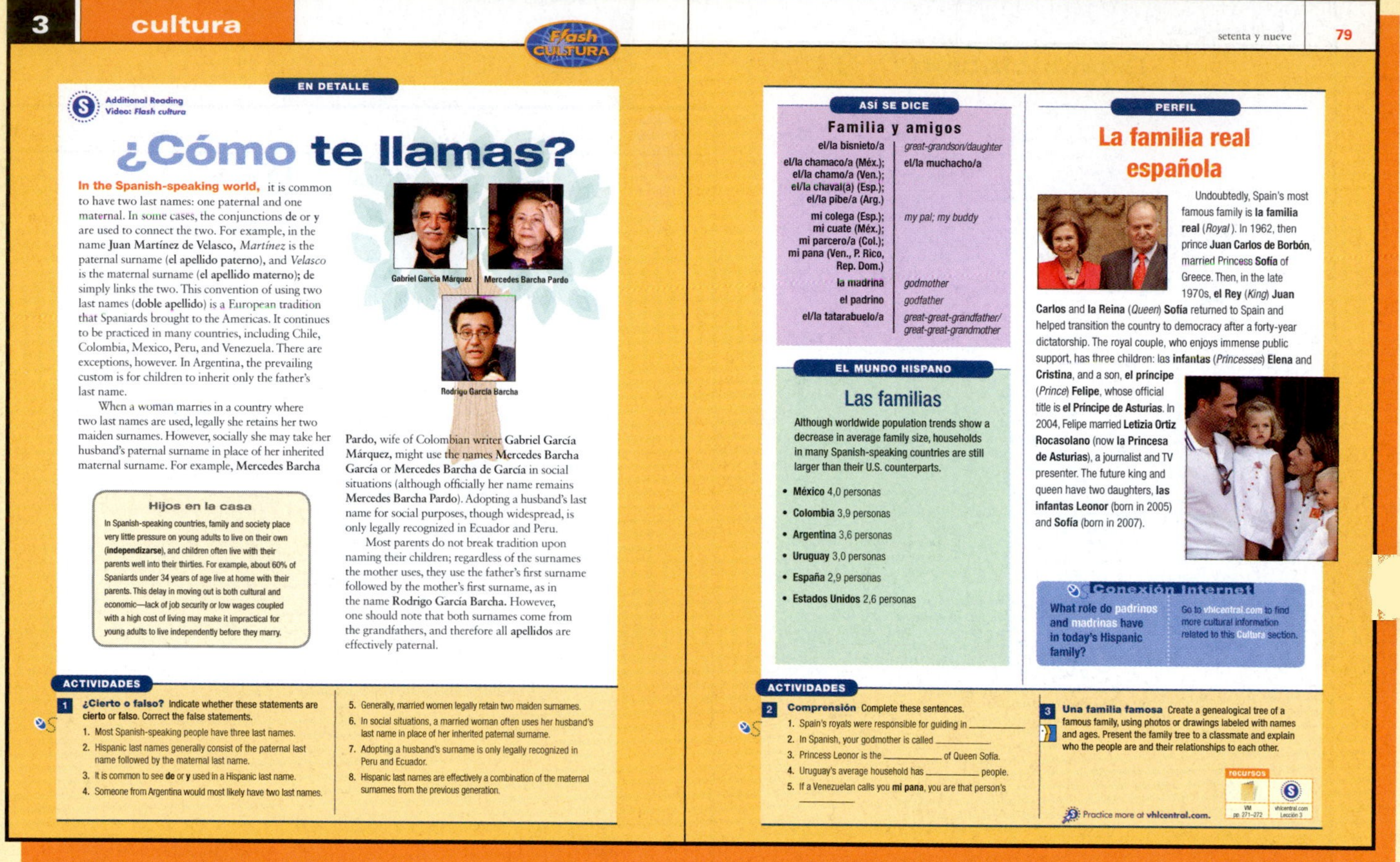

3 cultura

Flash CULTURA

EN DETALLE

Additional Reading
Video: *Flash cultura*

¿Cómo te llamas?

In the Spanish-speaking world, it is common to have two last names: one paternal and one maternal. In some cases, the conjunctions **de** or **y** are used to connect the two. For example, in the name **Juan Martínez de Velasco,** *Martínez* is the paternal surname (**el apellido paterno**), and *Velasco* is the maternal surname (**el apellido materno**); **de** simply links the two. This convention of using two last names (**doble apellido**) is a European tradition that Spaniards brought to the Americas. It continues to be practiced in many countries, including Chile, Colombia, Mexico, Peru, and Venezuela. There are exceptions, however. In Argentina, the prevailing custom is for children to inherit only the father's last name.

When a woman marries in a country where two last names are used, legally she retains her two maiden surnames. However, socially she may take her husband's paternal surname in place of her inherited maternal surname. For example, **Mercedes Barcha Pardo,** wife of Colombian writer **Gabriel García Márquez,** might use the names **Mercedes Barcha García** or **Mercedes Barcha de García** in social situations (although officially her name remains **Mercedes Barcha Pardo**). Adopting a husband's last name for social purposes, though widespread, is only legally recognized in Ecuador and Peru.

Most parents do not break tradition upon naming their children; regardless of the surnames the mother uses, they use the father's first surname followed by the mother's first surname, as in the name **Rodrigo García Barcha.** However, one should note that both surnames come from the grandfathers, and therefore all **apellidos** are effectively paternal.

Gabriel García Márquez | Mercedes Barcha Pardo

Rodrigo García Barcha

Hijos en la casa

In Spanish-speaking countries, family and society place very little pressure on young adults to live on their own (**independizarse**), and children often live with their parents well into their thirties. For example, about 60% of Spaniards under 34 years of age live at home with their parents. This delay in moving out is both cultural and economic—lack of job security or low wages coupled with a high cost of living may make it impractical for young adults to live independently before they marry.

ACTIVIDADES

1 ¿Cierto o falso? Indicate whether these statements are **cierto** or **falso**. Correct the false statements.

1. Most Spanish-speaking people have three last names.
2. Hispanic last names generally consist of the paternal last name followed by the maternal last name.
3. It is common to see **de** or **y** used in a Hispanic last name.
4. Someone from Argentina would most likely have two last names.
5. Generally, married women legally retain two maiden surnames.
6. In social situations, a married woman often uses her husband's last name in place of her inherited paternal surname.
7. Adopting a husband's surname is only legally recognized in Peru and Ecuador.
8. Hispanic last names are effectively a combination of the maternal surnames from the previous generation.

setenta y nueve 79

ASÍ SE DICE

Familia y amigos

el/la bisnieto/a	*great-grandson/daughter*
el/la chamaco/a (Méx.); el/la chamo/a (Ven.); el/la chaval(a) (Esp.); el/la pibe/a (Arg.)	el/la muchacho/a
mi colega (Esp.); mi cuate (Méx.); mi parcero/a (Col.); mi pana (Ven., P. Rico, Rep. Dom.)	*my pal; my buddy*
la madrina	*godmother*
el padrino	*godfather*
el/la tatarabuelo/a	*great-great-grandfather/ great-great-grandmother*

EL MUNDO HISPANO

Las familias

Although worldwide population trends show a decrease in average family size, households in many Spanish-speaking countries are still larger than their U.S. counterparts.

- **México** 4,0 personas
- **Colombia** 3,9 personas
- **Argentina** 3,6 personas
- **Uruguay** 3,0 personas
- **España** 2,9 personas
- **Estados Unidos** 2,6 personas

PERFIL

La familia real española

Undoubtedly, Spain's most famous family is **la familia real** (*Royal*). In 1962, then prince **Juan Carlos de Borbón**, married Princess **Sofía** of Greece. Then, in the late 1970s, **el Rey** (*King*) **Juan Carlos** and **la Reina** (*Queen*) **Sofía** returned to Spain and helped transition the country to democracy after a forty-year dictatorship. The royal couple, who enjoys immense public support, has three children: las **infantas** (*Princesses*) **Elena** and **Cristina**, and a son, **el príncipe** (*Prince*) **Felipe**, whose official title is **el Príncipe de Asturias**. In 2004, Felipe married **Letizia Ortiz Rocasolano** (now **la Princesa de Asturias**), a journalist and TV presenter. The future king and queen have two daughters, **las infantas Leonor** (born in 2005) and **Sofía** (born in 2007).

Conexión Internet

What role do padrinos and madrinas have in today's Hispanic family?

Go to vhlcentral.com to find more cultural information related to this Cultura section.

ACTIVIDADES

2 Comprensión Complete these sentences.

1. Spain's royals were responsible for guiding in ________
2. In Spanish, your godmother is called ________.
3. Princess Leonor is the ________ of Queen Sofía.
4. Uruguay's average household has ________ people.
5. If a Venezuelan calls you **mi pana**, you are that person's ________

3 Una familia famosa Create a genealogical tree of a famous family, using photos or drawings labeled with names and ages. Present the family tree to a classmate and explain who the people are and their relationships to each other.

Practice more at **vhlcentral.com.**

recursos
VM pp. 271–272 | vhlcentral.com Lección 3

En detalle & Perfil(es) Two articles on the lesson theme focus on a specific place, custom, person, group, or tradition in the Spanish-speaking world. In Spanish starting in Lesson 7, these features also provide reading practice.

Activities check your understanding of the material and lead you to further exploration. A mouse icon indicates that activities are available on the **PANORAMA** Supersite (**vhlcentral.com**).

Así se dice & El mundo hispano Lexical and comparative features expand cultural coverage to people, traditions, customs, trends, and vocabulary throughout the Spanish-speaking world.

Coverage While the **Panorama** section takes a regional approach to cultural coverage, **Cultura** is theme-driven, covering several Spanish-speaking regions in every lesson.

Flash cultura An icon lets you know that the enormously successful **Flash cultura** video offers specially shot content tied to the lesson theme.

Conexión Internet This activity leads you to research a topic related to the lesson theme on the **PANORAMA** Supersite (**vhlcentral.com**).

Estructura

presents Spanish grammar in a graphic-intensive format.

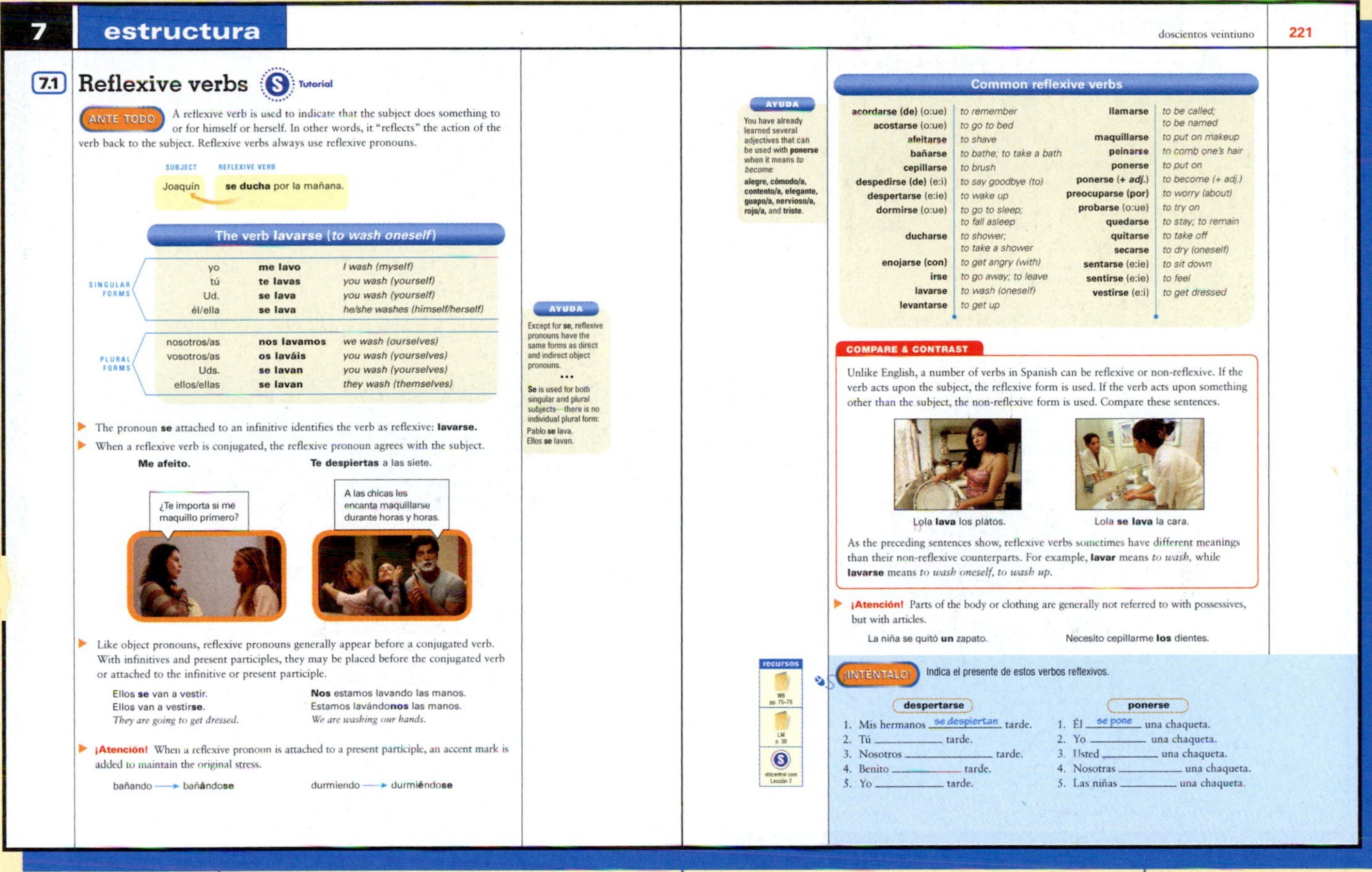

7 estructura

doscientos veintiuno 221

7.1 Reflexive verbs

Tutorial

ANTE TODO A reflexive verb is used to indicate that the subject does something to or for himself or herself. In other words, it "reflects" the action of the verb back to the subject. Reflexive verbs always use reflexive pronouns.

SUBJECT REFLEXIVE VERB

Joaquín **se ducha** por la mañana.

The verb **lavarse** (*to wash oneself*)

SINGULAR FORMS	yo	**me lavo**	*I wash (myself)*
	tú	**te lavas**	*you wash (yourself)*
	Ud.	**se lava**	*you wash (yourself)*
	él/ella	**se lava**	*he/she washes (himself/herself)*
PLURAL FORMS	nosotros/as	**nos lavamos**	*we wash (ourselves)*
	vosotros/as	**os laváis**	*you wash (yourselves)*
	Uds.	**se lavan**	*you wash (yourselves)*
	ellos/ellas	**se lavan**	*they wash (themselves)*

- The pronoun **se** attached to an infinitive identifies the verb as reflexive: **lavarse.**
- When a reflexive verb is conjugated, the reflexive pronoun agrees with the subject.

Me afeito. **Te despiertas** a las siete.

¿Te importa si me maquillo primero?

A las chicas les encanta maquillarse durante horas y horas.

- Like object pronouns, reflexive pronouns generally appear before a conjugated verb. With infinitives and present participles, they may be placed before the conjugated verb or attached to the infinitive or present participle.

Ellos **se** van a vestir.
Ellos van a vestir**se**.
They are going to get dressed.

Nos estamos lavando las manos.
Estamos lavándo**nos** las manos.
We are washing our hands.

- **¡Atención!** When a reflexive pronoun is attached to a present participle, an accent mark is added to maintain the original stress.

bañando → bañándo**se** durmiendo → durmiéndo**se**

AYUDA

Except for **se**, reflexive pronouns have the same forms as direct and indirect object pronouns.

...

Se is used for both singular and plural subjects—there is no individual plural form:
Pablo **se** lava.
Ellos **se** lavan.

AYUDA

You have already learned several adjectives that can be used with **ponerse** when it means *to become*:
alegre, cómodo/a, contento/a, elegante, guapo/a, nervioso/a, rojo/a, and **triste**.

Common reflexive verbs

acordarse (de) (o:ue)	*to remember*	**llamarse**	*to be called; to be named*
acostarse (o:ue)	*to go to bed*	**maquillarse**	*to put on makeup*
afeitarse	*to shave*	**peinarse**	*to comb one's hair*
bañarse	*to bathe; to take a bath*	**ponerse**	*to put on*
cepillarse	*to brush*	**ponerse (+ *adj.*)**	*to become (+ adj.)*
despedirse (de) (e:i)	*to say goodbye (to)*	**preocuparse (por)**	*to worry (about)*
despertarse (e:ie)	*to wake up*	**probarse** (o:ue)	*to try on*
dormirse (o:ue)	*to go to sleep; to fall asleep*	**quedarse**	*to stay; to remain*
ducharse	*to shower; to take a shower*	**quitarse**	*to take off*
enojarse (con)	*to get angry (with)*	**secarse**	*to dry (oneself)*
irse	*to go away; to leave*	**sentarse** (e:ie)	*to sit down*
lavarse	*to wash (oneself)*	**sentirse** (e:ie)	*to feel*
levantarse	*to get up*	**vestirse** (e:i)	*to get dressed*

COMPARE & CONTRAST

Unlike English, a number of verbs in Spanish can be reflexive or non-reflexive. If the verb acts upon the subject, the reflexive form is used. If the verb acts upon something other than the subject, the non-reflexive form is used. Compare these sentences.

Lola **lava** los platos. Lola **se lava** la cara.

As the preceding sentences show, reflexive verbs sometimes have different meanings than their non-reflexive counterparts. For example, **lavar** means *to wash*, while **lavarse** means *to wash oneself, to wash up*.

- **¡Atención!** Parts of the body or clothing are generally not referred to with possessives, but with articles.

La niña se quitó **un** zapato. Necesito cepillarme **los** dientes.

recursos
WB pp. 75–76
LM p. 39
vhlcentral.com Lección 7

¡INTÉNTALO! Indica el presente de estos verbos reflexivos.

despertarse

1. Mis hermanos <u>se despiertan</u> tarde.
2. Tú ________ tarde.
3. Nosotros ________ tarde.
4. Benito ________ tarde.
5. Yo ________ tarde.

ponerse

1. Él <u>se pone</u> una chaqueta.
2. Yo ________ una chaqueta.
3. Usted ________ una chaqueta.
4. Nosotras ________ una chaqueta.
5. Las niñas ________ una chaqueta.

Ante todo This introduction eases you into the grammar with definitions of grammatical terms, reminders about what you already know of English grammar, and Spanish grammar you have learned in earlier lessons.

Compare & Contrast This feature focuses on aspects of grammar that native speakers of English may find difficult, clarifying similarities and differences between Spanish and English.

Diagrams To clarify concepts, clear and easy-to-grasp grammar explanations are reinforced by diagrams that colorfully present sample words, phrases, and sentences.

Charts To help you learn, colorful, easy-to-use charts call out key grammatical structures and forms, as well as important related vocabulary.

Student sidebars provide you with on-the-spot linguistic, cultural, or language-learning information directly related to the materials in front of you.

¡Inténtalo! offers an easy first step into each grammar point. A mouse icon indicates these activities are available with auto-grading on the **PANORAMA** Supersite (**vhlcentral.com**).

Estructura
provides directed and communicative practice.

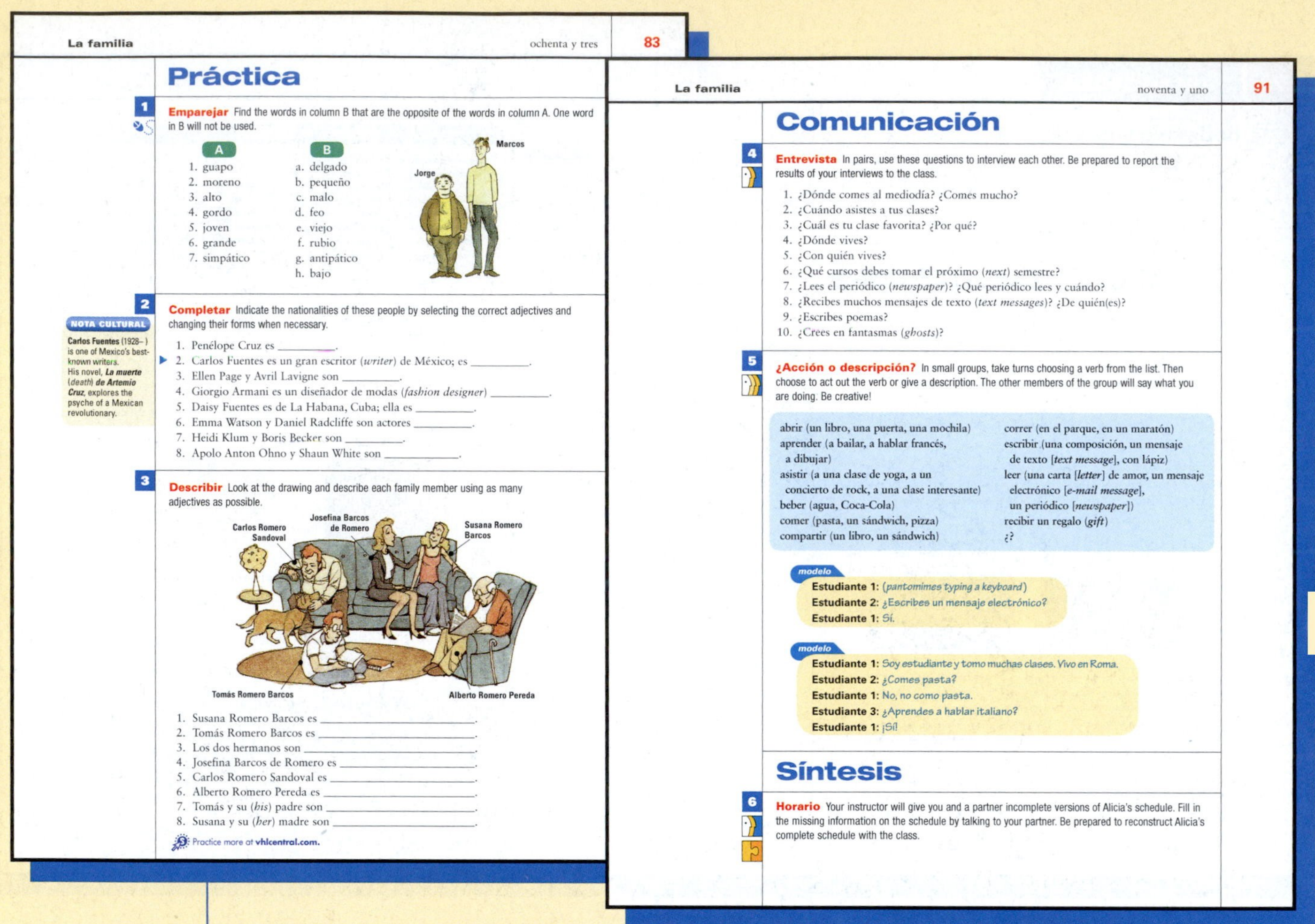
La familia — ochenta y tres — 83

Práctica

1 Emparejar Find the words in column B that are the opposite of the words in column A. One word in B will not be used.

A	B
1. guapo	a. delgado
2. moreno	b. pequeño
3. alto	c. malo
4. gordo	d. feo
5. joven	e. viejo
6. grande	f. rubio
7. simpático	g. antipático
	h. bajo

2 Completar Indicate the nationalities of these people by selecting the correct adjectives and changing their forms when necessary.

1. Penélope Cruz es ________.
2. Carlos Fuentes es un gran escritor (*writer*) de México; es ________.
3. Ellen Page y Avril Lavigne son ________.
4. Giorgio Armani es un diseñador de modas (*fashion designer*) ________.
5. Daisy Fuentes es de La Habana, Cuba; ella es ________.
6. Emma Watson y Daniel Radcliffe son actores ________.
7. Heidi Klum y Boris Becker son ________.
8. Apolo Anton Ohno y Shaun White son ________.

NOTA CULTURAL
Carlos Fuentes (1928–) is one of Mexico's best-known writers. His novel, *La muerte* (*death*) *de Artemio Cruz*, explores the psyche of a Mexican revolutionary.

3 Describir Look at the drawing and describe each family member using as many adjectives as possible.

1. Susana Romero Barcos es ________.
2. Tomás Romero Barcos es ________.
3. Los dos hermanos son ________.
4. Josefina Barcos de Romero es ________.
5. Carlos Romero Sandoval es ________.
6. Alberto Romero Pereda es ________.
7. Tomás y su (*his*) padre son ________.
8. Susana y su (*her*) madre son ________.

Practice more at **vhlcentral.com.**

La familia — noventa y uno — 91

Comunicación

4 Entrevista In pairs, use these questions to interview each other. Be prepared to report the results of your interviews to the class.

1. ¿Dónde comes al mediodía? ¿Comes mucho?
2. ¿Cuándo asistes a tus clases?
3. ¿Cuál es tu clase favorita? ¿Por qué?
4. ¿Dónde vives?
5. ¿Con quién vives?
6. ¿Qué cursos debes tomar el próximo (*next*) semestre?
7. ¿Lees el periódico (*newspaper*)? ¿Qué periódico lees y cuándo?
8. ¿Recibes muchos mensajes de texto (*text messages*)? ¿De quién(es)?
9. ¿Escribes poemas?
10. ¿Crees en fantasmas (*ghosts*)?

5 ¿Acción o descripción? In small groups, take turns choosing a verb from the list. Then choose to act out the verb or give a description. The other members of the group will say what you are doing. Be creative!

abrir (un libro, una puerta, una mochila)
aprender (a bailar, a hablar francés, a dibujar)
asistir (a una clase de yoga, a un concierto de rock, a una clase interesante)
beber (agua, Coca-Cola)
comer (pasta, un sándwich, pizza)
compartir (un libro, un sándwich)
correr (en el parque, en un maratón)
escribir (una composición, un mensaje de texto [*text message*], con lápiz)
leer (una carta [*letter*] de amor, un mensaje electrónico [*e-mail message*], un periódico [*newspaper*])
recibir un regalo (*gift*)
¿?

modelo
Estudiante 1: (*pantomimes typing a keyboard*)
Estudiante 2: ¿Escribes un mensaje electrónico?
Estudiante 1: Sí.

modelo
Estudiante 1: Soy estudiante y tomo muchas clases. Vivo en Roma.
Estudiante 2: ¿Comes pasta?
Estudiante 1: No, no como pasta.
Estudiante 3: ¿Aprendes a hablar italiano?
Estudiante 1: ¡Sí!

Síntesis

6 Horario Your instructor will give you and a partner incomplete versions of Alicia's schedule. Fill in the missing information on the schedule by talking to your partner. Be prepared to reconstruct Alicia's complete schedule with the class.

Práctica A wide range of guided, yet meaningful exercises weave current and previously learned vocabulary together with the current grammar point.

Comunicación Opportunities for creative expression use the lesson's grammar and vocabulary. These activities take place with a partner, in small groups, or with the whole class.

Síntesis activities integrate the current grammar point with previously learned points, providing built-in, consistent review and recycling as you progress through the text.

Information Gap activities engage you and a partner in problem-solving and other situations based on handouts your instructor gives you. However, you and your partner each have only half of the information you need, so you must work together to accomplish the task at hand.

Sidebars The **Notas culturales** expand coverage of the cultures of Spanish-speaking peoples and countries, while **Ayuda** sidebars provide on-the-spot language support.

NEW! Additional activities New to the Fourth Edition, the Activity Pack provides additional communicative and discrete practice for every grammar point. Your instructor will distribute these handouts for review and extra practice.

Estructura

Recapitulación reviews the grammar of each lesson and is available with auto-grading on the Supersite.

Recapitulación

Concepts Diagnostics

Review the grammar concepts you have learned in this lesson by completing these activities.

1 Adjetivos Complete each phrase with the appropriate adjective from the list. Make all necessary changes. 6 pts.

antipático	interesante	mexicano
difícil	joven	moreno

1. Mi tía es ______. Vive en Guadalajara.
2. Mi primo no es rubio, es ______.
3. Mi novio cree que la clase no es fácil; es ______.
4. Los libros son ______; me gustan mucho.
5. Mis hermanos son ______; no tienen muchos amigos.
6. Las gemelas tienen quince años. Son ______.

2 Completar For each set of sentences, provide the appropriate form of the verb **tener** and the possessive adjective. Follow the model. 12 pts.

modelo

Él tiene un libro. Es su libro.

1. Esteban y Julio ______ una tía. Es ______ tía.
2. Yo ______ muchos amigos. Son ______ amigos.
3. Tú ______ tres primas. Son ______ primas.
4. María y tú ______ un hermano. Es ______ hermano.
5. Nosotras ______ unas mochilas. Son ______ mochilas.
6. Usted ______ dos sobrinos. Son ______ sobrinos.

3 Oraciones Arrange the words in the correct order to form complete logical sentences. **¡Ojo!** Don't forget to conjugate the verbs. 10 pts.

1. libros / unos / tener / interesantes / tú / muy
2. dos / leer / fáciles / compañera / tu / lecciones
3. mi / francés / ser / amigo / buen / Hugo
4. ser / simpáticas / dos / personas / nosotras
5. a / clases / menores / mismas / sus / asistir / hermanos / las

RESUMEN GRAMATICAL

3.1 Descriptive adjectives pp. 80–82

Forms and agreement of adjectives

Masculine		Feminine	
Singular	Plural	Singular	Plural
alto	altos	alta	altas
inteligente	inteligentes	inteligente	inteligentes
trabajador	trabajadores	trabajadora	trabajadoras

- Descriptive adjectives follow the noun: **el chico rubio**
- Adjectives of nationality also follow the noun: **la mujer española**
- Adjectives of quantity precede the noun: **muchos libros, dos turistas**
- When placed before a singular masculine noun, these adjectives are shortened. **bueno → buen malo → mal**
- When placed before a singular noun, **grande** is shortened to **gran**.

3.2 Possessive adjectives p. 85

Singular		Plural	
mi	nuestro/a	mis	nuestros/as
tu	vuestro/a	tus	vuestros/as
su	su	sus	sus

3.3 Present tense of -er and -ir verbs pp. 88–89

comer		escribir	
como	comemos	escribo	escribimos
comes	coméis	escribes	escribís
come	comen	escribe	escriben

3.4 Present tense of tener and venir pp. 92–93

tener		venir	
tengo	tenemos	vengo	venimos
tienes	tenéis	vienes	venís
tiene	tienen	viene	vienen

4 Carta Complete this letter with the appropriate forms of the verbs in the word list. Not all verbs will be used. 10 pts.

abrir	correr	recibir
asistir	creer	tener
compartir	escribir	venir
comprender	leer	vivir

Hola, Ángel:

¿Qué tal? (Yo) (1) ______ esta carta (*this letter*) en la biblioteca. Todos los días (2) ______ aquí y (3) ______ un buen libro. Yo (4) ______ que es importante leer por diversión. Mi compañero de apartamento no (5) ______ por qué me gusta leer. Él sólo (6) ______ los libros de texto. Pero nosotros (7) ______ unos intereses. Por ejemplo, los dos somos atléticos; por las mañanas nosotros (8) ______. También nos gustan las ciencias; por las tardes (9) ______ a nuestra clase de biología. Y tú, ¿cómo estás? ¿(Tú) (10) ______ mucho trabajo (*work*)?

5 Su familia Write a brief description of a friend's family. Describe the family members using vocabulary and structures from this lesson. Write at least five sentences. 12 pts.

modelo

La familia de mi amiga Gabriela es grande. Ella tiene tres hermanos y una hermana. Su hermana mayor es periodista...

6 Proverbio Complete this proverb with the correct forms of the verbs in parentheses. 2 EXTRA points!

"Dos andares° ______ (tener) el dinero°, ______ (venir) despacio° y se va° ligero°."

andares *speeds* dinero *money* despacio *slowly* se va *it leaves* ligero *quickly*

Practice more at **vhlcentral.com**.

Resumen gramatical This review panel provides you with an easy-to-study summary of the basic concepts of the lesson's grammar, with page references to the full explanations.

Activities A series of activities, moving from directed to open-ended, systematically test your mastery of the lesson's grammar. The section ends with a riddle or puzzle using the grammar from the lesson.

Points Each activity is assigned a point value to help you track your progress. All **Recapitulación** sections add up to fifty points, plus two additional points for successfully completing the bonus activity.

Supersite icon An icon lets you know that **Recapitulación** can be completed online with diagnostics to help you identify where you are strong or where you might need review.

NEW! Extra practice An icon indicates when there is extra practice available online. In this case, after you finish **Recapitulación**, you can complete a set of follow-up activities to compare your results!

Adelante

Lectura focuses on reading skills and is tied to the lesson theme.

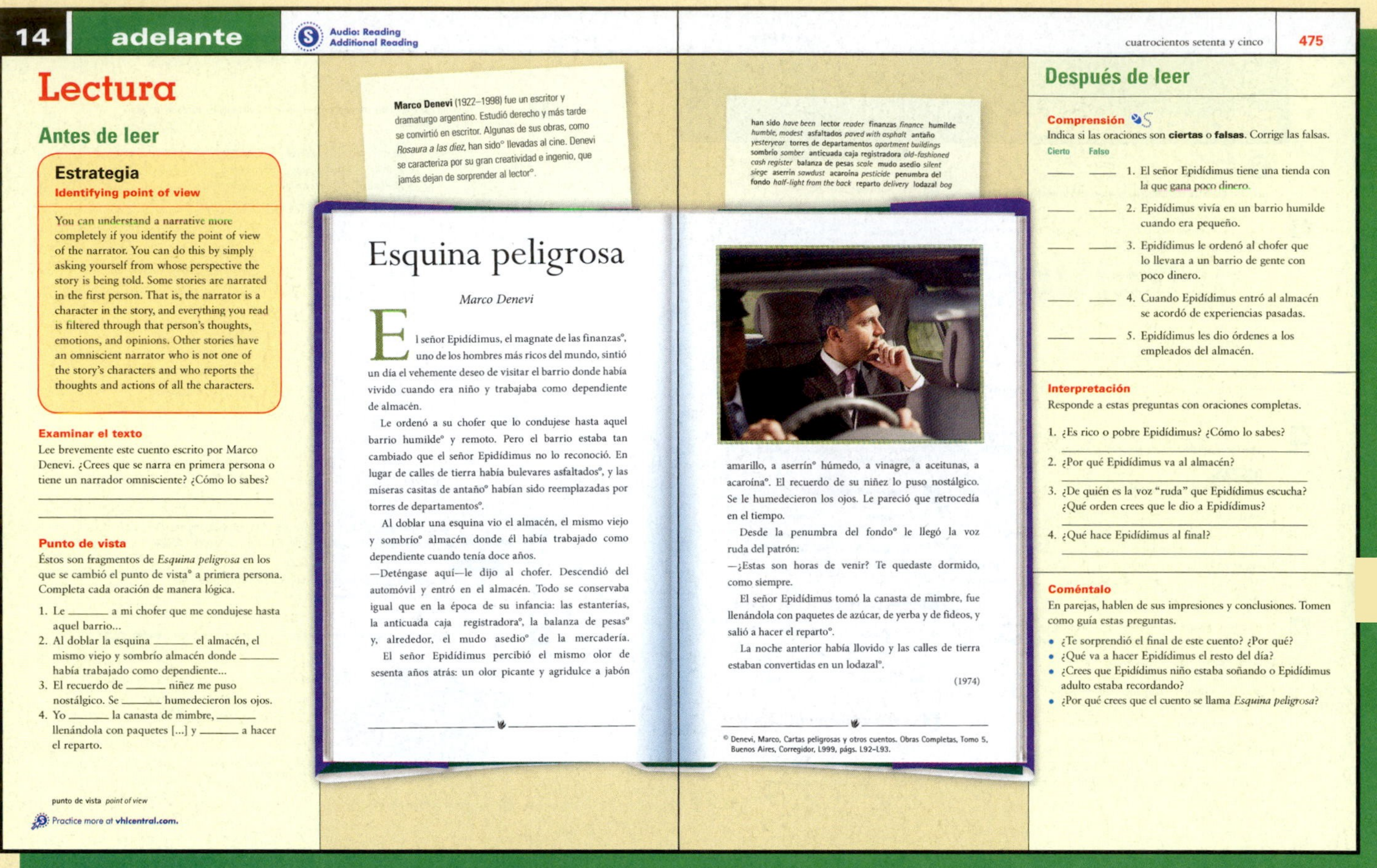

14 **adelante**

Audio: Reading
Additional Reading

Lectura

Antes de leer

Estrategia

Identifying point of view

You can understand a narrative more completely if you identify the point of view of the narrator. You can do this by simply asking yourself from whose perspective the story is being told. Some stories are narrated in the first person. That is, the narrator is a character in the story, and everything you read is filtered through that person's thoughts, emotions, and opinions. Other stories have an omniscient narrator who is not one of the story's characters and who reports the thoughts and actions of all the characters.

Examinar el texto

Lee brevemente este cuento escrito por Marco Denevi. ¿Crees que se narra en primera persona o tiene un narrador omnisciente? ¿Cómo lo sabes?

Punto de vista

Éstos son fragmentos de *Esquina peligrosa* en los que se cambió el punto de vista° a primera persona. Completa cada oración de manera lógica.

1. Le ______ a mi chofer que me condujese hasta aquel barrio...
2. Al doblar la esquina ______ el almacén, el mismo viejo y sombrío almacén donde ______ había trabajado como dependiente...
3. El recuerdo de ______ niñez me puso nostálgico. Se ______ humedecieron los ojos.
4. Yo ______ la canasta de mimbre, ______ llenándola con paquetes [...] y ______ a hacer el reparto.

punto de vista *point of view*

Practice more at **vhlcentral.com.**

Marco Denevi (1922–1998) fue un escritor y dramaturgo argentino. Estudió derecho y más tarde se convirtió en escritor. Algunas de sus obras, como *Rosaura a las diez,* han sido° llevadas al cine. Denevi se caracteriza por su gran creatividad e ingenio, que jamás dejan de sorprender al lector°.

han sido *have been* lector *reader* finanzas *finance* humilde *humble, modest* asfaltados *paved with asphalt* antaño *yesteryear* torres de departamentos *apartment buildings* sombrío *somber* anticuada caja registradora *old-fashioned cash register* balanza de pesas *scale* mudo asedio *silent siege* aserrín *sawdust* acaroína *pesticide* penumbra del fondo *half-light from the back* reparto *delivery* lodazal *bog*

Esquina peligrosa

Marco Denevi

El señor Epidídimus, el magnate de las finanzas°, uno de los hombres más ricos del mundo, sintió un día el vehemente deseo de visitar el barrio donde había vivido cuando era niño y trabajaba como dependiente de almacén.

Le ordenó a su chofer que lo condujese hasta aquel barrio humilde° y remoto. Pero el barrio estaba tan cambiado que el señor Epidídimus no lo reconoció. En lugar de calles de tierra había bulevares asfaltados°, y las míseras casitas de antaño° habían sido reemplazadas por torres de departamentos°.

Al doblar una esquina vio el almacén, el mismo viejo y sombrío° almacén donde él había trabajado como dependiente cuando tenía doce años.

—Deténgase aquí—le dijo al chofer. Descendió del automóvil y entró en el almacén. Todo se conservaba igual que en la época de su infancia: las estanterías, la anticuada caja registradora°, la balanza de pesas° y, alrededor, el mudo asedio° de la mercadería.

El señor Epidídimus percibió el mismo olor de sesenta años atrás: un olor picante y agridulce a jabón amarillo, a aserrín° húmedo, a vinagre, a aceitunas, a acaroína°. El recuerdo de su niñez lo puso nostálgico. Se le humedecieron los ojos. Le pareció que retrocedía en el tiempo.

Desde la penumbra del fondo° le llegó la voz ruda del patrón:

—¿Estas son horas de venir? Te quedaste dormido, como siempre.

El señor Epidídimus tomó la canasta de mimbre, fue llenándola con paquetes de azúcar, de yerba y de fideos, y salió a hacer el reparto°.

La noche anterior había llovido y las calles de tierra estaban convertidas en un lodazal°.

(1974)

© Denevi, Marco, Cartas peligrosas y otros cuentos. Obras Completas, Tomo 5, Buenos Aires, Corregidor, 1999, págs. 192–193.

cuatrocientos setenta y cinco 475

Después de leer

Comprensión

Indica si las oraciones son **ciertas** o **falsas**. Corrige las falsas.

Cierto	Falso	
___	___	1. El señor Epidídimus tiene una tienda con la que gana poco dinero.
___	___	2. Epidídimus vivía en un barrio humilde cuando era pequeño.
___	___	3. Epidídimus le ordenó al chofer que lo llevara a un barrio de gente con poco dinero.
___	___	4. Cuando Epidídimus entró al almacén se acordó de experiencias pasadas.
___	___	5. Epidídimus les dio órdenes a los empleados del almacén.

Interpretación

Responde a estas preguntas con oraciones completas.

1. ¿Es rico o pobre Epidídimus? ¿Cómo lo sabes?
2. ¿Por qué Epidídimus va al almacén?
3. ¿De quién es la voz "ruda" que Epidídimus escucha? ¿Qué orden crees que le dio a Epidídimus?
4. ¿Qué hace Epidídimus al final?

Coméntalo

En parejas, hablen de sus impresiones y conclusiones. Tomen como guía estas preguntas.

- ¿Te sorprendió el final de este cuento? ¿Por qué?
- ¿Qué va a hacer Epidídimus el resto del día?
- ¿Crees que Epidídimus niño estaba soñando o Epidídimus adulto estaba recordando?
- ¿Por qué crees que el cuento se llama *Esquina peligrosa*?

Antes de leer Valuable reading strategies and pre-reading activities strengthen your reading abilities in Spanish.

Readings Selections related to the lesson theme recycle vocabulary and grammar you have learned. The selections in Lessons 1–12 are cultural texts, while those in Lessons 13–15 are literary pieces.

Después de leer Activities include post-reading exercises that review and check your comprehension of the reading as well as expansion activities.

NEW! Selections Three readings are new to this edition. Lessons 1 and 11 now offer authentic comics by Quino and Tute, while lesson 14 now has a short story by Marco Denevi.

Adelante

In Lessons 3, 6, 9, 12, and 15, *Escritura* and *Escuchar* support writing and listening skills.

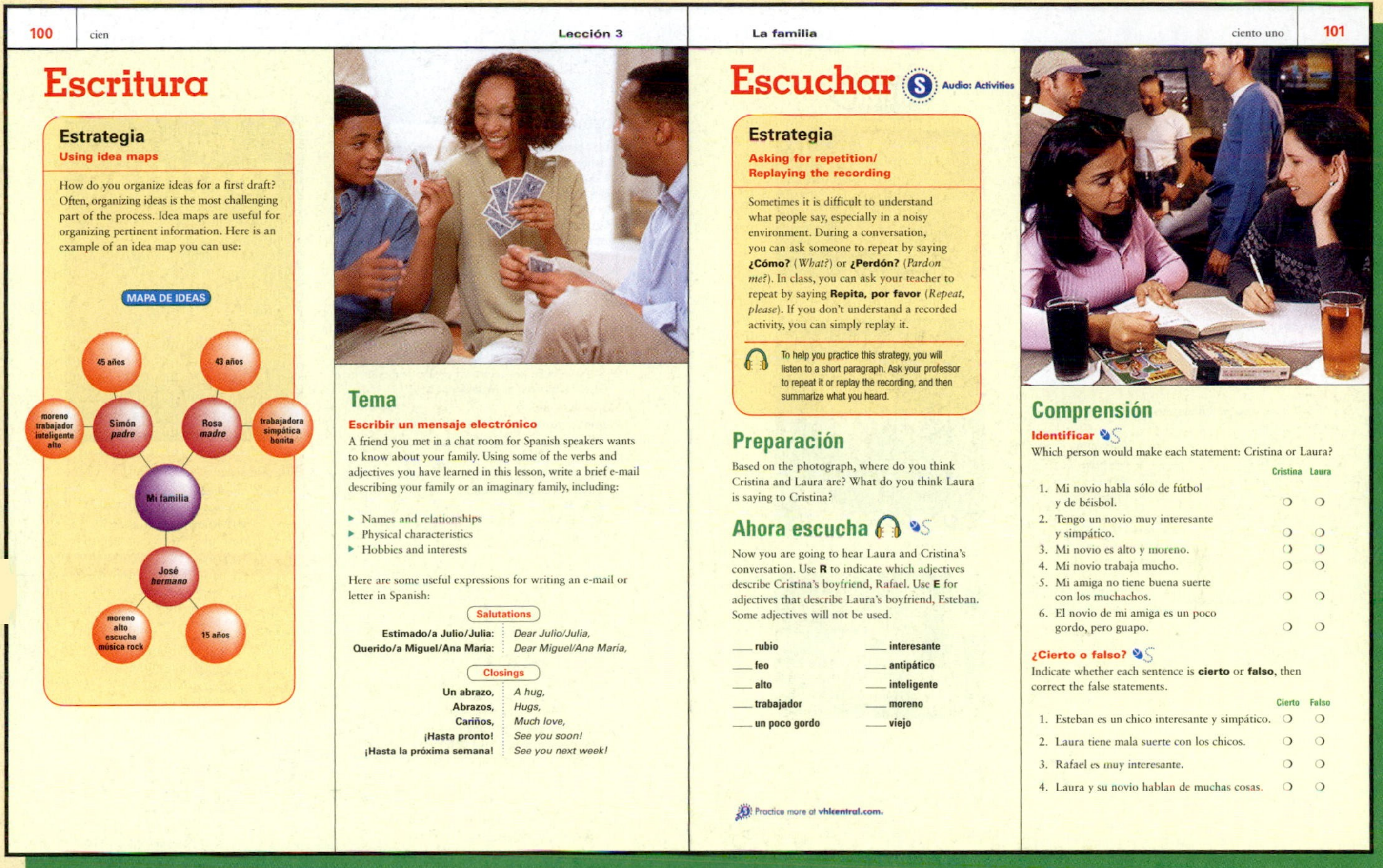

100 cien Lección 3

Escritura

Estrategia

Using idea maps

How do you organize ideas for a first draft? Often, organizing ideas is the most challenging part of the process. Idea maps are useful for organizing pertinent information. Here is an example of an idea map you can use:

Tema

Escribir un mensaje electrónico

A friend you met in a chat room for Spanish speakers wants to know about your family. Using some of the verbs and adjectives you have learned in this lesson, write a brief e-mail describing your family or an imaginary family, including:

- Names and relationships
- Physical characteristics
- Hobbies and interests

Here are some useful expressions for writing an e-mail or letter in Spanish:

Salutations

Estimado/a Julio/Julia:	*Dear Julio/Julia,*
Querido/a Miguel/Ana María:	*Dear Miguel/Ana María,*

Closings

Un abrazo,	*A hug,*
Abrazos,	*Hugs,*
Cariños,	*Much love,*
¡Hasta pronto!	*See you soon!*
¡Hasta la próxima semana!	*See you next week!*

La familia ciento uno 101

Escuchar

Audio: Activities

Estrategia

Asking for repetition/ Replaying the recording

Sometimes it is difficult to understand what people say, especially in a noisy environment. During a conversation, you can ask someone to repeat by saying **¿Cómo?** (*What?*) or **¿Perdón?** (*Pardon me?*). In class, you can ask your teacher to repeat by saying **Repita, por favor** (*Repeat, please*). If you don't understand a recorded activity, you can simply replay it.

To help you practice this strategy, you will listen to a short paragraph. Ask your professor to repeat it or replay the recording, and then summarize what you heard.

Preparación

Based on the photograph, where do you think Cristina and Laura are? What do you think Laura is saying to Cristina?

Ahora escucha

Now you are going to hear Laura and Cristina's conversation. Use **R** to indicate which adjectives describe Cristina's boyfriend, Rafael. Use **E** for adjectives that describe Laura's boyfriend, Esteban. Some adjectives will not be used.

___ rubio	___ interesante
___ feo	___ antipático
___ alto	___ inteligente
___ trabajador	___ moreno
___ un poco gordo	___ viejo

Practice more at **vhlcentral.com.**

Comprensión

Identificar

Which person would make each statement: Cristina or Laura?

	Cristina	Laura
1. Mi novio habla sólo de fútbol y de béisbol.	❍	❍
2. Tengo un novio muy interesante y simpático.	❍	❍
3. Mi novio es alto y moreno.	❍	❍
4. Mi novio trabaja mucho.	❍	❍
5. Mi amiga no tiene buena suerte con los muchachos.	❍	❍
6. El novio de mi amiga es un poco gordo, pero guapo.	❍	❍

¿Cierto o falso?

Indicate whether each sentence is **cierto** or **falso**, then correct the false statements.

	Cierto	Falso
1. Esteban es un chico interesante y simpático.	❍	❍
2. Laura tiene mala suerte con los chicos.	❍	❍
3. Rafael es muy interesante.	❍	❍
4. Laura y su novio hablan de muchas cosas.	❍	❍

Estrategia Strategies help you prepare for the writing and listening tasks to come.

Escritura The **Tema** describes the writing topic and includes suggestions for approaching it.

Escuchar A recorded conversation or narration develops your listening skills in Spanish. **Preparación** prepares you for listening to the recorded passage.

Ahora escucha walks you through the passage, and **Comprensión** checks your listening comprehension.

Adelante

In Lessons 3, 6, 9, 12, and 15, *En pantalla* presents authentic TV clips and short films.

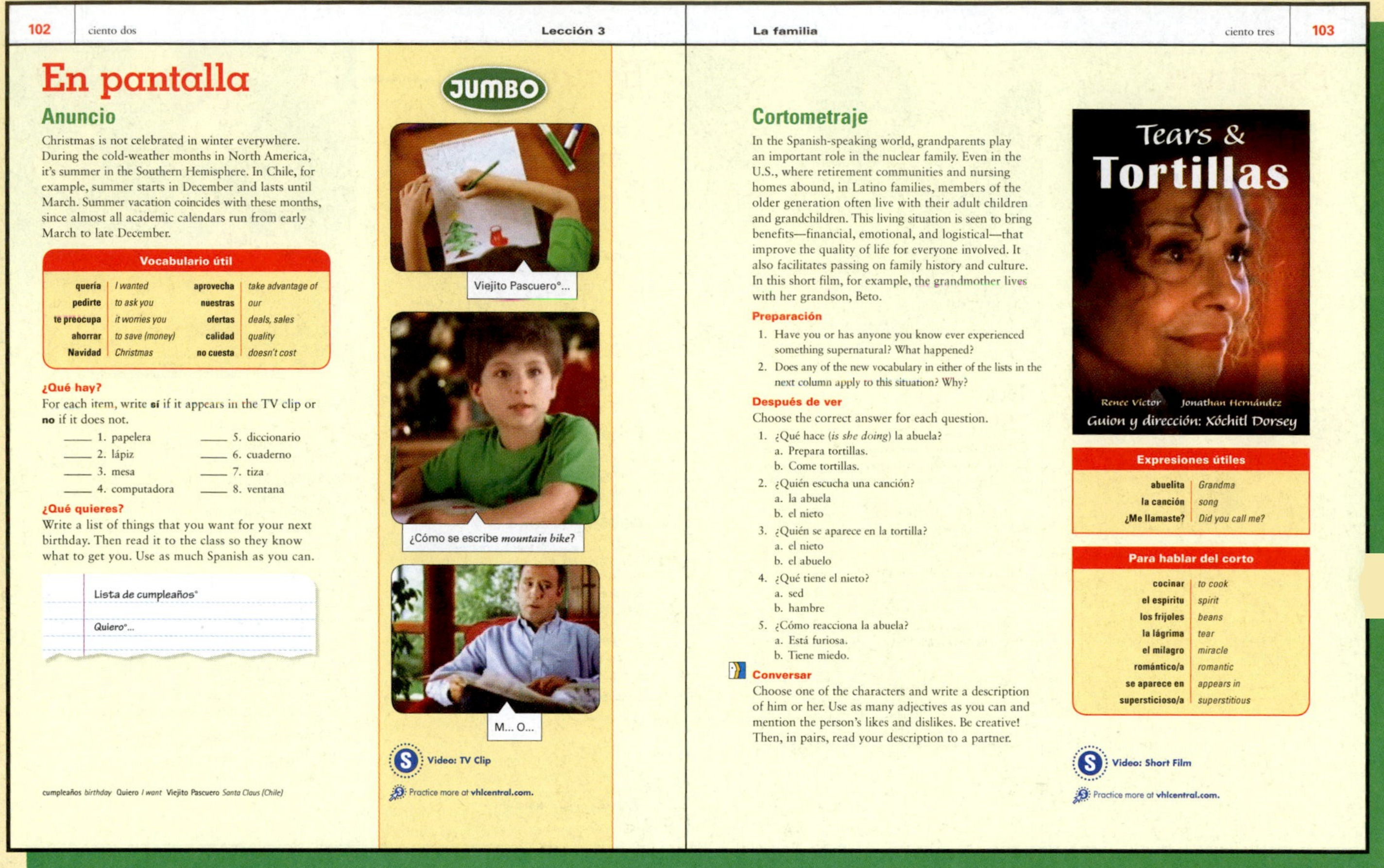

En pantalla

Anuncio

Christmas is not celebrated in winter everywhere. During the cold-weather months in North America, it's summer in the Southern Hemisphere. In Chile, for example, summer starts in December and lasts until March. Summer vacation coincides with these months, since almost all academic calendars run from early March to late December.

Vocabulario útil

quería	I wanted	aprovecha	take advantage of
pedirte	to ask you	nuestras	our
te preocupa	it worries you	ofertas	deals, sales
ahorrar	to save (money)	calidad	quality
Navidad	Christmas	no cuesta	doesn't cost

¿Qué hay?

For each item, write **sí** if it appears in the TV clip or **no** if it does not.

____ 1. papelera	____ 5. diccionario
____ 2. lápiz	____ 6. cuaderno
____ 3. mesa	____ 7. tiza
____ 4. computadora	____ 8. ventana

¿Qué quieres?

Write a list of things that you want for your next birthday. Then read it to the class so they know what to get you. Use as much Spanish as you can.

Lista de cumpleaños°

Quiero°...

cumpleaños *birthday* Quiero *I want* Viejito Pascuero *Santa Claus (Chile)*

Viejito Pascuero°...

¿Cómo se escribe *mountain bike*?

M... O...

Video: TV Clip

Practice more at **vhlcentral.com**.

Cortometraje

In the Spanish-speaking world, grandparents play an important role in the nuclear family. Even in the U.S., where retirement communities and nursing homes abound, in Latino families, members of the older generation often live with their adult children and grandchildren. This living situation is seen to bring benefits—financial, emotional, and logistical—that improve the quality of life for everyone involved. It also facilitates passing on family history and culture. In this short film, for example, the grandmother lives with her grandson, Beto.

Preparación

1. Have you or has anyone you know ever experienced something supernatural? What happened?
2. Does any of the new vocabulary in either of the lists in the next column apply to this situation? Why?

Después de ver

Choose the correct answer for each question.

1. ¿Qué hace (*is she doing*) la abuela?
   a. Prepara tortillas.
   b. Come tortillas.
2. ¿Quién escucha una canción?
   a. la abuela
   b. el nieto
3. ¿Quién se aparece en la tortilla?
   a. el nieto
   b. el abuelo
4. ¿Qué tiene el nieto?
   a. sed
   b. hambre
5. ¿Cómo reacciona la abuela?
   a. Está furiosa.
   b. Tiene miedo.

Conversar

Choose one of the characters and write a description of him or her. Use as many adjectives as you can and mention the person's likes and dislikes. Be creative! Then, in pairs, read your description to a partner.

Expresiones útiles

abuelita	Grandma
la canción	song
¿Me llamaste?	Did you call me?

Para hablar del corto

cocinar	to cook
el espíritu	spirit
los frijoles	beans
la lágrima	tear
el milagro	miracle
romántico/a	romantic
se aparece en	appears in
supersticioso/a	superstitious

Video: Short Film

Practice more at **vhlcentral.com**.

En pantalla: Anuncio TV clips, all **NEW!** to this edition, give you additional exposure to authentic language. The clips include commercials, newscasts, and TV shows.

Presentation Cultural notes, video stills with captions, film posters, and vocabulary support all prepare you to view the clips and short films. Activities check your comprehension and expand on the ideas presented.

NEW! En pantalla: Cortometraje This page features authentic short films from the U.S., Mexico, Colombia, and Spain, including pre- and post-viewing support.

Supersite icon Icons lead you to the Supersite (**vhlcentral.com**), where you can view the videos and get further practice.

Panorama
presents the nations of the Spanish-speaking world.

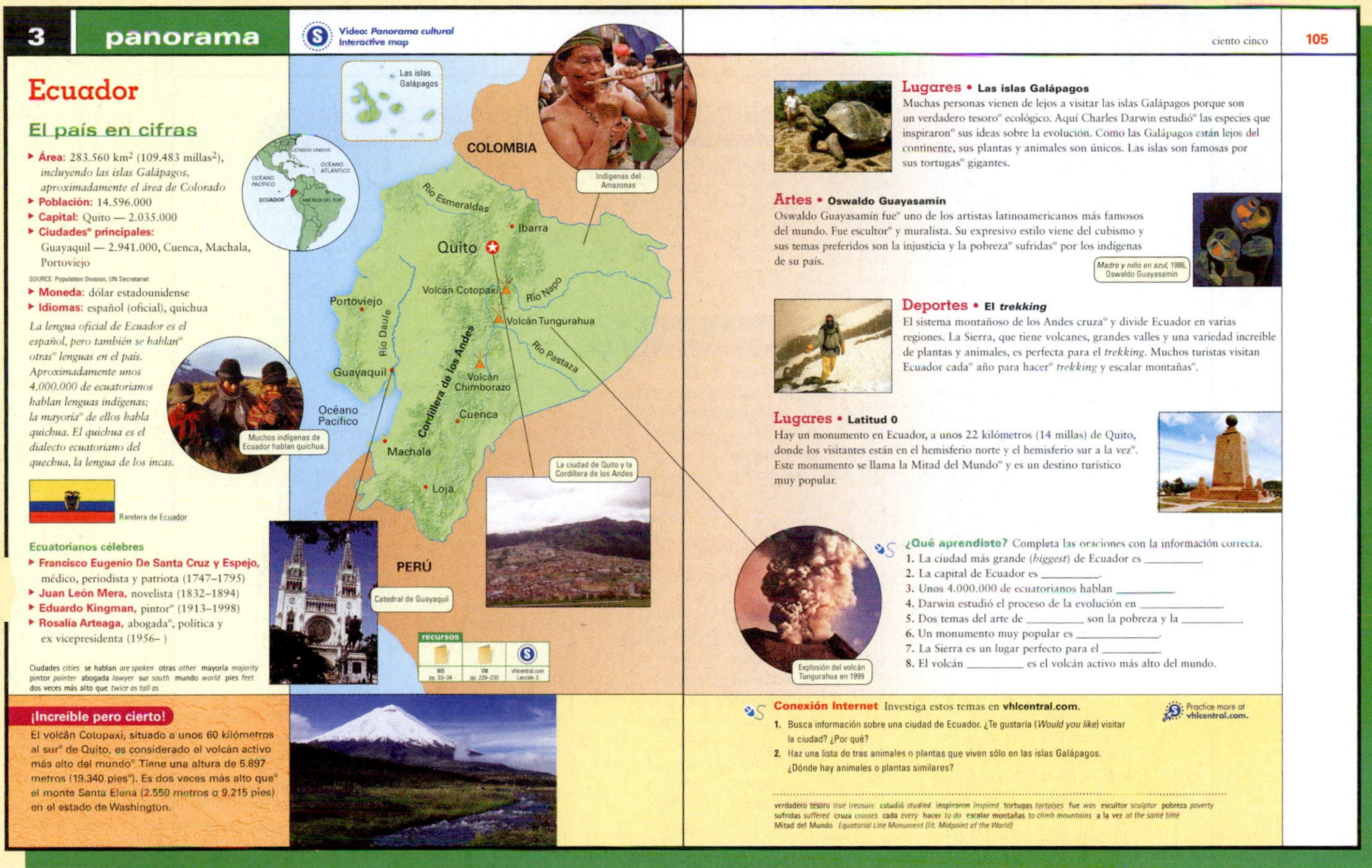

3 panorama

Video: *Panorama cultural*
Interactive map

Ecuador

El país en cifras

- **Área:** 283.560 km² (109.483 millas²), *incluyendo las islas Galápagos, aproximadamente el área de Colorado*
- **Población:** 14.596.000
- **Capital:** Quito — 2.035.000
- **Ciudades° principales:** Guayaquil — 2.941.000, Cuenca, Machala, Portoviejo

SOURCE: Population Division, UN Secretariat

- **Moneda:** dólar estadounidense
- **Idiomas:** español (oficial), quichua

La lengua oficial de Ecuador es el español, pero también se hablan° otras° lenguas en el país. Aproximadamente unos 4.000.000 de ecuatorianos hablan lenguas indígenas; la mayoría° de ellos habla quichua. El quichua es el dialecto ecuatoriano del quechua, la lengua de los incas.

Muchos indígenas de Ecuador hablan quichua.

Bandera de Ecuador

Ecuatorianos célebres

- **Francisco Eugenio De Santa Cruz y Espejo,** médico, periodista y patriota (1747–1795)
- **Juan León Mera,** novelista (1832–1894)
- **Eduardo Kingman,** pintor° (1913–1998)
- **Rosalía Arteaga,** abogada°, política y ex vicepresidenta (1956–)

Ciudades *cities* se hablan *are spoken* otras *other* mayoría *majority* pintor *painter* abogada *lawyer* sur *south* mundo *world* pies *feet* dos veces más alto que *twice as tall as*

¡Increíble pero cierto!

El volcán Cotopaxi, situado a unos 60 kilómetros al sur° de Quito, es considerado el volcán activo más alto del mundo°. Tiene una altura de 5.897 metros (19.340 pies°). Es dos veces más alto que° el monte Santa Elena (2.550 metros o 9.215 pies) en el estado de Washington.

Indígenas del Amazonas

La ciudad de Quito y la Cordillera de los Andes

Catedral de Guayaquil

recursos: WB pp. 33–34; VM pp. 229–230; vhlcentral.com Lección 3

ciento cinco 105

Lugares • Las islas Galápagos

Muchas personas vienen de lejos a visitar las islas Galápagos porque son un verdadero tesoro° ecológico. Aquí Charles Darwin estudió° las especies que inspiraron° sus ideas sobre la evolución. Como las Galápagos están lejos del continente, sus plantas y animales son únicos. Las islas son famosas por sus tortugas° gigantes.

Artes • Oswaldo Guayasamín

Oswaldo Guayasamín fue° uno de los artistas latinoamericanos más famosos del mundo. Fue escultor° y muralista. Su expresivo estilo viene del cubismo y sus temas preferidos son la injusticia y la pobreza° sufridas° por los indígenas de su país.

Madre y niño en azul, 1986, Oswaldo Guayasamín

Deportes • El *trekking*

El sistema montañoso de los Andes cruza° y divide Ecuador en varias regiones. La Sierra, que tiene volcanes, grandes valles y una variedad increíble de plantas y animales, es perfecta para el *trekking*. Muchos turistas visitan Ecuador cada° año para hacer° *trekking* y escalar montañas°.

Lugares • Latitud 0

Hay un monumento en Ecuador, a unos 22 kilómetros (14 millas) de Quito, donde los visitantes están en el hemisferio norte y el hemisferio sur a la vez°. Este monumento se llama la Mitad del Mundo° y es un destino turístico muy popular.

Explosión del volcán Tungurahua en 1999

¿Qué aprendiste? Completa las oraciones con la información correcta.

1. La ciudad más grande (*biggest*) de Ecuador es ________.
2. La capital de Ecuador es ________.
3. Unos 4.000.000 de ecuatorianos hablan ________.
4. Darwin estudió el proceso de la evolución en ________.
5. Dos temas del arte de ________ son la pobreza y la ________.
6. Un monumento muy popular es ________.
7. La Sierra es un lugar perfecto para el ________.
8. El volcán ________ es el volcán activo más alto del mundo.

Conexión Internet Investiga estos temas en **vhlcentral.com.**

Practice more at **vhlcentral.com.**

1. Busca información sobre una ciudad de Ecuador. ¿Te gustaría (*Would you like*) visitar la ciudad? ¿Por qué?
2. Haz una lista de tres animales o plantas que viven sólo en las islas Galápagos. ¿Dónde hay animales o plantas similares?

verdadero tesoro *true treasure* estudió *studied* inspiraron *inspired* tortugas *tortoises* fue *was* escultor *sculptor* pobreza *poverty* sufridas *suffered* cruza *crosses* cada *every* hacer *to do* escalar montañas *to climb mountains* a la vez *at the same time* Mitad del Mundo *Equatorial Line Monument (lit. Midpoint of the World)*

El país en cifras presents interesting key facts about the featured country.

Maps point out major cities, rivers, and geographical features and situate the country in the context of its immediate surroundings and the world.

Readings A series of brief paragraphs explores facets of the country's culture such as history, places, fine arts, literature, and aspects of everyday life.

¡Increíble pero cierto! highlights an intriguing fact about the country or its people.

Conexión Internet offers Internet activities on the **PANORAMA** Supersite (**vhlcentral.com**) for additional avenues of discovery.

***Panorama cultural* Video** This video's authentic footage takes you to the featured Spanish-speaking country, letting you experience the sights and sounds of an aspect of its culture. To learn more about the video, turn to page xxviii.

Vocabulario
summarizes all the active vocabulary of the lesson.

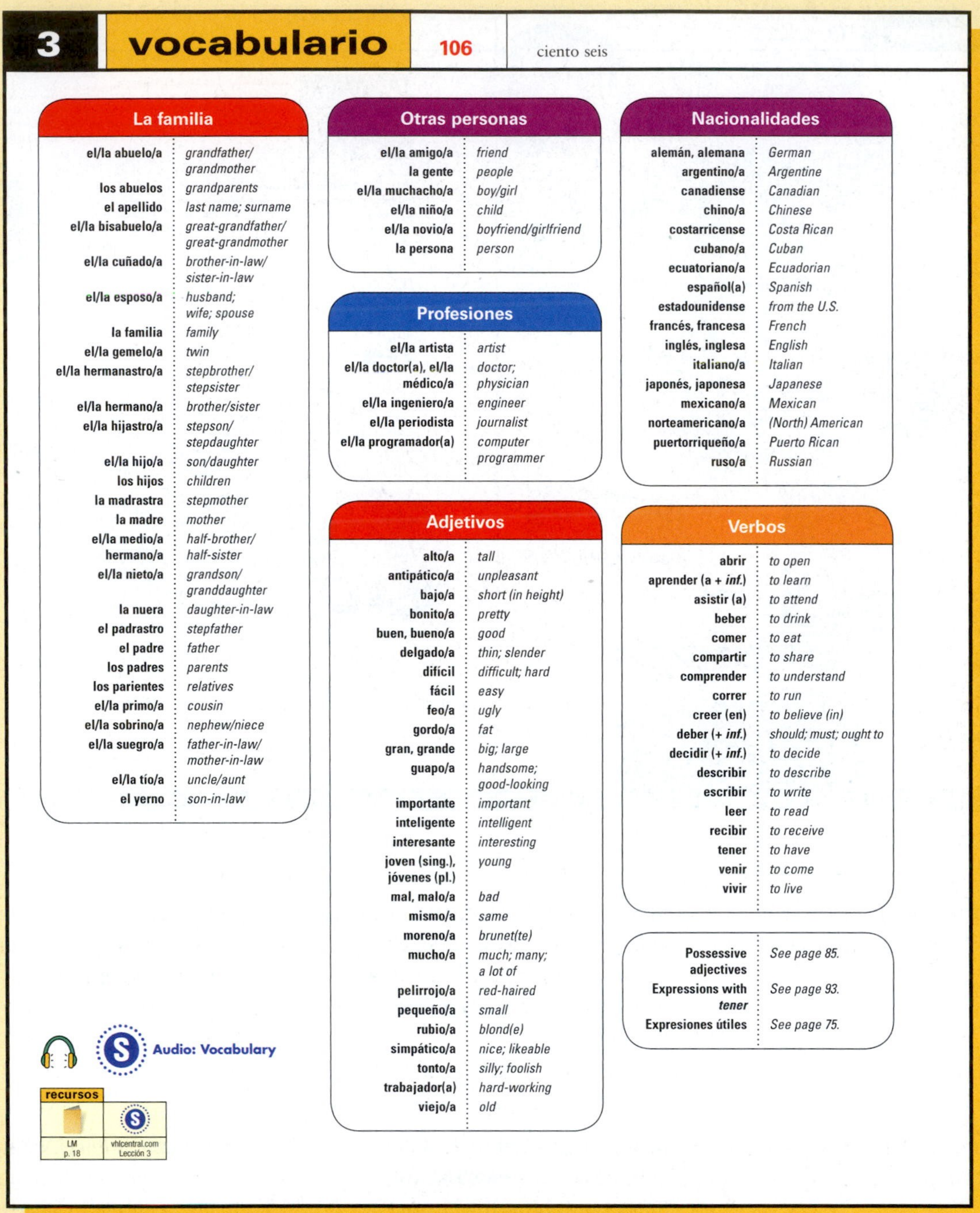

3 vocabulario 106 ciento seis

La familia

el/la abuelo/a	*grandfather/ grandmother*
los abuelos	*grandparents*
el apellido	*last name; surname*
el/la bisabuelo/a	*great-grandfather/ great-grandmother*
el/la cuñado/a	*brother-in-law/ sister-in-law*
el/la esposo/a	*husband; wife; spouse*
la familia	*family*
el/la gemelo/a	*twin*
el/la hermanastro/a	*stepbrother/ stepsister*
el/la hermano/a	*brother/sister*
el/la hijastro/a	*stepson/ stepdaughter*
el/la hijo/a	*son/daughter*
los hijos	*children*
la madrastra	*stepmother*
la madre	*mother*
el/la medio/a hermano/a	*half-brother/ half-sister*
el/la nieto/a	*grandson/ granddaughter*
la nuera	*daughter-in-law*
el padrastro	*stepfather*
el padre	*father*
los padres	*parents*
los parientes	*relatives*
el/la primo/a	*cousin*
el/la sobrino/a	*nephew/niece*
el/la suegro/a	*father-in-law/ mother-in-law*
el/la tío/a	*uncle/aunt*
el yerno	*son-in-law*

Otras personas

el/la amigo/a	*friend*
la gente	*people*
el/la muchacho/a	*boy/girl*
el/la niño/a	*child*
el/la novio/a	*boyfriend/girlfriend*
la persona	*person*

Profesiones

el/la artista	*artist*
el/la doctor(a), el/la médico/a	*doctor; physician*
el/la ingeniero/a	*engineer*
el/la periodista	*journalist*
el/la programador(a)	*computer programmer*

Adjetivos

alto/a	*tall*
antipático/a	*unpleasant*
bajo/a	*short (in height)*
bonito/a	*pretty*
buen, bueno/a	*good*
delgado/a	*thin; slender*
difícil	*difficult; hard*
fácil	*easy*
feo/a	*ugly*
gordo/a	*fat*
gran, grande	*big; large*
guapo/a	*handsome; good-looking*
importante	*important*
inteligente	*intelligent*
interesante	*interesting*
joven (sing.), jóvenes (pl.)	*young*
mal, malo/a	*bad*
mismo/a	*same*
moreno/a	*brunet(te)*
mucho/a	*much; many; a lot of*
pelirrojo/a	*red-haired*
pequeño/a	*small*
rubio/a	*blond(e)*
simpático/a	*nice; likeable*
tonto/a	*silly; foolish*
trabajador(a)	*hard-working*
viejo/a	*old*

Nacionalidades

alemán, alemana	*German*
argentino/a	*Argentine*
canadiense	*Canadian*
chino/a	*Chinese*
costarricense	*Costa Rican*
cubano/a	*Cuban*
ecuatoriano/a	*Ecuadorian*
español(a)	*Spanish*
estadounidense	*from the U.S.*
francés, francesa	*French*
inglés, inglesa	*English*
italiano/a	*Italian*
japonés, japonesa	*Japanese*
mexicano/a	*Mexican*
norteamericano/a	*(North) American*
puertorriqueño/a	*Puerto Rican*
ruso/a	*Russian*

Verbos

abrir	*to open*
aprender (a + *inf.*)	*to learn*
asistir (a)	*to attend*
beber	*to drink*
comer	*to eat*
compartir	*to share*
comprender	*to understand*
correr	*to run*
creer (en)	*to believe (in)*
deber (+ *inf.*)	*should; must; ought to*
decidir (+ *inf.*)	*to decide*
describir	*to describe*
escribir	*to write*
leer	*to read*
recibir	*to receive*
tener	*to have*
venir	*to come*
vivir	*to live*

Possessive adjectives	*See page 85.*
Expressions with *tener*	*See page 93.*
Expresiones útiles	*See page 75.*

Audio: Vocabulary

recursos
LM p. 18 | vhlcentral.com Lección 3

Recorded vocabulary The headset icon, the Supersite icon, and **Recursos** boxes highlight that the active lesson vocabulary is recorded for convenient study on the **PANORAMA** Supersite (**vhlcentral.com**).

Supersite

The **PANORAMA** Supersite provides a wealth of resources for both students and instructors. Icons indicate exactly which resources are available on the Supersite for each strand of every lesson.

For Students

Student resources, available through a Supersite code, are provided free-of-charge with the purchase of a new student text. Here is an example of what you will find at **vhlcentral.com:**

- Activities from the student text, with auto-grading
- Additional practice for each and every textbook section

Practice more at **vhlcentral.com.**

- Record and submit oral assessment activities
- Four video programs—**Fotonovela, Flash cultura**, **En pantalla** (**Anuncio** and **Cortometraje**), and **Panorama cultural**—in streaming video
- MP3 files for the complete **PANORAMA** Textbook and Lab Programs
- Spanish Mini Dictionary
- Improved Flashcards with audio
- Instructor-enabled voiceboards for oral communication and threaded discussions

For Instructors

See p. xxx for a complete list of Supersite resources available to instructors.

Supersiteplus

In addition to the resources already listed, Supersite Plus offers:

- **WebSAM** The online, interactive Student Activities Manual includes audio record and submit activities, auto-grading for select activities, and a single gradebook for Supersite and WebSAM activities.
- Instructor-enabled online collaboration via instant messaging, audio and video conferencing, and whiteboard and application sharing

With **vText**, students have everything they need at the click of a mouse: textbook, practice activities, audio, video, and all Supersite resources. Plus, the instructor gradebook links assignments and grades to the **vText**.

FOTONOVELA VIDEO PROGRAM

The cast NEW!

Here are the main characters you will meet in the **Fotonovela** Video:

From Mexico,
Jimena Díaz Velázquez

From Argentina,
Juan Carlos Rossi

From Mexico,
Felipe Díaz Velázquez

From the U.S.,
Marissa Wagner

From Mexico,
María Eugenia (Maru) Castaño Ricaurte

From Spain,
Miguel Ángel Lagasca Martínez

Brand-new and fully integrated with your text, the **PANORAMA 4/e Fotonovela** Video is a dynamic and contemporary window into the Spanish language. The new video centers around the Díaz family, whose household includes two college-aged children and a visiting student from the U.S. Over the course of an academic year, Jimena, Felipe, Marissa, and their friends explore **el D.F.** and other parts of Mexico as they make plans for their futures. Their adventures take them through some of the greatest natural and cultural treasures of the Spanish-speaking world, as well as the highs and lows of everyday life.

The **Fotonovela** section in each textbook lesson is actually an abbreviated version of the dramatic episode featured in the video. Therefore, each **Fotonovela** section can be done before you see the corresponding video episode, after it, or as a section that stands alone.

In each dramatic segment, the characters interact using the vocabulary and grammar you are studying. As the storyline unfolds, the episodes combine new vocabulary and grammar with previously taught language, exposing you to a variety of authentic accents along the way. At the end of each episode, the **Resumen** section highlights the grammar and vocabulary you are studying.

We hope you find the new **Fotonovela** video to be an engaging and useful tool for learning Spanish!

EN PANTALLA VIDEO PROGRAM

The **PANORAMA** Supersite features an authentic TV clip and short film for Lessons 3, 6, 9, 12, and 15. TV clip formats include commercials and news stories. All clips and three of the short films are **NEW!** to the Fourth Edition, were carefully chosen to be comprehensible for students learning Spanish, and are accompanied by activities and vocabulary lists to facilitate understanding. More importantly, though, these clips and short films are a fun and motivating way to improve your Spanish!

Here are the countries represented in **En pantalla:**

Lesson 3 Chile and U.S.

Lesson 6 Mexico and Colombia

Lesson 9 Chile and Mexico

Lesson 12 Argentina and Spain

Lesson 15 Argentina and Spain

FLASH CULTURA VIDEO PROGRAM

In the dynamic **Flash cultura** Video, young people from all over the Spanish-speaking world share aspects of life in their countries with you. The similarities and differences among Spanish-speaking countries that come up through their adventures will challenge you to think about your own cultural practices and values. The segments provide valuable cultural insights as well as linguistic input; the episodes will introduce you to a variety of accents and vocabulary as they gradually move into Spanish.

PANORAMA CULTURAL VIDEO PROGRAM

The **Panorama cultural** Video is integrated with the **Panorama** section in each lesson. Each segment is 2–3 minutes long and consists of documentary footage from each of the countries featured. The images were specially chosen for interest level and visual appeal, while the all-Spanish narrations were carefully written to reflect the vocabulary and grammar covered in the textbook.

ICONS AND *RECURSOS* BOXES

Icons

Familiarize yourself with these icons that appear throughout **PANORAMA, Fourth Edition**.

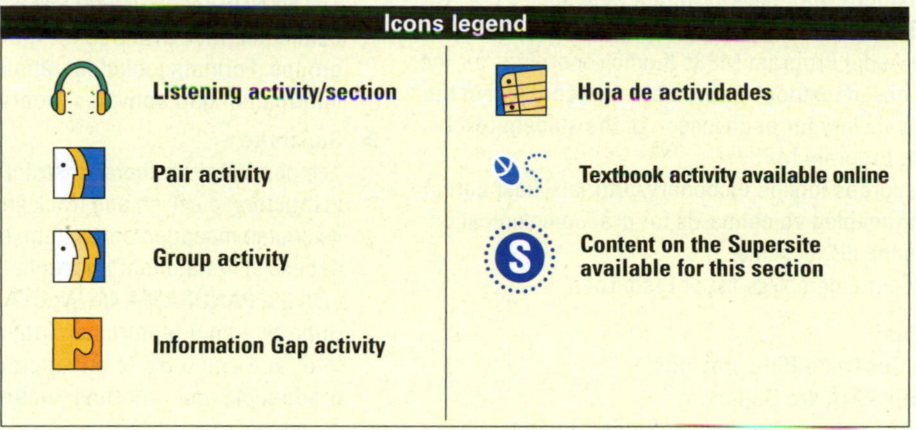

- The Information Gap activities and those involving **Hojas de actividades** (*activity sheets*) require handouts that your instructor will give you.
- You will see the listening icon in **Contextos**, **Pronunciación**, **Escuchar,** and **Vocabulario** sections.
- A note next to the Supersite icon will let you know exactly what type of content is available online. See p. xxv for a list of available resources.
- Additional practice on the Supersite, not included in the textbook, is indicated with this icon:

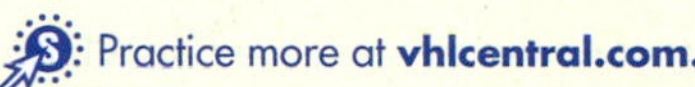

Recursos

Recursos boxes let you know exactly what print and technology ancillaries you can use to reinforce and expand on every section of the lessons in your textbook. They even include page numbers when applicable. See the next page for a description of the ancillaries.

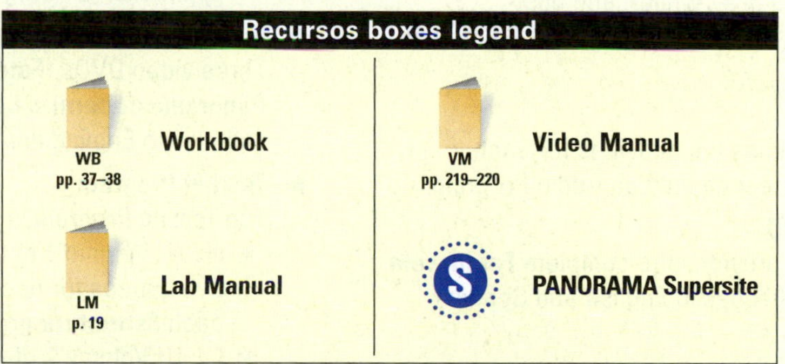

STUDENT ANCILLARIES

▶ **Supersite**
Student access to the Supersite (**vhlcentral.com**) is free with the purchase of a new student text. The Student Supersite provides:
- Select textbook and extra-practice activities
- All **PANORAMA 4/e** video programs
- Textbook Audio Program MP3s (audio recordings for the listening based textbook activities and recordings of the active vocabulary for each lesson of the student text)
- Lab Audio Program MP3s
- Study resources (online dictionary, tutorials, flashcards)
- Instructor-enabled voiceboards for oral communication and threaded discussions

See page xxv for a complete list of resources.

▶ **Supersite Plus**
The Student Supersite Plus provides:
- The **PANORAMA 4/e** Supersite
- **WebSAM**, the entire Workbook, Video Manual, and Lab Manual online, as well as a robust learning management system that completely integrates with the **PANORAMA 4/e** Supersite
- Instructor-enabled online collaboration via instant messaging, audio and video conferencing, and whiteboard and application sharing

▶ **NEW! vText**
The online virtual interactive student edition provides students with:
- Note-taking and highlighting capabilities
- Easy browsing via table of contents or page number
- Links to textbook mouse-icon activities
- Assignments and grades on the **vText** page
- Direct access to all Supersite resources

▶ **Workbook/Video Manual**
The Workbook/Video Manual contains the workbook activities for each textbook lesson, activities for the **Fotonovela** video, and pre-, while-, and post-viewing activities for the **Flash cultura** and **Panorama cultural** videos.

▶ **Lab Manual**
The Lab Manual contains lab activities for each textbook lesson for use with the Lab Audio Program.

▶ ***Fotonovela* Video DVD**
The **Fotonovela** DVD provides the complete **Fotonovela** video program with subtitles in English and Spanish.

INSTRUCTOR ANCILLARIES

▶ **Instructor's Annotated Edition (IAE)**
The expanded trim size and enhanced design make the annotations easy to reference in the classroom.

▶ **NEW! Activity Pack**
The **PANORAMA** Activity Pack offers discrete and communicative practice for individuals, pairs, and groups. Formats include multiple choice questions, information gap activities, board games, and more.

▶ **Supersite**
The password-protected Instructor Supersite allows instructors to assign and track student progress through its course management system. Instructors have full access to the Student Supersite and seamless integration with the **PANORAMA 4/e WebSAM** and **vText**. The Supersite now features an intuitive, user-friendly interface and tools to enhance course management, gradebook, and reporting, including:
- All-in-one gradebook
- Simple and powerful course and assignment set-up
- Reporting with customized and standard options
- Online assessment including Testing MP3 files, plus editable RTFs, and ready-to-print PDF versions
- Program audio and video with scripts and English video translations
- Voiceboards for oral communication and threaded discussions
- Lesson Plans and Instructor Resources

▶ **Supersite Plus**
Supersite Plus offers:
- The complete **PANORAMA 4/e** Supersite
- The **WebSAM** online Workbook/Lab Manual/Video Manual, with auto-graded and instructor-graded activities, and oral record-submit activities
- Online collaboration via instant messaging, audio and video conferencing, and whiteboard and application sharing

▶ **Instructor's DVD Set**
Three video DVDs (**Fotonovela, Flash cultura,** and **Panorama cultural + Cortometrajes**) are available with subtitles in English and Spanish.

▶ **Testing Program**
The Testing Program is provided in PDF and RTF formats.
- **NEW!** Volume 1 of the Testing Program contains two quizzes for each **Contextos** presentation and each **Estructura** grammar point.
- **NEW!** Volume 2 of the Testing Program contains two additional versions (**Prueba E** and **Prueba F**) of the tests for each textbook lesson.
- Volume 2 also contains quarter exams, semester exams, listening scripts, answer keys, and optional test items for culture, video, and reading sections.

PANORAMA, Fourth Edition, is the direct result of extensive reviews and continuous input from students and instructors using the Third Edition. On behalf of its authors and editors, Vista Higher Learning expresses its sincere appreciation to the many Spanish instructors and professors across the U.S. and Canada who contributed their ideas, suggestions, and recommendations via online reviews: thank you.

We especially thank those instructors who contributed their editing and writing expertise, including Martín Gaspar of the University of Wisconsin, Madison; Mercedes Hussey Pailos of Brevard Community College; and Ronna Feit of Nassau Community College/SUNY.

Reviewers

Tammy Allen
Miami University, Middletown, OH

Rosalind Arthur-Andoh
Clark Atlanta University, GA

Gilbert Bolling
Concord University, WV

Martin Camps
University of the Pacific, CA

Matt Carpenter
Yuba College, Clearlake, CA

Tulio Cedillo
Lynchburg College, VA

Lisa Celona
Tunxis Community College, CT

Richard Clark
Northwestern College, IA

Nathalie Davaut
University of South Carolina, Lancaster, SC

Chris Davison
Westminster College of Salt Lake City, UT

Lorena Delgadillo
Rowan-Cabarrus Community College, NC

Tatevik Gevorgyan
Catholic University of America, Washington, DC

Don Goetz
Northwestern Connecticut Community Technical College, CT

Julia Guerrero
Highland Community College, IL

Cecilia Herrera
University of Wisconsin, Oshkosh, WI

Josephine Hill
Jackson Community College, MI

Esther Holtermann
American University, Washington, DC

Jacqueline Horn
Loma Linda University, CA

Harriet Hutchinson
Bunker Hill Community College, Charlestown, MA

Herman Johnson
Xavier University of Louisiana, LA

Robert Lesman
Shippensburg University of Pennsylvania, PA

Lora Looney
University of Portland, OR

Frank Martínez
Nashville State Community College, TN

María Martínez
University of Manitoba,
Winnipeg, MB, Canada

Victoria Mayorga
Pierce College, Puyallup, WA

Lindsay Naramore
John Brown University, AR

Michael Nouri
University of Southern Indiana, IN

Erica Oshier
Fort Valley State University, GA

Kristin Osowski
Diablo Valley College, CA

Ruth Owens Supko
Arkansas State University, Jonesboro, AR

Jessica Perla-Collibee
Menlo College, CA

Sherrie Ray
University of Arkansas at Little Rock, AR

Caterina Reitano
University of Manitoba, Winnipeg, MB, Canada

Gabriel Rico
Victor Valley College, CA

John Riley
Greenville Technical College, Greenville, SC

Walter Rojas
Universidad del Ambiente, Costa Rica

David Salomon
Russell Sage College for Women, NY

Patricia Scarampi
Lake Forest College, IL

Nila Serrano-Proulx
Victor Valley College, CA

Jody Soberon
Southwestern Oregon Community
College, Brookings, OR

Susan Spillman
Xavier University of Louisiana, LA

Nataly Tcherepashenets
Empire State College, Center for
Distance Learning, NY

Regina Vera-Quinn
University of Waterloo, ON, Canada

Antonia Wagner
Greenville Technical College, Barton, SC

Joy Woolf
Westminster College of Salt Lake City, UT

Lección de repaso

Communicative Goals

You will review how to:

- Describe people and things
- Discuss pastimes and sports
- Talk about daily routines
- Talk about the seasons and the weather
- Tell what happened in the past

Marissa, a college student from the U.S., arrives in Mexico City for a year abroad. She meets her new friends and family. What have they done so far? What will happen next?

Práctica

1 Identificar Indica la palabra que no pertenece al grupo. 8 pts.

1. lluvia • tomar el sol • botas • impermeable
2. traje de baño • bucear • playa • abrigo
3. nadar • nieve • esquiar • invierno
4. matemáticas • mochila • historia • computación
5. estudiar • tomar un examen • viajar • hacer la tarea
6. sandalias • camiseta • guantes • pantalones cortos
7. semana • ayer • mañana • hoy
8. tío • prima • abuelo • dependienta

2 Listas Completa cada lista con las palabras que faltan. 10 pts.

DÍAS: lunes, (1) ________, miércoles, jueves, (2) ________, sábado, (3) ________

MESES: (4) ________, febrero, marzo, abril, (5) ________, junio, julio, (6) ________, septiembre, (7) ________, noviembre, (8) ________

ESTACIONES: (9) ________, verano, otoño, (10) ________

3 Oraciones Completa cada oración con una palabra de la lista. 8 pts.

acostarse	levantarse	psicología
biblioteca	matemáticas	reloj
historia	mochila	ventana
lápiz	periodismo	vestido
lenguas extranjeras	pruebas	

1. Para ser reportero, tienes que estudiar ________.
2. Si te gustan los números y las ecuaciones, puedes estudiar ________.
3. Para comunicarte con personas de otros países y culturas, debes estudiar ________.
4. Si la clase empieza a las ocho, tienes que ________ temprano.
5. El profesor les hace ________ a los estudiantes para comprobar (*check*) lo que aprendieron.
6. Cuando los estudiantes están aburridos, miran el ________ esperando el final de la clase.
7. Para estudiar en un lugar tranquilo y tener acceso a muchos libros, puedes ir a la ________.
8. Después de un día largo, es bueno ________ temprano.

This overview presents key vocabulary from **PANORAMA**. For further review, follow the cross-references.

El invierno

diciembre *December*
enero *January*
febrero *February*

Nieva. (nevar)

¿Qué tiempo hace? *What's the weather like?*
Hace frío. *It's cold.*

estudiar *to study*
patinar *to skate*
tomar el examen *to take an exam*
trabajar *to work*

el esquí *skiing*
el hockey *hockey*

esquiar

el abrigo *coat*
la bota *boot*
los guantes *gloves*

el año *year*
el día *day*
la semana *week*

lunes *Monday*
martes *Tuesday*
miércoles *Wednesday*
jueves *Thursday*
viernes *Friday*
sábado *Saturday*
domingo *Sunday*

el mes

La primavera

marzo *March*
abril *April*
mayo *May*

Hace mal tiempo. *The weather is bad.*

ir de excursión *to go on a hike*
pasear *to take a walk; to stroll*
pasear en bicicleta *to ride a bicycle*
practicar deportes *to play sports*

la contabilidad *accounting*
el periodismo *journalism*
la prueba *test; quiz*

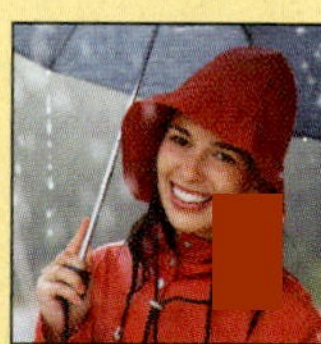

Llueve. (llover)

la blusa *blouse*
la camisa *shirt*
el impermeable *raincoat*
el traje *suit*
el vestido *dress*

el reloj

El verano

junio *June*
julio *July*
agosto *August*

Hace buen tiempo. *The weather is good.*
Hace sol. *It's sunny.*

bucear *to scuba dive*
nadar *to swim*
tomar el sol *to sunbathe*
viajar *to travel*

Hace (mucho) calor.

el campo *countryside*
el mar *sea*
la playa *beach*
el vóleibol *volleyball*

la camiseta *t-shirt*
las gafas de sol *sunglasses*
los pantalones cortos *shorts*
las sandalias *sandals*
el traje de baño *bathing suit*

El otoño

septiembre *September*
octubre *October*
noviembre *November*

Hace fresco. *It's cool.*

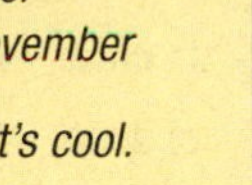

Hace viento.

comenzar las clases *to start classes*
escalar montañas *to climb mountains*
jugar (u:ue) al fútbol americano *to play football*
montar a caballo *to ride a horse*

la biblioteca *library*
la cafetería *cafeteria*
la computación *computer science*
las lenguas extranjeras *foreign languages*
las matemáticas *math*
la mochila *backpack*

la chaqueta *jacket*
los bluejeans *jeans*
el suéter *sweater*

La rutina diaria

acostarse *to go to bed*
bañarse *to bathe, to take a bath*
levantarse *to get up*
ponerse *to put on*
vestirse *to get dressed*

For a complete list of related vocabulary go to **PANORAMA**, pp. 34, 68, 106, 138, 172, 208, and 240.

4 Describir Describe el tiempo que hace en cada escena y el tipo de actividad que hacen las personas. 12 pts.

modelo
Hace buen tiempo.
Él pasea en bicicleta.

1. ______________________________

2. ______________________________

3. ______________________________

4. ______________________________

5. ______________________________

6. ______________________________

5 Preparando un viaje Escribe una conversación entre dos amigos que hacen las maletas para irse de viaje una semana. Félix va a esquiar en Argentina, donde es invierno, y Rodrigo va a Florida, donde es verano. 12 pts.

- ¿Qué lugares pueden visitar?
- ¿Qué actividades pueden hacer?
- ¿Qué tiempo va a hacer?
- ¿Qué ropa tienen que llevar?
- ¿Qué medios de transporte van a usar?
- ¿Dónde se van a quedar?

Práctica

1 Género y número Completa las tablas. Cambia las palabras femeninas a masculinas, las singulares a plurales y viceversa. 14 pts.

Masculino	Femenino
el pintor	
	la cuñada
	la huésped
el turista	
	la dependienta
el pasajero	
	la inspectora

Singular	Plural
una clase	
un autobús	
	unas excursiones
una comunidad	
	unos lápices
	unas revistas
un calcetín	

2 Completar Completa cada oración con el verbo **ser**. 6 pts.

1. Maite __________ de España, ¿verdad?
2. ¿Quiénes __________ los huéspedes de la habitación 347?
3. Juan y yo __________ vendedores en aquel centro comercial.
4. ¿De dónde __________ tú?
5. __________ las nueve de la mañana.
6. Yo __________ puertorriqueño pero vivo en Costa Rica.

3 El primer día de clases Completa la conversación con las formas correctas del verbo **estar**. 5 pts.

JULIO Hola, Martín. ¿Cómo (1) ________ (tú)?

MARTÍN Bien. Oye, ¿sabes dónde (2) ________ el gimnasio? Mis compañeros del equipo de béisbol (3) ________ allí.

JULIO Pero, hombre, ¡yo también (4) ________ en el equipo! Vamos juntos al gimnasio. (Nosotros) (5) ________ muy cerca.

MARTÍN ¡Pero qué tonto soy! Tú también estás en el equipo. OK, vamos.

Resumen gramatical

This overview presents key grammatical concepts from PANORAMA. For further review, follow the cross-references.

R.1 Nouns and articles

PANORAMA L1 pp. 12-14

Gender of nouns

Nouns that refer to living things

	Masculine		Feminine
-o -or -ista	el chico el profesor el turista	-a -ora -ista	la chica la profesora la turista

Nouns that refer to non-living things

	Masculine		Feminine
-o -ma -s	el libro el programa el autobús	-a -ción -dad	la cosa la lección la nacionalidad

Plural of nouns

- ending in vowels + *-s* — la chica → las chicas
- ending in consonant + *-es* — el señor → los señores

(-z → -ces un lápiz → unos lápices)

Definite articles: el, la, los, las

Indefinite articles: un, una, unos, unas

R.2 Present of ser and estar

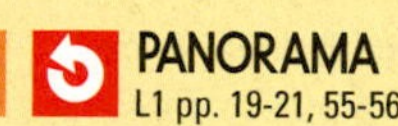
PANORAMA L1 pp. 19-21, 55-56

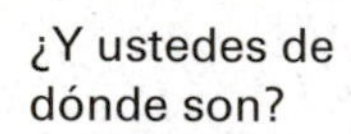

ser			
yo	soy	nosotros/as	somos
tú	eres	vosotros/as	sois
Ud./él/ella	es	Uds./ellos/ellas	son

- Uses of **ser**: nationality, origin, profession or occupation, characteristics, generalizations, possession, what something is made of, time and date, time and place of events

estar			
yo	estoy	nosotros/as	estamos
tú	estás	vosotros/as	estáis
Ud./él/ella	está	Uds./ellos/ellas	están

- Uses of **estar**: location, health, physical states and conditions, emotional states, weather expressions, ongoing actions
- **Ser** and **estar** can both be used with many of the same adjectives, but the meaning will change.

Juan **es** listo. *Juan is smart.*
Juan **está** listo. *Juan is ready.*

R.3 Adjectives

PANORAMA L3 pp. 80-82, 95

- Adjectives are words that describe nouns. In Spanish, adjectives agree with the nouns they modify in both gender and number.

Descriptive adjectives

Masculine		Feminine	
Singular	**Plural**	**Singular**	**Plural**
alto inteligente trabajador	altos inteligentes trabajadores	alta inteligente trabajadora	altas inteligentes trabajadoras

- To refer to a mixed group, use the masculine plural form.

Juan y Ana son trabajadores.

- Descriptive adjectives and adjectives of nationality follow the noun: **el chico rubio, la mujer española**
- Adjectives of quantity precede the noun: **muchos libros**
- Before a masculine noun, these adjectives are shortened.

bueno → buen **malo → mal** **grande → gran**

Possessive adjectives

Masculine		Feminine	
mi	nuestro/a	mis	nuestros/as
tu	vuestro/a	tus	vuestros/as
su	su	sus	sus

- Possesive adjectives are always placed before the nouns they modify: **nuestros amigos, mi madre**

4 ¿Ser o estar? Completa el texto con **ser** o **estar**. 9 pts.

Me llamo Julio. Mis padres (1) ________ de México, pero mi familia ahora (2) ________ en Arizona. Mi padre (3) ________ médico en el hospital; el hospital (4) ________ cerca de nuestra casa. Nosotros tres (5) ________ altos y morenos. Yo (6) ________ estudiante de periodismo. Mis clases (7) ________ buenas, pero a veces (yo) (8) ________ demasiado ocupado con las tareas. Todos mis compañeros (9) ________ nerviosos porque hoy empiezan los exámenes finales.

5 Posesivos Completa con el adjetivo posesivo correcto. 8 pts.

1. Él es ________ (*my*) hermano.
2. ________ (*Your*, fam.) familia es muy simpática.
3. ________ (*Our*) sobrino es italiano.
4. ¿Ella es ________ (*his*) profesora?
5. ________ (*Your*, form.) boletos cuestan 60 pesos.
6. ________ (*Her*) amigos son de Colombia.
7. Son ________ (*our*) compañeras de clase.
8. ________(*My*) padres están en el trabajo.

6 Opuestos Escribe oraciones completas con los elementos dados. Usa los adjetivos opuestos a los que están subrayados. **¡Ojo!** Recuerda conjugar los verbos. 8 pts.

modelo

casa / de Silvia / ser / grande / pero / mi casa / ser / grande
La casa de Silvia es grande, pero mi casa es pequeña.

1. habitación / de mi hermana / siempre / estar / sucia / pero / mi habitación / estar / sucia
____
____
2. (yo) estar / contento / porque / (yo) estar / de vacaciones / pero / mis padres / estar / contento / porque / (ellos) tener / que trabajar
____
____
3. tu primo / ser / alto y moreno / pero / tú / ser / alto y moreno
____
____
4. mi amigo Fernando / decir / que las matemáticas / ser / difíciles / pero / yo / creer / que / ser / difíciles
____
____

Práctica y Comunicación

1 **Correo** Completa el mensaje de correo electrónico con la forma correcta de **ser** o **estar**.

¡Hola Carlos!

¿Cómo estás? Yo (1) __________ muy preocupada porque tenemos un examen mañana en la clase de español y el profesor (2) __________ muy estricto. Mi amiga Ana (3) __________ en la biblioteca ahora y quiero ir a verla para pedir su ayuda. Ella (4) __________ una estudiante muy buena y sus notas (*grades*) (5) __________ excelentes.

Este fin de semana hay una excursión a las montañas. Mis amigos y yo (6) __________ muy contentos porque el lugar que vamos a visitar (7) __________ muy hermoso. Ana también quiere ir a la excursión, pero (ella) (8) __________ enojada porque tiene que trabajar.

Bueno, antes de ir a la biblioteca voy a dormir la siesta porque (9) __________ muy cansada.

¡Hasta pronto!
Susana

2 **La vida de Marina** Completa cada oración con la forma correcta de los cuatro adjetivos.

1. Marina busca una compañera de cuarto ____________________.
(ordenado, honesto, alegre, amable)
2. Se lleva bien con las personas ____________________.
(alegre, trabajador, interesante, sensible)
3. Los padres de Marina son ____________________.
(simpático, inteligente, alto, feliz)
4. A Marina le gusta la ropa ____________________.
(elegante, bueno, bonito, barato)
5. Marina tiene un novio ____________________.
(trabajador, simpático, pelirrojo, listo)

Marina

3 **¿Es o no es?** Responde a cada pregunta. Usa el adjetivo opuesto.

modelo

¿Es alto tu tío? *No, es bajo.*

1. ¿Es viejo el agente de viajes? ____________________.
2. ¿Son malas las amigas de Glenda? ____________________.
3. ¿Es antipática la vendedora? ____________________.
4. ¿Son guapos los primos de Omar? ____________________.
5. ¿Son morenas las excursionistas? ____________________.
6. ¿Es feo el yerno de doña Ana? ____________________.

4 **En el parque** Mira la imagen y contesta las preguntas usando **ser** y **estar**. Puedes inventar las respuestas para algunas preguntas.

1. ¿Quién es cada una de estas personas?
2. ¿Qué hacen?
3. ¿Cómo están?
4. ¿Cómo son?
5. ¿Dónde están?

5  **Entrevista** Escribe tantos (*as many*) adjetivos descriptivos como puedas (*as you can*) sobre ti mismo/a (*yourself*) en tres minutos. Luego, en parejas, usa **ser** o **estar** para preguntarle a tu compañero/a si él/ella tiene las mismas características. Finalmente, comparte con la clase lo que tienen en común.

modelo

(Yo): delgada, baja, morena, trabajadora, contenta, simpática
(Preguntas): ¿Tú eres trabajadora? ¿Estás contenta?
(Oración): Somos morenas, estamos contentas y somos trabajadoras.

6 **Mi familia y mis amigos** Escribe una breve descripción de tu familia, tus parientes y tus amigos. Usa adjetivos posesivos para identificar a la(s) persona(s) que describes.

¡AL RESCATE!

To review vocabulary related to family and friends, go to **PANORAMA, Lesson 3, Contextos,** pp. 70-71

7  **Una cita (*date*)** Mañana tienes una cita con un(a) muchacho/a maravilloso/a. Quieres contarle a tu mejor amigo y pedirle consejos. Tu amigo/a es muy curioso y te va a hacer muchas preguntas. En parejas, representen la conversación. Éstos son algunos aspectos que pueden incluir.

Tu amigo/a quiere saber:

- cómo te sientes (*you feel*) antes de la cita
- qué crees que va a pasar
- cómo es el lugar adonde van a ir
- cómo es la persona con quien vas a tener la cita

Tú quieres consejos sobre:

- qué ropa ponerte
- temas de los que pueden hablar
- adónde ir
- quién debe pagar la cuenta (*bill*)

EN DETALLE

Unas vacaciones de voluntario

¿Qué hiciste durante las vacaciones de verano? Muchos estudiantes contestarían° esta pregunta con historias de cómo disfrutaron° de su tiempo libre. Pero hay otra actividad que ha recibido° atención recientemente: el trabajo voluntario durante las vacaciones.

En Latinoamérica, se le llama **aprendizaje-servicio**°, una combinación de educación formal y voluntariado°. En países como México, Argentina y Chile, los estudiantes reciben crédito académico mientras° usan su creatividad y su talento en beneficio de los demás°. Así se promueve° la participación activa de los estudiantes en la sociedad. Los voluntarios también viven experiencias que no podrían° obtener en el salón de clases: en Buenos Aires, un grupo de jóvenes de los colegios más exclusivos ayuda con las tareas en centros comunitarios; en una escuela de Resistencia, en Argentina, los chicos de barrios marginales° les enseñan computación a los adultos desocupados° de su propia comunidad.

En 2001, la Secretaría de Educación de Argentina creó el Programa Nacional de Escuela y Comunidad para los proyectos de aprendizaje-servicio por todo el país. Y tú, ¿alguna vez has participado en servicio comunitario?

Otras vacaciones de voluntarios

En León, Nicaragua, 16 estudiantes costarricenses construyeron casas para familias nicaragüenses como parte del programa Hábitat para la Humanidad. Adrián, un voluntario, dijo: "Fue una experiencia increíble. Pude° divertirme y al mismo tiempo hacer algo útil° y beneficiar a otras personas durante mis vacaciones".

Los estudiantes de la escuela técnica de Junín de los Andes, Argentina, adaptaron molinos de viento° a las necesidades de las poblaciones mapuches°. Por este proyecto ganaron un premio° en la Feria Mundial de Ciencias de 1999.

contestarían *would answer* **disfrutaron** *they enjoyed* **ha recibido** *has received* **aprendizaje-servicio** *service learning* **voluntariado** *volunteerism* **mientras** *while* **los demás** *others* **Así se promueve** *Thus it promotes* **no podrían** *they could not* **barrios marginales** *disadvantaged neighborhoods* **desocupados** *unemployed* **Pude** *I was able to* **útil** *useful* **molinos de viento** *windmills* **mapuches** *indigenous people of Central and Southern Chile and Southern Argentina* **premio** *prize*

ACTIVIDADES

1 **¿Cierto o falso?** Indica si la oración es **cierta** o **falsa**. Corrige la información falsa.

1. El aprendizaje-servicio es ir a cursos de verano.
2. En este programa, los jóvenes voluntarios aprenden cosas que no se aprenden en el salón de clases.
3. Los estudiantes de Resistencia, Argentina les enseñan computación a los chicos de los colegios más exclusivos.
4. En 2001, la Secretaría de Educación de Argentina creó un programa nacional de aprendizaje-servicio.
5. De su experiencia como voluntario en Nicaragua, el joven Adrián dijo: "Fue una experiencia horrible".
6. Los estudiantes de una escuela técnica adaptaron molinos de viento a las necesidades de las poblaciones indígenas de su país.

ASÍ SE DICE

el buceo	*diving*
la carrera de autos	*car race*
el ciclismo	*cycling*
la lucha libre	*freestyle wrestling*
la ola	*[ocean] wave*
los países hispanohablantes	**los países donde se habla español**
surfear, hacer surf	*to surf*
el/la surfista, el/ la surfero/a, el/la surfo/a, el/la tablista	*surfer*

EL MUNDO HISPANO

Deportes importantes

No cabe duda° que el fútbol es el deporte más popular en Latinoamérica. Sin embargo°, también se practican otros deportes en el mundo hispano.

Deporte	Lugar(es)
el béisbol	Puerto Rico, República Dominicana, Cuba, México, Venezuela
el ciclismo	Colombia, España y otras regiones montañosas
el rugby	Argentina, Chile
el baloncesto (básquetbol)	España, Puerto Rico, Colombia, Centroamérica
el jai-alai	Originado en el País Vasco (España), también es popular en México y los EE.UU.
la equitación (montar a caballo)	México, Argentina, España
el surf	las Islas Canarias (España), México, Chile, Perú, Colombia

No cabe duda *there is no doubt* **Sin embargo** *nevertheless*

PERFIL

Surfistas hispanos

Se dice que para hacer surf hay que "sentir" la ola°, pararse° en la tabla y "agarrarla°". La frase "agarrar la ola" tiene un significado que sólo entienden realmente los que practican el surf. Originado en Hawai, es popular en muchas partes del mundo. Sólo necesitas una tabla y una costa marina. Dos de los surfistas hispanos más reconocidos son **Gabriel Villarán** y **Ornella Pellizzari**.

Ornella Pellizzari

Gabriel Villarán es probablemente el surfista hispanoamericano más famoso del mundo. Nació en 1984 en Lima, Perú, donde su madre, su padre y su hermano eran° surfistas. Villarán fue campeón° latinoamericano dos veces y en enero de 2006 ganó el primer lugar en los Juegos Panamericanos de Surf.

A los once años, la argentina Ornella Pellizzari se compró una tabla con el dinero que había ahorrado°. A los dieciocho años, ganó el Campeonato Latinoamericano de Surf Profesional femenino. Dice Pellizzari: "Una vez que empecé a surfear, no salí más del agua".

ola *wave* **pararse** *to stand* **te paras** *you stand* **agarrarla** *to grab it* **eran** *were* **el campeón** *champion* **había ahorrado** *she had saved*

Lección de repaso

ACTIVIDADES

2 **Comprensión** Completa las oraciones.

1. El deporte del surf se originó en __________.
2. Gabriel Villarán nació en __________.
3. Los países donde se habla español son conocidos como países __________.
4. A los dieciocho años, Pellizzari ganó el Campeonato Latinoamericano de Surf Profesional para __________.
5. El deporte del __________ tiene su origen en el País Vasco.

3  **¿Qué vamos a hacer?** Your class has the opportunity to go on a week's vacation. Working in a small group, decide whether **el aprendizaje-servicio** or **los deportes** best suits the group's talents and interests. Plan activities you can agree on, including where you might go. Present your vacation plans to the class.

Práctica

1 Verbos Completa la tabla con las formas de los verbos. 8 pts.

Infinitive	yo	nosotros/as	ellos/as
comprar			compran
	puedo		
comenzar		comenzamos	
		hacemos	hacen
oír			
	juego		
repetir			repiten
		estudiamos	

2 Ir Completa el párrafo con las formas de **ir**. 8 pts.

El sábado yo (1) ________ al Museo de Bellas Artes porque mi artista favorito (2) ________ a presentar una exposición. Mis amigos no (3) ________ al museo conmigo porque todos (4) ________ a jugar al fútbol, pero yo voy a (5) ________ porque yo (6) ________ a ser artista. ¿(7) ________ (tú) al museo también? ¿Por qué no (8) ________ juntos?

3 Conversación Completa la conversación con las formas de los verbos. Puedes usar algunos verbos más de una vez. 7 pts.

empezar	poder
jugar	querer
pensar	recordar
perder	volver

PABLO Óscar, voy al centro ahora. Necesito hacer varias diligencias (*errands*).

ÓSCAR ¿A qué hora (1) ________? El partido de fútbol (2) ________ a las dos.

PABLO Regreso a la una. (3) ________ ver el partido. ¡Va a estar muy reñido (*hard-fought*)!

ÓSCAR ¿(4) ________ (tú) que nuestro equipo ganó los tres partidos anteriores (*previous*)? Es muy bueno. ¡Estoy seguro de que vamos a ganar!

PABLO No, yo (5) ________ que vamos a (6) ________. Los jugadores de Guadalajara son salvajes (*wild*) cuando (7) ________.

Resumen gramatical

This overview presents key grammatical concepts from PANORAMA. For further review, follow the cross-references.

R.4 Present of regular verbs

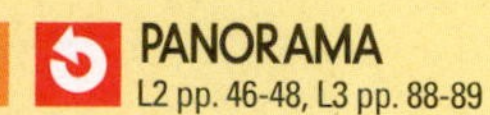

▸ To create the present-tense forms of most regular verbs, drop the infinitive endings (**-ar**, **-er**, **-ir**) and add the endings that correspond to the different subject pronouns.

	hablar	comer	escribir
yo	hablo	como	escribo
tú	hablas	comes	escribes
él	habla	come	escribe
nos.	hablamos	comemos	escribimos
vos.	habláis	coméis	escribís
ellas	hablan	comen	escriben

R.5 Present of tener and venir

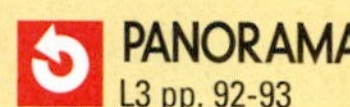

tener		venir	
tengo	tenemos	vengo	venimos
tienes	tenéis	vienes	venís
tiene	tienen	viene	vienen

▸ **Tener** is used in many common phrases.

tener... años *to be... (years old)*
tener calor *to be hot*
tener frío *to be cold* a
tener ganas de [+ *inf.*] *to feel like doing something*
tener hambre *to be hungry*
tener prisa *to be in a hurry*
tener que [+ *inf.*] *to have to do something*
tener razón *to be right*
tener sed *to be thirsty*

R.6 Verbs like gustar

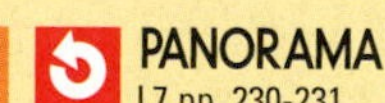

▸ Verbs like **gustar** do not have a direct equivalent in English. The literal meaning of **me gusta** is ***it is pleasing to me.***

▸ In Spanish, the object being liked is the subject of the sentence. The person who likes the object is the indirect object because it answers the question: ***To whom is this pleasing?***

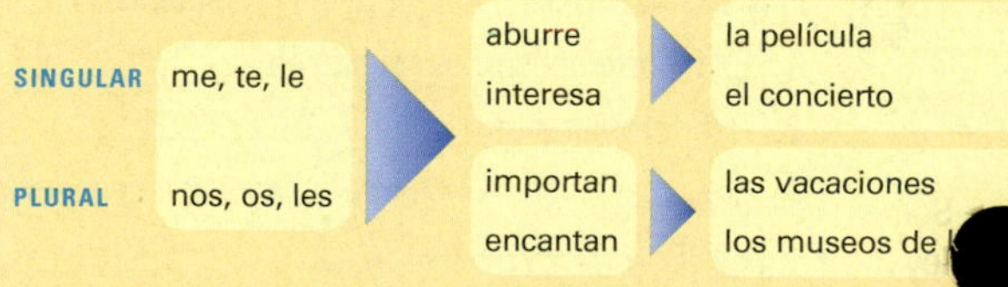

Present of ir

PANORAMA L4 p.118

- The present tense of **ir** is: **voy, vas, va, vamos, vais, van**
- **Ir** has many everyday uses, including expressing future plans: **ir a** + [infinitivo] = *to be going to* + [*infinitive*] **vamos a** + [infinitivo] = *let's* [*do something*]

R.8 Present of irregular verbs

e:ie, o:ue, u:ue stem-changing verbs

	empezar	volver	jugar
yo	empiezo	vuelvo	juego
tú	empiezas	vuelves	juegas
él	empieza	vuelve	juega
nos.	empezamos	volvemos	jugamos
vos.	empezáis	volvéis	jugáis
ellas	empiezan	vuelven	juegan

- Other **e:ie** verbs: **comenzar, entender, pensar, querer**
- Other **o:ue** verbs: **almorzar, dormir, encontrar, mostrar**

e:i stem-changing verbs

pedir			
yo	pido	nosotros/as	pedimos
tú	pides	vosotros/as	pedís
el	pide	ellas	piden

- Other **e:i** verbs: **conseguir, decir, repetir, seguir**

Verbs with irregular yo forms

hacer	poner	salir	suponer	traer
hago	pongo	salgo	supongo	traigo

- **ver: veo, ves, ve, vemos, veis, ven**
- **oír: oigo, oyes, oye, oímos, oís, oyen**

R.9 Reflexive verbs

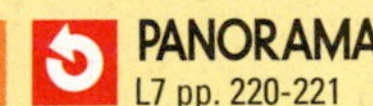

- A reflexive verb is used to indicate that the subject does something to or for himself or herself.
- When a reflexive verb is conjugated, the reflexive pronoun agrees with the subject.

empezar			
yo	me levanto	nosotros/as	nos levantamos
tú	te levantas	vosotros/as	os levantáis
Ud./él/ella	se levanta	Uds./ellos/ellas	se levantan

Some reflexive verbs are: **acostarse, bañarse, ducharse, levantarse, maquillarse, ponerse, vestirse**

4 Oraciones Escribe oraciones completas con estos elementos. **¡Ojo!** Recuerda conjugar los verbos. Cuidado con los verbos como **gustar**. 12 pts.

1. tú / tener / unos amigos / muy interesante
2. yo / venir / en autobús / de / el centro comercial
3. ellos / no / tener / mucho / dinero / hoy
4. a mí / aburrir / ir / a / el cine
5. los estudiantes / de español / ir / a / leer / una revista
6. a ellas / encantar / los deportes

5 Tener Usa expresiones con **tener** y sigue el modelo para describir a las personas. 15 pts.

Él tiene (mucha) prisa.

1. ______________

2. ______________

3. ______________

4. ______________

5. ______________

For a complete list of verb conjugations, go to Apéndice D at the end of this book.

Práctica y Comunicación

1 Completar Completa las oraciones con las formas apropiadas de los verbos de la lista.

aprender	correr	jugar	pedir	salir	vivir
bailar	hablar	oír	recibir	ver	volver

1. Rosa __________ un tango en el teatro.
2. Mis amigos __________ francés muy bien.
3. Yo no __________ de casa cuando hace demasiado calor.
4. Mi hermano y yo __________ a nadar en la piscina.
5. Nosotros __________ en la residencia estudiantil.
6. ¿Tú __________ regalos en el día de tu cumpleaños?
7. Los estudiantes __________ a casa por la tarde.
8. Yo __________ una película.
9. Usted nunca __________ ayuda, ¿verdad?
10. Mis hermanos __________ al fútbol después de las clases.
11. Ustedes siempre __________ ese programa de radio.
12. ¿Mañana __________ tus padres de Roma?

¡AL RESCATE!

Here are some interrogative words.

¿A qué hora? *At what time?*
¿Adónde? *Where to?*
¿Cómo? *How?*
¿Cuál(es)? *Which?; Which one(s)?*
¿Cuándo? *When?*
¿Cuántos/as? *How many?*
¿Dónde? *Where?*
¿Qué? *What?*

To review more about forming questions in Spanish, go to PANORAMA, L2 pp. 51-52

2 Contestar Trabaja con un(a) compañero/a para formar preguntas completas. Luego, túrnense para hacerse las preguntas que crearon.

modelo

pedir / en la cafetería
Estudiante 1: ¿Qué pides en la cafetería?
Estudiante 2: En la cafetería, yo pido pizza.

1. horas / dormir cada noche
2. preferir / hacer la tarea de matemáticas
3. ir / cuando salir con amigos/as
4. empezar / tus clases los miércoles
5. tipo de música / preferir
6. pensar / ir a / ser / esta clase

3 Combinar En parejas, túrnense para combinar elementos de las dos columnas y crear oraciones completas.

A	B
yo	hacer la tarea todas las tardes
mis compañeros/as de clase	levantarse a las doce del día
mi mejor amigo/a	ir al cine todos los viernes
tú	conseguir gangas en Internet
mi familia	ducharse por la mañana
mis amigos/as y yo	almorzar en casa los domingos

Frecuencia Indica qué actividades haces **todos los días**, cuáles haces **una vez al mes**, cuáles haces **una vez al año**, cuáles estás haciendo **ahora mismo** (*right now*) y cuáles no haces **nunca** (*never*). Escribe por lo menos (*at least*) dos oraciones para cada categoría. Intercambia tus oraciones con las de un(a) compañero/a.

modelo

Estudiante 1: Yo juego al baloncesto todos los días.
Estudiante 2: Ahora mismo estoy leyendo un libro.

aburrirse	jugar
decir	leer
dormir	maquillarse
encontrar	pedir
hablar	perder
hacer	trabajar
¿?	¿?

¡AL RESCATE!

The present progressive indicates what someone is doing *right now*. It consists of the present tense of **estar** and the present participle of another verb.

Estamos hablando.

To review the present progressive, go to PANORAMA, L5 pp. 154-155

Encuesta Circula por la clase preguntándoles a tus compañeros si hacen estas actividades con frecuencia (*frequently*). Trata de encontrar personas que respondan **sí** o **no** a cada pregunta y escribe sus nombres en la columna correcta. Prepárate para compartir tus conclusiones con la clase.

modelo

Tú: ¿Escribes tarjetas postales con frecuencia?
Ana: Sí, las escribo con frecuencia.
Luis: No, no las escribo con frecuencia.

Actividades	Sí	No
1. escribir tarjetas postales	Ana	Luis
2. jugar al béisbol		
3. ver películas de horror		
4. enojarse con los amigos		
5. decir mentiras		
6. oír música en español		

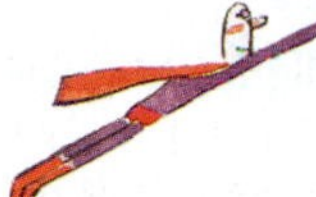

¡AL RESCATE!

Use direct object pronouns to keep your writing concise and clear by avoiding repeating nouns already mentioned.

El domingo voy a visitar a mi abuela. La voy a ver a las nueve para desayunar.

To read more about direct object nouns and pronouns go to PANORAMA, L5 pp. 162-163

6

Escribir Escribe lo que haces en un día típico y tus planes para el fin de semana.

antes (de) *before*
entonces *then*
más tarde *later*
por la mañana *in the morning*
por la tarde *in the afternoon*
por la noche *in the evening*

Un día típico

Hola, me llamo Julia y vivo en Vancouver, Canadá. Por la mañana, me levanto temprano. Entonces...

¡AL RESCATE!

To review time words go to PANORAMA, L7 p. 210

Lección de repaso

¡Nuevos amigos en México!

Los amigos se presentan y vemos lo que pasó en los ocho primeros episodios.

PERSONAJES

MARISSA

FELIPE

MARISSA Hola, me llamo Marissa y soy de Wisconsin, en los Estados Unidos. Este año estoy en México para estudiar. Tomo cuatro clases: español, historia, literatura y geografía. Mi especialización es la arqueología. Me gusta mucho la cultura mexicana. Espero sacar buenas notas y viajar por todo el país.

1

FELIPE ¿Qué tal? Yo soy Felipe y vivo en la Ciudad de México. Como ves, soy muy atlético y guapo. Estudio administración de empresas. Me gusta mucho jugar al fútbol y comer. Tengo una hermana que se llama Jimena, pero somos muy diferentes.

2

JIMENA Buenos días. Mi nombre es Jimena. Vivo con mis padres y mi hermano Felipe en la Ciudad de México. Estudio mucho porque quiero ser una excelente doctora. La biología es mi clase favorita. Además, me gusta ir de compras y estar con mi familia y amigos.

3

JUAN CARLOS ¿Cómo estás? Yo me llamo Juan Carlos y vengo de Argentina. Estudio ciencias ambientales en una universidad de la Ciudad de México, donde también van mis amigos Felipe y Miguel. Me gusta viajar y salir con mis amigos.

4

5

MARU Buenas, soy Maru. Soy de México y estudio antropología. Miguel y yo somos novios.

MIGUEL Hola, soy Miguel. Maru es mi novia. La conocí en la playa. Muchas veces estudiamos juntos en la biblioteca de la universidad.

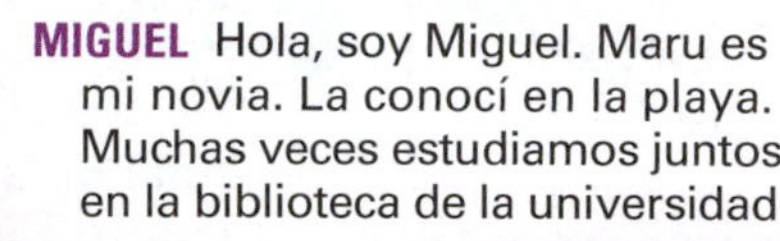

6

La familia Díaz pasa el día en Xochimilco. Allí almuerzan juntos, hablan y juegan. Marissa sube a una trajinera con Carolina y Nayeli, la mamá y la tía de Felipe y Jimena. Allí deciden que Marissa y sus amigos van a ir a Mérida.

ACTIVIDADES

1 **¿Se te olvidó?** Indica si lo que dice cada oración sobre los primeros ocho episodios es **cierto** o **falso**. Corrige la información falsa.

1. Juan Carlos es de Buenos Aires, Argentina.
2. Felipe y Jimena hacen windsurf.
3. Maru sabe regatear muy bien en el mercado.
4. Miguel le compra un vestido a Maru.
5. La reservación del hotel está a nombre de Pablo López.
6. Marissa escribe un ensayo sobre los xochimilcas.
7. Felipe y Juan Carlos trabajan de camareros.
8. Maru conoció a Miguel en la playa.
9. Marissa no conocía los cenotes.

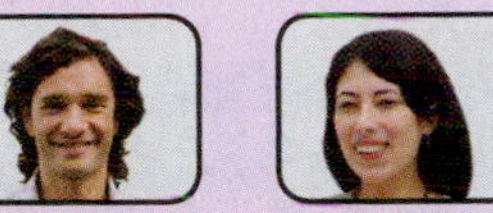

JIMENA JUAN CARLOS MARU MIGUEL

7

Marissa y sus amigos van de viaje a Mérida. Se quedan en casa de la tía Ana María y los primos de Jimena y Felipe. Además de visitar la ciudad, los amigos van a nadar a un cenote.

8

Los amigos están de vacaciones en Yucatán. Antes de salir para la playa, hablan del tiempo que hace normalmente en sus países. Después de dejar sus cosas en el hotel, van a tomar el sol y practicar windsurf. Miguel está enojado con Felipe, pero por poco tiempo.

9

Marissa y sus amigos van de compras a un mercado de Mérida. Para ver quién sabe comprar mejor, hacen dos equipos: el de las chicas y el de los chicos. Aprenden a regatear y pasan un buen rato juntos.

10

Miguel y Maru celebran su aniversario con una cena romántica. Van a uno de los mejores restaurantes de la ciudad. Felipe y Juan Carlos los ven y deciden hacer algo divertido.

¿Cuánto recuerdas?

Contesta el cuestionario para ver cuánto recuerdas sobre los primeros ocho episodios de Fotonovela.

1. Marissa llega a su nueva casa en el carro de ______.
   a. la tía de Felipe y Jimena
   b. la mamá de Felipe y Jimena
   c. Jimena
2. A Marissa le gusta mucho ______.
   a. la cultura mexicana
   b. Argentina
   c. la mochila de Juan Carlos
3. Las trajineras son ______.
   a. unas galletas típicas mexicanas
   b. unos barcos
   c. unos vestidos de colores
4. Los amigos quieren ir a comer ______ en un restaurante de Mérida.
   a. pizza
   b. mole
   c. pollo
5. Felipe ______ pero es ______. ¡Qué raro!
   a. come mucho; delgado
   b. juega al fútbol; malo
   c. tiene muchos amigos; antipático
6. Miguel le echa (*throws*) ______ a Felipe en la playa.
   a. comida
   b. un balde de agua
   c. una pelota
7. Don Guillermo cree que las chicas no saben ______.
   a. regatear
   b. ir de compras
   c. ir a restaurantes

ACTIVIDADES

2 Relacionar Indica qué elemento de la segunda columna está relacionado con cada personaje.

1. ____________ Marissa
2. ____________ Felipe
3. ____________ Jimena
4. ____________ Juan Carlos
5. ____________ Maru y Miguel

a. fútbol
b. calculadora
c. doctora
d. arqueología
e. ciencias ambientales
f. aniversario

3 Predicciones  En grupos pequeños, escriban qué piensan que va a pasar en los próximos episodios con cada uno de los personajes. Escriban sobre qué nuevas personas van a conocer, qué lugares interesantes van a visitar y qué aventuras les esperan a los estudiantes. Después, compartan sus ideas con la clase.

Práctica

1 Verbos Completa la tabla con las formas correctas de los verbos. 10 pts.

Infinitive	yo	él/ella/usted	ellos/as
buscar			buscaron
	cerré		
ir			fueron
		jugó	
	leí		
lavarse			se lavaron
		salió	
volver			volvieron

2 El sábado Completa el mensaje con el pretérito de los verbos. 11 pts.

De: cecilia@webmail.es
Para: julián@todomail.com
Asunto: El sábado
Fecha: 24 de noviembre

¡Hola, Julián!

¿Cómo estás? Yo estoy muy bien. El sábado mi amiga Matilde me (1) __________ (invitar) a ir con ella al cine. Nosotras (2) __________ (ir) al Cine Real. La película (3) __________ (empezar) a las siete y media, pero nosotras (4) __________ (llegar) un poco tarde. Sólo perdimos los primeros diez minutos.

Yo (5) __________ (pensar) que la película (6) __________ (ser) un poco larga, pero de todas maneras (7) __________ (yo, divertirse). Se llama *Un día en el centro comercial*, te la recomiendo. Después de salir del cine, (8) __________ (nosotras, tomar) un taxi a Mama Pizza con más amigos. Las pizzas (9) __________ (resultar) (*turned out*) deliciosas. Yo pedí la de salami, ¡qué ricura!

Y tú, ¿cómo (10) __________ (pasar) la noche del sábado? ¿(tú) (11) __________ (ir) a la fiesta de Antonio? María Luisa me dijo que te vio (*saw you*) en la fiesta de Antonio y que estabas (*you were*) muy bien acompañado. ¿Nos vemos el miércoles por la tarde y me cuentas los detalles?

Un abrazo,
Cecilia

Resumen gramatical

This overview presents key grammatical concepts from PANORAMA. For further review, follow the cross-references.

R.10 Preterite of regular verbs

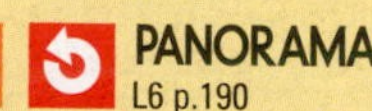
PANORAMA L6 p.190

► To form the preterite of most regular verbs, attach the appropriate ending to the infinitive stem.

comprar	vender	escribir
compré	vendí	escribí
compraste	vendiste	escribiste
compró	vendió	escribió
compramos	vendimos	escribimos
comprasteis	vendisteis	escribisteis
compraron	vendieron	escribieron

► **-Ar** and **-er** verbs that have a stem change in the present tense are regular in the preterite. They do *not* have a stem change.

Infinitive	Present	Preterite
cerrar (e:ie)	La tienda cierra a las seis.	La tienda cerró a las seis.
volver (o:ue)	Carlitos vuelve tarde.	Carlitos volvió tarde.
jugar (u:ue)	Él juega al fútbol.	Él jugó al fútbol.

► **¡Atención!** **-Ir** verbs that have a stem change in the present tense also have a stem change in the preterite.

	dormirse	conseguir
yo	me dormí	conseguí
tú	te dormiste	conseguiste
él/ella/Ud.	se durmió	consiguió
nosotros/as	nos dormimos	conseguimos
vosotros/as	os dormisteis	conseguisteis
ellos/ellas	se durmieron	consiguieron

► Note that reflexive verbs in the preterite appear with their pronouns.

Some irregular preterites

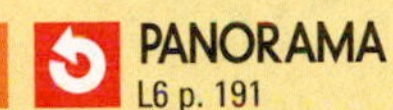
PANORAMA L6 p. 191

- There are many verbs with irregularities in the preterite. Here are some of them. You will learn more in **Lecciones 1, 2,** and **3.**
- Verbs that end in **-car, -gar,** and **-zar** have a spelling change in the first person singular (**yo** form).

buscar	busc-	qu-	yo busqué
llegar	lleg-	gu-	yo llegué
empezar	empez-	c-	yo empecé

- Except for the **yo** form, all other forms of **-car, -gar,** and **-zar** verbs are regular in the preterite.
- Three other verbs—**creer, leer,** and **oír**—have spelling changes in the preterite.

creer	cre-	creí, creíste, creyó, creímos, creísteis, creyeron
leer	le-	leí, leíste, leyó, leímos, leísteis, leyeron
oír	o-	oí, oíste, oyó, oímos, oísteis, oyeron

- **Ver** is regular in the preterite, but none of its forms has an accent.

  ver → vi, viste, vio, vimos, visteis, vieron
  —¿A quiénes **vieron** en su viaje a Costa Rica?
  —**Vimos** a nuestra prima Mariana y a nuestros amigos Leonardo y Teresa.

- Since the preterite forms of **ser** and **ir** are identical, context clarifies which one of the two verbs is being used.

  ser, ir → fui, fuiste fue, fuimos, fuisteis, fueron

- Note these patterns for verbs like **gustar.**

  Me interesó el comentario.
  Nos gustó el restaurante.
  Te molestaron las preguntas.
  Les fascinaron el viaje.

3 **Preguntas** Completa la conversación con el pretérito de los verbos de la lista. **7 pts.**

atacar	olvidar
correr	robar
leer	sufrir (*to suffer, to undergo*)
ocurrir	

SANDRA ¿Cuándo (1) ________ en el parque por última vez?
MARCOS Corrí en el parque el domingo por la mañana. ¿Por qué?
SANDRA ¿(2) ________ las noticias (*news*) de ayer?
MARCOS No, (3) ________ comprar el periódico ¿Qué (4) ________?
SANDRA Unos ladrones (*thieves*) (5) ________ a un corredor.
MARCOS ¿En serio?
SANDRA Sí, y le (6) ________ el reproductor de MP3.
MARCOS ¿Y resultó herido (*harmed*)?
SANDRA No, sólo (7) ________ rasguños (*scratches*).
MARCOS ¡Qué fuerte! Mejor vamos a correr juntos. Es más seguro.

4 **Oraciones** Escribe oraciones completas con estos elementos, conjugando los verbos en el pretérito. **10 pts.**

1. tú / esperar / quince minutos / en / la puerta de / el cine
   ____
2. nosotros / tomar / café / ayer / por la noche
   ____
3. los jugadores / no / perder / la esperanza / de ganar / el partido
   ____
4. yo / llegar / tarde / a / la cita / de anoche
   ____
5. ustedes / encantar / el artículo / en el periódico
   ____

5 **La semana pasada** Escribe un mensaje electrónico de al menos cinco oraciones donde les cuentas a tus padres adónde fuiste y qué hiciste durante la semana. Usa al menos cinco verbos diferentes en el pretérito. **12 pts.**

modelo
¡Hola, papá y mamá! ¿Cómo están? Esta semana fui a la librería y por fin compré el libro de Esmeralda Santiago que me recomendaron...

Práctica y Comunicación

1

Completar y contestar Completa las preguntas con las formas apropiadas de los verbos de la lista y luego hazle las preguntas a un(a) compañero/a.

acompañar	estudiar	leer	oír	perder	ver
aprender	ir	llamar	pasar	recibir	volver

¿Cuándo fue la última vez que...

1. (tú) __________ un espectáculo de baile?
2. tus padres te __________ por teléfono?
3. (tú) __________ las llaves de tu casa?
4. tu mejor amigo/a te __________ a ir de compras?
5. nosotros __________ juntos para un examen?
6. (tú) __________ una mala nota?
7. tus amigos __________ a casa más temprano que tú?
8. (tú) __________ una novela?
9. tu familia y tú __________ el fin de semana juntos?
10. el/la profesor(a) __________ tarde a clase?

2

Contestar Trabaja con un(a) compañero/a para formar preguntas completas. Luego, túrnense para hacerse las preguntas que crearon.

modelo

desayunar / esta mañana
Estudiante 1: *¿Qué desayunaste esta mañana?*
Estudiante 2: *Esta mañana desayuné cereales.*

1. comprar / la ropa que llevas hoy
2. llegar / a clase hoy
3. salir a divertirte / el fin de semana pasado
4. jugar / tu último partido
5. sentirse triste / por última vez
6. ir / en tus últimas vacaciones

3

Completar y combinar En parejas, túrnense para completar las frases con el pretérito de los verbos. Luego inventen un complemento para crear oraciones lógicas.

modelo

cuando los estudiantes / sentarse / comenzar / la lección
Cuando los estudiantes se sentaron, comenzó la lección.

1. cuando yo / cumplir / dieciocho años
2. el/la estudiante / abrir / el libro
3. yo / sentirse / decepcionado/a (*disappointed*)
4. cuando / mis padres / visitarme / por última vez
5. cuando nosotros / salir / de casa
6. mis hermanos/as / regalarme / un perrito
7. los muchachos / ser / amable

4 **En el parque** En parejas, túrnense para describir lo que hicieron (*did*) estas personas en el parque el sábado pasado.

1. ______________________

2. ______________________

3. ______________________

4. ______________________

5. ______________________

6. ______________________

5 **Encuesta** Circula por la clase preguntando a tus compañeros si hicieron estas actividades la semana pasada. Trata de encontrar personas que respondan **sí** o **no** a cada pregunta y escribe sus nombres en la columna correcta. Prepárate para compartir tus conclusiones con la clase.

modelo

Tú: ¿Hablaste por teléfono con tus padres la semana pasada?
Pepe: Sí, hablé por teléfono con mis padres el sábado.
Victoria: No, no hablé por teléfono con mis padres la semana pasada.

Actividades	Sí	No
1. hablar por teléfono con sus padres	Pepe	Victoria
2. leer las noticias por Internet		
3. comer en un restaurante elegante		
4. ver deportes en la televisión		
5. practicar español		
6. reunirse con los amigos en el parque		

6 **Escribir** Escribe una entrada en tu diario contando adónde fuiste y qué hiciste (*you did*) durante el verano pasado. Usa por lo menos (*at least*) seis verbos de las páginas 16 y 17.

La clase y la universidad

el/la compañero/a de clase	*classmate*
el/la compañero/a de cuarto	*roommate*
el/la estudiante	*student*
el/la profesor(a)	*teacher*
el borrador	*eraser*
la calculadora	*calculator*
el escritorio	*desk*
el libro	*book*
el mapa	*map*
la mesa	*table*
la mochila	*backpack*
el papel	*paper*
la papelera	*wastebasket*
la pizarra	*blackboard*
la pluma	*pen*
la puerta	*door*
el reloj	*clock; watch*
la silla	*seat, chair*
la tiza	*chalk*
la ventana	*window*
la biblioteca	*library*
la cafetería	*cafeteria*
la casa	*house; home*
el estadio	*stadium*
el laboratorio	*laboratory*
la librería	*bookstore*
la residencia estudiantil	*dormitory*
la universidad	*university; college*
la clase	*class*
el curso, la materia	*course*
la especialización	*major*
el examen	*test; exam*
el horario	*schedule*
la prueba	*test; quiz*
el semestre	*semester*
la tarea	*homework*
el trimestre	*trimester; quarter*

Palabras indefinidas y negativas

algo	*something; anything*
alguien	*somebody; anyone*
alguno/a(s), algún	*some; any*
o... o	*either... or*
siempre	*always*
también	*also; too*
nada	*nothing; not anything*
nadie	*no one; nobody*
ninguno/a, ningún	*no; none, not any*
ni... ni	*neither... nor*
nunca, jamás	*never, not ever*
tampoco	*neither; not either*

Las materias

la administración de empresas	*business administration*
la arqueología	*archaeology*
el arte	*art*
la biología	*biology*
las ciencias	*sciences*
la computación	*computer science*
la contabilidad	*accounting*
la economía	*economics*
el español	*Spanish*
la física	*physics*
la geografía	*geography*
la historia	*history*
las humanidades	*humanities*
el inglés	*English*
las lenguas extranjeras	*foreign languages*
la literatura	*literature*
las matemáticas	*mathematics*
la música	*music*
el periodismo	*journalism*
la psicología	*psychology*
la química	*chemistry*
la sociología	*sociology*

Preposiciones

al lado de	*next to; beside*
a la derecha de	*to the right of*
a la izquierda de	*to the left of*
en	*in; on*
cerca de	*near*
con	*with*
debajo de	*below; under*
delante de	*in front of*
detrás de	*behind*
encima de	*on top of*
entre	*between; among*
lejos de	*far from*
sin	*without*
sobre	*on; over*

Lugares

el café	*café*
el centro	*downtown*
el cine	*movie theater*
el gimnasio	*gymnasium*
la iglesia	*church*
el lugar	*place*
el museo	*museum*
el parque	*park*
la piscina	*swimming pool*
la plaza	*city or town square*
el restaurante	*restaurant*

Pasatiempos

andar en patineta	*to skateboard*
bucear	*to scuba dive*
escalar montañas (*f. pl.*)	*to climb mountains*
escribir una carta	*to write a letter*
escribir un mensaje electrónico	*to write an e-mail message*
esquiar	*to ski*
ganar	*to win*
hacer (wind)surf	*to (wind)surf*
ir de excursión	*to go on a hike*
leer correo electrónico	*to read e-mail*
leer un periódico	*to read a newspaper*
leer una revista	*to read a magazine*
nadar	*to swim*
pasear	*to take a walk*
pasear en bicicleta	*to ride a bicycle*
patinar (en línea)	*to (in-line) skate*
practicar deportes (*m. pl.*)	*to play sports*
tomar el sol	*to sunbathe*
ver películas (*f. pl.*)	*to see movies*
visitar monumentos (*m. pl.*)	*to visit monuments*
la diversión	*fun activity; entertainment; recreation*
el fin de semana	*weekend*
el pasatiempo	*pastime; hobby*
los ratos libres	*spare (free) time*
el videojuego	*video game*

Deportes

el baloncesto	*basketball*
el béisbol	*baseball*
el ciclismo	*cycling*
el equipo	*team*
el esquí (acuático)	*(water) skiing*
el fútbol	*soccer*
el fútbol americano	*football*
el golf	*golf*
el hockey	*hockey*
el/la jugador(a)	*player*
la natación	*swimming*
el partido	*game; match*
la pelota	*ball*
el tenis	*tennis*
el vóleibol	*volleyball*

For a complete list of related vocabulary go to PANORAMA, pp. 34, 68, 106, 138, 172, 208, 240

La comida

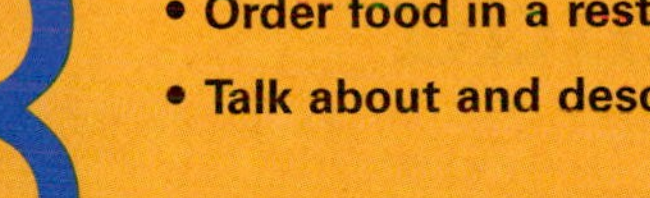

Communicative Goals

You will learn how to:

- Order food in a restaurant
- Talk about and describe food

A PRIMERA VISTA

- ¿Dónde está ella?
- ¿Qué hace?
- ¿Es parte de su rutina diaria?
- ¿Qué colores hay en la foto?

Talking Picture, Tutorials & Games
Audio: Activities

La comida

Más vocabulario

el/la camarero/a	waiter/waitress
la comida	food; meal
la cuenta	bill
el/la dueño/a	owner; landlord
los entremeses	hors d'oeuvres; appetizers
el menú	menu
el plato (principal)	(main) dish
la propina	tip
la sección de (no) fumar	(non) smoking section
el agua (mineral)	(mineral) water
la bebida	drink
la cerveza	beer
la leche	milk
el refresco	soft drink; soda
el ajo	garlic
las arvejas	peas
los cereales	cereal; grains
los frijoles	beans
el melocotón	peach
el pollo (asado)	(roast) chicken
el queso	cheese
el sándwich	sandwich
el yogur	yogurt
el aceite	oil
la margarina	margarine
la mayonesa	mayonnaise
el vinagre	vinegar
delicioso/a	delicious
sabroso/a	tasty; delicious
saber	to taste; to know
saber a	to taste like

Variación léxica

camarones ⟷ gambas (*Esp.*)
camarero ⟷ mesero (*Amér. L.*), mesonero (*Ven.*), mozo (*Arg., Chile, Urug., Perú*)
refresco ⟷ gaseosa (*Amér. C., Amér. S.*)

recursos
WB pp. 85–86
LM p. 43
vhlcentral.com Lección 8

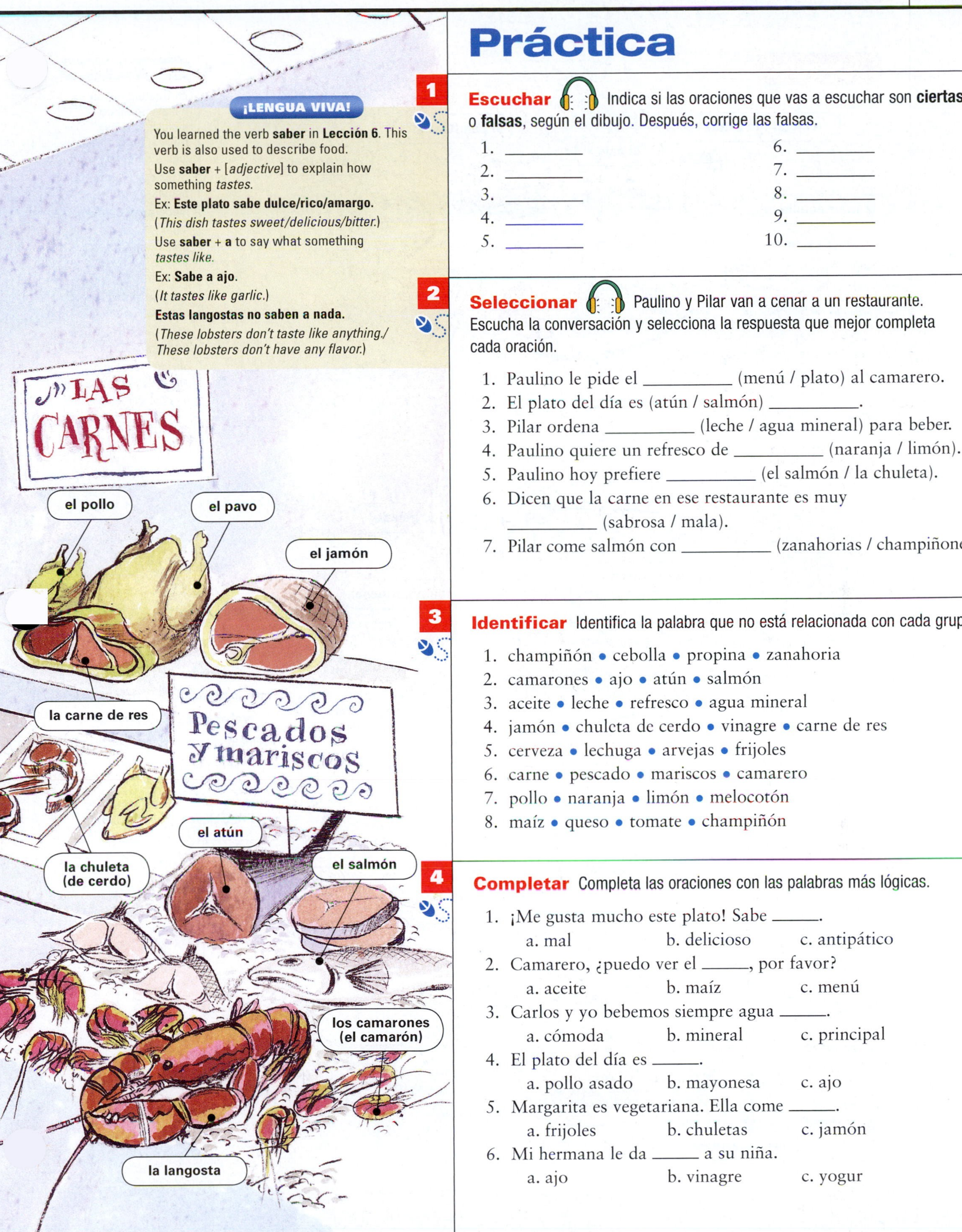

¡LENGUA VIVA!

You learned the verb **saber** in **Lección 6**. This verb is also used to describe food.

Use **saber** + [*adjective*] to explain how something *tastes*.

Ex: **Este plato sabe dulce/rico/amargo.**
(*This dish tastes sweet/delicious/bitter.*)

Use **saber** + **a** to say what something *tastes like*.

Ex: **Sabe a ajo.**
(*It tastes like garlic.*)

Estas langostas no saben a nada.
(*These lobsters don't taste like anything./These lobsters don't have any flavor.*)

Práctica

1 Escuchar Indica si las oraciones que vas a escuchar son **ciertas** o **falsas**, según el dibujo. Después, corrige las falsas.

1. ________
2. ________
3. ________
4. ________
5. ________
6. ________
7. ________
8. ________
9. ________
10. ________

2 Seleccionar Paulino y Pilar van a cenar a un restaurante. Escucha la conversación y selecciona la respuesta que mejor completa cada oración.

1. Paulino le pide el __________ (menú / plato) al camarero.
2. El plato del día es (atún / salmón) __________.
3. Pilar ordena __________ (leche / agua mineral) para beber.
4. Paulino quiere un refresco de __________ (naranja / limón).
5. Paulino hoy prefiere __________ (el salmón / la chuleta).
6. Dicen que la carne en ese restaurante es muy __________ (sabrosa / mala).
7. Pilar come salmón con __________ (zanahorias / champiñones).

3 Identificar Identifica la palabra que no está relacionada con cada grupo.

1. champiñón • cebolla • propina • zanahoria
2. camarones • ajo • atún • salmón
3. aceite • leche • refresco • agua mineral
4. jamón • chuleta de cerdo • vinagre • carne de res
5. cerveza • lechuga • arvejas • frijoles
6. carne • pescado • mariscos • camarero
7. pollo • naranja • limón • melocotón
8. maíz • queso • tomate • champiñón

4 Completar Completa las oraciones con las palabras más lógicas.

1. ¡Me gusta mucho este plato! Sabe _____.
   a. mal b. delicioso c. antipático
2. Camarero, ¿puedo ver el _____, por favor?
   a. aceite b. maíz c. menú
3. Carlos y yo bebemos siempre agua _____.
   a. cómoda b. mineral c. principal
4. El plato del día es _____.
   a. pollo asado b. mayonesa c. ajo
5. Margarita es vegetariana. Ella come _____.
   a. frijoles b. chuletas c. jamón
6. Mi hermana le da _____ a su niña.
   a. ajo b. vinagre c. yogur

el desayuno

el almuerzo

la cena

NOTA CULTURAL

En Guatemala, un desayuno típico incluye huevos, frijoles, fruta, tortillas, jugo y café.

Otros desayunos populares son:

madalenas (*muffins*) España

pan dulce (*assorted breads/pastries*) México

champurradas (*sugar cookies*) Guatemala

gallo pinto (*fried rice and beans*) Costa Rica

perico (*scrambled eggs with peppers and onions*) Venezuela

Más vocabulario

escoger	*to choose*
merendar (e:ie)	*to snack*
probar (o:ue)	*to taste; to try*
recomendar (e:ie)	*to recommend*
servir (e:i)	*to serve*
el té	*tea*
el vino blanco	*white wine*

5 **Completar** Trabaja con un(a) compañero/a de clase para relacionar cada producto con el grupo alimenticio (*food group*) correcto.

modelo

La carne es del grupo uno.

el aceite	las bananas	los cereales	la leche
el arroz	el café	los espárragos	el pescado
el azúcar	la carne	los frijoles	el vino

1. ____________ y el queso son del grupo cuatro.
2. ____________ son del grupo ocho.
3. ____________ y el pollo son del grupo tres.
4. ____________ es del grupo cinco.
5. ____________ es del grupo dos.
6. Las manzanas y ____________ son del grupo siete.
7. ____________ es del grupo seis.
8. ____________ son del grupo diez.
9. ____________ y los tomates son del grupo nueve.
10. El pan y ____________ son del grupo diez.

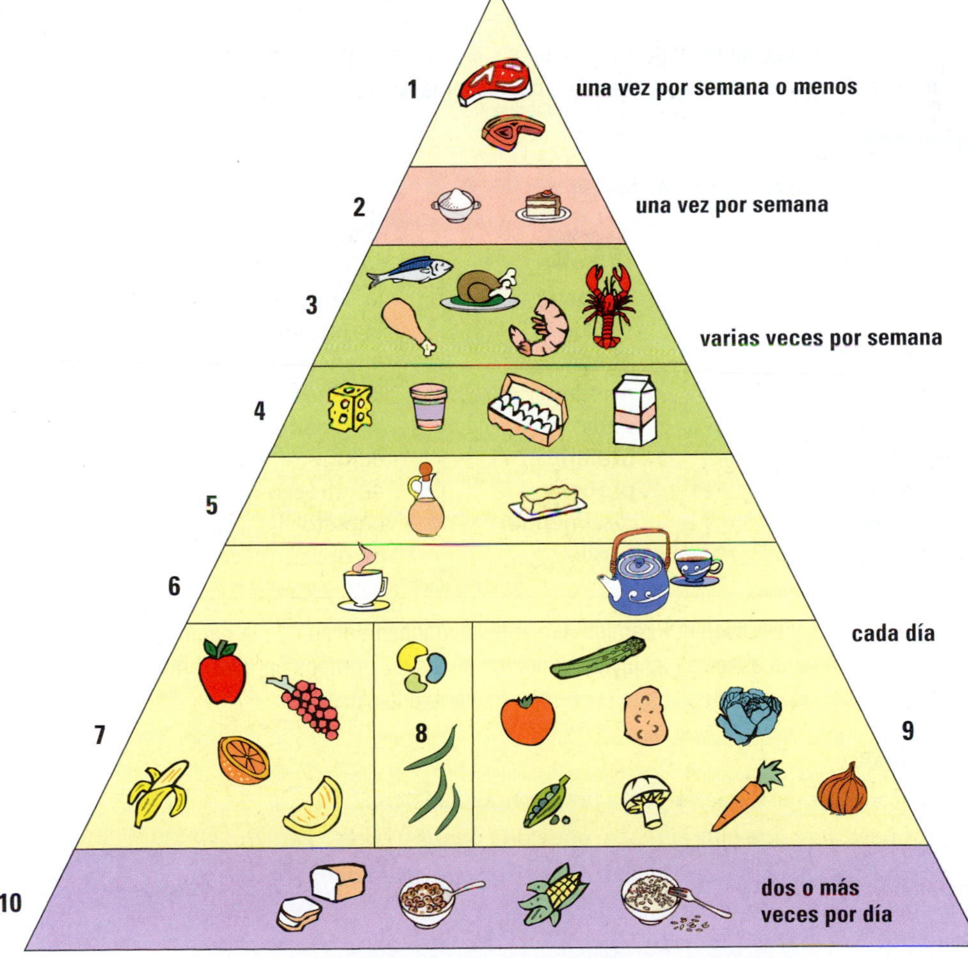

La Pirámide Alimenticia Latinoamericana

6 **¿Cierto o falso?** Consulta la Pirámide Alimenticia Latinoamericana de la página 245 e indica si lo que dice cada oración es **cierto** o **falso**. Si la oración es falsa, escribe las comidas que sí están en el grupo indicado.

modelo

El queso está en el grupo diez.
Falso. En ese grupo están el maíz, el pan, los cereales y el arroz.

1. La manzana, la banana, el limón y las arvejas están en el grupo siete.
2. En el grupo cuatro están los huevos, la leche y el aceite.
3. El azúcar está en el grupo dos.
4. En el grupo diez están el pan, el arroz y el maíz.
5. El pollo está en el grupo uno.
6. En el grupo nueve están la lechuga, el tomate, las arvejas, la naranja, la papa, los espárragos y la cebolla.
7. El café y el té están en el mismo grupo.
8. En el grupo cinco está el arroz.
9. El pescado, el yogur y el bistec están en el grupo tres.

7 **Combinar** Combina palabras de cada columna, en cualquier (*any*) orden, para formar diez oraciones lógicas sobre las comidas. Añade otras palabras si es necesario.

modelo

La camarera nos sirve la ensalada.

A	B	C
el/la camarero/a	almorzar	la sección de no fumar
el/la dueño/a	escoger	el desayuno
mi familia	gustar	la ensalada
mi novio/a	merendar	las uvas
mis amigos y yo	pedir	el restaurante
mis padres	preferir	el jugo de naranja
mi hermano/a	probar	el refresco
el/la médico/a	recomendar	el plato
yo	servir	el arroz

NOTA CULTURAL

El arroz es un alimento básico en el Caribe, Centroamérica y México, entre otros países. Aparece frecuentemente como acompañamiento del plato principal y muchas veces se sirve con frijoles. Un plato muy popular en varios países es **el arroz con pollo** *(chicken and rice casserole).*

8  **Un menú** En parejas, usen la Pirámide Alimenticia Latinoamericana de la página 245 para crear un menú para una cena especial. Incluyan alimentos de los diez grupos para los entremeses, los platos principales y las bebidas. Luego presenten el menú a la clase.

modelo

La cena especial que vamos a preparar es deliciosa. Primero, hay dos entremeses: ensalada César y sopa de langosta. El plato principal es salmón con salsa de ajo y espárragos. También vamos a servir arroz...

 Practice more at **vhlcentral.com.**

Comunicación

9

Conversación En parejas, túrnense para hacerse estas preguntas.

1. ¿Meriendas mucho durante el día? ¿Qué comes? ¿A qué hora?
2. ¿Qué te gusta cenar?
3. ¿A qué hora, dónde y con quién almuerzas?
4. ¿Cuáles son las comidas más (*most*) típicas de tu almuerzo?
5. ¿Desayunas? ¿Qué comes y bebes por la mañana?
6. ¿Qué comida te gusta más? ¿Qué comida no conoces y quieres probar?
7. ¿Comes cada día alimentos de los diferentes grupos de la pirámide alimenticia? ¿Cuáles son las comidas y bebidas más frecuentes en tu dieta?
8. ¿Qué comida recomiendas a tus amigos? ¿Por qué?
9. ¿Eres vegetariano/a? ¿Crees que ser vegetariano/a es una buena idea? ¿Por qué?
10. ¿Te gusta cocinar (*to cook*)? ¿Qué comidas preparas para tus amigos? ¿Para tu familia?

10

Describir Con dos compañeros/as de clase, describe las dos fotos, contestando estas preguntas.

- ¿Quiénes están en las fotos?
- ¿Dónde están?

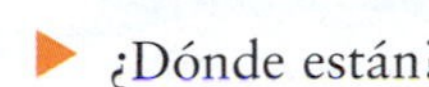

- ¿Qué hora es?
- ¿Qué comen y qué beben?

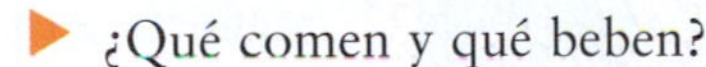

11

Crucigrama Tu profesor(a) les va a dar a ti y a tu compañero/a un crucigrama (*crossword puzzle*) incompleto. Tú tienes las palabras que necesita tu compañero/a y él/ella tiene las palabras que tú necesitas. Tienen que darse pistas (*clues*) para completarlo. No pueden decir la palabra; deben utilizar definiciones, ejemplos y frases.

modelo

6 vertical: Es un condimento que normalmente viene con la sal.

12 horizontal: Es una fruta amarilla.

Una cena... romántica

Maru y Miguel quieren tener una cena romántica, pero les espera una sorpresa.

PERSONAJES

MARU MIGUEL

Video: *Fotonovela*
Record and Compare

1

MARU No sé qué pedir. ¿Qué me recomiendas?

MIGUEL No estoy seguro. Las chuletas de cerdo se ven muy buenas.

MARU ¿Vas a pedirlas?

MIGUEL No sé.

2

MIGUEL ¡Qué bonitos! ¿Quién te los dio?

MARU Me los compró un chico muy guapo e inteligente.

MIGUEL ¿Es tan guapo como yo?

MARU Sí, como tú, guapísimo.

3

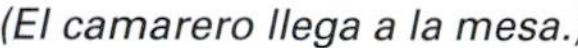

(El camarero llega a la mesa.)

CAMARERO ¿Les gustaría saber nuestras especialidades del día?

MARU Sí, por favor.

CAMARERO Para el entremés, tenemos ceviche de camarón. De plato principal ofrecemos bistec con verduras a la plancha.

4

MARU Voy a probar el jamón.

CAMARERO Perfecto. ¿Y para usted, caballero?

MIGUEL Pollo asado con champiñones y papas, por favor.

CAMARERO Excelente.

5

MIGUEL Por nosotros.

MARU Dos años.

6

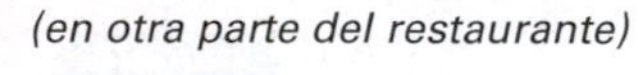

(en otra parte del restaurante)

JUAN CARLOS Disculpe. ¿Qué me puede contar del pollo? ¿Dónde lo consiguió el chef?

CAMARERO ¡Oiga! ¿Qué está haciendo?

CAMARERO

JUAN CARLOS

FELIPE

GERENTE

7

FELIPE Los espárragos están sabrosísimos esta noche. Usted pidió el pollo, señor. Estos champiñones saben a mantequilla.

8

GERENTE ¿Qué pasa aquí, Esteban?

CAMARERO Lo siento señor. Me quitaron la comida.

GERENTE (*a Felipe*) Señor, ¿quién es usted? ¿Qué cree que está haciendo?

9

JUAN CARLOS Felipe y yo les servimos la comida a nuestros amigos. Pero desafortunadamente, salió todo mal.

FELIPE Soy el peor camarero del mundo. ¡Lo siento! Nosotros vamos a pagar la comida.

JUAN CARLOS ¿Nosotros?

10

FELIPE Todo esto fue idea tuya, Juan Carlos.

JUAN CARLOS ¿Mi idea? ¡Felipe! (*al gerente*) Señor, él es más responsable que yo.

GERENTE Tú y tú, vamos.

Expresiones útiles

Ordering food

¿Qué me recomiendas?
What do you recommend?
Las chuletas de cerdo se ven muy buenas.
The pork chops look good.
¿Les gustaría saber nuestras especialidades del día?
Would you like to hear our specials?
Para el entremés, tenemos ceviche de camarón.
For an appetizer, we have shrimp ceviche.
De plato principal ofrecemos bistec con verduras a la plancha.
For a main course, we have beef with grilled vegetables.
Voy a probar el jamón.
I am going to try the ham.

Describing people and things

¡Qué bonitos! ¿Quién te los dio?
How pretty! Who gave them to you?
Me los compró un chico muy guapo e inteligente.
A really handsome, intelligent guy bought them for me.
¿Es tan guapo como yo?
Is he as handsome as I am?
Sí, como tú, guapísimo.
Yes, like you, gorgeous.
Soy el peor camarero del mundo.
I am the worst waiter in the world.
Él es más responsable que yo.
He is more responsible than I am.

Additional vocabulary

el/la gerente *manager*
caballero *gentleman, sir*

recursos

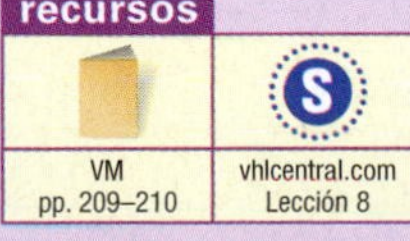

¿Qué pasó?

1 **Escoger** Escoge la respuesta que completa mejor cada oración.

1. Miguel lleva a Maru a un restaurante para _____.
   a. almorzar b. desayunar c. cenar
2. El camarero les ofrece _____ como plato principal.
   a. ceviche de camarón b. bistec con verduras a la plancha
   c. pescado, arroz y ensalada
3. Miguel va a pedir _____.
   a. pollo asado con champiñones y papas
   b. langosta al horno c. pescado con verduras a la mantequilla
4. Felipe les lleva la comida a sus amigos y prueba _____.
   a. el jamón y los vinos b. el atún y la lechuga
   c. los espárragos y los champiñones

NOTA CULTURAL

El **ceviche** es un plato típico de varios países hispanos como México, Perú y Costa Rica. En México, se prepara con pescado o mariscos frescos, jugo de limón, jitomate, cebolla, chile y cilantro. Se puede comer como plato fuerte, pero también como entremés o botana (*snack*). Casi siempre se sirve con tostadas (*fried tortillas*) o galletas saladas (*crackers*).

2 **Identificar** Indica quién puede decir estas oraciones.

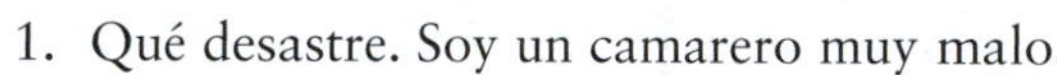

1. Qué desastre. Soy un camarero muy malo.
2. Les recomiendo el bistec con verduras a la plancha.
3. Tal vez escoja las chuletas de cerdo, creo que son muy sabrosas.
4. ¿Qué pasa aquí?
5. Dígame las especialidades del día, por favor.
6. No fue mi idea. Felipe es más responsable que yo.

FELIPE

MARU

JUAN CARLOS

CAMARERO

MIGUEL

GERENTE

3 **Preguntas** Contesta estas preguntas sobre la **Fotonovela**.

1. ¿Por qué fueron Maru y Miguel a un restaurante?
2. ¿Qué entremés es una de las especialidades del día?
3. ¿Qué pidió Maru?
4. ¿Quiénes van a pagar la cuenta?

4 **En el restaurante**

1. Prepara con un(a) compañero/a una conversación en la que le preguntas si conoce algún buen restaurante en tu comunidad. Tu compañero/a responde que él/ella sí conoce un restaurante que sirve una comida deliciosa. Lo/La invitas a cenar y tu compañero/a acepta. Determinan la hora para verse en el restaurante y se despiden.
2. Trabaja con un(a) compañero/a para representar los papeles de un(a) cliente/a y un(a) camarero/a en un restaurante. El/La camarero/a te pregunta qué te puede servir y tú preguntas cuál es la especialidad de la casa. El/La camarero/a te dice cuál es la especialidad y te recomienda algunos platos del menú. Tú pides entremeses, un plato principal y escoges una bebida. El/La camarero/a te sirve la comida y tú le das las gracias.

CONSULTA

To review indefinite words like **algún,** see **Estructura 7.2,** p. 224.

Practice more at **vhlcentral.com.**

Pronunciación

Audio: Concepts, Activities
Record & Compare

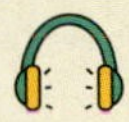

ll, ñ, c, and z

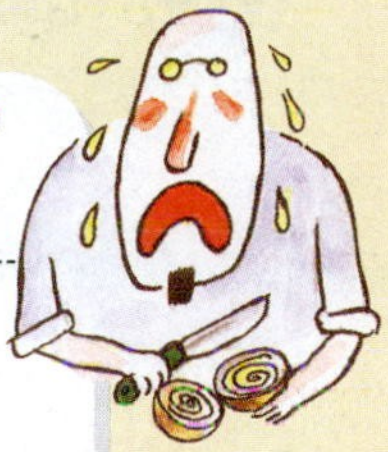

pollo **llave** **ella** **cebolla**

Most Spanish speakers pronounce the letter **ll** like the *y* in *yes*.

mañana **señor** **baño** **niña**

The letter **ñ** is pronounced much like the *ny* in *canyon*.

café **colombiano** **cuando** **rico**

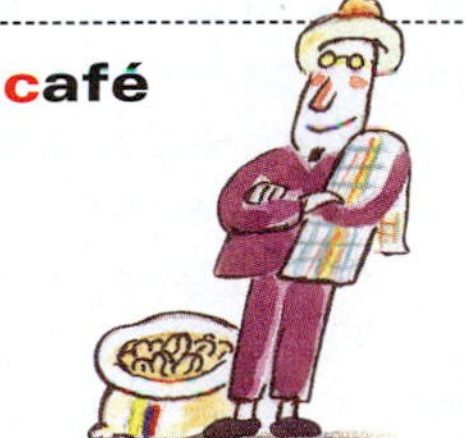

Before **a**, **o**, or **u**, the Spanish **c** is pronounced like the *c* in *car*.

cereales **delicioso** **conducir** **conocer**

Before **e** or **i**, the Spanish **c** is pronounced like the *s* in *sit*. (In parts of Spain, **c** before **e** or **i** is pronounced like the *th* in *think*.)

zeta **zanahoria** **almuerzo** **cerveza**

The Spanish **z** is pronounced like the *s* in *sit*. (In parts of Spain, **z** is pronounced like the *th* in *think*.)

Práctica Lee las palabras en voz alta.

1. mantequilla
2. cuñada
3. aceite
4. manzana
5. español
6. cepillo
7. zapato
8. azúcar
9. quince
10. compañera
11. almorzar
12. calle

Oraciones Lee las oraciones en voz alta.

1. Mi compañero de cuarto se llama Toño Núñez. Su familia es de la ciudad de Guatemala y de Quetzaltenango.
2. Dice que la comida de su mamá es deliciosa, especialmente su pollo al champiñón y sus tortillas de maíz.
3. Creo que Toño tiene razón porque hoy cené en su casa y quiero volver mañana para cenar allí otra vez.

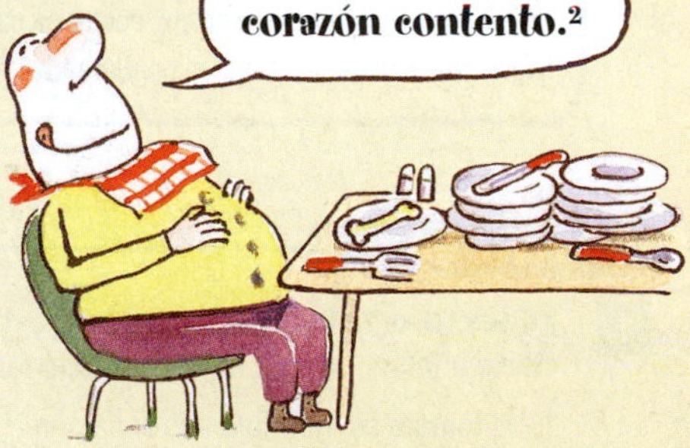

Panza llena, corazón contento.[2]

Refranes Lee los refranes en voz alta.

Las apariencias engañan.[1]

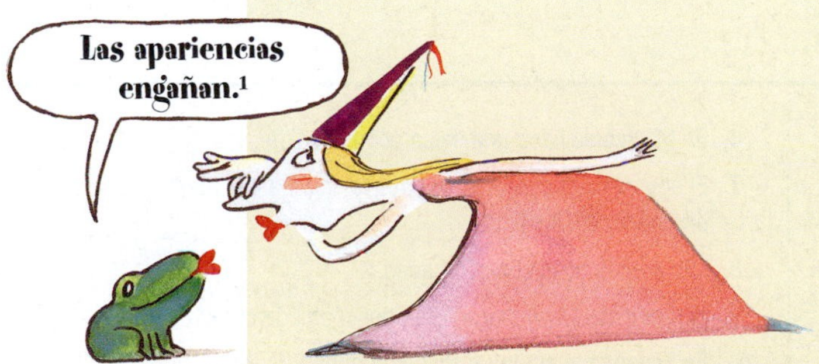

1 Looks can be deceiving.
2 A full belly makes a happy heart.

recursos
LM p. 44
vhlcentral.com Lección 8

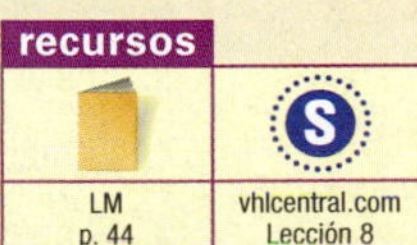

EN DETALLE

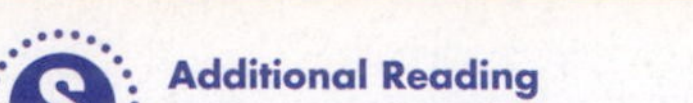

Frutas y verduras de América

Imagínate una pizza sin salsa° de tomate o una hamburguesa sin papas fritas. Ahora piensa que quieres ver una película, pero las palomitas de maíz° y el chocolate no existen. ¡Qué mundo° tan insípido°! Muchas de las comidas más populares del mundo tienen ingredientes esenciales que son originarios del continente llamado Nuevo Mundo. Estas frutas y verduras no fueron introducidas en Europa sino hasta° el siglo° XVI.

El tomate, por ejemplo, era° usado como planta ornamental cuando llegó por primera vez a Europa porque pensaron que era venenoso°. El maíz, por su parte, era ya la base de la comida de muchos países latinoamericanos muchos siglos antes de la llegada de los españoles.

La papa fue un alimento° básico para los incas. Incluso consiguieron deshidratarla para almacenarla° por largos períodos de tiempo. El cacao (planta con la que se hace el chocolate) fue muy importante para los aztecas y los mayas. Ellos usaban sus semillas° como moneda° y como ingrediente de diversas salsas. También las molían° para preparar una bebida, mezclándolas° con agua ¡y con chile!

El aguacate°, la guayaba°, la papaya, la piña y el maracuyá (o fruta de la pasión) son otros ejemplos de frutas originarias de América que son hoy día conocidas en todo el mundo.

Mole

¿En qué alimentos encontramos estas frutas y verduras?

Tomate: pizza, ketchup, salsa de tomate, sopa de tomate

Maíz: palomitas de maíz, tamales, tortillas, arepas (Colombia y Venezuela), pan

Papa: papas fritas, frituras de papa°, puré de papas°, sopa de papas, tortilla de patatas (España)

Cacao: mole (México), chocolatinas°, cereales, helados°, tartas°

Aguacate: guacamole (México), coctel de camarones, sopa de aguacate, nachos, enchiladas hondureñas

salsa *sauce* palomitas de maíz *popcorn* mundo *world* insípido *flavorless* hasta *until* siglo *century* era *was* venenoso *poisonous* alimento *food* almacenarla *to store it* semillas *seeds* moneda *currency* las molían *they used to grind them* mezclándolas *mixing them* aguacate *avocado* guayaba *guava* frituras de papa *chips* puré de papas *mashed potatoes* chocolatinas *chocolate bars* helados *ice cream* tartas *cakes*

ACTIVIDADES

1 **¿Cierto o falso?** Indica si lo que dicen las oraciones es **cierto** o **falso**. Corrige la información falsa.

1. El tomate se introdujo a Europa como planta ornamental.
2. Los incas sólo consiguieron almacenar las papas por poco tiempo.
3. Los aztecas y los mayas usaron las papas como moneda.
4. El maíz era una comida poco popular en Latinoamérica.
5. El aguacate era el alimento básico de los incas.
6. En México se hace una salsa con chocolate.
7. El aguacate, la guayaba, la papaya, la piña y el maracuyá son originarios de América.
8. Las arepas se hacen con cacao.
9. El aguacate es un ingrediente del cóctel de camarones.
10. En España hacen una tortilla con papas.

ASÍ SE DICE

La comida

el banano (Col.), el cambur (Ven.), el guineo (Nic.), el plátano (Amér. L., Esp.)	la banana
el choclo (Amér. S.), el elote (Méx.), el jojoto (Ven.), la mazorca (Esp.)	*corncob*
las caraotas (Ven.), los porotos (Amér. S.), las habichuelas (P. R.)	los frijoles
el durazno (Méx.)	el melocotón
el jitomate (Méx.)	el tomate

EL MUNDO HISPANO

Algunos platos típicos

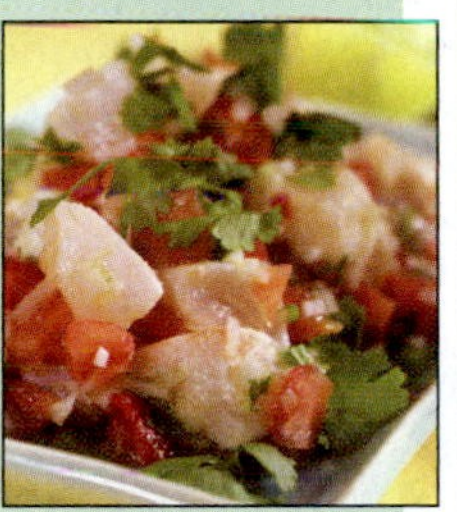

- **Ceviche peruano:** Es un plato de pescado crudo° que se marina° en jugo de limón, con sal, pimienta, cebolla y ají°. Se sirve con lechuga, maíz, camote° y papa amarilla.
- **Gazpacho andaluz:** Es una sopa fría típica del sur de España. Se hace con verduras crudas y molidas°: tomate, ají, pepino° y ajo. También lleva pan, sal, aceite y vinagre.
- **Sancocho colombiano:** Es una sopa de pollo, pescado o carne con plátano, maíz, zanahoria, yuca, papas, cebolla, cilantro y ajo. Se sirve con arroz blanco.

crudo *raw* se marina *gets marinated* ají *pepper* camote *sweet potato* molidas *mashed* pepino *cucumber*

PERFIL

Ferran Adrià: arte en la cocina°

¿Qué haces si un amigo te invita a comer croquetas líquidas o paella de *Kellogg's*? ¿Piensas que es una broma°? ¡Cuidado! Puedes estar perdiendo la oportunidad de probar los platos de uno de los chefs más innovadores del mundo°: **Ferran Adrià**.

Aire de zanahorias

Este artista de la cocina basa su éxito° en la creatividad y en la química. Adrià modifica combinaciones de ingredientes y juega con contrastes de gustos y sensaciones: frío-caliente, crudo-cocido°, dulce°-salado°... A partir de nuevas técnicas, altera° la textura° de los alimentos sin alterar su sabor°. Sus platos sorprendentes° y divertidos atraen a muchos nuevos chefs a su academia de cocina experimental. Quizás un día compraremos° en el supermercado té esférico°, carne líquida y espuma° de tomate.

cocina *kitchen* broma *joke* mundo *world* éxito *success* cocido *cooked* dulce *sweet* salado *savory* sabor *taste* sorprendentes *surprising* compraremos *we will buy* esférico *spheric* espuma *foam*

Conexión Internet

¿Qué platos comen los hispanos en los Estados Unidos?

Go to **vhlcentral.com** to find more cultural information related to this **Cultura** section.

ACTIVIDADES

2 Comprensión Empareja cada palabra con su definición.

1. fruta amarilla
2. sopa típica de Colombia
3. ingrediente del ceviche
4. chef español

a. gazpacho
b. Ferran Adrià
c. sancocho
d. guineo
e. pescado

3 ¿Qué plato especial hay en tu región? Escribe cuatro oraciones sobre un plato típico de tu región. Explica los ingredientes que contiene y cómo se sirve.

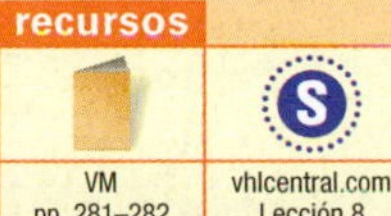

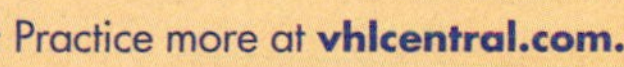

8.1 Preterite of stem-changing verbs

ANTE TODO As you learned in **Lección 6**, **–ar** and **–er** stem-changing verbs have no stem change in the preterite. **–Ir** stem-changing verbs, however, do have a stem change. Study the following chart and observe where the stem changes occur.

Preterite of –ir stem-changing verbs

		servir *(to serve)*	**dormir** *(to sleep)*
SINGULAR FORMS	yo	serví	dormí
	tú	serviste	dormiste
	Ud./él/ella	s**i**rvió	d**u**rmió
PLURAL FORMS	nosotros/as	servimos	dormimos
	vosotros/as	servisteis	dormisteis
	Uds./ellos/ellas	s**i**rvieron	d**u**rmieron

CONSULTA

There are a few high-frequency irregular verbs in the preterite. You will learn more about them in **Estructura 9.1**, p. 286.

▶ Stem-changing **–ir** verbs, in the preterite only, have a stem change in the third-person singular and plural forms. The stem change consists of either **e** to **i** or **o** to **u**.

(e → i) pedir: p**i**dió, p**i**dieron (o → u) morir (*to die*): m**u**rió, m**u**rieron

¡INTÉNTALO! Cambia cada infinitivo al pretérito.

1. Yo *serví, dormí, pedí...* . (servir, dormir, pedir, preferir, repetir, seguir)
2. Usted ____________ . (morir, conseguir, pedir, sentirse, despedirse, vestirse)
3. Tú ____________ . (conseguir, servir, morir, pedir, dormir, repetir)
4. Ellas ____________ . (repetir, dormir, seguir, preferir, morir, servir)
5. Nosotros ____________ . (seguir, preferir, servir, vestirse, despedirse, dormirse)
6. Ustedes ____________ . (sentirse, vestirse, conseguir, pedir, despedirse, dormirse)
7. Él ____________ . (dormir, morir, preferir, repetir, seguir, pedir)

recursos

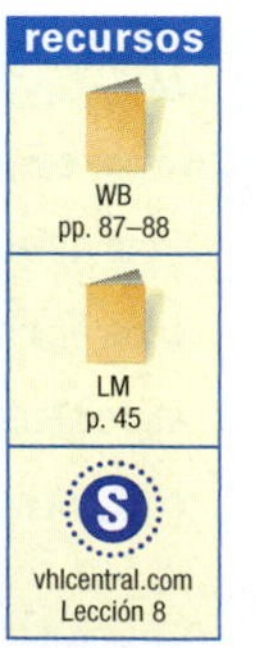

Práctica

1

Completar Completa estas oraciones para describir lo que pasó anoche en el restaurante El Famoso.

1. Paula y Humberto Suárez llegaron al restaurante El Famoso a las ocho y __________ (seguir) al camarero a una mesa en la sección de no fumar.
2. El señor Suárez __________ (pedir) una chuleta de cerdo.
3. La señora Suárez __________ (preferir) probar los camarones.
4. De tomar, los dos __________ (pedir) vino tinto.
5. El camarero __________ (repetir) el pedido (*the order*) para confirmarlo.
6. La comida tardó mucho (*took a long time*) en llegar y los señores Suárez __________ (dormirse) esperando la comida.
7. A las nueve y media el camarero les __________ (servir) la comida.
8. Después de comer la chuleta, el señor Suárez __________ (sentirse) muy mal.
9. Pobre señor Suárez... ¿por qué no __________ (pedir) los camarones?

NOTA CULTURAL

El horario de las comidas en España es distinto al de los EE.UU. El desayuno es ligero (*light*). La hora del almuerzo es entre las 2 y las 3 de la tarde. Es la comida más importante del día. Mucha gente merienda o come unas tapas por la tarde. La cena, normalmente ligera, suele (*tends*) ser entre las 9 y las 11 de la noche.

2

El camarero loco En el restaurante La Hermosa trabaja un camarero muy distraído que siempre comete muchos errores. Indica lo que los clientes pidieron y lo que el camarero les sirvió.

modelo

Armando / papas fritas

Armando pidió papas fritas, pero el camarero le sirvió maíz.

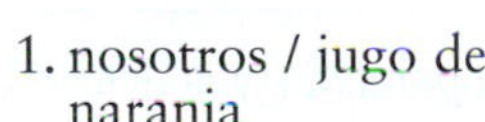

1. nosotros / jugo de naranja

2. Beatriz / queso

3. tú / arroz

4. Elena y Alejandro / atún

5. usted / agua mineral

6. yo / hamburguesa

Practice more at **vhlcentral.com.**

Comunicación

3

El almuerzo Trabajen en parejas. Túrnense para completar las oraciones de César de una manera lógica.

> **modelo**
> Mi compañero de cuarto se despertó temprano, pero yo...
> *Mi compañero de cuarto se despertó temprano, pero yo me desperté tarde.*

1. Yo llegué al restaurante a tiempo, pero mis amigos...
2. Beatriz pidió la ensalada de frutas, pero yo...
3. Yolanda les recomendó el bistec, pero Eva y Paco...
4. Nosotros preferimos las papas fritas, pero Yolanda...
5. El camarero sirvió la carne, pero yo...
6. Beatriz y yo pedimos café, pero Yolanda y Paco...
7. Eva se sintió enferma, pero Paco y yo...
8. Nosotros repetimos postre (*dessert*), pero Eva...
9. Ellos salieron tarde, pero yo...
10. Yo me dormí temprano, pero mi compañero de cuarto...

¡LENGUA VIVA!

In Spanish, the verb **repetir** is used to express *to have a second helping* (*of something*).

Cuando mi mamá prepara sopa de champiñones, yo siempre repito.
When my mom makes mushroom soup, I always have a second helping.

4

Entrevista Trabajen en parejas y túrnense para entrevistar a su compañero/a.

1. ¿Te acostaste tarde o temprano anoche? ¿A qué hora te dormiste? ¿Dormiste bien?
2. ¿A qué hora te despertaste esta mañana? Y, ¿a qué hora te levantaste?
3. ¿A qué hora vas a acostarte esta noche?
4. ¿Qué almorzaste ayer? ¿Quién te sirvió el almuerzo?
5. ¿Qué cenaste ayer?
6. ¿Cenaste en un restaurante recientemente? ¿Con quién(es)?
7. ¿Qué pediste en el restaurante? ¿Qué pidieron los demás?
8. ¿Se durmió alguien en alguna de tus clases la semana pasada? ¿En qué clase?

Síntesis

5

Describir En grupos, estudien la foto y las preguntas. Luego, describan la primera (¿y la última?) cita de César y Libertad.

CONSULTA

To review words commonly associated with the preterite, such as **anoche**, see **Estructura 6.3**, p. 191.

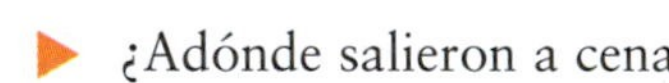

- ¿Adónde salieron a cenar?
- ¿Qué pidieron?
- ¿Les gustó la comida?
- ¿Quién prefirió una cena vegetariana? ¿Por qué?
- ¿Cómo se vistieron?
- ¿De qué hablaron? ¿Les gustó la conversación?
- ¿Van a volver a verse? ¿Por qué?

8.2 Double object pronouns

ANTE TODO In **Lecciones 5** and **6**, you learned that direct and indirect object pronouns replace nouns and that they often refer to nouns that have already been referenced. You will now learn how to use direct and indirect object pronouns together. Observe the following diagram.

Indirect Object Pronouns			Direct Object Pronouns	
me	nos	+	lo	los
te	os		la	las
le (se)	les (se)			

▶ When direct and indirect object pronouns are used together, the indirect object pronoun always precedes the direct object pronoun.

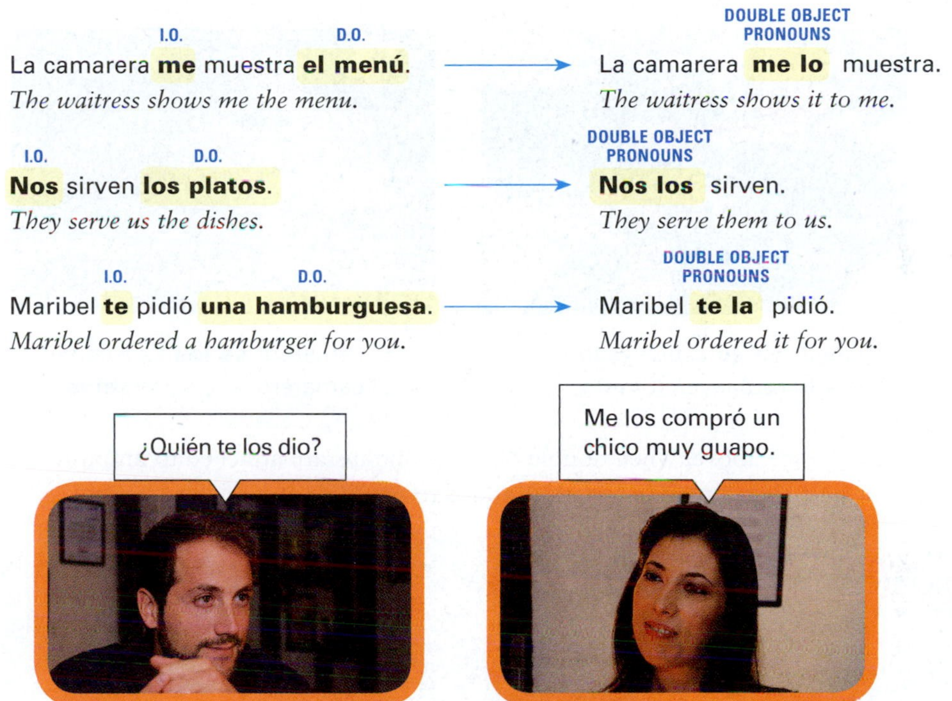

I.O. D.O. La camarera **me** muestra **el menú**. → DOUBLE OBJECT PRONOUNS La camarera **me lo** muestra.
The waitress shows me the menu. → *The waitress shows it to me.*

I.O. D.O. **Nos** sirven **los platos**. → DOUBLE OBJECT PRONOUNS **Nos los** sirven.
They serve us the dishes. → *They serve them to us.*

I.O. D.O. Maribel **te** pidió **una hamburguesa**. → DOUBLE OBJECT PRONOUNS Maribel **te la** pidió.
Maribel ordered a hamburger for you. → *Maribel ordered it for you.*

▶ In Spanish, two pronouns that begin with the letter **l** cannot be used together. Therefore, the indirect object pronouns **le** and **les** always change to **se** when they are used with **lo, los, la,** and **las.**

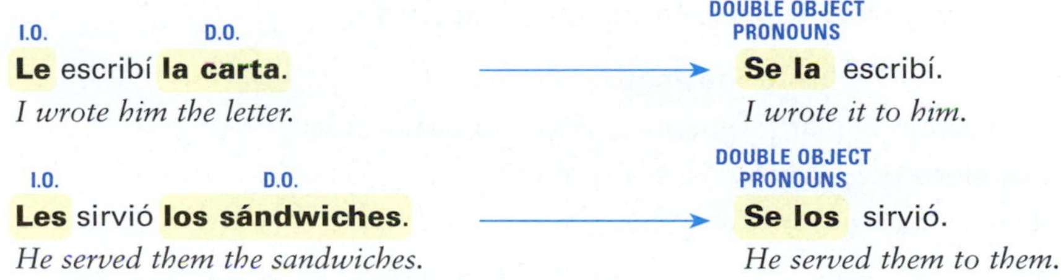

I.O. D.O. **Le** escribí **la carta**. → DOUBLE OBJECT PRONOUNS **Se la** escribí.
I wrote him the letter. → *I wrote it to him.*

I.O. D.O. **Les** sirvió **los sándwiches**. → DOUBLE OBJECT PRONOUNS **Se los** sirvió.
He served them the sandwiches. → *He served them to them.*

- Because **se** has multiple meanings, Spanish speakers often clarify to whom the pronoun refers by adding **a usted, a él, a ella, a ustedes, a ellos,** or **a ellas.**

¿El sombrero? Carlos **se** lo vendió **a ella.**
The hat? Carlos sold it to her.

¿Las verduras? Ellos **se** las compran **a usted.**
The vegetables? They are buying them for you.

- Double object pronouns are placed before a conjugated verb. With infinitives and present participles, they may be placed before the conjugated verb or attached to the end of the infinitive or present participle.

DOUBLE OBJECT PRONOUNS
Te lo voy a mostrar.

DOUBLE OBJECT PRONOUNS
Voy a mostrár**telo**.

DOUBLE OBJECT PRONOUNS
Nos las están comprando.

DOUBLE OBJECT PRONOUNS
Están comprándo**noslas**.

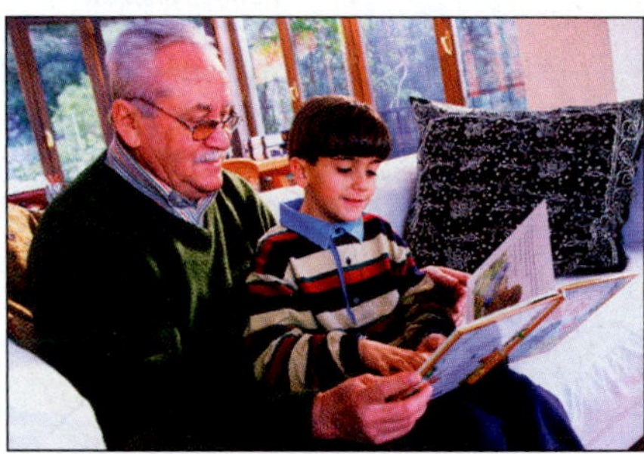

Mi abuelo **me lo** está leyendo.
Mi abuelo está leyéndo**melo**.

El camarero **se los** va a servir.
El camarero va a servír**selos**.

- As you can see above, when double object pronouns are attached to an infinitive or a present participle, an accent mark is added to maintain the original stress.

¡INTÉNTALO! Escribe el pronombre de objeto directo o indirecto que falta en cada oración.

Objeto directo

1. ¿La ensalada? El camarero nos ___la___ sirvió.
2. ¿El salmón? La dueña me _______ recomienda.
3. ¿La comida? Voy a preparárte_______.
4. ¿Las bebidas? Estamos pidiéndose_______.
5. ¿Los refrescos? Te _______ puedo traer ahora.
6. ¿Los platos de arroz? Van a servírnos_______ después.

Objeto indirecto

1. ¿Puedes traerme tu plato? No, no ___te___ lo puedo traer.
2. ¿Quieres mostrarle la carta? Sí, voy a mostrár_______la ahora.
3. ¿Les serviste la carne? No, no _______ la serví.
4. ¿Vas a leerle el menú? No, no _______ lo voy a leer.
5. ¿Me recomiendas la langosta? Sí, _______ la recomiendo.
6. ¿Cuándo vas a prepararnos la cena? _______ la voy a preparar en una hora.

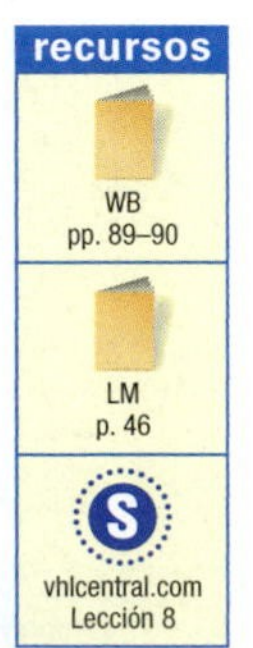

Práctica

1

Responder Imagínate que trabajas de camarero/a en un restaurante. Responde a los pedidos (*requests*) de estos clientes usando pronombres.

modelo

Sra. Gómez: Una ensalada, por favor.
Sí, señora. Enseguida (Right away) se la traigo.

1. Sres. López: La mantequilla, por favor.
2. Srta. Rivas: Los camarones, por favor.
3. Sra. Lugones: El pollo asado, por favor.
4. Tus compañeros/as de cuarto: Café, por favor.
5. Tu profesor(a) de español: Papas fritas, por favor.
6. Dra. González: La chuleta de cerdo, por favor.
7. Tu padre: Los champiñones, por favor.
8. Dr. Torres: La cuenta, por favor.

AYUDA

Here are some other useful expressions:

ahora mismo
right now

inmediatamente
immediately

¡A la orden!
At your service!

¡Ya voy!
I'm on my way!

2

¿Quién? La señora Cevallos está planeando una cena. Se pregunta cómo va a resolver ciertas situaciones. En parejas, túrnense para decir lo que ella está pensando. Cambien los sustantivos subrayados por pronombres de objeto directo y hagan los otros cambios necesarios.

modelo

¡No tengo carne! ¿Quién va a traerme la carne del supermercado? (mi esposo)
Mi esposo va a traérmela./Mi esposo me la va a traer.

1. ¡Las invitaciones! ¿Quién les manda las invitaciones a los invitados (*guests*)? (mi hija)
2. No tengo tiempo de ir a la bodega. ¿Quién me puede comprar el vino? (mi hijo)
3. ¡Ay! No tengo suficientes platos (*plates*). ¿Quién puede prestarme los platos que necesito? (mi mamá)
4. Nos falta mantequilla. ¿Quién nos trae la mantequilla? (mi cuñada)
5. ¡Los entremeses! ¿Quién está preparándonos los entremeses? (Silvia y Renata)
6. No hay suficientes sillas. ¿Quién nos trae las sillas que faltan? (Héctor y Lorena)
7. No tengo tiempo de pedirle el aceite a Mónica. ¿Quién puede pedirle el aceite? (mi hijo)
8. ¿Quién va a servirles la cena a los invitados? (mis hijos)
9. Quiero poner buena música de fondo (*background*). ¿Quién me va a recomendar la música? (mi esposo)
10. ¡Los postres! ¿Quién va a preparar los postres para los invitados? (Sra. Villalba)

Los vinos de Chile son conocidos internacionalmente. **Concha y Toro** es el productor y exportador más grande de vinos de Chile. Las zonas más productivas de vino están al norte de Santiago, en el Valle Central.

Practice more at **vhlcentral.com.**

Comunicación

3

Contestar Trabajen en parejas. Túrnense para hacer preguntas, usando las palabras interrogativas **¿Quién?** o **¿Cuándo?**, y para responderlas. Sigan el modelo.

modelo

nos enseña español
Estudiante 1: *¿Quién nos enseña español?*
Estudiante 2: *La profesora Camacho nos lo enseña.*

1. te puede explicar (*explain*) la tarea cuando no la entiendes
2. les vende el almuerzo a los estudiantes
3. vas a comprarme boletos (*tickets*) para un concierto
4. te escribe mensajes de texto
5. nos prepara los entremeses
6. me vas a prestar tu computadora
7. te compró esa bebida
8. nos va a recomendar el menú de la cafetería
9. le enseñó español al/a la profesor(a)
10. me vas a mostrar tu casa o apartamento

4

Preguntas En parejas, túrnense para hacerse estas preguntas.

modelo

Estudiante 1: *¿Les prestas tu casa a tus amigos? ¿Por qué?*
Estudiante 2: *No, no se la presto a mis amigos porque no son muy responsables.*

1. ¿Me prestas tu auto? ¿Ya le prestaste tu auto a otro/a amigo/a?
2. ¿Quién te presta dinero cuando lo necesitas?
3. ¿Les prestas dinero a tus amigos? ¿Por qué?
4. ¿Nos compras el almuerzo a mí y a los otros compañeros de clase?
5. ¿Les mandas correo electrónico a tus amigos? ¿Y a tu familia?
6. ¿Les das regalos a tus amigos? ¿Cuándo?
7. ¿Quién te va a preparar la cena esta noche?
8. ¿Quién te va a preparar el desayuno mañana?

Síntesis

5

Regalos de Navidad Tu profesor(a) te va a dar a ti y a un(a) compañero/a una parte de la lista de los regalos de Navidad (*Christmas gifts*) que Berta pidió y los regalos que sus parientes le compraron. Conversen para completar sus listas.

modelo

Estudiante 1: *¿Qué le pidió Berta a su mamá?*
Estudiante 2: *Le pidió una computadora. ¿Se la compró?*
Estudiante 1: *Sí, se la compró.*

NOTA CULTURAL

Las fiestas navideñas (*Christmas season*) en los países hispanos duran hasta enero. En muchos lugares celebran **la Navidad** (*Christmas*), pero no se dan los regalos hasta el seis de enero, **el Día de los Reyes Magos** (*Three Kings' Day/The Feast of the Epiphany*).

8.3 Comparisons

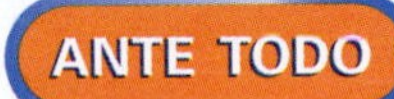

Both Spanish and English use comparisons to indicate which of two people or things has a lesser, equal, or greater degree of a quality.

Comparisons

menos interesante	**más grande**	**tan sabroso como**
less interesting	*bigger*	*as delicious as*

Comparisons of inequality

- Comparisons of inequality are formed by placing **más** (*more*) or **menos** (*less*) before adjectives, adverbs, and nouns and **que** (*than*) after them.

más/menos + [*adjective* / *adverb* / *noun*] + **que**

- **¡Atención!** Note that while English has a comparative form for short adjectives (*tall**er***), such forms do not exist in Spanish (**más** alto).

adjectives

Los bistecs son **más caros que** el pollo.
Steaks are more expensive than chicken.

Estas uvas son **menos ricas que** esa pera.
These grapes are less tasty than that pear.

adverbs

Me acuesto **más tarde que** tú.
I go to bed later than you (do).

Luis se despierta **menos temprano que** yo.
Luis wakes up less early than I (do).

nouns

Juan prepara **más platos que** José.
Juan prepares more dishes than José (does).

Susana come **menos carne que** Enrique.
Susana eats less meat than Enrique (does).

La ensalada es menos cara que la sopa.

¿El pollo es más rico que el jamón?

- When the comparison involves a numerical expression, **de** is used before the number instead of **que**.

Hay más **de** cincuenta naranjas.
There are more than fifty oranges.

Llego en menos **de** diez minutos.
I'll be there in less than ten minutes.

- With verbs, this construction is used to make comparisons of inequality.

[*verb*] + **más/menos que**

Mis hermanos **comen más que** yo.
My brothers eat more than I (do).

Arturo **duerme menos que** su padre.
Arturo sleeps less than his father (does).

Comparisons of equality

- This construction is used to make comparisons of equality.

tan + [*adjective* / *adverb*] + **como**

tanto/a(s) + [*singular noun* / *plural noun*] + **como**

¿Es tan guapo como yo?

¿Aquí vienen tantos mexicanos como extranjeros?

- **¡Atención!** Note that unlike **tan**, **tanto** acts as an adjective and therefore agrees in number and gender with the noun it modifies.

Estas uvas son **tan ricas como** aquéllas.
These grapes are as tasty as those ones (are).

Yo probé **tantos platos como** él.
I tried as many dishes as he did.

- **Tan** and **tanto** can also be used for emphasis, rather than to compare, with these meanings: **tan** *so*, **tanto** *so much*, **tantos/as** *so many*.

¡Tu almuerzo es **tan** grande!
Your lunch is so big!

¡Comes **tanto**!
You eat so much!

¡Comes **tantas** manzanas!
You eat so many apples!

¡Preparan **tantos** platos!
They prepare so many dishes!

- Comparisons of equality with verbs are formed by placing **tanto como** after the verb. Note that in this construction **tanto** does not change in number or gender.

[*verb*] + **tanto como**

Tú viajas **tanto como** mi tía.
You travel as much as my aunt (does).

Ellos hablan **tanto como** mis hermanas.
They talk as much as my sisters.

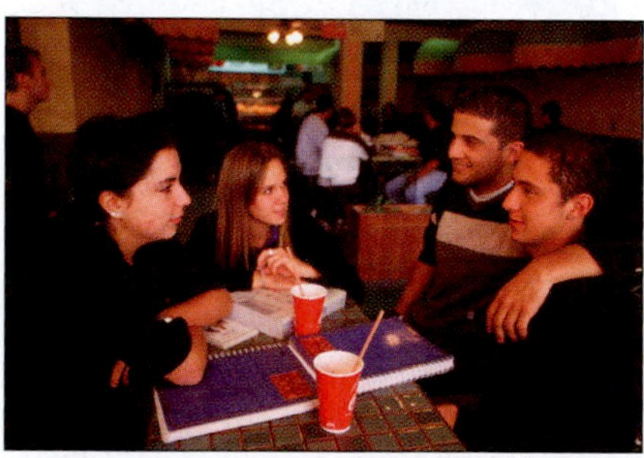

Sabemos **tanto como** ustedes.
We know as much as you (do).

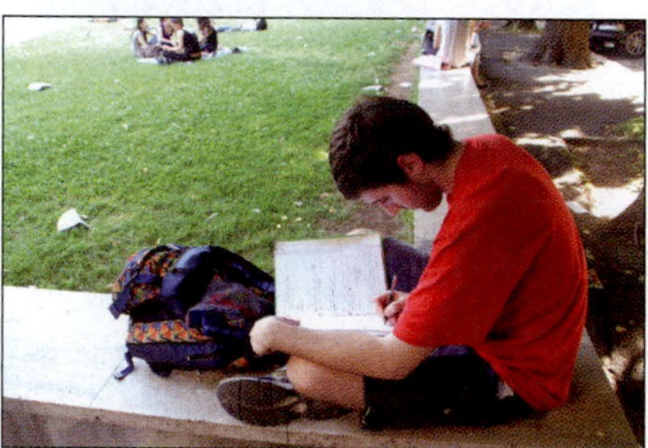

No estudio **tanto como** Felipe.
I don't study as much as Felipe (does).

Irregular comparisons

▶ Some adjectives have irregular comparative forms.

Irregular comparative forms

Adjective		Comparative form	
bueno/a	*good*	**mejor**	*better*
malo/a	*bad*	**peor**	*worse*
grande	*big*	**mayor**	*bigger*
pequeño/a	*small*	**menor**	*smaller*
joven	*young*	**menor**	*younger*
viejo/a	*old*	**mayor**	*older*

CONSULTA

To review how descriptive adjectives like **bueno**, **malo**, and **grande** shorten before nouns, see **Estructura 3.1**, p. 82.

▶ When **grande** and **pequeño/a** refer to age, the irregular comparative forms, **mayor** and **menor**, are used. However, when these adjectives refer to size, the regular forms, **más grande** and **más pequeño/a**, are used.

Yo soy **menor** que tú.
I'm younger than you.

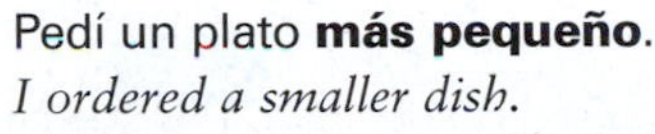
Pedí un plato **más pequeño**.
I ordered a smaller dish.

Nuestro hijo es **mayor** que el hijo de los Andrade.
Our son is older than the Andrades' son.

La ensalada de Isabel es **más grande** que ésa.
Isabel's salad is bigger than that one.

▶ The adverbs **bien** and **mal** have the same irregular comparative forms as the adjectives **bueno/a** and **malo/a**.

Julio nada **mejor** que los otros chicos.
Julio swims better than the other boys.

Ellas cantan **peor** que las otras chicas.
They sing worse than the other girls.

Escribe el equivalente de las palabras en inglés.

1. Ernesto mira más televisión ___que___ (*than*) Alberto.
2. Tú eres ________ (*less*) simpático que Federico.
3. La camarera sirve ________ (*as much*) carne como pescado.
4. Recibo ________ (*more*) propinas que tú.
5. No estudio ________ (*as much as*) tú.
6. ¿Sabes jugar al tenis tan bien ________ (*as*) tu hermana?
7. ¿Puedes beber ________ (*as many*) refrescos como yo?
8. Mis amigos parecen ________ (*as*) simpáticos como ustedes.

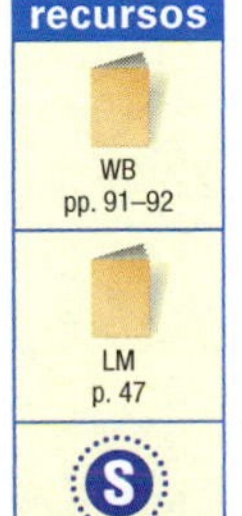

Práctica

1

Escoger Escoge la palabra correcta para comparar a dos hermanas muy diferentes. Haz los cambios necesarios.

1. Lucila es más alta y más bonita __________ Tita. (de, más, menos, que)
2. Tita es más delgada porque come __________ verduras que su hermana. (de, más, menos, que)
3. Lucila es más __________ que Tita porque es alegre. (listo, simpático, bajo)
4. A Tita le gusta comer en casa. Va a __________ restaurantes que su hermana. (más, menos, que) Es tímida, pero activa. Hace __________ ejercicio (*exercise*) que su hermana. (más, tanto, menos) Todos los días toma más __________ cinco vasos (*glasses*) de agua mineral. (que, tan, de)
5. Lucila come muchas papas fritas y se preocupa __________ que Tita por comer frutas. (de, más, menos) ¡Son __________ diferentes! Pero se llevan (*they get along*) muy bien. (como, tan, tanto)

2

Emparejar Compara a Mario y a Luis, los novios de Lucila y Tita, completando las oraciones de la columna A con las palabras o frases de la columna B.

A

1. Mario es __________ como Luis.
2. Mario viaja tanto __________ Luis.
3. Luis toma __________ clases de cocina (*cooking*) como Mario.
4. Luis habla __________ tan bien como Mario.
5. Mario tiene tantos __________ como Luis.
6. ¡Qué casualidad (*coincidence*)! Mario y Luis también son hermanos, pero no hay tanta __________ entre ellos como entre Lucila y Tita.

B

tantas
diferencia
tan interesante
amigos extranjeros
como
francés

3

Oraciones Combina elementos de las columnas A, B y C para hacer comparaciones. Escribe oraciones completas.

modelo

Arnold Schwarzenegger tiene tantos autos como Jennifer Aniston.
Jennifer Aniston es menos musculosa que Arnold Schwarzenegger.

A	B	C
la comida japonesa	costar	la gente de Montreal
el fútbol	saber	la música *country*
Arnold Schwarzenegger	ser	el brócoli
el pollo	tener	el presidente de los EE.UU.
la gente de Vancouver	¿?	la comida italiana
la primera dama (*lady*) de los EE.UU.		el hockey
las universidades privadas		Jennifer Aniston
las espinacas		las universidades públicas
la música rap		la carne de res

Practice more at **vhlcentral.com.**

Comunicación

4

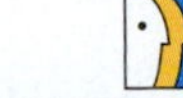

Intercambiar En parejas, hagan comparaciones sobre diferentes cosas. Pueden usar las sugerencias de la lista u otras ideas.

AYUDA

You can use these adjectives in your comparisons:
bonito/a
caro/a
elegante
interesante
inteligente

modelo

Estudiante 1: Los pollos de *Pollitos del Corral* son muy ricos.
Estudiante 2: Pues yo creo que los pollos de *Rostipollos* son tan buenos como los pollos de *Pollitos del Corral.*
Estudiante 1: Ummm... no tienen tanta mantequilla como los pollos de *Pollitos del Corral.* Tienes razón. Son muy sabrosos.

restaurantes en tu ciudad/pueblo
cafés en tu comunidad
tiendas en tu ciudad/pueblo

periódicos en tu ciudad/pueblo
revistas favoritas
libros favoritos

comidas favoritas
los profesores
los cursos que toman

5

Conversar En grupos, túrnense para hacer comparaciones entre ustedes mismos (*yourselves*) y una persona de cada categoría de la lista.

- una persona de tu familia
- un(a) amigo/a especial
- una persona famosa

Síntesis

6

La familia López En grupos, túrnense para hablar de Sara, Sabrina, Cristina, Ricardo y David y hacer comparaciones entre ellos.

modelo

Estudiante 1: Sara es tan alta como Sabrina.
Estudiante 2: Sí, pero David es más alto que ellas.
Estudiante 3: En mi opinión, él es guapo también.

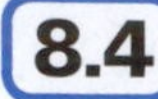

8.4 Superlatives

Tutorial

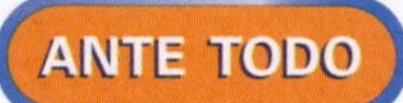

ANTE TODO Both English and Spanish use superlatives to express the highest or lowest degree of a quality.

el/la mejor	**el/la peor**	**el/la más alto/a**
the best	*the worst*	*the tallest*

▶ This construction is used to form superlatives. Note that the noun is always preceded by a definite article and that **de** is equivalent to the English *in* or *of*.

el/la/los/las + [*noun*] + **más/menos** + [*adjective*] + **de**

▶ The noun can be omitted if the person, place, or thing referred to is clear.

¿El restaurante Las Delicias?
Es **el más elegante** de la ciudad.
The restaurant Las Delicias?
It's the most elegant (one) in the city.

Recomiendo el pollo asado.
Es **el más sabroso** del menú.
I recommend the roast chicken.
It's the most delicious on the menu.

▶ Here are some irregular superlative forms.

Irregular superlatives

Adjective		Superlative form	
bueno/a	*good*	**el/la mejor**	*(the) best*
malo/a	*bad*	**el/la peor**	*(the) worst*
grande	*big*	**el/la mayor**	*(the) biggest*
pequeño/a	*small*	**el/la menor**	*(the) smallest*
joven	*young*	**el/la menor**	*(the) youngest*
viejo/a	*old*	**el/la mayor**	*(the) eldest*

▶ The absolute superlative is equivalent to *extremely, super,* or *very*. To form the absolute superlative of most adjectives and adverbs, drop the final vowel, if there is one, and add **-ísimo/a(s).**

malo → **mal-** → **malísimo**

¡El bistec está **malísimo**!

mucho → **much-** → **muchísimo**

Comes **muchísimo**.

▶ Note these spelling changes.

rico → **riquísimo** **largo** → **larguísimo** **feliz** → **felicísimo**

fácil → **facilísimo** **joven** → **jovencísimo** **trabajador** → **trabajadorcísimo**

¡ATENCIÓN!

While **más** alone means *more*, after **el, la, los** or **las**, it means *most*. Likewise, **menos** can mean *less* or *least*.

Es **el café más rico del** país.
It's the most delicious coffee in the country.

Es **el menú menos caro de** todos éstos.
It is the least expensive menu of all of these.

CONSULTA

The rule you learned in **Estructura 8.3** (p. 263) regarding the use of **mayor/menor** with age, but not with size, is also true with superlative forms.

¡INTÉNTALO! Escribe el equivalente de las palabras en inglés.

1. Marisa es la más inteligente (*the most intelligent*) de todas.
2. Ricardo y Tomás son ______________ (*the least boring*) de la fiesta.
3. Miguel y Antonio son ______________ (*the worst*) estudiantes de la clase.
4. Mi profesor de biología es ______________ (*the oldest*) de la universidad.

recursos

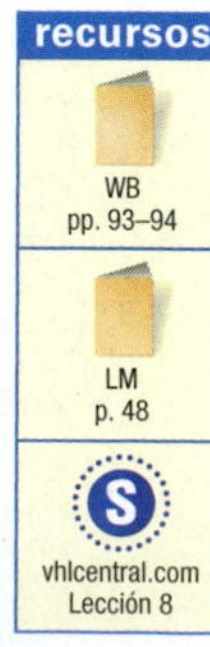

Práctica y Comunicación

1

El más... Responde a las preguntas afirmativamente. Usa las palabras entre paréntesis.

modelo

El cuarto está sucísimo, ¿no? (residencia)
Sí, es el más sucio de la residencia.

1. El almacén Velasco es buenísimo, ¿no? (centro comercial)
2. La silla de tu madre es comodísima, ¿no? (casa)
3. Ángela y Julia están nerviosísimas por el examen, ¿no? (clase)
4. Jorge es jovencísimo, ¿no? (mis amigos)

2

Completar Tu profesor(a) te va a dar una hoja de actividades con descripciones de José Valenzuela Carranza y Ana Orozco Hoffman. Completa las oraciones con las palabras de la lista.

altísima	del	mayor	peor
atlética	guapísimo	mejor	periodista
bajo	la	menor	trabajadorcísimo
de	más	Orozco	Valenzuela

1. José tiene 22 años; es el ____________ y el más ____________ de su familia. Es ____________ y ____________. Es el mejor ____________ de la ciudad y el ____________ jugador de baloncesto.
2. Ana es la más ____________ y ____________ mejor jugadora de baloncesto del estado. Es la ____________ de sus hermanos (tiene 28 años) y es ____________. Estudió la profesión ____________ difícil ____________ todas: medicina.
3. Jorge es el ____________ jugador de videojuegos de su familia.
4. Mauricio es el menor de la familia ____________.
5. El abuelo es el ____________ de todos los miembros de la familia Valenzuela.
6. Fifí es la perra más antipática ____________ mundo.

3

Superlativos Trabajen en parejas para hacer comparaciones. Usen los superlativos.

modelo

Angelina Jolie, Bill Gates, Jimmy Carter
Estudiante 1: *Bill Gates es el más rico de los tres.*
Estudiante 2: *Sí, ¡es riquísimo! Y Jimmy Carter es el mayor de los tres.*

1. Guatemala, Argentina, España
2. Jaguar, Prius, Smart
3. la comida mexicana, la comida francesa, la comida árabe
4. Paris Hilton, Meryl Streep, Katie Holmes
5. Ciudad de México, Buenos Aires, Nueva York
6. *Don Quijote de la Mancha, Cien años de soledad, Como agua para chocolate*
7. el fútbol americano, el golf, el béisbol
8. las películas románticas, las películas de acción, las películas cómicas

Practice more at **vhlcentral.com.**

Recapitulación

Completa estas actividades para repasar los conceptos de gramática que aprendiste en esta lección.

1 **Completar** Completa la tabla con la forma correcta del pretérito. **9 pts.**

Infinitive	yo	usted	ellos
dormir			
servir			
vestirse			

2 **La cena** Completa la conversación con el pretérito de los verbos. **7 pts.**

PAULA ¡Hola, Daniel! ¿Qué tal el fin de semana?

DANIEL Muy bien. Marta y yo (1) __________ (conseguir) hacer muchas cosas, pero lo mejor fue la cena del sábado.

PAULA Ah, ¿sí? ¿Adónde fueron?

DANIEL Al restaurante Vistahermosa. Es elegante, así que (nosotros) (2) __________ (vestirse) bien.

PAULA Y, ¿qué platos (3) __________ (pedir, ustedes)?

DANIEL Yo (4) __________ (pedir) camarones y Marta (5) __________ (preferir) el pollo. Y al final, el camarero nos (6) __________ (servir) flan.

PAULA ¡Qué rico!

DANIEL Sí. Pero después de la cena Marta no (7) __________ (sentirse) bien.

3 **Camareros** Genaro y Úrsula son camareros en un restaurante. Completa la conversación que tienen con su jefe usando pronombres. **8 pts.**

JEFE Úrsula, ¿le ofreciste agua fría al cliente de la mesa 22?

ÚRSULA Sí, (1) ____________________ de inmediato.

JEFE Genaro, ¿los clientes de la mesa 5 te pidieron ensaladas?

GENARO Sí, (2) ____________________.

ÚRSULA Genaro, ¿recuerdas si ya me mostraste los vinos nuevos?

GENARO Sí, ya (3) ____________________.

JEFE Genaro, ¿van a pagarte la cuenta los clientes de la mesa 5?

GENARO Sí, (4) ____________________ ahora mismo.

RESUMEN GRAMATICAL

8.1 Preterite of stem-changing verbs *p. 254*

servir	dormir
serví	dormí
serviste	dormiste
sirvió	durmió
servimos	dormimos
servisteis	dormisteis
sirvieron	durmieron

8.2 Double object pronouns *pp. 257–258*

Indirect Object Pronouns: **me, te, le (se), nos, os, les (se)**

Direct Object Pronouns: **lo, la, los, las**

Le escribí la carta. → Se la escribí.

Nos van a servir los platos. → Nos los van a servir./ Van a servírnoslos.

8.3 Comparisons *pp. 261–263*

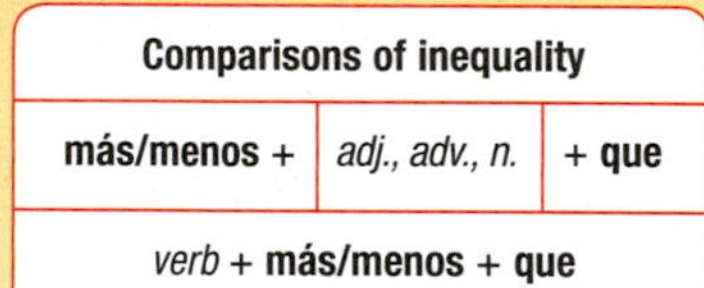

Comparisons of inequality		
más/menos +	*adj., adv., n.*	+ **que**
verb + **más/menos** + **que**		

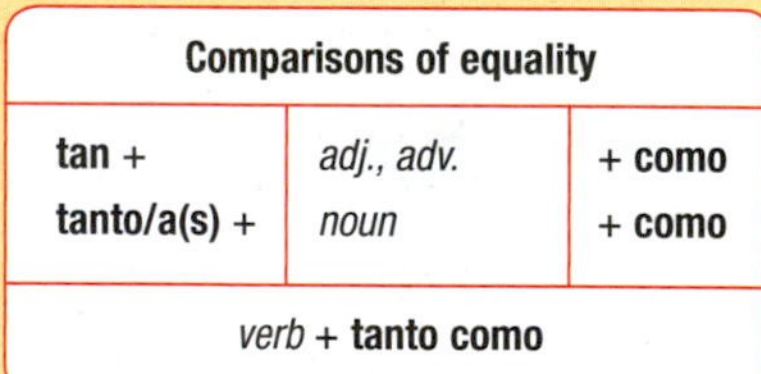

Comparisons of equality		
tan +	*adj., adv.*	+ **como**
tanto/a(s) +	*noun*	+ **como**
verb + **tanto como**		

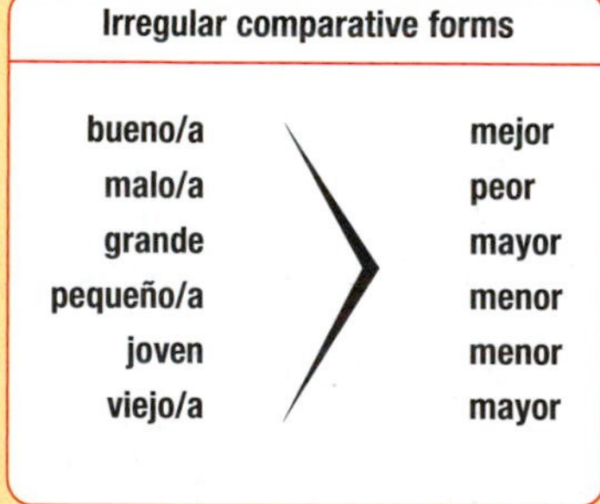

Irregular comparative forms	
bueno/a	mejor
malo/a	peor
grande	mayor
pequeño/a	menor
joven	menor
viejo/a	mayor

8.4 Superlatives p. 266

el/la/ los/las +	noun	+ más/ menos +	adjective	+ de

► Irregular superlatives follow the same pattern as irregular comparatives.

4 

El menú Observa el menú y sus características. Completa las oraciones basándote en los elementos dados. Usa comparativos y superlativos. 14 pts.

Ensaladas	*Precio*	*Calorías*
Ensalada de tomates	$9.00	170
Ensalada de mariscos	$12.99	325
Ensalada de zanahorias	$9.00	200
Platos principales		
Pollo con champiñones	$13.00	495
Cerdo con papas	$10.50	725
Atún con espárragos	$18.95	495

1. ensalada de mariscos / otras ensaladas / costar
   La ensalada de mariscos ________________ las otras ensaladas.
2. pollo con champiñones / cerdo con papas / calorías
   El pollo con champiñones tiene ________________ el cerdo con papas.
3. atún con espárragos / pollo con champiñones / calorías
   El atún con espárragos tiene ________________ el pollo con champiñones.
4. ensalada de tomates / ensalada de zanahorias / caro
   La ensalada de tomates es ________________ la ensalada de zanahorias.
5. cerdo con papas / platos principales / caro
   El cerdo con papas es ________________ los platos principales.
6. ensalada de zanahorias / ensalada de tomates / costar
   La ensalada de zanahorias ________________ la ensalada de tomates.
7. ensalada de mariscos / ensaladas / caro
   La ensalada de mariscos es ________________ las ensaladas.

5 

Dos restaurantes ¿Cuál es el mejor restaurante que conoces? ¿Y el peor? Escribe un párrafo de por lo menos (*at least*) seis oraciones donde expliques por qué piensas así. Puedes hablar de la calidad de la comida, el ambiente, los precios, el servicio, etc. 12 pts.

6 

Adivinanza Completa la adivinanza y adivina la respuesta. ¡2 puntos EXTRA!

"En el campo yo nací°,
mis hermanos son
los ________ (*garlic, pl.*),
y aquél que llora° por mí
me está partiendo°
en pedazos°."
¿Quién soy? ________

nací *was born* llora *cries* partiendo *cutting* pedazos *pieces*

Lectura

Antes de leer

Estrategia

Reading for the main idea

As you know, you can learn a great deal about a reading selection by looking at the format and looking for cognates, titles, and subtitles. You can skim to get the gist of the reading selection and scan it for specific information. Reading for the main idea is another useful strategy; it involves locating the topic sentences of each paragraph to determine the author's purpose for writing a particular piece. Topic sentences can provide clues about the content of each paragraph, as well as the general organization of the reading. Your choice of which reading strategies to use will depend on the style and format of each reading selection.

Examinar el texto

En esta sección tenemos dos textos diferentes. ¿Qué estrategias puedes usar para leer la crítica culinaria°? ¿Cuáles son las apropiadas para familiarizarte con el menú? Utiliza las estrategias más eficaces° para cada texto. ¿Qué tienen en común? ¿Qué tipo de comida sirven en el restaurante?

Identificar la idea principal

Lee la primera frase de cada párrafo de la crítica culinaria del restaurante **La feria del maíz.** Apunta° el tema principal de cada párrafo. Luego lee todo el primer párrafo. ¿Crees que el restaurante le gustó al autor de la crítica culinaria? ¿Por qué? Ahora lee la crítica entera. En tu opinión, ¿cuál es la idea principal de la crítica? ¿Por qué la escribió el autor? Compara tus opiniones con las de un(a) compañero/a.

crítica culinaria *restaurant review* eficaces *efficient* Apunta *Jot down*

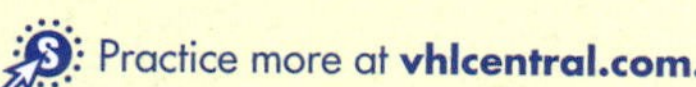

M E N Ú

Entremeses

Tortilla servida con
- Ajiaceite (chile, aceite) • Ajicomino (chile, comino)

Pan tostado servido con
- Queso frito a la pimienta • Salsa de ajo y mayonesa

Sopas

- Tomate • Cebolla • Verduras • Pollo y huevo
- Carne de res • Mariscos

Entradas

Tomaticán
(tomate, papas, maíz, chile, arvejas y zanahorias)

Tamales
(maíz, azúcar, ajo, cebolla)

Frijoles enchilados
(frijoles negros, carne de cerdo o de res, arroz, chile)

Chilaquil
(tortilla de maíz, queso, hierbas y chile)

Tacos
(tortillas, pollo, verduras y salsa)

Cóctel de mariscos
(camarones, langosta, vinagre, sal, pimienta, aceite)

Postres°

- Plátanos caribeños • Cóctel de frutas al ron°
- Uvate (uvas, azúcar de caña y ron) • Flan napolitano
- Helado° de piña y naranja • Pastel° de yogur

Después de leer

Preguntas

En parejas, contesten estas preguntas sobre la crítica culinaria de **La feria del maíz.**

1. ¿Quién es el dueño y chef de **La feria del maíz**?
2. ¿Qué tipo de comida se sirve en el restaurante?
3. ¿Cuál es el problema con el servicio?
4. ¿Cómo es el ambiente del restaurante?
5. ¿Qué comidas probó el autor?
6. ¿Quieren ir ustedes al restaurante **La feria del maíz**? ¿Por qué?

23F

Gastronomía

Por Eduardo Fernández

La feria del maíz

Sobresaliente°. En el nuevo restaurante **La feria del maíz** va a encontrar la perfecta combinación entre la comida tradicional y el encanto° de la vieja ciudad de Antigua. Ernesto Sandoval, antiguo jefe de cocina° del famoso restaurante **El fogón**, está teniendo mucho éxito° en su nueva aventura culinaria.

El gerente°, el experimentado José Sierra, controla a la perfección la calidad del servicio. El camarero que me atendió esa noche fue muy amable en todo momento. Sólo hay que comentar que, debido al éxito inmediato de **La feria del maíz**, se necesitan más camareros para atender a los clientes de una forma más eficaz. En esta ocasión, el mesero se tomó unos veinte minutos en traerme la bebida.

La feria del maíz
13 calle 4-41 Zona 1
La Antigua, Guatemala
2329912

lunes a sábado
10:30am-11:30pm
domingo 10:00am-10:00pm

Comida 🍴🍴🍴🍴🍴
Servicio 🍴🍴🍴
Ambiente 🍴🍴🍴🍴
Precio 🍴🍴🍴

Afortunadamente, no me importó mucho la espera entre plato y plato, pues el ambiente es tan agradable que me sentí como en casa. El restaurante mantiene el estilo colonial de Antigua. Por dentro°, es elegante y rústico a la vez. Cuando el tiempo lo permite, se puede comer también en el patio, donde hay muchas flores.

El servicio de camareros y el ambiente agradable del local pasan a un segundo plano cuando llega la comida, de una calidad extraordinaria. Las tortillas de casa se sirven con un ajiaceite delicioso. La sopa de mariscos es excelente y los tamales, pues, tengo que confesar que son mejores que los de mi abuelita. También recomiendo los tacos de pollo, servidos con un mole buenísimo. De postre, don Ernesto me preparó su especialidad, unos plátanos caribeños sabrosísimos.

Los precios pueden parecer altos° para una comida tradicional, pero la calidad de los productos con que se cocinan los platos y el exquisito ambiente de **La feria del maíz** garantizan° una experiencia inolvidable°.

Bebidas

- Cerveza negra
- Chilate (bebida de maíz, chile y cacao)
- Jugos de fruta
- Agua mineral
- Té helado
- Vino tinto/blanco
- Ron

Postres *Desserts* ron *rum* Helado *Ice cream* Pastel *Cake* Sobresaliente *Outstanding* encanto *charm* jefe de cocina *head chef* éxito *success* gerente *manager* Por dentro *Inside* altos *high* garantizan *guarantee* inolvidable *unforgettable*

Un(a) guía turístico/a

Tú eres un(a) guía turístico/a en Guatemala. Estás en el restaurante **La feria del maíz** con un grupo de turistas norteamericanos. Ellos no hablan español y quieren pedir de comer, pero necesitan tu ayuda. Lee nuevamente el menú e indica qué error comete cada turista.

1. La señora Johnson es diabética y no puede comer azúcar. Pide sopa de verduras y tamales. No pide nada de postre.
2. Los señores Petit son vegeterianos y piden sopa de tomate, frijoles enchilados y plátanos caribeños.
3. El señor Smith, que es alérgico al chocolate, pide tortilla servida con ajiaceite, chilaquil y chilate para beber.
4. La adorable hija del señor Smith tiene sólo cuatro años y le gustan mucho las verduras y las frutas naturales. Su papá le pide tomaticán y un cóctel de frutas.
5. La señorita Jackson está a dieta y pide uvate, flan napolitano y helado.

Video: *Panorama cultural*
Interactive map

Guatemala

El país en cifras

- **Área:** 108.890 km² (42.042 millas²), *un poco más pequeño que Tennessee*
- **Población:** 16.227.000
- **Capital:** Ciudad de Guatemala—1.281.000
- **Ciudades principales:** Quetzaltenango, Escuintla, Mazatenango, Puerto Barrios

SOURCE: Population Division, UN Secretariat

- **Moneda:** quetzal
- **Idiomas:** español (oficial), lenguas mayas, xinca, garífuna

El español es la lengua de un 60 por ciento° de la población; el otro 40 por ciento tiene como lengua materna el xinca, el garífuna o, en su mayoría°, una de las lenguas mayas (cakchiquel, quiché y kekchícomo, entre otras). Una palabra que las lenguas mayas tienen en común es ixim, *que significa 'maíz', un cultivo° de mucha importancia en estas culturas.*

Mujeres indígenas limpiando cebollas

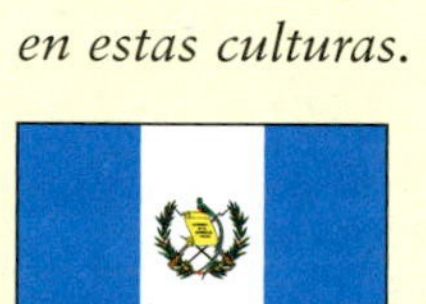

Bandera de Guatemala

ESTADOS UNIDOS
OCÉANO ATLÁNTICO
GUATEMALA
OCÉANO PACÍFICO
AMÉRICA DEL SUR

Palacio Nacional de la Cultura en la Ciudad de Guatemala

MÉXICO
Sierra de Lacandón
Río Usumacinta
Lago Petén Itzá
Río de la Pasión
BELICE
Lago de Izabal
Quetzaltenango
Sierra Madre
Lago de Atitlán
Sierra de las Minas
Guatemala
Antigua Guatemala
Mazatenango
Escuintla
EL SALVADOR
Océano Pacífico

Iglesia de la Merced en Antigua Guatemala

Guatemaltecos célebres

- **Carlos Mérida,** pintor (1891–1984)
- **Miguel Ángel Asturias,** escritor (1899–1974)
- **Margarita Carrera,** poeta y ensayista (1929–)
- **Rigoberta Menchú Tum,** activista (1959–), premio Nobel de la Paz° en 1992

por ciento *percent* en su mayoría *most of them* cultivo *crop* Paz *Peace* telas *fabrics* tinte *dye* aplastados *crushed* hace... destiñan *keeps the colors from running*

recursos: WB pp. 95–96 | VM pp. 239–240 | vhlcentral.com Lección 8

¡Increíble pero cierto!

¿Qué "ingrediente" secreto se encuentra en las telas° tradicionales de Guatemala? ¡El mosquito! El excepcional tinte° de estas telas es producto de una combinación de flores y de mosquitos aplastados°. El insecto hace que los colores no se destiñan°. Quizás es por esto que los artesanos representan la figura del mosquito en muchas de sus telas.

Ciudades • Antigua Guatemala

Antigua Guatemala fue fundada en 1543. Fue una capital de gran importancia hasta 1773, cuando un terremoto° la destruyó. Sin embargo, conserva el carácter original de su arquitectura y hoy es uno de los centros turísticos del país. Su celebración de la Semana Santa° es, para muchas personas, la más importante del hemisferio.

Naturaleza • El quetzal

El quetzal simbolizó la libertad para los antiguos° mayas porque creían° que este pájaro° no podía° vivir en cautiverio°. Hoy el quetzal es el símbolo nacional. El pájaro da su nombre a la moneda nacional y aparece también en los billetes° del país. Desafortunadamente, está en peligro° de extinción. Para su protección, el gobierno mantiene una reserva ecológica especial.

Mar Caribe

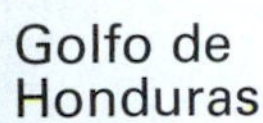

Historia • Los mayas

Desde 1500 a.C. hasta 900 d.C., los mayas habitaron gran parte de lo que ahora es Guatemala. Su civilización fue muy avanzada. Los mayas fueron arquitectos y constructores de pirámides, templos y observatorios. También descubrieron° y usaron el cero antes que los europeos, e inventaron un calendario complejo° y preciso.

Artesanía • La ropa tradicional

La ropa tradicional de los guatemaltecos se llama *huipil* y muestra el amor° de la cultura maya por la naturaleza. Ellos se inspiran en las flores°, plantas y animales para crear sus diseños° de colores vivos° y formas geométricas. El diseño y los colores de cada *huipil* indican el pueblo de origen y a veces también el sexo y la edad° de la persona que lo lleva.

HONDURAS

¿Qué aprendiste? Responde a cada pregunta con una oración completa.

1. ¿Qué significa la palabra *ixim*?
2. ¿Quién es Rigoberta Menchú?
3. ¿Qué pájaro representa a Guatemala?
4. ¿Qué simbolizó el quetzal para los mayas?
5. ¿Cuál es la moneda nacional de Guatemala?
6. ¿De qué fueron arquitectos los mayas?
7. ¿Qué celebración de la Antigua Guatemala es la más importante del hemisferio para muchas personas?
8. ¿Qué descubrieron los mayas antes que los europeos?
9. ¿Qué muestra la ropa tradicional de los guatemaltecos?
10. ¿Qué indica un *huipil* con su diseño y sus colores?

Conexión Internet Investiga estos temas en **vhlcentral.com.**

1. Busca información sobre Rigoberta Menchú. ¿De dónde es? ¿Qué libros publicó? ¿Por qué es famosa?
2. Estudia un sitio arqueológico de Guatemala para aprender más sobre los mayas y prepara un breve informe para tu clase.

Practice more at **vhlcentral.com.**

terremoto *earthquake* Semana Santa *Holy Week* antiguos *ancient* creían *they believed* pájaro *bird* no podía *couldn't* cautiverio *captivity* los billetes *bills* peligro *danger* descubrieron *they discovered* complejo *complex* amor *love* flores *flowers* diseños *designs* vivos *bright* edad *age*

Las comidas

el/la camarero/a	*waiter/waitress*
la comida	*food; meal*
la cuenta	*bill*
el/la dueño/a	*owner; landlord*
el menú	*menu*
la propina	*tip*
la sección de (no) fumar	*(non) smoking section*
el almuerzo	*lunch*
la cena	*dinner*
el desayuno	*breakfast*
los entremeses	*hors d'oeuvres; appetizers*
el plato (principal)	*(main) dish*
delicioso/a	*delicious*
rico/a	*tasty; delicious*
sabroso/a	*tasty; delicious*

Las frutas

la banana	*banana*
las frutas	*fruits*
el limón	*lemon*
la manzana	*apple*
el melocotón	*peach*
la naranja	*orange*
la pera	*pear*
la uva	*grape*

Las verduras

las arvejas	*peas*
la cebolla	*onion*
el champiñón	*mushroom*
la ensalada	*salad*
los espárragos	*asparagus*
los frijoles	*beans*
la lechuga	*lettuce*
el maíz	*corn*
las papas/patatas (fritas)	*(fried) potatoes; French fries*
el tomate	*tomato*
las verduras	*vegetables*
la zanahoria	*carrot*

La carne y el pescado

el atún	*tuna*
el bistec	*steak*
los camarones	*shrimp*
la carne	*meat*
la carne de res	*beef*
la chuleta (de cerdo)	*(pork) chop*
la hamburguesa	*hamburger*
el jamón	*ham*
la langosta	*lobster*
los mariscos	*shellfish*
el pavo	*turkey*
el pescado	*fish*
el pollo (asado)	*(roast) chicken*
la salchicha	*sausage*
el salmón	*salmon*

Otras comidas

el aceite	*oil*
el ajo	*garlic*
el arroz	*rice*
el azúcar	*sugar*
los cereales	*cereal; grains*
el huevo	*egg*
la mantequilla	*butter*
la margarina	*margarine*
la mayonesa	*mayonnaise*
el pan (tostado)	*(toasted) bread*
la pimienta	*black pepper*
el queso	*cheese*
la sal	*salt*
el sándwich	*sandwich*
la sopa	*soup*
el vinagre	*vinegar*
el yogur	*yogurt*

Las bebidas

el agua (mineral)	*(mineral) water*
la bebida	*drink*
el café	*coffee*
la cerveza	*beer*
el jugo (de fruta)	*(fruit) juice*
la leche	*milk*
el refresco	*soft drink; soda*
el té (helado)	*(iced) tea*
el vino (blanco/tinto)	*(white/red) wine*

Verbos

escoger	*to choose*
merendar (e:ie)	*to snack*
morir (o:ue)	*to die*
pedir (e:i)	*to order (food)*
probar (o:ue)	*to taste; to try*
recomendar (e:ie)	*to recommend*
saber	*to taste; to know*
saber a	*to taste like*
servir (e:i)	*to serve*

Las comparaciones

como	*like; as*
más de *(+ number)*	*more than*
más… que	*more… than*
menos de *(+ number)*	*fewer than*
menos… que	*less… than*
tan… como	*as… as*
tantos/as… como	*as many… as*
tanto… como	*as much… as*
el/la mayor	*the eldest*
el/la mejor	*the best*
el/la menor	*the youngest*
el/la peor	*the worst*
mejor	*better*
peor	*worse*

Expresiones útiles	*See page 249.*

recursos

9 Las fiestas

Communicative Goals

You will learn how to:

- Express congratulations
- Express gratitude
- Ask for and pay the bill at a restaurant

A PRIMERA VISTA

- ¿Se conocen ellos?
- ¿Cómo se sienten, alegres o tristes?
- ¿Está el hombre más contento que la mujer?
- ¿De qué color es su ropa?

Talking Picture, Tutorials & Games
Audio: Activities

Las fiestas

Más vocabulario

la alegría	*happiness*
la amistad	*friendship*
el amor	*love*
el beso	*kiss*
la sorpresa	*surprise*
el aniversario (de bodas)	*(wedding) anniversary*
la boda	*wedding*
el cumpleaños	*birthday*
el día de fiesta	*holiday*
el divorcio	*divorce*
el matrimonio	*marriage*
la Navidad	*Christmas*
la quinceañera	*young woman celebrating her fifteenth birthday*
el/la recién casado/a	*newlywed*
cambiar (de)	*to change*
celebrar	*to celebrate*
divertirse (e:ie)	*to have fun*
graduarse (de/en)	*to graduate (from/in)*
invitar	*to invite*
jubilarse	*to retire (from work)*
nacer	*to be born*
odiar	*to hate*
pasarlo bien/mal	*to have a good/bad time*
reírse (e:i)	*to laugh*
relajarse	*to relax*
sonreír (e:i)	*to smile*
sorprender	*to surprise*
juntos/as	*together*
¡Felicidades!/ ¡Felicitaciones!	*Congratulations!*

Variación léxica

pastel ⟷ torta (*Arg., Col., Venez.*)
comprometerse ⟷ prometerse (*Esp.*)

recursos

WB	LM	vhlcentral.com
pp. 97–98	p. 49	Lección 9

Relaciones personales

casarse (con)	*to get married (to)*
comprometerse (con)	*to get engaged (to)*
divorciarse (de)	*to get divorced (from)*
enamorarse (de)	*to fall in love (with)*
llevarse bien/mal (con)	*to get along well/ badly (with)*
romper (con)	*to break up (with)*
salir (con)	*to go out (with); to date*
separarse (de)	*to separate (from)*
tener una cita	*to have a date; to have an appointment*

Práctica

1 Escuchar Escucha la conversación e indica si las oraciones son **ciertas** o **falsas**.

1. A Silvia no le gusta mucho el chocolate.
2. Silvia sabe que sus amigos le van a hacer una fiesta.
3. Los amigos de Silvia le compraron un pastel de chocolate.
4. Los amigos brindan por Silvia con refrescos.
5. Silvia y sus amigos van a comer helado.
6. Los amigos de Silvia le van a servir flan y galletas.

2 Ordenar Escucha la narración y ordena las oraciones de acuerdo con los eventos de la vida de Beatriz.

____ a. Beatriz se compromete con Roberto.
____ b. Beatriz se gradúa.
____ c. Beatriz sale con Emilio.
____ d. Sus padres le hacen una gran fiesta.
____ e. La pareja se casa.
____ f. Beatriz nace en Montevideo.

3 Emparejar Indica la letra de la frase que mejor completa cada oración.

a. **cambió de**	d. **nos divertimos**	g. **se llevan bien**
b. **lo pasaron mal**	e. **se casaron**	h. **sonrió**
c. **nació**	f. **se jubiló**	i. **tenemos una cita**

1. María y sus compañeras de cuarto ____. Son buenas amigas.
2. Pablo y yo ____ en la fiesta. Bailamos y comimos mucho.
3. Manuel y Felipe ____ en el cine. La película fue muy mala.
4. ¡Tengo una nueva sobrina! Ella ____ ayer por la mañana.
5. Mi madre ____ profesión. Ahora es artista.
6. Mi padre ____ el año pasado. Ahora no trabaja.
7. Jorge y yo ____ esta noche. Vamos a ir a un restaurante muy elegante.
8. Jaime y Laura ____ el septiembre pasado. La boda fue maravillosa.

4 Definiciones En parejas, definan las palabras y escriban una oración para cada ejemplo.

modelo

romper (con) una pareja termina la relación
Marta rompió con su novio.

1. regalar
2. helado
3. pareja
4. invitado
5. casarse
6. pasarlo bien
7. sorpresa
8. amistad

Las etapas de la vida de Sergio

el nacimiento

la niñez

la adolescencia

la juventud

la madurez

la vejez

Más vocabulario

la edad	*age*
el estado civil	*marital status*
las etapas de la vida	*the stages of life*
la muerte	*death*
casado/a	*married*
divorciado/a	*divorced*
separado/a	*separated*
soltero/a	*single*
viudo/a	*widower/widow*

5 **Las etapas de la vida** Identifica las etapas de la vida que se describen en estas oraciones.

1. Mi abuela se jubiló y se mudó (*moved*) a Viña del Mar.
2. Mi padre trabaja para una compañía grande en Santiago.
3. ¿Viste a mi nuevo sobrino en el hospital? Es precioso y ¡tan pequeño!
4. Mi abuelo murió este año.
5. Mi hermana celebró su fiesta de quince años.
6. Mi hermana pequeña juega con muñecas (*dolls*).

6 **Cambiar** En parejas, imaginen que son dos hermanos/as de diferentes edades. Cada vez que el/la hermano/a menor dice algo, se equivoca. El/La hermano/a mayor lo/la corrige (*corrects him/her*), cambiando las expresiones subrayadas (*underlined*). Túrnense para ser mayor y menor, decir algo equivocado y corregir.

modelo

Estudiante 1: La <u>niñez</u> es cuando trabajamos mucho.
Estudiante 2: No, te equivocas (*you're wrong*). La madurez es cuando trabajamos mucho.

1. <u>El nacimiento</u> es el fin de la vida.
2. <u>La juventud</u> es la etapa cuando nos jubilamos.
3. A los sesenta y cinco años, muchas personas <u>comienzan a trabajar.</u>
4. Julián y nuestra prima <u>se divorcian</u> mañana.
5. Mamá <u>odia</u> a su hermana.
6. El abuelo murió, por eso la abuela es <u>separada</u>.
7. Cuando te gradúas de la universidad, estás en la etapa de <u>la adolescencia</u>.
8. Mi tío nunca se casó; es <u>viudo</u>.

Practice more at **vhlcentral.com.**

NOTA CULTURAL

Viña del Mar es una ciudad en la costa de Chile, situada al oeste de Santiago. Tiene playas hermosas, excelentes hoteles, casinos y buenos restaurantes. El poeta Pablo Neruda pasó muchos años allí.

¡LENGUA VIVA!

The term **quinceañera** refers to a girl who is celebrating her 15th birthday. The party is called **la fiesta de quince años**.

AYUDA

Other ways to contradict someone:

No es verdad.
It's not true.

Creo que no.
I don't think so.

¡Claro que no!
Of course not!

¡Qué va!
No way!

Comunicación

7

Una fiesta Trabaja con dos compañeros/as para planear una fiesta. Recuerda incluir la siguiente información.

1. ¿Qué tipo de fiesta es? ¿Dónde va a ser? ¿Cuándo va a ser?
2. ¿A quiénes van a invitar?
3. ¿Qué van a comer? ¿Quiénes van a llevar o a preparar la comida?
4. ¿Qué van a beber? ¿Quiénes van a traer las bebidas?
5. ¿Cómo planean entretener a los invitados? ¿Van a bailar o a jugar algún juego?
6. Después de la fiesta, ¿quiénes van a limpiar (*to clean*)?

8

Encuesta Tu profesor(a) va a darte una hoja de actividades. Haz las preguntas de la hoja a dos o tres compañeros/as de clase para saber qué actitudes tienen en sus relaciones personales. Luego comparte los resultados de la encuesta con la clase y comenta tus conclusiones.

Preguntas	Nombres	Actitudes
1. ¿Te importa la amistad? ¿Por qué?		
2. ¿Es mejor tener un(a) buen(a) amigo/a o muchos/as amigos/as?		
3. ¿Cuáles son las características que buscas en tus amigos/as?		
4. ¿Tienes novio/a? ¿A qué edad es posible enamorarse?		
5. ¿Deben las parejas hacer todo juntos? ¿Deben tener las mismas opiniones? ¿Por qué?		

¡LENGUA VIVA!

While a **buen(a) amigo/a** is a *good friend*, the term **amigo/a íntimo/a** refers to a *close friend*, or a very good friend, without any romantic overtones.

9

Minidrama En parejas, consulten la ilustración de la página 278 y luego, usando las palabras de la lista, preparen un minidrama para representar las etapas de la vida de Sergio. Pueden inventar más información sobre su vida.

amor	celebrar	enamorarse	romper
boda	comprometerse	graduarse	salir
cambiar	cumpleaños	jubilarse	separarse
casarse	divorciarse	nacer	tener una cita

El Día de Muertos

La familia Díaz conmemora el Día de Muertos.

PERSONAJES

MARISSA

JIMENA

FELIPE

JUAN CARLOS

1

MAITE FUENTES El Día de Muertos se celebra en México el primero y el segundo de noviembre. Como pueden ver, hay calaveras de azúcar, flores, música y comida por todas partes. Ésta es una fiesta única que todos deben ver por lo menos una vez en la vida.

2

MARISSA *Holy moley!* ¡Está delicioso!

TÍA ANA MARÍA Mi mamá me enseñó a prepararlo. El mole siempre fue el plato favorito de mi papá. Mi hijo Eduardo nació el día de su cumpleaños. Por eso le pusimos su nombre.

3

TÍO RAMÓN ¿Dónde están mis hermanos?

JIMENA Mi papá y Felipe están en el otro cuarto. Esos dos antipáticos no quieren decirnos qué están haciendo. Y la tía Ana María...

TÍO RAMÓN ... está en la cocina.

4

TÍA ANA MARÍA Marissa, ¿le puedes llevar esa foto que está ahí a Carolina? La necesita para el altar.

MARISSA Sí. ¿Son sus padres?

TÍA ANA MARÍA Sí, el día de su boda.

5

MARISSA ¿Cómo se conocieron?

TÍA ANA MARÍA En la fiesta de un amigo. Fue amor a primera vista.

MARISSA (*Señala la foto.*) La voy a llevar al altar.

6

TÍA ANA MARÍA Ramón, ¿cómo estás?

TÍO RAMÓN Bien, gracias. ¿Y Mateo? ¿No vino contigo?

TÍA ANA MARÍA No. Ya sabes que me casé con un doctor y, pues, trabaja muchísimo.

SRA. DÍAZ

SR. DÍAZ

TÍA ANA MARÍA

TÍO RAMÓN

TÍA NAYELI

DON DIEGO

MARTA

VALENTINA

MAITE FUENTES

7

SR. DÍAZ Familia Díaz, deben prepararse...

FELIPE ... ¡para la sorpresa de sus vidas!

8

JUAN CARLOS Gracias por invitarme.

SR. DÍAZ Juan Carlos, como eres nuestro amigo, ya eres parte de la familia.

9

(En el cementerio)

JIMENA Yo hice las galletas y el pastel. ¿Dónde los puse?

MARTA Postres... ¿Cuál prefiero? ¿Galletas? ¿Pastel? ¡Dulces!

VALENTINA Me gustan las galletas.

10

SR. DÍAZ Brindamos por ustedes, mamá y papá.

TÍO RAMÓN Todas las otras noches estamos separados. Pero esta noche estamos juntos.

TÍA ANA MARÍA Con gratitud y amor.

Expresiones útiles

Discussing family history

El mole siempre fue el plato favorito de mi papá.
Mole *was always my dad's favorite dish.*

Mi hijo Eduardo nació el día de su cumpleaños.
My son Eduardo was born on his birthday.

Por eso le pusimos su nombre.
That's why we named him after him (after my father).

¿Cómo se conocieron sus padres?
How did your parents meet?

En la fiesta de un amigo. Fue amor a primera vista.
At a friend's party. It was love at first sight.

Talking about a party/celebration

Ésta es una fiesta única que todos deben ver por lo menos una vez.
This is a unique celebration that everyone should see at least once.

Gracias por invitarme.
Thanks for inviting me.

Brindamos por ustedes.
A toast to you.

Additional vocabulary

alma *soul*
altar *altar*
ángel *angel*
calavera de azúcar *skull made out of sugar*
cementerio *cemetery*
cocina *kitchen*
disfraz *costume*

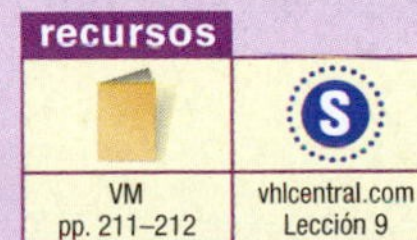

¿Qué pasó?

1 

Completar Completa las oraciones con la información correcta, según la **Fotonovela**.

1. El Día de Muertos es una ______________ única que todos deben ver.
2. La tía Ana María preparó ______________ para celebrar.
3. Marissa lleva la ______________ al altar.
4. Jimena hizo las ______________ y el ______________.
5. Marta no sabe qué ______________ prefiere.

2

Identificar Identifica quién puede decir estas oraciones. Vas a usar un nombre dos veces.

1. Mis padres se conocieron en la fiesta de un amigo.
2. El Día de Muertos se celebra con flores, calaveras de azúcar, música y comida.
3. Gracias por invitarme a celebrar este Día de Muertos.
4. Los de la foto son mis padres el día de su boda.
5. A mí me gustan mucho las galletas.
6. ¡Qué bueno que estás aquí, Juan Carlos! Eres uno más de la familia.

SR. DÍAZ

MAITE FUENTES

JUAN CARLOS

VALENTINA

TÍA ANA MARÍA

3

Seleccionar Selecciona algunas de las opciones de la lista para completar las oraciones.

amor	días de fiesta	pasarlo bien	salieron
el champán	divorciarse	postres	se enamoraron
cumpleaños	flan	la quinceañera	una sorpresa

1. El Sr. Díaz y Felipe prepararon ______________ para la familia.
2. Los ______________, como el Día de Muertos, se celebran con la familia.
3. Eduardo, el hijo de Ana María, nació el día del ______________ de su abuelo.
4. La tía Ana María siente gratitud y ______________ hacia (*toward*) sus padres.
5. Los días de fiesta también son para ______________ con los amigos.
6. El Día de Muertos se hacen muchos ______________.
7. Los padres de la tía Ana María ______________ a primera vista.

4 

Una cena Trabajen en grupos para representar una conversación en una cena de Año Nuevo.

- Una persona brinda por el año que está por comenzar y por estar con su familia y amigos.
- Cada persona del grupo habla de cuál es su comida favorita en año nuevo.
- Después de la cena, una persona del grupo dice que es hora de (*it's time to*) comer las uvas.
- Cada persona del grupo dice qué desea para el año que empieza.
- Después, cada persona del grupo debe desear Feliz Año Nuevo a las demás.

NOTA CULTURAL

Comer doce uvas a las doce de la noche del 31 de diciembre de cada año es una costumbre que nació en España y que también se observa en varios países de Latinoamérica. Se debe comer una uva por cada una de las 12 campanadas (*strokes*) del reloj y se cree que (*it's believed that*) quien lo hace va a tener un año próspero.

Practice more at **vhlcentral.com.**

Pronunciación  

The letters h, j, and g

helado **hombre** **hola** **hermosa**

The Spanish **h** is always silent.

José **jubilarse** **dejar** **pareja**

The letter **j** is pronounced much like the English *h* in *his*.

agencia **general** **Gil** **Gisela**

The letter **g** can be pronounced three different ways. Before **e** or **i**, the letter **g** is pronounced much like the English *h*.

Gustavo, gracias por llamar el domingo.

At the beginning of a phrase or after the letter **n**, the Spanish **g** is pronounced like the English *g* in *girl*.

Me gradué en agosto.

In any other position, the Spanish **g** has a somewhat softer sound.

Guerra **conseguir** **guantes** **agua**

In the combinations **gue** and **gui**, the **g** has a hard sound and the **u** is silent. In the combination **gua**, the **g** has a hard sound and the **u** is pronounced like the English *w*.

Práctica Lee las palabras en voz alta, prestando atención a la **h,** la **j** y la **g.**

1. hamburguesa
2. jugar
3. oreja
4. guapa
5. geografía
6. magnífico
7. espejo
8. hago
9. seguir
10. gracias
11. hijo
12. galleta
13. Jorge
14. tengo
15. ahora
16. guantes

Oraciones Lee las oraciones en voz alta, prestando atención a la **h,** la **j** y la **g.**

1. Hola. Me llamo Gustavo Hinojosa Lugones y vivo en Santiago de Chile.
2. Tengo una familia grande; somos tres hermanos y tres hermanas.
3. Voy a graduarme en mayo.
4. Para celebrar mi graduación, mis padres van a regalarme un viaje a Egipto.
5. ¡Qué generosos son!

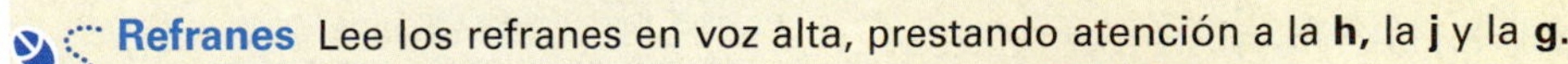

Refranes Lee los refranes en voz alta, prestando atención a la **h,** la **j** y la **g.**

1 Too much of a good thing.
2 The clothes don't make the man.

EN DETALLE

Semana Santa: vacaciones y tradición

¿Te imaginas pasar veinticuatro horas tocando un tambor° entre miles de personas? Así es como mucha gente celebra el Viernes Santo° en el pequeño pueblo de **Calanda**, España.

De todas las celebraciones hispanas, la Semana Santa° es una de las más espectaculares y únicas.

Procesión en Sevilla, España

Semana Santa es la semana antes de Pascua°, una celebración religiosa que conmemora la Pasión de Jesucristo. Generalmente, la gente tiene unos días de vacaciones en esta semana. Algunas personas aprovechan° estos días para viajar, pero otras prefieren participar en las tradicionales celebraciones religiosas en las calles. En **Antigua**, Guatemala, hacen alfombras° de flores° y altares; también organizan Vía Crucis° y danzas. En las famosas procesiones y desfiles° religiosos de **Sevilla**, España, los fieles° sacan a las calles imágenes religiosas. Las imágenes van encima de plataformas ricamente decoradas con abundantes flores y velas°. En la procesión, los penitentes llevan túnicas y unos sombreros cónicos que les cubren° la cara°. En sus manos llevan faroles° o velas encendidas.

Si visitas algún país hispano durante la Semana Santa, debes asistir a un desfile. Las playas y las discotecas pueden esperar hasta la semana siguiente.

Alfombra de flores en Antigua, Guatemala

Otras celebraciones famosas

Ayacucho, Perú: Además de alfombras de flores y procesiones, aquí hay una antigua tradición llamada "quema de la chamiza"°.

Iztapalapa, Ciudad de México: Es famoso el Vía Crucis del cerro° de la Estrella. Es una representación del recorrido° de Jesucristo con la cruz°.

Popayán, Colombia: En las procesiones "chiquitas" los niños llevan imágenes que son copias pequeñas de las que llevan los mayores.

tocando un tambor *playing a drum* **Viernes Santo** *Good Friday* **Semana Santa** *Holy Week* **Pascua** *Easter Sunday* **aprovechan** *take advantage of* **alfombras** *carpets* **flores** *flowers* **Vía Crucis** *Stations of the Cross* **desfiles** *parades* **fieles** *faithful* **velas** *candles* **cubren** *cover* **cara** *face* **faroles** *lamps* **quema de la chamiza** *burning of brushwood* **cerro** *hill* **recorrido** *route* **cruz** *cross*

ACTIVIDADES

1 **¿Cierto o falso?** Indica si lo que dicen las oraciones sobre Semana Santa en países hispanos es **cierto** o **falso**. Corrige las falsas.

1. La Semana Santa se celebra después de Pascua.
2. Las personas tienen días libres durante la Semana Santa.
3. Todas las personas asisten a las celebraciones religiosas.
4. En los países hispanos, las celebraciones se hacen en las calles.
5. En Antigua y en Ayacucho es típico hacer alfombras de flores.
6. En Sevilla, sacan imágenes religiosas a las calles.
7. En Sevilla, las túnicas cubren la cara.
8. En la procesión en Sevilla algunas personas llevan flores en sus manos.
9. El Vía Crucis de Iztapalapa es en el interior de una iglesia.
10. Las procesiones "chiquitas" son famosas en Sevilla, España.

ASÍ SE DICE

Fiestas y celebraciones

la despedida de soltero/a	*bachelor(ette) party*
el día feriado/festivo	**el día de fiesta**
disfrutar	*to enjoy*
festejar	**celebrar**
los fuegos artificiales	*fireworks*
pasarlo en grande	**divertirse mucho**
la vela	*candle*

EL MUNDO HISPANO

Celebraciones latinoamericanas

- **Oruro, Bolivia** Durante el carnaval de Oruro se realiza la famosa Diablada, una antigua danza° que muestra la lucha° entre el Bien y el Mal: ángeles contra° demonios.
- **Panchimalco, El Salvador** La primera semana de mayo, Panchimalco se cubre de flores y de color. También hacen el Desfile de las palmas° y bailan danzas antiguas.
- **Quito, Ecuador** El mes de agosto es el Mes de las Artes. Danza, teatro, música, cine, artesanías° y otros eventos culturales inundan la ciudad.
- **San Pedro Sula, Honduras** En junio se celebra la Feria Juniana. Hay comida típica, bailes, desfiles, conciertos, rodeos, exposiciones ganaderas° y eventos deportivos y culturales.

danza *dance* **lucha** *fight* **contra** *versus* **palmas** *palm leaves* **artesanías** *handcrafts* **exposiciones ganaderas** *cattle shows*

PERFIL

Festival de Viña del Mar

En 1959 unos estudiantes de **Viña del Mar**, Chile, celebraron una fiesta en una casa de campo conocida como la Quinta Vergara donde hubo° un espectáculo° musical. En 1960 repitieron el evento. Asistió tanta gente que muchos vieron el espectáculo parados° o sentados en el suelo°. Algunos se subieron a los árboles°.

Años después, se convirtió en el **Festival Internacional de la Canción**. Este evento se celebra en febrero, en el mismo lugar donde empezó. ¡Pero ahora nadie necesita subirse a un árbol para verlo! Hay un anfiteatro con capacidad para quince mil personas.

Nelly Furtado

En el festival hay concursos° musicales y conciertos de artistas famosos como Calle 13 y Nelly Furtado.

hubo *there was* **espectáculo** *show* **parados** *standing* **suelo** *floor* **se subieron a los árboles** *climbed trees* **concursos** *competitions*

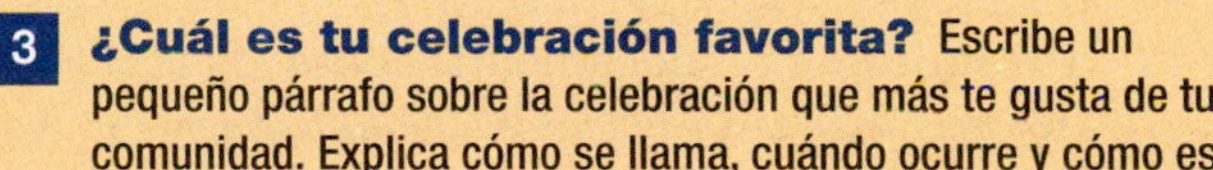

Conexión Internet

¿Qué celebraciones hispanas hay en los Estados Unidos y Canadá?

Go to **vhlcentral.com** to find more cultural information related to this **Cultura** section.

ACTIVIDADES

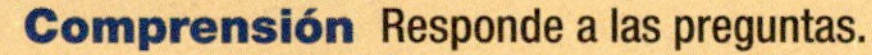

2 Comprensión Responde a las preguntas.

1. ¿Cuántas personas por día pueden asistir al Festival de Viña del Mar?
2. ¿Qué es la Diablada?
3. ¿Qué celebran en Quito en agosto?
4. Nombra dos atracciones en la Feria Juniana de San Pedro Sula.
5. ¿Qué es la Quinta Vergara?

3 ¿Cuál es tu celebración favorita? Escribe un pequeño párrafo sobre la celebración que más te gusta de tu comunidad. Explica cómo se llama, cuándo ocurre y cómo es.

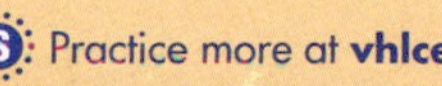
Practice more at **vhlcentral.com.**

9.1 Irregular preterites

ANTE TODO You already know that the verbs **ir** and **ser** are irregular in the preterite. You will now learn other verbs whose preterite forms are also irregular.

Preterite of tener, venir, and decir

		tener (**u**-stem)	**venir** (**i**-stem)	**decir** (**j**-stem)
SINGULAR FORMS	yo	tuv**e**	vin**e**	dij**e**
	tú	tuv**iste**	vin**iste**	dij**iste**
	Ud./él/ella	tuv**o**	vin**o**	dij**o**
PLURAL FORMS	nosotros/as	tuv**imos**	vin**imos**	dij**imos**
	vosotros/as	tuv**isteis**	vin**isteis**	dij**isteis**
	Uds./ellos/ellas	tuv**ieron**	vin**ieron**	dij**eron**

- **¡Atención!** The endings of these verbs are the regular preterite endings of **-er/-ir** verbs, except for the **yo** and **usted/él/ella** forms. Note that these two endings are unaccented.

- These verbs observe similar stem changes to **tener, venir,** and **decir**.

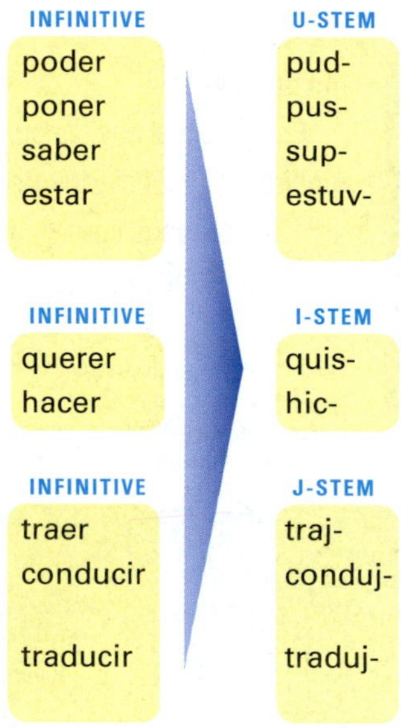

INFINITIVE	U-STEM	PRETERITE FORMS
poder	pud-	pude, pudiste, pudo, pudimos, pudisteis, pudieron
poner	pus-	puse, pusiste, puso, pusimos, pusisteis, pusieron
saber	sup-	supe, supiste, supo, supimos, supisteis, supieron
estar	estuv-	estuve, estuviste, estuvo, estuvimos, estuvisteis, estuvieron

INFINITIVE	I-STEM	PRETERITE FORMS
querer	quis-	quise, quisiste, quiso, quisimos, quisisteis, quisieron
hacer	hic-	hice, hiciste, hizo, hicimos, hicisteis, hicieron

INFINITIVE	J-STEM	PRETERITE FORMS
traer	traj-	traje, trajiste, trajo, trajimos, trajisteis, trajeron
conducir	conduj-	conduje, condujiste, condujo, condujimos, condujisteis, condujeron
traducir	traduj-	traduje, tradujiste, tradujo, tradujimos, tradujisteis, tradujeron

- **¡Atención!** Most verbs that end in **-cir** are **j**-stem verbs in the preterite. For example, **producir** → **produje, produjiste,** etc.

  Produjimos un documental sobre los accidentes en la casa.
  We produced a documentary about accidents in the home.

- Notice that the preterites with **j**-stems omit the letter **i** in the **ustedes/ellos/ellas** form.

  Mis amigos **trajeron** comida a la fiesta.
  My friends brought food to the party.

  Ellos **dijeron** la verdad.
  They told the truth.

The preterite of dar

yo	d**i**	nosotros/as	d**imos**
tú	d**iste**	vosotros/as	d**isteis**
Ud./él/ella	d**io**	Uds./ellos/ellas	d**ieron**
SINGULAR FORMS		PLURAL FORMS	

▶ The endings for **dar** are the same as the regular preterite endings for **-er** and **-ir** verbs, except that there are no accent marks.

La camarera me **dio** el menú.
The waitress gave me the menu.

Le **di** a Juan algunos consejos.
I gave Juan some advice.

Los invitados le **dieron** un regalo.
The guests gave him/her a gift.

Nosotros **dimos** una gran fiesta.
We gave a great party.

▶ The preterite of **hay** (*inf.* **haber**) is **hubo** (*there was; there were*).

CONSULTA

Note that there are other ways to say *there was* or *there were* in Spanish. See **Estructura 10.1,** p. 342.

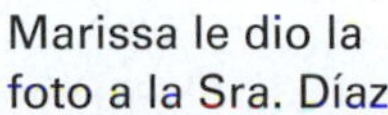

Hubo una celebración en casa de los Díaz.

¡INTÉNTALO! Escribe la forma correcta del pretérito de cada verbo que está entre paréntesis.

1. (querer) tú quisiste
2. (decir) usted ________
3. (hacer) nosotras ________
4. (traer) yo ________
5. (conducir) ellas ________
6. (estar) ella ________
7. (tener) tú ________
8. (dar) ella y yo ________
9. (traducir) yo ________
10. (haber) ayer ________
11. (saber) usted ________
12. (poner) ellos ________
13. (venir) yo ________
14. (poder) tú ________
15. (querer) ustedes ________
16. (estar) nosotros ________
17. (decir) tú ________
18. (saber) ellos ________
19. (hacer) él ________
20. (poner) yo ________
21. (traer) nosotras ________
22. (tener) yo ________
23. (dar) tú ________
24. (poder) ustedes ________

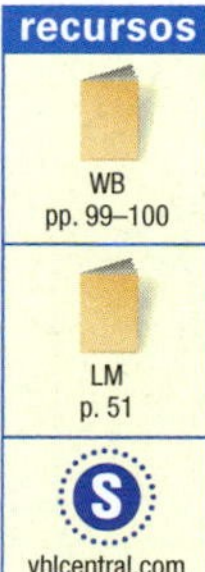

Práctica

1

Completar Completa estas oraciones con el pretérito de los verbos entre paréntesis.

1. El sábado __________ (haber) una fiesta sorpresa para Elsa en mi casa.
2. Sofía _______ (hacer) un pastel para la fiesta y Miguel ________ (traer) un flan.
3. Los amigos y parientes de Elsa __________ (venir) y __________ (traer) regalos.
4. El hermano de Elsa no ________ (venir) porque _________ (tener) que trabajar.
5. Su tía María Dolores tampoco __________ (poder) venir.
6. Cuando Elsa abrió la puerta, todos gritaron: "¡Feliz cumpleaños!" y su esposo le __________ (dar) un beso.
7. Elsa no __________ (saber) cómo reaccionar (*react*). __________ (Estar) un poco nerviosa al principio, pero pronto sus amigos __________ (poner) música y ella __________ (poder) relajarse bailando con su esposo.
8. Al final de la noche, todos __________ (decir) que se divirtieron mucho.

NOTA CULTURAL

El **flan** es un postre muy popular en los países de habla hispana. Se prepara con huevos, leche y azúcar y se sirve con salsa de caramelo. Existen variedades deliciosas como el flan de chocolate o el flan de coco.

2

Describir En parejas, usen verbos de la lista para describir lo que estas personas hicieron. Deben dar por lo menos dos oraciones por cada dibujo.

dar	hacer	tener	traer
estar	poner	traducir	venir

1. el señor López

2. Norma

3. anoche nosotros

4. Roberto y Elena

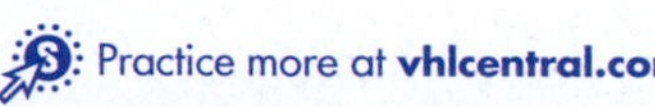

Comunicación

3

Preguntas En parejas, túrnense para hacerse y responder a estas preguntas.

1. ¿Fuiste a una fiesta de cumpleaños el año pasado? ¿De quién?
2. ¿Quiénes fueron a la fiesta?
3. ¿Quién condujo el auto?
4. ¿Cómo estuvo el ambiente de la fiesta?
5. ¿Quién llevó regalos, bebidas o comida? ¿Llevaste algo especial?
6. ¿Hubo comida? ¿Quién la hizo? ¿Hubo champán?
7. ¿Qué regalo hiciste tú? ¿Qué otros regalos trajeron los invitados?
8. ¿Cuántos invitados hubo en la fiesta?
9. ¿Qué tipo de música hubo?
10. ¿Qué te dijeron algunos invitados de la fiesta?

4

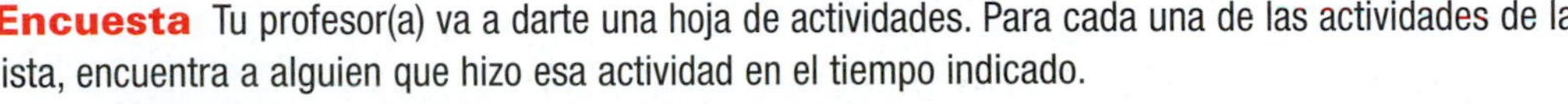

Encuesta Tu profesor(a) va a darte una hoja de actividades. Para cada una de las actividades de la lista, encuentra a alguien que hizo esa actividad en el tiempo indicado.

modelo

traer dulces a clase
Estudiante 1: *¿Trajiste dulces a clase?*
Estudiante 2: *Sí, traje galletas y helado a la fiesta del fin del semestre.*

Actividades	Nombres
1. ponerse un disfraz (*costume*) de Halloween	
2. traer dulces a clase	
3. conducir su auto a clase	
4. estar en la biblioteca ayer	
5. dar un regalo a alguien ayer	
6. poder levantarse temprano esta mañana	
7. hacer un viaje a un país hispano en el verano	
8. tener una cita anoche	
9. ir a una fiesta el fin de semana pasado	
10. tener que trabajar el sábado pasado	

Síntesis

5

Conversación En parejas, preparen una conversación en la que uno/a de ustedes va a visitar a su hermano/a para explicarle por qué no fue a su fiesta de graduación y para saber cómo estuvo la fiesta. Incluyan esta información en la conversación:

- cuál fue el menú
- quiénes vinieron a la fiesta y quiénes no pudieron venir
- quiénes prepararon la comida o trajeron algo
- si él/ella tuvo que preparar algo
- lo que la gente hizo antes y después de comer
- cómo lo pasaron, bien o mal

9.2 Verbs that change meaning in the preterite

ANTE TODO The verbs **conocer, saber, poder,** and **querer** change meanings when used in the preterite. Because of this, each of them corresponds to more than one verb in English, depending on its tense.

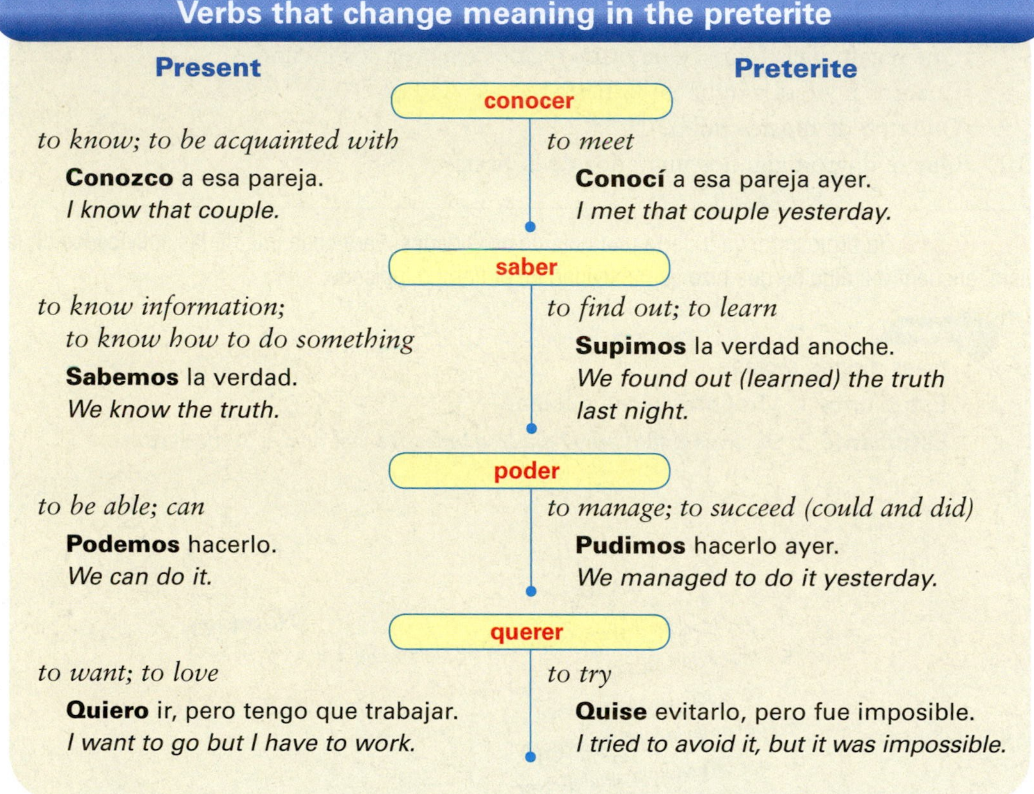

Verbs that change meaning in the preterite

Present		Preterite
	conocer	
to know; to be acquainted with **Conozco** a esa pareja. *I know that couple.*		*to meet* **Conocí** a esa pareja ayer. *I met that couple yesterday.*
	saber	
to know information; to know how to do something **Sabemos** la verdad. *We know the truth.*		*to find out; to learn* **Supimos** la verdad anoche. *We found out (learned) the truth last night.*
	poder	
to be able; can **Podemos** hacerlo. *We can do it.*		*to manage; to succeed (could and did)* **Pudimos** hacerlo ayer. *We managed to do it yesterday.*
	querer	
to want; to love **Quiero** ir, pero tengo que trabajar. *I want to go but I have to work.*		*to try* **Quise** evitarlo, pero fue imposible. *I tried to avoid it, but it was impossible.*

¡ATENCIÓN!

In the preterite, the verbs **poder** and **querer** have different meanings, depending on whether they are used in affirmative or negative sentences.

pude *I succeeded*
no pude *I failed (to)*
quise *I tried (to)*
no quise *I refused (to)*

¡INTÉNTALO! Elige la respuesta más lógica.

1. Yo no hice lo que me pidieron mis padres. ¡Tengo mis principios!
   a. No quise hacerlo. b. No supe hacerlo.
2. Hablamos por primera vez con Nuria y Ana en la boda.
   a. Las conocimos en la boda. b. Les dijimos en la boda.
3. Por fin hablé con mi hermano después de llamarlo siete veces.
   a. No quise hablar con él. b. Pude hablar con él.
4. Josefina se acostó para relajarse. Se durmió inmediatamente.
   a. Pudo relajarse. b. No pudo relajarse.
5. Después de mucho buscar, encontraste la definición en el diccionario.
   a. No supiste la respuesta. b. Supiste la respuesta.
6. Las chicas fueron a la fiesta. Cantaron y bailaron mucho.
   a. Ellas pudieron divertirse. b. Ellas no supieron divertirse.

recursos

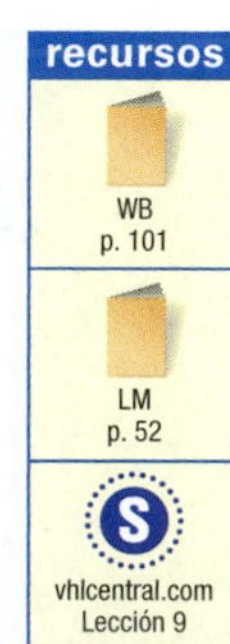

Práctica y Comunicación

1

Carlos y Eva Forma oraciones con los siguientes elementos. Usa el pretérito y haz todos los cambios necesarios. Al final, inventa la razón del divorcio de Carlos y Eva.

1. anoche / mi esposa y yo / saber / que / Carlos y Eva / divorciarse
2. los / conocer / viaje / isla de Pascua
3. no / poder / hablar / mucho / con / ellos / ese día
4. pero / ellos / ser / simpático / y / nosotros / hacer planes / vernos / con más / frecuencia
5. yo / poder / encontrar / su / número / teléfono / páginas / amarillo
6. (yo) querer / llamar / los / ese día / pero / no / tener / tiempo
7. cuando / los / llamar / nosotros / poder / hablar / Eva
8. nosotros / saber / razón / divorcio / después / hablar / ella
9. ____________________

NOTA CULTURAL

La isla de Pascua es un remoto territorio chileno situado en el océano Pacífico Sur. Sus inmensas estatuas son uno de los mayores misterios del mundo: nadie sabe cómo o por qué se crearon. Para más información, véase **Panorama**, p. 305.

2

Completar Completa estas frases de una manera lógica.

1. Ayer mi compañero/a de cuarto supo...
2. Esta mañana no pude...
3. Conocí a mi mejor amigo/a en...
4. Mis padres no quisieron...
5. Mi mejor amigo/a no pudo...
6. Mi novio/a y yo nos conocimos en...
7. La semana pasada supe...
8. Ayer mis amigos quisieron...

3

Telenovela En parejas, escriban el diálogo para una escena de una telenovela (*soap opera*). La escena trata de una situación amorosa entre tres personas: Mirta, Daniel y Raúl. Usen el pretérito de **conocer, poder, querer** y **saber** en su diálogo.

Síntesis

4

Conversación En una hoja de papel, escribe dos listas: las cosas que hiciste durante el fin de semana y las cosas que quisiste hacer, pero no pudiste. Luego, compara tu lista con la de un(a) compañero/a, y expliquen ambos por qué no pudieron hacer esas cosas.

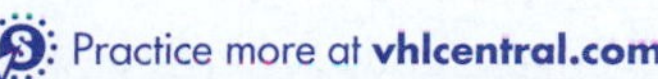

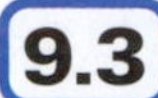

9.3 ¿Qué? and ¿cuál?

ANTE TODO You've already learned how to use interrogative words and phrases. As you know, **¿qué?** and **¿cuál?** or **¿cuáles?** mean *what?* or *which?* However, they are not interchangeable.

▶ **¿Qué?** is used to ask for a definition or an explanation.

¿**Qué** es el flan?
What is flan?

¿**Qué** estudias?
What do you study?

▶ **¿Cuál(es)?** is used when there is more than one possibility to choose from.

¿**Cuál** de los dos prefieres, el vino o el champán?
Which of these (two) do you prefer, wine or champagne?

¿**Cuáles** son tus medias, las negras o las blancas?
Which ones are your socks, the black ones or the white ones?

▶ **¿Cuál?** cannot be used before a noun; in this case, **¿qué?** is used.

¿**Qué** sorpresa te dieron tus amigos?
What surprise did your friends give you?

¿**Qué** colores te gustan?
What colors do you like?

▶ **¿Qué?** used before a noun has the same meaning as **¿cuál?**

¿**Qué regalo** te gusta?
What (Which) gift do you like?

¿**Qué dulces** quieren ustedes?
What (Which) sweets do you want?

Review of interrogative words and phrases

¿a qué hora?	*at what time?*	**¿cuántos/as?**	*how many?*
¿adónde?	*(to) where?*	**¿de dónde?**	*from where?*
¿cómo?	*how?*	**¿dónde?**	*where?*
¿cuál(es)?	*what?; which?*	**¿por qué?**	*why?*
¿cuándo?	*when?*	**¿qué?**	*what?; which?*
¿cuánto/a?	*how much?*	**¿quién(es)?**	*who?*

¡INTÉNTALO! Completa las preguntas con **¿qué?** o **¿cuál(es)?**, según el contexto.

1. ¿ Cuál de los dos te gusta más?
2. ¿ ________ es tu teléfono?
3. ¿ ________ tipo de pastel pediste?
4. ¿ ________ es una galleta?
5. ¿ ________ haces ahora?
6. ¿ ________ son tus platos favoritos?
7. ¿ ________ bebidas te gustan más?
8. ¿ ________ es esto?
9. ¿ ________ es el mejor?
10. ¿ ________ es tu opinión?
11. ¿ ________ fiestas celebras tú?
12. ¿ ________ botella de vino prefieres?
13. ¿ ________ es tu helado favorito?
14. ¿ ________ pones en la mesa?
15. ¿ ________ restaurante prefieres?
16. ¿ ________ estudiantes estudian más?
17. ¿ ________ quieres comer esta noche?
18. ¿ ________ es la sorpresa mañana?
19. ¿ ________ postre prefieres?
20. ¿ ________ opinas?

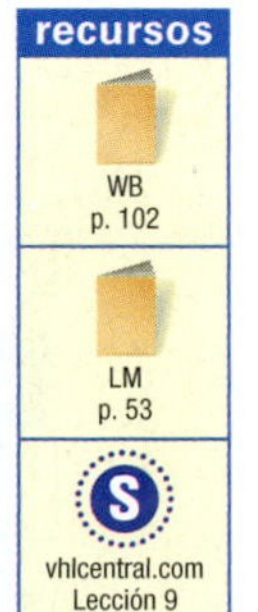

Práctica y Comunicación

1

Completar Tu clase de español va a crear un sitio web. Completa estas preguntas con alguna(s) palabra(s) interrogativa(s). Luego, con un(a) compañero/a, hagan y contesten las preguntas para obtener la información para el sitio web.

1. ¿__________ es la fecha de tu cumpleaños?
2. ¿__________________ naciste?
3. ¿__________ es tu estado civil?
4. ¿________________ te relajas?
5. ¿__________ es tu mejor amigo/a?
6. ¿__________ cosas te hacen reír?
7. ¿__________ postres te gustan? ¿__________ te gusta más?
8. ¿__________ problemas tuviste en la primera cita con alguien?

2

Una invitación En parejas, lean esta invitación. Luego, túrnense para hacer y contestar preguntas con **qué** y **cuál** basadas en la información de la invitación.

modelo

Estudiante 1: *¿Cuál es el nombre del padre de la novia?*
Estudiante 2: *Su nombre es Fernando Sandoval Valera.*

Fernando Sandoval Valera
Isabel Arzipe de Sandoval

Lorenzo Vásquez Amaral
Elena Soto de Vásquez

tienen el agrado de invitarlos
a la boda de sus hijos

María Luisa y José Antonio

La ceremonia religiosa tendrá lugar
el sábado 10 de junio a las dos de la tarde
en el Templo de Santo Domingo
(Calle Santo Domingo, 961).

Después de la ceremonia, sírvanse pasar a la recepción en el salón de baile del Hotel Metrópoli (Sotero del Río, 465).

¡LENGUA VIVA!

The word **invitar** is not always used exactly like *invite*. Sometimes, if you say **Te invito un café,** it means that you are offering to buy that person a coffee.

3

Quinceañera Trabaja con un(a) compañero/a. Uno/a de ustedes es el/la director(a) del salón de fiestas "Renacimiento". La otra persona es el padre/la madre de Sandra, quien quiere hacer la fiesta de quince años de su hija gastando menos de $25 por invitado. Su profesor(a) va a darles la información necesaria para confirmar la reservación.

modelo

Estudiante 1: *¿Cuánto cuestan los entremeses?*
Estudiante 2: *Depende. Puede escoger champiñones por 50 centavos o camarones por dos dólares.*
Estudiante 1: *¡Uf! A mi hija le gustan los camarones, pero son muy caros.*
Estudiante 2: *Bueno, también puede escoger quesos por un dólar por invitado.*

 Practice more at **vhlcentral.com.**

9.4 Pronouns after prepositions

ANTE TODO In Spanish, as in English, the object of a preposition is the noun or pronoun that follows a preposition. Observe the following diagram.

Prepositional pronouns

	Singular		Plural	
	mí	*me*	**nosotros/as**	*us*
	ti	*you (fam.)*	**vosotros/as**	*you (fam.)*
preposition +	**Ud.**	*you (form.)*	**Uds.**	*you (form.)*
	él	*him*	**ellos**	*them (m.)*
	ella	*her*	**ellas**	*them (f.)*

- Note that, except for **mí** and **ti,** these pronouns are the same as the subject pronouns. **¡Atención!** **Mí** (*me*) has an accent mark to distinguish it from the possessive adjective **mi** (*my*).

- The preposition **con** combines with **mí** and **ti** to form **conmigo** and **contigo,** respectively.

  —¿Quieres venir **conmigo** a Concepción?
  Do you want to come with me to Concepción?

  —Sí, gracias, me gustaría ir **contigo.**
  Yes, thanks, I would like to go with you.

- The preposition **entre** is followed by **tú** and **yo** instead of **ti** and **mí.**

  Papá va a sentarse **entre tú y yo**.
  Dad is going to sit between you and me.

CONSULTA
For more prepositions, refer to **Estructura 2.3,** p. 56.

¡INTÉNTALO! Completa estas oraciones con las preposiciones y los pronombres apropiados.

1. *(with him)* No quiero ir ___con él___.
2. *(for her)* Las galletas son ________.
3. *(for me)* Los mariscos son ________.
4. *(with you,* pl. form.*)* Preferimos estar ________.
5. *(with you,* sing. fam.*)* Me gusta salir ________.
6. *(with me)* ¿Por qué no quieres tener una cita ________?
7. *(for her)* La cuenta es ________.
8. *(for them,* m.*)* La habitación es muy pequeña ________.
9. *(with them,* f.*)* Anoche celebré la Navidad ________.
10. *(for you,* sing. fam.*)* Este beso es ________.
11. *(with you,* sing. fam.*)* Nunca me aburro ________.
12. *(with you,* pl. form.*)* ¡Qué bien que vamos ________!
13. *(for you,* sing. fam.*)* ________ la vida es muy fácil.
14. *(for them,* f.*)* ________ no hay sorpresas.

recursos
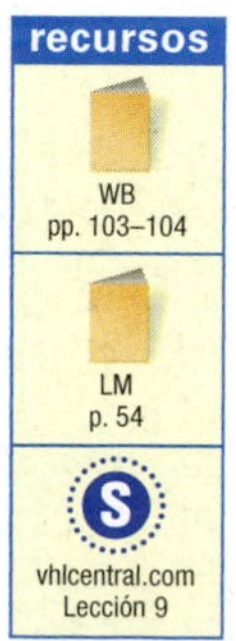

Práctica y Comunicación

1 

Completar David sale con sus amigos a comer. Para saber quién come qué, lee el mensaje electrónico que David le envió (*sent*) a Cecilia dos días después y completa el diálogo en el restaurante con los pronombres apropiados.

modelo

Camarero: Los camarones en salsa verde, ¿para quién son?
David: Son para ___ella___.

Para: Cecilia | Asunto: El menú

Hola, Cecilia:
¿Recuerdas la comida del viernes? Quiero repetir el menú en mi casa el miércoles. Ahora voy a escribir lo que comimos, luego me dices si falta algún plato. Yo pedí el filete de pescado y Maribel camarones en salsa verde. Tatiana pidió un plato grandísimo de machas a la parmesana. Diana y Silvia pidieron langostas, ¿te acuerdas? Y tú, ¿qué pediste? Ah, sí, un bistec grande con papas. Héctor también pidió un bistec, pero más pequeño. Miguel pidió pollo y vino tinto para todos. Y la profesora comió ensalada verde porque está a dieta. ¿Falta algo? Espero tu mensaje. Hasta pronto. David.

NOTA CULTURAL

Las **machas a la parmesana** son un plato muy típico de Chile. Se prepara con machas, un tipo de almeja (*clam*) que se encuentra en Suramérica. Las machas a la parmesana se hacen con queso parmesano, limón, sal, pimienta y mantequilla, y luego se ponen en el horno (*oven*).

CAMARERO El filete de pescado, ¿para quién es?
DAVID Es para (1)__________.
CAMARERO Aquí está. ¿Y las machas a la parmesana y las langostas?
DAVID Las machas son para (2)__________.
SILVIA Y DIANA Las langostas son para (3)__________.
CAMARERO Tengo un bistec grande...
DAVID Cecilia, es para (4)__________, ¿no es cierto? Y el bistec más pequeño es para (5)__________.
CAMARERO ¿Y la botella de vino?
MIGUEL Es para todos (6)__________, y el pollo es para (7)__________.
CAMARERO (*a la profesora*) Entonces la ensalada verde es para (8)__________.

2 
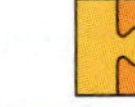

Compartir Tu profesor(a) va a darte una hoja de actividades en la que hay un dibujo. En parejas, hagan preguntas para saber dónde está cada una de las personas en el dibujo. Ustedes tienen dos versiones diferentes de la ilustración. Al final deben saber dónde está cada persona.

modelo

Estudiante 1: ¿Quién está al lado de Óscar?
Estudiante 2: Alfredo está al lado de él.

Alfredo	Dolores	Graciela	Raúl
Sra. Blanco	Enrique	Leonor	Rubén
Carlos	Sra. Gómez	Óscar	Yolanda

AYUDA

Here are some other useful prepositions: **al lado de, debajo de, a la derecha de, a la izquierda de, cerca de, lejos de, delante de, detrás de, entre.**

 Practice more at **vhlcentral.com.**

Recapitulación

Completa estas actividades para repasar los conceptos de gramática que aprendiste en esta lección.

1 **Completar** Completa la tabla con el pretérito de los verbos. **9 pts.**

Infinitive	yo	ella	nosotros
conducir			
hacer			
saber			

2 **Mi fiesta** Completa este mensaje electrónico con el pretérito de los verbos de la lista. Vas a usar cada verbo sólo una vez. **10 pts.**

dar	haber	tener
decir	hacer	traer
estar	poder	venir
	poner	

Hola, Omar:

Como tú no (1) _________ venir a mi fiesta de cumpleaños, quiero contarte cómo fue. El día de mi cumpleaños, muy temprano por la mañana, mis hermanos me (2) _________ una gran sorpresa: ellos (3) _________ un regalo delante de la puerta de mi habitación: ¡una bicicleta roja preciosa! Mi madre nos preparó un desayuno riquísimo. Después de desayunar, mis hermanos y yo (4) _________ que limpiar toda la casa, así que (*therefore*) no (5) _________ más celebración hasta la tarde. A las seis y media (nosotros) (6) _________ una barbacoa en el patio de la casa. Todos los invitados (7) _________ bebidas y regalos. (8) _________ todos mis amigos, excepto tú, ¡qué pena! :-(La fiesta (9) _________ muy animada hasta las diez de la noche, cuando mis padres (10) _________ que los vecinos (*neighbors*) iban a (*were going to*) protestar y entonces todos se fueron a sus casas.

RESUMEN GRAMATICAL

9.1 Irregular preterites *pp. 286–287*

u-stem	estar poder poner saber tener	estuv- pud- pus- sup- tuv-	-e, -iste, -o, -imos, -isteis, -(i)eron
i-stem	hacer querer venir	hic- quis- vin-	
j-stem	conducir decir traducir traer	conduj- dij- traduj- traj-	

- Preterite of **dar**: **di, diste, dio, dimos, disteis, dieron**
- Preterite of **hay** (*inf.* **haber**): **hubo**

9.2 Verbs that change meaning in the preterite *p. 290*

Present	Preterite
conocer	
to know; to be acquainted with	*to meet*
saber	
to know info.; to know how to do something	*to find out; to learn*
poder	
to be able; can	*to manage; to succeed*
querer	
to want; to love	*to try*

9.3 ¿Qué? and ¿cuál? *p. 292*

- Use **¿qué?** to ask for a definition or an explanation.
- Use **¿cuál(es)?** when there is more than one possibility to choose from.
- **¿Cuál?** cannot be used before a noun; use **¿qué?** instead.
- **¿Qué?** used before a noun has the same meaning as **¿cuál?**

9.4 Pronouns after prepositions *p. 294*

Prepositional pronouns

	Singular	Plural
Preposition +	mí ti Ud. él ella	nosotros/as vosotros/as Uds. ellos ellas

► Exceptions: **conmigo, contigo, entre tú y yo**

3 **¿Presente o pretérito?** Escoge la forma correcta de los verbos en paréntesis. 6 pts.

1. Después de muchos intentos (*tries*), (podemos/pudimos) hacer una piñata.
2. —¿Conoces a Pepe?
   —Sí, lo (conozco/conocí) en tu fiesta.
3. Como no es de aquí, Cristina no (sabe/supo) mucho de las celebraciones locales.
4. Yo no (quiero/quise) ir a un restaurante grande, pero tú decides.
5. Ellos (quieren/quisieron) darme una sorpresa, pero Nina me lo dijo todo.
6. Mañana se terminan las vacaciones; por fin (podemos/pudimos) volver a la escuela.

4 **Preguntas** Escribe una pregunta para cada respuesta con los elementos dados. Empieza con **qué**, **cuál** o **cuáles** de acuerdo con el contexto y haz los cambios necesarios. 8 pts.

1. —¿? / pastel / querer —Quiero el pastel de chocolate.
2. —¿? / ser / sangría —La sangría es una bebida típica española.
3. —¿? / ser / restaurante favorito —Mis restaurantes favoritos son Dalí y Jaleo.
4. —¿? / ser / dirección electrónica —Mi dirección electrónica es paco@email.com.

5 **¿Dónde me siento?** Completa la conversación con los pronombres apropiados. 7 pts.

JUAN A ver, te voy a decir dónde te vas a sentar. Manuel, ¿ves esa silla? Es para __________. Y esa otra silla es para tu novia, que todavía no está aquí.

MANUEL Muy bien, yo la reservo para __________.

HUGO ¿Y esta silla es para __________ (*me*)?

JUAN No, Hugo. No es para __________. Es para Carmina, que viene con Julio.

HUGO No, Carmina y Julio no pueden venir. Hablé con __________ y me avisaron.

JUAN Pues ellos se lo pierden (*it's their loss*). ¡Más comida para __________ (*us*)!

CAMARERO Aquí tienen el menú. Les doy un minuto y enseguida estoy con __________.

6 **Cumpleaños feliz** Escribe cinco oraciones que describan cómo celebraste tu último cumpleaños. Usa el pretérito y los pronombres que aprendiste en esta lección. 10 pts.

7 **Poema** Completa este fragmento del poema *Elegía nocturna* de Carlos Pellicer con el pretérito de los verbos entre paréntesis. ¡2 puntos EXTRA!

**"Ay de mi corazón° que nadie __________ (querer)
tomar de entre mis manos desoladas.
Tú __________ (venir) a mirar sus llamaradas°
y le miraste arder° claro° y sereno."**

corazón *heart* llamaradas *flames* arder *to burn* claro *clear*

Practice more at **vhlcentral.com.**

Lectura

Antes de leer

Estrategia

Recognizing word families

Recognizing root words can help you guess the meaning of words in context, ensuring better comprehension of a reading selection. Using this strategy will enrich your Spanish vocabulary as you will see below.

Examinar el texto

Familiarízate con el texto usando las estrategias de lectura más efectivas para ti. ¿Qué tipo de documento es? ¿De qué tratan° las cuatro secciones del documento? Explica tus respuestas.

Raíces°

Completa el siguiente cuadro° para ampliar tu vocabulario. Usa palabras de la lectura de esta lección y vocabulario de las lecciones anteriores. ¿Qué significan las palabras que escribiste en el cuadro?

Verbos	Sustantivos	Otras formas
1. agradecer *to thank, to be grateful for*	*agradecimiento/ gracias gratitude/thanks*	*agradecido grateful, thankful*
2. estudiar	________	________
3. ________	________	celebrado
4. ________	baile	________
5. bautizar	________	________

¿De qué tratan...? *What are... about?* Raíces *Roots* cuadro *chart*

Practice more at **vhlcentral.com.**

Vida social

Matrimonio Espinoza Álvarez-Reyes Salazar

El día sábado 17 de junio a las 19 horas, se celebró el matrimonio de Silvia Reyes y Carlos Espinoza en la catedral de Santiago. La ceremonia fue oficiada por el pastor Federico Salas y participaron los padres de los novios, el señor Jorge Espinoza y señora y el señor José Alfredo Reyes y señora. Después de la ceremonia, los padres de los recién casados ofrecieron una fiesta bailable en el restaurante La Misión.

Bautismo

José María recibió el bautismo el 26 de junio.

Sus padres, don Roberto Lagos Moreno y doña María Angélica Sánchez, compartieron la alegría de la fiesta con todos sus parientes y amigos. La ceremonia religiosa tuvo lugar° en la catedral de Aguas Blancas. Después de la ceremonia, padres, parientes y amigos celebraron una fiesta en la residencia de la familia Lagos.

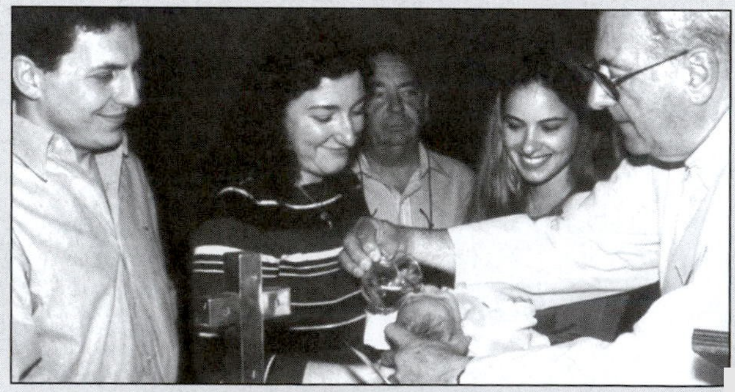

32B

Fiesta de quince años

El doctor don Amador Larenas Fernández y la señora Felisa Vera de Larenas celebraron los quince años de su hija Ana Ester junto a sus parientes y amigos. La quinceañera reside en la ciudad de Valparaíso y es estudiante del Colegio Francés. La fiesta de presentación en sociedad de la señorita Ana Ester fue el día viernes 2 de mayo a las 19 horas en el Club Español. Entre los invitados especiales asistieron el alcalde° de la ciudad, don Pedro Castedo, y su esposa. La música estuvo a cargo de la Orquesta Americana. ¡Feliz cumpleaños, le deseamos a la señorita Ana Ester en su fiesta bailable!

Expresión de gracias
Carmen Godoy Tapia

Agradecemos° sinceramente a todas las personas que nos acompañaron en el último adiós a nuestra apreciada esposa, madre, abuela y tía, la señora Carmen Godoy Tapia. El funeral tuvo lugar el día 28 de junio en la ciudad de Viña del Mar. La vida de Carmen Godoy fue un ejemplo de trabajo, amistad, alegría y amor para todos nosotros. Su esposo, hijos y familia agradecen de todo corazón° su asistencia° al funeral a todos los parientes y amigos.

tuvo lugar *took place* **alcalde** *mayor* **Agradecemos** *We thank* **de todo corazón** *sincerely* **asistencia** *attendance*

Después de leer

Corregir

Escribe estos comentarios otra vez para corregir la información errónea.

1. El alcalde y su esposa asistieron a la boda de Silvia y Carlos.
2. Todos los anuncios (*announcements*) describen eventos felices.
3. Felisa Vera de Larenas cumple quince años.
4. Roberto Lagos y María Angélica Sánchez son hermanos.
5. Carmen Godoy Tapia les dio las gracias a las personas que asistieron al funeral.

Identificar

Escribe el nombre de la(s) persona(s) descrita(s) (*described*).

1. Dejó viudo a su esposo el 28 de junio.
2. Sus padres y todos los invitados brindaron por él, pero él no entendió por qué.
3. El Club Español les presentó una cuenta considerable.
4. Unió a los novios en santo matrimonio.
5. Su fiesta de cumpleaños se celebró en Valparaíso.

Un anuncio

Trabajen en grupos pequeños para inventar un anuncio breve sobre una celebración importante. Puede ser una graduación, un matrimonio o una gran fiesta en la que ustedes participan. Incluyan la siguiente información.

1. nombres de los participantes
2. la fecha, la hora y el lugar
3. qué se celebra
4. otros detalles de interés

Escritura

Estrategia

Planning and writing a comparative analysis

Writing any kind of comparative analysis requires careful planning. Venn diagrams are useful for organizing your ideas visually before comparing and contrasting people, places, objects, events, or issues. To create a Venn diagram, draw two circles that overlap one another and label the top of each circle. List the differences between the two elements in the outer rings of the two circles, then list their similarities where the two circles overlap. Review the following example.

Diferencias y similitudes

Boda de Silvia Reyes y Carlos Espinoza

Diferencias:
1. Primero hay una celebración religiosa.
2. Se celebra en un restaurante.

Similitudes:
1. Las dos fiestas se celebran por la noche.
2. Las dos fiestas son bailables.

Fiesta de quince años de Ana Ester Larenas Vera

Diferencias:
1. Se celebra en un club.
2. Vienen invitados especiales.

La lista de palabras y expresiones a la derecha puede ayudarte a escribir este tipo de ensayo (*essay*).

Tema

Escribir una composición

Compara una celebración familiar (como una boda, una fiesta de cumpleaños o una graduación) a la que tú asististe recientemente con otro tipo de celebración. Utiliza palabras y expresiones de esta lista.

Para expresar similitudes

además; también	*in addition; also*
al igual que	*the same as*
como	*as; like*
de la misma manera	*in the same manner (way)*
del mismo modo	*in the same manner (way)*
tan + [*adjetivo*] + como	*as +* [adjective] *+ as*
tanto/a(s) + [*sustantivo*] + como	*as many/much +* [noun] *+ as*

Para expresar diferencias

a diferencia de	*unlike*
a pesar de	*in spite of*
aunque	*although*
en cambio	*on the other hand*
más/menos... que	*more/less . . . than*
no obstante	*nevertheless; however*
por el contrario	*on the contrary*
por otro lado	*on the other hand*
sin embargo	*nevertheless; however*

Escuchar

Audio: Activities

Estrategia

Guessing the meaning of words through context

When you hear an unfamiliar word, you can often guess its meaning by listening to the words and phrases around it.

To practice this strategy, you will now listen to a paragraph. Jot down the unfamiliar words that you hear. Then listen to the paragraph again and jot down the word or words that give the most useful clues to the meaning of each unfamiliar word.

Preparación

Lee la invitación. ¿De qué crees que van a hablar Rosa y Josefina?

Ahora escucha

Ahora escucha la conversación entre Josefina y Rosa. Cuando oigas una de las palabras de la columna A, usa el contexto para identificar el sinónimo o la definición en la columna B.

A	B
____ 1. festejar	a. conmemoración religiosa de una muerte
____ 2. dicha	b. tolera
____ 3. bien parecido	c. suerte
____ 4. finge (fingir)	d. celebrar
____ 5. soporta (soportar)	e. me divertí
____ 6. yo lo disfruté (disfrutar)	f. horror
	g. crea una ficción
	h. guapo

Practice more at vhlcentral.com.

Margarita Robles de García
y Roberto García Olmos

Piden su presencia en la celebración
del décimo aniversario de bodas
el día 13 de marzo
con una misa en la Iglesia Virgen del Coromoto
a las 6:30

seguida por cena y baile
en el restaurante El Campanero,
Calle Principal, Las Mercedes
a las 8:30

Comprensión

¿Cierto o falso?

Lee cada oración e indica si lo que dice es **cierto** o **falso.** Corrige las oraciones falsas.

1. No invitaron a mucha gente a la fiesta de Margarita y Roberto porque ellos no conocen a muchas personas.
2. Algunos fueron a la fiesta con pareja y otros fueron sin compañero/a.
3. Margarita y Roberto decidieron celebrar el décimo aniversario porque no hicieron una fiesta el día de su boda.
4. Rafael les parece interesante a Rosa y a Josefina.
5. Josefina se divirtió mucho en la fiesta porque bailó toda la noche con Rafael.

Preguntas

Responde a estas preguntas con oraciones completas.

1. ¿Son solteras Rosa y Josefina? ¿Cómo lo sabes?
2. ¿Tienen las chicas una amistad de mucho tiempo con la pareja que celebra su aniversario? ¿Cómo lo sabes?

En pantalla

Anuncio

Desfiles°, música, asados°, fuegos artificiales° y baile son los elementos de una buena fiesta. ¿Celebrar durante toda una semana? ¡Eso sí que es una fiesta espectacular! El 18 de septiembre Chile conmemora su independencia de España y los chilenos demuestran su orgullo° nacional durante una semana llena de celebraciones. Durante las Fiestas Patrias° casi todas las oficinas° y escuelas se cierran para que la gente se reúna° a festejar. Desfiles y rodeos representan la tradición de los vaqueros° del país, y la gente baila cueca, el baile nacional. Las familias y los amigos se reúnen para preparar y disfrutar platos tradicionales como las empanadas y asados. Otra de las tradiciones de estas fiestas es hacer volar cometas°, llamadas volantines. Mira el video para descubrir cómo se celebran otras fiestas en Chile.

Vocabulario útil

conejo	*bunny*
disfraces	*costumes*
mariscal	*traditional Chilean soup with raw seafood*
sustos	*frights*
vieja (Chi.)	*mother*

Seleccionar

Selecciona la palabra que no está relacionada con cada grupo.

1. disfraces • noviembre • arbolito • sustos
2. volantines • arbolito • regalos • diciembre
3. conejo • enero • huevitos • chocolates
4. septiembre • volantines • disfraces • asado

Fiesta

Trabajen en grupos de tres. Imaginen que van a organizar una fiesta para celebrar el 4 de julio. Escriban una invitación electrónica para invitar a sus parientes y amigos a la fiesta. Describan los planes que tienen para la fiesta y díganles a sus amigos qué tiene que traer cada uno.

Desfiles/Paradas *Parades* **asados** *barbecues* **fuegos artificiales** *fireworks* **orgullo** *pride* **Fiestas Patrias** *Independence Day celebrations* **oficinas** *offices* **se reúna** *would get together* **vaqueros** *cowboys* **cometas/volantines** *kites*

Noviembre: disfraces, dulces...

Mayo: besito, tarjeta, tecito con la mamá...

Septiembre... Septiembre: familia, parada militar...

Video: TV Clip

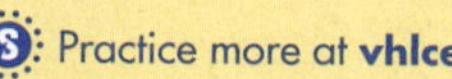

Practice more at vhlcentral.com.

Cortometraje

Para Iker, cada persona se parece a un animal. Por ejemplo, su papá es un oso°. A Iker le habría gustado° ser un oso también, pero él es otro animal. Y eso es algo que nadie sabe en la escuela. ¿Qué puede pasar si° sus compañeros descubren el secreto de Iker?

Preparación

En parejas, túrnense para hacerse estas preguntas.

1. ¿Tienes rasgos particulares? ¿Cuáles son de tu apariencia física? ¿Cuáles son de tu personalidad?
2. ¿Cuáles de tus rasgos son buenos? ¿Cuáles son malos? ¿Cómo determinas que son buenos o malos?
3. ¿Qué rasgos te hacen una persona única?
4. ¿Es común alguno de esos rasgos en tu familia? ¿Cuál?
5. ¿Qué animal crees que serías (*you would be*) según (*according to*) tus rasgos? Explica tu respuesta.

Después de ver

Escoge la opción que completa mejor cada oración.

1. En la familia de Iker, ____ el mismo rasgo.
   a. no hay dos personas con
   b. él y su abuelo comparten
   c. el abuelo y Tito tienen
2. Para Iker, su ____ es un perico.
   a. hermana b. mamá c. maestra (*teacher*)
3. Iker se sintió ____ cuando su compañero le dijo que le gustaba su peinado.
   a. aliviado (*relieved*) b. cohibido c. enojado
4. Al final, Iker estaba ____ de mostrar su pelo tal y como es.
   a. avergonzado b. nervioso c. orgulloso

Conversar

En parejas, respondan a estas preguntas con oraciones completas.

1. ¿Se han sentido ustedes cohibidos/as alguna vez? ¿Qué pasó?
2. ¿Cuáles son las ventajas (*advantages*) de presentarse ante el mundo tal y como son?
3. ¿Creen que la percepción que tienen de ustedes mismos/as influye en (*influences*) la manera en que ven a los demás? Expliquen su respuesta.

oso *bear* le habría gustado *he would have liked* si *if*

Expresiones útiles

devolver	*to return, to give back*
disimular	*to hide, to disguise*
me hubiera gustado	*I would have liked*
meter	*to put (something) in, to introduce*
el peinado	*hairstyle*
salir (igual) a	*to take after*
si supieran	*if they knew*
tieso/a	*stiff*

Para hablar del corto

burlarse (de)	*to make fun (of)*
esconder(se)	*to hide (oneself)*
la fuerza	*strength*
orgulloso/a	*proud*
pelear(se)	*to fight (with one another)*
el rasgo	*feature, characteristic*
sentirse cohibido/a	*to feel self-conscious*

Practice more at **vhlcentral.com.**

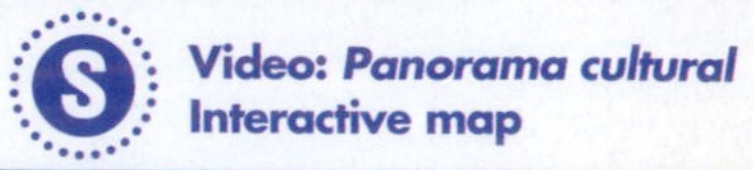

Chile

El país en cifras

- **Área:** 756.950 km^2 (292.259 millas^2), *dos veces el área de Montana*
- **Población:** 17.926.000 *Aproximadamente el 80 por ciento de la población del país es urbana.*
- **Capital:** Santiago de Chile—6.237.000
- **Ciudades principales:** Valparaíso—911.000, Concepción, Viña del Mar, Temuco

SOURCE: Population Division, UN Secretariat

- **Moneda:** peso chileno
- **Idiomas:** español (oficial), mapuche

Bandera de Chile

Chilenos célebres

- **Bernardo O'Higgins,** militar° y héroe nacional (1778–1842)
- **Gabriela Mistral,** Premio Nobel de Literatura, 1945; poeta y diplomática (1889–1957)
- **Pablo Neruda,** Premio Nobel de Literatura, 1971; poeta (1904–1973)
- **Isabel Allende,** novelista (1942–)

Pablo Neruda

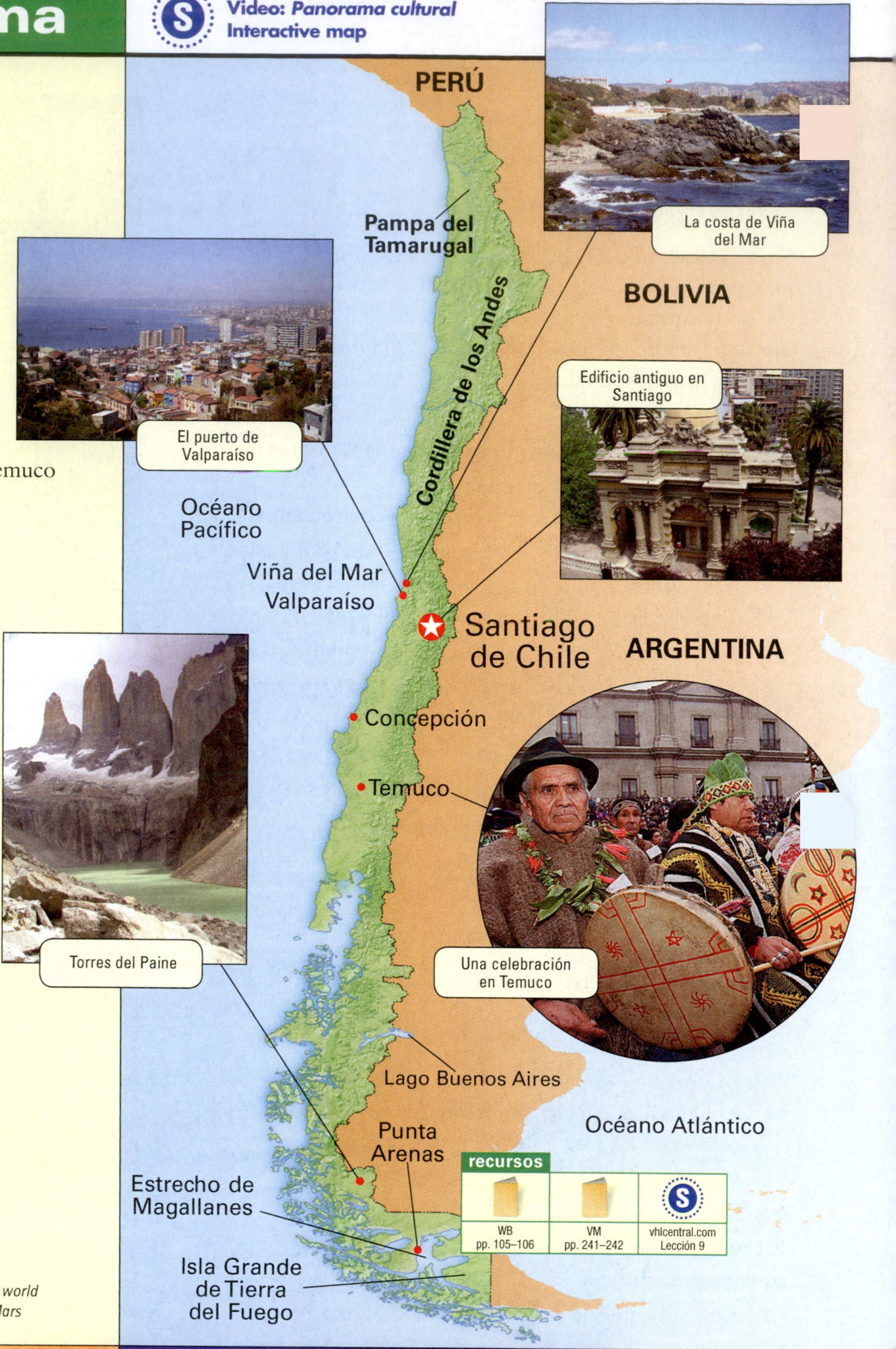

El puerto de Valparaíso

Torres del Paine

La costa de Viña del Mar

Edificio antiguo en Santiago

Una celebración en Temuco

PERÚ
Pampa del Tamarugal
Cordillera de los Andes
BOLIVIA
Océano Pacífico
Viña del Mar
Valparaíso
Santiago de Chile
ARGENTINA
Concepción
Temuco
Lago Buenos Aires
Océano Atlántico
Punta Arenas
Estrecho de Magallanes
Isla Grande de Tierra del Fuego

recursos

WB pp. 105–106	VM pp. 241–242	vhlcentral.com Lección 9

militar *soldier* terremoto *earthquake* heridas *wounded* hogar *home* desierto *desert* el más seco *the driest* mundo *world* han tenido *have had* ha sido usado *has been used* Marte *Mars*

¡Increíble pero cierto!

El desierto° de Atacama, en el norte de Chile, es el más seco° del mundo°. Con más de cien mil km^2 de superficie, algunas zonas de este desierto nunca han tenido° lluvia. Atacama ha sido usado° como escenario para representar a Marte° en películas y series de televisión.

Lugares • La isla de Pascua

La isla de Pascua° recibió ese nombre porque los exploradores holandeses° llegaron a la isla por primera vez el día de Pascua de 1722. Ahora es parte del territorio de Chile. La isla de Pascua es famosa por los *moái*, estatuas enormes que representan personas con rasgos° muy exagerados. Estas estatuas las construyeron los *rapa nui*, los antiguos habitantes de la zona. Todavía no se sabe mucho sobre los *rapa nui*, ni tampoco se sabe por qué decidieron abandonar la isla.

Deportes • Los deportes de invierno

Hay muchos lugares para practicar deportes de invierno en Chile porque las montañas nevadas de los Andes ocupan gran parte del país. El Parque Nacional Villarrica, por ejemplo, situado al pie de un volcán y junto a° un lago, es un sitio popular para el esquí y el *snowboard*. Para los que prefieren deportes más extremos, el centro de esquí Valle Nevado organiza excursiones para practicar heliesquí.

Ciencias • Astronomía

Los observatorios chilenos, situados en los Andes, son lugares excelentes para las observaciones astronómicas. Científicos° de todo el mundo van a Chile para estudiar las estrellas° y otros cuerpos celestes. Hoy día Chile está construyendo nuevos observatorios y telescopios para mejorar las imágenes del universo.

Economía • El vino

La producción de vino comenzó en Chile en el siglo° XVI. Ahora la industria del vino constituye una parte importante de la actividad agrícola del país y la exportación de sus productos está aumentando° cada vez más. Los vinos chilenos son muy apreciados internacionalmente por su gran variedad, sus ricos y complejos sabores° y su precio moderado. Los más conocidos son los vinos de Aconcagua y del valle del Maipo.

¿Qué aprendiste? Responde a cada pregunta con una oración completa.

1. ¿Qué porcentaje (*percentage*) de la población chilena es urbana?
2. ¿Qué son los *moái*? ¿Dónde están?
3. ¿Qué deporte extremo ofrece el centro de esquí Valle Nevado?
4. ¿Por qué van a Chile científicos de todo el mundo?
5. ¿Cuándo comenzó la producción de vino en Chile?
6. ¿Por qué son apreciados internacionalmente los vinos chilenos?

Conexión Internet Investiga estos temas en **vhlcentral.com**.

1. Busca información sobre Pablo Neruda e Isabel Allende. ¿Dónde y cuándo nacieron? ¿Cuáles son algunas de sus obras (*works*)? ¿Cuáles son algunos de los temas de sus obras?
2. Busca información sobre sitios donde los chilenos y los turistas practican deportes de invierno en Chile. Selecciona un sitio y descríbeselo a tu clase.

Practice more at **vhlcentral.com.**

La isla de Pascua *Easter Island* holandeses *Dutch* rasgos *features* junto a *beside* Científicos *Scientists* estrellas *stars* siglo *century* aumentando *increasing* complejos sabores *complex flavors*

Las celebraciones

el aniversario (de bodas)	*(wedding) anniversary*
la boda	*wedding*
el cumpleaños	*birthday*
el día de fiesta	*holiday*
la fiesta	*party*
el/la invitado/a	*guest*
la Navidad	*Christmas*
la quinceañera	*young woman celebrating her fifteenth birthday*
la sorpresa	*surprise*
brindar	*to toast* (drink)
celebrar	*to celebrate*
divertirse (e:ie)	*to have fun*
invitar	*to invite*
pasarlo bien/mal	*to have a good/bad time*
regalar	*to give* (a gift)
reírse (e:i)	*to laugh*
relajarse	*to relax*
sonreír (e:i)	*to smile*
sorprender	*to surprise*

Los postres y otras comidas

la botella (de vino)	*bottle (of wine)*
el champán	*champagne*
los dulces	*sweets; candy*
el flan (de caramelo)	*baked (caramel) custard*
la galleta	*cookie*
el helado	*ice cream*
el pastel (de chocolate)	*(chocolate) cake; pie*
el postre	*dessert*

Las relaciones personales

la amistad	*friendship*
el amor	*love*
el divorcio	*divorce*
el estado civil	*marital status*
el matrimonio	*marriage*
la pareja	*(married) couple; partner*
el/la recién casado/a	*newlywed*
casarse (con)	*to get married (to)*
comprometerse (con)	*to get engaged (to)*
divorciarse (de)	*to get divorced (from)*
enamorarse (de)	*to fall in love (with)*
llevarse bien/mal (con)	*to get along well/ badly (with)*
odiar	*to hate*
romper (con)	*to break up (with)*
salir (con)	*to go out (with); to date*
separarse (de)	*to separate (from)*
tener una cita	*to have a date; to have an appointment*
casado/a	*married*
divorciado/a	*divorced*
juntos/as	*together*
separado/a	*separated*
soltero/a	*single*
viudo/a	*widower/widow*

Las etapas de la vida

la adolescencia	*adolescence*
la edad	*age*
el estado civil	*marital status*
las etapas de la vida	*the stages of life*
la juventud	*youth*
la madurez	*maturity; middle age*
la muerte	*death*
el nacimiento	*birth*
la niñez	*childhood*
la vejez	*old age*
cambiar (de)	*to change*
graduarse (de/en)	*to graduate (from/in)*
jubilarse	*to retire (from work)*
nacer	*to be born*

Palabras adicionales

la alegría	*happiness*
el beso	*kiss*
conmigo	*with me*
contigo	*with you*
¡Felicidades!/ ¡Felicitaciones!	*Congratulations!*
¡Feliz cumpleaños!	*Happy birthday!*

Expresiones útiles	*See page 281.*

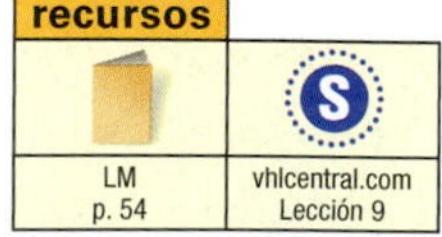

En el consultorio 10

Communicative Goals

You will learn how to:

- Describe how you feel physically
- Talk about health and medical conditions

A PRIMERA VISTA

- ¿Están en una farmacia o en un hospital?
- ¿El hombre es médico o dentista?
- ¿Qué hace él, una operación o un examen médico?
- ¿Crees que la paciente está nerviosa?

Talking Picture, Tutorials & Games
Audio: Activities

En el consultorio

Más vocabulario

la clínica	*clinic*
el consultorio	*doctor's office*
el/la dentista	*dentist*
el examen médico	*physical exam*
la farmacia	*pharmacy*
el hospital	*hospital*
la operación	*operation*
la sala de emergencia(s)	*emergency room*
el cuerpo	*body*
el oído	*(sense of) hearing; inner ear*
el accidente	*accident*
la salud	*health*
el síntoma	*symptom*
caerse	*to fall (down)*
darse con	*to bump into; to run into*
doler (o:ue)	*to hurt*
enfermarse	*to get sick*
estar enfermo/a	*to be sick*
poner una inyección	*to give an injection*
recetar	*to prescribe*
romperse (la pierna)	*to break (one's leg)*
sacar(se) un diente	*to have a tooth removed*
sufrir una enfermedad	*to suffer an illness*
torcerse (o:ue) (el tobillo)	*to sprain (one's ankle)*
toser	*to cough*

Variación léxica

gripe ⟷ gripa (*Col., Gua., Méx.*)
resfriado ⟷ catarro (*Cuba, Esp., Gua.*)
sala de emergencia(s) ⟷ sala de urgencias (*Arg., Col., Esp., Méx.*)
romperse ⟷ quebrarse (*Arg., Gua.*)

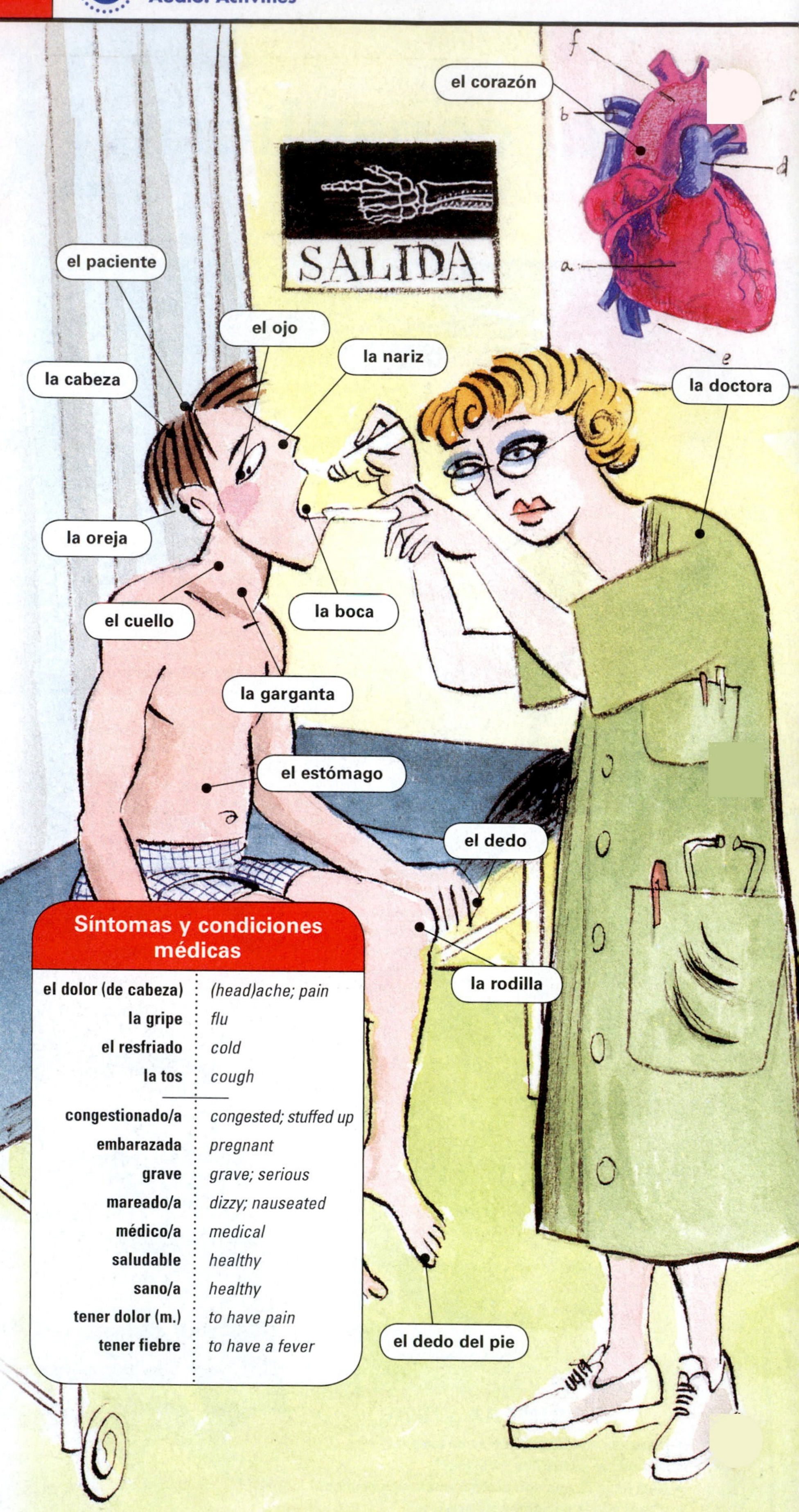

Síntomas y condiciones médicas

el dolor (de cabeza)	*(head)ache; pain*
la gripe	*flu*
el resfriado	*cold*
la tos	*cough*
congestionado/a	*congested; stuffed up*
embarazada	*pregnant*
grave	*grave; serious*
mareado/a	*dizzy; nauseated*
médico/a	*medical*
saludable	*healthy*
sano/a	*healthy*
tener dolor (m.)	*to have pain*
tener fiebre	*to have a fever*

recursos
WB pp. 109–110 | LM p. 55 | vhlcentral.com Lección 10

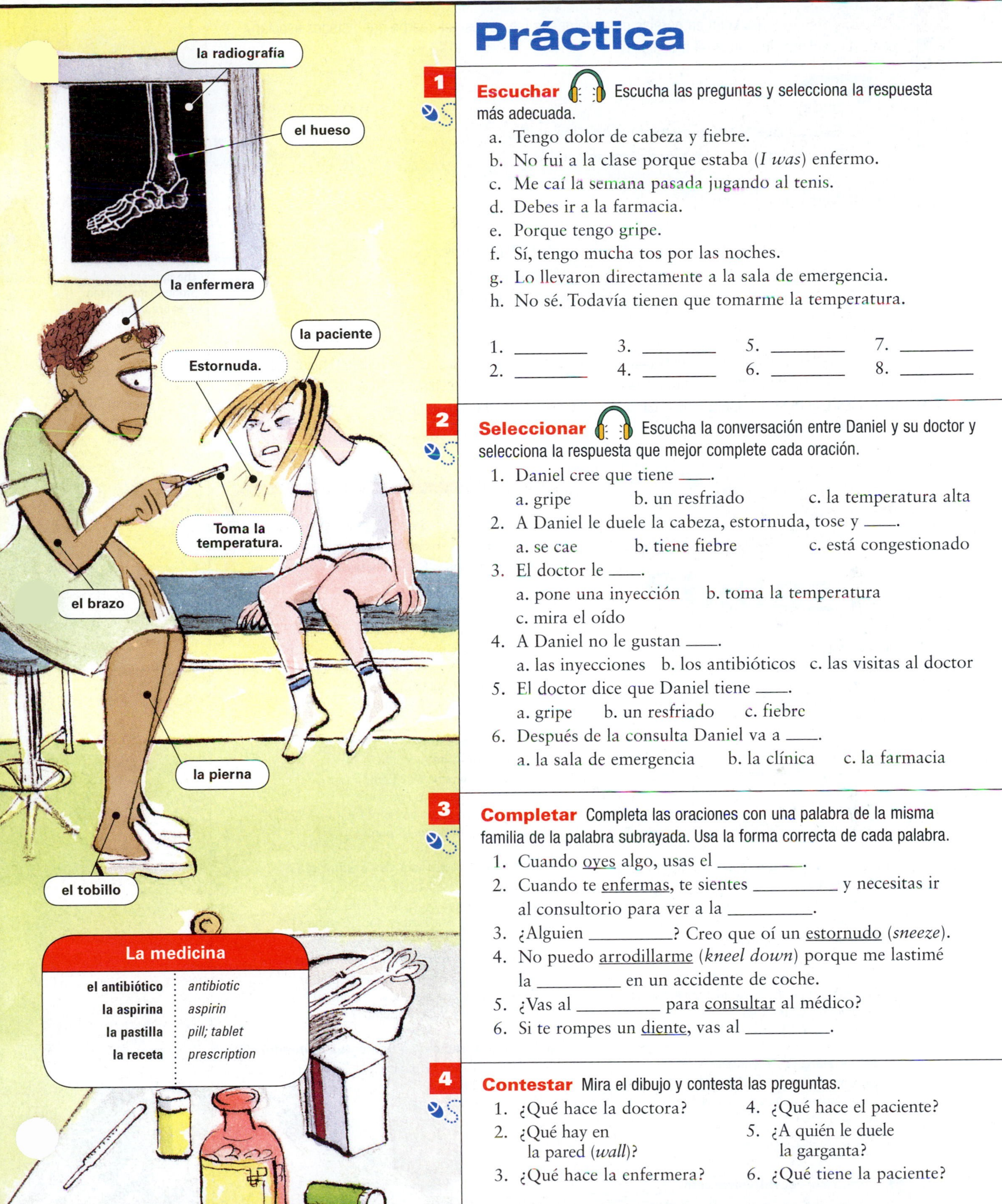

La medicina

el antibiótico	*antibiotic*
la aspirina	*aspirin*
la pastilla	*pill; tablet*
la receta	*prescription*

Práctica

1 Escuchar Escucha las preguntas y selecciona la respuesta más adecuada.

a. Tengo dolor de cabeza y fiebre.
b. No fui a la clase porque estaba (*I was*) enfermo.
c. Me caí la semana pasada jugando al tenis.
d. Debes ir a la farmacia.
e. Porque tengo gripe.
f. Sí, tengo mucha tos por las noches.
g. Lo llevaron directamente a la sala de emergencia.
h. No sé. Todavía tienen que tomarme la temperatura.

1. ________ 3. ________ 5. ________ 7. ________
2. ________ 4. ________ 6. ________ 8. ________

2 Seleccionar Escucha la conversación entre Daniel y su doctor y selecciona la respuesta que mejor complete cada oración.

1. Daniel cree que tiene ____.
   a. gripe b. un resfriado c. la temperatura alta
2. A Daniel le duele la cabeza, estornuda, tose y ____.
   a. se cae b. tiene fiebre c. está congestionado
3. El doctor le ____.
   a. pone una inyección b. toma la temperatura c. mira el oído
4. A Daniel no le gustan ____.
   a. las inyecciones b. los antibióticos c. las visitas al doctor
5. El doctor dice que Daniel tiene ____.
   a. gripe b. un resfriado c. fiebre
6. Después de la consulta Daniel va a ____.
   a. la sala de emergencia b. la clínica c. la farmacia

3 Completar Completa las oraciones con una palabra de la misma familia de la palabra subrayada. Usa la forma correcta de cada palabra.

1. Cuando <u>oyes</u> algo, usas el ________.
2. Cuando te <u>enfermas</u>, te sientes ________ y necesitas ir al consultorio para ver a la ________.
3. ¿Alguien ________? Creo que oí un <u>estornudo</u> (*sneeze*).
4. No puedo <u>arrodillarme</u> (*kneel down*) porque me lastimé la ________ en un accidente de coche.
5. ¿Vas al ________ para <u>consultar</u> al médico?
6. Si te rompes un <u>diente</u>, vas al ________.

4 Contestar Mira el dibujo y contesta las preguntas.

1. ¿Qué hace la doctora?
2. ¿Qué hay en la pared (*wall*)?
3. ¿Qué hace la enfermera?
4. ¿Qué hace el paciente?
5. ¿A quién le duele la garganta?
6. ¿Qué tiene la paciente?

5 

Asociaciones Trabajen en parejas para identificar las partes del cuerpo que ustedes asocian con estas actividades. Sigan el modelo.

modelo

nadar

Estudiante 1: Usamos los brazos para nadar.

Estudiante 2: Usamos las piernas también.

1. hablar por teléfono
2. tocar el piano
3. correr en el parque
4. escuchar música
5. ver una película
6. toser
7. llevar zapatos
8. comprar perfume
9. estudiar biología
10. comer pollo asado

AYUDA

Remember that in Spanish, parts of the body are usually referred to with an article and not a possessive adjective: **Me duelen los pies.** The indirect object pronoun **me** is used to express the concept of *my*.

6

Cuestionario Contesta el cuestionario seleccionando las respuestas que reflejen mejor tus experiencias. Suma (*Add*) los puntos de cada respuesta y anota el resultado. Después, con el resto de la clase, compara y analiza los resultados del cuestionario y comenta lo que dicen de la salud y de los hábitos de todo el grupo.

¿Tienes buena salud?

27–30 puntos	Salud y hábitos excelentes
23–26 puntos	Salud y hábitos buenos
22 puntos o menos	Salud y hábitos problemáticos

1. ¿Con qué frecuencia te enfermas? (resfriados, gripe, etc.)
Cuatro veces por año o más. (1 punto)
Dos o tres veces por año. (2 puntos)
Casi nunca. (3 puntos)

2. ¿Con qué frecuencia tienes dolores de estómago o problemas digestivos?
Con mucha frecuencia. (1 punto)
A veces. (2 puntos)
Casi nunca. (3 puntos)

3. ¿Con qué frecuencia sufres de dolores de cabeza?
Frecuentemente. (1 punto)
A veces. (2 puntos)
Casi nunca. (3 puntos)

4. ¿Comes verduras y frutas?
No, casi nunca como verduras ni frutas. (1 punto)
Sí, a veces. (2 puntos)
Sí, todos los días. (3 puntos)

5. ¿Eres alérgico/a a algo?
Sí, a muchas cosas. (1 punto)
Sí, a algunas cosas. (2 puntos)
No. (3 puntos)

6. ¿Haces ejercicios aeróbicos?
No, casi nunca hago ejercicios aeróbicos. (1 punto)
Sí, a veces. (2 puntos)
Sí, con frecuencia. (3 puntos)

7. ¿Con qué frecuencia te haces un examen médico?
Nunca o casi nunca. (1 punto)
Cada dos años. (2 puntos)
Cada año y/o antes de empezar a practicar un deporte. (3 puntos)

8. ¿Con qué frecuencia vas al dentista?
Nunca voy al dentista. (1 punto)
Sólo cuando me duele un diente. (2 puntos)
Por lo menos una vez por año. (3 puntos)

9. ¿Qué comes normalmente por la mañana?
No como nada por la mañana. (1 punto)
Tomo una bebida dietética. (2 puntos)
Como cereal y fruta. (3 puntos)

10. ¿Con qué frecuencia te sientes mareado/a?
Frecuentemente. (1 punto)
A veces. (2 puntos)
Casi nunca. (3 puntos)

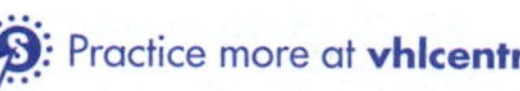
Practice more at **vhlcentral.com.**

Comunicación

7 

¿Qué les pasó? Trabajen en un grupo de dos o tres personas. Hablen de lo que les pasó y de cómo se sienten las personas que aparecen en los dibujos.

1. Adela 
2. Francisco
3. Pilar 
4. Pedro 
5. Cristina 
6. Félix 

8

Un accidente Cuéntale a la clase de un accidente o una enfermedad que tuviste. Incluye información que conteste estas preguntas.

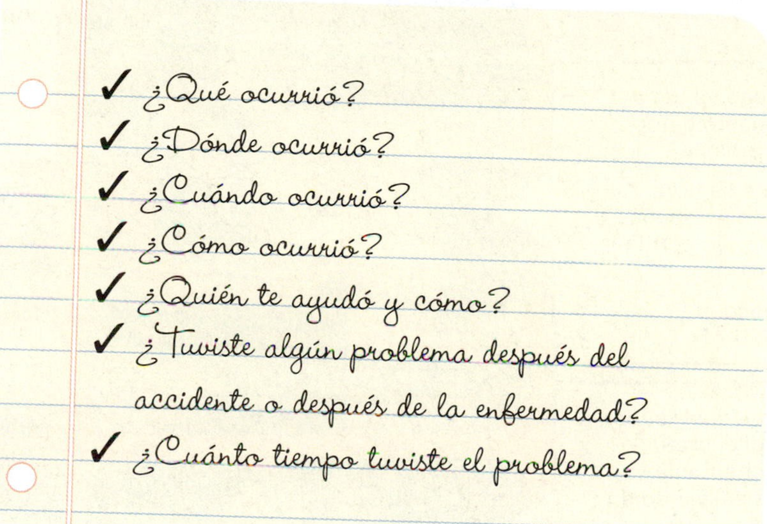

9  

Crucigrama Tu profesor(a) les va a dar a ti y a un(a) compañero/a un crucigrama *(crossword)* incompleto. Tú tienes las palabras que necesita tu compañero/a y él/ella tiene las palabras que tú necesitas. Tienen que darse pistas para completarlo. No pueden decir la palabra necesaria; deben utilizar definiciones, ejemplos y frases.

modelo

10 horizontal: La usamos para hablar.
14 vertical: Es el médico que examina los dientes.

¡Qué dolor!

Jimena no se siente bien y tiene que ir al doctor.

PERSONAJES

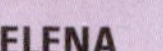

ELENA

JIMENA

ELENA ¿Cómo te sientes?

JIMENA Me duele un poco la garganta. Pero no tengo fiebre.

ELENA Creo que tienes un resfriado. Te voy a llevar a casa.

ELENA ¿Don Diego ya fue a la farmacia? ¿Cuánto tiempo hace que lo llamaste?

JIMENA Hace media hora. Ay, qué cosas, de niña apenas me enfermaba. No perdí ni un solo día de clases.

ELENA Yo tampoco.

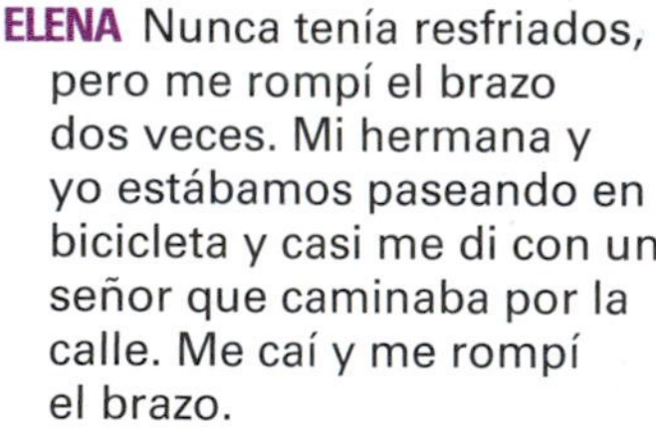

ELENA Nunca tenía resfriados, pero me rompí el brazo dos veces. Mi hermana y yo estábamos paseando en bicicleta y casi me di con un señor que caminaba por la calle. Me caí y me rompí el brazo.

JIMENA ¿Qué es esto?

ELENA Es té de jengibre. Cuando me dolía el estómago, mi mamá siempre me hacía tomarlo. Se dice que es bueno para el dolor de estómago.

JIMENA Pero no me duele el estómago.

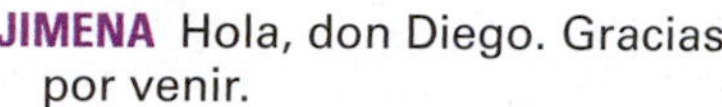

JIMENA Hola, don Diego. Gracias por venir.

DON DIEGO Fui a la farmacia. Aquí están las pastillas para el resfriado. Se debe tomar una cada seis horas con las comidas. Y no se deben tomar más de seis pastillas al día.

(*La Sra. Díaz llama a Jimena.*)

JIMENA Hola, mamá. Don Diego me trajo los medicamentos... ¿Al doctor? ¿Estás segura? Allá nos vemos. (*A Elena*) Mi mamá ya hizo una cita para mí con el Dr. Meléndez.

DON DIEGO **SRA. DÍAZ** **DR. MELÉNDEZ**

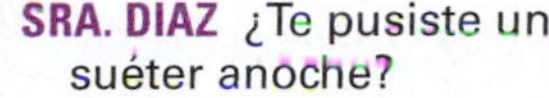

SRA. DÍAZ ¿Te pusiste un suéter anoche?

JIMENA No, mamá. Se me olvidó.

SRA. DÍAZ Doctor, esta jovencita salió anoche, se le olvidó ponerse un suéter y parece que le dio un resfriado.

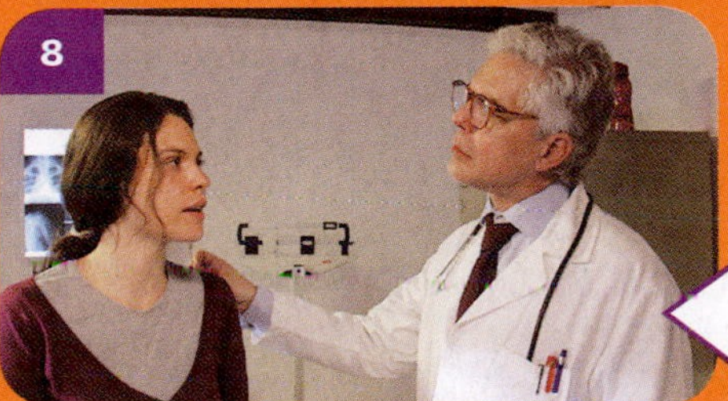

DR. MELÉNDEZ Jimena, ¿cuáles son tus síntomas?

JIMENA Toso con frecuencia y me duele la garganta.

DR. MELÉNDEZ ¿Cuánto tiempo hace que tienes estos síntomas?

JIMENA Hace dos días que me duele la garganta.

DR. MELÉNDEZ Muy bien. Aquí no tienes infección. No tienes fiebre. Te voy a mandar algo para la garganta. Puedes ir por los medicamentos inmediatamente a la farmacia.

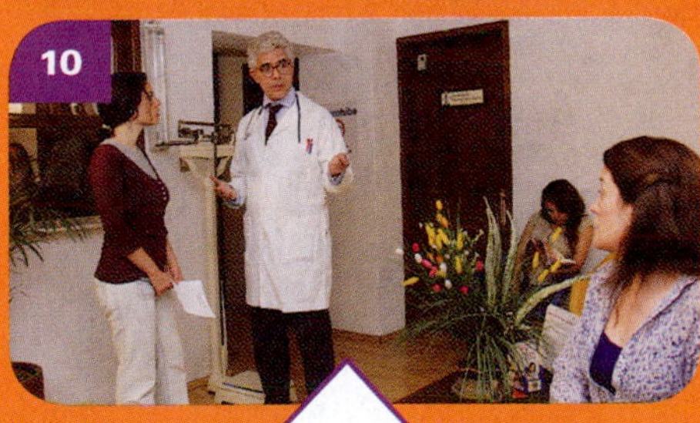

SRA. DÍAZ Doctor, ¿cómo está? ¿Es grave?

DR. MELÉNDEZ No, no es nada grave. Jimena, la próxima vez, escucha a tu mamá. ¡Tienes que usar suéter!

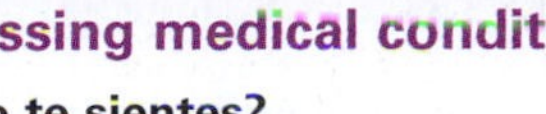

Expresiones útiles

Discussing medical conditions

¿Cómo te sientes?
How do you feel?
Me duele un poco la garganta.
My throat hurts a little.
No me duele el estómago.
My stomach doesn't hurt.
De niño/a apenas me enfermaba.
As a child, I rarely got sick.
¡Soy alérgico/a a chile!
I'm allergic to chili powder!

Discussing remedies

Se dice que el té de jengibre es bueno para el dolor de estómago.
They say ginger tea is good for stomach aches.
Aquí están las pastillas para el resfriado.
Here are the pills for your cold.
Se debe tomar una cada seis horas.
You should take one every six hours.

Expressions with hacer

Hace + [*period of time*] **que** + [*present /preterite*]
¿Cuánto tiempo hace que tienes estos síntomas?
How long have you had these symptoms?
Hace dos días que me duele la garganta.
My throat has been hurting for two days.
¿Cuánto tiempo hace que lo llamaste?
How long has it been since you called him?
Hace media hora.
It's been a half hour (since I called).

Additional vocabulary

canela *cinnamon*
miel *honey*
terco *stubborn*

¿Qué pasó?

1 **¿Cierto o falso?** Decide si lo que dicen estas oraciones sobre Jimena es **cierto** o **falso**. Corrige las oraciones falsas.

	Cierto	Falso
1. Dice que de niña apenas se enfermaba.	❍	❍
2. Tiene dolor de garganta y fiebre.	❍	❍
3. Olvidó ponerse un suéter anoche.	❍	❍
4. Hace tres días que le duele la garganta.	❍	❍
5. El doctor le dice que tiene una infección.	❍	❍

2 **Identificar** Identifica quién puede decir estas oraciones.

1. Como dice tu mamá, tienes que usar suéter.
2. Por pasear en bicicleta me rompí el brazo dos veces.
3. ¿Cuánto tiempo hace que toses y te duele la garganta?
4. Tengo cita con el Dr. Meléndez.
5. Dicen que el té de jengibre es muy bueno para los dolores de estómago.
6. Nunca perdí un día de clases porque apenas me enfermaba.

DR. MELÉNDEZ

ELENA

JIMENA

3 **Ordenar** Pon estos sucesos en el orden correcto.

a. Jimena va a ver al doctor. ______
b. El doctor le dice a la Sra. Díaz que no es nada serio. ______
c. Elena le habla a Jimena de cuando se rompió el brazo. ______
d. El doctor le receta medicamentos. ______
e. Jimena le dice a Elena que le duele la garganta. ______
f. Don Diego le trae a Jimena las pastillas para el resfriado. ______

4  **En el consultorio** Trabajen en parejas para representar los papeles de un(a) médico/a y su paciente. Usen las instrucciones como guía.

El/La médico/a		El/La paciente
Pregúntale al / a la paciente qué le pasó.	→	Dile que te caíste en casa. Describe tu dolor.
Pregúntale cuánto tiempo hace que se cayó.	→	Describe la situación. Piensas que te rompiste el dedo.
Mira el dedo. Debes recomendar un tratamiento (*treatment*) al / a la paciente.	→	Debes hacer preguntas al / a la médico/a sobre el tratamiento (*treatment*).

AYUDA

Here are some useful expressions:

¿Cómo se lastimó...?
¿Qué le pasó?
¿Cuánto tiempo hace que...?
Tengo...
Estoy...
¿Es usted alérgico/a a algún medicamento?
Usted debe...

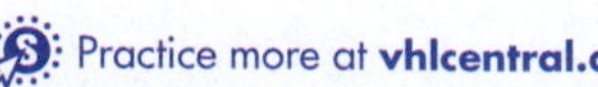

Ortografía

El acento y las sílabas fuertes

In Spanish, written accent marks are used on many words. Here is a review of some of the principles governing word stress and the use of written accents.

as-pi-ri-na **gri-pe** **to-man** **an-tes**

In Spanish, when a word ends in a vowel, **-n**, or **-s**, the spoken stress usually falls on the next-to-last syllable. Words of this type are very common and do not need a written accent.

a-sí **in-glés** **in-fec-ción** **hé-ro-e**

When a word ends in a vowel, **-n**, or **-s**, and the spoken stress does *not* fall on the next-to-last syllable, then a written accent is needed.

hos-pi-tal **na-riz** **re-ce-tar** **to-ser**

When a word ends in any consonant *other* than **-n** or **-s**, the spoken stress usually falls on the last syllable. Words of this type are very common and do not need a written accent.

lá-piz **fút-bol** **hués-ped** **sué-ter**

When a word ends in any consonant *other* than **-n** or **-s** and the spoken stress does *not* fall on the last syllable, then a written accent is needed.

CONSULTA

In Spanish, **a**, **e**, and **o** are considered strong vowels while **i** and **u** are weak vowels. To review this concept, see **Lección 3, Pronunciación**, p. 77.

far-ma-cia **bio-lo-gí-a** **su-cio** **frí-o**

Diphthongs (two weak vowels or a strong and weak vowel together) are normally pronounced as a single syllable. A written accent is needed when a diphthong is broken into two syllables.

sol **pan** **mar** **tos**

Spanish words of only one syllable do not usually carry a written accent (unless it is to distinguish meaning: **se** and **sé**.)

Práctica Busca las palabras que necesitan acento escrito y escribe su forma correcta.

1. sal-mon
2. ins-pec-tor
3. nu-me-ro
4. fa-cil
5. ju-go
6. a-bri-go
7. ra-pi-do
8. sa-ba-do
9. vez
10. me-nu
11. o-pe-ra-cion
12. im-per-me-a-ble
13. a-de-mas
14. re-ga-te-ar
15. an-ti-pa-ti-co
16. far-ma-cia
17. es-qui
18. pen-sion
19. pa-is
20. per-don

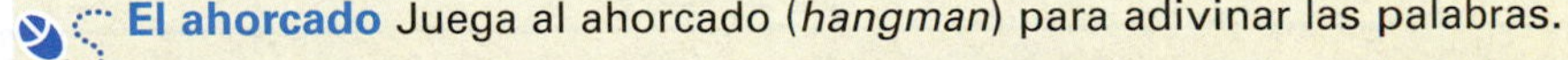

El ahorcado Juega al ahorcado (*hangman*) para adivinar las palabras.

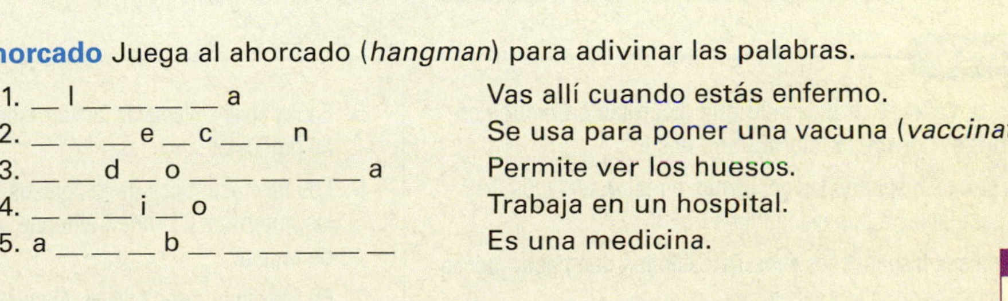

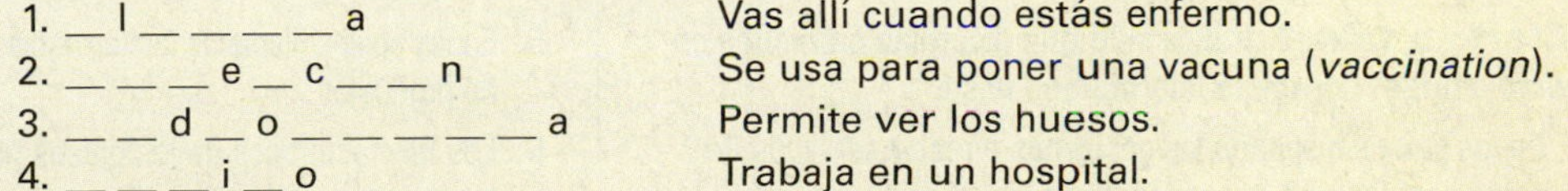

1. __ l __ __ __ __ a — Vas allí cuando estás enfermo.
2. __ __ __ e __ c __ __ n — Se usa para poner una vacuna (*vaccination*).
3. __ __ d __ o __ __ __ __ __ __ a — Permite ver los huesos.
4. __ __ __ i __ o — Trabaja en un hospital.
5. a __ __ __ b __ __ __ __ __ __ — Es una medicina.

recursos

LM p. 56 | vhlcentral.com Lección 10

EN DETALLE

Servicios de salud

¿Sabías que en los países hispanos no necesitas pagar por los servicios de salud? Ésta es una de las diferencias que hay entre países como los Estados Unidos y los países hispanos.

En la mayor parte de estos países, el gobierno ofrece servicios médicos muy baratos o gratuitos° a sus ciudadanos°. Los turistas y extranjeros también pueden tener acceso a los servicios médicos a bajo° costo. La Seguridad Social y organizaciones similares son las responsables de gestionar° estos servicios.

Naturalmente, esto no funciona igual° en todos los países. En Ecuador, México y Perú, la situación varía según las regiones. Los habitantes de las ciudades y pueblos grandes tienen acceso a más servicios médicos, mientras que quienes viven en pueblos remotos sólo cuentan con° pequeñas clínicas.

Por su parte, Costa Rica, Colombia, Cuba y España tienen sistemas de salud muy desarrollados°.

Cruz verde de farmacia en Madrid, España

En España, por ejemplo, todas las personas tienen acceso a ellos y en muchos casos son completamente gratuitos. Según un informe de la Organización Mundial de la Salud, el sistema de salud español ocupa el séptimo° lugar del mundo. Esto se debe no sólo al buen funcionamiento° del sistema, sino también al nivel de salud general de la población. Impresionante, ¿no?

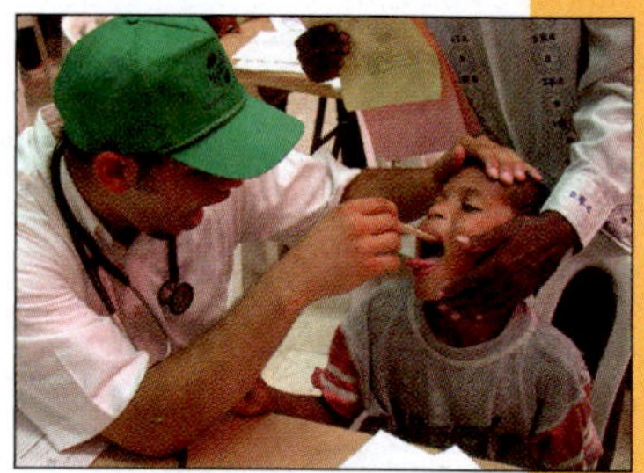
Consulta médica en la República Dominicana

Las farmacias

Farmacia de guardia: Las farmacias generalmente tienen un horario comercial. Sin embargo°, en cada barrio° hay una farmacia de guardia que abre las veinticuatro horas del día.

Productos farmacéuticos: Todavía hay muchas farmacias tradicionales que están más especializadas en medicinas y productos farmacéuticos. No venden una gran variedad de productos.

Recetas: Muchos medicamentos se venden sin receta médica. Los farmacéuticos aconsejan° a las personas sobre problemas de salud y les dan las medicinas.

Cruz° verde: En muchos países, las farmacias tienen como símbolo una cruz verde. Cuando la cruz verde está encendida°, la farmacia está abierta.

gratuitos *free (of charge)* **ciudadanos** *citizens* **bajo** *low* **gestionar** *to manage* **igual** *in the same way* **cuentan con** *have* **desarrollados** *developed* **séptimo** *seventh* **funcionamiento** *operation* **Sin embargo** *However* **barrio** *neighborhood* **aconsejan** *advise* **Cruz** *Cross* **encendida** *lit (up)*

ACTIVIDADES

1 **¿Cierto o falso?** Indica si lo que dicen las oraciones es **cierto** o **falso**. Corrige la información falsa.

1. En los países hispanos los gobiernos ofrecen servicios de salud accesibles a sus ciudadanos.
2. En los países hispanos los extranjeros tienen que pagar mucho dinero por los servicios médicos.
3. El sistema de salud español es uno de los mejores del mundo.
4. Las farmacias de guardia abren sólo los sábados y domingos.
5. En los países hispanos las farmacias venden una gran variedad de productos.
6. Los farmaceúticos de los países hispanos aconsejan a los enfermos y venden algunas medicinas sin necesidad de receta.
7. En México y otros países, los pueblos remotos cuentan con grandes centros médicos.
8. Muchas farmacias usan una cruz verde como símbolo.

ASÍ SE DICE

La salud

el chequeo (Esp., Méx.)	el examen médico
la droguería (Col.)	la farmacia
la herida	*injury; wound*
la píldora	la pastilla
los primeros auxilios	*first aid*
la sangre	*blood*

EL MUNDO HISPANO

Remedios caseros° y plantas medicinales

- **Achiote°** En Suramérica se usa para curar inflamaciones de garganta. Las hojas° de achiote se cuecen° en agua, se cuelan° y se hacen gárgaras° con esa agua.
- **Ají** En Perú se usan cataplasmas° de las semillas° de ají para aliviar los dolores reumáticos y la tortícolis°.
- **Azúcar** En Nicaragua y otros países centroamericanos se usa el azúcar para detener° la sangre en pequeñas heridas.
- **Sábila (aloe vera)** En Latinoamérica, el jugo de las hojas de sábila se usa para reducir cicatrices°. Se recomienda aplicarlo sobre la cicatriz dos veces al día, durante varios meses.

Remedios caseros *Home remedies* **Achiote** *Annatto* **hojas** *leaves* **se cuecen** *are cooked* **se cuelan** *they are drained* **gárgaras** *gargles* **cataplasmas** *pastes* **semillas** *seeds* **tortícolis** *stiff neck* **detener** *to stop* **cicatrices** *scars*

PERFILES

Curanderos° y chamanes

Códice Florentino, México, siglo XVI

¿Quieres ser doctor(a), juez(a)°, político/a o psicólogo/a? En algunas sociedades de las Américas **los curanderos** y **los chamanes** no tienen que escoger entre estas profesiones porque ellos son mediadores de conflictos y dan consejos a la comunidad. Su opinión es muy respetada.

Desde las culturas antiguas° de las Américas muchas personas piensan que la salud del cuerpo y de la mente sólo puede existir si hay un equilibrio entre el ser humano y la naturaleza. Los curanderos y los chamanes son quienes cuidan este equilibrio.

Los curanderos se especializan más en enfermedades físicas, mientras que los chamanes están más relacionados con los males° de la mente y el alma°. Ambos° usan plantas, masajes y rituales y sus conocimientos se basan en la tradición, la experiencia, la observación y la intuición.

Cuzco, Perú

Curanderos *Healers* **juez(a)** *judge* **antiguas** *ancient* **males** *illnesses* **alma** *soul* **Ambos** *Both*

Conexión Internet

¿Cuáles son algunos hospitales importantes del mundo hispano?

Go to **vhlcentral.com** to find more cultural information related to this **Cultura** section.

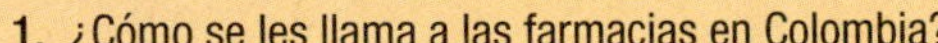

ACTIVIDADES

2 Comprensión Responde a las preguntas.

1. ¿Cómo se les llama a las farmacias en Colombia?
2. ¿Qué parte del achiote se usa para curar la garganta?
3. ¿Cómo se aplica la sábila para reducir cicatrices?
4. En algunas partes de las Américas, ¿quiénes mantienen el equilibrio entre el ser humano y la naturaleza?
5. ¿Qué usan los curanderos y chamanes para curar?

3 ¿Qué haces cuando tienes gripe? Escribe cuatro oraciones sobre las cosas que haces cuando tienes gripe. Explica si vas al médico, si tomas medicamentos o si sigues alguna dieta especial. Después, comparte tu texto con un(a) compañero/a.

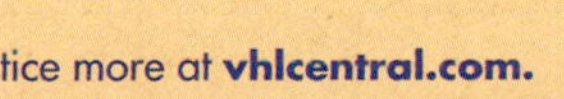

10.1 The imperfect tense

ANTE TODO In **Lecciones 6–9,** you learned the preterite tense. You will now learn the imperfect, which describes past activities in a different way.

The imperfect of regular verbs

		cantar	beber	escribir
SINGULAR FORMS	yo	cant**aba**	beb**ía**	escrib**ía**
	tú	cant**abas**	beb**ías**	escrib**ías**
	Ud./él/ella	cant**aba**	beb**ía**	escrib**ía**
PLURAL FORMS	nosotros/as	cant**ábamos**	beb**íamos**	escrib**íamos**
	vosotros/as	cant**abais**	beb**íais**	escrib**íais**
	Uds./ellos/ellas	cant**aban**	beb**ían**	escrib**ían**

¡ATENCIÓN!

Note that the imperfect endings of **-er** and **-ir** verbs are the same. Also note that the **nosotros** form of **-ar** verbs always carries an accent mark on the first **a** of the ending. All forms of **-er** and **-ir** verbs in the imperfect carry an accent on the first **i** of the ending.

De niña apenas me enfermaba.

Cuando me dolía el estómago, mi mamá me daba té de jengibre.

▶ There are no stem changes in the imperfect.

entender (e:ie)	**Entendíamos** japonés. *We used to understand Japanese.*
servir (e:i)	El camarero les **servía** el café. *The waiter was serving them coffee.*
doler (o:ue)	A Javier le **dolía** el tobillo. *Javier's ankle was hurting.*

▶ The imperfect form of **hay** is **había** *(there was; there were; there used to be).*

▶ **¡Atención! Ir, ser,** and **ver** are the only verbs that are irregular in the imperfect.

The imperfect of irregular verbs

		ir	ser	ver
SINGULAR FORMS	yo	ib**a**	er**a**	ve**ía**
	tú	ib**as**	er**as**	ve**ías**
	Ud./él/ella	ib**a**	er**a**	ve**ía**
PLURAL FORMS	nosotros/as	íb**amos**	ér**amos**	ve**íamos**
	vosotros/as	ib**ais**	er**ais**	ve**íais**
	Uds./ellos/ellas	ib**an**	er**an**	ve**ían**

AYUDA

Like **hay, había** can be followed by a singular or plural noun.

Había un solo médico en la sala.

Había dos pacientes allí.

CONSULTA

You will learn more about the contrast between the preterite and the imperfect in **Estructura 10.2**, pp. 322–323.

Uses of the imperfect

- As a general rule, the imperfect is used to describe actions which are seen by the speaker as incomplete or "continuing," while the preterite is used to describe actions which have been completed. The imperfect expresses what was happening at a certain time or how things used to be. The preterite, in contrast, expresses a completed action.

—¿Qué te **pasó**?
What happened to you?

—Me **torcí** el tobillo.
I sprained my ankle.

—¿Dónde **vivías** de niño?
Where did you live as a child?

—**Vivía** en San José.
I lived in San José.

- These expressions are often used with the imperfect because they express habitual or repeated actions: **de niño/a** (*as a child*), **todos los días** (*every day*), **mientras** (*while*).

Uses of the imperfect

1. **Habitual or repeated actions**	**Íbamos** al parque los domingos. *We used to go to the park on Sundays.*
2. **Events or actions that were in progress**	Yo **leía** mientras él **estudiaba**. *I was reading while he was studying.*
3. **Physical characteristics**	**Era** alto y guapo. *He was tall and handsome.*
4. **Mental or emotional states**	**Quería** mucho a su familia. *He loved his family very much.*
5. **Telling time**	**Eran** las tres y media. *It was 3:30.*
6. **Age**	Los niños **tenían** seis años. *The children were six years old.*

¡INTÉNTALO! Indica la forma correcta de cada verbo en el imperfecto.

1. Mis hermanos *veían* (ver) televisión todas las tardes.
2. Yo ______________ (viajar) en el tren de las 3:30.
3. ¿Dónde ______________ (vivir) Samuel de niño?
4. Tú ______________ (hablar) con Javier.
5. Leonardo y yo ______________ (correr) por el parque.
6. Ustedes ______________ (ir) a la clínica.
7. Nadia ______________ (bailar) merengue.
8. ¿Cuándo ______________ (asistir) tú a clase de español?
9. Yo ______________ (ser) muy feliz.
10. Nosotras ______________ (comprender) las preguntas.

recursos

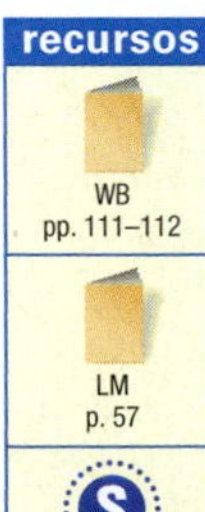

Práctica

1 **Completar** Primero, completa las oraciones con el imperfecto de los verbos. Luego, pon las oraciones en orden lógico y compáralas con las de un(a) compañero/a.

a. El doctor dijo que no __________ (ser) nada grave. ______
b. El doctor __________ (querer) ver la nariz del niño. ______
c. Su mamá __________ (estar) dibujando cuando Miguelito entró llorando. ______
d. Miguelito __________ (tener) la nariz hinchada (*swollen*). Fueron al hospital. ______
e. Miguelito no __________ (ir) a jugar más. Ahora quería ir a casa a descansar. ______
f. Miguelito y sus amigos __________ (jugar) al béisbol en el patio. ______
g. __________ (Ser) las dos de la tarde. ______
h. Miguelito le dijo a la enfermera que __________ (dolerle) la nariz. ______

2 **Transformar** Forma oraciones completas para describir lo que hacían Julieta y César. Usa las formas correctas del imperfecto y añade todas las palabras necesarias.

1. Julieta y César / ser / paramédicos
2. trabajar / juntos y / llevarse / muy bien
3. cuando / haber / accidente, / siempre / analizar / situación / con cuidado
4. preocuparse / mucho / por / pacientes
5. si / paciente / tener / mucho / dolor, / ponerle / inyección

3 **En la escuela de medicina** Usa los verbos de la lista para completar las oraciones con las formas correctas del imperfecto. Algunos verbos se usan más de una vez.

caerse	enfermarse	ir	querer	tener
comprender	estornudar	pensar	sentirse	tomar
doler	hacer	poder	ser	toser

1. Cuando Javier y Victoria __________ estudiantes de medicina, siempre __________ que ir al médico.
2. Cada vez que él __________ un examen, a Javier le __________ mucho la cabeza.
3. Cuando Victoria __________ ejercicios aeróbicos, siempre __________ mareada.
4. Todas las primaveras, Javier ______________ mucho porque es alérgico al polen.
5. Victoria también __________ de su bicicleta camino a la escuela.
6. Después de comer en la cafetería, a Victoria siempre le __________ el estómago.
7. Javier ____________ ser médico para ayudar a los demás.
8. Pero no ____________ por qué él ____________ con tanta frecuencia.
9. Cuando Victoria __________ fiebre, no __________ ni leer el termómetro.
10. A Javier __________ los dientes, pero nunca __________ ir al dentista.
11. Victoria ________________ mucho cuando __________ congestionada.
12. Javier y Victoria __________ que nunca __________ a graduarse.

 Practice more at **vhlcentral.com.**

Comunicación

4  

Entrevista Trabajen en parejas. Un(a) estudiante usa estas preguntas para entrevistar a su compañero/a. Luego compartan los resultados de la entrevista con la clase.

1. Cuando eras estudiante de primaria, ¿te gustaban tus profesores/as?
2. ¿Veías mucha televisión cuando eras niño/a?
3. Cuando tenías diez años, ¿cuál era tu programa de televisión favorito?
4. Cuando eras niño/a, ¿qué hacía tu familia durante las vacaciones?
5. ¿Cuántos años tenías en 2005?
6. Cuando estabas en el quinto año escolar, ¿qué hacías con tus amigos/as?
7. Cuando tenías once años, ¿cuál era tu grupo musical favorito?
8. Antes de tomar esta clase, ¿sabías hablar español?

5

Describir En parejas, túrnense para describir cómo eran sus vidas cuando eran niños. Pueden usar las sugerencias de la lista u otras ideas. Luego informen a la clase sobre la vida de su compañero/a.

NOTA CULTURAL

El Parque Nacional Tortuguero está en la costa del Caribe, al norte de la ciudad de Limón, en Costa Rica. Varias especies de tortuga (*turtle*) van a las playas del parque para poner (*lay*) sus huevos. Esto ocurre de noche, y hay guías que llevan pequeños grupos de turistas a observar este fenómeno biológico.

modelo

De niña, mi familia y yo siempre íbamos a Tortuguero. Tomábamos un barco desde Limón, y por las noches mirábamos las tortugas (*turtles*) en la playa. Algunas veces teníamos suerte, porque las tortugas venían a poner (*lay*) huevos. Otras veces, volvíamos al hotel sin ver ninguna tortuga.

- las vacaciones
- ocasiones especiales
- qué hacías durante el verano
- celebraciones con tus amigos/as
- celebraciones con tu familia
- cómo era tu escuela
- cómo eran tus amigos/as
- los viajes que hacías
- a qué jugabas
- qué hacías cuando te sentías enfermo/a

Síntesis

6   

En el consultorio Tu profesor(a) te va a dar una lista incompleta con los pacientes que fueron al consultorio del doctor Donoso ayer. En parejas, conversen para completar sus listas y saber a qué hora llegaron las personas al consultorio y cuáles eran sus problemas.

10.2 The preterite and the imperfect

ANTE TODO Now that you have learned the forms of the preterite and the imperfect, you will learn more about how they are used. The preterite and the imperfect are not interchangeable. In Spanish, the choice between these two tenses depends on the context and on the point of view of the speaker.

COMPARE & CONTRAST

Use the preterite to...

1. Express actions that are viewed by the speaker as completed

Sandra **se rompió** la pierna.
Sandra broke her leg.

Fueron a Buenos Aires ayer.
They went to Buenos Aires yesterday.

2. Express the beginning or end of a past action

La película **empezó** a las nueve.
The movie began at nine o'clock.

Ayer **terminé** el proyecto para la clase de química.
Yesterday I finished the project for chemistry class.

3. Narrate a series of past actions or events

La doctora me **miró** los oídos, me **hizo** unas preguntas y **escribió** la receta.
The doctor looked in my ears, asked me some questions, and wrote the prescription.

Me di con la mesa, **me caí** y **me lastimé** el pie.
I bumped into the table, I fell, and I injured my foot.

Use the imperfect to...

1. Describe an ongoing past action with no reference to its beginning or end

Sandra **esperaba** al doctor.
Sandra was waiting for the doctor.

El médico **se preocupaba** por sus pacientes.
The doctor worried about his patients.

2. Express habitual past actions and events

Cuando **era** joven, **jugaba** al tenis.
When I was young, I used to play tennis.

De niño, Eduardo **se enfermaba** con mucha frecuencia.
As a child, Eduardo used to get sick very frequently.

3. Describe physical and emotional states or characteristics

La chica **quería** descansar. **Se sentía** mal y **tenía** dolor de cabeza.
The girl wanted to rest. She felt ill and had a headache.

Ellos **eran** altos y **tenían** ojos verdes.
They were tall and had green eyes.

Estábamos felices de ver a la familia.
We were happy to see our family.

AYUDA

These words and expressions, as well as similar ones, commonly occur with the preterite: **ayer, anteayer, una vez, dos veces, tres veces, el año pasado, de repente.**

They usually imply that an action has happened at a specific point in time. For a review, see **Estructura 6.3**, p. 191.

AYUDA

These words and expressions, as well as similar ones, commonly occur with the imperfect: **de niño/a, todos los días, mientras, siempre, con frecuencia, todas las semanas.** They usually express habitual or repeated actions in the past.

▶ The preterite and the imperfect often appear in the same sentence. In such cases, the imperfect describes what *was happening*, while the preterite describes the action that "interrupted" the ongoing activity.

Miraba la tele cuando **sonó** el teléfono.
I was watching TV when the phone rang.

Felicia **leía** el periódico cuando **llegó** Ramiro.
Felicia was reading the newspaper when Ramiro arrived.

▶ You will also see the preterite and the imperfect together in narratives such as fiction, news, and the retelling of events. The imperfect provides background information, such as time, weather, and location, while the preterite indicates the specific events that occurred.

Eran las dos de la mañana y el detective ya no **podía** mantenerse despierto. **Se bajó** lentamente del coche, **estiró** las piernas y **levantó** los brazos hacia el cielo oscuro.
It was two in the morning, and the detective could no longer stay awake. He slowly stepped out of the car, stretched his legs, and raised his arms toward the dark sky.

La luna **estaba** llena y no **había** en el cielo ni una sola nube. De repente, el detective **escuchó** un grito espeluznante proveniente del parque.
The moon was full and there wasn't a single cloud in the sky. Suddenly, the detective heard a piercing scream coming from the park.

Un médico colombiano desarrolló una vacuna contra la malaria

En 1986, el doctor colombiano Manuel Elkin Patarroyo creó la primera vacuna sintética para combatir la malaria. Esta enfermedad parecía haberse erradicado hacía décadas en muchas partes del mundo. Sin embargo, justo cuando Patarroyo terminó de elaborar la inmunización, los casos de malaria empezaban a aumentar de nuevo. En mayo de 1993, el doctor colombiano cedió la patente de la vacuna a la Organización Mundial de la Salud en nombre de Colombia. Los grandes laboratorios farmacéuticos presionaron a la OMS porque querían la vacuna. Las presiones no tuvieron éxito y, en 1995, el doctor Patarroyo y la OMS pactaron continuar con el acuerdo incial: la vacuna seguía siendo propiedad de la OMS.

¡INTÉNTALO! Elige el pretérito o el imperfecto para completar la historia. Explica por qué se usa ese tiempo verbal en cada ocasión.

1.  (Fueron/Eran) las doce.
2. ________ (Hubo/Había) mucha gente en la calle.
3. A las doce y media, Tomás y yo ________ (entramos/entrábamos) en el restaurante Tárcoles.
4. Todos los días yo ________ (almorcé/almorzaba) con Tomás al mediodía.
5. El camarero ________ (llegó/llegaba) inmediatamente con el menú.
6. Nosotros ________ (empezamos/empezábamos) a leerlo.
7. Yo ________ (pedí/pedía) el pescado.
8. De repente, el camarero ________ (volvió/volvía) a nuestra mesa.
9. Y nos ________ (dio/daba) una mala noticia.
10. Desafortunadamente, no ________ (tuvieron/tenían) más pescado.
11. Por eso Tomás y yo ________ (decidimos/decidíamos) comer en otro lugar.
12. ________ (Llovió/Llovía) mucho cuando ________ (salimos/salíamos) del restaurante.
13. Así que ________ (regresamos/regresábamos) al restaurante Tárcoles.
14. Esta vez, ________ (pedí/pedía) arroz con pollo.

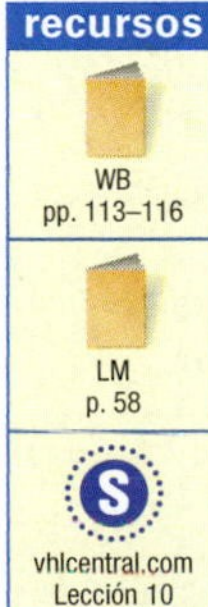

Práctica

1 **En el periódico** Completa esta noticia con las formas correctas del pretérito o el imperfecto.

Un accidente trágico

Ayer temprano por la mañana (1)________ (haber) un trágico accidente en el centro de San José cuando el conductor de un autobús no (2)________ (ver) venir un carro. La mujer que (3)________ (manejar) el carro (4)________ (morir) al instante y los paramédicos (5)________ (tener) que llevar al pasajero al hospital porque (6)________ (sufrir) varias fracturas. El conductor del autobús (7)________ (decir) que no (8)________ (ver) el carro hasta el último momento porque (9)________ (estar) muy nublado y (10)________ (llover). Él (11)________ (intentar) (*to attempt*) dar un viraje brusco (*to swerve*), pero (12)________ (perder) el control del autobús y no (13)________ (poder) evitar (*to avoid*) el accidente. Según nos informaron, no (14)________ (lastimarse) ningún pasajero del autobús.

AYUDA

Reading Spanish-language newspapers is a good way to practice verb tenses. You will find that both the imperfect and the preterite occur with great regularity. Many newsstands carry international papers, and many Spanish-language newspapers (such as Spain's ***El País***, Mexico's ***Reforma***, and Argentina's ***Clarín***) are on the Web.

2 **Seleccionar** Utiliza el tiempo verbal adecuado, según el contexto.

1. La semana pasada, Manolo y Aurora ________ (querer) dar una fiesta. ________ (Decidir) invitar a seis amigos y servirles mucha comida.
2. Manolo y Aurora ________ (estar) preparando la comida cuando Elena ________ (llamar). Como siempre, ________ (tener) que estudiar para un examen.
3. A las seis, ________ (volver) a sonar el teléfono. Su amigo Francisco tampoco ________ (poder) ir a la fiesta, porque ________ (tener) fiebre. Manolo y Aurora ________ (sentirse) muy tristes, pero ________ (tener) que preparar la comida.
4. Después de otros quince minutos, ________ (sonar) el teléfono. Sus amigos, los señores Vega, ________ (estar) en camino (*en route*) al hospital: a su hijo le ________ (doler) mucho el estómago. Sólo dos de los amigos ________ (poder) ir a la cena.
5. Por supuesto, ________ (ir) a tener demasiada comida. Finalmente, cinco minutos antes de las ocho, ________ (llamar) Ramón y Javier. Ellos ________ (pensar) que la fiesta ________ (ser) la próxima semana.
6. Tristes, Manolo y Aurora ________ (sentarse) a comer solos. Mientras ________ (comer), pronto ________ (llegar) a la conclusión de que ________ (ser) mejor estar solos: ¡La comida ________ (estar) malísima!

3 **Completar** Completa las frases de una manera lógica. Usa el pretérito o el imperfecto. En parejas, comparen sus respuestas.

1. De niño/a, yo...
2. Yo conducía el auto mientras...
3. Anoche mi novio/a...
4. Ayer el/la profesor(a)...
5. La semana pasada un(a) amigo/a...
6. Con frecuencia mis padres...
7. Esta mañana en la cafetería...
8. Hablábamos con el doctor cuando...

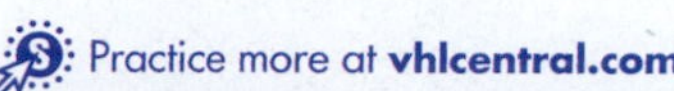

Comunicación

4 **Entrevista** Usa estas preguntas para entrevistar a un(a) compañero/a acerca de su primer(a) novio/a. Si quieres, puedes añadir otras preguntas.

1. ¿Quién fue tu primer(a) novio/a?
2. ¿Cuántos años tenías cuando lo/la conociste?
3. ¿Cómo era él/ella?
4. ¿Qué le gustaba hacer? ¿Tenían ustedes los mismos pasatiempos?
5. ¿Por cuánto tiempo salieron ustedes?
6. ¿Adónde iban cuando salían?
7. ¿Pensaban casarse?
8. ¿Cuándo y por qué rompieron?

5 **La sala de emergencias** En parejas, miren la lista e inventen qué les pasó a estas personas que están en la sala de emergencias.

modelo

Eran las tres de la tarde. Como todos los días, Pablo jugaba al fútbol con sus amigos. Estaba muy contento. De repente, se cayó y se rompió el brazo. Entonces fue a la sala de emergencias.

Paciente	Edad	Hora	Estado
1. Pablo Romero	9 años	15:20	hueso roto (el brazo)
2. Estela Rodríguez	45 años	15:25	tobillo torcido
3. Lupe Quintana	29 años	15:37	embarazada, dolores
4. Manuel López	52 años	15:45	infección de garganta
5. Marta Díaz	3 años	16:00	congestión, fiebre
6. Roberto Salazar	32 años	16:06	dolor de oído
7. Marco Brito	18 años	16:18	daño en el cuello, posible fractura
8. Ana María Ortiz	66 años	16:29	reacción alérgica a un medicamento

6   **Situación** Anoche alguien robó (*stole*) el examen de la **Lección 10** de la oficina de tu profesor(a) y tú tienes que averiguar quién lo hizo. Pregúntales a tres compañeros dónde estaban, con quién estaban y qué hicieron entre las ocho y las doce de la noche.

Síntesis

7   **La primera vez** En grupos, cuéntense cómo fue la primera vez que les pusieron una inyección, se rompieron un hueso, pasaron la noche en un hospital, estuvieron mareados/as, etc. Incluyan estos datos en su conversación: una descripción del tiempo que hacía, sus edades, qué pasó y cómo se sentían.

10.3 Constructions with se

Tutorial

ANTE TODO In **Lección 7,** you learned how to use **se** as the third person reflexive pronoun (**Él se despierta. Ellos se visten. Ella se baña.**). **Se** can also be used to form constructions in which the person performing the action is not expressed or is de-emphasized.

Impersonal constructions with se

- In Spanish, verbs that are not reflexive can be used with **se** to form impersonal constructions. These are statements in which the person performing the action is not defined.

  Se habla español en Costa Rica.
  Spanish is spoken in Costa Rica.

  Se hacen operaciones aquí.
  They perform operations here.

  Se puede leer en la sala de espera.
  You can read in the waiting room.

  Se necesitan medicinas enseguida.
  They need medicine right away.

AYUDA

In English, the passive voice or indefinite subjects (*you, they, one*) are used where Spanish uses impersonal constructions with **se**.

- **¡Atención!** Note that the third person singular verb form is used with singular nouns and the third person plural form is used with plural nouns.

  Se vende ropa. **Se venden** camisas.

- You often see the impersonal **se** in signs, advertisements, and directions.

Se for unplanned events

- **Se** also describes accidental or unplanned events. In this construction, the person who performs the action is de-emphasized, implying that the accident or unplanned event is not his or her direct responsibility. Note this construction.

se +	[INDIRECT OBJECT PRONOUN] +	[VERB] +	[SUBJECT]
Se	me	cayó	la pluma.

▶ In this type of construction, what would normally be the direct object of the sentence becomes the subject, and it agrees with the verb, not with the indirect object pronoun.

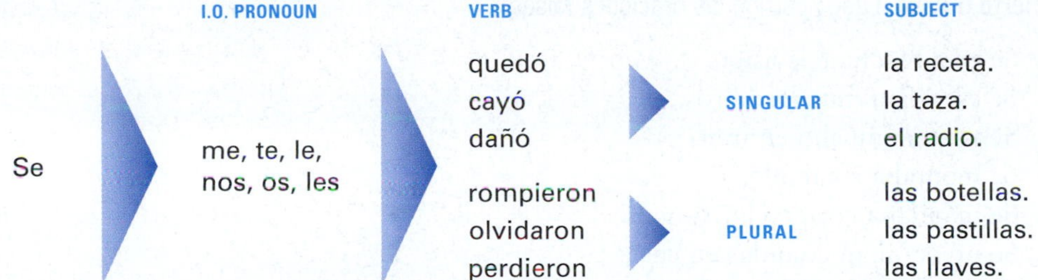

▶ These verbs are the ones most frequently used with **se** to describe unplanned events.

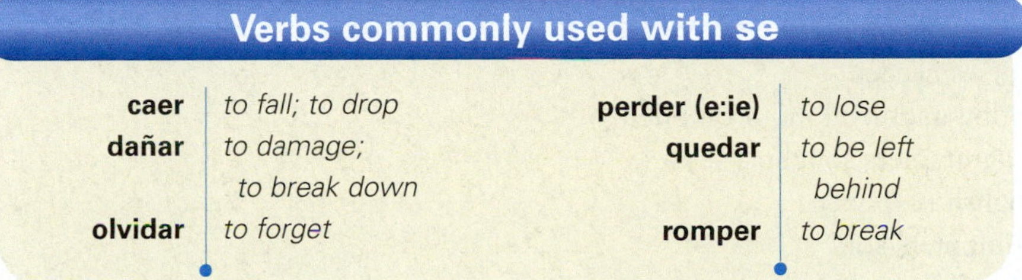

Verbs commonly used with se

caer	*to fall; to drop*	**perder (e:ie)**	*to lose*
dañar	*to damage; to break down*	**quedar**	*to be left behind*
olvidar	*to forget*	**romper**	*to break*

Se me perdió el teléfono de la farmacia.
I lost the pharmacy's phone number.

Se nos olvidaron los pasajes.
We forgot the tickets.

▶ **¡Atención!** While Spanish has a verb for *to fall* (**caer**), there is no direct translation for *to drop*. **Dejar caer** (*To let fall*) or a **se** construction is often used to mean *to drop*.

El médico **dejó caer** la aspirina.
The doctor dropped the aspirin.

A mí **se me cayeron** los cuadernos.
I dropped the notebooks.

▶ To clarify or emphasize who the person involved in the action is, this construction commonly begins with the preposition **a** + [*noun*] or **a** + [*prepositional pronoun*].

Al paciente se le perdió la receta.
The patient lost his prescription.

A ustedes se les quedaron los libros en casa.
You left the books at home.

CONSULTA

For an explanation of prepositional pronouns, refer to **Estructura 9.4,** p. 294.

¡INTÉNTALO! Completa las oraciones con **se** impersonal y los verbos en presente.

A

1. Se enseñan (enseñar) cinco lenguas en esta universidad.
2. ________________ (comer) muy bien en Las Delicias.
3. ________________ (vender) muchas camisetas allí.
4. ________________ (servir) platos exquisitos cada noche.

Completa las oraciones con **se** y los verbos en pretérito.

B

1. Se me rompieron (*I broke*) las gafas.
2. ________________ (*You* (fam., sing.) *dropped*) las pastillas.
3. ________________ (*They lost*) la receta.
4. ________________ (*You* (form., sing.) *left*) aquí la radiografía.

recursos

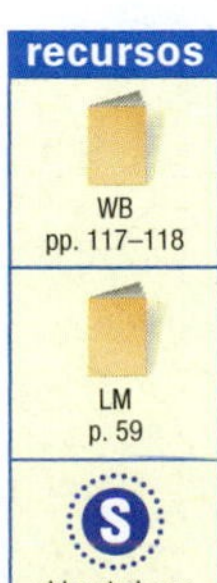

Práctica

1 **¿Cierto o falso?** Lee estas oraciones sobre la vida en 1901. Indica si lo que dice cada oración es **cierto** o **falso**. Luego corrige las oraciones falsas.

1. Se veía mucha televisión.
2. Se escribían muchos libros.
3. Se viajaba mucho en tren.
4. Se montaba a caballo.
5. Se mandaba correo electrónico.
6. Se preparaban comidas en casa.
7. Se llevaban minifaldas.
8. Se pasaba mucho tiempo con la familia.

2 **Traducir** Traduce estos letreros (*signs*) y anuncios al español.

1. Nurses needed
2. Eating and drinking prohibited
3. Programmers sought
4. English is spoken
5. Computers sold
6. No talking
7. Teacher needed
8. Books sold
9. Do not enter
10. Spanish is spoken

3 **¿Qué pasó?** Mira los dibujos e indica lo que pasó en cada uno.

1. camarero / pastel

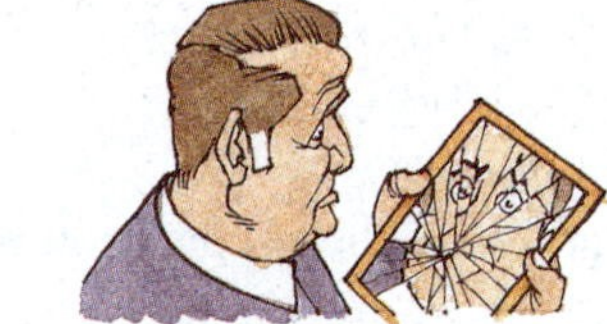
2. Sr. Álvarez / espejo

3. Arturo / tarea

4. Sra. Domínguez / llaves

5. Carla y Lupe / botellas de vino

6. Juana / platos

Practice more at **vhlcentral.com.**

Comunicación

4

¿Distraído/a yo? Trabajen en parejas y usen estas preguntas para averiguar cuál de los/las dos es más distraído/a (*absentminded*).

¿Alguna vez…

1. se te olvidó invitar a alguien a una fiesta o comida? ¿A quién?
2. se te quedó algo importante en la casa? ¿Qué?
3. se te perdió algo importante durante un viaje? ¿Qué?
4. se te rompió algo muy caro? ¿Qué?

¿Sabes...

5. si se permite el ingreso (*admission*) de perros al parque cercano a la universidad?
6. si en el supermercado se aceptan cheques?
7. dónde se arreglan zapatos y botas?
8. qué se sirve en la cafetería de la universidad los lunes?

5

Opiniones En parejas, terminen cada oración con ideas originales. Después, comparen los resultados con la clase para ver qué pareja tuvo las mejores ideas.

1. No se tiene que dejar propina cuando…
2. Antes de viajar, se debe…
3. Si se come bien, …
4. Para tener una vida sana, se debe...
5. Se sirve la mejor comida en…
6. Se hablan muchas lenguas en…

Síntesis

6

Anuncios En grupos, preparen dos anuncios de televisión para presentar a la clase. Usen el imperfecto y por lo menos dos construcciones con **se** en cada uno.

modelo

Se me cayeron unos libros en el pie y me dolía mucho. Pero ahora no, gracias a SuperAspirina 500. ¡Dos pastillas y se me fue el dolor! Se puede comprar SuperAspirina 500 en todas las farmacias Recetamax.

10.4 Adverbs

Tutorial

ANTE TODO Adverbs are words that describe how, when, and where actions take place. They can modify verbs, adjectives, and even other adverbs. In previous lessons, you have already learned many Spanish adverbs, such as the ones below.

aquí	hoy	nunca
ayer	mal	siempre
bien	muy	temprano

- The most common adverbs end in **-mente**, equivalent to the English ending *-ly*.

verdaderamente *truly, really* **generalmente** *generally* **simplemente** *simply*

- To form these adverbs, add **-mente** to the feminine form of the adjective. If the adjective does not have a special feminine form, just add **-mente** to the standard form. **¡Atención!** Adjectives do not lose their accents when adding **-mente**.

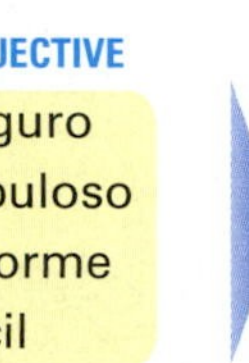
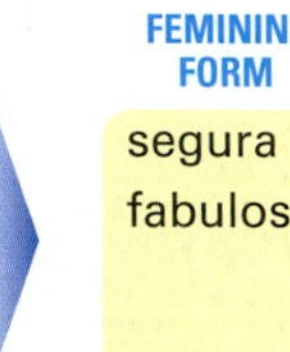

ADJECTIVE	FEMININE FORM	SUFFIX	ADVERB
seguro	segura	-mente	seguramente
fabuloso	fabulosa	-mente	fabulosamente
enorme		-mente	enormemente
fácil		-mente	fácilmente

- Adverbs that end in **-mente** generally follow the verb, while adverbs that modify an adjective or another adverb precede the word they modify.

Maira dibuja **maravillosamente**.
Maira draws wonderfully.

Sergio está **casi siempre** ocupado.
Sergio is almost always busy.

Common adverbs and adverbial expressions

a menudo	*often*	**así**	*like this; so*	**menos**	*less*
a tiempo	*on time*	**bastante**	*enough; rather*	**muchas veces**	*a lot; many times*
a veces	*sometimes*	**casi**	*almost*	**poco**	*little*
además (de)	*furthermore; besides*	**con frecuencia**	*frequently*	**por lo menos**	*at least*
apenas	*hardly; scarcely*	**de vez en cuando**	*from time to time*	**pronto**	*soon*
		despacio	*slowly*	**rápido**	*quickly*

¡ATENCIÓN!

When a sentence contains two or more adverbs in sequence, the suffix **-mente** is dropped from all but the last adverb.

Ex: **El médico nos habló simple y abiertamente.** *The doctor spoke to us simply and openly.*

¡ATENCIÓN!

Rápido functions as an adjective (**Ella tiene una computadora rápida.**) as well as an adverb (**Ellas corren rápido.**). Note that as an adverb, **rápido** does not need to agree with any other word in the sentence. You can also use the adverb **rápidamente** (**Ella corre rápidamente.**).

recursos

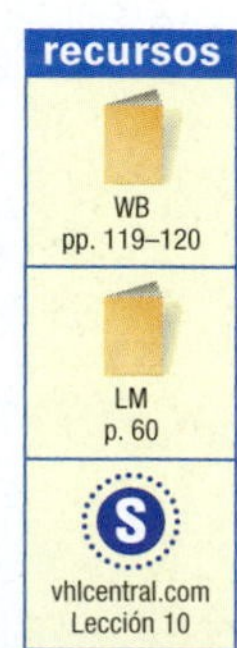

¡INTÉNTALO! Transforma los adjetivos en adverbios.

1. alegre <u>alegremente</u>
2. constante ____________
3. gradual ____________
4. perfecto ____________
5. real ____________
6. frecuente ____________
7. tranquilo ____________
8. regular ____________
9. maravilloso ____________
10. normal ____________
11. básico ____________
12. afortunado ____________

Práctica

1

Escoger Completa la historia con los adverbios adecuados.

1. La cita era a las dos, pero llegamos ______________. (mientras, nunca, tarde)
2. El problema fue que ______________ se nos dañó el despertador. (aquí, ayer, despacio)
3. La recepcionista no se enojó porque sabe que normalmente llego ______________. (a veces, a tiempo, poco)
4. ______________ el doctor estaba listo. (Por lo menos, Muchas veces, Casi)
5. ______________ tuvimos que esperar cinco minutos. (Así, Además, Apenas)
6. El doctor dijo que nuestra hija Irene necesitaba cambiar su rutina diaria ______________. (temprano, menos, inmediatamente)
7. El doctor nos explicó ______________ las recomendaciones del Cirujano General (*Surgeon General*) sobre la salud de los jóvenes. (de vez en cuando, bien, apenas)
8. ______________ nos dijo que Irene estaba bien, pero tenía que hacer más ejercicio y comer mejor. (Bastante, Afortunadamente, A menudo)

NOTA CULTURAL

La doctora Antonia Novello, de Puerto Rico, fue la primera mujer y la primera hispana en tomar el cargo de **Cirujana General** de los Estados Unidos (1990–1993).

Comunicación

2

Aspirina Lee el anuncio y responde a las preguntas con un(a) compañero/a.

1. ¿Cuáles son los adverbios que aparecen en el anuncio?
2. Según el anuncio, ¿cuáles son las ventajas (*advantages*) de este tipo de aspirina?
3. ¿Tienen ustedes dolores de cabeza? ¿Qué toman para curarlos?
4. ¿Qué medicamentos ven con frecuencia en los anuncios de televisión? Escriban descripciones de varios de estos anuncios. Usen adverbios en sus descripciones.

 Practice more at **vhlcentral.com.**

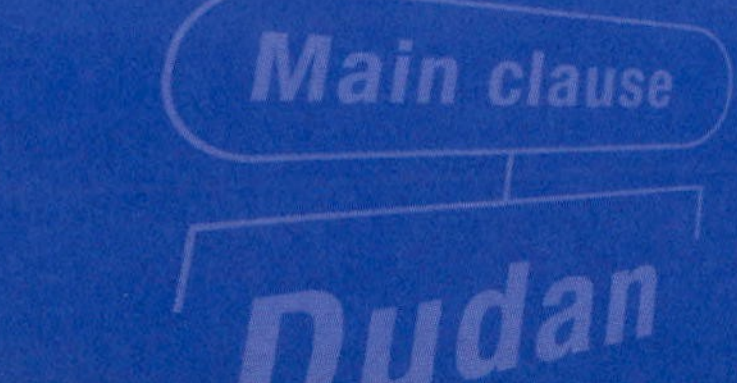

Recapitulación

Completa estas actividades para repasar los conceptos de gramática que aprendiste en esta lección.

1 **Completar** Completa el cuadro con la forma correcta del imperfecto. 12 pts.

yo/Ud./él/ella	tú	nosotros	Uds./ellos/ellas
era			
	cantabas		
		veníamos	
			querían

2 **Adverbios** Escoge el adverbio correcto de la lista para completar estas oraciones. Lee con cuidado las oraciones; los adverbios sólo se usan una vez. No vas a usar uno de los adverbios. 8 pts.

a menudo	apenas	fácilmente
a tiempo	casi	maravillosamente
además	despacio	por lo menos

1. Pablito se cae ________; un promedio (*average*) de cuatro veces por semana.
2. No me duele nada y no sufro de ninguna enfermedad; me siento ________ bien.
3. —Doctor, ¿cómo supo que tuve una operación de garganta? —Muy ________, lo leí en su historial médico.
4. ¿Le duele mucho la espalda (*back*)? Entonces tiene que levantarse ________.
5. Ya te sientes mucho mejor, ¿verdad? Mañana puedes volver al trabajo; tu temperatura es ________ normal.
6. Es importante hacer ejercicio con regularidad, ________ tres veces a la semana.
7. El examen médico no comenzó ni tarde ni temprano. Comenzó ________, a las tres de la tarde.
8. Parece que ya te estás curando del resfriado. ________ estás congestionada.

RESUMEN GRAMATICAL

10.1 The imperfect tense pp. 318–319

The imperfect of regular verbs

cantar	beber	escribir
cantaba	bebía	escribía
cantabas	bebías	escribías
cantaba	bebía	escribía
cantábamos	bebíamos	escribíamos
cantabais	bebíais	escribíais
cantaban	bebían	escribían

- There are no stem changes in the imperfect: **entender (e:ie) → entendía; servir (e:i) → servía; doler (o:ue) → dolía**
- The imperfect of **hay** is **había**.
- Only three verbs are irregular in the imperfect.
  ir: **iba, ibas, iba, íbamos, ibais, iban**
  ser: **era, eras, era, éramos, erais, eran**
  ver: **veía, veías, veía, veíamos, veíais, veían**

10.2 The preterite and the imperfect pp. 322–323

Preterite	Imperfect
1. Completed actions **Fueron a Buenos Aires ayer.**	1. Ongoing past action **De niño, usted jugaba al fútbol.**
2. Beginning or end of past action **La película empezó a las nueve.**	2. Habitual past actions **Todos los domingos yo visitaba a mi abuela.**
3. Series of past actions or events **Me caí y me lastimé el pie.**	3. Description of states or characteristics **Ella era alta. Quería descansar.**

10.3 Constructions with se pp. 326–327

Impersonal constructions with se

Se	prohíbe fumar.
	habla español.
	hablan varios idiomas.

Se for unplanned events		
Se	me, te, le, nos, os, les	cayó la taza.
		dañó el radio.
		rompieron las botellas.
		olvidaron las llaves.

10.4 **Adverbs** *p. 330*

Formation of adverbs		
fácil	→	fácilmente
seguro	→	seguramente
verdadero	→	verdaderamente

3

Un accidente Escoge el imperfecto o el pretérito según el contexto para completar esta conversación. 10 pts.

NURIA Hola, Felipe. ¿Estás bien? ¿Qué es eso? ¿(1) (Te lastimaste/Te lastimabas) el pie?

FELIPE Ayer (2) (tuve/tenía) un pequeño accidente.

NURIA Cuéntame. ¿Cómo (3) (pasó/pasaba)?

FELIPE Bueno, (4) (fueron/eran) las cinco de la tarde y (5) (llovió/llovía) mucho cuando (6) (salí/salía) de la casa en mi bicicleta. No (7) (vi/veía) a una chica que (8) (caminó/caminaba) en mi dirección, y los dos (9) (nos caímos/nos caíamos) al suelo (*ground*).

NURIA Y la chica, ¿está bien ella?

FELIPE Sí. Cuando llegamos al hospital, ella sólo (10) (tuvo/tenía) dolor de cabeza.

4

Oraciones Escribe oraciones con **se** a partir de los elementos dados (*given*). Usa el tiempo especificado entre paréntesis y añade pronombres cuando sea necesario. 10 pts.

modelo

Carlos / quedar / la tarea en casa (pretérito)
A Carlos se le quedó la tarea en casa.

1. en la farmacia / vender / medicamentos (presente)
2. ¿(tú) / olvidar / las llaves / otra vez? (pretérito)
3. (yo) / dañar / la computadora (pretérito)
4. en esta clase / prohibir / hablar inglés (presente)
5. ellos / romper / las gafas / en el accidente (pretérito)

5

En la consulta Escribe al menos cinco oraciones sobre tu última visita al médico. Incluye cinco verbos en pretérito y cinco en imperfecto. Habla de qué te pasó, cómo te sentías, cómo era el/la doctor(a), qué te dijo, etc. Usa tu imaginación. 10 pts.

6

Refrán Completa el refrán con las palabras que faltan. ¡2 puntos EXTRA!

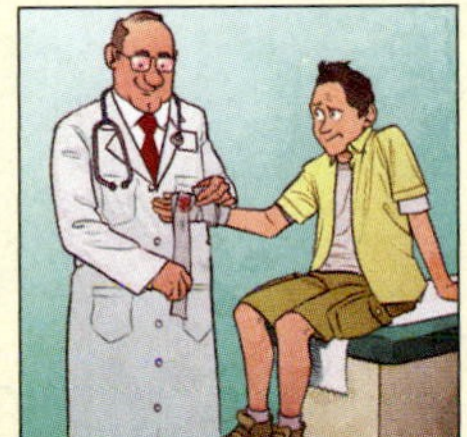

"Lo que ______ (*well*) se aprende, nunca ______ pierde."

Practice more at **vhlcentral.com.**

Lectura

Antes de leer

Estrategia

Activating background knowledge

Using what you already know about a particular subject will often help you better understand a reading selection. For example, if you read an article about a recent medical discovery, you might think about what you already know about health in order to understand unfamiliar words or concepts.

Examinar el texto

Utiliza las estrategias de lectura que tú consideras más efectivas para hacer algunas observaciones preliminares acerca del texto. Después trabajen en parejas para comparar sus observaciones acerca del texto. Luego contesten estas preguntas:

- Analicen el formato del texto: ¿Qué tipo de texto es? ¿Dónde creen que se publicó este artículo?
- ¿Quiénes son Carla Baron y Tomás Monterrey?
- Miren la foto del libro. ¿Qué sugiere el título del libro sobre su contenido?

Conocimiento previo

Ahora piensen en su conocimiento previo° sobre el cuidado de la salud en los viajes. Consideren estas preguntas:

- ¿Viajaron alguna vez a otro estado o a otro país?
- ¿Tuvieron problemas durante sus viajes con el agua, la comida o el clima del lugar?
- ¿Olvidaron poner en su maleta algún medicamento que después necesitaron?
- Imaginen que su compañero/a se va de viaje. Díganle por lo menos cinco cosas que debe hacer para prevenir cualquier problema de salud.

conocimiento previo *background knowledge*

Practice more at **vhlcentral.com.**

Libro de la semana

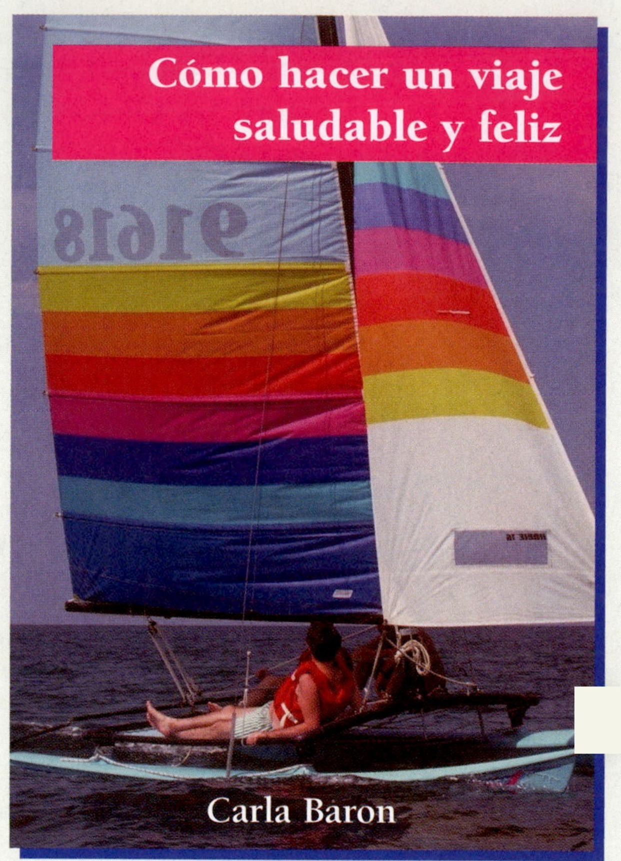

Después de leer

Correspondencias 

Busca las correspondencias entre los problemas y las recomendaciones.

Problemas

1. el agua _____
2. el sol _____
3. la comida _____
4. la identificación _____
5. el clima _____

Recomendaciones

a. Hay que adaptarse a los ingredientes desconocidos (*unknown*).
b. Toma sólo productos purificados (*purified*).
c. Es importante llevar ropa adecuada cuando viajas.
d. Lleva loción o crema con alta protección solar.
e. Lleva tu pasaporte.

Entrevista a Carla Baron

por Tomás Monterrey

Tomás: ¿Por qué escribió su libro *Cómo hacer un viaje saludable y feliz*?

Carla: Me encanta viajar, conocer otras culturas y escribir. Mi primer viaje lo hice cuando era estudiante universitaria. Todavía recuerdo el día en que llegamos a San Juan, Puerto Rico. Era el panorama ideal para unas vacaciones maravillosas, pero al llegar a la habitación del hotel, bebí mucha agua de la llave° y luego pedí un jugo de frutas con mucho hielo°. El clima en San Juan es tropical y yo tenía mucha sed y calor. Los síntomas llegaron en menos de media hora: pasé dos días con dolor de estómago y corriendo al cuarto de baño cada diez minutos. Desde entonces, siempre que viajo sólo bebo agua mineral y llevo un pequeño bolso con medicinas necesarias, como pastillas para el dolor y también bloqueador solar, una crema repelente de mosquitos y un desinfectante.

Tomás: ¿Son reales° las situaciones que se narran en su libro?

Carla: Sí, son reales y son mis propias° historias°. A menudo los autores crean caricaturas divertidas de un turista en dificultades. ¡En mi libro la turista en dificultades soy yo!

Tomás: ¿Qué recomendaciones puede encontrar el lector en su libro?

Carla: Bueno, mi libro es anecdótico y humorístico, pero el tema de la salud se trata° de manera seria. En general, se dan recomendaciones sobre ropa adecuada para cada sitio, consejos para protegerse del sol, y comidas y bebidas adecuadas para el turista que viaja al Caribe o Suramérica.

Tomás: ¿Tiene algún consejo para las personas que se enferman cuando viajan?

Carla: Muchas veces los turistas toman el avión sin saber nada acerca del país que van a visitar. Ponen toda su ropa en la maleta, toman el pasaporte, la cámara fotográfica y ¡a volar°! Es necesario tomar precauciones porque nuestro cuerpo necesita adaptarse al clima, al sol, a la humedad, al agua y a la comida. Se trata de° viajar, admirar las maravillas del mundo y regresar a casa con hermosos recuerdos. En resumen, el secreto es "prevenir en vez de° curar".

llave *faucet* **hielo** *ice* **reales** *true* **propias** *own* **historias** *stories* **se trata** *is treated* **¡a volar!** *Off they go!* **Se trata de** *It's a question of* **en vez de** *instead of*

Seleccionar

Selecciona la respuesta correcta.

1. El tema principal de este libro es ____.
   a. Puerto Rico b. la salud y el agua c. otras culturas
   d. el cuidado de la salud en los viajes
2. Las situaciones narradas en el libro son ____.
   a. autobiográficas b. inventadas c. ficticias
   d. imaginarias
3. ¿Qué recomendaciones no vas a encontrar en este libro? ____
   a. cómo vestirse adecuadamente
   b. cómo prevenir las quemaduras solares
   c. consejos sobre la comida y la bebida
   d. cómo dar propina en los países del Caribe o de Suramérica
4. En opinión de la señorita Baron, ____.
   a. es bueno tomar agua de la llave y beber jugo de frutas con mucho hielo
   b. es mejor tomar solamente agua embotellada (*bottled*)
   c. los minerales son buenos para el dolor abdominal
   d. es importante visitar el cuarto de baño cada diez minutos
5. ¿Cuál de estos productos no lleva la autora cuando viaja a otros países? ____
   a. desinfectante
   b. crema repelente
   c. detergente
   d. pastillas medicinales

Video: Panorama cultural
Interactive map

Costa Rica

El país en cifras

- **Área:** 51.100 km² (19.730 millas²), *aproximadamente el área de Virginia Occidental°*
- **Población:** 4.957.000

Costa Rica es el país de Centroamérica con la población más homogénea. El 94% de sus habitantes es blanco y mestizo°. Más del 50% de la población es de ascendencia° española y un alto porcentaje tiene sus orígenes en otros países europeos.

- **Capital:** San José —1.655.000
- **Ciudades principales:** Alajuela, Cartago, Puntarenas, Heredia

SOURCE: Population Division, UN Secretariat

- **Moneda:** colón costarricense
- **Idioma:** español (oficial)

Bandera de Costa Rica

Costarricenses célebres

- **Carmen Lyra,** escritora (1888–1949)
- **Chavela Vargas,** cantante (1919–)
- **Óscar Arias Sánchez,** ex presidente de Costa Rica (1941–)
- **Claudia Poll,** nadadora° olímpica (1941–)

Óscar Arias recibió el Premio Nobel de la Paz en 1987.

Virginia Occidental *West Virginia* **mestizo** *of indigenous and white parentage* **ascendencia** *descent* **nadadora** *swimmer* **ejército** *army* **gastos** *expenditures* **invertir** *to invest* **cuartel** *barracks*

Mercado Central en San José

Vista del volcán Arenal

NICARAGUA
Río San Juan
Río Tempisque
Cordillera de Guanacaste
Volcán Arenal
Cordillera Central
Cordillera de Tilarán
Alajuela
Puntarenas
Heredia
Río Grande de Tárcoles
Volcán Irazú
San José
Cartago
Cordillera de

Edificio Metálico en San José

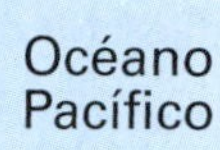

Basílica de Nuestra Señora de los Ángeles en Cartago

ESTADOS UNIDOS
OCÉANO ATLÁNTICO
COSTA RICA
OCÉANO PACÍFICO
AMÉRICA DEL SUR

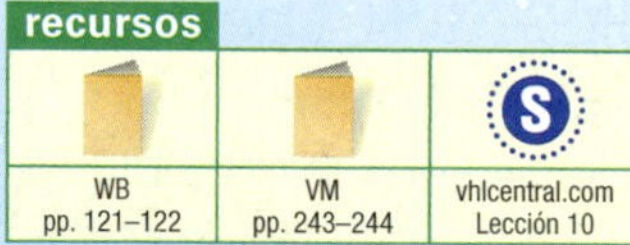

¡Increíble pero cierto!

Costa Rica es el único país latinoamericano que no tiene ejército°. Sin gastos° militares, el gobierno puede invertir° más dinero en la educación y las artes. En la foto aparece el Museo Nacional de Costa Rica, antiguo cuartel° del ejército.

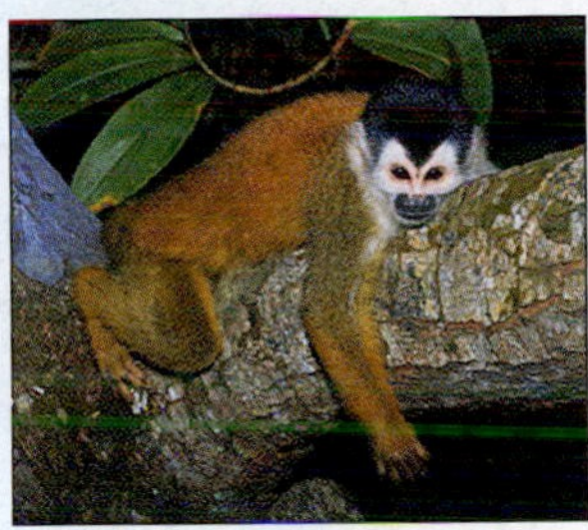

Lugares • Los parques nacionales

El sistema de parques nacionales de Costa Rica ocupa aproximadamente el 12% de su territorio y fue establecido° para la protección de su biodiversidad. En los parques, los ecoturistas pueden admirar montañas, cataratas° y una gran variedad de plantas exóticas. Algunos ofrecen también la oportunidad de ver quetzales°, monos°, jaguares, armadillos y mariposas° en su hábitat natural.

Mar Caribe

Economía • Las plantaciones de café

Costa Rica fue el primer país centroamericano en desarrollar° la industria del café. En el siglo° XIX, los costarricenses empezaron a exportar esta semilla a Inglaterra°, lo que significó una contribución importante a la economía de la nación. Actualmente, más de 50.000 costarricenses trabajan en el cultivo del café. Este producto representa cerca del 15% de sus exportaciones anuales.

Limón

Sociedad • Una nación progresista

Costa Rica es un país progresista. Tiene un nivel de alfabetización° del 96%, uno de los más altos de Latinoamérica. En 1870, esta nación centroamericana abolió la pena de muerte° y en 1948 eliminó el ejército e hizo obligatoria y gratuita° la educación para todos sus ciudadanos.

Talamanca

PANAMÁ

Parque Morazán en San José

¿Qué aprendiste? Responde a las preguntas con oraciones completas.

1. ¿Cómo se llama la capital de Costa Rica?
2. ¿Quién es Claudia Poll?
3. ¿Qué porcentaje del territorio de Costa Rica ocupan los parques nacionales?
4. ¿Para qué se establecieron los parques nacionales?
5. ¿Qué pueden ver los turistas en los parques nacionales?
6. ¿Cuántos costarricenses trabajan en las plantaciones de café hoy día?
7. ¿Cuándo eliminó Costa Rica la pena de muerte?

Conexión Internet Investiga estos temas en **vhlcentral.com**.

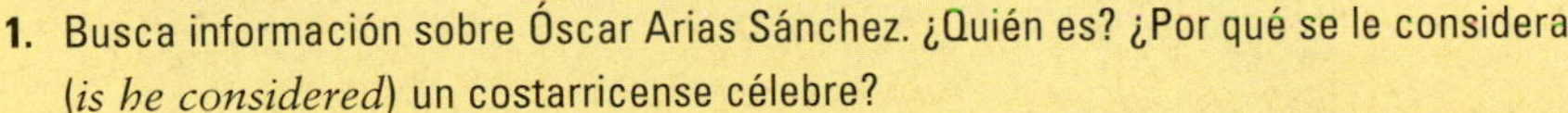

1. Busca información sobre Óscar Arias Sánchez. ¿Quién es? ¿Por qué se le considera (*is he considered*) un costarricense célebre?
2. Busca información sobre los artistas de Costa Rica. ¿Qué artista, escritor o cantante te interesa más? ¿Por qué?

establecido *established* cataratas *waterfalls* quetzales *type of tropical bird* monos *monkeys* mariposas *butterflies* en desarrollar *to develop* siglo *century* Inglaterra *England* nivel de alfabetización *literacy rate* pena de muerte *death penalty* gratuita *free*

Video: *Panorama cultural*
Interactive map

Nicaragua

El país en cifras

- **Área:** 129.494 km^2 (49.998 millas^2), *aproximadamente el área de Nueva York. Nicaragua es el país más grande de Centroamérica. Su terreno es muy variado e incluye bosques° tropicales, montañas, sabanas° y marismas°, además de unos 40 volcanes.*
- **Población:** 6.265.000
- **Capital:** Managua—1.015.000 *Managua está en una región de una notable inestabilidad geológica, con muchos volcanes y terremotos°. En décadas recientes, los nicaragüenses han decidido° que no vale la pena° construir rascacielos° porque no resisten los terremotos.*
- **Ciudades principales:** León, Masaya, Granada

SOURCE: Population Division, UN Secretariat

- **Moneda:** córdoba
- **Idiomas:** español (oficial); lenguas indígenas y criollas (oficiales); inglés

Bandera de Nicaragua

Nicaragüenses célebres

- **Rubén Darío,** poeta (1867–1916)
- **Violeta Barrios de Chamorro,** política y ex-presidenta (1929–)
- **Daniel Ortega,** político y presidente (1945–)
- **Gioconda Belli,** poeta (1948–)

Iglesia en León

Teatro Nacional Rubén Darío en Managua

Calle en Granada

Violeta Barrios de Chamorro

HONDURAS
Río Coco
Cordillera Isabelia
Saslaya
Piu
Chachagón
Río Tuma
Río Grande
Cordillera Dariense
Sierra Madre
León
Managua
Lago de Managua
Masaya
Lago de Nicaragua
Granada
Océano Pacífico
Isla Zapatera
Concepción
Maderas
Isla Ometepe
Río San Juan
Archipiélago de Solentiname
COSTA RICA
ESTADOS UNIDOS
OCÉANO ATLÁNTICO
NICARAGUA
OCÉANO PACÍFICO
AMÉRICA DEL SUR

recursos

WB p. 123–124	VM pp. 245–246	vhlcentral.com Lección 10

bosques *forests* **sabanas** *grasslands* **marismas** *marshes* **terremotos** *earthquakes* **han decidido** *have decided* **no vale la pena** *it's not worthwhile* **rascacielos** *skyscrapers* **agua dulce** *fresh water* **Surgió** *Emerged* **maravillas** *wonders*

¡Increíble pero cierto!

Ometepe, que en náhuatl significa "dos montañas", es la isla más grande del mundo en un lago de agua dulce°. Surgió° en el Lago de Nicaragua por la actividad de los volcanes Maderas y Concepción. Por su valor natural y arqueológico, fue nominada para las siete nuevas maravillas° del mundo en 2009.

Historia • Las huellas° de Acahualinca

La región de Managua se caracteriza por tener un gran número de sitios prehistóricos. Las huellas de Acahualinca son uno de los restos° más famosos y antiguos°. Se formaron hace más de 6.000 años, a orillas° del lago de Managua. Las huellas, tanto de humanos como de animales, se dirigen° hacia una misma dirección, lo que ha hecho° pensar a los expertos que éstos corrían hacia° el lago para escapar de una erupción volcánica.

Artes • Ernesto Cardenal (1925–)

Ernesto Cardenal, poeta, escultor y sacerdote° católico, es uno de los escritores más famosos de Nicaragua, país conocido° por sus grandes poetas. Ha escrito° más de 35 libros y es considerado uno de los principales autores de Latinoamérica. Desde joven creyó en el poder de la poesía para mejorar la sociedad y trabajó por establecer la igualdad° y la justicia en su país. En los años 60, Cardenal estableció la comunidad artística del archipiélago de Solentiname en el lago de Nicaragua. Fue ministro de cultura del país desde 1979 hasta 1988 y participó en la fundación de Casa de los Tres Mundos, una organización creada para el intercambio cultural internacional.

Naturaleza • El lago de Nicaragua

El lago de Nicaragua, con un área de más de 8.000 km^2 (3.100 $millas^2$), es el lago más grande de Centroamérica. Tiene más de 400 islas e islotes° de origen volcánico, entre ellas la isla Zapatera. Allí se han encontrado° numerosos objetos de cerámica y estatuas prehispánicos. Se cree que la isla era un centro ceremonial indígena.

¿Qué aprendiste? Responde a cada pregunta con una oración completa.

1. ¿Por qué no hay muchos rascacielos en Managua?
2. Nombra dos poetas de Nicaragua.
3. ¿Qué significa Ometepe en náhuatl?
4. ¿Cuál es una de las teorías sobre la formación de las huellas de Acahualinca?
5. ¿Por qué es famoso el archipiélago de Solentiname?
6. ¿Qué cree Ernesto Cardenal acerca de la poesía?
7. ¿Cómo se formaron las islas del lago de Nicaragua?
8. ¿Qué hay de interés arqueológico en la isla Zapatera?

Conexión Internet Investiga estos temas en **vhlcentral.com.**

1. ¿Dónde se habla inglés en Nicaragua y por qué?
2. ¿Qué información hay ahora sobre la economía y/o los derechos humanos en Nicaragua?

Practice more at **vhlcentral.com.**

huellas *footprints* restos *remains* antiguos *ancient* orillas *shores* se dirigen *are headed* ha hecho *has made* hacia *toward* sacerdote *priest* conocido *known* Ha escrito *He has written* igualdad *equality* islotes *islets* se han encontrado *have been found*

El cuerpo

la boca	*mouth*
el brazo	*arm*
la cabeza	*head*
el corazón	*heart*
el cuello	*neck*
el cuerpo	*body*
el dedo	*finger*
el dedo del pie	*toe*
el estómago	*stomach*
la garganta	*throat*
el hueso	*bone*
la nariz	*nose*
el oído	*(sense of) hearing; inner ear*
el ojo	*eye*
la oreja	*(outer) ear*
el pie	*foot*
la pierna	*leg*
la rodilla	*knee*
el tobillo	*ankle*

La salud

el accidente	*accident*
el antibiótico	*antibiotic*
la aspirina	*aspirin*
la clínica	*clinic*
el consultorio	*doctor's office*
el/la dentista	*dentist*
el/la doctor(a)	*doctor*
el dolor (de cabeza)	*(head)ache; pain*
el/la enfermero/a	*nurse*
el examen médico	*physical exam*
la farmacia	*pharmacy*
la gripe	*flu*
el hospital	*hospital*
la infección	*infection*
el medicamento	*medication*
la medicina	*medicine*
la operación	*operation*
el/la paciente	*patient*
la pastilla	*pill; tablet*
la radiografía	*X-ray*
la receta	*prescription*
el resfriado	*cold (illness)*
la sala de emergencia(s)	*emergency room*
la salud	*health*
el síntoma	*symptom*
la tos	*cough*

Verbos

caerse	*to fall (down)*
dañar	*to damage; to break down*
darse con	*to bump into; to run into*
doler (o:ue)	*to hurt*
enfermarse	*to get sick*
estar enfermo/a	*to be sick*
estornudar	*to sneeze*
lastimarse (el pie)	*to injure (one's foot)*
olvidar	*to forget*
poner una inyección	*to give an injection*
prohibir	*to prohibit*
recetar	*to prescribe*
romper	*to break*
romperse (la pierna)	*to break (one's leg)*
sacar(se) un diente	*to have a tooth removed*
ser alérgico/a (a)	*to be allergic (to)*
sufrir una enfermedad	*to suffer an illness*
tener dolor *(m.)*	*to have a pain*
tener fiebre	*to have a fever*
tomar la temperatura	*to take someone's temperature*
torcerse (o:ue) (el tobillo)	*to sprain (one's ankle)*
toser	*to cough*

Adjetivos

congestionado/a	*congested; stuffed-up*
embarazada	*pregnant*
grave	*grave; serious*
mareado/a	*dizzy; nauseated*
médico/a	*medical*
saludable	*healthy*
sano/a	*healthy*

Adverbios

a menudo	*often*
a tiempo	*on time*
a veces	*sometimes*
además (de)	*furthermore; besides*
apenas	*hardly; scarcely*
así	*like this; so*
bastante	*enough; rather*
casi	*almost*
con frecuencia	*frequently*
de niño/a	*as a child*
de vez en cuando	*from time to time*
despacio	*slowly*
menos	*less*
mientras	*while*
muchas veces	*a lot; many times*
poco	*little*
por lo menos	*at least*
pronto	*soon*
rápido	*quickly*
todos los días	*every day*

Expresiones útiles *See page 313.*

recursos

LM p. 60

vhlcentral.com Lección 10

La tecnología

11

Communicative Goals

You will learn how to:

- Talk about using technology and electronics
- Use common expressions on the telephone
- Talk about car trouble

A PRIMERA VISTA

- ¿Qué hace la chica?
- ¿Crees que usa su computadora con frecuencia?
- ¿Es una chica saludable?
- ¿Qué partes del cuerpo se ven en la foto?

Talking Picture, Tutorials & Games
Audio: Activities

La tecnología

Más vocabulario

la cámara digital/de video	*digital/video camera*
el canal	*(TV) channel*
el correo de voz	*voice mail*
el estéreo	*stereo*
el ***fax***	*fax (machine)*
la pantalla táctil	*touch screen*
el reproductor de CD	*CD player*
la televisión por cable	*cable television*
el video	*video*
el archivo	*file*
arroba	*@ symbol*
el blog	*blog*
la conexión inalámbrica	*wireless connection*
la dirección electrónica	*e-mail address*
Internet	*Internet*
el mensaje de texto	*text message*
la página principal	*home page*
el programa de computación	*software*
la red	*network; Web*
el sitio web	*website*
apagar	*to turn off*
borrar	*to erase*
descargar	*to download*
escanear	*to scan*
funcionar	*to work*
grabar	*to record*
guardar	*to save*
imprimir	*to print*
llamar	*to call*
navegar (en Internet)	*to surf (the Internet)*
poner, prender	*to turn on*
sonar (o:ue)	*to ring*
descompuesto/a	*not working; out of order*
lento/a	*slow*
lleno/a	*full*

Variación léxica

computadora ⟷ ordenador (*Esp.*), computador (*Col.*)
descargar ⟷ bajar (*Arg., Col., Esp., Ven.*)

recursos
WB pp. 125–126
LM p. 61
vhlcentral.com Lección 11

Práctica

1 **Escuchar** Escucha la conversación entre dos amigas. Después completa las oraciones.

1. María y Ana están en ______.
   a. una tienda b. un cibercafé c. un restaurante
2. A María le encantan ______.
   a. los celulares b. las cámaras digitales c. los cibercafés
3. Ana prefiere guardar las fotos en ______.
   a. la pantalla b. un archivo c. un cederrón
4. María quiere tomar un café y ______.
   a. poner la computadora b. sacar fotos digitales
   c. navegar en Internet
5. Ana paga por el café y ______.
   a. el uso de Internet b. la impresora c. el cederrón

2 **¿Cierto o falso?** Escucha las oraciones e indica si lo que dice cada una es **cierto** o **falso**, según el dibujo.

1. ______ 5. ______
2. ______ 6. ______
3. ______ 7. ______
4. ______ 8. ______

3 **Oraciones** Escribe oraciones usando estos elementos. Usa el pretérito y añade las palabras necesarias.

1. yo / descargar / fotos / Internet
2. tú / apagar / televisor / diez / noche
3. Daniel y su esposa / comprar / computadora portátil / ayer
4. Sara y yo / ir / cibercafé / para / navegar en Internet
5. Jaime / decidir / comprar / reproductor de MP3
6. teléfono celular / sonar / pero / yo / no contestar

4 **Preguntas** Mira el dibujo y contesta las preguntas.

1. ¿Qué tipo de café es?
2. ¿Cuántas impresoras hay? ¿Cuántos ratones?
3. ¿Por qué vinieron estas personas al café?
4. ¿Qué hace el camarero?
5. ¿Qué hace la mujer en la computadora? ¿Y el hombre?
6. ¿Qué máquinas están cerca del televisor?
7. ¿Dónde hay un cibercafé en tu comunidad?
8. ¿Por qué puedes tú necesitar un cibercafé?

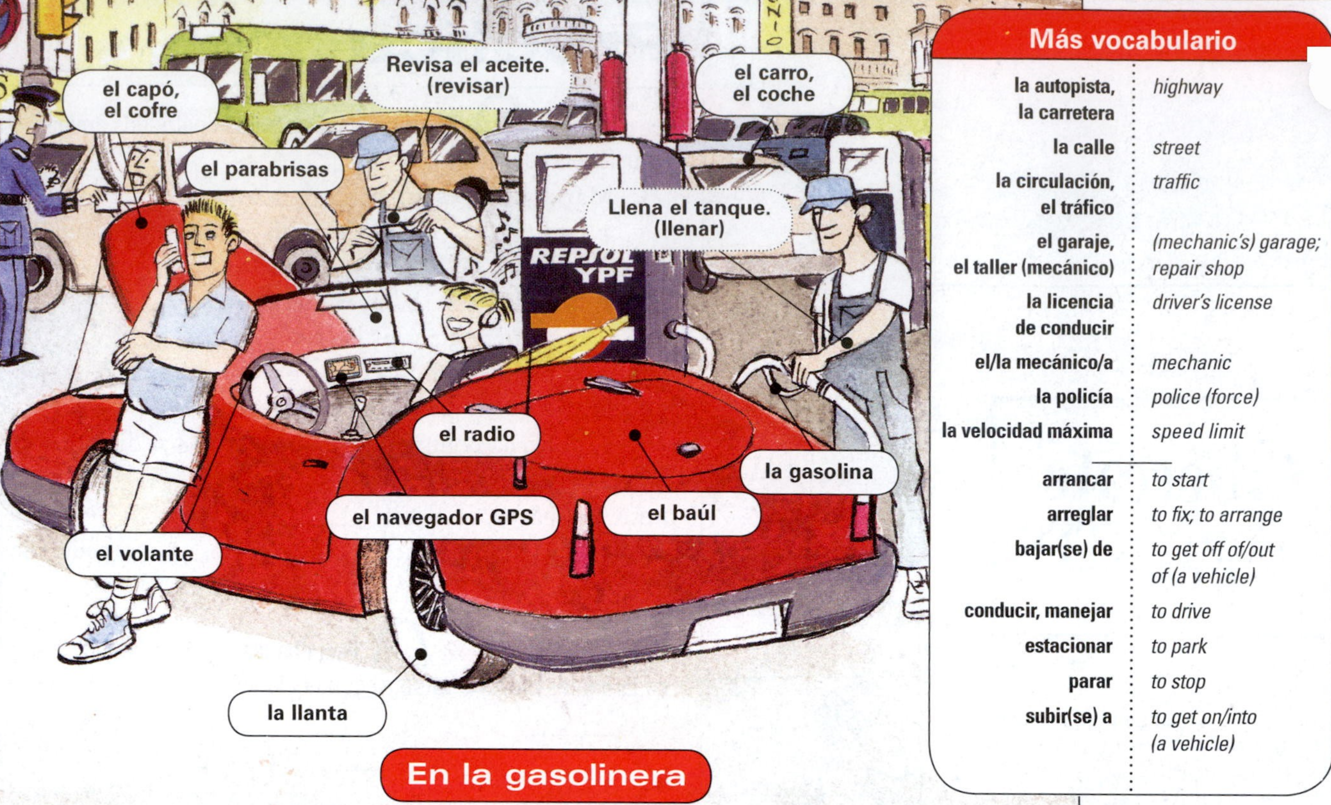

En la gasolinera

Más vocabulario

la autopista, la carretera	*highway*
la calle	*street*
la circulación, el tráfico	*traffic*
el garaje, el taller (mecánico)	*(mechanic's) garage; repair shop*
la licencia de conducir	*driver's license*
el/la mecánico/a	*mechanic*
la policía	*police (force)*
la velocidad máxima	*speed limit*
arrancar	*to start*
arreglar	*to fix; to arrange*
bajar(se) de	*to get off of/out of (a vehicle)*
conducir, manejar	*to drive*
estacionar	*to park*
parar	*to stop*
subir(se) a	*to get on/into (a vehicle)*

5 **Completar** Completa estas oraciones con las palabras correctas.

1. Para poder conducir legalmente, necesitas...
2. Puedes poner las maletas en...
3. Si tu carro no funciona, debes llevarlo a...
4. Para llenar el tanque de tu coche, necesitas ir a...
5. Antes de un viaje largo, es importante revisar...
6. Otra palabra para autopista es...
7. Mientras hablas por teléfono celular, no es buena idea...
8. Otra palabra para coche es...

¡LENGUA VIVA!

Aunque **carro** es el término que se usa en la mayoría de países hispanos, no es el único. En España, por ejemplo, se dice **coche**, y en Argentina, Chile y Uruguay se dice **auto**.

6 **Conversación** Completa la conversación con las palabras de la lista.

el aceite	la gasolina	llenar	el parabrisas	el taller
el baúl	las llantas	manejar	revisar	el volante

EMPLEADO Bienvenido al (1)__________ mecánico *Óscar*. ¿En qué le puedo servir?

JUAN Buenos días. Quiero (2)__________ el tanque y revisar (3)__________, por favor.

EMPLEADO Con mucho gusto. Si quiere, también le limpio (4)__________.

JUAN Sí, gracias. Está un poquito sucio. La próxima semana tengo que (5)__________ hasta Buenos Aires. ¿Puede cambiar (6)__________? Están gastadas (*worn*).

EMPLEADO Claro que sí, pero voy a tardar (*it will take me*) un par de horas.

JUAN Mejor regreso mañana. Ahora no tengo tiempo. ¿Cuánto le debo por (7)__________?

EMPLEADO Sesenta pesos. Y veinticinco por (8)__________ y cambiar el aceite.

CONSULTA

For more information about **Buenos Aires**, see **Panorama**, p. 370.

Comunicación

7

Preguntas Trabajen en grupos y túrnense para contestar estas preguntas. Después compartan sus respuestas con la clase.

1. a. ¿Tienes un teléfono celular? ¿Para qué lo usas?
   b. ¿Qué utilizas más: el teléfono o el correo electrónico? ¿Por qué?
   c. En tu opinión, ¿cuáles son las ventajas (*advantages*) y desventajas de los diferentes modos de comunicación?
2. a. ¿Con qué frecuencia usas la computadora?
   b. ¿Para qué usas Internet?
   c. ¿Tienes tu propio blog? ¿Cómo es?
3. a. ¿Miras la televisión con frecuencia? ¿Qué programas ves?
   b. ¿Dónde miras tus programas favoritos, en la tele o en la computadora?
   c. ¿Ves películas en la computadora? ¿Cuál es tu película favorita de todos los tiempos (*of all time*)?
   d. ¿A través de (*By*) qué medio escuchas música? ¿Radio, estéreo, reproductor de MP3 o computadora?
4. a. ¿Tienes licencia de conducir?
   b. ¿Cuánto tiempo hace que la conseguiste?
   c. ¿Tienes carro? Descríbelo.
   d. ¿Llevas tu carro al taller? ¿Para qué?

NOTA CULTURAL

Algunos sitios web utilizan códigos para identificar su país de origen. Éstos son los códigos para algunos países hispanohablantes:

Argentina .ar
Colombia .co
España .es
México .mx
Venezuela .ve

CONSULTA

To review expressions like **hace... que**, see **Lección 10, Expresiones útiles**, p. 313.

8

Postal En parejas, lean la tarjeta postal. Después contesten las preguntas.

19 julio de 1979

Hola, Paco:

¡Saludos! Estamos de viaje por unas semanas. La Costa del Sol es muy bonita. No hemos encontrado (*we haven't found*) a tus amigos porque nunca están en casa cuando llamamos. El teléfono suena y suena y nadie contesta. Vamos a seguir llamando.

Sacamos muchas fotos muy divertidas. Cuando regresemos y las revelemos (*get them developed*), te las voy a enseñar. Las playas son preciosas. Hasta ahora el único problema fue que la oficina en la cual reservamos un carro perdió nuestros papeles y tuvimos que esperar mucho tiempo.

También tuvimos un pequeño problema con el hotel. La agencia de viajes nos reservó una habitación en un hotel que está muy lejos de todo. No podemos cambiarla, pero no me importa mucho. A pesar de eso, estamos contentos.

Tu hermana, Gabriela

Francisco Jiménez
San Lorenzo 3250
Rosario, Argentina 2000

1. ¿Cuáles son los problemas que ocurren en el viaje de Gabriela?
2. Con la tecnología de hoy, ¿existen los mismos problemas cuando se viaja? ¿Por qué?
3. Hagan una comparación entre la tecnología de los años 70 y 80 y la de hoy.
4. Imaginen que la hija de Gabriela escribe un correo electrónico sobre el mismo tema con fecha de hoy. Escriban ese correo, incorporando la tecnología actual (teléfonos celulares, Internet, cámaras digitales, etc.). Inventen nuevos problemas.

En el taller

El coche de Miguel está descompuesto y Maru tiene problemas con su computadora.

PERSONAJES

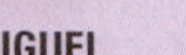
MIGUEL

JORGE

Video: *Fotonovela*
Record and Compare

MIGUEL ¿Cómo lo ves?

JORGE Creo que puedo arreglarlo. ¿Me pasas la llave?

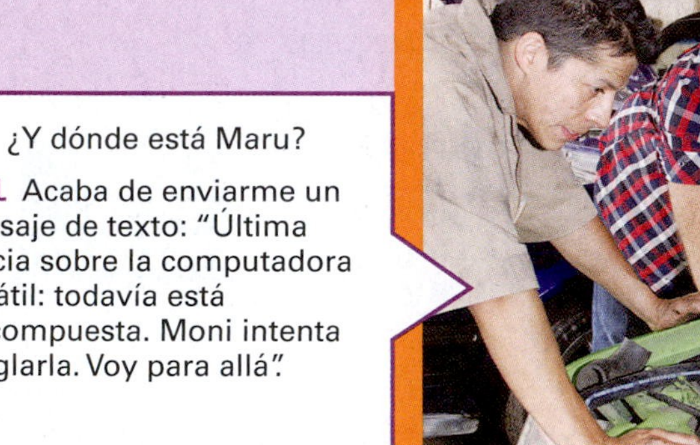

JORGE ¿Y dónde está Maru?

MIGUEL Acaba de enviarme un mensaje de texto: "Última noticia sobre la computadora portátil: todavía está descompuesta. Moni intenta arreglarla. Voy para allá".

JORGE ¿Está descompuesta tu computadora?

MIGUEL No, la mía no, la suya. Una amiga la está ayudando.

JORGE Un mal día para la tecnología, ¿no?

MIGUEL Ella está preparando un proyecto para ver si puede hacer sus prácticas profesionales en el Museo de Antropología.

JORGE ¿Y todo está en la computadora?

MIGUEL Y claro.

MARU Buenos días, Jorge.

JORGE ¡Qué gusto verte, Maru! ¿Cómo está la computadora?

MARU Mi amiga Mónica recuperó muchos archivos, pero muchos otros se borraron.

MARU Estamos en una triste situación. Yo necesito una computadora nueva, y Miguel necesita otro coche.

JORGE Y un televisor nuevo para mí, por favor.

MARU

MARU ¿Qué vamos a hacer, Miguel?

MIGUEL Tranquila, cariño. Por eso tenemos amigos como Jorge y Mónica. Nos ayudamos los unos a los otros.

JORGE ¿No te sientes afortunada, Maru? No te preocupes. Sube.

MIGUEL ¡Por fin!

MARU Gracias, Jorge. Eres el mejor mecánico de la ciudad.

MIGUEL ¿Cuánto te debo por el trabajo?

JORGE Hombre, no es nada. Guárdalo para el coche nuevo. Eso sí, recomiéndame con tus amigos.

MIGUEL Gracias, Jorge.

JORGE No manejes en carretera. Revisa el aceite cada 1.500 kilómetros y asegúrate de llenarle el tanque... No manejes con el cofre abierto. Nos vemos.

Expresiones útiles

Giving instructions to a friend

¿Me pasas la llave?
Can you pass me the wrench?
No lo manejes en carretera.
Don't drive it on the highway.
Revisa el aceite cada 1.500 kilómetros.
Check the oil every 1,500 kilometers.
Asegúrate de llenar el tanque.
Make sure to fill up the tank.
No manejes con el cofre abierto.
Don't drive with the hood open.
Recomiéndame con tus amigos.
Recommend me to your friends.

Taking a phone call

Aló./Bueno./Diga.
Hello.
¿Quién habla?/ ¿De parte de quién?
Who is speaking/calling?
Con él/ella habla.
Speaking.
¿Puedo dejar un recado?
May I leave a message?

Reassuring someone

Tranquilo/a, cariño.
Relax, sweetie.
Nos ayudamos los unos a los otros.
We help each other out.
No te preocupes.
Don't worry.

Additional vocabulary

entregar *to hand in*
el intento *attempt*
la noticia *news*
el proyecto *project*
recuperar *to recover*

recursos
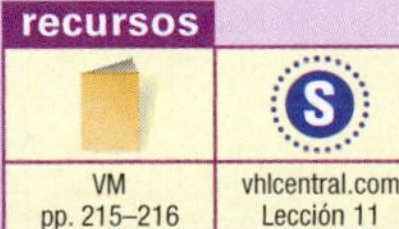

¿Qué pasó?

1

Seleccionar Selecciona las respuestas que completan correctamente estas oraciones.

1. Jorge intenta arreglar ____.
   a. la computadora de Maru b. el coche de Miguel c. el teléfono celular de Felipe
2. Maru dice que se borraron muchos ____ de su computadora.
   a. archivos b. sitios web c. mensajes de texto
3. Jorge dice que necesita un ____.
   a. navegador GPS b. reproductor de DVD c. televisor
4. Maru dice que Jorge es el mejor ____.
   a. mecánico de la ciudad b. amigo del mundo c. compañero de la clase
5. Jorge le dice a Miguel que no maneje su coche en ____.
   a. el tráfico b. el centro de la ciudad c. la carretera

2

Identificar Identifica quién puede decir estas oraciones.

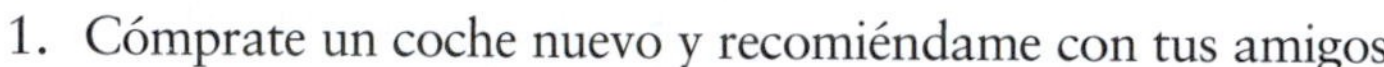

1. Cómprate un coche nuevo y recomiéndame con tus amigos.
2. El mensaje de texto de Maru dice que su computadora todavía está descompuesta.
3. Mi amiga Mónica me ayudó a recuperar muchos archivos, pero necesito una computadora nueva.
4. No conduzcas con el cofre abierto y recuerda que el tanque debe estar lleno.
5. Muchos de los archivos de mi computadora se borraron.

MARU

MIGUEL

JORGE

3

Problema mecánico Trabajen en parejas para representar los papeles de un(a) mecánico/a y un(a) cliente/a que está llamando al taller porque su carro está descompuesto. Usen las instrucciones como guía.

Mecánico/a		Cliente/a
Contesta el teléfono con un saludo y el nombre del taller.	→	Saluda y explica que tu carro está descompuesto.
Pregunta qué tipo de problema tiene exactamente.	→	Explica que tu carro no arranca cuando hace frío.
Di que debe traer el carro al taller.	→	Pregunta cuándo puedes llevarlo.
Ofrece una hora para revisar el carro.	→	Acepta la hora que ofrece el/la mecánico/a.
Da las gracias y despídete.	→	Despídete y cuelga (*hang up*) el teléfono.

Ahora cambien los papeles y representen otra conversación. Ustedes son un(a) técnico/a y un(a) cliente/a. Usen estas ideas:

el celular no guarda mensajes
la computadora no descarga fotos
la impresora imprime muy lentamente
el reproductor de DVD está descompuesto

Ortografía

La acentuación de palabras similares

Although accent marks usually indicate which syllable in a word is stressed, they are also used to distinguish between words that have the same or similar spellings.

Él maneja el coche. **Sí, voy si quieres.**

Although one-syllable words do not usually carry written accents, some *do* have accent marks to distinguish them from words that have the same spelling but different meanings.

Sé cocinar. **Se baña.** **¿Tomas té?** **Te duermes.**

Sé (*I know*) and **té** (*tea*) have accent marks to distinguish them from the pronouns **se** and **te**.

para mí **mi cámara** **Tú lees.** **tu estéreo**

Mí (*Me*) and **tú** (*you*) have accent marks to distinguish them from the possessive adjectives **mi** and **tu**.

¿Por qué vas? **Voy porque quiero.**

Several words of more than one syllable also have accent marks to distinguish them from words that have the same or similar spellings.

Éste es rápido. **Este tren es rápido.**

Demonstrative pronouns have accent marks to distinguish them from demonstrative adjectives.

¿Cuándo fuiste? **Fui cuando me llamó.**
¿Dónde trabajas? **Voy al taller donde trabajo.**

Adverbs have accent marks when they are used to convey a question.

Práctica Marca los acentos en las palabras que los necesitan.

ANA Alo, soy Ana. ¿Que tal?
JUAN Hola, pero... ¿por que me llamas tan tarde?
ANA Porque mañana tienes que llevarme a la universidad. Mi auto esta dañado.
JUAN ¿Como se daño?
ANA Se daño el sabado. Un vecino (*neighbor*) choco con (*crashed into*) el.

Crucigrama Utiliza las siguientes pistas (*clues*) para completar el crucigrama. ¡Ojo con los acentos!

Horizontales

1. Él __________ levanta.
4. No voy __________ no puedo.
7. Tú __________ acuestas.
9. ¿__________ es el examen?
10. Quiero este video y __________.

Verticales

2. ¿Cómo __________ usted?
3. Eres __________ mi hermano.
5. ¿__________ tal?
6. Me gusta __________ suéter.
8. Navego __________ la red.

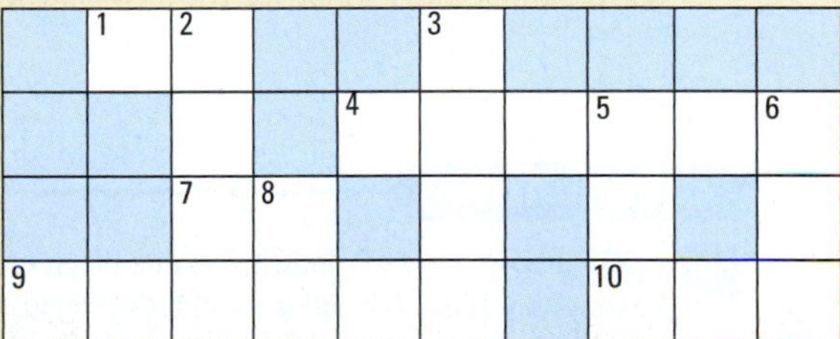

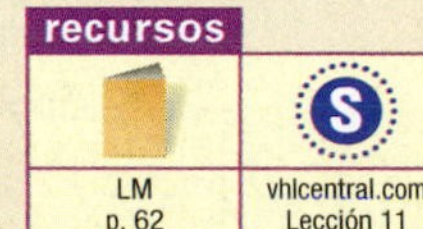

EN DETALLE

El teléfono celular

¿Cómo te comunicas con tus amigos y familia? En algunos países hispanos, el servicio de teléfono común° es bastante caro, por lo que el teléfono celular, más accesible y barato, es el favorito de mucha gente.

El servicio más popular entre los jóvenes es el sistema de tarjetas prepagadas°, porque no requiere de un contrato ni de cuotas° extras. En muchos países, puedes encontrar estas tarjetas en cualquier° tienda o recargar el saldo° de tu celular por Internet.

Los celulares de los años 80, grandes e incómodos, eran un símbolo de estatus y estaban limitados al uso de la voz°. Las funciones que entonces° sólo existían en la ciencia ficción, ahora son una realidad. Los celulares de hoy tienen muchas funciones: cámara de fotos o de video, agenda electrónica°, navegador GPS, juegos, conexión a Internet, reproductor de MP3... Con los teléfonos actuales se puede interactuar en las redes sociales° de Internet y, gracias a la tecnología táctil, acceder a sus aplicaciones de forma diferente y rápida.

Con la evolución de los celulares, muchas personas han dejado de usar ciertos aparatos°: ¿para qué una cámara, un reproductor de música y un celular separados si puedes tener todo en uno°?

El uso de los celulares

- En el mundo se intercambian cerca de 500 mil millones de mensajes de texto al año.
- En los EE.UU., el 53% de los hispanos con celular lo usan para conectarse a Internet y el 84% de los hispanos menores de 30 años tiene un celular.
- América Latina tiene 179 millones de usuarios de teléfonos celulares. De ellos, el 73% utiliza programas de mensajería instantánea, el 82% navega por Internet y el 55% transfiere datos como videos y fotos.

común *ordinary* **prepagadas** *prepaid* **cuotas** *fees* **cualquier** *any* **recargar el saldo** *to buy more minutes* **voz** *voice* **en ese entonces** *back then* **agenda electrónica** *PDA* **redes sociales** *social Networks* **aparatos** *appliances* **todo en uno** *all in one*

ACTIVIDADES

1 **¿Cierto o falso?** Indica si lo que dicen estas oraciones es **cierto** o **falso**. Corrige la información falsa.

1. El teléfono común es un servicio caro en algunos países.
2. Muchas personas usan más el teléfono celular que el teléfono común.
3. Es difícil encontrar tarjetas prepagadas en los países hispanos.
4. En los años 80 los celulares eran un símbolo de estatus.
5. Los primeros teléfonos celulares eran muy cómodos y pequeños.
6. Hoy en día muy pocas personas usan el celular para sacar fotos y oír música.
7. En los EE.UU., el 12% de los hispanos usa el celular para conectarse a Internet.

ASÍ SE DICE

La tecnología

los audífonos (Méx., Col.), los auriculares (Arg.), los cascos (Esp.)	*headset; earphones*
el móvil (Esp.)	**el celular**
el manos libres (Amér. S.)	*hands-free system*
la memoria	*memory*
mensajear (Méx.)	**enviar y recibir mensajes de texto**

EL MUNDO HISPANO

Las bicimotos

- **Argentina** El *ciclomotor* se usa mayormente° para repartir a domicilio° comidas y medicinas.
- **Perú** La *motito* se usa mucho para el reparto a domicilio de pan fresco todos los días.
- **México** La *Vespa* se usa para evitar° el tráfico en grandes ciudades.
- **España** La población usa el *Vespino* para ir y volver al trabajo cada día.
- **Puerto Rico** Una *scooter* es el medio de transporte favorito en las zonas rurales.
- **República Dominicana** Las *moto-taxis* son el medio de transporte más económico, ¡pero no olvides el casco°!

mayormente *mainly* repartir a domicilio *home delivery of* evitar *to avoid* casco *helmet*

PERFIL

Los mensajes de texto

¿Qué tienen en común un **mensaje de texto** y un telegrama?: la necesidad de decir lo máximo en el menor espacio posible —y rápidamente—. Así como los abuelos se las arreglaron° para hacer más baratos sus telegramas, que se cobraban° por número de palabras, ahora los jóvenes buscan ahorrar° espacio, tiempo y dinero, en sus mensajes de texto. Esta economía del lenguaje dio origen al **lenguaje chat**, una forma de escritura muy creativa y compacta. Olvídate de la gramática, la puntuación y la ortografía: es tan flexible que evoluciona° todos los días con el uso que cada quien° le da, aunque° hay muchas palabras y expresiones ya establecidas°. Fácilmente encontrarás° abreviaturas (**xq?**, "¿Por qué?"; **tkm**, "Te quiero mucho."), sustitución de sonidos por números (**a2**, "Adiós."; **5mntrios**, "Sin comentarios."), símbolos (**ad+**, "además") y omisión de vocales y acentos (**tb**, "también"; **k tl?**, "¿Qué tal?"). Ahora que lo sabes, si un amigo te envía: **cont xfa, m dbs $!**°, puedes responderle: **ntp, ns vms + trd**°.

se las arreglaron *they managed to* se cobraban *were charged* ahorrar *to save* evoluciona *evolves* cada quien *each person* aunque *although* establecidas *fixed* encontrarás *you will find* cont xfa, m dbs $! Contesta, por favor, ¡me debes dinero! ntp, ns vms +trd No te preocupes, nos vemos más tarde.

Conexión Internet

¿Qué sitios web son populares entre los jóvenes hispanos?

Go to **vhlcentral.com** to find more cultural information related to this **Cultura** section.

ACTIVIDADES

2 Comprensión Responde a las preguntas.

1. ¿Cuáles son tres formas de decir *headset*?
2. ¿Para qué se usan las bicimotos en Argentina?
3. ¿Qué dio origen al "lenguaje chat"?
4. ¿Es importante escribir los acentos en los mensajes de texto?

3 ¿Cómo te comunicas? Escribe un párrafo breve en donde expliques qué utilizas para comunicarte con tus amigos/as (correo electrónico, redes sociales, teléfono, etc.) y de qué hablan cuando se llaman por teléfono.

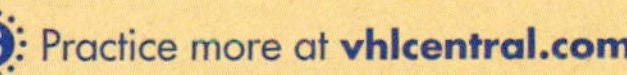
Practice more at **vhlcentral.com.**

recursos

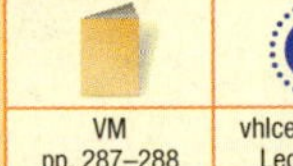
VM pp. 287–288 | vhlcentral.com Lección 11

11.1 Familiar commands

ANTE TODO In Spanish, the command forms are used to give orders or advice. You use **tú** commands (**mandatos familiares**) when you want to give an order or advice to someone you normally address with the familiar **tú**.

Affirmative tú commands

Infinitive	Present tense él/ella form	Affirmative tú command
hablar	habla	**habla** (tú)
guardar	guarda	**guarda** (tú)
prender	prende	**prende** (tú)
volver	vuelve	**vuelve** (tú)
pedir	pide	**pide** (tú)
imprimir	imprime	**imprime** (tú)

- Affirmative **tú** commands usually have the same form as the **él/ella** form of the present indicative.

Guarda el documento antes de cerrarlo.
Save the document before closing it.

Imprime tu tarea para la clase de inglés.
Print your homework for English class.

- There are eight irregular affirmative **tú** commands.

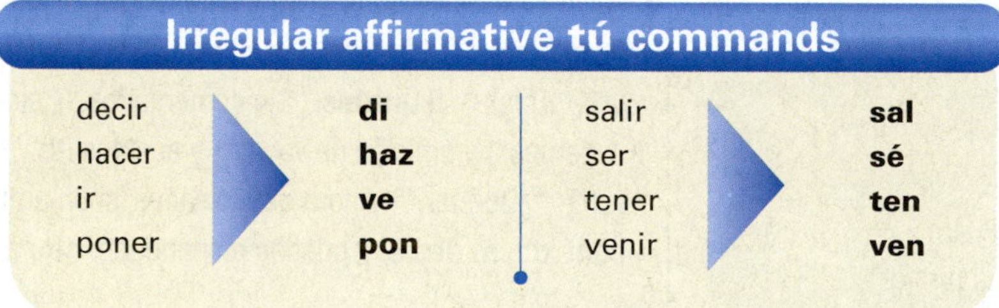

Irregular affirmative tú commands

decir	**di**	salir	**sal**
hacer	**haz**	ser	**sé**
ir	**ve**	tener	**ten**
poner	**pon**	venir	**ven**

¡**Sal** ahora mismo!
Leave at once!

Haz los ejercicios.
Do the exercises.

- Since **ir** and **ver** have the same **tú** command (**ve**), context will determine the meaning.

Ve al cibercafé con Yolanda.
Go to the cybercafé with Yolanda.

Ve ese programa... es muy interesante.
See that program... it's very interesting.

Súbete al coche y préndelo.

No lo manejes en la carretera.

- The negative **tú** commands are formed by dropping the final -**o** of the **yo** form of the present tense. For -**ar** verbs, add -**es**. For -**er** and -**ir** verbs, add -**as**.

Negative tú commands

Infinitive	Present tense yo form	Negative tú command
hablar	hablo	**no hables** (tú)
guardar	guardo	**no guardes** (tú)
prender	prendo	**no prendas** (tú)
volver	vuelvo	**no vuelvas** (tú)
pedir	pido	**no pidas** (tú)

Héctor, **no pares** el carro aquí.
Héctor, don't stop the car here.

No prendas la computadora todavía.
Don't turn on the computer yet.

- Verbs with irregular **yo** forms maintain the same irregularity in their negative **tú** commands. These verbs include **conducir, conocer, decir, hacer, ofrecer, oír, poner, salir, tener, traducir, traer, venir,** and **ver**.

No pongas el cederrón en la computadora.
Don't put the CD-ROM in the computer.

No conduzcas tan rápido.
Don't drive so fast.

- Note also that stem-changing verbs keep their stem changes in negative **tú** commands.

No p**ie**rdas tu celular.
Don't lose your cell phone.

No v**ue**lvas a esa gasolinera.
Don't go back to that gas station.

No rep**i**tas las instrucciones.
Don't repeat the instructions.

- Verbs ending in -**car**, -**gar**, and -**zar** have a spelling change in the negative **tú** commands.

sa**car**	**c** → **qu**	no sa**qu**es
apa**gar**	**g** → **gu**	no apa**gu**es
almor**zar**	**z** → **c**	no almuer**c**es

- The following verbs have irregular negative **tú** commands.

Irregular negative tú commands

dar	**no des**
estar	**no estés**
ir	**no vayas**
saber	**no sepas**
ser	**no seas**

¡ATENCIÓN!

In affirmative commands, reflexive, indirect, and direct object pronouns are always attached to the end of the verb. In negative commands, these pronouns always precede the verb.

Bórralos./No los borres.

Escríbeles un correo electrónico./**No les escribas** un correo electrónico.

•••

When a pronoun is attached to an affirmative command that has two or more syllables, an accent mark is added to maintain the original stress:

borra → **bórralos**
prende → **préndela**
imprime → **imprímelo**

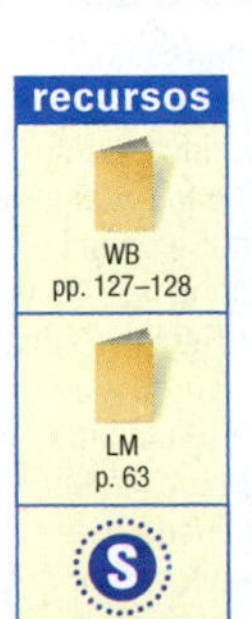

¡INTÉNTALO! Indica los mandatos familiares afirmativos y negativos de estos verbos.

1. correr _Corre_ más rápido. No _corras_ más rápido.
2. llenar ________ el tanque. No ________ el tanque.
3. salir ________ ahora. No ________ ahora.
4. descargar ________ ese documento. No ________ ese documento.
5. levantarse ________ temprano. No ________ temprano.
6. hacerlo ________ ya. No ________ ahora.

Práctica

1

Completar Tu mejor amigo no entiende nada de tecnología y te pide ayuda. Completa los comentarios de tu amigo con el mandato de cada verbo.

1. No __________ en una hora. __________ ahora mismo. (venir)
2. __________ tu tarea después. No la __________ ahora. (hacer)
3. No __________ a la tienda a comprar papel para la impresora. __________ a la cafetería a comprarme algo de comer. (ir)
4. No __________ que no puedes abrir un archivo. __________ que el programa de computación funciona sin problemas. (decirme)
5. __________ generoso con tu tiempo y no __________ antipático si no entiendo fácilmente. (ser)
6. __________ mucha paciencia y no __________ prisa. (tener)
7. __________ tu teléfono celular, pero no __________ la computadora. (apagar)

2

Cambiar Pedro y Marina no pueden ponerse de acuerdo (*agree*) cuando viajan en su carro. Cuando Pedro dice que algo es necesario, Marina expresa una opinión diferente. Usa la información entre paréntesis para formar las órdenes que Marina le da a Pedro.

modelo

Pedro: Necesito revisar el aceite del carro. (seguir hasta el próximo pueblo)
Marina: No revises el aceite del carro. Sigue hasta el próximo pueblo.

1. Necesito conducir más rápido. (parar el carro)
2. Necesito poner el radio. (hablarme)
3. Necesito almorzar ahora. (comer más tarde)
4. Necesito sacar los discos compactos. (manejar con cuidado)
5. Necesito estacionar el carro en esta calle. (pensar en otra opción)
6. Necesito volver a esa gasolinera. (arreglar el carro en un taller)
7. Necesito leer el mapa. (pedirle ayuda a aquella señora)
8. Necesito dormir en el carro. (acostarse en una cama)

3

Problemas Tú y tu compañero/a trabajan en el centro de computadoras de la universidad. Muchos estudiantes están llamando con problemas. Denles órdenes para ayudarlos a resolverlos.

modelo

Problema: No veo nada en la pantalla.
Tu respuesta: Prende la pantalla de tu computadora.

apagar...	descargar...	grabar...	imprimir...	prender...
borrar...	funcionar...	guardar...	navegar...	volver...

1. No me gusta este programa de computación.
2. Tengo miedo de perder mi documento.
3. Prefiero leer este sitio web en papel.
4. Mi correo electrónico funciona muy lentamente.
5. Busco información sobre los gauchos de Argentina.
6. Tengo demasiados archivos en mi computadora.
7. Mi computadora se congeló (*froze*).
8. Quiero ver las fotos del cumpleaños de mi hermana.

NOTA CULTURAL

Los gauchos (*nomadic cowboys*), conocidos por su habilidad (*skill*) para montar a caballo y utilizar el lazo, viven en la Región Pampeana, una llanura muy extensa ubicada en el centro de Argentina y dedicada a la agricultura (*agriculture*).

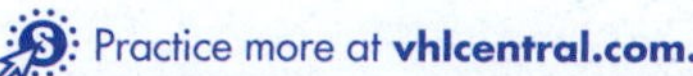

Comunicación

4

Órdenes Circula por la clase e intercambia mandatos negativos y afirmativos con tus compañeros/as. Debes seguir las órdenes que ellos te dan o reaccionar apropiadamente.

modelo

Estudiante 1: *Dame todo tu dinero.*
Estudiante 2: *No, no quiero dártelo. Muéstrame tu cuaderno.*
Estudiante 1: *Aquí está.*
Estudiante 3: *Ve a la pizarra y escribe tu nombre.*
Estudiante 4: *No quiero. Hazlo tú.*

5

Anuncios Miren este anuncio. Luego, en grupos pequeños, preparen tres anuncios adicionales para tres escuelas que compiten (*compete*) con ésta.

Síntesis

6

¡Tanto que hacer! Tu profesor(a) te va a dar una lista de diligencias (*errands*). Algunas las hiciste tú y algunas las hizo tu compañero/a. Las diligencias que ya hicieron tienen esta marca ✔. Pero quedan cuatro diligencias por hacer. Dale órdenes a tu compañero/a y él/ella responde para confirmar si hay que hacerla o si ya la hizo.

modelo

Estudiante 1: *Llena el tanque.*
Estudiante 2: *Ya llené el tanque. / ¡Ay, no! Tenemos que llenar el tanque.*

11.2 Por and para

ANTE TODO Unlike English, Spanish has two words that mean *for*: **por** and **para.** These two prepositions are not interchangeable. Study the following charts to see how they are used.

- **Por** and **para** are most commonly used to describe aspects of movement, time, and action, but in different circumstances.

Por	Para
Movement	
Through or by a place La excursión nos llevó **por** el centro. *The tour took us through downtown.*	**Towards a destination** Mis amigos van **para** el estadio. *My friends are going to the stadium.*
Time	
Duration of an event Ana navegó la red **por** dos horas. *Ana surfed the net for two hours.*	**Action deadline** Tengo que escribir un ensayo **para** mañana. *I have to write an essay by tomorrow.*
Action	
Reason or motive for an action or circumstance Llegué a casa tarde **por** el tráfico. *I got home late because of the traffic.*	**Indication of for whom something is intended or done** Estoy preparando una sorpresa **para** Eduardo. *I'm preparing a sorprise for Eduardo.*

- Here is a complete list of all of the uses of **por** and **para**.

Por is used to indicate...

1. **Movement: Motion or a general location** . . *(around, through, along, by)*	Pasamos **por** el parque y **por** el río. *We passed by the park and along the river.*
2. **Time: Duration of an action** . . . . *(for, during, in)*	Estuve en la Patagonia **por** un mes. *I was in Patagonia for a month.*
3. **Action: Reason or motive for an action** . . *(because of, on account of, on behalf of)*	Lo hizo **por** su familia. *She did it on behalf of her family.*
4. **Object of a search** . . . . *(for, in search of)*	Vengo **por** ti a las ocho. *I'm coming for you at eight.* Manuel fue **por** su cámara digital. *Manuel went in search of his digital camera.*
5. **Means by which something is done** . . . *(by, by way of, by means of)*	Ellos viajan **por** la autopista. *They travel by (by way of) the highway.*
6. **Exchange or substitution** . . . . *(for, in exchange for)*	Le di dinero **por** el reproductor de MP3. *I gave him money for the MP3 player.*
7. **Unit of measure** . . . . *(per, by)*	José manejaba a 120 kilómetros **por** hora. *José was driving 120 kilometers per hour.*

¡ATENCIÓN!

Por is also used in several idiomatic expressions, including:

por aquí *around here*

por ejemplo *for example*

por eso *that's why; therefore*

por fin *finally*

AYUDA

Remember that when giving an exact time, **de** is used instead of **por** before **la mañana, la tarde,** or **la noche**.

La clase empieza a las nueve **de** la mañana.

• • •

In addition to **por**, **durante** is also commonly used to mean *for* when referring to time.

Esperé al mecánico **durante** cincuenta minutos.

Para is used to indicate...

1. **Movement: Destination** (*toward, in the direction of*)	Salimos **para** Córdoba el sábado. *We are leaving for Córdoba on Saturday.*
2. **Time: Deadline or a specific time in the future** (*by, for*)	Él va a arreglar el carro **para** el viernes. *He will fix the car by Friday.*
3. **Action: Purpose or goal + [*infinitive*]** (*in order to*)	Juan estudia **para** (ser) mecánico. *Juan is studying to be a mechanic.*
4. **Purpose + [*noun*]** (*for, used for*)	Es una llanta **para** el carro. *It's a tire for the car.*
5. **The recipient of something** (*for*)	Compré una impresora **para** mi hijo. *I bought a printer for my son.*
6. **Comparison with others or an opinion** (*for, considering*)	**Para** un joven, es demasiado serio. *For a young person, he is too serious.* **Para** mí, esta lección no es difícil. *For me, this lesson isn't difficult.*
7. **In the employment of** (*for*)	Sara trabaja **para** Telecom Argentina. *Sara works for Telecom Argentina.*

▶ In many cases it is grammatically correct to use either **por** or **para** in a sentence. The meaning of the sentence is different, however, depending on which preposition is used.

Caminé **por** el parque.
I walked through the park.

Caminé **para** el parque.
I walked to (toward) the park.

Trabajó **por** su padre.
He worked for (in place of) his father.

Trabajó **para** su padre.
He worked for his father('s company).

¡INTÉNTALO! Completa estas oraciones con las preposiciones **por** o **para**.

1. Fuimos al cibercafé ___por___ la tarde.
2. Necesitas un navegador GPS ______ encontrar la casa de Luis.
3. Entraron ______ la puerta.
4. Quiero un pasaje ______ Buenos Aires.
5. ______ arrancar el carro, necesito la llave.
6. Arreglé el televisor ______ mi amigo.
7. Estuvieron nerviosos ______ el examen.
8. ¿No hay una gasolinera ______ aquí?
9. El reproductor de MP3 es ______ usted.
10. Juan está enfermo. Tengo que trabajar ______ él.
11. Estuvimos en Canadá ______ dos meses.
12. ______ mí, el español es fácil.
13. Tengo que estudiar la lección ______ el lunes.
14. Voy a ir ______ la carretera.
15. Compré dulces ______ mi novia.
16. Compramos el auto ______ un buen precio.

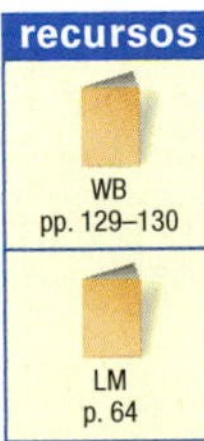

recursos
WB pp. 129–130
LM p. 64
vhlcentral.com Lección 11

Práctica

1 **Completar** Completa este párrafo con las preposiciones **por** o **para.**

El mes pasado mi esposo y yo hicimos un viaje a Buenos Aires y sólo pagamos dos mil dólares (1)______ los pasajes. Estuvimos en Buenos Aires (2)______ una semana y paseamos por toda la ciudad. Durante el día caminamos (3)______ la plaza San Martín, el microcentro y el barrio de La Boca, donde viven muchos artistas. (4)______ la noche fuimos a una tanguería, que es una especie de teatro, (5)______ mirar a la gente bailar tango. Dos días después decidimos hacer una excursión (6)______ las pampas (7)______ ver el paisaje y un rodeo con gauchos. Alquilamos (*We rented*) un carro y manejamos (8)______ todas partes y pasamos unos días muy agradables. El último día que estuvimos en Buenos Aires fuimos a Galerías Pacífico (9)______ comprar recuerdos (*souvenirs*) (10)______ nuestros hijos y nietos. Compramos tantos regalos que tuvimos que pagar impuestos (*duties*) en la aduana al regresar.

2 **Oraciones** Crea oraciones originales con los elementos de las columnas. Une los elementos usando **por** o **para.**

modelo

Fuimos a Mar del Plata por razones de salud para visitar a un especialista.

(no) fue al mercado	por/para	comprar frutas	por/para	¿?
(no) fuimos a las montañas	por/para	tres días	por/para	¿?
(no) fuiste a Mar del Plata	por/para	razones de salud	por/para	¿?
(no) fueron a Buenos Aires	por/para	tomar el sol	por/para	¿?

NOTA CULTURAL

Mar del Plata es un centro turístico en la costa de Argentina. La ciudad es conocida como "la perla del Atlántico" y todos los años muchos turistas visitan sus playas y casinos.

3 **Describir** Usa **por** o **para** y el tiempo presente para describir estos dibujos.

1. ____________________

2. ____________________

3. ____________________

4. ____________________

5. ____________________

6. ____________________

 Practice more at **vhlcentral.com.**

Comunicación

4 **Descripciones** Usa **por** o **para** y completa estas frases de manera lógica. Luego, compara tus respuestas con las de un(a) compañero/a.

1. En casa, hablo con mis amigos...
2. Mi padre/madre trabaja...
3. Ayer fui al taller...
4. Los miércoles tengo clases...
5. A veces voy a la biblioteca...
6. Esta noche tengo que estudiar...
7. Necesito... dólares...
8. Compré un regalo...
9. Mi mejor amigo/a estudia...
10. Necesito hacer la tarea...

5  **Situación** En parejas, dramaticen esta situación. Utilicen muchos ejemplos de **por** y **para.**

Hijo/a		Padre/Madre
Pídele dinero a tu padre/madre.	→	Pregúntale a tu hijo/a para qué lo necesita.
Dile que quieres comprar un carro.	→	Pregúntale por qué necesita un carro.
Explica tres razones por las que necesitas un carro.	→	Explica por qué sus razones son buenas o malas.
Dile que por no tener un carro tu vida es muy difícil.	→	Decide si vas a darle el dinero y explica por qué.

Síntesis

6 **Una subasta (*auction*)** Cada estudiante debe traer a la clase un objeto o una foto del objeto para vender. En grupos, túrnense para ser el/la vendedor(a) y los postores (*bidders*). Para empezar, el/la vendedor(a) describe el objeto y explica para qué se usa y por qué alguien debe comprarlo.

modelo

Vendedora: *Aquí tengo un reproductor de CD. Pueden usarlo para disfrutar su música favorita o para escuchar canciones en español. Sólo hace un año que lo compré y todavía funciona perfectamente. ¿Quién ofrece $ 1.500 para empezar?*

Postor(a) 1: *Pero los reproductores de CD son anticuados. Te doy $ 20.*

Vendedora: *Ah, pero éste es muy especial porque viene con el CD que grabé cuando quería ser cantante de ópera.*

Postor(a) 2: *Ah, ¡entonces te doy $ 100!*

11.3 Reciprocal reflexives

ANTE TODO In **Lección 7**, you learned that reflexive verbs indicate that the subject of a sentence does the action to itself. Reciprocal reflexives, on the other hand, express a shared or reciprocal action between two or more people or things. In this context, the pronoun means *(to) each other* or *(to) one another.*

Luis y Marta **se** miran en el espejo.
Luis and Marta look at themselves in the mirror.

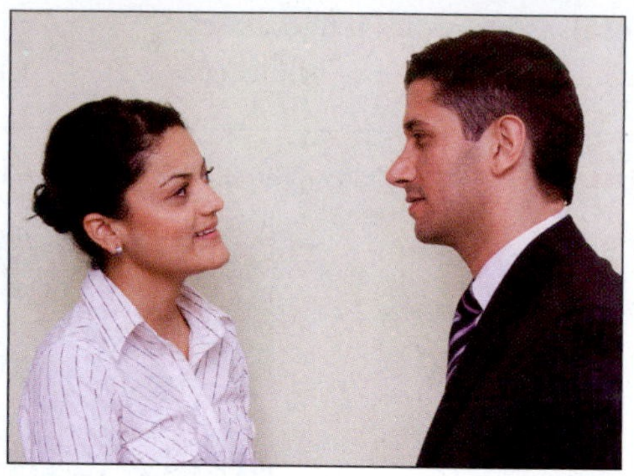

Luis y Marta **se** miran.
Luis and Marta look at each other.

- Only the plural forms of the reflexive pronouns (**nos**, **os**, **se**) are used to express reciprocal actions because the action must involve more than one person or thing.

Cuando **nos vimos** en la calle, **nos abrazamos**.
When we saw each other on the street, we hugged (one another).

Ustedes **se** van a **encontrar** en el cibercafé, ¿no?
You are meeting (each other) at the cybercafé, right?

Nos ayudamos cuando usamos la computadora.
We help each other when we use the computer.

Las amigas **se saludaron** y **se besaron**.
The friends greeted each other and kissed (one another).

¡ATENCIÓN!

Here is a list of common verbs that can express reciprocal actions:

abrazar(se) *to hug; to embrace (each other)*
ayudar(se) *to help (each other)*
besar(se) *to kiss (each other)*
encontrar(se) *to meet (each other); to run into (each other)*
saludar(se) *to greet (each other)*

¡INTÉNTALO! Indica el reflexivo recíproco adecuado de estos verbos en el presente o el pretérito.

presente

1. (escribir) Los novios se escriben.
   Nosotros __________.
   Ana y Ernesto __________.
2. (escuchar) Mis tíos __________.
   Nosotros __________.
   Ellos __________.
3. (ver) Nosotros __________.
   Fernando y Tomás __________.
   Ustedes __________.
4. (llamar) Ellas __________.
   Mis hermanos __________.
   Pepa y yo __________.

pretérito

1. (saludar) Nicolás y tú se saludaron.
   Nuestros vecinos __________.
   Nosotros __________.
2. (hablar) Los amigos __________.
   Elena y yo __________.
   Ustedes __________.
3. (conocer) Alberto y yo __________.
   Ustedes __________.
   Ellos __________.
4. (encontrar) Ana y Javier __________.
   Los primos __________.
   Mi hermana y yo __________.

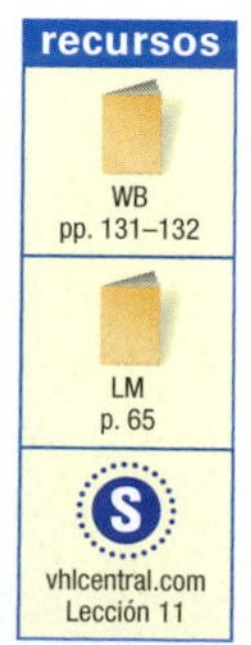

Práctica y Comunicación

Un amor recíproco Describe a Laura y a Elián usando los verbos recíprocos.

modelo

Laura veía a Elián todos los días. Elián veía a Laura todos los días.
Laura y Elián se veían todos los días.

1. Laura conocía bien a Elián. Elián conocía bien a Laura.
2. Laura miraba a Elián con amor. Elián la miraba con amor también.
3. Laura entendía bien a Elián. Elián entendía bien a Laura.
4. Laura hablaba con Elián todas las noches por teléfono. Elián hablaba con Laura todas las noches por teléfono.
5. Laura ayudaba a Elián con sus problemas. Elián la ayudaba también con sus problemas.

2

Describir Mira los dibujos y describe lo que estas personas hicieron.

1. Las hermanas __________.

2. Ellos __________.

3. Gilberto y Mercedes __________ / __________ / __________.

4. Tú y yo __________ / __________.

Preguntas En parejas, túrnense para hacerse estas preguntas.

1. ¿Se vieron tú y tu mejor amigo/a ayer? ¿Cuándo se ven ustedes normalmente?
2. ¿Dónde se encuentran tú y tus amigos?
3. ¿Se ayudan tú y tu mejor amigo/a con sus problemas?
4. ¿Se entienden bien tus compañeros de clase?
5. ¿Dónde se conocieron tú y tu mejor amigo/a? ¿Cuánto tiempo hace que se conocen ustedes?
6. ¿Cuándo se dan regalos tú y tu novio/a?
7. ¿Se escriben tú y tus amigos mensajes de texto o prefieren llamarse por teléfono?
8. ¿Siempre se llevan bien tú y tu compañero/a de cuarto? Explica.

Practice more at **vhlcentral.com.**

11.4 Stressed possessive adjectives and pronouns

Tutorial

ANTE TODO Spanish has two types of possessive adjectives: the unstressed (or short) forms you learned in **Lección 3** and the stressed (or long) forms. The stressed forms are used for emphasis or to express *of mine, of yours,* and so on.

Stressed possessive adjectives

Masculine singular	Feminine singular	Masculine plural	Feminine plural	
mío	**mía**	**míos**	**mías**	*my; (of) mine*
tuyo	**tuya**	**tuyos**	**tuyas**	*your; (of) yours* (fam.)
suyo	**suya**	**suyos**	**suyas**	*your; (of) yours* (form.)*; his; (of) his; her; (of) hers; its*
nuestro	**nuestra**	**nuestros**	**nuestras**	*our; (of) ours*
vuestro	**vuestra**	**vuestros**	**vuestras**	*your; (of) yours* (fam.)
suyo	**suya**	**suyos**	**suyas**	*your; (of) yours* (form.)*; their; (of) theirs*

- **¡Atención!** Used with **un/una**, these possessives are similar in meaning to the English expression *of mine/yours/*etc.

Juancho es **un** amigo **mío.**
Juancho is a friend of mine.

Ella es **una** compañera **nuestra**.
She is a classmate of ours.

- Stressed possessive adjectives agree in gender and number with the nouns they modify. While unstressed possessive adjectives are placed before the noun, stressed possessive adjectives are placed after the noun they modify.

su impresora
her printer

nuestros televisores
our television sets

la impresora **suya**
her printer

los televisores **nuestros**
our television sets

- A definite article, an indefinite article, or a demonstrative adjective usually precedes a noun modified by a stressed possessive adjective.

Me encantan {
unos discos compactos **tuyos**. *I love some of your CDs.*
los discos compactos **tuyos**. *I love your CDs.*
estos discos compactos **tuyos**. *I love these CDs of yours.*

- Since **suyo, suya, suyos,** and **suyas** have more than one meaning, you can avoid confusion by using the construction: [*article*] + [*noun*] + **de** + [*subject pronoun*].

el teclado **suyo**

el teclado **de él/ella/usted** *his/her keyboard*
el teclado **de ustedes/ellos/ellas** *your keyboard*

CONSULTA

This is the same construction you learned in **Lección 3** for clarifying **su** and **sus**. To review unstressed possessive adjectives, see **Estructura 3.2**, p. 85.

Possessive pronouns

- Possessive pronouns are used to replace a noun + [*possessive adjective*]. In Spanish, the possessive pronouns have the same forms as the stressed possessive adjectives, but they are preceded by a definite article.

la cámara **nuestra**		**la nuestra**
el navegador GPS **tuyo**		**el tuyo**
los archivos **suyos**		**los suyos**

- A possessive pronoun agrees in number and gender with the noun it replaces.

—Aquí está **mi coche**. ¿Dónde está **el tuyo**?
Here's my car. Where is yours?

—**El mío** está en el taller de mi hermano.
Mine is at my brother's garage.

—¿Tienes **las revistas** de Carlos?
Do you have Carlos' magazines?

—No, pero tengo **las nuestras.**
No, but I have ours.

¿También está descompuesta tu computadora?

No, la mía no, la suya.

¡INTÉNTALO! Indica las formas tónicas (*stressed*) de estos adjetivos posesivos y los pronombres posesivos correspondientes.

	adjetivos	pronombres
1. su cámara digital	la cámara digital suya	la suya
2. mi televisor		
3. nuestros discos compactos		
4. tus calculadoras		
5. su monitor		
6. mis videos		
7. nuestra impresora		
8. tu estéreo		
9. nuestro cederrón		
10. mi computadora		

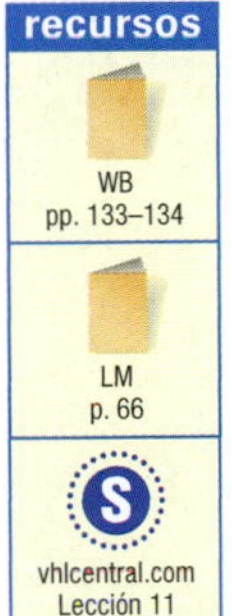

Práctica

Oraciones Forma oraciones con estas palabras. Usa el presente y haz los cambios necesarios.

1. un / amiga / suyo / vivir / Mendoza
2. ¿me / prestar / calculadora / tuyo?
3. el / coche / suyo / nunca / funcionar / bien
4. no / nos / interesar / problemas / suyo
5. yo / querer / cámara digital / mío / ahora mismo
6. un / amigos / nuestro / manejar / como / loco

2

¿Es suyo? Un policía ha capturado (*has captured*) al hombre que robó (*robbed*) en tu casa. Ahora quiere saber qué cosas son tuyas. Túrnate con un(a) compañero/a para hacer el papel del policía y usa las pistas (*clues*) para contestar las preguntas.

modelo

no/viejo
Policía: Esta impresora, ¿es suya?
Estudiante: No, no es mía. La mía era más vieja.

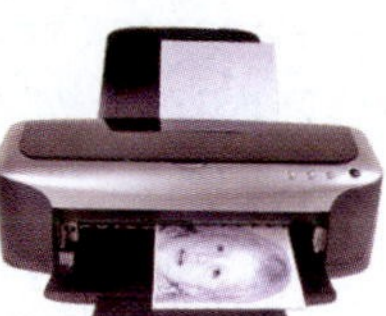

1. sí

2. no/pequeño

3. sí

4. sí

5. no/grande

6. no/caro

3

Conversaciones Completa estas conversaciones con las formas adecuadas de los pronombres posesivos.

1. —La casa de ellos estaba en la Avenida Alvear. ¿Dónde estaba la casa de ustedes?
   —___________ estaba en la calle Bolívar.
2. —A Carmen le encanta su monitor nuevo.
   —¿Sí? A José no le gusta ___________.
3. —Puse mis discos aquí. ¿Dónde pusiste ___________, Alfonso?
   —Puse ___________ en el escritorio.
4. —Se me olvidó traer mis llaves. ¿Trajeron ustedes ___________?
   —No, dejamos ___________ en casa.
5. —Yo compré mi computadora en una tienda y Marta compró ___________ en Internet. Y ___________, ¿dónde la compraste?
   —___________ es de Cíbermax.

Practice more at **vhlcentral.com.**

Comunicación

4 **Vendedores competitivos** Trabajen en grupos de tres. Uno/a de ustedes va a una tienda a comprar un aparato tecnológico (reproductor de MP3, computadora portátil, monitor, etc.). Los/as otros/as dos son empleados/as de dos marcas rivales y compiten para convencer al/a la cliente/a de que compre su producto. Usen los adjetivos posesivos y túrnense para comprar y vender. ¿Quién es el/la mejor vendedor/a?

modelo

Estudiante 1: Buenos días, quiero comprar un reproductor de MP3.
Estudiante 2: Tengo lo que necesita. El mío, tiene capacidad para 500 canciones.
Estudiante 3: El tuyo es muy viejo, con el mío también puedes ver videos…

5 **Comparar** Trabajen en parejas. Intenta (*Try to*) convencer a tu compañero/a de que algo que tú tienes es mejor que lo que él/ella tiene. Pueden hablar de sus carros, reproductores de MP3, teléfonos celulares, clases, horarios o trabajos.

modelo

Estudiante 1: Mi computadora tiene una pantalla de quince pulgadas (*inches*). ¿Y la tuya?
Estudiante 2: La mía es mejor porque tiene una pantalla de diecisiete pulgadas.
Estudiante 1: Pues la mía…

Síntesis

6 **Inventos locos** En grupos pequeños, imaginen que construyeron un aparato tecnológico revolucionario. Dibujen su invento y descríbanlo contestando estas preguntas. Incluyan todos los detalles que crean (*that you believe*) necesarios. Luego, compártanlo con la clase. Utilicen los posesivos, **por** y **para** y el vocabulario de **Contextos**.

modelo

Nuestro aparato se usa para cocinar huevos y funciona de una manera muy fácil...

- ¿Para qué se usa?
- ¿Cómo es?
- ¿Cuánto cuesta?
- ¿Qué personas van a comprar este aparato?

Recapitulación

Concepts Diagnostics

Completa estas actividades para repasar los conceptos de gramática que aprendiste en esta lección.

1 **Completar** Completa la tabla con las formas de los mandatos familiares. **8 pts.**

Infinitivo	Mandato	
	Afirmativo	Negativo
comer	come	no comas
hacer		
sacar		
venir		
ir		

2 **Por y para** Completa el diálogo con **por** o **para.** **10 pts.**

MARIO Hola, yo trabajo (1) ________ el periódico de la universidad. ¿Puedo hacerte unas preguntas?

INÉS Sí, claro.

MARIO ¿Navegas mucho (2) ________ la red?

INÉS Sí, todos los días me conecto a Internet (3) ________ leer mi correo y navego (4) ________ una hora. También me gusta hablar (5) ________ *Skype* con mis amigos. Es muy bueno y, (6) ________ mí, es divertido.

MARIO ¿Y qué piensas sobre hacer la tarea en la computadora?

INÉS En general, me parece bien, pero (7) ________ ejemplo, anoche hice unos ejercicios (8) ________ la clase de álgebra y al final me dolieron los ojos. (9) ________ eso a veces prefiero hacer la tarea a mano.

MARIO Muy bien. Muchas gracias (10) ________ tu tiempo.

3 **Posesivos** Completa las oraciones y confirma de quién son las cosas. **6 pts.**

1. —¿Éste es mi bolígrafo? —Sí, es el ________ (*fam.*).
2. —¿Ésta es la cámara de tu papá? —Sí, es la ________.
3. —¿Ese teléfono es de Pilar? —Sí, es el ________.
4. —¿Éstos son los cederrones de ustedes? —No, no son ________.
5. —¿Ésta es tu computadora portátil? —No, no es ________.
6. —¿Ésas son mis fotos? —Sí, son las ________ (*form.*).

RESUMEN GRAMATICAL

11.1 Familiar commands pp. 352–353

tú commands		
Infinitive	Affirmative	Negative
guardar	guarda	no guardes
volver	vuelve	no vuelvas
imprimir	imprime	no imprimas

- Irregular **tú** command forms

dar → **no des**	saber → **no sepas**
decir → **di**	salir → **sal**
estar → **no estés**	ser → **sé, no seas**
hacer → **haz**	tener → **ten**
ir → **ve, no vayas**	venir → **ven**
poner → **pon**	

- Verbs ending in **-car**, **-gar**, **-zar** have a spelling change in the negative **tú** commands:

sacar → no saques
apagar → no apagues
almorzar → no almuerces

11.2 Por and para pp. 356–357

- Uses of **por**:

motion or general location; duration; reason or motive; object of a search; means by which something is done; exchange or substitution; unit of measure

- Uses of **para**:

destination; deadline; purpose or goal; recipient of something; comparison or opinion; in the employment of.

11.3 Reciprocal reflexives p. 360

- Reciprocal reflexives express a shared or reciprocal action between two or more people or things. Only the plural forms (**nos, os, se**) are used.

Cuando **nos vimos** en la calle, **nos abrazamos**.

- Common verbs that can express reciprocal actions:

abrazar(se), ayudar(se), besar(se), conocer(se), encontrar(se), escribir(se), escuchar(se), hablar(se), llamar(se), mirar(se), saludar(se), ver(se)

11.4 Stressed possessive adjectives and pronouns

pp. 362–363

Stressed possessive adjectives	
Masculine	**Feminine**
mío(s)	mía(s)
tuyo(s)	tuya(s)
suyo(s)	suya(s)
nuestro(s)	nuestra(s)
vuestro(s)	vuestra(s)
suyo(s)	suya(s)

la impresora **suya** → **la suya**

las llaves **mías** → **las mías**

4 **Ángel y diablito** A Juan le gusta pedir consejos a su ángel y a su diablito imaginarios. Completa las respuestas con mandatos familiares desde las dos perspectivas. 8 pts.

1. Estoy manejando. ¿Voy más rápido?
   Á No, no ________ más rápido.
   D Sí, ________ más rápido.
2. Es el reproductor de música de mi hermana. ¿Lo pongo en mi mochila?
   Á No, no ________ en tu mochila.
   D Sí, ________ en tu mochila.
3. Necesito estirar (*to stretch*) las piernas. ¿Doy un paseo?
   Á Sí, ________ un paseo.
   D No, no ________ un paseo.
4. Mi amigo necesita imprimir algo. ¿Apago la impresora?
   Á No, no ________ la impresora.
   D Sí, ________ la impresora.

5 **Oraciones** Forma oraciones para expresar acciones recíprocas con el tiempo indicado. 6 pts.

modelo

tú y yo / conocer / bien (presente) *Tú y yo nos conocemos bien.*

1. José y Paco / llamar / una vez por semana (imperfecto)
2. mi novia y yo / ver / todos los días (presente)
3. los compañeros de clase / ayudar / con la tarea (pretérito)
4. tú y tu mamá / escribir / por correo electrónico / cada semana (imperfecto)
5. mis hermanas y yo / entender / perfectamente (presente)
6. los profesores / saludar / con mucho respeto (pretérito)

6 **La tecnología** Escribe al menos seis oraciones diciéndole a un(a) amigo/a qué hacer para tener "una buena relación" con la tecnología. Usa mandatos familiares afirmativos y negativos. 12 pts.

7 **Saber compartir** Completa la expresión con los dos pronombres posesivos que faltan. ¡2 puntos EXTRA!

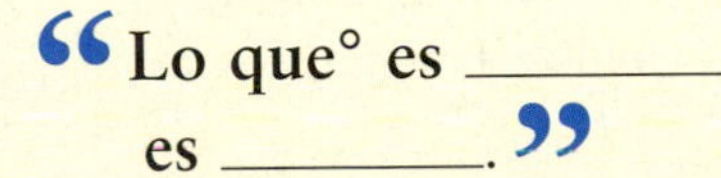

"Lo que° es ________ es ________."

Lo que *What*

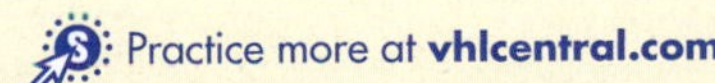

Practice more at **vhlcentral.com.**

Lectura

Antes de leer

Estrategia

Recognizing borrowed words

One way languages grow is by borrowing words from each other. English words that relate to technology often are borrowed by Spanish and other languages throughout the world. Sometimes the words are modified slightly to fit the sounds of the languages that borrow them. When reading in Spanish, you can often increase your understanding by looking for words borrowed from English or other languages you know.

Examinar el texto

Observa la tira cómica°. ¿De qué trata°? ¿Cómo lo sabes?

Buscar

Esta lectura contiene una palabra tomada° del inglés. Trabaja con un(a) compañero/a para encontrarla.

____

Repasa° las palabras nuevas relacionadas con la tecnología que aprendiste en **Contextos** y expande la lista de palabras tomadas del inglés.

__________ __________
__________ __________
__________ __________

Sobre el autor

Juan Matías Loiseau (1974). Más conocido como Tute, este artista nació en Buenos Aires, Argentina. Estudió diseño gráfico, humorismo y cine. Sus tiras cómicas se publican en Estados Unidos, Francia y toda Latinoamérica.

SÍ, AHORA CON EL CELULAR TE VIENE° UN TIPO° QUE TE SIGUE A TODOS LADOS
PARA QUE NO TE OLVIDES EL TELÉFONO EN NINGUNA PARTE
ADEMÁS, TE AVISA° SI SUENA Y NO LO ESCUCHÁS
¿Y DÓNDE DUERME?
EN EL PISO°
EN UNA BOLSA DE DORMIR°, AL LADO DE MI CAMA
LA VERDAD QUE SÍ, YO VINE A DESCANSAR
PERO, POR CONTRATO°, NO PUEDO DARLE DE BAJA° AL SERVICIO POR UN AÑO
ME TIENEN HARTO°, EL CELULAR Y EL TIPO
LISTO
BIEN HECHO°

tira cómica *comic strip* ¿De qué trata? *What is it about?* tomada *taken* Repasa *Review*

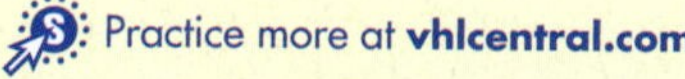 Practice more at **vhlcentral.com.**

Después de leer

Comprensión

Indica si las oraciones son **ciertas** o **falsas**. Corrige las falsas.

Cierto	Falso	
_____	_____	1. Hay tres personajes en la tira cómica: un usuario de teléfono, un amigo y un empleado de la empresa (*company*) telefónica.
_____	_____	2. El nuevo servicio de teléfono incluye las llamadas telefónicas únicamente.
_____	_____	3. El empleado duerme en su casa.
_____	_____	4. El contrato de teléfono dura (*lasts*) un año.
_____	_____	5. El usuario y el amigo están trabajando (*working*).

Preguntas

Responde a estas preguntas con oraciones completas. Usa el pretérito y el imperfecto.

1. ¿Al usuario le gustaba usar el teléfono celular todo el tiempo?
   ____
2. ¿Por qué el usuario decidió tirar el teléfono al mar?
   ____
3. Según el amigo, ¿para qué tenía el usuario que tirar el teléfono celular al mar?
   ____
4. ¿Qué ocurrió cuando el usuario tiró el teléfono?
   ____
5. ¿Qué le dijo el empleado al usuario cuando salió del mar?
   ____

Conversar

En grupos pequeños, hablen de estos temas.

1. ¿Se sienten identificados/as con el usuario de teléfono de la tira cómica? ¿Por qué?
2. ¿Cuáles son los aspectos positivos y los negativos de tener teléfono celular?
3. ¿Cuál es para ustedes el límite que debe tener la tecnología en nuestras vidas?

te viene *comes with* **tipo** *guy, dude* **te avisa** *alerts you* **escuchás** *listen (Arg.)* **distraídos** *careless* **piso** *floor* **bolsa de dormir** *sleeping bag* **darle de baja** *to suspend* **harto** *fed up* **revolear** *throw it away with energy (S. America)* **bien hecho** *well done* **llamada perdida** *missed call*

Video: *Panorama cultural*
Interactive map

Argentina

El país en cifras

- **Área:** 2.780.400 km^2 (1.074.000 $millas^2$)
  Argentina es el país de habla española más grande del mundo. Su territorio es dos veces el tamaño° de Alaska.
- **Población:** 42.548.000
- **Capital:** Buenos Aires (y su área metropolitana) —13.401.000
  En el gran Buenos Aires vive más del treinta por ciento de la población total del país. La ciudad es conocida° como el "París de Suramérica" por su estilo parisino°.

Buenos Aires

- **Ciudades principales:** Córdoba —1.552.000, Rosario —1.280.000, Mendoza —956.000

SOURCE: Population Division, UN Secretariat

- **Moneda:** peso argentino
- **Idiomas:** español (oficial), lenguas indígenas

Bandera de Argentina

Argentinos célebres

- **Jorge Luis Borges,** escritor (1899–1986)
- **María Eva Duarte de Perón ("Evita"),** primera dama° (1919–1952)
- **Mercedes Sosa,** cantante (1935–2009)
- **Leandro "Gato" Barbieri,** saxofonista (1932–)

tamaño *size* conocida *known* parisino *Parisian* primera dama *First Lady*
ancha *wide* mide *it measures* campo *field*

Gaucho de las pampas

ESTADOS UNIDOS
OCÉANO ATLÁNTICO
AMÉRICA DEL SUR
OCÉANO PACÍFICO
ARGENTINA

BOLIVIA
PARAGUAY
Las cataratas del Iguazú
San Miguel de Tucumán
La Cordillera de los Andes
Córdoba
URUGUAY
Aconcagua
Mendoza
Rosario
Río Paraná
CHILE
Buenos Aires
La Pampa
Mar del Plata
Océano Atlántico
San Carlos de Bariloche
Patagonia
Tierra del Fuego

Monte Fitz Roy (Chaltén)

Vista de San Carlos de Bariloche

recursos

WB pp. 135–136	VM pp. 247–248	vhlcentral.com Lección 11

¡Increíble pero cierto!

La Avenida 9 de Julio en Buenos Aires es la calle más ancha° del mundo. De lado a lado mide° cerca de 140 metros, lo que es equivalente a un campo° y medio de fútbol. Su nombre conmemora el Día de la Independencia de Argentina.

BRASIL

Historia • Inmigración europea

Se dice que Argentina es el país más "europeo" de toda Latinoamérica. Después del año 1880, inmigrantes italianos, alemanes, españoles e ingleses llegaron para establecerse en esta nación. Esta diversidad cultural ha dejado° una profunda huella° en la música, el cine y la arquitectura argentinos.

Artes • El tango

El tango es uno de los símbolos culturales más importantes de Argentina. Este género° musical es una mezcla de ritmos de origen africano, italiano y español, y se originó a finales del siglo XIX entre los porteños°. Poco después se hizo popular entre el resto de los argentinos y su fama llegó hasta París. Como baile, el tango en un principio° era provocativo y violento, pero se hizo más romántico durante los años 30. Hoy día, este estilo musical tiene adeptos° en muchas partes del mundo°.

Lugares • Las cataratas del Iguazú

Las famosas cataratas° del Iguazú se encuentran entre las fronteras de Argentina, Paraguay y Brasil, al norte de Buenos Aires. Cerca de ellas confluyen° los ríos Iguazú y Paraná. Estas extensas caídas de agua tienen hasta 80 metros (262 pies) de altura° y en época° de lluvias llegan a medir 4 kilómetros (2,5 millas) de ancho. Situadas en el Parque Nacional Iguazú, las cataratas son un destino° turístico muy visitado.

¿Qué aprendiste? Responde a cada pregunta con una oración completa.

1. ¿Qué porcentaje de la población de Argentina vive en el gran Buenos Aires?
2. ¿Quién era Mercedes Sosa?
3. Se dice que Argentina es el país más europeo de Latinoamérica. ¿Por qué?
4. ¿Qué tipo de baile es uno de los símbolos culturales más importantes de Argentina?
5. ¿Dónde y cuándo se originó el tango?
6. ¿Cómo era el baile del tango originalmente?
7. ¿En qué parque nacional están las cataratas del Iguazú?

Artesano en Buenos Aires

Conexión Internet Investiga estos temas en **vhlcentral.com**.

1. Busca información sobre el tango. ¿Te gustan los ritmos y sonidos del tango? ¿Por qué? ¿Se baila el tango en tu comunidad?
2. ¿Quiénes fueron Juan y Eva Perón y qué importancia tienen en la historia de Argentina?

 Practice more at **vhlcentral.com.**

ha dejado *has left* **huella** *mark* **género** *genre* **porteños** *people of Buenos Aires* **en un principio** *at first* **adeptos** *followers* **mundo** *world* **cataratas** *waterfalls* **confluyen** *converge* **altura** *height* **época** *season* **destino** *destination*

Uruguay

El país en cifras

- **Área:** 176.220 km² (68.039 millas²), *el tamaño° del estado de Washington*
- **Población:** 3.430.000
- **Capital:** Montevideo—1.644.000

Casi la mitad° de la población de Uruguay vive en Montevideo. Situada en la desembocadura° del famoso Río de la Plata, esta ciudad cosmopolita e intelectual es también un destino popular para las vacaciones, debido a sus numerosas playas de arena° blanca que se extienden hasta la ciudad de Punta del Este.

- **Ciudades principales:** Salto, Paysandú, Las Piedras, Rivera

SOURCE: Population Division, UN Secretariat

- **Moneda:** peso uruguayo
- **Idiomas:** español (oficial)

Bandera de Uruguay

Uruguayos célebres

- **Horacio Quiroga,** escritor (1878–1937)
- **Juana de Ibarbourou,** escritora (1892–1979)
- **Mario Benedetti,** escritor (1920–2009)
- **Cristina Peri Rossi,** escritora y profesora (1941–)

tamaño *size* mitad *half* desembocadura *mouth* arena *sand* avestruz *ostrich* ave no voladora *flightless bird* medir *measure* cotizado *valued*

Gaucho uruguayo

Rivera, BRASIL, Salto, Río Arapey, Cuchilla de Haedo, Río Uruguay, Paysandú, Río Negro, Embalse del Río Negro, Río Negro, Laguna Merín, Cuchilla Grande, Río Yí, Cuchilla Grande Inferior, Colonia, Río de la Plata, Las Piedras, Montevideo, Punta del Este

ESTADOS UNIDOS, OCÉANO PACÍFICO, OCÉANO ATLÁNTICO, AMÉRICA DEL SUR, URUGUAY

Entrada a la Ciudad Vieja, Colonia del Sacramento

recursos

WB pp. 137–138	VM pp. 249–250	vhlcentral.com Lección 11

¡Increíble pero cierto!

En Uruguay hay muchos animales curiosos, entre ellos el ñandú. De la misma familia del avestruz°, el ñandú es el ave no voladora° más grande del hemisferio occidental. Puede llegar a medir° dos metros. Normalmente, va en grupos de veinte o treinta y vive en el campo. Es muy cotizado° por su carne, sus plumas y sus huevos.

Costumbres • La carne y el mate

En Uruguay y Argentina, la carne es un elemento esencial de la dieta diaria. Algunos platillos representativos de estas naciones son el asado°, la parrillada° y el chivito°. El mate, una infusión similar al té, también es típico de la región. Esta bebida de origen indígena está muy presente en la vida social y familiar de estos países aunque, curiosamente, no se puede consumir en bares o restaurantes.

Deportes • El fútbol

El fútbol es el deporte nacional de Uruguay. El primer equipo de balompié° uruguayo se formó en 1891 y en 1930 el país suramericano fue la sede° de la primera Copa Mundial de esta disciplina. El equipo nacional ha conseguido grandes éxitos° a lo largo de los años: dos campeonatos olímpicos, en 1923 y 1928, y dos campeonatos mundiales, en 1930 y 1950. De hecho, Uruguay y Argentina han presentado su candidatura binacional para que la Copa Mundial de Fútbol de 2030 se celebre en sus países.

Costumbres • El Carnaval

El Carnaval de Montevideo es el de mayor duración en el mundo. A lo largo de 40 días, los uruguayos disfrutan de° los desfiles° y la música que inundan las calles de su capital. La celebración más conocida es el Desfile de las Llamadas, en el que participan bailarines al ritmo del candombe, una danza de tradición africana.

¿Qué aprendiste? Responde a cada pregunta con una oración completa.

1. ¿Qué tienen en común los uruguayos célebres mencionados en la página anterior (*previous*)?
2. ¿Cuál es el elemento esencial de la dieta uruguaya?
3. ¿Qué es el ñandú?
4. ¿Qué es el mate?
5. ¿Cuándo se formó el primer equipo uruguayo de fútbol?
6. ¿Cuándo se celebró la primera Copa Mundial de fútbol?
7. ¿Cómo se llama la celebración más conocida del Carnaval de Montevideo?
8. ¿Cuántos días dura el Carnaval de Montevideo?

Edificio del Parlamento en Montevideo

Conexión Internet Investiga estos temas en **vhlcentral.com.**

1. Uruguay es conocido como un país de muchos escritores. Busca información sobre uno de ellos y escribe una biografía.
2. Investiga cuáles son las comidas y bebidas favoritas de los uruguayos. Descríbelas e indica cuáles te gustaría probar y por qué.

Practice more at **vhlcentral.com.**

asado *barbecued beef* parrillada *barbecue* chivito *goat* balompié *soccer* sede *site* éxitos *successes* disfrutan de *enjoy* desfiles *parades*

La tecnología

la cámara digital/de video	*digital/video camera*
el canal	*(TV) channel*
el cibercafé	*cybercafé*
el control remoto	*remote control*
el correo de voz	*voice mail*
el disco compacto	*CD*
el estéreo	*stereo*
el fax	*fax (machine)*
la pantalla táctil	*touch screen*
el radio	*radio (set)*
el reproductor de CD	*CD player*
el reproductor de MP3	*MP3 player*
el (teléfono) celular	*(cell) phone*
la televisión por cable	*cable television*
el televisor	*televison set*
el video	*video*
apagar	*to turn off*
funcionar	*to work*
llamar	*to call*
poner, prender	*to turn on*
sonar (o:ue)	*to ring*
descompuesto/a	*not working; out of order*
lento/a	*slow*
lleno/a	*full*

Verbos

abrazar(se)	*to hug; to embrace (each other)*
ayudar(se)	*to help (each other)*
besar(se)	*to kiss (each other)*
encontrar(se) (o:ue)	*to meet (each other); to run into (each other)*
saludar(se)	*to greet (each other)*

La computadora

el archivo	*file*
la arroba	*@ symbol*
el blog	*blog*
el cederrón	*CD-ROM*
la computadora (portátil)	*(portable) computer; (laptop)*
la conexión inalámbrica	*wireless (connection)*
la dirección electrónica	*e-mail address*
el disco compacto	*CD*
la impresora	*printer*
Internet	*Internet*
el mensaje de texto	*text message*
el monitor	*(computer) monitor*
la página principal	*home page*
la pantalla	*screen*
el programa de computación	*software*
el ratón	*mouse*
la red	*network; Web*
el reproductor de DVD	*DVD player*
el sitio web	*website*
el teclado	*keyboard*
borrar	*to erase*
descargar	*to download*
escanear	*to scan*
grabar	*to record*
guardar	*to save*
imprimir	*to print*
navegar (en Internet)	*to surf (the Internet)*

El carro

la autopista, la carretera	*highway*
el baúl	*trunk*
la calle	*street*
el capó, el cofre	*hood*
el carro, el coche	*car*
la circulación, el tráfico	*traffic*
el garaje, el taller (mecánico)	*garage; (mechanic's) repair shop*
la gasolina	*gasoline*
la gasolinera	*gas station*
la licencia de conducir	*driver's license*
la llanta	*tire*
el/la mecánico/a	*mechanic*
el navegador GPS	*GPS*
el parabrisas	*windshield*
la policía	*police (force)*
la velocidad máxima	*speed limit*
el volante	*steering wheel*
arrancar	*to start*
arreglar	*to fix; to arrange*
bajar(se) de	*to get off of/out of (a vehicle)*
conducir, manejar	*to drive*
estacionar	*to park*
llenar (el tanque)	*to fill (the tank)*
parar	*to stop*
revisar (el aceite)	*to check (the oil)*
subir(se) a	*to get on/into (a vehicle)*

Otras palabras y expresiones

por aquí	*around here*
por ejemplo	*for example*
por eso	*that's why; therefore*
por fin	*finally*

Por and **para**	*See pages 356–357.*
Stressed possessive adjectives and pronouns	*See pages 362–363.*
Expresiones útiles	*See page 347.*

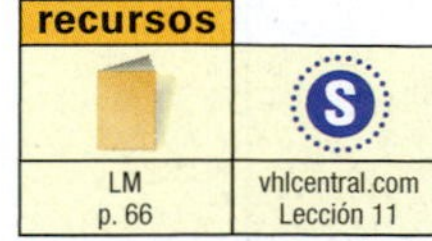

La vivienda

12

Communicative Goals

You will learn how to:

- Welcome people to your home
- Describe your house or apartment
- Talk about household chores
- Give instructions

A PRIMERA VISTA

- ¿Están los chicos en casa?
- ¿Viven en una casa o en un apartamento?
- ¿Ya comieron o van a comer?
- ¿Están de buen humor o de mal humor?

Talking Picture, Tutorials & Games
Audio: Activities

La vivienda

Más vocabulario

las afueras	*suburbs; outskirts*
el alquiler	*rent (payment)*
el ama (*m., f.*) de casa	*housekeeper; caretaker*
el barrio	*neighborhood*
el edificio de apartamentos	*apartment building*
el/la vecino/a	*neighbor*
la vivienda	*housing*
el balcón	*balcony*
la entrada	*entrance*
la escalera	*stairs; stairway*
el garaje	*garage*
el jardín	*garden; yard*
el patio	*patio; yard*
el sótano	*basement; cellar*
la cafetera	*coffee maker*
el electrodoméstico	*electrical appliance*
el horno (de microondas)	*(microwave) oven*
la lavadora	*washing machine*
la luz	*light; electricity*
la secadora	*clothes dryer*
la tostadora	*toaster*
el cartel	*poster*
la mesita de noche	*night stand*
los muebles	*furniture*
alquilar	*to rent*
mudarse	*to move (from one house to another)*

Variación léxica

dormitorio ⟷ aposento (*Rep. Dom.*); recámara (*Méx.*)

apartamento ⟷ departamento (*Arg., Chile, Méx.*); piso (*Esp.*)

lavar los platos ⟷ lavar/fregar los trastes (*Amér. C., Rep. Dom.*)

recursos

WB pp. 139–140	LM p. 67	vhlcentral.com Lección 12

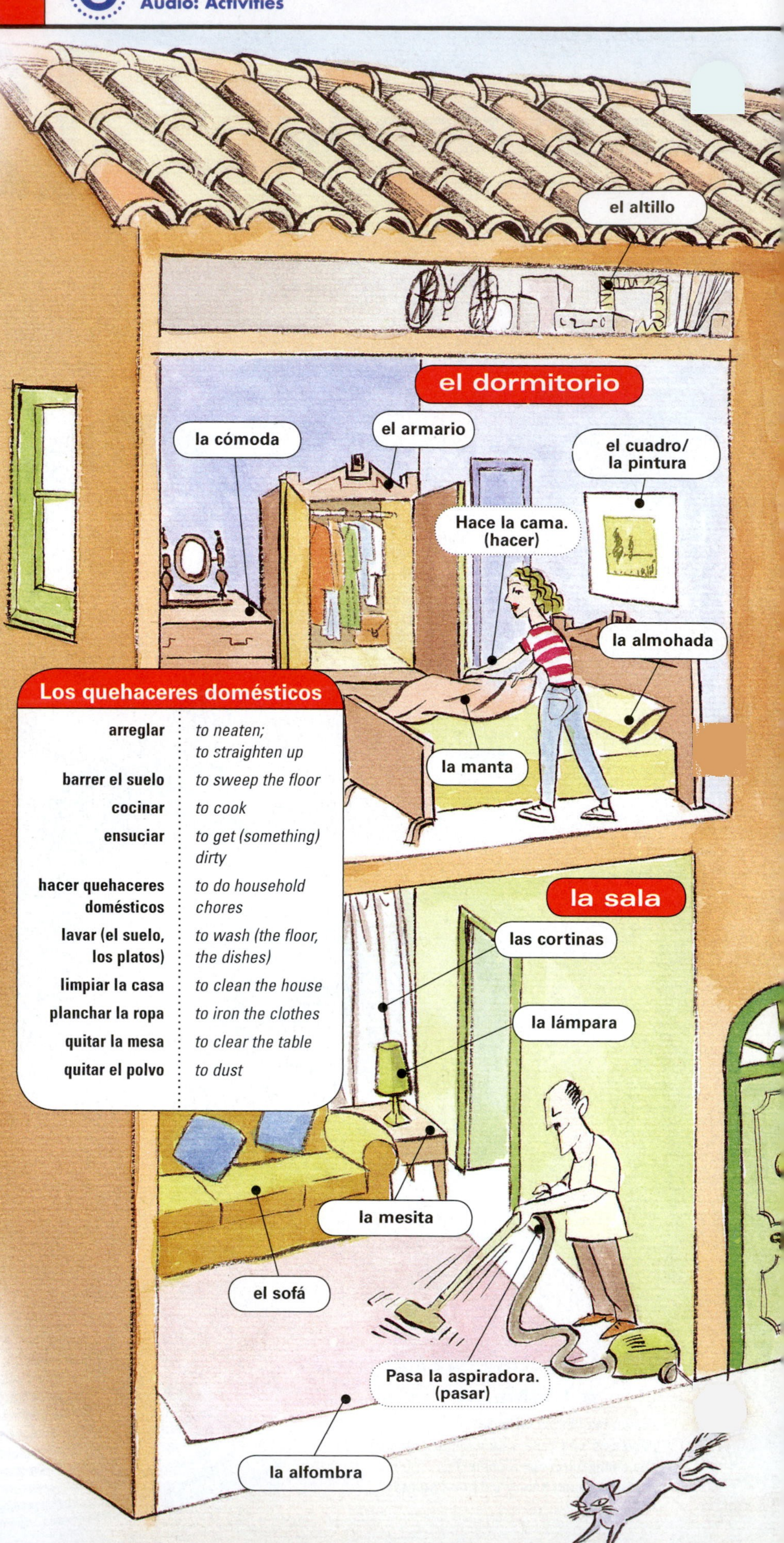

Los quehaceres domésticos

arreglar	*to neaten; to straighten up*
barrer el suelo	*to sweep the floor*
cocinar	*to cook*
ensuciar	*to get (something) dirty*
hacer quehaceres domésticos	*to do household chores*
lavar (el suelo, los platos)	*to wash (the floor, the dishes)*
limpiar la casa	*to clean the house*
planchar la ropa	*to iron the clothes*
quitar la mesa	*to clear the table*
quitar el polvo	*to dust*

Práctica

1 Escuchar Escucha la conversación y completa las oraciones.

1. Pedro va a limpiar primero ______________.
2. Paula va a comenzar en ______________.
3. Pedro va a ______________ en el sótano.
4. Pedro también va a limpiar ______________.
5. Ellos están limpiando la casa porque ______________________________.

2 Respuestas Escucha las preguntas y selecciona la respuesta más adecuada. Una respuesta no se va a usar.

____ a. Sí, la alfombra estaba muy sucia.
____ b. No, porque todavía se están mudando.
____ c. Sí, sacudí la mesa y el estante.
____ d. Sí, puse el pollo en el horno.
____ e. Hice la cama, pero no limpié los muebles.
____ f. Sí, después de sacarla de la secadora.

3 Escoger Escoge la letra de la respuesta correcta.

1. Cuando quieres tener una lámpara y un despertador cerca de tu cama, puedes ponerlos en ______.
   a. el barrio b. el cuadro c. la mesita de noche
2. Si no quieres vivir en el centro de la ciudad, puedes mudarte ______.
   a. al alquiler b. a las afueras c. a la vivienda
3. Guardamos (*We keep*) los pantalones, las camisas y los zapatos en ______.
   a. la secadora b. el armario c. el patio
4. Para subir de la planta baja al primer piso, usas ______.
   a. la entrada b. el cartel c. la escalera
5. Ponemos cuadros y pinturas en ______.
   a. las paredes b. los quehaceres c. los jardines

4 Definiciones En parejas, identifiquen cada cosa que se describe. Luego inventen sus propias descripciones de algunas palabras y expresiones de **Contextos**.

modelo

Estudiante 1: *Es donde pones los libros.*
Estudiante 2: *el estante*

1. Es donde pones la cabeza cuando duermes.
2. Es el quehacer doméstico que haces después de comer.
3. Algunos de ellos son las cómodas y los sillones.
4. Son las personas que viven en tu barrio.
5. ______________________________
6. ______________________________

5 **Completar** Completa estas frases con las palabras más adecuadas.

1. Para tomar vino necesitas...
2. Para comer una ensalada necesitas...
3. Para tomar café necesitas...
4. Para poner la comida en la mesa necesitas...
5. Para limpiarte la boca después de comer necesitas...
6. Para cortar (*to cut*) un bistec necesitas...
7. Para tomar agua necesitas...
8. Para tomar sopa necesitas...

6 **Los quehaceres** Trabajen en grupos para indicar quién hace estos quehaceres domésticos en sus casas. Luego contesten las preguntas.

barrer el suelo	lavar los platos	planchar la ropa
cocinar	lavar la ropa	sacar la basura
hacer las camas	pasar la aspiradora	sacudir los muebles

modelo

Estudiante 1: ¿Quién pasa la aspiradora en tu casa?
Estudiante 2: Mi hermano y yo pasamos la aspiradora.

1. ¿Quién hace más quehaceres, tú o tus compañeros/as?
2. ¿Quiénes hacen la mayoría de los quehaceres, los hombres o las mujeres?
3. ¿Piensas que debes hacer más quehaceres? ¿Por qué?

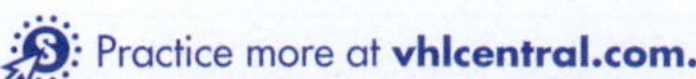

Comunicación

7 **La vida doméstica** En parejas, describan las habitaciones que ven en estas fotos. Identifiquen y describan cinco muebles o adornos (*accessories*) de cada foto y digan dos quehaceres que se pueden hacer en cada habitación.

8 **Mi apartamento** Dibuja el plano (*floor plan*) de un apartamento amueblado (*furnished*) imaginario y escribe los nombres de las habitaciones y de los muebles. En parejas, siéntense espalda contra espalda (*sit back to back*). Uno/a de ustedes describe su apartamento mientras su compañero/a lo dibuja según la descripción. Cuando terminen, miren el segundo dibujo. ¿Es similar al dibujo original? Hablen de los cambios que se necesitan hacer para mejorar el dibujo. Repitan la actividad intercambiando papeles.

CONSULTA

To review bathroom-related vocabulary, see **Lección 7, Contextos,** p. 210.

9 **¡Corre, corre!** Tu profesor(a) va a darte una serie incompleta de dibujos que forman una historia. Tú y tu compañero/a tienen dos series diferentes. Descríbanse los dibujos para completar la historia.

modelo

Estudiante 1: Marta quita la mesa.
Estudiante 2: Francisco...

Los quehaceres

Jimena y Felipe deben limpiar el apartamento para poder ir de viaje con Marissa.

PERSONAJES  JIMENA  FELIPE

Video: *Fotonovela* Record and Compare

1

SR. DÍAZ Quieren ir a Yucatán con Marissa, ¿verdad?

SRA. DÍAZ Entonces, les sugiero que arreglen este apartamento. Regresamos más tarde.

SR. DÍAZ Les aconsejo que preparen la cena para las 8:30.

2

MARISSA ¿Qué pasa?

JIMENA Nuestros papás quieren que Felipe y yo arreglemos toda la casa.

FELIPE Y que, además, preparemos la cena.

MARISSA ¡Pues, yo les ayudo!

3

MARISSA Mis padres siempre quieren que mis hermanos y yo ayudemos con los quehaceres. No me molesta ayudar. Pero odio limpiar el baño.

JIMENA Lo que más odio yo es sacar la basura.

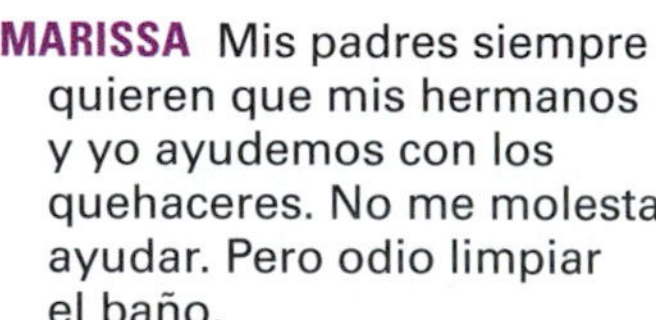

4

JUAN CARLOS Hola, Jimena. ¿Está Felipe? (*a Felipe*) Te olvidaste del partido de fútbol.

FELIPE Juan Carlos, ¿verdad que mi papá te considera como de la familia?

JUAN CARLOS Sí.

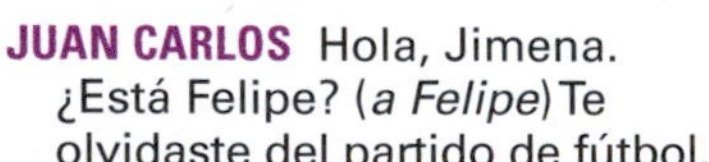

5

(Don Diego llega a ayudar a los chicos.)

FELIPE Tenemos que limpiar la casa hoy.

JIMENA ¿Nos ayuda, don Diego?

DON DIEGO Claro. Recomiendo que se organicen en equipos para limpiar.

6

MARISSA Yo lleno el lavaplatos... después de vaciarlo.

DON DIEGO Juan Carlos, ¿por qué no terminas de pasar la aspiradora? Y Felipe, tú limpia el polvo. ¡Ya casi acaban!

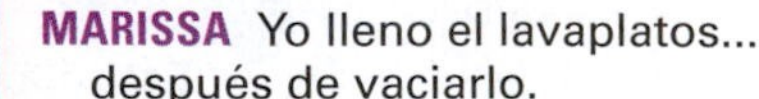

SRA. DÍAZ

SR. DÍAZ

MARISSA

JUAN CARLOS

DON DIEGO

(Los chicos preparan la cena y ponen la mesa.)

JUAN CARLOS ¿Dónde están los tenedores?

JIMENA Allá.

JUAN CARLOS ¿Y las servilletas?

MARISSA Aquí están.

FELIPE La sala está tan limpia. Le pasamos la aspiradora al sillón y a las cortinas. ¡Y también a las almohadas!

JIMENA Yucatán, ¡ya casi llegamos!

(Papá y mamá regresan a casa.)

SRA. DÍAZ ¡Qué bonita está la casa!

SR. DÍAZ Buen trabajo, muchachos. ¿Qué hay para cenar?

JIMENA Quesadillas. Vengan.

SRA. DÍAZ Don Diego, quédese a cenar con nosotros. Venga.

SR. DÍAZ Sí, don Diego. Pase.

DON DIEGO Gracias.

Expresiones útiles

Making recommendations

Le(s) sugiero que arregle(n) este apartamento.
I suggest you tidy up this apartment.
Le(s) aconsejo que prepare(n) la cena para las ocho y media.
I recommend that you have dinner ready for eight thirty.

Organizing work

Recomiendo que se organicen en equipos para limpiar.
I recommend that you divide yourselves into teams to clean.
Yo lleno el lavaplatos... después de vaciarlo.
I'll fill the dishwasher... after I empty it.
¿Por qué no terminas de pasar la aspiradora?
Why don't you finish vacuuming?
¡Ya casi acaban!
You're almost finished!
Felipe, tú quita el polvo.
Felipe, you dust.

Making polite requests

Don Diego, quédese a cenar con nosotros.
Don Diego, stay and have dinner with us.
Venga.
Come on.
Don Diego, pase.
Don Diego, come in.

Additional vocabulary

el plumero *duster*

recursos

¿Qué pasó?

1 **¿Cierto o falso?** Indica si lo que dicen estas oraciones es **cierto** o **falso**. Corrige las oraciones falsas.

	Cierto	Falso
1. Felipe y Jimena tienen que preparar el desayuno.	❍	❍
2. Don Diego ayuda a los chicos organizando los quehaceres domésticos.	❍	❍
3. Jimena le dice a Juan Carlos dónde están los tenedores.	❍	❍
4. A Marissa no le molesta limpiar el baño.	❍	❍
5. Juan Carlos termina de lavar los platos.	❍	❍

2 **Identificar** Identifica quién puede decir estas oraciones.

1. Yo les ayudo, no me molesta hacer quehaceres domésticos.
2. No me gusta sacar la basura, pero es necesario hacerlo.
3. Es importante que termines de pasar la aspiradora, Juan Carlos.
4. ¡La casa está muy limpia! ¡Qué bueno que pasamos la aspiradora!
5. ¡Buen trabajo, chicos! ¿Qué vamos a cenar?

JIMENA

DON DIEGO

FELIPE

SR. DÍAZ

MARISSA

3 **Completar** Los chicos y don Diego están haciendo los quehaceres. Adivina en qué cuarto está cada uno de ellos.

1. Jimena limpia el congelador. Jimena está en ________________.
2. Don Diego limpia el escritorio. Don Diego está en ________________.
3. Felipe pasa la aspiradora debajo de la mesa y las sillas. Felipe está en ________________.
4. Juan Carlos sacude el sillón. Juan Carlos está en ________________.
5. Marissa hace la cama. Marissa está en ________________.

4 **Mi casa** Dibuja el plano de una casa o de un apartamento. Puede ser el plano de la casa o del apartamento donde vives o de donde te gustaría (*you would like*) vivir. Después, trabajen en parejas y describan lo que se hace en cuatro de las habitaciones. Para terminar, pídanse (*ask for*) ayuda para hacer dos quehaceres domésticos. Pueden usar estas frases en su conversación.

Quiero mostrarte...	Al fondo hay...
Ésta es (la cocina).	Quiero que me ayudes a (sacar la basura).
Allí yo (preparo la comida).	Por favor, ayúdame con...

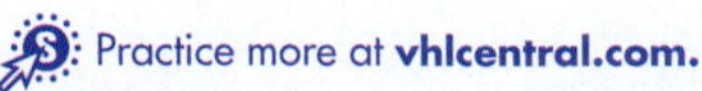

Ortografía

Concepts

Mayúsculas y minúsculas

Here are some of the rules that govern the use of capital letters (**mayúsculas**) and lowercase letters (**minúsculas**) in Spanish.

Los estudiantes llegaron al aeropuerto a las dos. Luego fueron al hotel.

In both Spanish and English, the first letter of every sentence is capitalized.

Rubén Blades **Panamá** **Colón** **los Andes**

The first letter of all proper nouns (names of people, countries, cities, geographical features, etc.) is capitalized.

Cien años de soledad ***Don Quijote de la Mancha***
El País ***Muy Interesante***

The first letter of the first word in titles of books, films, and works of art is generally capitalized, as well as the first letter of any proper names. In newspaper and magazine titles, as well as other short titles, the initial letter of each word is often capitalized.

la señora Ramos **don Francisco**
el presidente **Sra. Vives**

Titles associated with people are *not* capitalized unless they appear as the first word in a sentence. Note, however, that the first letter of an abbreviated title is capitalized.

Último **Álex** **MENÚ** **PERDÓN**

Accent marks should be retained on capital letters. In practice, however, this rule is often ignored.

lunes **viernes** **marzo** **primavera**

The first letter of days, months, and seasons is not capitalized.

español **estadounidense** **japonés** **panameños**

The first letter of nationalities and languages is not capitalized.

fesor Herrera, ¿es cierto que somos venenosas°?

Sí, Pepito. ¿Por qué lloras?

Práctica Corrige las mayúsculas y minúsculas incorrectas.

1. soy lourdes romero. Soy Colombiana.
2. éste Es mi Hermano álex.
3. somos De panamá.
4. ¿es ud. La sra. benavides?
5. ud. Llegó el Lunes, ¿no?

Palabras desordenadas Lee el diálogo de las serpientes. Ordena las letras para saber de qué palabras se trata. Después escribe las letras indicadas para descubrir por qué llora Pepito.

m n a a P á ______
s t e m r a ______
i g s l é n ______
y a U r u g u _______
r o ñ e s a ______

¡_orque _e acabo de morder° la _en_u_!

Respuestas: Panamá, martes, inglés, Uruguay, señora.
¡Porque me acabo de morder la lengua!

venenosas *venomous* morder *to bite*

recursos
LM p. 68
vhlcentral.com Lección 12

EN DETALLE

El patio central

En las tardes cálidas° de Oaxaca, México; Córdoba, España, o Popayán, Colombia, es un placer sentarse en **el patio central** de una casa y tomar un refresco disfrutando de° una buena conversación. De influencia árabe, esta característica arquitectónica° fue traída° a las Américas por los españoles. En la época° colonial, se construyeron casas, palacios, monasterios, hospitales y escuelas con patio central. Éste es un espacio privado e íntimo en donde se puede disfrutar del sol y de la brisa° estando aislado° de la calle.

El centro del patio es un espacio abierto. Alrededor de° él, separado por columnas, hay un pasillo cubierto°. Así, en el patio hay zonas de sol y de sombra°. El patio es una parte importante de la vivienda familiar y su decoración se cuida° mucho. En el centro del patio muchas veces hay una fuente°, plantas e incluso árboles°. El agua es un elemento muy importante en la cultura islámica porque simboliza la purificación del cuerpo y del alma°. Por esta razón y para disminuir° la temperatura, el agua en estas construcciones es muy importante. El agua y la vegetación ayudan a mantener la temperatura fresca y el patio proporciona° luz y ventilación a todas las habitaciones.

La distribución

Las casas con patio central eran usualmente las viviendas de familias adineradas°. Son casas de dos o tres pisos. Los cuartos de la planta baja son las áreas comunes: cocina, comedor, sala, etc., y tienen puertas al patio. En los pisos superiores están las habitaciones privadas de la familia.

cálidas *hot* **disfrutando de** *enjoying* **arquitectónica** *architectural* **traída** *brought* **época** *era* **brisa** *breeze* **aislado** *isolated* **Alrededor de** *Surrounding* **cubierto** *covered* **sombra** *shade* **se cuida** *is looked after* **fuente** *fountain* **árboles** *trees* **alma** *soul* **disminuir** *lower* **proporciona** *provides* **adineradas** *wealthy*

ACTIVIDADES

1 **¿Cierto o falso?** Indica si lo que dicen las oraciones es **cierto** o **falso**. Corrige las falsas.

1. Los patios centrales de Latinoamérica tienen su origen en la tradición indígena.
2. Los españoles llevaron a América el concepto del patio.
3. En la época colonial las casas eran las únicas construcciones con patio central.
4. El patio es una parte importante en estas construcciones, y es por eso que se le presta atención a su decoración.
5. El patio central es un lugar de descanso que da luz y ventilación a las habitaciones.
6. Las fuentes en los patios tienen importancia por razones culturales y porque bajan la temperatura.
7. En la cultura española el agua simboliza salud y bienestar del cuerpo y del alma.
8. Las casas con patio central eran para personas adineradas.
9. Los cuartos de la planta baja son privados.
10. Las alcobas están en los pisos superiores.

ASÍ SE DICE

La vivienda

el ático, el desván	el altillo
la cobija (Col., Méx.), la frazada (Arg., Cuba, Ven.)	la manta
el escaparate (Cuba, Ven.), el ropero (Méx.)	el armario
el fregadero	*kitchen sink*
el frigidaire (Perú); el frigorífico (Esp.), la nevera	el refrigerador
el lavavajillas (Arg., Esp., Méx.)	el lavaplatos

EL MUNDO HISPANO

Los muebles

- **Mecedora°** La mecedora es un mueble típico de Latinoamérica, especialmente de la zona del Caribe. A las personas les gusta relajarse mientras se mecen° en el patio.
- **Mesa camilla** Era un mueble popular en España hasta hace algunos años. Es una mesa con un bastidor° en la parte inferior° para poner un brasero°. En invierno, las personas se sentaban alrededor de la mesa camilla para conversar, jugar a las cartas o tomar café.
- **Hamaca** Se cree que los taínos hicieron las primeras hamacas con fibras vegetales. Su uso es muy popular en toda Latinoamérica para dormir y descansar.

Mecedora *Rocking chair* **se mecen** *they rock themselves* **bastidor** *frame* **inferior** *bottom* **brasero** *container for hot coals*

PERFIL

Las islas flotantes del lago Titicaca

Bolivia y Perú comparten **el lago Titicaca**, donde viven **los uros**, uno de los pueblos indígenas más antiguos de América. Hace muchos años, los uros fueron a vivir al lago escapando de **los incas**. Hoy en día, siguen viviendo allí en cuarenta **islas flotantes** que ellos mismos hacen con unos juncos° llamados **totora**. Primero tejen° grandes plataformas. Luego, con el mismo material, construyen sus casas sobre las plataformas. La totora es resistente, pero con el tiempo el agua la pudre°. Los habitantes de las islas necesitan renovar continuamente las plataformas y las casas. Sus muebles y sus barcos también están hechos° de juncos. Los uros viven de la pesca y del turismo; en las islas hay unas tiendas donde venden artesanías° hechas con totora.

juncos *reeds* **tejen** *they weave* **la pudre** *rots it* **hechos** *made* **artesanías** *handcrafts*

Conexión Internet

¿Cómo son las casas modernas en los países hispanos?

Go to **vhlcentral.com** to find more cultural information related to this **Cultura** section.

ACTIVIDADES

2 Comprensión Responde a las preguntas.

1. Tu amigo mexicano te dice: "La **cobija** azul está en el **ropero**". ¿Qué quiere decir?
2. ¿Quiénes hicieron las primeras hamacas? ¿Qué material usaron?
3. ¿Qué grupo indígena vive en el lago Titicaca?
4. ¿Qué pueden comprar los turistas en las islas flotantes del lago Titicaca?

3 Viviendas tradicionales Escribe cuatro oraciones sobre una vivienda tradicional que conoces. Explica en qué lugar se encuentra, de qué materiales está hecha y cómo es.

12.1 Relative pronouns

ANTE TODO In both English and Spanish, relative pronouns are used to combine two sentences or clauses that share a common element, such as a noun or pronoun. Study this diagram.

Mis padres me regalaron **la aspiradora**.
My parents gave me the vacuum cleaner.

La aspiradora funciona muy bien.
The vacuum cleaner works really well.

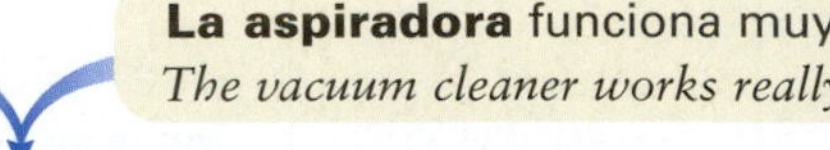

La aspiradora **que** me regalaron mis padres funciona muy bien.
The vacuum cleaner that my parents gave me works really well.

Lourdes es muy inteligente.
Lourdes is very intelligent.

Lourdes estudia español.
Lourdes is studying Spanish.

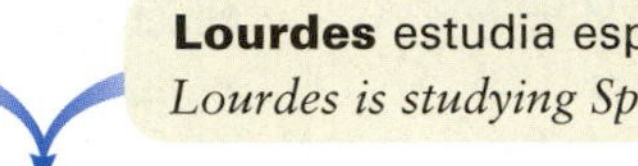

Lourdes, **quien** estudia español, es muy inteligente.
Lourdes, who studies Spanish, is very intelligent.

Eso fue todo lo que dijimos.

Mi papá se lleva bien con Juan Carlos, quien es como mi hermano.

- Spanish has three frequently-used relative pronouns. **¡Atención!** Even though interrogative words (**qué**, **quién**, etc.) always carry an accent, relative pronouns never carry a written accent.

que	*that; which; who*
quien(es)	*who; whom; that*
lo que	*that which; what*

- **Que** is the most frequently used relative pronoun. It can refer to things or to people. Unlike its English counterpart, *that*, **que** is never omitted.

¿Dónde está la cafetera **que** compré?
Where is the coffee maker (that) I bought?

El hombre **que** limpia es Pedro.
The man who is cleaning is Pedro.

- The relative pronoun **quien** refers only to people, and is often used after a preposition or the personal **a. Quien** has only two forms: **quien** (singular) and **quienes** (plural).

¿Son las chicas **de quienes** me hablaste la semana pasada?
Are they the girls (that) you told me about last week?

Eva, **a quien** conocí anoche, es mi nueva vecina.
Eva, whom I met last night, is my new neighbor.

¡LENGUA VIVA!

In English, it is generally recommended that *who(m)* be used to refer to people, and that *that* and *which* be used to refer to things. In Spanish, however, it is perfectly acceptable to use **que** when referring to people.

- **Quien(es)** is occasionally used instead of **que** in clauses set off by commas.

Lola, **quien** es cubana, es médica.
Lola, who is Cuban, is a doctor.

Su tía, **que** es alemana, ya llegó.
His aunt, who is German, already arrived.

- Unlike **que** and **quien(es), lo que** doesn't refer to a specific noun. It refers to an idea, a situation, or a past event and means *what, that which,* or *the thing that.*

Lo que me molesta es el calor.
What bothers me is the heat.

Lo que quiero es una casa.
What I want is a house.

Este supermercado tiene todo **lo que** necesito.

A Samuel no le gustó **lo que** le dijo Violeta.

¡INTÉNTALO! Completa estas oraciones con pronombres relativos.

1. Voy a utilizar los platos ___que___ me regaló mi abuela.
2. Ana comparte un apartamento con la chica a ________ conocimos en la fiesta de Jorge.
3. Esta oficina tiene todo ________ necesitamos.
4. Puedes estudiar en el dormitorio ________ está a la derecha de la cocina.
5. Los señores ________ viven en esa casa acaban de llegar de Centroamérica.
6. Los niños a ________ viste en nuestro jardín son mis sobrinos.
7. La piscina ________ ves desde la ventana es la piscina de mis vecinos.
8. Fue Úrsula ________ ayudó a mamá a limpiar el refrigerador.
9. Ya te dije que fue mi padre ________ alquiló el apartamento.
10. ________ te dijo Pablo no es cierto.
11. Tengo que sacudir los muebles ________ están en el altillo una vez al mes.
12. No entiendo por qué no lavaste los vasos ________ te dije.
13. La mujer a ________ saludaste vive en las afueras.
14. ¿Sabes ________ necesita este dormitorio? ¡Unas cortinas!
15. No quiero volver a hacer ________ hice ayer.
16. No me gusta vivir con personas a ________ no conozco.

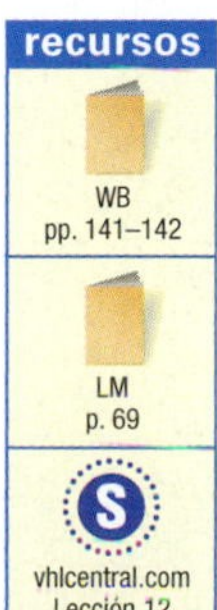

Práctica

1 Combinar Combina elementos de la columna A y la columna B para formar oraciones lógicas.

A	B
1. Ése es el hombre ____.	a. con quien bailaba es mi vecina
2. Rubén Blades, ____.	b. que te compró Cecilia
3. No traje ____.	c. quien es de Panamá, es un cantante muy bueno
4. ¿Te gusta la manta ____?	d. que arregló mi lavadora
5. ¿Cómo se llama el programa ____?	e. lo que necesito para la clase de matemáticas
	f. que comiste en el restaurante
6. La mujer ____.	g. que escuchaste en la radio anoche

NOTA CULTURAL

Rubén Blades es un cantante, compositor y actor panameño muy famoso. Este versátil abogado fue también Ministro de Turismo en su país (2004-2009) y fue nombrado Embajador contra el racismo por las Naciones Unidas en el 2000.

2 Completar Completa la historia sobre la casa que Jaime y Tina quieren comprar, usando los pronombres relativos **que, quien, quienes** o **lo que**.

1. Jaime y Tina son los chicos a ________ conocí la semana pasada.
2. Quieren comprar una casa ________ está en las afueras de la ciudad.
3. Es una casa ________ era de una artista famosa.
4. La artista, a ________ yo conocía, murió el año pasado y no tenía hijos.
5. Ahora se vende la casa con todos los muebles ________ ella tenía.
6. La sala tiene una alfombra ________ ella trajo de Kuwait.
7. La casa tiene muchos estantes, ________ a Tina le encanta.

3 Oraciones Javier y Ana acaban de casarse y han comprado (*they have bought*) una casa y muchas otras cosas. Combina sus declaraciones para formar una sola oración con los pronombres relativos **que, quien(es)** y **lo que**.

modelo

Vamos a usar los vasos nuevos mañana. Los pusimos en el comedor.

Mañana vamos a usar los vasos nuevos que pusimos en el comedor.

1. Tenemos una cafetera nueva. Mi prima nos la regaló.
2. Tenemos una cómoda nueva. Es bueno porque no hay espacio en el armario.
3. Esos platos no nos costaron mucho. Están encima del horno.
4. Esas copas me las regaló mi amiga Amalia. Ella viene a visitarme mañana.
5. La lavadora está casi nueva. Nos la regalaron mis suegros.
6. La vecina nos dio una manta de lana. Ella la compró en México.

 Practice more at **vhlcentral.com.**

Comunicación

4 

Entrevista En parejas, túrnense para hacerse estas preguntas.

1. ¿Qué es lo que más te gusta de vivir en las afueras o en la ciudad?
2. ¿Cómo son las personas que viven en tu barrio?
3. ¿Cuál es el quehacer doméstico que pagarías (*you would pay*) por no hacer?
4. ¿Quién es la persona que hace los quehaceres domésticos en tu casa?
5. ¿Hay vecinos que te caen bien? ¿Quiénes?
6. ¿De qué vecino es el coche que más te gusta?
7. ¿Cuál es el barrio de tu ciudad que más te gusta y por qué?
8. ¿Quién es la persona a quien le pedirías (*you would ask*) que te ayude con los quehaceres?
9. ¿Cuál es el lugar de la casa donde te sientes más cómodo/a? ¿Por qué?
10. ¿Qué es lo que más te gusta de tu barrio?
11. ¿Qué hace el vecino que más llama la atención?
12. ¿Qué es lo que menos te gusta de tu barrio?

5 

Adivinanza En grupos, túrnense para describir distintas partes de una vivienda usando pronombres relativos. Los demás compañeros tienen que hacer preguntas hasta que adivinen (*they guess*) la palabra.

modelo

Estudiante 1: Es lo que tenemos en el dormitorio.
Estudiante 2: ¿Es el mueble que usamos para dormir?
Estudiante 1: No. Es lo que usamos para guardar la ropa.
Estudiante 3: Lo sé. Es la cómoda.

Síntesis

6 

Definir En parejas, definan las palabras. Usen los pronombres relativos **que, quien(es)** y **lo que.** Luego compartan sus definiciones con la clase.

alquiler	flan	patio	tenedor
amigos	guantes	postre	termómetro
aspiradora	jabón	sillón	vaso
enfermera	manta	sótano	vecino

modelo

lavadora Es lo que se usa para lavar la ropa.
pastel Es un postre que comes en tu cumpleaños.

AYUDA

Remember that **de,** followed by the name of a material, means *made of.*

Es de algodón.
It's made of cotton.

• • •

Es un tipo de means *It's a kind/sort of...*

Es un tipo de flor.
It's a kind of flower.

12.2 Formal (usted/ustedes) commands

Tutorial

ANTE TODO As you learned in **Lección 11**, the command forms are used to give orders or advice. Formal commands are used with people you address as **usted** or **ustedes.** Observe these examples, then study the chart.

Hable con ellos, don Francisco.
Talk with them, Don Francisco.

Coma frutas y verduras.
Eat fruits and vegetables.

Laven los platos ahora mismo.
Wash the dishes right now.

Beban menos té y café.
Drink less tea and coffee.

AYUDA

By learning formal commands, it will be easier for you to learn the subjunctive forms that are presented in **Estructura 12.3**, p. 394.

Formal commands (Ud. and Uds.)

Infinitive	Present tense yo form	Ud. command	Uds. command
limpiar	limpi**o**	limpi**e**	limpi**en**
barrer	barr**o**	barr**a**	barr**an**
sacudir	sacud**o**	sacud**a**	sacud**an**
decir (e:i)	dig**o**	dig**a**	dig**an**
pensar (e:ie)	piens**o**	piens**e**	piens**en**
volver (o:ue)	vuelv**o**	vuelv**a**	vuelv**an**
servir (e:i)	sirv**o**	sirv**a**	sirv**an**

- The **usted** and **ustedes** commands, like the negative **tú** commands, are formed by dropping the final **-o** of the **yo** form of the present tense. For **-ar** verbs, add **-e** or **-en**. For **-er** and **-ir** verbs, add **-a** or **-an**.

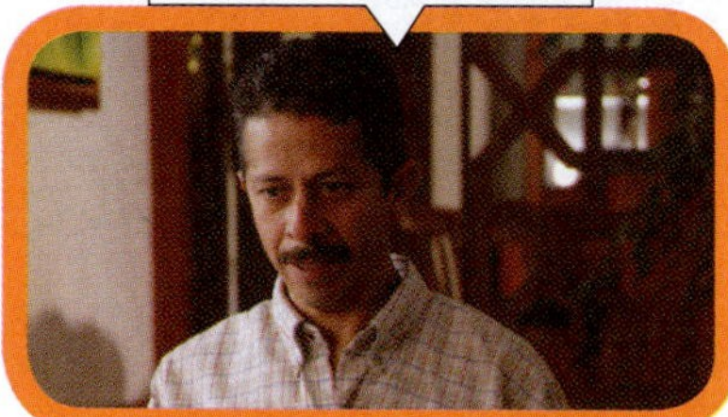

- Verbs with irregular **yo** forms maintain the same irregularity in their formal commands. These verbs include **conducir, conocer, decir, hacer, ofrecer, oír, poner, salir, tener, traducir, traer, venir,** and **ver.**

Oiga, don Manolo...
Listen, Don Manolo...

¡Salga inmediatamente!
Leave immediately!

Ponga la mesa, por favor.
Set the table, please.

Hagan la cama antes de salir.
Make the bed before leaving.

- Note also that verbs maintain their stem changes in **usted** and **ustedes** commands.

e:ie	o:ue	e:i
No **pierda** la llave.	**Vuelva** temprano, joven.	**Sirva** la sopa, por favor.
Cierren la puerta.	**Duerman** bien, chicos.	**Repitan** las frases.

AYUDA

These spelling changes are necessary to ensure that the words are pronounced correctly. See **Lección 8, Pronunciación,** p. 251, and **Lección 9, Pronunciación,** p. 283.

• • •

It may help you to study the following five series of syllables. Note that, within each series, the consonant sound doesn't change.

ca que qui co cu
za ce ci zo zu
ga gue gui go gu
ja ge gi jo ju

- Verbs ending in **-car, -gar,** and **-zar** have a spelling change in the command forms.

sa**car**	**c → qu**	sa**qu**e, sa**qu**en
ju**gar**	**g → gu**	jue**gu**e, jue**gu**en
almor**zar**	**z → c**	almuer**c**e, almuer**c**en

- These verbs have irregular formal commands.

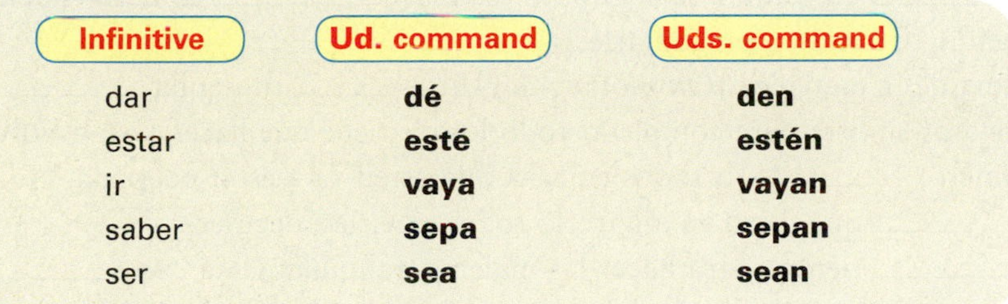

Infinitive	Ud. command	Uds. command
dar	**dé**	**den**
estar	**esté**	**estén**
ir	**vaya**	**vayan**
saber	**sepa**	**sepan**
ser	**sea**	**sean**

- To make a formal command negative, simply place **no** before the verb.

No ponga las maletas en la cama.
Don't put the suitcases on the bed.

No ensucien los sillones.
Don't dirty the armchairs.

- In affirmative commands, reflexive, indirect and direct object pronouns are always attached to the end of the verb.

Siénten**se**, por favor.
Síga**me**, Laura.
Acuésten**se** ahora.
Póngan**las** en el suelo, por favor.

- **¡Atención!** When a pronoun is attached to an affirmative command that has two or more syllables, an accent mark is added to maintain the original stress.

limpie → límpielo
diga → dígamelo
lean → léanlo
sacudan → sacúdanlos

- In negative commands, these pronouns always precede the verb.

No **se** preocupe.
No **me lo** dé.
No **los** ensucien.
No **nos las** traigan.

- **Usted** and **ustedes** can be used with the command forms to strike a more formal tone. In such instances, they follow the command form.

Muéstrele usted la foto a su amigo.
Show the photo to your friend.

Tomen ustedes esta mesa.
Take this table.

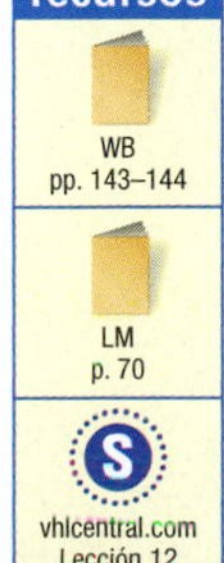

¡INTÉNTALO! Indica los mandatos (*commands*) afirmativos y negativos correspondientes.

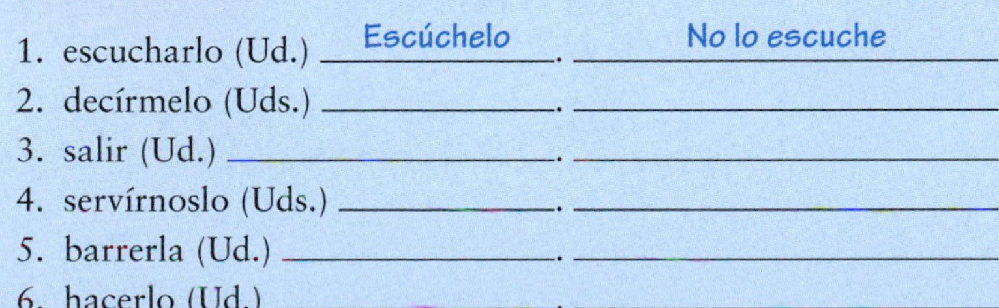

1. escucharlo (Ud.) Escúchelo. No lo escuche.
2. decírmelo (Uds.) ________. ________.
3. salir (Ud.) ________. ________.
4. servírnoslo (Uds.) ________. ________.
5. barrerla (Ud.) ________. ________.
6. hacerlo (Ud.) ________. ________.

Práctica

1

Completar La señora González quiere mudarse de casa. Ayúdala a organizarse. Indica el mandato formal de cada verbo.

1. __________ los anuncios del periódico y __________. (Leer, guardarlos)
2. __________ personalmente y __________ las casas usted misma. (Ir, ver)
3. Decida qué casa quiere y __________ al agente. __________ un contrato de alquiler. (llamar, Pedirle)
4. __________ un camión *(truck)* para ese día y __________ la hora exacta de llegada. (Contratar, preguntarles)
5. El día de la mudanza *(On moving day)* __________ tranquila. __________ a revisar su lista para completar todo lo que tiene que hacer. (estar, Volver)
6. Primero, __________ a todos en casa que usted va a estar ocupada. No __________ que usted va a hacerlo todo. (decirles, decirles)
7. __________ tiempo para hacer las maletas tranquilamente. No __________ las maletas a los niños más grandes. (Sacar, hacerles)
8. No __________. __________ que todo va a salir bien. (preocuparse, Saber)

2

¿Qué dicen? Mira los dibujos y escribe un mandato lógico para cada uno. Usa palabras que aprendiste en **Contextos**.

1.

2.

3. ______________________________

4. 

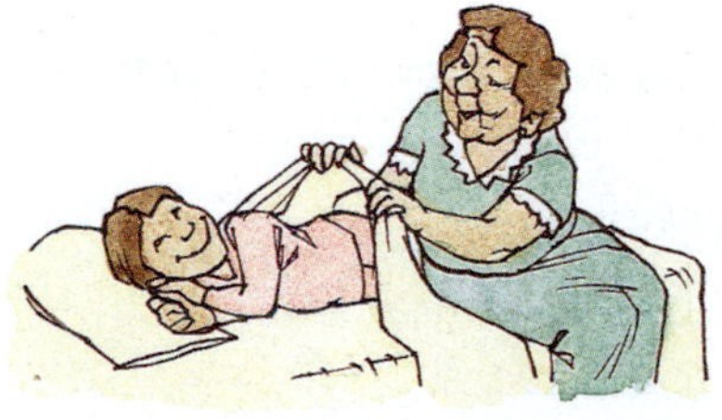

5. ______________________________

6. ______________________________

Practice more at **vhlcentral.com.**

Comunicación

3 

Solucionar Trabajen en parejas. Un(a) estudiante presenta los problemas de la columna A y el/la otro/a los de la columna B. Usen mandatos formales y túrnense para ofrecer soluciones.

modelo

Estudiante 1: Vilma se torció un tobillo jugando al tenis. Es la tercera vez.
Estudiante 2: *No juegue más al tenis. / Vaya a ver a un especialista.*

A

1. Se me perdió el libro de español con todas mis notas.
2. A Vicente se le cayó la botella de vino para la cena.
3. ¿Cómo? ¿Se le olvidó traer el traje de baño a la playa?
4. Se nos quedaron los boletos en la casa. El avión sale en una hora.

B

1. Mis hijas no se levantan temprano. Siempre llegan tarde a la escuela.
2. A mi abuela le robaron (*stole*) las maletas. Era su primer día de vacaciones.
3. Nuestra casa es demasiado pequeña para nuestra familia.
4. Me preocupo constantemente por Roberto. Trabaja demasiado.

4

Conversaciones En parejas, escojan dos situaciones y preparen conversaciones para presentar a la clase. Usen mandatos formales.

modelo

Lupita: Señor Ramírez, siento mucho llegar tan tarde. Mi niño se enfermó. ¿Qué debo hacer?
Sr. Ramírez: *No se preocupe. Siéntese y descanse un poco.*

SITUACIÓN 1 Profesor Rosado, no vine la semana pasada porque el equipo jugaba en Boquete. ¿Qué debo hacer para ponerme al día *(catch up)*?

SITUACIÓN 2 Los invitados de la boda llegan a las cuatro de la tarde, las mesas están sin poner y el champán sin servir. Son las tres de la tarde y los camareros apenas están llegando. ¿Qué deben hacer los camareros?

SITUACIÓN 3 Mi novio es un poco aburrido. No le gustan ni el cine, ni los deportes, ni salir a comer. Tampoco habla mucho. ¿Qué puedo hacer?

▶ **SITUACIÓN 4** Tengo que preparar una presentación para mañana sobre el Canal de Panamá. ¿Por dónde comienzo?

NOTA CULTURAL

El 31 de diciembre de 1999, los Estados Unidos cedió el control del **Canal de Panamá** al gobierno de Panamá, terminando así con casi cien años de administración estadounidense.

Síntesis

5 

Presentar En grupos, preparen un anuncio de televisión para presentar a la clase. El anuncio debe tratar de un detergente, un electrodoméstico o una agencia inmobiliaria (*real estate agency*). Usen mandatos, los pronombres relativos (**que, quien(es)** o **lo que**) y el **se** impersonal.

modelo

Compre el lavaplatos Destellos. Tiene todo lo que usted desea. Es el lavaplatos que mejor funciona. Venga a verlo ahora mismo... No pierda ni un minuto más. Se aceptan tarjetas de crédito.

12.3 The present subjunctive

ANTE TODO With the exception of commands, all the verb forms you have been using have been in the indicative mood. The indicative is used to state facts and to express actions or states that the speaker considers to be real and definite. In contrast, the subjunctive mood expresses the speaker's attitudes toward events, as well as actions or states the speaker views as uncertain or hypothetical.

Les aconsejo que preparen la cena.

- The present subjunctive is formed very much like **usted**, **ustedes** and *negative* **tú** commands. From the **yo** form of the present indicative, drop the **-o** ending, and replace it with the subjunctive endings.

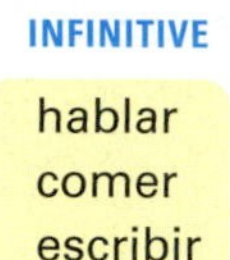

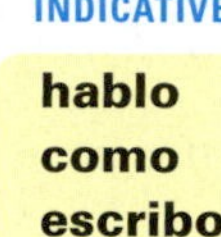

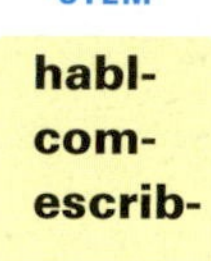
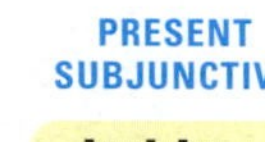

INFINITIVE	PRESENT INDICATIVE	VERB STEM	PRESENT SUBJUNCTIVE
hablar	**hablo**	**habl-**	**hable**
comer	**como**	**com-**	**coma**
escribir	**escribo**	**escrib-**	**escriba**

- The present subjunctive endings are:

-ar verbs

-e	**-emos**
-es	**-éis**
-e	**-en**

-er and -ir verbs

-a	**-amos**
-as	**-áis**
-a	**-an**

Present subjunctive of regular verbs

		hablar	comer	escribir
SINGULAR FORMS	yo	habl**e**	com**a**	escrib**a**
	tú	habl**es**	com**as**	escrib**as**
	Ud./él/ella	habl**e**	com**a**	escrib**a**
PLURAL FORMS	nosotros/as	habl**emos**	com**amos**	escrib**amos**
	vosotros/as	habl**éis**	com**áis**	escrib**áis**
	Uds./ellos/ellas	habl**en**	com**an**	escrib**an**

AYUDA

Note that, in the present subjunctive, **-ar** verbs use endings normally associated with present tense **-er** and **-ir** verbs. Likewise, **-er** and **-ir** verbs in the present subjunctive use endings normally associated with **-ar** verbs in the present tense. Note also that, in the present subjunctive, the **yo** form is the same as the **Ud./él/ella** form.

¡LENGUA VIVA!

You may think that English has no subjunctive, but it does! While once common, it now survives mostly in set expressions such as *If I were you...* and *Be that as it may...*

- Verbs with irregular **yo** forms show the same irregularity in all forms of the present subjunctive.

Infinitive	Present indicative	Verb stem	Present subjunctive
conducir	conduzco	**conduzc-**	**conduzca**
conocer	conozco	**conozc-**	**conozca**
decir	digo	**dig-**	**diga**
hacer	hago	**hag-**	**haga**
ofrecer	ofrezco	**ofrezc-**	**ofrezca**
oír	oigo	**oig-**	**oiga**
parecer	parezco	**parezc-**	**parezca**
poner	pongo	**pong-**	**ponga**
tener	tengo	**teng-**	**tenga**
traducir	traduzco	**traduzc-**	**traduzca**
traer	traigo	**traig-**	**traiga**
venir	vengo	**veng-**	**venga**
ver	veo	**ve-**	**vea**

- To maintain the **-c, -g,** and **-z** sounds, verbs ending in **-car, -gar,** and **-zar** have a spelling change in all forms of the present subjunctive.

sacar: sa**qu**e, sa**qu**es, sa**qu**e, sa**qu**emos, sa**qu**éis, sa**qu**en

jugar: jue**gu**e, jue**gu**es, jue**gu**e, ju**gu**emos, ju**gu**éis, jue**gu**en

almorzar: almuer**c**e, almuer**c**es, almuer**c**e, almor**c**emos, almor**c**éis, almuer**c**en

Present subjunctive of stem-changing verbs

AYUDA

Note that stem-changing verbs and verbs that have a spelling change have the same ending as regular verbs in the present subjunctive.

- **-Ar** and **-er** stem-changing verbs have the same stem changes in the subjunctive as they do in the present indicative.

pensar (e:ie): p**ie**nse, p**ie**nses, p**ie**nse, pensemos, penséis, p**ie**nsen

mostrar (o:ue): m**ue**stre, m**ue**stres, m**ue**stre, mostremos, mostréis, m**ue**stren

entender (e:ie): ent**ie**nda, ent**ie**ndas, ent**ie**nda, entendamos, entendáis, ent**ie**ndan

volver (o:ue): v**ue**lva, v**ue**lvas, v**ue**lva, volvamos, volváis, v**ue**lvan

- **-Ir** stem-changing verbs have the same stem changes in the subjunctive as they do in the present indicative, but in addition, the **nosotros/as** and **vosotros/as** forms undergo a stem change. The unstressed **e** changes to **i,** while the unstressed **o** changes to **u.**

pedir (e:i): p**i**da, p**i**das, p**i**da, p**i**damos, p**i**dáis, p**i**dan

sentir (e:ie): s**ie**nta, s**ie**ntas, s**ie**nta, s**i**ntamos, s**i**ntáis, s**ie**ntan

dormir (o:ue): d**ue**rma, d**ue**rmas, d**ue**rma, d**u**rmamos, d**u**rmáis, d**ue**rman

Irregular verbs in the present subjunctive

▶ These five verbs are irregular in the present subjunctive.

Irregular verbs in the present subjunctive

		dar	estar	ir	saber	ser
SINGULAR FORMS	yo	**dé**	**esté**	**vaya**	**sepa**	**sea**
	tú	**des**	**estés**	**vayas**	**sepas**	**seas**
	Ud./él/ella	**dé**	**esté**	**vaya**	**sepa**	**sea**
PLURAL FORMS	nosotros/as	**demos**	**estemos**	**vayamos**	**sepamos**	**seamos**
	vosotros/as	**deis**	**estéis**	**vayáis**	**sepáis**	**seáis**
	Uds./ellos/ellas	**den**	**estén**	**vayan**	**sepan**	**sean**

▶ **¡Atención!** The subjunctive form of **hay** (*there is, there are*) is also irregular: **haya**.

General uses of the subjunctive

▶ The subjunctive is mainly used to express: 1) will and influence, 2) emotion, 3) doubt, disbelief, and denial, and 4) indefiniteness and nonexistence.

▶ The subjunctive is most often used in sentences that consist of a main clause and a subordinate clause. The main clause contains a verb or expression that triggers the use of the subjunctive. The conjunction **que** connects the subordinate clause to the main clause.

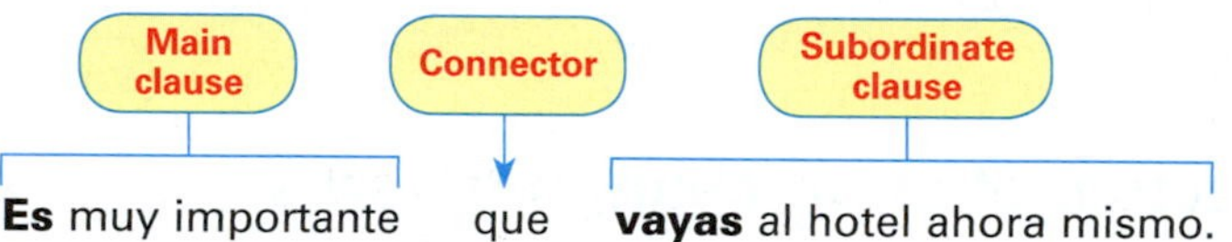

▶ These impersonal expressions are always followed by clauses in the subjunctive:

Es bueno que... *It's good that...*	**Es mejor que...** *It's better that...*	**Es malo que...** *It's bad that...*
Es importante que... *It's important that...*	**Es necesario que...** *It's necessary that...*	**Es urgente que...** *It's urgent that...*

¡INTÉNTALO! Indica el presente de subjuntivo de estos verbos.

1. (alquilar, beber, vivir) que yo alquile, beba, viva
2. (estudiar, aprender, asistir) que tú ____________
3. (encontrar, poder, tener) que él ____________
4. (hacer, pedir, dormir) que nosotras ____________
5. (dar, hablar, escribir) que ellos ____________
6. (pagar, empezar, buscar) que ustedes ____________
7. (ser, ir, saber) que yo ____________
8. (estar, dar, oír) que tú ____________

recursos

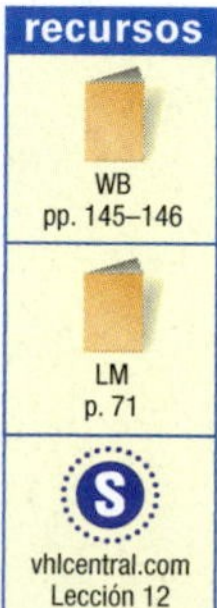

Práctica y Comunicación

1

Completar Completa las oraciones con el presente de subjuntivo de los verbos entre paréntesis. Luego empareja las oraciones del primer grupo con las del segundo grupo.

NOTA CULTURAL

Las casas colgadas (*hanging*) de Cuenca, España, son muy famosas. Situadas en un acantilado (*cliff*), forman parte del paisaje de la ciudad.

A

1. Es mejor que __________ en casa. (nosotros, cenar) ____
2. Es importante que __________ las casas colgadas de Cuenca. (tú, visitar) ____
3. Señora, es urgente que le __________ el diente. Tiene una infección. (yo, sacar) ____
4. Es malo que Ana les __________ tantos dulces a los niños. (dar) ____
5. Es necesario que __________ a la una de la tarde. (ustedes, llegar) ____
6. Es importante que __________ temprano. (nosotros, acostarse) ____

B

a. Es importante que __________ más verduras. (ellos, comer)
b. No, es mejor que __________ a comer. (nosotros, salir)
c. Y yo creo que es bueno que __________ a Madrid después. (yo, ir)
d. En mi opinión, no es necesario que __________ tanto. (nosotros, dormir)
e. ¿Ah, sí? ¿Es necesario que me __________ un antibiótico también? (yo, tomar)
f. Para llegar a tiempo, es necesario que __________ temprano. (nosotros, almorzar)

Minidiálogos En parejas, completen los minidiálogos con expresiones impersonales de una manera lógica.

modelo

Miguelito: Mamá, no quiero arreglar mi cuarto.
Sra. Casas: *Es necesario que lo arregles. Y es importante que sacudas los muebles también.*

1. **MIGUELITO** Mamá, no quiero estudiar. Quiero salir a jugar con mis amigos.
   SRA. CASAS ______________________________
2. **MIGUELITO** Mamá, es que no me gustan las verduras. Prefiero comer pasteles.
   SRA. CASAS ______________________________
3. **MIGUELITO** ¿Tengo que poner la mesa, mamá?
   SRA. CASAS ______________________________
4. **MIGUELITO** No me siento bien, mamá. Me duele todo el cuerpo y tengo fiebre.
   SRA. CASAS ______________________________

Entrevista Trabajen en parejas. Entrevístense usando estas preguntas. Expliquen sus respuestas.

1. ¿Es importante que las personas sepan una segunda lengua? ¿Por qué?
2. ¿Es urgente que los norteamericanos aprendan otras lenguas?
3. Si un(a) norteamericano/a quiere aprender francés, ¿es mejor que lo aprenda en Francia?
4. ¿Es necesario que una persona sepa decir "te amo" en la lengua nativa de su pareja?
5. ¿Es importante que un cantante de ópera entienda italiano?

Practice more at **vhlcentral.com.**

12.4 Subjunctive with verbs of will and influence

ANTE TODO You will now learn how to use the subjunctive with verbs and expressions of will and influence.

- Verbs of will and influence are often used when someone wants to affect the actions or behavior of other people.

  Enrique **quiere** que salgamos a cenar.
  Enrique wants us to go out to dinner.

  Paola **prefiere** que cenemos en casa.
  Paola prefers that we have dinner at home.

- Here is a list of widely used verbs of will and influence.

Verbs of will and influence

aconsejar	*to advise*	**pedir** (e:i)	*to ask (for)*
desear	*to wish; to desire*	**preferir** (e:ie)	*to prefer*
importar	*to be important; to matter*	**prohibir**	*to prohibit*
insistir (en)	*to insist (on)*	**querer** (e:ie)	*to want*
mandar	*to order*	**recomendar** (e:ie)	*to recommend*
necesitar	*to need*	**rogar** (o:ue)	*to beg; to plead*
		sugerir (e:ie)	*to suggest*

- Some impersonal expressions, such as **es necesario que, es importante que, es mejor que,** and **es urgente que,** are considered expressions of will or influence.

- When the main clause contains an expression of will or influence, the subjunctive is required in the subordinate clause, provided that the two clauses have different subjects.

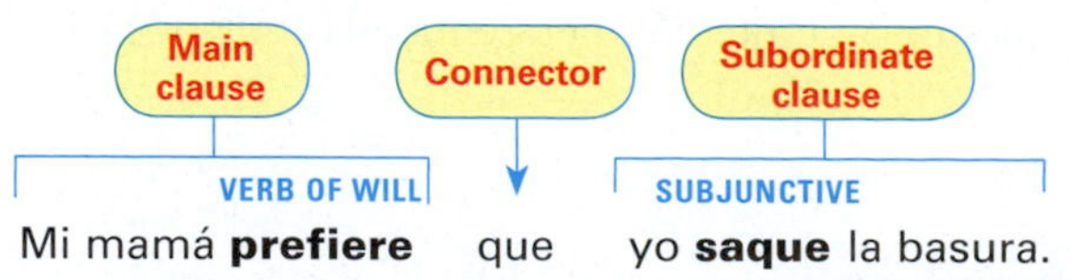

¡ATENCIÓN!

In English, verbs or expressions of will and influence often use a construction with an infinitive, such as *I want you to go.* This is not the case in Spanish, where the subjunctive would be used in a subordinate clause.

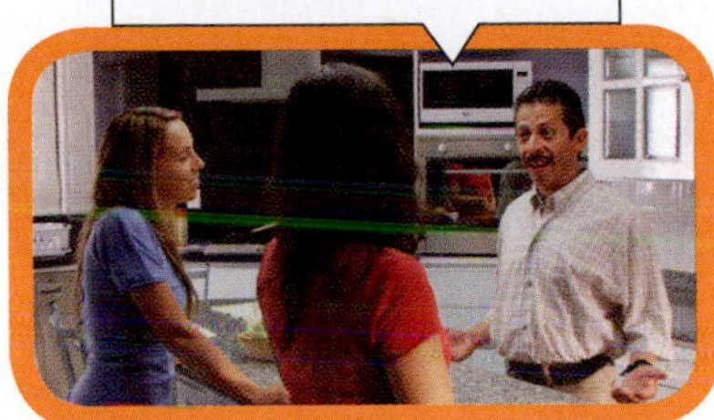

- Indirect object pronouns are often used with the verbs **aconsejar, importar, mandar, pedir, prohibir, recomendar, rogar,** and **sugerir.**

  Te aconsejo que estudies.
  I advise you to study.

  Le sugiero que vaya a casa.
  I suggest that he go home.

  Les recomiendo que barran el suelo.
  I recommend that you sweep the floor.

  Le ruego que no venga.
  I'm begging you not to come.

- Note that all the forms of **prohibir** in the present tense carry a written accent, except for the **nosotros/as** form: **prohíbo, prohíbes, prohíbe, prohibimos, prohibís, prohíben.**

  Ella les **prohíbe** que miren la televisión.
  She prohibits them from watching TV.

  Nos **prohíben** que nademos en la piscina.
  They prohibit that we swim in the swimming pool.

- The infinitive is used with words or expressions of will and influence if there is no change of subject in the sentence.

  No quiero **sacudir** los muebles.
  I don't want to dust the furniture.

  Paco prefiere **descansar.**
  Paco prefers to rest.

  Es importante **sacar** la basura.
  It's important to take out the trash.

  No es necesario **quitar** la mesa.
  It's not necessary to clear the table.

¡INTÉNTALO! Completa cada oración con la forma correcta del verbo entre paréntesis.

1. Te sugiero que *vayas* (ir) con ella al supermercado.
2. Él necesita que yo le ____________ (prestar) dinero.
3. No queremos que tú ____________ (hacer) nada especial para nosotros.
4. Mis papás quieren que yo ____________ (limpiar) mi cuarto.
5. Nos piden que la ____________ (ayudar) a preparar la comida.
6. Quieren que tú ____________ (sacar) la basura todos los días.
7. Quiero ____________ (descansar) esta noche.
8. Es importante que ustedes ____________ (limpiar) los estantes.
9. Su tía les manda que ____________ (poner) la mesa.
10. Te aconsejo que no ____________ (salir) con él.
11. Mi tío insiste en que mi prima ____________ (hacer) la cama.
12. Prefiero ____________ (ir) al cine.
13. Es necesario ____________ (estudiar).
14. Recomiendo que ustedes ____________ (pasar) la aspiradora.

recursos

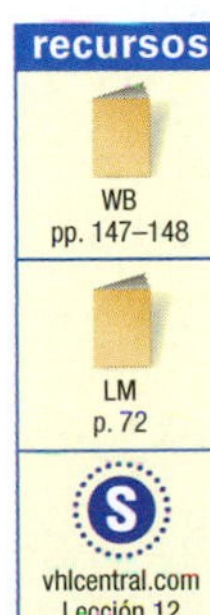

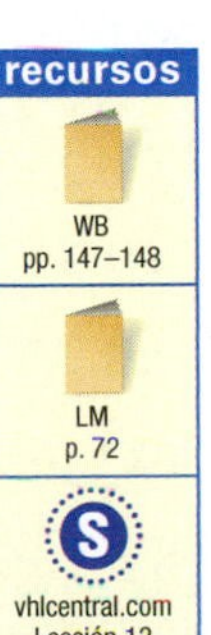

WB pp. 147–148
LM p. 72
vhlcentral.com Lección 12

Práctica

1 **Completar** Completa el diálogo con verbos de la lista.

cocina	haga	quiere	sea
comas	ponga	saber	ser
diga	prohíbe	sé	vaya

IRENE Tengo problemas con Vilma. Sé que debo hablar con ella. ¿Qué me recomiendas que le (1)__________?

JULIA Pues, necesito (2)__________ más antes de darte consejos.

IRENE Bueno, para empezar me (3)__________ que traiga dulces a la casa.

JULIA Pero chica, tiene razón. Es mejor que tú no (4)__________ cosas dulces.

IRENE Sí, ya lo sé. Pero quiero que (5)__________ más flexible. Además, insiste en que yo (6)__________ todo en la casa.

JULIA Yo (7)__________ que Vilma (8)__________ y hace los quehaceres todos los días.

IRENE Sí, pero siempre que hay fiesta me pide que (9)__________ los cubiertos y las copas en la mesa y que (10)__________ al sótano por las servilletas y los platos. ¡Es lo que más odio: ir al sótano!

JULIA Mujer, ¡Vilma sólo (11)__________ que ayudes en la casa!

2 **Aconsejar** En parejas, lean lo que dice cada persona. Luego den consejos lógicos usando verbos como **aconsejar, recomendar** y **prohibir**. Sus consejos deben ser diferentes de lo que la persona quiere hacer.

modelo

Isabel: Quiero conseguir un comedor con los muebles más caros del mundo.

Consejo: *Te aconsejamos que consigas unos muebles menos caros.*

1. **DAVID** Pienso poner el cuadro del lago de Maracaibo en la cocina.
2. **SARA** Voy en bicicleta a comprar unas copas de cristal.
3. **SR. ALARCÓN** Insisto en comenzar a arreglar el jardín en marzo.
4. **SRA. VILLA** Quiero ver las tazas y los platos de la tienda El Ama de Casa Feliz.
5. **DOLORES** Voy a poner servilletas de tela (*cloth*) para los cuarenta invitados.
6. **SR. PARDO** Pienso poner todos mis muebles nuevos en el altillo.
7. **SRA. GONZÁLEZ** Hay una fiesta en casa esta noche, pero no quiero limpiarla.
8. **CARLITOS** Hoy no tengo ganas de hacer las camas ni de quitar la mesa.

NOTA CULTURAL

En el **lago de Maracaibo,** en Venezuela, hay casas suspendidas sobre el agua que se llaman **palafitos**. Este tipo de construcciones les recordó a los conquistadores la ciudad de Venecia, Italia, de donde viene el nombre "Venezuela", que significa "pequeña Venecia".

3  **Preguntas** En parejas, túrnense para contestar las preguntas. Usen el subjuntivo.

1. ¿Te dan consejos tus amigos/as? ¿Qué te aconsejan? ¿Aceptas sus consejos? ¿Por qué?
2. ¿Qué te sugieren tus profesores que hagas antes de terminar los cursos que tomas?
3. ¿Insisten tus amigos/as en que salgas mucho con ellos?
4. ¿Qué quieres que te regalen tu familia y tus amigos/as en tu cumpleaños?
5. ¿Qué le recomiendas tú a un(a) amigo/a que no quiere salir los sábados con su novio/a?
6. ¿Qué les aconsejas a los nuevos estudiantes de tu universidad?

 Practice more at **vhlcentral.com.**

Comunicación

4

Inventar En parejas, preparen una lista de seis personas famosas. Un(a) estudiante da el nombre de una persona famosa y el/la otro/a le da un consejo.

modelo

Estudiante 1: Judge Judy.
Estudiante 2: Le recomiendo que sea más simpática con la gente.
Estudiante 2: Orlando Bloom.
Estudiante 1: Le aconsejo que haga más películas.

5

Hablar En parejas, miren la ilustración. Imaginen que Gerardo es su hermano y necesita ayuda para arreglar su casa y resolver sus problemas románticos y económicos. Usen expresiones impersonales y verbos como **aconsejar, sugerir** y **recomendar**.

modelo

Es mejor que arregles el apartamento más a menudo.
Te aconsejo que no dejes para mañana lo que puedes hacer hoy.

Síntesis

6

La doctora Salvamórez Hernán tiene problemas con su novia y le escribe a la doctora Salvamórez, columnista del periódico *Panamá y su gente*. Ella responde a las cartas de personas con problemas románticos. En parejas, lean el mensaje de Hernán y después usen el subjuntivo para escribir los consejos de la doctora.

Estimada doctora Salvamórez:
Mi novia nunca quiere que yo salga de casa. No le molesta que vengan mis amigos a visitarme. Pero insiste en que nosotros sólo miremos los programas de televisión que ella quiere. Necesita saber dónde estoy en cada momento, y yo necesito que ella me dé un poco de independencia. ¿Qué hago?

Hernán

Recapitulación

Concepts Diagnostics

Completa estas actividades para repasar los conceptos de gramática que aprendiste en esta lección.

1 **Completar** Completa el cuadro con la forma correspondiente del presente de subjuntivo. 12 pts.

yo/él/ella	tú	nosotros/as	Uds./ellos/ellas
limpie			
	vengas		
		queramos	
			ofrezcan

2 **El apartamento ideal** Completa este folleto (*brochure*) informativo con la forma correcta del presente de subjuntivo. 8 pts.

¿Eres joven y buscas tu primera vivienda? Te ofrezco estos consejos:

- Te sugiero que primero (tú) (1) ________ (escribir) una lista de las cosas que quieres en un apartamento.
- Quiero que después (2) ________ (pensar) muy bien cuáles son tus prioridades. Es necesario que cada persona (3) ________ (tener) sus prioridades claras, porque el hogar (*home*) perfecto no existe.
- Antes de decidir en qué área quieren vivir, les aconsejo a ti y a tu futuro/a compañero/a de apartamento que (4) ________ (salir) a ver la ciudad y que (5) ________ (conocer) los distintos barrios y las afueras.
- Pidan que el agente les (6) ________ (mostrar) todas las partes de cada casa.
- Finalmente, como consumidores, es importante que nosotros (7) ________ (saber) bien nuestros derechos (*rights*); por eso, deben insistir en que todos los puntos del contrato (8) ________ (estar) muy claros antes de firmarlo (*signing it*).

¡Buena suerte!

RESUMEN GRAMATICAL

12.1 Relative pronouns pp. 386–387

Relative pronouns	
que	*that; which; who*
quien(es)	*who; whom; that*
lo que	*that which; what*

12.2 Formal commands pp. 390–391

Formal commands (Ud. and Uds.)

Infinitive	Present tense yo form	Ud(s). command
limpiar	limpio	limpie(n)
barrer	barro	barra(n)
sacudir	sacudo	sacuda(n)

► Verbs with stem changes or irregular **yo** forms maintain the same irregularity in the formal commands:

hacer: yo **hago** → **Hagan** la cama.

Irregular formal commands	
dar	**dé (Ud.); den (Uds.)**
estar	**esté(n)**
ir	**vaya(n)**
saber	**sepa(n)**
ser	**sea(n)**

12.3 The present subjunctive pp. 394–396

Present subjunctive of regular verbs

hablar	comer	escribir
hable	coma	escriba
hables	comas	escribas
hable	coma	escriba
hablemos	comamos	escribamos
habléis	comáis	escribáis
hablen	coman	escriban

Irregular verbs in the present subjunctive		
dar		dé, des, dé, demos, deis, den
estar	est- +	-é, -és, -é, -emos, -éis, -én
ir	vay- +	-a, -as, -a, -amos, -áis, -an
saber	sep- +	
ser	se- +	

12.4 Subjunctive with verbs of will and influence

pp. 398–399

- Verbs of will and influence: **aconsejar, desear, importar, insistir (en), mandar, necesitar, pedir** (e:i), **preferir** (e:ie), **prohibir, querer** (e:ie), **recomendar** (e:ie), **rogar** (o:ue), **sugerir** (e:ie)

3 **Relativos** Completa las oraciones con **lo que**, **que** o **quien**. 8 pts.

1. Me encanta la alfombra ________ está en el comedor.
2. Mi amiga Tere, con ________ trabajo, me regaló ese cuadro.
3. Todas las cosas ________ tenemos vienen de la casa de mis abuelos.
4. Hija, no compres más cosas. ________ debes hacer ahora es organizarlo todo.
5. La agencia de decoración de ________ le hablé se llama Casabella.
6. Esas flores las dejaron en la puerta mis nuevos vecinos, a ________ aún (*yet*) no conozco.
7. Leonor no compró nada, porque ________ le gustaba era muy caro.
8. Mi amigo Aldo, a ________ visité ayer, es un cocinero excelente.

4 **Preparando la casa** Martín y Ángela van a hacer un curso de verano en Costa Rica y una vecina va a cuidarles (*take care of*) la casa mientras ellos no están. Completa las instrucciones de la vecina con mandatos formales. Usa cada verbo una sola vez y agrega pronombres de objeto directo o indirecto si es necesario. 10 pts.

arreglar	dejar	hacer	pedir	sacudir
barrer	ensuciar	limpiar	poner	tener

Primero, (1) ________ ustedes las maletas. Las cosas que no se llevan a Costa Rica, (2) ________ en el altillo. Ángela, (3) ________ las habitaciones y Martín, (4) ________ usted la cocina y el baño. Después, los dos (5) ________ el suelo y (6) ________ los muebles de toda la casa. Ángela, no (7) ________ sus joyas (*jewelry*) en el apartamento. (8) ________ cuidado ¡y no (9) ________ nada antes de irse! Por último, (10) ________ a alguien que recoja (*pick up*) su correo.

5 **Los quehaceres** A tu compañero/a de cuarto no le gusta ayudar con los quehaceres. Escribe al menos seis oraciones dándole consejos para hacer más divertidos los quehaceres. 12 pts.

modelo

Te sugiero que pongas música mientras lavas los platos…

6 **El circo** Completa esta famosa frase que tiene su origen en el circo (*circus*). ¡2 puntos EXTRA!

"¡________ (Pasar) ustedes y ________ (ver)! El espectáculo va a comenzar."

Practice more at **vhlcentral.com.**

Audio: Reading
Additional Reading

Lectura

Antes de leer

Estrategia

Locating the main parts of a sentence

Did you know that a text written in Spanish is an average of 15% longer than the same text written in English? Since the Spanish language tends to use more words to express ideas, you will often encounter long sentences when reading in Spanish. Of course, the length of sentences varies with genre and with authors' individual styles. To help you understand long sentences, identify the main parts of the sentence before trying to read it in its entirety. First locate the main verb of the sentence, along with its subject, ignoring any words or phrases set off by commas. Then reread the sentence, adding details like direct and indirect objects, transitional words, and prepositional phrases.

Examinar el texto

Mira el formato de la lectura. ¿Qué tipo de documento es? ¿Qué cognados encuentras en la lectura? ¿Qué te dicen sobre el tema de la selección?

¿Probable o improbable?

Mira brevemente el texto e indica si estas oraciones son probables o improbables.

1. Este folleto° es de interés turístico.
2. Describe un edificio moderno cubano.
3. Incluye algunas explicaciones de arquitectura.
4. Espera atraer° a visitantes al lugar.

Oraciones largas

Mira el texto y busca algunas oraciones largas. Con un(a) compañero/a, identifiquen las partes principales de la oración y después examinen las descripciones adicionales. ¿Qué significan las oraciones?

folleto *brochure* atraer *to attract* épocas *time periods*

Bienvenidos al Palacio de las Garzas

El palacio está abierto de martes a domingo.
Para más información,
llame al teléfono 507-226-7000.
También puede solicitar° un folleto
a la casilla° 3467,
Ciudad de Panamá, Panamá.

Después de leer

Ordenar 

Pon estos eventos en el orden cronológico adecuado.

_____ El palacio se convirtió en residencia presidencial.
_____ Durante diferentes épocas°, maestros, médicos y banqueros ejercieron su profesión en el palacio.
_____ El Dr. Belisario Porras ocupó el palacio por primera vez.
_____ Los españoles construyeron el palacio.
_____ Se renovó el palacio.
_____ Los turistas pueden visitar el palacio de martes a domingo.

 Practice more at **vhlcentral.com.**

El Palacio de las Garzas° es la residencia oficial del Presidente de Panamá desde 1903. Fue construido en 1673 para ser la casa de un gobernador español. Con el paso de los años fue almacén, escuela, hospital, aduana, banco y por último, palacio presidencial.

En la actualidad el edificio tiene tres pisos, pero los planos originales muestran una construcción de un piso con un gran patio en el centro. La restauración del palacio comenzó en el año 1922 y los trabajos fueron realizados por el arquitecto Villanueva-Myers y el pintor Roberto Lewis. El palacio, un monumento al estilo colonial, todavía conserva su elegancia y buen gusto, y es una de las principales atracciones turísticas del barrio Casco Viejo°.

Planta baja

El Patio de las Garzas

Una antigua puerta de hierro° recibe a los visitantes. El patio interior todavía conserva los elementos originales de la construcción: piso de mármol°, columnas cubiertas° de nácar° y una magnífica fuente° de agua en el centro. Aquí están las nueve garzas que le dan el nombre al palacio y que representan las nueve provincias de Panamá.

Primer piso

El Salón Amarillo

Aquí el turista puede visitar una galería de cuarenta y un retratos° de gobernadores y personajes ilustres de Panamá. La principal atracción de este salón es el sillón presidencial, que se usa especialmente cuando hay cambio de presidente. Otros atractivos de esta área son el comedor Los Tamarindos, que se destaca° por la elegancia de sus muebles y sus lámparas de cristal, y el Patio Andaluz, con sus coloridos mosaicos que representan la unión de la cultura indígena y la española.

El Salón Dr. Belisario Porras

Este elegante y majestuoso salón es uno de los lugares más importantes del Palacio de las Garzas. Lleva su nombre en honor al Dr. Belisario Porras, quien fue tres veces presidente de Panamá (1912–1916, 1918–1920 y 1920–1924).

Segundo piso

Es el área residencial del palacio y el visitante no tiene acceso a ella. Los armarios, las cómodas y los espejos de la alcoba fueron comprados en Italia y Francia por el presidente Porras, mientras que las alfombras, cortinas y frazadas° son originarias de España.

solicitar *request* **casilla** *post office box* **Garzas** *Herons* **Casco Viejo** *Old Quarter* **hierro** *iron* **mármol** *marble* **cubiertas** *covered* **nácar** *mother-of-pearl* **fuente** *fountain* **retratos** *portraits* **se destaca** *stands out* **frazadas** *blankets*

Preguntas

Contesta las preguntas.

1. ¿Qué sala es notable por sus muebles elegantes y sus lámparas de cristal?
2. ¿En qué parte del palacio se encuentra la residencia del presidente?
3. ¿Dónde empiezan los turistas su visita al palacio?
4. ¿En qué lugar se representa artísticamente la rica herencia cultural de Panamá?
5. ¿Qué salón honra la memoria de un gran panameño?
6. ¿Qué partes del palacio te gustaría (*would you like*) visitar? ¿Por qué? Explica tu respuesta.

Conversación

En grupos de tres o cuatro estudiantes, hablen sobre lo siguiente:

1. ¿Qué tiene en común el Palacio de las Garzas con otras residencias presidenciales u otras casas muy grandes?
2. ¿Te gustaría vivir en el Palacio de las Garzas? ¿Por qué?
3. Imagina que puedes diseñar tu palacio ideal. Describe los planos para cada piso del palacio.

Escritura

Estrategia

Using linking words

You can make your writing sound more sophisticated by using linking words to connect simple sentences or ideas and create more complex sentences. Consider these passages, which illustrate this effect:

Without linking words

En la actualidad el edificio tiene tres pisos. Los planos originales muestran una construcción de un piso con un gran patio en el centro. La restauración del palacio comenzó en el año 1922. Los trabajos fueron realizados por el arquitecto Villanueva-Myers y el pintor Roberto Lewis.

With linking words

En la actualidad el edificio tiene tres pisos, pero los planos originales muestran una construcción de un piso con un gran patio en el centro. La restauración del palacio comenzó en el año 1922 y los trabajos fueron realizados por el arquitecto Villanueva-Myers y el pintor Roberto Lewis.

Linking words

cuando	*when*
mientras	*while*
o	*or*
pero	*but*
porque	*because*
pues	*since*
que	*that; who; which*
quien(es)	*who*
sino	*but (rather)*
y	*and*

Tema

Escribir un contrato de arrendamiento°

Eres el/la administrador(a)° de un edificio de apartamentos. Prepara un contrato de arrendamiento para los nuevos inquilinos°. El contrato debe incluir estos detalles:

- la dirección° del apartamento y del/de la administrador(a)
- las fechas del contrato
- el precio del alquiler y el día que se debe pagar
- el precio del depósito
- información y reglas° acerca de:
  - la basura
  - el correo
  - los animales domésticos
  - el ruido°
  - los servicios de electricidad y agua
  - el uso de electrodomésticos
- otros aspectos importantes de la vida comunitaria

contrato de arrendamiento *lease* administrador(a) *manager* inquilinos *tenants* dirección *address* reglas *rules* ruido *noise*

Escuchar  Audio: Activities

Estrategia

Using visual cues

Visual cues like illustrations and headings provide useful clues about what you will hear.

To practice this strategy, you will listen to a passage related to the following photo. Jot down the clues the photo gives you as you listen.

Preparación

Mira el dibujo. ¿Qué pistas te da para comprender la conversación que vas a escuchar? ¿Qué significa *bienes raíces*?

Ahora escucha  

Mira los anuncios de esta página y escucha la conversación entre el señor Núñez, Adriana y Felipe. Luego indica si cada descripción se refiere a la casa ideal de Adriana y Felipe, a la casa del anuncio o al apartamento del anuncio.

Frases	La casa ideal	La casa del anuncio	El apartamento del anuncio
Es barato.	____	____	____
Tiene cuatro alcobas.	____	____	____
Tiene una oficina.	____	____	____
Tiene un balcón.	____	____	____
Tiene una cocina moderna.	____	____	____
Tiene un jardín muy grande.	____	____	____
Tiene un patio.	____	____	____

18G

Bienes raíces

Se vende.
4 alcobas, 3 baños, cocina moderna, jardín con árboles frutales.
B/. 225.000

Se alquila.
2 alcobas, 1 baño.
Balcón.
Urbanización Las Brisas. B/. 525

Comprensión

Preguntas

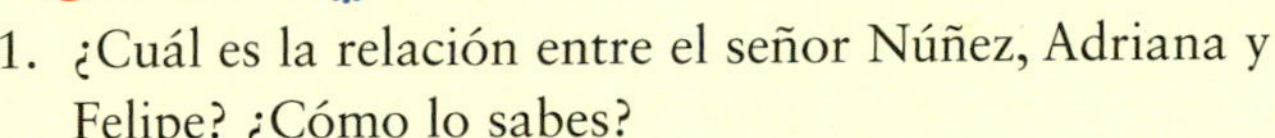

1. ¿Cuál es la relación entre el señor Núñez, Adriana y Felipe? ¿Cómo lo sabes?
2. ¿Qué diferencia de opinión hay entre Adriana y Felipe sobre dónde quieren vivir?
3. Usa la información de los dibujos y la conversación para entender lo que dice Adriana al final. ¿Qué significa "todo a su debido tiempo"?

Conversación 

En parejas, túrnense para hacer y responder a las preguntas.

1. ¿Qué tienen en común el apartamento y la casa del anuncio con el lugar donde tú vives?
2. ¿Qué piensas de la recomendación del señor Núñez?
3. ¿Qué tipo de sugerencias te da tu familia sobre dónde vivir?
4. ¿Dónde prefieres vivir tú, en un apartamento o en una casa? Explica por qué.

 Practice more at **vhlcentral.com.**

En pantalla

Anuncio

En los países hispanos el costo del servicio de electricidad y de los electrodomésticos es muy caro. Es por eso que no es muy común tener muchos electrodomésticos. Por ejemplo, en los lugares donde hace mucho calor, mucha gente no tiene aire acondicionado°; utiliza los ventiladores°, que usan menos electricidad. Muchas personas lavan la ropa a mano o barren el piso en vez de usar una lavadora o una aspiradora.

Vocabulario útil

mascota	*pet*
un poco asustado	*a bit scared*
suavizante	*(fabric) softener*
suavizar	*to soften*

Preparación

¿Lavas tu ropa, cocinas, barres? ¿Te piden que hagas algunos quehaceres domésticos en casa?

Preguntas

Contesta estas preguntas.

1. ¿Qué le encanta al osito (*little bear*) *Softy*?
2. ¿Por qué se lastimó cuando se cayó sobre las toallas?
3. Según el anuncio, ¿qué es lo que un suavizante barato no puede hacer?
4. ¿Cómo se siente *Softy* cuando llega el médico: tranquilo o asustado?
5. ¿Qué le recomienda el médico a la mujer?

Consejos

Cuando la mujer visita a *Softy* en el hospital, el médico le da consejos y órdenes sobre cómo tratar a su mascota. En parejas, preparen una lista de los consejos y órdenes que el médico le da. Usen el subjuntivo y el imperativo.

aire acondicionado *air conditioning* ventiladores *fans*

¡Hola! Soy *Softy* y me encanta la ropa suave.

¡Ay, mi brazo!

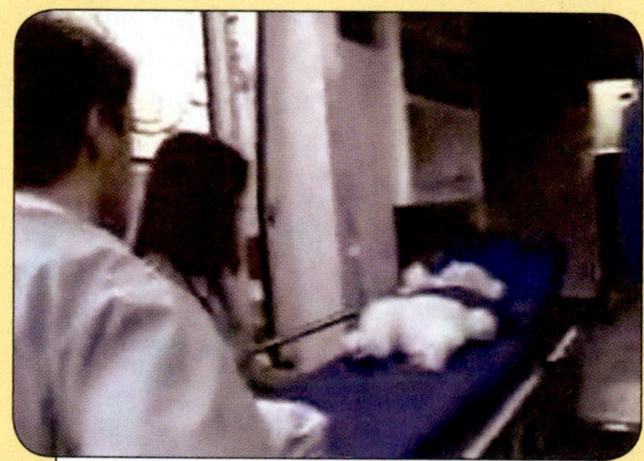

Si usted quiere a su mascota, tiene que usar siempre Comfort.

Video: TV Clip

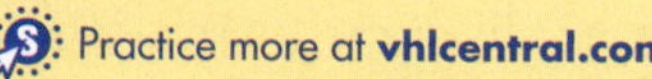
Practice more at **vhlcentral.com.**

Cortometraje

La burocracia puede ser complicada y frustrante, con sus reglas° y su jerarquía impenetrables. En *036* vemos cómo una chica española llega a una oficina del gobierno preparada para presentar° todos los documentos necesarios para hacerse trabajadora autónoma. La chica "se bate en duelo°" con el oficinista° como si se tratara de° una película del Lejano Oeste°. Él cree que ella no tiene todos los documentos, pero la chica sabe lo que hace.

Preparación

En parejas, contesten estas preguntas.

1. ¿Qué es la burocracia?
2. ¿En qué tipo de oficinas es común?
3. ¿En qué circunstancias es necesario presentar documentos?

Después de ver

Completa cada oración con una palabra de la lista.

un café	ganas	el impreso
la determinación	una grapadora	la oficina

1. Cuando llega la chica a ______________, un chico sale frustrado.
2. El oficinista se sirve ______________ antes de dejarla hablar.
3. El oficinista no tiene ______________ de ayudarla.
4. ______________ de la chica es más fuerte que la del oficinista.
5. Al final la chica sorprende a todos cuando saca ______________.

Conversar

Entrevista a un(a) compañero/a y pregúntale cuándo tuvo que confrontarse con la burocracia. ¿Qué sucedió? Comparen sus experiencias con la de la chica del cortometraje.

Expresiones útiles

la casilla	*box (on a form)*
cumplimentar	*to fill out*
el DNI	Documento Nacional de Identidad
darse de alta	*to register*
grapado/a	*stapled*
la Hacienda	*IRS equivalent in Spain*
el impreso	*form*
el/la trabajador(a) autónomo/a	*self-employed worker*

Para hablar del corto

desafiar	*to challenge*
la grapadora	*stapler*
perseverar	*to persevere*
sellar	*to stamp*
terco/a	*stubborn*

Video: Short Film

Practice more at **vistas.vhlcentral.com.**

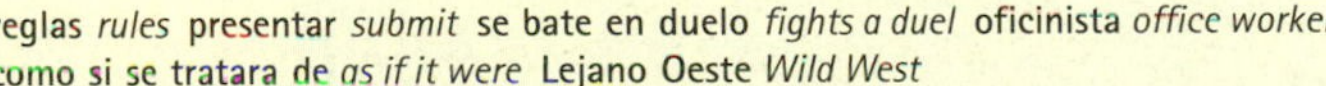
reglas *rules* presentar *submit* se bate en duelo *fights a duel* oficinista *office worker* como si se tratara de *as if it were* Lejano Oeste *Wild West*

Video: *Panorama cultural*
Interactive map

Panamá

El país en cifras

- **Área:** 78.200 km² (30.193 millas²), *aproximadamente el área de Carolina del Sur*
- **Población:** 3.773.000
- **Capital:** La Ciudad de Panamá —1.527.000
- **Ciudades principales:** Colón, David

SOURCE: Population Division, UN Secretariat

- **Moneda:** balboa; es equivalente al dólar estadounidense.

En Panamá circulan los billetes de dólar estadounidense. El país centroamericano, sin embargo, acuña° su propia moneda. "El peso" es una moneda grande equivalente a cincuenta centavos°. La moneda de cinco centavos es llamada frecuentemente "real".

- **Idiomas:** español (oficial), lenguas indígenas, inglés

Muchos panameños son bilingües. La lengua materna del 14% de los panameños es el inglés.

Bandera de Panamá

Mujer kuna lavando una mola

Un turista disfruta del bosque tropical colgado de un cable.

COSTA RICA
Lago Gatún
Canal de Panamá
Islas San Blas
Bocas del Toro
Cordillera de San Blas
Colón
Mar Caribe
Río Chepo
Serranía de Tabasará
Ciudad de Panamá
David
Río Cobre
Isla del Rey
Océano Pacífico
Golfo de Panamá
Isla de Coiba

Ruinas de un fuerte panameño

Panameños célebres

- **Mariano Rivera,** beisbolista (1969–)
- **Mireya Moscoso,** política (1946–)
- **Rubén Blades,** músico y político (1948–)

recursos

WB pp. 149–150	VM pp. 251–252	vhlcentral.com Lección 12

acuña *mints* centavos *cents* peaje *toll* promedio *average*

¡Increíble pero cierto!

¿Conocías estos datos sobre el Canal de Panamá?

- Gracias al Canal de Panamá, el viaje en barco de Nueva York a Tokio es 3.000 millas más corto.
- Su construcción costó 639 millones de dólares.
- Hoy lo usan en promedio 39 barcos al día.
- El peaje° promedio° cuesta 54.000 dólares.

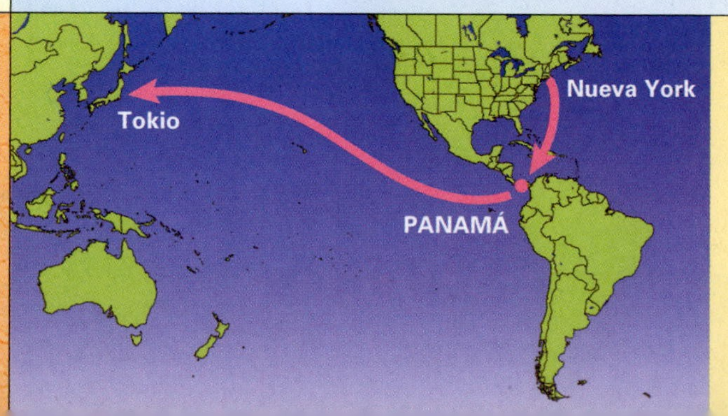

Lugares • El Canal de Panamá

El Canal de Panamá conecta el océano Pacífico con el océano Atlántico. La construcción de este cauce° artificial empezó en 1903 y concluyó diez años después. Es una de las principales fuentes° de ingresos° del país, gracias al dinero que aportan los más de 14.000 buques° que transitan anualmente por esta ruta y a las actividades comerciales que se han desarrollado° en torno a° ella.

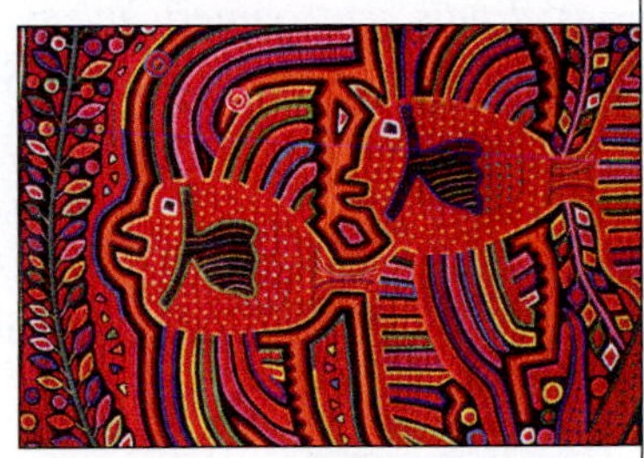

Artes • La mola

La mola es una forma de arte textil de los kunas, una tribu indígena que vive principalmente en las islas San Blas. Esta pieza artesanal se confecciona con fragmentos de tela° de colores vivos. Algunos de sus diseños son abstractos, inspirados en las formas del coral, y otros son geométricos, como en las molas más tradicionales. Antiguamente, estos tejidos se usaban sólo como ropa, pero hoy día también sirven para decorar las casas.

Naturaleza • El mar

Panamá, cuyo° nombre significa "lugar de muchos peces°", es un país muy frecuentado por los aficionados del buceo y la pesca. El territorio panameño cuenta con una gran variedad de playas en los dos lados del istmo°, con el mar Caribe a un lado y el océano Pacífico al otro. Algunas zonas costeras están destinadas al turismo. Otras están protegidas por la diversidad de su fauna marina, en la que abundan los arrecifes° de coral, como el Parque Nacional Marino Isla Bastimentos.

COLOMBIA

¿Qué aprendiste? Responde a cada pregunta con una oración completa.

1. ¿Cuál es la lengua materna del catorce por ciento de los panameños?
2. ¿A qué unidad monetaria (*monetary unit*) es equivalente el balboa?
3. ¿Qué océanos une el Canal de Panamá?
4. ¿Quién es Mariano Rivera?
5. ¿Qué son las molas?
6. ¿Cómo son los diseños de las molas?
7. ¿Para qué se usan las molas?
8. ¿Cómo son las playas de Panamá?
9. ¿Qué significa "Panamá"?

Vista de la Ciudad de Panamá

Conexión Internet Investiga estos temas en **vhlcentral.com**.

1. Investiga la historia de las relaciones entre Panamá y los Estados Unidos y la decisión de devolver (*give back*) el Canal de Panamá. ¿Estás de acuerdo con la decisión? Explica tu opinión.
2. Investiga sobre los kunas u otro grupo indígena de Panamá. ¿En qué partes del país viven? ¿Qué lenguas hablan? ¿Cómo es su cultura?

Practice more at **vhlcentral.com.**

cauce *channel* fuentes *sources* ingresos *income* buques *ships* han desarrollado *have developed* en torno a *around* tela *fabric* cuyo *whose* peces *fish* istmo *isthmus* arrecifes *reefs*

El Salvador

El país en cifras

- **Área:** 21.040 km² (8.124 millas²), *el tamaño° de Massachusetts*
- **Población:** 6.383.000

El Salvador es el país centroamericano más pequeño y el más densamente poblado°. Su población, al igual que la de Honduras, es muy homogénea: casi el 90 por ciento es mestiza.

- **Capital:** San Salvador—1.691.000
- **Ciudades principales:** Soyapango, Santa Ana, San Miguel, Mejicanos

SOURCE: Population Division, UN Secretariat

- **Moneda:** dólar estadounidense
- **Idiomas:** español (oficial), náhuatl, lenca

Bandera de El Salvador

Salvadoreños célebres

- **Óscar Romero,** arzobispo° y activista por los derechos humanos° (1917–1980)
- **Claribel Alegría,** poeta, novelista y cuentista (1924–)
- **Roque Dalton,** poeta, ensayista y novelista (1935–1975)
- **María Eugenia Brizuela,** política (1956–)

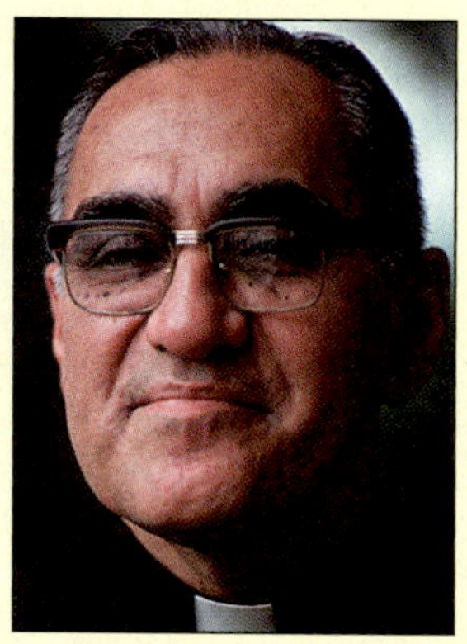

Óscar Romero

Ruinas de Tazumal

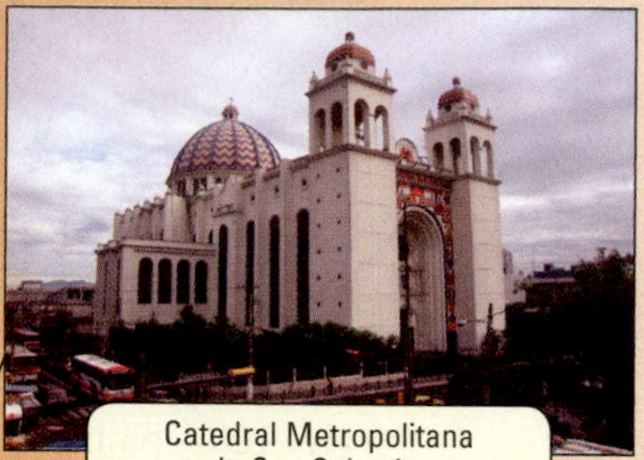

Catedral Metropolitana de San Salvador

GUATEMALA
HONDURAS
Lago de Guija
Río de la Paz
Santa Ana
Río Lempa
Ilobasco
Mejicanos
San Salvador
Río Torola
Río Goascorán
Volcán de San Salvador
Soyapango
Volcán de San Vicente
La Libertad
Volcán de San Miguel
San Miguel
Océano Pacífico
Golfo de Fonseca

Chorros de la Calera en Juayúa

ESTADOS UNIDOS
OCÉANO ATLÁNTICO
EL SALVADOR
OCÉANO PACÍFICO
AMÉRICA DEL SUR

recursos

WB pp. 151–152	VM pp. 253–254	vhlcentral.com Lección 12

tamaño *size* poblado *populated* arzobispo *archbishop* derechos humanos *human rights* laguna *lagoon* sirena *mermaid*

¡Increíble pero cierto!

El rico folclor salvadoreño se basa sobre todo en sus extraordinarios recursos naturales. Por ejemplo, según una leyenda, las muertes que se producen en la laguna° de Alegría tienen su explicación en la existencia de una sirena° solitaria que vive en el lago y captura a los jóvenes atractivos.

Deportes • El surfing

El Salvador es uno de los destinos favoritos en Latinoamérica para la práctica del surfing. Cuenta con 300 kilómetros de costa a lo largo del océano Pacífico y sus olas° altas son ideales para quienes practican este deporte. De sus playas, La Libertad es la más visitada por surfistas de todo el mundo, gracias a que está muy cerca de la capital salvadoreña. Sin embargo, los fines de semana muchos visitantes prefieren viajar a la Costa del Bálsamo, donde se concentra menos gente.

Naturaleza • El Parque Nacional Montecristo

El Parque Nacional Montecristo se encuentra en la región norte del país. Se le conoce también como El Trifinio porque se ubica° en el punto donde se unen las fronteras de Guatemala, Honduras y El Salvador. Este bosque reúne a muchas especies vegetales y animales, como orquídeas, monos araña°, pumas, quetzales y tucanes. Además, las copas° de sus enormes árboles forman una bóveda° que impide° el paso de la luz solar. Este espacio natural se encuentra a una altitud de 2.400 metros (7.900 pies) sobre el nivel del mar y recibe 200 centímetros (80 pulgadas°) de lluvia al año.

Artes • La artesanía de Ilobasco

Ilobasco es un pueblo conocido por sus artesanías. En él se elaboran objetos con arcilla° y cerámica pintada a mano, como juguetes°, adornos° y utensilios de cocina. Además, son famosas sus "sorpresas", que son pequeñas piezas° de cerámica en cuyo interior se representan escenas de la vida diaria. Los turistas realizan excursiones para ver la elaboración, paso a paso°, de estos productos.

¿Qué aprendiste? Responde a cada pregunta con una oración completa.

1. ¿Qué tienen en común las poblaciones de El Salvador y Honduras?
2. ¿Qué es el náhuatl?
3. ¿Quién es María Eugenia Brizuela?
4. Hay muchos lugares ideales para el surfing en El Salvador. ¿Por qué?
5. ¿A qué altitud se encuentra el Parque Nacional Montecristo?
6. ¿Cuáles son algunos de los animales y las plantas que viven en este parque?
7. ¿Por qué se le llama El Trifinio al Parque Nacional Montecristo?
8. ¿Por qué es famoso el pueblo de Ilobasco?
9. ¿Qué se puede ver en un viaje a Ilobasco?
10. ¿Qué son las "sorpresas" de Ilobasco?

Conexión Internet Investiga estos temas en **vhlcentral.com.**

1. El Parque Nacional Montecristo es una reserva natural; busca información sobre otros parques o zonas protegidas en El Salvador. ¿Cómo son estos lugares? ¿Qué tipos de plantas y animales se encuentran allí?
2. Busca información sobre museos u otros lugares turísticos en San Salvador (u otra ciudad de El Salvador).

Practice more at **vhlcentral.com.**

olas *waves* **se ubica** *it is located* **monos araña** *spider monkeys* **copas** *tops* **bóveda** *cap* **impide** *blocks* **pulgadas** *inches* **arcilla** *clay* **juguetes** *toys* **adornos** *ornaments* **piezas** *pieces* **paso a paso** *step by step*

Las viviendas

las afueras	*suburbs; outskirts*
el alquiler	*rent (payment)*
el ama (*m., f.*) de casa	*housekeeper; caretaker*
el barrio	*neighborhood*
el edificio de apartamentos	*apartment building*
el/la vecino/a	*neighbor*
la vivienda	*housing*
alquilar	*to rent*
mudarse	*to move (from one house to another)*

Los cuartos y otros lugares

el altillo	*attic*
el balcón	*balcony*
la cocina	*kitchen*
el comedor	*dining room*
el dormitorio	*bedroom*
la entrada	*entrance*
la escalera	*stairs; stairway*
el garaje	*garage*
el jardín	*garden; yard*
la oficina	*office*
el pasillo	*hallway*
el patio	*patio; yard*
la sala	*living room*
el sótano	*basement; cellar*

Los muebles y otras cosas

la alfombra	*carpet; rug*
la almohada	*pillow*
el armario	*closet*
el cartel	*poster*
la cómoda	*chest of drawers*
las cortinas	*curtains*
el cuadro	*picture*
el estante	*bookcase; bookshelves*
la lámpara	*lamp*
la luz	*light; electricity*
la manta	*blanket*
la mesita	*end table*
la mesita de noche	*night stand*
los muebles	*furniture*
la pared	*wall*
la pintura	*painting; picture*
el sillón	*armchair*
el sofá	*couch; sofa*

Los electrodomésticos

la cafetera	*coffee maker*
la cocina, la estufa	*stove*
el congelador	*freezer*
el electrodoméstico	*electric appliance*
el horno (de microondas)	*(microwave) oven*
la lavadora	*washing machine*
el lavaplatos	*dishwasher*
el refrigerador	*refrigerator*
la secadora	*clothes dryer*
la tostadora	*toaster*

La mesa

la copa	*wineglass; goblet*
la cuchara	*(table or large) spoon*
el cuchillo	*knife*
el plato	*plate*
la servilleta	*napkin*
la taza	*cup*
el tenedor	*fork*
el vaso	*glass*

Los quehaceres domésticos

arreglar	*to neaten; to straighten up*
barrer el suelo	*to sweep the floor*
cocinar	*to cook*
ensuciar	*to get (something) dirty*
hacer la cama	*to make the bed*
hacer quehaceres domésticos	*to do household chores*
lavar (el suelo, los platos)	*to wash (the floor, the dishes)*
limpiar la casa	*to clean the house*
pasar la aspiradora	*to vacuum*
planchar la ropa	*to iron the clothes*
poner la mesa	*to set the table*
quitar la mesa	*to clear the table*
quitar el polvo	*to dust*
sacar la basura	*to take out the trash*
sacudir los muebles	*to dust the furniture*

Verbos y expresiones verbales

aconsejar	*to advise*
insistir (en)	*to insist (on)*
mandar	*to order*
recomendar (e:ie)	*to recommend*
rogar (o:ue)	*to beg; to plead*
sugerir (e:ie)	*to suggest*
Es bueno que...	*It's good that...*
Es importante que...	*It's important that...*
Es malo que...	*It's bad that...*
Es mejor que...	*It's better that...*
Es necesario que...	*It's necessary that...*
Es urgente que...	*It's urgent that...*

Relative pronouns	*See page 386.*
Expresiones útiles	*See page 381.*

recursos

La naturaleza

13

Communicative Goals

You will learn how to:

- Talk about and discuss the environment
- Express your beliefs and opinions about issues

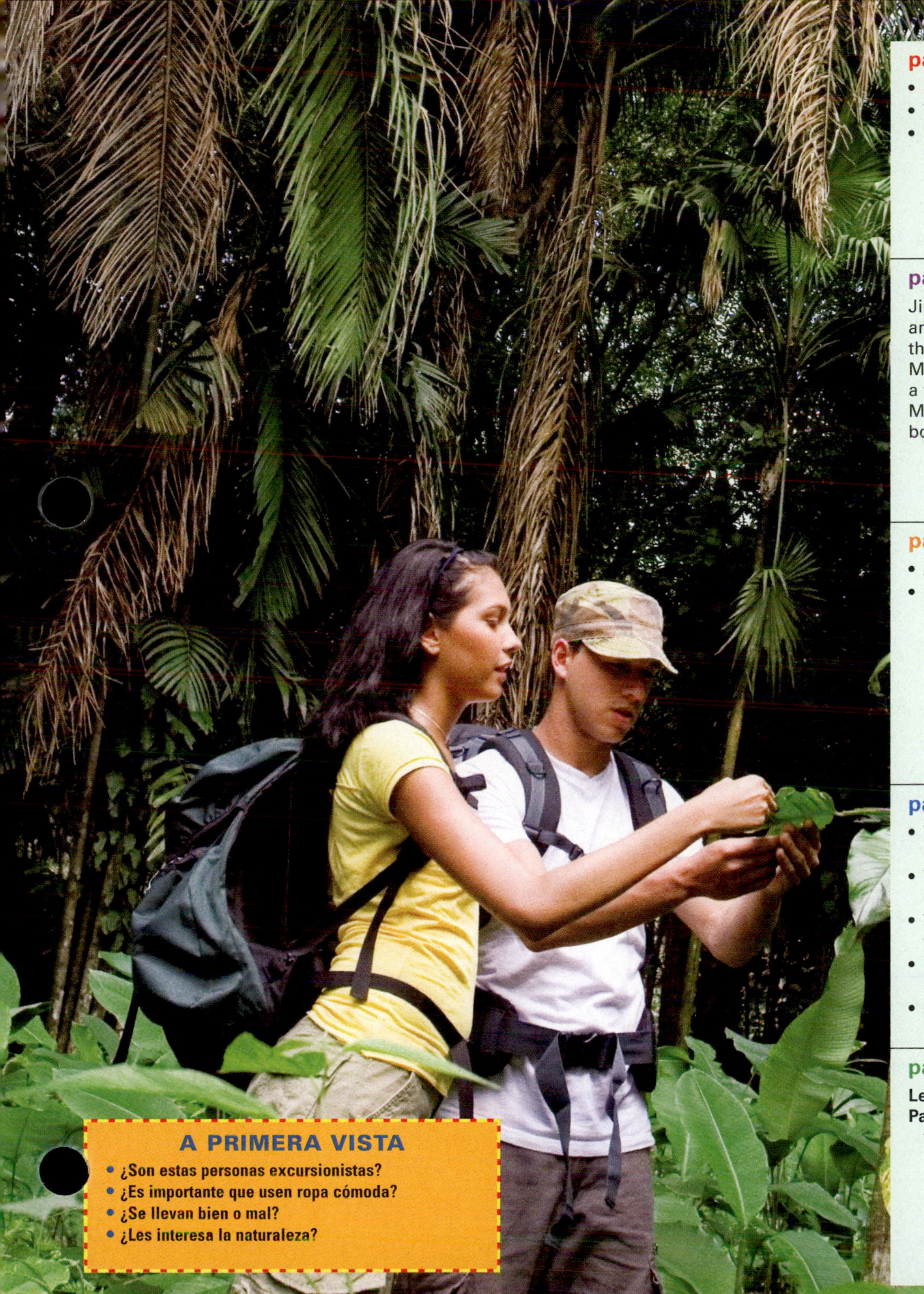

A PRIMERA VISTA

- ¿Son estas personas excursionistas?
- ¿Es importante que usen ropa cómoda?
- ¿Se llevan bien o mal?
- ¿Les interesa la naturaleza?

Talking Picture, Tutorials & Games
Audio: Activities

La naturaleza

Más vocabulario

el bosque (tropical)	*(tropical; rain) forest*
el desierto	*desert*
la naturaleza	*nature*
la planta	*plant*
la selva, la jungla	*jungle*
la tierra	*land; soil*
el cielo	*sky*
la estrella	*star*
la luna	*moon*
el calentamiento global	*global warming*
el cambio climático	*climate change*
la conservación	*conservation*
la contaminación (del aire; del agua)	*(air; water) pollution*
la deforestación	*deforestation*
la ecología	*ecology*
el/la ecologista	*ecologist*
el ecoturismo	*ecotourism*
la energía (nuclear; solar)	*(nuclear; solar) energy*
la extinción	*extinction*
la fábrica	*factory*
el medio ambiente	*environment*
el peligro	*danger*
el recurso natural	*natural resource*
la solución	*solution*
el gobierno	*government*
la ley	*law*
la (sobre)población	*(over)population*
ecológico/a	*ecological*
puro/a	*pure*
renovable	*renewable*

Variación léxica

hierba ⟷ pasto (*Perú*); grama (*Venez., Col.*); zacate (*Méx.*)

recursos

WB pp. 155–156	LM p. 73	vhlcentral.com Lección 13

el sol
la nube
el valle
el sendero
el lago
la piedra
el río

Más vocabulario

el animal	*animal*
la ballena	*whale*
el mono	*monkey*
la tortuga (marina)	*(sea) turtle*

Práctica

1 **Escuchar** Mientras escuchas estas oraciones, anota los sustantivos (*nouns*) que se refieren a las plantas, los animales, la tierra y el cielo.

Plantas	Animales	Tierra	Cielo
________	________	________	________
________	________	________	________
________	________	________	________

2 **¿Cierto o falso?** Escucha las oraciones e indica si lo que dice cada una es **cierto** o **falso**, según el dibujo.

1. ________
2. ________
3. ________
4. ________
5. ________
6. ________

3 **Seleccionar** Selecciona la palabra que no está relacionada.

1. estrella • gobierno • luna • sol
2. lago • río • mar • peligro
3. vaca • ballena • pájaro • población
4. cielo • cráter • aire • nube
5. desierto • solución • selva • bosque
6. flor • hierba • renovable • árbol

4 **Definir** Trabaja con un(a) compañero/a para definir o describir cada palabra. Sigue el modelo.

modelo

Estudiante 1: *¿Qué es el cielo?*
Estudiante 2: *El cielo está sobre la tierra y tiene nubes.*

1. la población
2. un mono
3. el calentamiento global
4. la naturaleza
5. un desierto
6. la extinción
7. la ecología
8. un sendero

5 **Describir** Trabajen en parejas para describir estas fotos.

El reciclaje

Más vocabulario

cazar	*to hunt*
conservar	*to conserve*
contaminar	*to pollute*
controlar	*to control*
cuidar	*to take care of*
dejar de (+ *inf.*)	*to stop (doing something)*
desarrollar	*to develop*
descubrir	*to discover*
destruir	*to destroy*
estar afectado/a (por)	*to be affected (by)*
estar contaminado/a	*to be polluted*
evitar	*to avoid*
mejorar	*to improve*
proteger	*to protect*
reducir	*to reduce*
resolver (o:ue)	*to resolve; to solve*
respirar	*to breathe*

6 **Completar** Selecciona la palabra o la expresión adecuada para completar cada oración.

contaminar	destruyen	reciclamos
controlan	están afectadas	recoger
cuidan	mejoramos	resolver
descubrir	proteger	se desarrollaron

1. Si vemos basura en las calles, la debemos __________.
2. Los científicos trabajan para __________ nuevas soluciones.
3. Es necesario que todos trabajemos juntos para __________ los problemas del medio ambiente.
4. Debemos __________ el medio ambiente porque hoy día está en peligro.
5. Muchas leyes nuevas __________ el nivel de emisiones que producen las fábricas.
6. Las primeras civilizaciones __________ cerca de los ríos y los mares.
7. Todas las personas __________ por la contaminación.
8. Los turistas deben tener cuidado de no __________ los lugares que visitan.
9. Podemos conservar los recursos si __________ el aluminio, el vidrio y el plástico.
10. La contaminación y la deforestación __________ el medio ambiente.

Practice more at **vhlcentral.com.**

Comunicación

7

¿Es importante?

En parejas, lean este párrafo y contesten las preguntas.

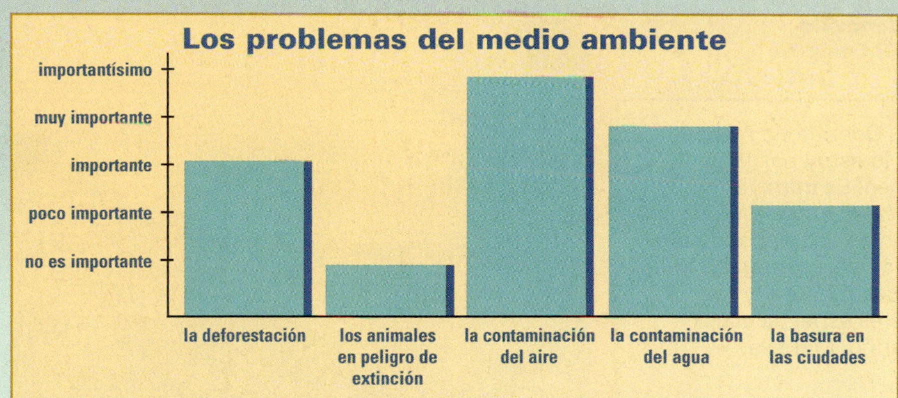

Para celebrar El día de la Tierra, una estación de radio colombiana hizo una pequeña encuesta entre estudiantes universitarios, donde les preguntaron sobre los problemas del medio ambiente. Se les preguntó cuáles creían que eran los cinco problemas más importantes del medio ambiente. Ellos también tenían que decidir el orden de importancia de estos problemas, del uno al cinco.

Los resultados probaron (*proved*) que la mayoría de los estudiantes están preocupados por la contaminación del aire. Muchos mencionaron que no hay aire puro en las ciudades. El problema número dos para los estudiantes es que los ríos y los lagos están afectados por la contaminación. La deforestación quedó como el problema número tres, la basura en las ciudades como el número cuatro y los animales en peligro de extinción como el cinco.

1. ¿Según la encuesta, qué problema consideran más grave? ¿Qué problema consideran menos grave?
2. ¿Cómo creen ustedes que se puede evitar o resolver el problema más importante?
3. ¿Es necesario resolver el problema menos importante? ¿Por qué?
4. ¿Consideran ustedes que existen los mismos problemas en su comunidad? Den algunos ejemplos.

8

Situaciones

Trabajen en grupos pequeños para representar estas situaciones.

1. Unos/as representantes de una agencia ambiental (*environmental*) hablan con el/la presidente/a de una fábrica que está contaminando el aire o el río de la zona.
2. Un(a) guía de ecoturismo habla con un grupo sobre cómo disfrutar (*enjoy*) de la naturaleza y conservar el medio ambiente.
3. Un(a) representante de la universidad habla con un grupo de nuevos estudiantes sobre la campaña (*campaign*) ambiental de la universidad y trata de reclutar (*tries to recruit*) miembros para un club que trabaja para la protección del medio ambiente.

9

Escribir una carta

Trabajen en parejas para escribir una carta a una fábrica real o imaginaria que esté contaminando el medio ambiente. Expliquen las consecuencias que sus acciones van a tener para el medio ambiente. Sugiéranle algunas ideas para que solucione el problema. Utilicen por lo menos diez palabras de **Contextos**.

Aventuras en la naturaleza

Las chicas visitan un santuario de tortugas, mientras los chicos pasean por la selva.

PERSONAJES

MARISSA

JIMENA

Video: *Fotonovela*
Record and Compare

1

MARISSA Querida tía Ana María, lo estoy pasando muy bien. Es maravilloso que México tenga tantos programas estupendos para proteger a las tortugas. Hoy estamos en Tulum, y ¡el paisaje es espectacular! Con cariño, Marissa.

2

MARISSA Estoy tan feliz de que estés aquí conmigo.

JIMENA Es mucho más divertido cuando se viaja con amigos.

(*Llegan Felipe y Juan Carlos*)

JIMENA ¿Qué pasó?

JUAN CARLOS No lo van a creer.

3

GUÍA A menos que protejamos a los animales de la contaminación y la deforestación, en poco tiempo muchos de ellos van a estar extintos. Por favor, síganme y eviten pisar las plantas.

4

FELIPE Nos retrasamos sólo cinco minutos... Qué extraño. Estaban aquí hace unos minutos.

JUAN CARLOS ¿Adónde se fueron?

FELIPE No creo que puedan ir muy lejos.

(*Se separan para buscar al grupo.*)

5

FELIPE Juan Carlos encontró al grupo. ¡Yo esperaba encontrarlos también! ¡Pero nunca vinieron por mí! Yo estaba asustado. Regresé al lugar de donde salimos y esperé. Me perdí todo el recorrido.

6

FELIPE Decidí seguir un río y...

MARISSA No es posible que un guía continúe el recorrido cuando hay dos personas perdidas.

JIMENA Vamos a ver, chicos, ¿qué pasó? Dígannos la verdad.

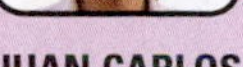

JUAN CARLOS FELIPE GUÍA

JUAN CARLOS Felipe se cayó. Él no quería contarles.

JIMENA ¡Lo sabía!

FELIPE Y ustedes, ¿qué hicieron hoy?

JIMENA Marissa y yo fuimos al santuario de las tortugas.

MARISSA Aprendimos sobre las normas que existen para proteger a las tortugas marinas.

JIMENA Pero no cabe duda de que necesitamos aprobar más leyes para mantenerlas protegidas.

MARISSA Fue muy divertido verlas tan cerca.

JUAN CARLOS Entonces se divirtieron. ¡Qué bien!

JIMENA Gracias, y tú, pobrecito, pasaste todo el día con mi hermano. Siempre te mete en problemas.

Expresiones útiles

Talking about the environment

Aprendimos sobre las normas que existen para proteger a las tortugas marinas.
We learned about the regulations that exist to protect sea turtles.

Afortunadamente, ahora la población está aumentando.
Fortunately, the population is now growing.

No cabe duda de que necesitamos aprobar más leyes para mantenerlas protegidas.
There is no doubt that we need to pass more laws to keep them protected.

Es maravilloso que México tenga tantos programas estupendos para proteger a las tortugas.
It's marvelous that Mexico has so many wonderful programs to protect the turtles.

A menos que protejamos a los animales de la contaminación y la deforestación, en poco tiempo muchos de ellos van a estar extintos.
Unless we protect animals from pollution and habitat loss, soon many of them will be extinct.

Additional vocabulary

aumentar
to grow; to get bigger

meterse en problemas
to get into trouble

perdido/a
lost

el recorrido
tour

sobre todo
above all

recursos

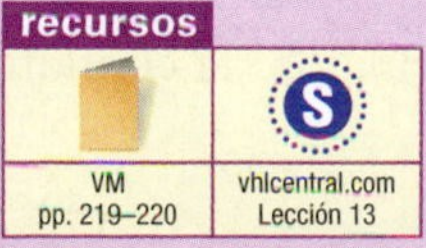

¿Qué pasó?

1

Seleccionar Selecciona la respuesta más lógica para completar cada oración.

1. México tiene muchos programas para __________ a las tortugas.
   a. destruir b. reciclar c. proteger
2. Según la guía, muchos animales van a estar en peligro de __________ si no los protegemos.
   a. reciclaje b. extinción c. deforestación
3. La guía les pide a los visitantes que eviten pisar __________.
   a. las plantas b. las piedras c. la tierra
4. Felipe no quería contarles a las chicas que se __________.
   a. divirtió b. alegró c. cayó
5. Jimena dice que debe haber más __________ para proteger a las tortugas.
   a. playas b. leyes c. gobiernos

2

Identificar Identifica quién puede decir estas oraciones. Puedes usar algunos nombres más de una vez.

1. Fue divertido ver a las tortugas y aprender las normas para mantenerlas protegidas.
2. Tenemos que evitar la contaminación y la deforestación.
3. Estoy feliz de estar aquí. Tulum es maravilloso.
4. Es una lástima que me pierda el recorrido.
5. No es posible que esa historia que nos dices sea verdad.
6. No van a creer lo que le sucedió a Felipe.
7. Tenemos que cuidar las plantas y los animales.
8. Ojalá que mi hermano no se meta en más problemas.

FELIPE

MARISSA

JIMENA

GUÍA

JUAN CARLOS

NOTA CULTURAL

Tulum es una importante zona arqueológica que se localiza en lacosta del estado de Quintana Roo, México. La ciudad amurallada (*walled*), construida (*built*) por los mayas, es famosa por su impresionante ubicación (*location*) en un acantilado (*cliff*) frente al mar.

3

Preguntas Responde a estas preguntas usando la información de **Fotonovela**.

1. ¿Qué lugar visitan Marissa y Jimena?
2. ¿Adónde fueron Juan Carlos y Felipe?
3. Según la guía, ¿por qué muchos animales están en peligro de extinción?
4. ¿Por qué Jimena y Marissa no creen la historia de Felipe?
5. ¿Qué esperaba Felipe cuando estaba perdido?

4

El medio ambiente En parejas, discutan algunos problemas ambientales y sus posibles soluciones. Usen estas preguntas y frases en su conversación.

- ¿Hay problemas de contaminación donde vives?
- Tenemos un problema muy grave de contaminación de...
- ¿Cómo podemos resolver los problemas de la contaminación?

Practice more at **vhlcentral.com.**

Ortografía

Los signos de puntuación

In Spanish, as in English, punctuation marks are important because they help you express your ideas in a clear, organized way.

No podía ver las llaves. Las buscó por los estantes, las mesas, las sillas, el suelo; minutos después, decidió mirar por la ventana. Allí estaban...

The **punto y coma** (;), the **tres puntos** (...), and the **punto** (.) are used in very similar ways in Spanish and English.

Argentina, Brasil, Paraguay y Uruguay son miembros de Mercosur.

In Spanish, the **coma** (,) is not used before **y** or **o** in a series.

13,5% **29,2°** **3.000.000** **$2.999,99**

In numbers, Spanish uses a **coma** where English uses a decimal point and a **punto** where English uses a comma.

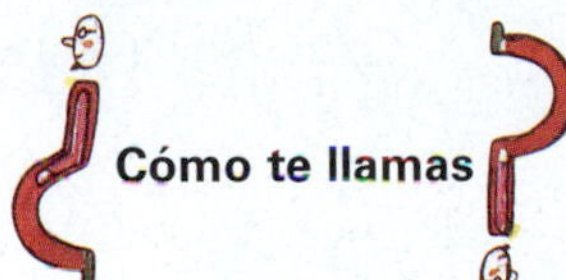

¿Dónde está? **¡Ven aquí!**

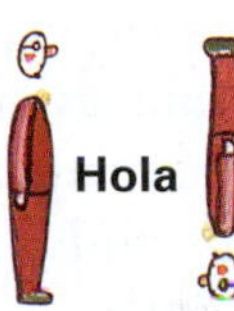

Questions in Spanish are preceded and followed by **signos de interrogación** (¿ ?), and exclamations are preceded and followed by **signos de exclamación** (¡ !).

Práctica Lee el párrafo e indica los signos de puntuación necesarios.

Ayer recibí la invitación de boda de Marta mi amiga colombiana inmediatamente empecé a pensar en un posible regalo fui al almacén donde Marta y su novio tenían una lista de regalos había de todo copas cafeteras tostadoras finalmente decidí regalarles un perro ya sé que es un regalo extraño pero espero que les guste a los dos

¿Palabras de amor? El siguiente diálogo tiene diferentes significados (*meanings*) dependiendo de los signos de puntuación que utilices y el lugar donde los pongas. Intenta encontrar los diferentes significados.

JULIÁN me quieres
MARISOL no puedo vivir sin ti
JULIÁN me quieres dejar
MARISOL no me parece mala idea
JULIÁN no eres feliz conmigo
MARISOL no soy feliz

recursos

LM p. 74	vhlcentral.com Lección 13

EN DETALLE

¡Los Andes se mueven!

Los Andes, la cadena° de montañas más extensa de América, son conocidos como "la espina dorsal° de Suramérica". Sus 7.240 kilómetros (4.500 millas) van desde el norte° de la región entre Venezuela y Colombia, hasta el extremo sur°, entre Argentina y Chile, y pasan por casi todos los países suramericanos. La cordillera° de los Andes, formada hace 27 millones de años, es la segunda más alta del mundo, después de la del Himalaya (aunque° esta última es mucho más "joven", ya que se formó hace apenas cinco millones de años).

Para poder atravesar° de un lado a otro de los Andes, existen varios pasos o puertos° de montaña. Situados a grandes alturas°, son generalmente estrechos° y peligrosos. En algunos de ellos hay, también, vías ferroviarias°.

De acuerdo con° varias instituciones científicas, la cordillera de los Andes se eleva° y se hace más angosta° cada año. La capital de Chile se acerca° a la capital de Argentina a un ritmo° de 19,4 milímetros por año. Si ese ritmo se mantiene°, Santiago y Buenos Aires podrían unirse° en unos... 63 millones de años, ¡casi el mismo tiempo que ha transcurrido° desde la extinción de los dinosaurios!

Arequipa, Perú

Los Andes en números

3 Cordilleras que forman los Andes: Las cordilleras Central, Occidental y Oriental

900 (A.C.°) Año aproximado en que empezó el desarrollo° de la cultura chavín, en los Andes peruanos

600 Número aproximado de volcanes que hay en los Andes

6.960 Metros (**22.835** pies) de altura del Aconcagua (Argentina), el pico° más alto de los Andes

cadena *range* **espina dorsal** *spine* **norte** *north* **sur** *south* **cordillera** *mountain range* **aunque** *although* **atravesar** *to cross* **puertos** *passes* **alturas** *heights* **estrechos** *narrow* **vías ferroviarias** *railroad tracks* **De acuerdo con** *According to* **se eleva** *rises* **angosta** *narrow* **se acerca** *gets closer* **ritmo** *rate* **se mantiene** *keeps going* **podrían unirse** *could join together* **ha transcurrido** *has gone by* **A.C.** *Before Christ* **desarrollo** *development* **pico** *peak*

ACTIVIDADES

1 **Escoger** Escoge la opción que completa mejor cada oración.

1. Los Andes son la cadena montañosa más extensa del...
   a. mundo. b. continente americano. c. hemisferio norte.
2. "La espina dorsal de Suramérica" es...
   a. los Andes. b. el Himalaya. c. el Aconcagua.
3. La cordillera de los Andes se extiende...
   a. de este a oeste. b. de sur a oeste. c. de norte a sur.
4. El Himalaya y los Andes tienen...
   a. diferente altura. b. la misma altura. c. el mismo color.
5. Es posible atravesar los Andes por medio de...
   a. montañas b. puertos c. aviones
6. En algunos de los puertos de montaña de los Andes hay...
   a. puertas. b. vías ferroviarias. c. cordilleras.
7. En 63 millones de años, Buenos Aires y Santiago podrían...
   a. separarse. b. desarrollarse. c. unirse.
8. El Aconcagua es...
   a. una montaña. b. un grupo indígena. c. un volcán.

ASÍ SE DICE

La naturaleza

el arco iris	*rainbow*
la cascada; la catarata	*waterfall*
el cerro; la colina; la loma	*hill*
la cima; la cumbre; el tope (Col.)	*summit; mountain top*
la maleza; los rastrojos (Col.); la yerba mala (Cuba); los hierbajos (Méx.); los yuyos (Arg.)	*weeds*
la niebla	*fog*

EL MUNDO HISPANO

Cuerpos° de agua

- **Lago de Maracaibo** es el lago natural más grande de Suramérica y tiene una conexión directa y natural con el mar.
- **Lago Titicaca** es el lago navegable más alto del mundo. Se encuentra a más de 3.800 metros de altitud.
- **Bahía Mosquito** es una bahía bioluminiscente. En sus aguas viven unos microorganismos que emiten luz° cuando sienten que algo agita° el agua.

Cuerpos *Bodies* emiten luz *emit light* agita *shakes*

PERFIL

La Sierra Nevada de Santa Marta

La Sierra Nevada de Santa Marta es una cadena de montañas en la costa norte de Colombia. Se eleva abruptamente desde las costas del mar Caribe y en apenas 42 kilómetros llega a una altura de 5.775 metros (18.947 pies) en sus picos nevados°. Tiene las montañas más altas de Colombia y es la formación montañosa costera° más alta del mundo.

Los pueblos indígenas que habitan allí lograron° mantener los frágiles ecosistemas de estas montañas a través de° un sofisticado sistema de terrazas° y senderos empedrados° que permitieron° el control de las aguas en una región de muchas lluvias, evitando° así la erosión de la tierra. La Sierra fue nombrada Reserva de la Biosfera por la UNESCO en 1979.

nevados *snowcapped* costera *coastal* lograron *managed* a través de *by means of* terrazas *terraces* empedrados *cobblestone* permitieron *allowed* evitando *avoiding*

Conexión Internet

¿Dónde se puede hacer ecoturismo en Latinoamérica?

Go to **vhlcentral.com** to find more cultural information related to this **Cultura** section.

ACTIVIDADES

2 Comprensión Indica si lo que dice cada oración es **cierto** o **falso**. Corrige la información falsa.

1. En Colombia, *weeds* se dice **hierbajos**.
2. El lago Titicaca es el más grande del mundo.
3. La Sierra Nevada de Santa Marta es la formación montañosa costera más alta del mundo.
4. Los indígenas destruyeron el ecosistema de Santa Marta.

3 Maravillas de la naturaleza Escribe un párrafo breve donde describas alguna maravilla de la naturaleza que has (*you have*) visitado y que te impresionó. Puede ser cualquier (*any*) sitio natural: un río, una montaña, una selva, etc.

Practice more at **vhlcentral.com.**

recursos

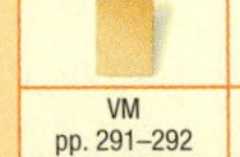
VM pp. 291–292

vhlcentral.com Lección 13

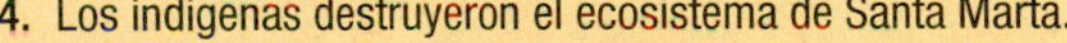

13.1 The subjunctive with verbs of emotion

ANTE TODO In the previous lesson, you learned how to use the subjunctive with expressions of will and influence. You will now learn how to use the subjunctive with verbs and expressions of emotion.

Main clause — Subordinate clause

Marta **espera**  que yo **vaya** al lago este fin de semana.

▶ When the verb in the main clause of a sentence expresses an emotion or feeling, such as hope, fear, joy, pity, surprise, etc., the subjunctive is required in the subordinate clause.

Nos alegramos de que te **gusten** las flores.
We are happy that you like the flowers.

Siento que tú no **puedas** venir mañana.
I'm sorry that you can't come tomorrow.

Temo que Ana no **pueda** ir mañana con nosotros.
I'm afraid that Ana won't be able to go with us tomorrow.

Le **sorprende** que Juan **sea** tan joven.
It surprises him that Juan is so young.

Common verbs and expressions of emotion

alegrarse (de)	*to be happy*	**tener miedo (de)**	*to be afraid (of)*
esperar	*to hope; to wish*	**es extraño**	*it's strange*
gustar	*to be pleasing; to like*	**es una lástima**	*it's a shame*
molestar	*to bother*	**es ridículo**	*it's ridiculous*
sentir (e:ie)	*to be sorry; to regret*	**es terrible**	*it's terrible*
sorprender	*to surprise*	**es triste**	*it's sad*
temer	*to be afraid; to fear*	**ojalá (que)**	*I hope (that); I wish (that)*

CONSULTA

Certain verbs of emotion, like **gustar**, **molestar**, and **sorprender**, require indirect object pronouns. For more examples, see **Estructura 7.4**, pp. 230–231.

Me molesta que la gente no **recicle** el plástico.
It bothers me that people don't recycle plastic.

Es triste que **tengamos** problemas como el cambio climático.
It's sad that we have problems like climate change.

- As with expressions of will and influence, the infinitive, not the subjunctive, is used after an expression of emotion when there is no change of subject from the main clause to the subordinate clause. Compare these sentences.

Temo **llegar** tarde.
I'm afraid I'll arrive late.

Temo que mi novio **llegue** tarde.
I'm afraid my boyfriend will arrive late.

- The expression **ojalá (que)** means *I hope* or *I wish,* and it is always followed by the subjunctive. Note that the use of **que** with this expression is optional.

Ojalá (que) se conserven nuestros recursos naturales.
I hope (that) our natural resources will be conserved.

Ojalá (que) recojan la basura hoy.
I hope (that) they collect the garbage today.

¡INTÉNTALO! Completa las oraciones con las formas correctas de los verbos.

1. Ojalá que ellos descubran (descubrir) nuevas formas de energía.
2. Espero que Ana nos ________ (ayudar) a recoger la basura en la carretera.
3. Es una lástima que la gente no ________ (reciclar) más.
4. Esperamos ________ (proteger) a las tortugas marinas que llegan a esta playa.
5. Me alegro de que mis amigos ________ (querer) conservar la naturaleza.
6. Espero que tú ________ (venir) a la reunión (*meeting*) del Club de Ecología.
7. Es malo ________ (contaminar) el medio ambiente.
8. A mis padres les gusta que nosotros ________ (participar) en la reunión.
9. Es terrible que nuestras ciudades ________ (estar) afectadas por la contaminación.
10. Ojalá que yo ________ (poder) hacer algo para reducir el calentamiento global.

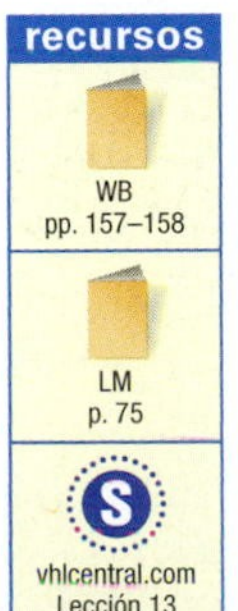

Práctica

1  

Completar Completa el diálogo con palabras de la lista. Compara tus respuestas con las de un(a) compañero/a.

Bogotá, Colombia

alegro	molesta	salga
encuentren	ojalá	tengo miedo de
estén	puedan	vayan
lleguen	reduzcan	visitar

OLGA Me alegro de que Adriana y Raquel (1)__________ a Colombia. ¿Van a estudiar?

SARA Sí. Es una lástima que (2)__________ una semana tarde. Ojalá que la universidad las ayude a buscar casa. (3)__________ que no consigan dónde vivir.

OLGA Me (4)__________ que seas tan pesimista, pero sí, yo también espero que (5)__________ gente simpática y que hablen mucho español.

SARA Sí, ojalá. Van a hacer un estudio sobre la deforestación en las costas. Es triste que en tantos países los recursos naturales (6)__________ en peligro.

OLGA Pues, me (7)__________ de que no se queden mucho en la capital por la contaminación. (8)__________ tengan tiempo de viajar por el país.

SARA Sí, espero que (9)__________ ir a Medellín. Sé que también quieren (10)__________ la Catedral de Sal de Zipaquirá.

NOTA CULTURAL

Los principales factores que determinan la temperatura de **Bogotá, Colombia,** son su proximidad al ecuador y su altitud, 2.640 metros (8.660 pies) sobre el nivel (*level*) del mar. Con un promedio (*average*) de 13° C (56° F), Bogotá disfruta de un clima templado (*mild*) durante la mayor parte del año. Hay, sin embargo, variaciones considerables entre el día (18° C) y la noche (7° C).

2

Transformar Transforma estos elementos en oraciones completas para formar un diálogo entre Juan y la madre de Raquel. Añade palabras si es necesario. Luego, con un(a) compañero/a, presenta el diálogo a la clase.

1. Juan, / esperar / (tú) escribirle / Raquel. / Ser / tu / novia. / Ojalá / no / sentirse / sola
2. molestarme / (usted) decirme / lo que / tener / hacer. / Ahora / mismo / le / estar / escribiendo
3. alegrarme / oírte / decir / eso. / Ser / terrible / estar / lejos / cuando / nadie / recordarte
4. señora, / ¡yo / tener / miedo de / (ella) no recordarme / mí! / Ser / triste / estar / sin / novia
5. ser / ridículo / (tú) sentirte / así. / Tú / saber / ella / querer / casarse / contigo
6. ridículo / o / no, / sorprenderme / (todos) preocuparse / ella / y / (nadie) acordarse de / mí

Practice more at **vhlcentral.com.**

Comunicación

3 **Comentar** En parejas, túrnense para formar oraciones sobre su comunidad, sus clases, su gobierno o algún otro tema, usando expresiones como **me alegro de que, temo que** y **es extraño que.** Luego, reaccionen a los comentarios de su compañero/a.

modelo

Estudiante 1: *Me alegro de que vayan a limpiar el río.*
Estudiante 2: *Yo también. Me preocupa que el agua del río esté tan sucia.*

4 **Contestar** Lee el mensaje electrónico que Raquel le escribió a su novio, Juan. Luego, en parejas, contesten el mensaje usando expresiones como **me sorprende que, me molesta que** y **es una lástima que.**

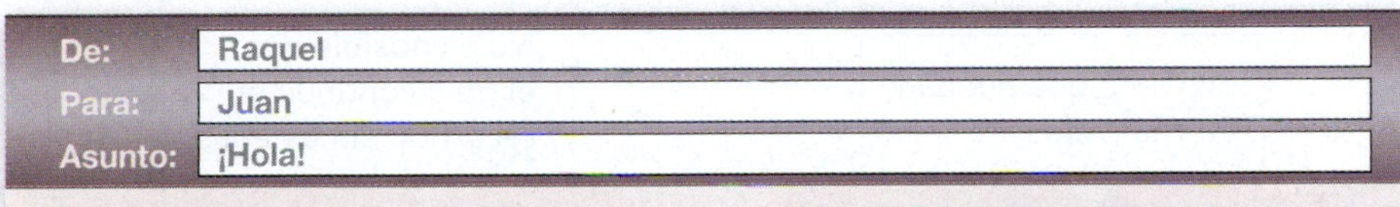

Hola, Juan:

Mi amor, siento no escribirte más frecuentemente. La verdad es que estoy muy ocupada todo el tiempo. No sabes cuánto me estoy divirtiendo en Colombia. Me sorprende haber podido adaptarme tan bien. Es bueno tener tanto trabajo. Aprendo mucho más aquí que en el laboratorio de la universidad. Me encanta que me den responsabilidades y que compartan sus muchos conocimientos conmigo. Ay, pero pienso mucho en ti. Qué triste es que no podamos estar juntos por tanto tiempo. Ojalá que los días pasen rápido. Bueno, querido, es todo por ahora. Escríbeme pronto.

Te quiero y te extraño mucho,

Raquel

AYUDA

Echar de menos (a alguien) and **extrañar (a alguien)** are two ways of saying *to miss (someone)*.

Síntesis

5 **No te preocupes** Estás muy preocupado/a por los problemas del medio ambiente y le comentas a tu compañero/a todas tus preocupaciones. Él/Ella va a darte la solución adecuada para tus preocupaciones. Su profesor(a) les va a dar una hoja distinta a cada uno/a con la información necesaria para completar la actividad.

modelo

Estudiante 1: *Me molesta que las personas tiren basura en las calles.*
Estudiante 2: *Por eso es muy importante que los políticos hagan leyes para conservar las ciudades limpias.*

13.2 The subjunctive with doubt, disbelief, and denial

Just as the subjunctive is required with expressions of emotion, influence, and will, it is also used with expressions of doubt, disbelief, and denial.

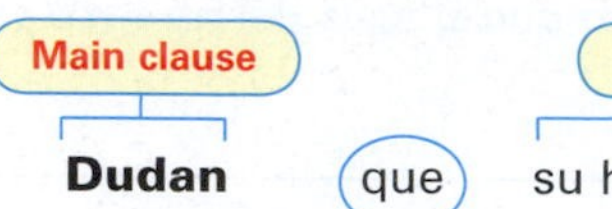

Subordinate clause

su hijo les **diga** la verdad.

- The subjunctive is always used in a subordinate clause when there is a change of subject and the expression in the main clause implies negation or uncertainty.

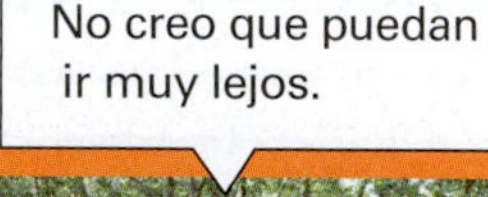

- Here is a list of some common expressions of doubt, disbelief, or denial.

Expressions of doubt, disbelief, or denial

dudar	*to doubt*	**no es seguro**	*it's not certain*
negar (e:ie)	*to deny*	**no es verdad**	*it's not true*
no creer	*not to believe*	**es imposible**	*it's impossible*
no estar seguro/a (de)	*not to be sure*	**es improbable**	*it's improbable*
no es cierto	*it's not true; it's not certain*	**(no) es posible**	*it's (not) possible*
		(no) es probable	*it's (not) probable*

El gobierno **niega** que el agua **esté** contaminada.
The government denies that the water is polluted.

Dudo que el gobierno **resuelva** el problema.
I doubt that the government will solve the problem.

Es probable que **haya** menos bosques y selvas en el futuro.
It's probable that there will be fewer forests and jungles in the future.

No es verdad que mi hermano **estudie** ecología.
It's not true that my brother studies ecology.

¡LENGUA VIVA!

In English, the expression *it is probable* indicates a fairly high degree of certainty. In Spanish, however, **es probable** implies uncertainty and therefore triggers the subjunctive in the subordinate clause: **Es probable que venga Elena (pero quizás no puede).**

▶ The indicative is used in a subordinate clause when there is no doubt or uncertainty in the main clause. Here is a list of some expressions of certainty.

Expressions of certainty

no dudar	*not to doubt*	**estar seguro/a (de)**	*to be sure*
no cabe duda de	*there is no doubt*	**es cierto**	*it's true; it's certain*
no hay duda de	*there is no doubt*	**es seguro**	*it's certain*
no negar (e:ie)	*not to deny*	**es verdad**	*it's true*
creer	*to believe*	**es obvio**	*it's obvious*

No negamos que **hay** demasiados carros en las carreteras.
We don't deny that there are too many cars on the highways.

Es verdad que Colombia **es** un país bonito.
It's true that Colombia is a beautiful country.

No hay duda de que el Amazonas **es** uno de los ríos más largos.
There is no doubt that the Amazon is one of the longest rivers.

Es obvio que las ballenas **están** en peligro de extinción.
It's obvious that whales are in danger of extinction.

▶ In affirmative sentences, the verb **creer** expresses belief or certainty, so it is followed by the indicative. In negative sentences, however, when doubt is implied, **creer** is followed by the subjunctive.

Creo que **debemos** usar exclusivamente la energía solar.
I believe we should use solar energy exclusively.

No creo que **haya** vida en el planeta Marte.
I don't believe that there is life on planet Mars.

▶ The expressions **quizás** and **tal vez** are usually followed by the subjunctive because they imply doubt about something.

Quizás haga sol mañana.
Perhaps it will be sunny tomorrow.

Tal vez veamos la luna esta noche.
Perhaps we will see the moon tonight.

¡INTÉNTALO! Completa estas oraciones con la forma correcta del verbo.

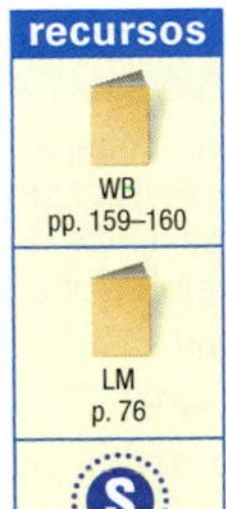

1. Dudo que ellos trabajen (trabajar).
2. Es cierto que él ________ (comer) mucho.
3. Es imposible que ellos ________ (salir).
4. Es probable que ustedes ________ (ganar).
5. No creo que ella ________ (volver).
6. Es posible que nosotros ________ (ir).
7. Dudamos que tú ________ (reciclar).
8. Creo que ellos ________ (jugar) al fútbol.
9. No niego que ustedes ________ (estudiar).
10. Es posible que ella no ________ (venir) a casa.
11. Es probable que Lucio y Carmen ________ (dormir).
12. Es posible que mi prima Marta ________ (llamar).
13. Tal vez Juan no nos ________ (oír).
14. No es cierto que Paco y Daniel nos ________ (ayudar).

Práctica

1

Escoger Escoge las respuestas correctas para completar el diálogo. Luego dramatiza el diálogo con un(a) compañero/a.

RAÚL Ustedes dudan que yo realmente (1)__________ (estudio/estudie). No niego que a veces me (2)__________ (divierto/divierta) demasiado, pero no cabe duda de que (3)__________ (tomo/tome) mis estudios en serio. Estoy seguro de que cuando me vean graduarme van a pensar de manera diferente. Creo que no (4)__________ (tienen/tengan) razón con sus críticas.

PAPÁ Es posible que tu mamá y yo no (5)__________ (tenemos/tengamos) razón. Es cierto que a veces (6)__________ (dudamos/dudemos) de ti. Pero no hay duda de que te (7)__________ (pasas/pases) toda la noche en Internet y oyendo música. No es nada seguro que (8)__________ (estás/estés) estudiando.

RAÚL Es verdad que (9)__________ (uso/use) mucho la computadora pero, ¡piensen! ¿No es posible que (10)__________ (es/sea) para buscar información para mis clases? ¡No hay duda de que Internet (11)__________ (es/sea) el mejor recurso del mundo! Es obvio que ustedes (12)__________ (piensan/piensen) que no hago nada, pero no es cierto.

PAPÁ No dudo que esta conversación nos (13)__________ (va/vaya) a ayudar. Pero tal vez esta noche (14)__________ (puedes/puedas) trabajar sin música. ¿Está bien?

2

Dudas Carolina es una chica que siempre miente. Expresa tus dudas sobre lo que Carolina está diciendo ahora. Usa las expresiones entre paréntesis para tus respuestas.

modelo

El próximo año Marta y yo vamos de vacaciones por diez meses. (dudar)
Dudo que vayan de vacaciones por ese tiempo. ¡Ustedes no son ricas!

1. Estoy escribiendo una novela en español. (no creer)
2. Mi tía es la directora de PETA. (no ser verdad)
3. Dos profesores míos juegan para los Osos *(Bears)* de Chicago. (ser imposible)
4. Mi mejor amiga conoce al chef Bobby Flay. (no ser cierto)
5. Mi padre es dueño del Centro Rockefeller. (no ser posible)
6. Yo ya tengo un doctorado *(doctorate)* en lenguas. (ser improbable)

AYUDA

Here are some useful expressions to say that you don't believe someone.

¡Qué va!
¡Imposible!
¡No te creo!
¡Es mentira!

Comunicación

3 **Entrevista** En parejas, imaginen que trabajan para un periódico y que tienen que hacerle una entrevista a la ecologista Mary Axtmann, quien colaboró en la fundación de la organización Ciudadanos Pro Bosque San Patricio, en Puerto Rico. Escriban seis preguntas para la entrevista después de leer las declaraciones de Mary Axtmann. Al final, inventen las respuestas de Axtmann.

NOTA CULTURAL

La asociación de **Mary Axtmann** trabaja para la conservación del Bosque San Patricio. También ofrece conferencias sobre temas ambientales, hace un censo anual de pájaros y tiene un grupo de guías voluntarios. La comunidad hace todo el trabajo; la asociación no recibe ninguna ayuda del gobierno.

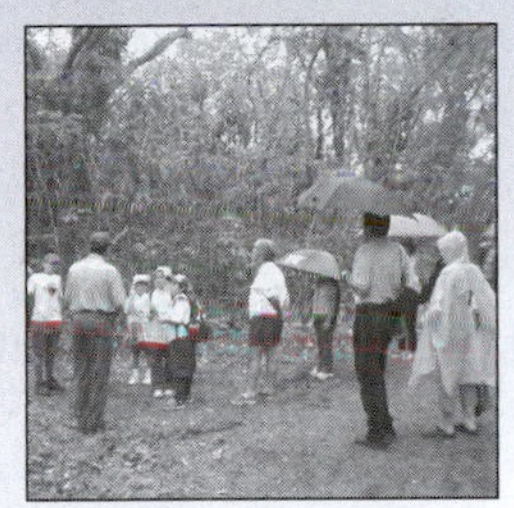

Declaraciones de Mary Axtmann:

"... que el bosque es un recurso ecológico educativo para la comunidad."

"El Bosque San Patricio es un pulmón (*lung*) que produce oxígeno para la ciudad."

"El Bosque San Patricio está en medio de la ciudad de San Juan. Por eso digo que este bosque es una esmeralda (*emerald*) en un mar de concreto."

"El bosque pertenece (*belongs*) a la comunidad."

"Nosotros salvamos este bosque mediante la propuesta (*proposal*) y no la protesta."

4 **Adivinar** Escribe cinco oraciones sobre tu vida presente y futura. Cuatro deben ser falsas y sólo una debe ser cierta. Presenta tus oraciones al grupo. El grupo adivina cuál es la oración cierta y expresa sus dudas sobre las oraciones falsas.

modelo

Estudiante 1: Quiero irme un año a la selva a trabajar.
Estudiante 2: Dudo que te guste vivir en la selva.
Estudiante 3: En cinco años voy a ser presidente de los Estados Unidos.
Estudiante 2: No creo que seas presidente de los Estados Unidos en cinco años. ¡Tal vez en treinta!

AYUDA

Here are some useful verbs for talking about plans.
esperar → *to hope*
querer → *to want*
pretender → *to intend*
pensar → *to plan*
Note that **pretender** and *pretend* are false cognates. To express *to pretend*, use the verb **fingir.**

Síntesis

5 **Intercambiar** En grupos, escriban un párrafo sobre los problemas del medio ambiente en su estado o en su comunidad. Compartan su párrafo con otro grupo, que va a ofrecer opiniones y soluciones. Luego presenten su párrafo, con las opiniones y soluciones del otro grupo, a la clase.

13.3 The subjunctive with conjunctions

ANTE TODO Conjunctions are words or phrases that connect other words and clauses in sentences. Certain conjunctions commonly introduce adverbial clauses, which describe *how, why, when,* and *where* an action takes place.

Main clause	Conjunction	Adverbial clause
Vamos a visitar a Carlos	**antes de que**	**regrese** a California.

Marissa habla con Jimena antes de que lleguen los chicos.

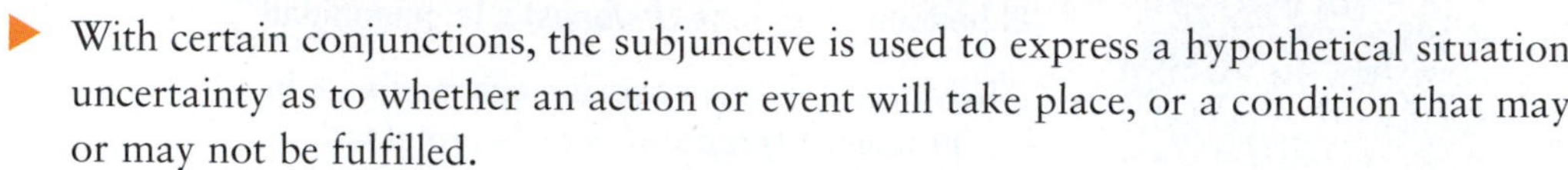

- With certain conjunctions, the subjunctive is used to express a hypothetical situation, uncertainty as to whether an action or event will take place, or a condition that may or may not be fulfilled.
- Here is a list of the conjunctions that always require the subjunctive.

Conjunctions that require the subjunctive

a menos que	*unless*	**en caso (de) que**	*in case (that)*
antes (de) que	*before*	**para que**	*so that*
con tal (de) que	*provided that*	**sin que**	*without*

Voy a recoger el envase **en caso de que pueda** reciclarse.
I'm going to pick up the container in case it can be recycled.

Algunos animales van a morir **a menos que** haya leyes para protegerlos.
Some animals are going to die unless there are laws to protect them.

Voy al supermercado **para que tengas** algo de comer.
I'm going to the store so that you'll have something to eat.

Ellos nos llevan a la selva **para que** veamos las plantas tropicales.
They are taking us to the jungle so we can see the tropical plants.

- The infinitive, not **que** + [*subjunctive*], is used after the prepositions **antes de, para,** and **sin** when there is no change of subject. **¡Atención!** While you may use a present participle with the English equivalent of these conjunctions, in Spanish you cannot.

Te llamamos **antes de salir** de la casa.
We will call you before leaving the house.

Te llamamos mañana **antes de que salgas.**
We will call you tomorrow before you leave.

Conjunctions with subjunctive or indicative

Conjunctions used with subjunctive or indicative

cuando	*when*	**hasta que**	*until*
después de que	*after*	**tan pronto como**	*as soon as*
en cuanto	*as soon as*		

- With the conjunctions above, use the subjunctive in the subordinate clause if the main clause expresses a future action or command.

  Vamos a resolver el problema **cuando desarrollemos** nuevas tecnologías.
  We are going to solve the problem when we develop new technologies.

  Después de que ustedes **tomen** sus refrescos, reciclen las botellas.
  After you drink your soft drinks, recycle the bottles.

- With these conjunctions, the indicative is used in the subordinate clause if the verb in the main clause expresses an action that habitually happens, or that happened in the past.

  Contaminan los ríos **cuando construyen** nuevos edificios.
  They pollute the rivers when they build new buildings.

  Contaminaron el río **cuando construyeron** ese edificio.
  They polluted the river when they built that building.

¡INTÉNTALO! Completa las oraciones con las formas correctas de los verbos.

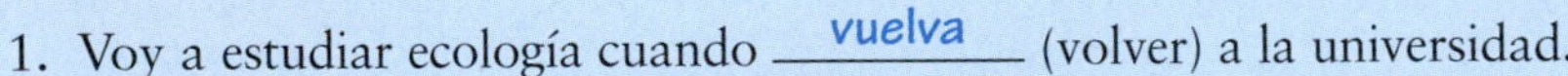

1. Voy a estudiar ecología cuando vuelva (volver) a la universidad.
2. No podemos evitar el cambio climático, a menos que todos ________ (trabajar) juntos.
3. No podemos conducir sin ________ (contaminar) el aire.
4. Siempre recogemos mucha basura cuando ________ (ir) al parque.
5. Elisa habló con el presidente del Club de Ecología después de que ________ (terminar) la reunión.
6. Vamos de excursión para ________ (observar) los animales y las plantas.
7. La contaminación va a ser un problema muy serio hasta que nosotros ________ (cambiar) nuestros sistemas de producción y transporte.
8. El gobierno debe crear más parques nacionales antes de que los bosques y ríos ________ (estar) completamente contaminados.
9. La gente recicla con tal de que no ________ (ser) díficil.

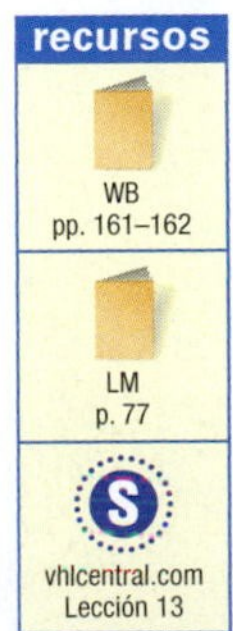

Práctica

1

Completar La señora Montero habla de una excursión que quiere hacer con su familia. Completa las oraciones con la forma correcta de cada verbo.

1. Voy a llevar a mis hijos al parque para que ________ (aprender) sobre la naturaleza.
2. Voy a pasar todo el día allí a menos que ________ (hacer) mucho frío.
3. Podemos explorar el parque en bicicleta sin ________ (caminar) demasiado.
4. Vamos a bajar al cráter con tal de que no se ________ (prohibir).
5. Siempre llevamos al perro cuando ________ (ir) al parque.
6. No pensamos ir muy lejos en caso de que ________ (llover).
7. Vamos a almorzar a la orilla (*shore*) del río cuando nosotros ________ (terminar) de preparar la comida.
8. Mis hijos van a dejar todo limpio antes de ________ (salir) del parque.

2

Frases Completa estas frases de una manera lógica.

1. No podemos controlar la contaminación del aire a menos que...
2. Voy a reciclar los productos de papel y de vidrio en cuanto...
3. Debemos comprar coches eléctricos tan pronto como...
4. Protegemos los animales en peligro de extinción para que...
5. Mis amigos y yo vamos a recoger la basura de la universidad después de que...
6. No podemos desarrollar nuevas fuentes (*sources*) de energía sin...
7. Hay que eliminar la contaminación del agua para...
8. No podemos proteger la naturaleza sin que...

3

Organizaciones colombianas En parejas, lean las descripciones de las organizaciones de conservación. Luego expresen en sus propias (*own*) palabras las opiniones de cada organización.

Organización:
Fundación Río Orinoco
Problema:
La destrucción de los ríos
Solución:
Programa para limpiar las orillas de los ríos y reducir la erosión y así proteger los ríos

Organización:
Oficina de Turismo Internacional
Problema:
Necesidad de mejorar la imagen del país en el mercado turístico internacional
Solución:
Plan para promover el ecoturismo en los 54 parques nacionales, usando agencias de publicidad e implementando un plan agresivo de conservación

Organización:
Asociación Nabusimake-Pico Colón
Problema:
Un lugar turístico popular en la Sierra Nevada de Santa Marta necesita mejor mantenimiento
Solución:
Programa de voluntarios para limpiar y mejorar los senderos

AYUDA

Here are some expressions you can use as you complete **Actividad 3.**

Se puede evitar... con tal de que...
Es necesario... para que...
Debemos prohibir... antes de que...
No es posible... sin que...
Vamos a... tan pronto como...
A menos que... no vamos a...

Comunicación

4

Preguntas En parejas, túrnense para hacerse estas preguntas.

1. ¿Qué haces cada noche antes de acostarte?
2. ¿Qué haces después de salir de la universidad?
3. ¿Qué hace tu familia para que puedas asistir a la universidad?
4. ¿Qué piensas hacer tan pronto como te gradúes?
5. ¿Qué quieres hacer mañana, a menos que haga mal tiempo?
6. ¿Qué haces en tus clases sin que los profesores lo sepan?

5

Comparar En parejas, comparen una actividad rutinaria que ustedes hacen con algo que van a hacer en el futuro. Usen palabras de la lista.

antes de	después de que	hasta que	sin (que)
antes de que	en caso de que	para (que)	tan pronto como

modelo

Estudiante 1: *El sábado vamos al lago. Tan pronto como volvamos, vamos a estudiar para el examen.*

Estudiante 2: *Todos los sábados llevo a mi primo al parque para que juegue. Pero el sábado que viene, con tal de que no llueva, lo voy a llevar a las montañas.*

Síntesis

6

Tres en raya *(Tic-Tac-Toe)* Formen dos equipos. Con el vocabulario de esta lección, una persona comienza una frase y otra persona de su equipo la termina usando palabras de la gráfica. El primer equipo que forme tres oraciones seguidas *(in a row)* gana el tres en raya. Hay que usar la conjunción o la preposición y el verbo correctamente. Si no, ¡no cuenta!

¡LENGUA VIVA!

Tic-Tac-Toe has various names in the Spanish-speaking world, including **tres en raya, tres en línea, ta-te-ti, gato, la vieja,** and **triqui-triqui**.

modelo

Equipo 1

Estudiante 1: *Dudo que podamos eliminar la deforestación...*

Estudiante 2: *sin que nos ayude el gobierno.*

Equipo 2

Estudiante 1: *Creo que podemos conservar nuestros recursos naturales...*

Estudiante 2: *con tal de que todos hagamos algo para ayudar.*

cuando	con tal de que	para que
antes de que	para	sin que
hasta que	en caso de que	antes de

13.4 Past participles used as adjectives

ANTE TODO In **Lección 5**, you learned about present participles (**estudiando**). Both Spanish and English have past participles. The past participles of English verbs often end in **-ed** (*to turn* → *turned*), but many are also irregular (*to buy* → *bought; to drive* → *driven*).

▶ In Spanish, regular **-ar** verbs form the past participle with **-ado.** Regular **-er** and **-ir** verbs form the past participle with **-ido.**

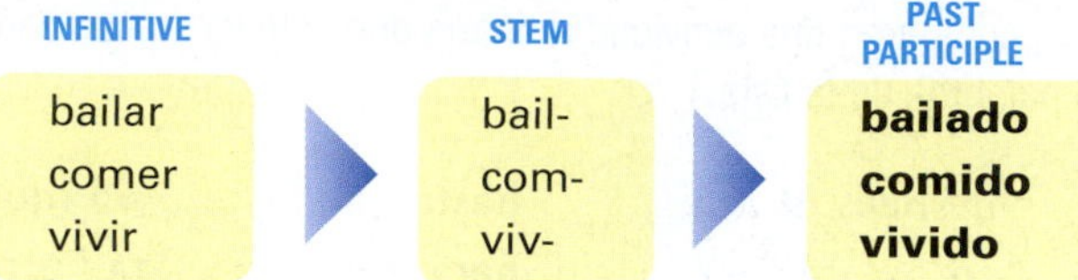

INFINITIVE	STEM	PAST PARTICIPLE
bailar	bail-	**bailado**
comer	com-	**comido**
vivir	viv-	**vivido**

▶ **¡Atención!** The past participles of **-er** and **-ir** verbs whose stems end in **-a, -e,** or **-o** carry a written accent mark on the **i** of the **-ido** ending.

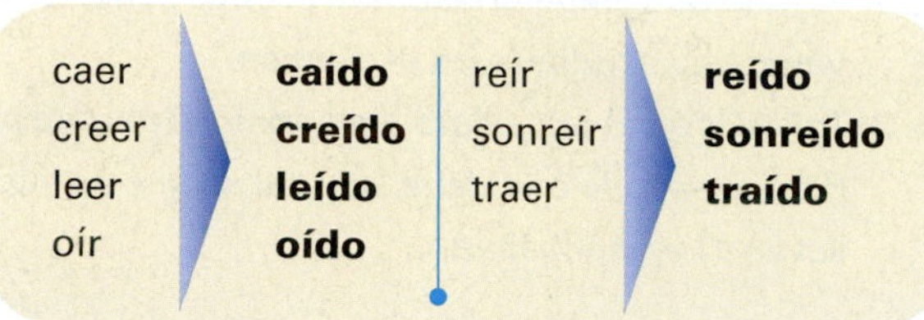

caer	**caído**	reír	**reído**
creer	**creído**	sonreír	**sonreído**
leer	**leído**	traer	**traído**
oír	**oído**		

Irregular past participles

abrir	**abierto**	morir	**muerto**
decir	**dicho**	poner	**puesto**
describir	**descrito**	resolver	**resuelto**
descubrir	**descubierto**	romper	**roto**
escribir	**escrito**	ver	**visto**
hacer	**hecho**	volver	**vuelto**

AYUDA

You already know several past participles used as adjectives: **aburrido, interesado, nublado, perdido,** etc.

• • •

Note that all irregular past participles except **dicho** and **hecho** end in **-to.**

▶ In Spanish, as in English, past participles can be used as adjectives. They are often used with the verb **estar** to describe a condition or state that results from an action. Like other Spanish adjectives, they must agree in gender and number with the nouns they modify.

Me gusta usar papel **reciclado.**
I like to use recycled paper.

La mesa está **puesta** y la cena está **servida.**
The table is set and dinner is served.

¡INTÉNTALO! Indica la forma correcta del participio pasado de estos verbos.

1. hablar hablado
2. beber ________
3. decidir ________
4. romper ________
5. escribir ________
6. cantar ________
7. oír ________
8. traer ________
9. correr ________
10. leer ________
11. ver ________
12. hacer ________

recursos

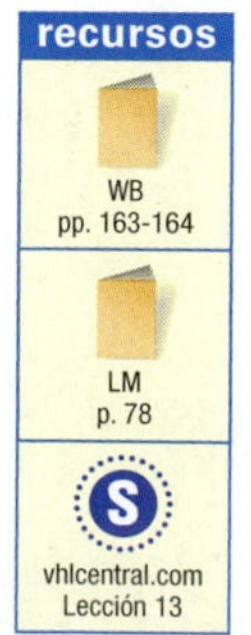

Práctica

1 **Completar** Completa las oraciones con la forma adecuada del participio pasado del verbo que está entre paréntesis.

1. Nuestra excursión a la selva ya está __________ (preparar).
2. Todos los detalles están __________ (escribir) en español.
3. Tenemos que comprar los pasajes, pero Sara no encuentra el mapa. ¡Ay no! Creo que estamos __________ (perder).
4. Sabemos que la agencia de viajes está en una plaza muy __________ (conocer), la Plaza Bolívar. Está __________ (abrir) de nueve a tres.
5. El nombre de la agencia está __________ (escribir) en la entrada y en la acera (*sidewalk*).
6. Pero ya son las tres y diez... qué mala suerte. Seguramente la oficina ya está __________ (cerrar).

NOTA CULTURAL

Simón Bolívar (1783–1830) es considerado el "libertador" de cinco países de Suramérica: Venezuela, Perú, Bolivia, Colombia y Ecuador. Su apellido se ve en nombres como Bolivia, Ciudad Bolívar, la Universidad Simón Bolívar, el bolívar (la moneda venezolana) y en los nombres de plazas y calles.

2 **Preparativos** Tú y tu compañero/a van a hacer un viaje. Túrnense para hacerse estas preguntas sobre los preparativos (*preparations*). Usen el participio pasado en sus respuestas.

modelo

Estudiante 1: *¿Compraste los pasajes de avión?*
Estudiante 2: *Sí, los pasajes ya están comprados.*

1. ¿Hiciste las maletas?
2. ¿Confirmaste las reservaciones para el hotel?
3. ¿Compraste tus medicinas?
4. ¿Lavaste la ropa?
5. ¿Apagaste todas las luces?
6. ¿Cerraste bien la puerta?

Comunicación

3 **Describir** Tú y un(a) compañero/a son agentes de policía y tienen que investigar un crimen. Miren el dibujo y describan lo que encontraron en la habitación del señor Villalonga. Usen el participio pasado en la descripción. Luego, comparen su descripción con la de otra pareja.

modelo

La puerta del baño no estaba cerrada.

AYUDA

You may want to use the past participles of these verbs to describe the illustration: **abrir, desordenar** (*to make untidy*), **hacer, poner, tirar** (*to throw*).

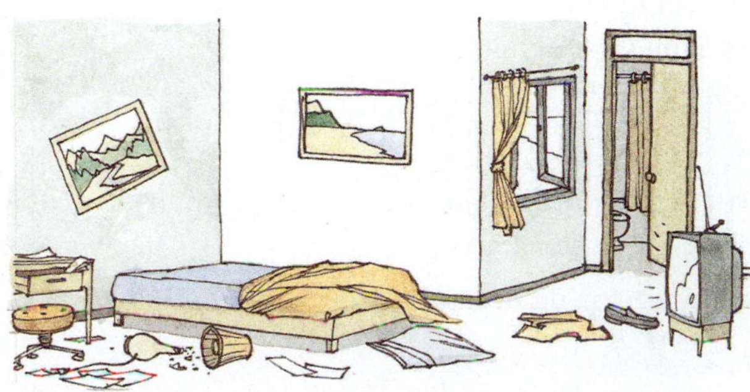

Recapitulación

Completa estas actividades para repasar los conceptos de gramática que aprendiste en esta lección.

1 **Completar** Completa la tabla con la forma correcta de los verbos. 6 pts.

Infinitivo	Participio (f.)	Infinitivo	Participio (m.)
completar	completada	hacer	
cubrir		pagar	pagado
decir		perder	
escribir		poner	

2 **Subjuntivo con conjunciones** Escoge la forma correcta del verbo para completar las oraciones. 6 pts.

1. En cuanto (empiecen/empiezan) las vacaciones, vamos a viajar.
2. Por favor, llámeme a las siete y media en caso de que no (me despierto/me despierte).
3. Toni va a usar su bicicleta hasta que los coches híbridos (cuesten/cuestan) menos dinero.
4. Estudiantes, pueden entrar al parque natural con tal de que (van/vayan) todos juntos.
5. Debemos conservar el agua antes de que no (queda/quede) nada para beber.
6. Siempre quiero vender mi coche cuando (yo) (piense/pienso) en la contaminación.

3 **Creer o no creer** Completa esta conversación con la forma correcta del presente de indicativo o de subjuntivo, según el contexto. 6 pts.

CAROLA Creo que (1) __________ (nosotras, deber) escribir nuestra presentación sobre el reciclaje.

MÓNICA Hmm, no estoy segura de que el reciclaje (2) __________ (ser) un buen tema. No hay duda de que la gente ya (3) __________ (saber) reciclar.

CAROLA Sí, pero dudo que todos lo (4) __________ (practicar).

MÓNICA ¿Sabes, Néstor? El sábado vamos a ir a limpiar la playa con un grupo de voluntarios. ¿Quieres ir?

NÉSTOR No creo que (5) __________ (yo, poder) ir, tengo que estudiar.

CAROLA ¿Estás seguro? ¡Es imposible que (6) __________ (tú, ir) a estudiar todo el fin de semana!

NÉSTOR Bueno, sí, tengo un par de horas en la tarde para ir a la playa...

RESUMEN GRAMATICAL

13.1 The subjunctive with verbs of emotion

pp. 426-427

Verbs and expressions of emotion	
alegrarse (de)	tener miedo (de)
esperar	es extraño
gustar	es una lástima
molestar	es ridículo
sentir (e:ie)	es terrible
sorprender	es triste
temer	ojalá (que)

Main clause		Subordinate clause
Marta espera	que	yo **vaya** al lago mañana.
Ojalá		**comamos** en casa.

13.2 The subjunctive with doubt, disbelief, and denial

pp. 430-431

Expressions of doubt, disbelief, or denial (used with subjunctive)	
dudar	no es verdad
negar (e:ie)	es imposible
no creer	es improbable
no estar seguro/a (de)	(no) es posible
no es cierto	(no) es probable
no es seguro	

Expressions of certainty (used with indicative)	
no dudar	estar seguro/a (de)
no cabe duda de	es cierto
no hay duda de	es seguro
no negar (e:ie)	es verdad
creer	es obvio

► The infinitive is used after these expressions when there is no change of subject.

13.3 The subjunctive with conjunctions

pp. 434-435

Conjunctions that require the subjunctive	
a menos que	en caso (de) que
antes (de) que	para que
con tal (de) que	sin que

4 **Oraciones** Escribe oraciones con estos elementos. Usa el subjuntivo y el participio pasado cuando sea necesario. 20 pts.

1. ser ridículo / los coches / contaminar tanto
2. el gobierno / ir a proteger / las ciudades / afectar / por los tornados
3. no caber duda de / tú y yo / poder / hacer mucho más
4. los ecologistas / temer / los recursos naturales / desaparecer / poco a poco
5. (yo) no estar seguro / los niños / poder ir / porque / el parque / estar / cerrar
6. (yo) alegrarse de / en mi ciudad / reciclarse / el plástico y el vidrio
7. (nosotros) no creer que / la casa / estar / abrir
8. estar prohibido / tocar o dar de comer a / estos animales / proteger
9. es improbable / existir / leyes / contra la deforestación
10. ojalá que / la situación / mejorar / día a día

- The infinitive is used after the prepositions **antes de**, **para**, and **sin** when there is no change of subject.

Te llamamos **antes de salir** de casa.

Te llamamos mañana **antes de que salgas**.

Conjunctions used with subjunctive or indicative	
cuando después de que en cuanto	hasta que tan pronto como

13.4 Past participles used as adjectives p. 438

Past participles

Infinitive	Stem	Past participle
bailar	bail-	**bailado**
comer	com-	**comido**
vivir	viv-	**vivido**

Irregular past participles

abrir	**abierto**	morir	**muerto**
decir	**dicho**	poner	**puesto**
describir	**descrito**	resolver	**resuelto**
descubrir	**descubierto**	romper	**roto**
escribir	**escrito**	ver	**visto**
hacer	**hecho**	volver	**vuelto**

- Like common adjectives, past participles must agree with the noun they modify.

Hay unas postales escritas en español.

5 **Escribir** Escribe un diálogo de al menos seis oraciones en el que un(a) amigo/a hace comentarios pesimistas sobre la situación del medio ambiente en tu ciudad o región y tú respondes con comentarios y reacciones optimistas. Usa verbos y expresiones de esta lección. 12 pts.

6 **Canción** Completa estos versos de una canción de Juan Luis Guerra. ¡2 puntos EXTRA!

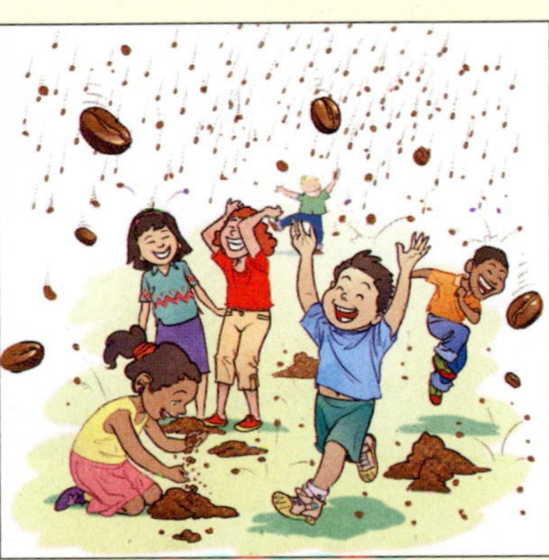

"Ojalá que ________ (llover)
café en el campo.
Pa'° que todos los niños
________ (cantar) en el campo."

Pa' *short for* Para

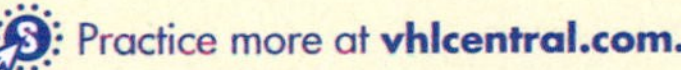

Practice more at **vhlcentral.com.**

Lectura

Antes de leer

Estrategia

Recognizing the purpose of a text

When you are faced with an unfamiliar text, it is important to determine the writer's purpose. If you are reading an editorial in a newspaper, for example, you know that the journalist's objective is to persuade you of his or her point of view. Identifying the purpose of a text will help you better comprehend its meaning.

Examinar los textos

Primero, utiliza la estrategia de lectura para familiarizarte con los textos. Después contesta estas preguntas y compara tus respuestas con las de un(a) compañero/a.

- ¿De qué tratan los textos?°
- ¿Son fábulas°, poemas, artículos de periódico...?
- ¿Cómo lo sabes?

Predicciones

Lee estas predicciones sobre la lectura e indica si estás de acuerdo° con ellas. Después compara tus opiniones con las de un(a) compañero/a.

1. Los textos son del género° de ficción.
2. Los personajes son animales.
3. La acción de los textos tiene lugar en un zoológico.
4. Hay alguna moraleja°.

Determinar el propósito

Con un(a) compañero/a, hablen de los posibles propósitos° de los textos. Consideren estas preguntas:

- ¿Qué te dice el género de los textos sobre los posibles propósitos de los textos?
- ¿Piensas que los textos pueden tener más de un propósito? ¿Por qué?

¿De qué tratan los textos? *What are the texts about?*
fábulas *fables* estás de acuerdo *you agree*
género *genre* moraleja *moral* propósitos *purposes*

Practice more at **vhlcentral.com.**

Sobre los autores

Félix María Samaniego (1745–1801) nació en España y escribi las *Fábulas morales* que ilustran de manera humorística el carácter humano. Los protagonistas de muchas de sus fábulas son animales que hablan.

El perro y el cocodrilo

Bebiendo un perro en el Nilo°,
al mismo tiempo corría.
"Bebe quieto°", le decía
un taimado° cocodrilo.

Díjole° el perro prudente:
"Dañoso° es beber y andar°;
pero ¿es sano el aguardar
a que me claves el diente°?"

¡Oh qué docto° perro viejo!
Yo venero° su sentir°
en esto de no seguir
del enemigo el consejo.

Tomás de Iriarte (1750–1791) nació en las islas Canarias y tuvo gran éxito° con su libro *Fábulas literarias*. Su tendencia a representar la lógica a través de° símbolos de la naturaleza fue de gran influencia para muchos autores de su época°.

El pato° y la serpiente

A orillas° de un estanque°,
diciendo estaba un pato:
"¿A qué animal dio el cielo°
los dones que me ha dado°?

"Soy de agua, tierra y aire:
cuando de andar me canso°,
si se me antoja, vuelo°;
si se me antoja, nado".

Una serpiente astuta
que le estaba escuchando,
le llamó con un silbo°,
y le dijo "¡Seo° guapo!

"No hay que echar tantas plantas°;
pues ni anda como el gamo°,
ni vuela como el sacre°,
ni nada como el barbo°;

"y así tenga sabido
que lo importante y raro°
no es entender de todo,
sino ser diestro° en algo".

Nilo *Nile* quieto *in peace* taimado *sly* Díjole *Said to him* Dañoso *Harmful* andar *to walk* ¿es sano... diente? *Is it good for me to wait for you to sink your teeth into me?* docto *wise* venero *revere* sentir *wisdom* éxito *success* a través de *through* época *time* pato *duck* orillas *banks* estanque *pond* cielo *heaven* los dones... dado *the gifts that it has given me* me canso *I get tired* si se... vuelo *if I feel like it, I fly* silbo *hiss* Seo *Señor* No hay... plantas *There's no reason to boast* gamo *deer* sacre *falcon* barbo *barbel (a type of fish)* raro *rare* diestro *skillful*

Después de leer

Comprensión

Escoge la mejor opción para completar cada oración.

1. El cocodrilo _____ perro.
   a. está preocupado por el b. quiere comerse al
   c. tiene miedo del
2. El perro _____ cocodrilo.
   a. tiene miedo del b. es amigo del
   c. quiere quedarse con el
3. El pato cree que es un animal _____.
   a. muy famoso b. muy hermoso
   c. de muchos talentos
4. La serpiente cree que el pato es _____.
   a. muy inteligente b. muy tonto c. muy feo

Preguntas 

Responde a las preguntas.

1. ¿Qué representa el cocodrilo?
   ____
2. ¿Qué representa el pato?
   ____
3. ¿Cuál es la moraleja (*moral*) de "El perro y el cocodrilo"?
   ____
4. ¿Cuál es la moraleja de "El pato y la serpiente"?
   ____

Coméntalo

En parejas, túrnense para hacerse estas preguntas. ¿Estás de acuerdo con las moralejas de estas fábulas? ¿Por qué? ¿Cuál de estas fábulas te gusta más? ¿Por qué? ¿Conoces otras fábulas? ¿Cuál es su propósito?

Escribir

Escribe una fábula para compartir con la clase. Puedes escoger algunos animales de la lista o escoger otros. ¿Qué características deben tener estos animales?

- una abeja (*bee*)
- un gato
- un mono
- un burro
- un perro
- una tortuga
- un águila (*eagle*)
- un pavo real (*peacock*)

Video: Panorama cultural
Interactive map

Colombia

El país en cifras

- **Área:** 1.138.910 km^2 (439.734 millas^2), *tres veces el área de Montana*
- **Población:** 49.385.000

De todos los países de habla hispana, sólo México tiene más habitantes que Colombia. Casi toda la población colombiana vive en las áreas montañosas y la costa occidental° del país. Aproximadamente el 55% de la superficie° del país está sin poblar°.

- **Capital:** Bogotá —9.521.000
- **Ciudades principales:** Medellín —4.019.000, Cali —2.627.000, Barranquilla —2.015.000, Cartagena —1.076.000

SOURCE: Population Division, UN Secretariat

Medellín

- **Moneda:** peso colombiano
- **Idiomas:** español (oficial); lenguas indígenas, criollas y gitanas

Bandera de Colombia

Colombianos célebres

- **Edgar Negret,** escultor°, pintor (1920–)
- **Juan Pablo Montoya,** automovilista (1975–)
- **Fernando Botero,** pintor, escultor (1932–)
- **Shakira,** cantante (1977–)

occidental *western* superficie *surface* sin poblar *unpopulated* escultor *sculptor* dioses *gods* arrojaban *threw* oro *gold* cacique *chief* llevó *led*

Baile típico de Cartagena

Palacio de San Francisco, Bogotá

Barranquilla
Cartagena
Mar Caribe
Sierra Nevada de Santa Marta
PANAMÁ
VENEZUELA
Cordillera Occidental de los Andes
Río Magdalena
Medellín
Río Meta
Cordillera Central de los Andes
Bogotá
Cali
Volcán Nevado del Huila
Cordillera Oriental de los Andes
Océano Pacífico
ECUADOR
PERÚ

ESTADOS UNIDOS
OCÉANO ATLÁNTICO
COLOMBIA
OCÉANO PACÍFICO
AMÉRICA DEL SUR

Cultivo de caña de azúcar cerca de Cali

recursos
WB pp. 165–166
VM pp. 255–256
vhlcentral.com Lección 13

¡Increíble pero cierto!

En el siglo XVI los exploradores españoles oyeron la leyenda de El Dorado. Esta leyenda cuenta que los indios, como parte de un ritual en honor a los dioses°, arrojaban° oro° a la laguna de Guatavita y el cacique° se sumergía en sus aguas cubierto de oro. Aunque esto era cierto, muy pronto la exageración llevó° al mito de una ciudad de oro.

Laguna de Guatavita

Lugares • El Museo del Oro

El famoso Museo del Oro del Banco de la República fue fundado° en Bogotá en 1939 para preservar las piezas de orfebrería° de la época precolombina. Tiene más de 30.000 piezas de oro y otros materiales; en él se pueden ver joyas°, ornamentos religiosos y figuras que representaban ídolos. El cuidado con el que se hicieron los objetos de oro refleja la creencia° de las tribus indígenas de que el oro era la expresión física de la energía creadora° de los dioses.

Literatura • Gabriel García Márquez (1928–)

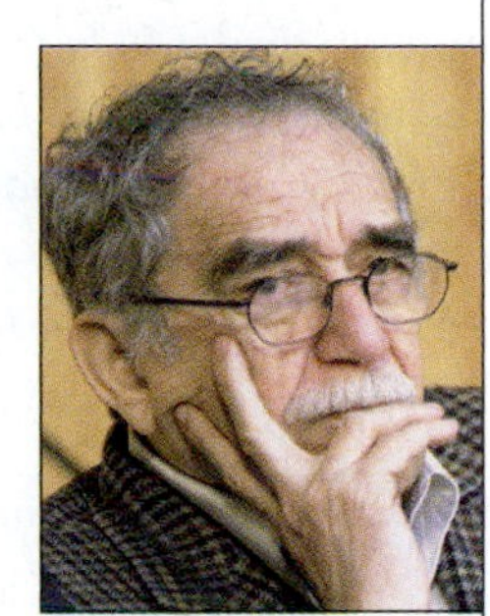

Gabriel García Márquez, ganador del Premio Nobel de Literatura en 1982, es uno de los escritores contemporáneos más importantes del mundo. García Márquez publicó su primer cuento° en 1947, cuando era estudiante universitario. Su libro más conocido, *Cien años de soledad*, está escrito en el estilo° literario llamado "realismo mágico", un estilo que mezcla° la realidad con lo irreal y lo mítico°.

Historia • Cartagena de Indias

Los españoles fundaron la ciudad de Cartagena de Indias en 1533 y construyeron a su lado la fortaleza° más grande de las Américas, el Castillo de San Felipe de Barajas. En la ciudad de Cartagena se conservan muchos edificios de la época colonial, como iglesias, monasterios, palacios y mansiones. Cartagena es conocida también por el Festival Internacional de Música y su prestigioso Festival Internacional de Cine.

Costumbres • El Carnaval

Durante el Carnaval de Barranquilla, la ciudad vive casi exclusivamente para esta fiesta. Este festival es una fusión de las culturas que han llegado° a las costas caribeñas de Colombia y de sus grupos autóctonos°. El evento más importante es la Batalla° de las Flores, un desfile° de carrozas° decoradas con flores. En 2003, la UNESCO declaró este carnaval como Patrimonio de la Humanidad°.

BRASIL

¿Qué aprendiste? Responde a cada pregunta con una oración completa.

1. ¿Cuáles son las principales ciudades de Colombia?
2. ¿Qué país de habla hispana tiene más habitantes que Colombia?
3. ¿Quién es Edgar Negret?
4. ¿Cuándo oyeron los españoles la leyenda de El Dorado?
5. ¿Para qué fue fundado el Museo del Oro?
6. ¿Quién ganó el Premio Nobel de Literatura en 1982?
7. ¿Qué construyeron los españoles al lado de la ciudad de Cartagena de Indias?
8. ¿Cuál es el evento más importante del Carnaval de Barranquilla?

Conexión Internet Investiga estos temas en **vhlcentral.com.**

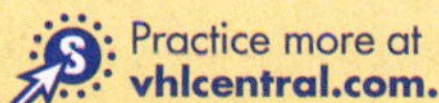

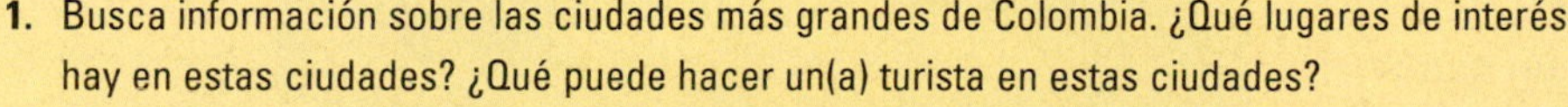

1. Busca información sobre las ciudades más grandes de Colombia. ¿Qué lugares de interés hay en estas ciudades? ¿Qué puede hacer un(a) turista en estas ciudades?

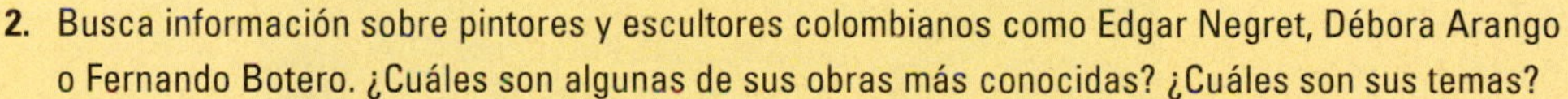

2. Busca información sobre pintores y escultores colombianos como Edgar Negret, Débora Arango o Fernando Botero. ¿Cuáles son algunas de sus obras más conocidas? ¿Cuáles son sus temas?

fundado *founded* **orfebrería** *goldsmithing* **joyas** *jewels* **creencia** *belief* **creadora** *creative* **cuento** *story* **estilo** *style* **mezcla** *mixes* **mítico** *mythical* **fortaleza** *fortress* **han llegado** *have arrived* **autóctonos** *indigenous* **Batalla** *Battle* **desfile** *parade* **carrozas** *floats* **Patrimonio de la Humanidad** *World Heritage*

Video: *Panorama cultural*
Interactive map

Honduras

El país en cifras

- **Área:** 112.492 km^2 (43.870 $millas^2$), *un poco más grande que Tennessee*
- **Población:** 8.386.000
Cerca del 90 por ciento de la población de Honduras es mestiza. Todavía hay pequeños grupos indígenas como los jicaque, los misquito y los paya, que han mantenido su cultura sin influencias exteriores y que no hablan español.
- **Capital:** Tegucigalpa—1.181.000

Tegucigalpa

- **Ciudades principales:** San Pedro Sula, El Progreso, La Ceiba

SOURCE: Population Division, UN Secretariat

- **Moneda:** lempira
- **Idiomas:** español (oficial), lenguas indígenas, inglés

Bandera de Honduras

Hondureños célebres

- **José Antonio Velásquez,** pintor (1906–1983)
- **Argentina Díaz Lozano,** escritora (1912–1999)
- **Carlos Roberto Reina,** juez° y presidente del país (1926–2003)
- **Roberto Sosa,** escritor (1930–)

juez *judge* presos *prisoners* madera *wood* hamacas *hammocks*

Guacamayo

Artículos de paja en un mercado de artesanías

Islas de la Bahía
Mar Caribe
Golfo de Honduras
GUATEMALA
La Ceiba
Santa Fe
Laguna de Caratasca
San Pedro Sula
Río Ulúa
Sierra Rijol
Sierra de Payas
Río Patuca
Montañas de Colón
Sierra Espíritu Santo
El Progreso
Sierra Grita
Lago de Yojoa
Sierra Villasanta
Río Guayambre
Tegucigalpa
Río Coco
EL SALVADOR
Río Choluteca
Océano Pacífico
NICARAGUA

ESTADOS UNIDOS
OCÉANO ATLÁNTICO
HONDURAS
OCÉANO PACÍFICO
AMÉRICA DEL SUR

Baile tradicional

recursos

WB pp. 167–168	VM pp. 257–258	vhlcentral.com Lección 13

¡Increíble pero cierto!

¿Irías de compras a una prisión? Hace un tiempo, cuando la Penitenciaría Central de Tegucigalpa aún funcionaba, los presos° hacían objetos de madera°, hamacas° y hasta instrumentos musicales y los vendían en una tienda dentro de la prisión. Allí, los turistas podían regatear con este especial grupo de artesanos.

Lugares • Copán

Copán es una zona arqueológica muy importante de Honduras. Fue construida por los mayas y se calcula que en el año 400 d. C. albergaba° a una ciudad con más de 150 edificios y una gran cantidad de plazas, patios, templos y canchas° para el juego de pelota°. Las ruinas más famosas del lugar son los edificios adornados con esculturas pintadas a mano, los cetros° ceremoniales de piedra y el templo Rosalila.

Economía • Las plantaciones de bananas

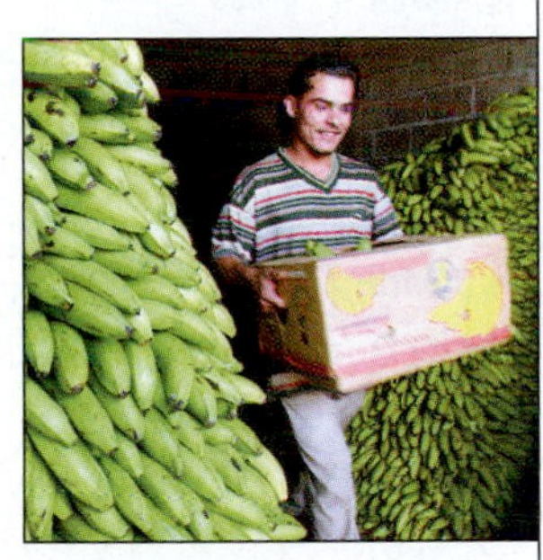

Desde hace más de cien años, las bananas son la exportación principal de Honduras y han tenido un papel fundamental en su historia. En 1899, la Standard Fruit Company empezó a exportar bananas del país centroamericano hacia Nueva Orleans. Esta fruta resultó tan popular en los Estados Unidos que generó grandes beneficios° para esta compañía y para la United Fruit Company, otra empresa norteamericana. Estas trasnacionales intervinieron muchas veces en la política hondureña debido° al enorme poder° económico que alcanzaron° en la nación.

San Antonio de Oriente, 1957, José Antonio Velásquez

Artes • José Antonio Velásquez (1906–1983)

José Antonio Velásquez fue un famoso pintor hondureño. Es catalogado como primitivista° porque sus obras° representan aspectos de la vida cotidiana. En la pintura° de Velásquez es notorio el énfasis en los detalles°, la falta casi total de los juegos de perspectiva y la pureza en el uso del color. Por todo ello, el artista ha sido comparado con importantes pintores europeos del mismo género° como Paul Gauguin o Emil Nolde.

¿Qué aprendiste? Responde a cada pregunta con una oración completa.

1. ¿Qué es el lempira?
2. ¿Por qué es famoso Copán?
3. ¿Dónde está el templo Rosalila?
4. ¿Cuál es la exportación principal de Honduras?
5. ¿Qué fue la Standard Fruit Company?
6. ¿Cómo es el estilo de José Antonio Velásquez?
7. ¿Qué temas trataba Velásquez en su pintura?

Conexión Internet Investiga estos temas en **vhlcentral.com**.

1. ¿Cuáles son algunas de las exportaciones principales de Honduras, además de las bananas? ¿A qué países exporta Honduras sus productos?
2. Busca información sobre Copán u otro sitio arqueológico en Honduras. En tu opinión, ¿cuáles son los aspectos más interesantes del sitio?

Practice more at **vhlcentral.com.**

albergaba *housed* canchas *courts* juego de pelota *pre-Columbian ceremonial ball game* cetros *scepters* beneficios *profits* debido a *due to* poder *power* alcanzaron *reached* primitivista *primitivist* obras *works* pintura *painting* detalles *details* género *genre*

La naturaleza

el árbol	*tree*
el bosque (tropical)	*(tropical; rain) forest*
el cielo	*sky*
el cráter	*crater*
el desierto	*desert*
la estrella	*star*
la flor	*flower*
la hierba	*grass*
el lago	*lake*
la luna	*moon*
la naturaleza	*nature*
la nube	*cloud*
la piedra	*stone*
la planta	*plant*
el río	*river*
la selva, la jungla	*jungle*
el sendero	*trail; path*
el sol	*sun*
la tierra	*land; soil*
el valle	*valley*
el volcán	*volcano*

Los animales

el animal	*animal*
el ave, el pájaro	*bird*
la ballena	*whale*
el gato	*cat*
el mono	*monkey*
el perro	*dog*
el pez (sing.), los peces (pl.)	*fish*
la tortuga (marina)	*(sea) turtle*
la vaca	*cow*

recursos
LM p. 78
vhlcentral.com Lección 13

El medio ambiente

el calentamiento global	*global warming*
el cambio climático	*climate change*
la conservación	*conservation*
la contaminación (del aire; del agua)	*(air; water) pollution*
la deforestación	*deforestation*
la ecología	*ecology*
el/la ecologista	*ecologist*
el ecoturismo	*ecotourism*
la energía (nuclear, solar)	*(nuclear, solar) energy*
el envase	*container*
la extinción	*extinction*
la fábrica	*factory*
el gobierno	*government*
la lata	*(tin) can*
la ley	*law*
el medio ambiente	*environment*
el peligro	*danger*
la (sobre)población	*(over)population*
el reciclaje	*recycling*
el recurso natural	*natural resource*
la solución	*solution*
cazar	*to hunt*
conservar	*to conserve*
contaminar	*to pollute*
controlar	*to control*
cuidar	*to take care of*
dejar de (+ *inf.*)	*to stop (doing something)*
desarrollar	*to develop*
descubrir	*to discover*
destruir	*to destroy*
estar afectado/a (por)	*to be affected (by)*
estar contaminado/a	*to be polluted*
evitar	*to avoid*
mejorar	*to improve*
proteger	*to protect*
reciclar	*to recycle*
recoger	*to pick up*
reducir	*to reduce*
resolver (o:ue)	*to resolve; to solve*
respirar	*to breathe*
de aluminio	*(made) of aluminum*
de plástico	*(made) of plastic*
de vidrio	*(made) of glass*
ecológico/a	*ecological*
puro/a	*pure*
renovable	*renewable*

Las emociones

alegrarse (de)	*to be happy*
esperar	*to hope; to wish*
sentir (e:ie)	*to be sorry; to regret*
temer	*to fear*
es extraño	*it's strange*
es una lástima	*it's a shame*
es ridículo	*it's ridiculous*
es terrible	*it's terrible*
es triste	*it's sad*
ojalá (que)	*I hope (that); I wish (that)*

Las dudas y certezas

(no) creer	*(not) to believe*
(no) dudar	*(not) to doubt*
(no) negar (e:ie)	*(not) to deny*
es imposible	*it's impossible*
es improbable	*it's improbable*
es obvio	*it's obvious*
No cabe duda de	*There is no doubt that...*
No hay duda de	*There is no doubt that...*
(no) es cierto	*it's (not) certain*
(no) es posible	*it's (not) possible*
(no) es probable	*it's (not) probable*
(no) es seguro	*it's (not) certain*
(no) es verdad	*it's (not) true*

Conjunciones

a menos que	*unless*
antes (de) que	*before*
con tal (de) que	*provided (that)*
cuando	*when*
después de que	*after*
en caso (de) que	*in case (that)*
en cuanto	*as soon as*
hasta que	*until*
para que	*so that*
sin que	*without*
tan pronto como	*as soon as*

Past participles used as adjectives	*See page 438.*
Expresiones útiles	*See page 421.*

En la ciudad

14

Communicative Goals

You will learn how to:

- Give advice to others
- Give and receive directions
- Discuss daily errands and city life

A PRIMERA VISTA

- ¿Viven estas personas en un bosque, un pueblo o una ciudad?
- ¿Dónde están, en una calle o en un sendero?
- ¿Es posible que estén afectadas por la contaminación? ¿Por qué?
- ¿Está limpio o sucio el lugar donde están?

Talking Picture, Tutorials & Games
Audio: Activities

En la ciudad

Más vocabulario

la frutería	*fruit store*
la heladería	*ice cream shop*
la pastelería	*pastry shop*
la pescadería	*fish market*
la cuadra	*(city) block*
la dirección	*address*
la esquina	*corner*
el estacionamiento	*parking lot*
derecho	*straight (ahead)*
enfrente de	*opposite; facing*
hacia	*toward*
cruzar	*to cross*
doblar	*to turn*
hacer diligencias	*to run errands*
quedar	*to be located*
el cheque (de viajero)	*(traveler's) check*
la cuenta corriente	*checking account*
la cuenta de ahorros	*savings account*
ahorrar	*to save (money)*
cobrar	*to cash (a check)*
depositar	*to deposit*
firmar	*to sign*
llenar (un formulario)	*to fill out (a form)*
pagar a plazos	*to pay in installments*
pagar al contado/ en efectivo	*to pay in cash*
pedir prestado/a	*to borrow*
pedir un préstamo	*to apply for a loan*
ser gratis	*to be free of charge*

Variación léxica

cuadra ⟷ manzana (*Esp.*)
estacionamiento ⟷ aparcamiento (*Esp.*)
doblar ⟷ girar; virar; dar vuelta
hacer diligencias ⟷ hacer mandados

recursos

WB pp. 169–170	LM p. 79	vhlcentral.com Lección 14

Práctica

1 **Escuchar** Mira el dibujo. Luego escucha las oraciones e indica si lo que dice cada una es **cierto** o **falso**.

	Cierto	Falso		Cierto	Falso
1.	❍	❍	6.	❍	❍
2.	❍	❍	7.	❍	❍
3.	❍	❍	8.	❍	❍
4.	❍	❍	9.	❍	❍
5.	❍	❍	10.	❍	❍

2 **¿Quién la hizo?** Escucha la conversación entre Telma y Armando. Escribe el nombre de la persona que hizo cada diligencia o una X si nadie la hizo. Una diligencia la hicieron los dos.

1. abrir una cuenta corriente
2. abrir una cuenta de ahorros
3. ir al banco
4. ir a la panadería
5. ir a la peluquería
6. ir al supermercado

3 **Seleccionar** Indica dónde haces estas diligencias.

banco	joyería	pescadería
carnicería	lavandería	salón de belleza
frutería	pastelería	zapatería

1. comprar galletas
2. comprar manzanas
3. lavar la ropa
4. comprar mariscos
5. comprar pollo
6. comprar sandalias

4 **Completar** Completa las oraciones con las palabras más adecuadas.

1. El banco me regaló un reloj. Fue ________.
2. Me gusta ________ dinero, pero no me molesta gastarlo.
3. La cajera me dijo que tenía que ________ el cheque en el dorso (*on the back*) para cobrarlo.
4. Para pagar con un cheque, necesito tener dinero en mi ________.
5. Mi madre va a un ________ para obtener dinero en efectivo cuando el banco está cerrado.
6. Cada viernes, Julio lleva su cheque al banco y lo ________ para tener dinero en efectivo.
7. Ana ________ su cheque en su cuenta de ahorros.
8. Cuando viajas, es buena idea llevar cheques ________.

En el correo

¡LENGUA VIVA!

Note that **correo** can mean either *mail* or *post office*. Other ways to say *post office* are **la oficina de correos** and **correos**.

5 **Conversación** Completa la conversación entre Juanita y el cartero con las palabras más adecuadas.

CARTERO Buenas tardes, ¿es usted la señorita Ramírez? Le traigo un (1) ____________.

JUANITA Sí, soy yo. ¿Quién lo envía?

CARTERO La señora Brito. Y también tiene dos (2) ____________.

JUANITA Ay, pero ¡ninguna es de mi novio! ¿No llegó nada de Manuel Fuentes?

CARTERO Sí, pero él echó la carta al (3) ____________ sin poner un (4) ____________ en el sobre.

JUANITA Entonces, ¿qué recomienda usted que haga?

CARTERO Sugiero que vaya al (5) ____________. Con tal de que pague el costo del sello, se le puede dar la carta sin ningún problema.

JUANITA Uy, otra diligencia, y no tengo mucho tiempo esta tarde para (6) ____________ cola en el correo, pero voy enseguida. ¡Ojalá que sea una carta de amor!

¡LENGUA VIVA!

In Spanish, **Soy yo** means *That's me or It's me.* **¿Eres tú?/ ¿Es usted?** means *Is that you?*

6 **En el banco** Tú eres un(a) empleado/a de banco y tu compañero/a es un(a) estudiante universitario/a que necesita abrir una cuenta corriente. En parejas, hagan una lista de las palabras que pueden necesitar para la conversación. Después lean estas situaciones y modifiquen su lista original según la situación.

- una pareja de recién casados quiere pedir un préstamo para comprar una casa
- una persona quiere información de los servicios que ofrece el banco
- un(a) estudiante va a estudiar al extranjero (*abroad*) y quiere saber qué tiene que hacer para llevar su dinero de una forma segura
- una persona acaba de ganar 50 millones de dólares en la lotería y quiere saber cómo invertirlos (*invest them*)

Ahora, escojan una de las cuatro situaciones y represéntenla para la clase.

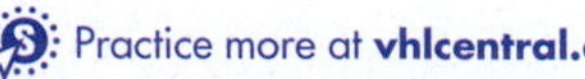

Comunicación

7

Diligencias En parejas, decidan quién va a hacer cada diligencia y cuál es la manera más rápida de llegar a los diferentes lugares desde el campus.

AYUDA

Note these different meanings:

quedar *to be located; to be left over; to fit*

quedarse *to stay, to remain*

modelo

cobrar unos cheques

Estudiante 1: *Yo voy a cobrar unos cheques. ¿Cómo llego al banco?*

Estudiante 2: *Conduce hacia el norte hasta cruzar la calle Oak. El banco queda en la esquina a la izquierda.*

1. enviar un paquete
2. comprar botas nuevas
3. comprar un pastel de cumpleaños
4. lavar unas camisas
5. comprar helado
6. cortarse (*to cut*) el pelo

8

El Hatillo Trabajen en parejas para representar los papeles de un(a) turista que está perdido/a en El Hatillo y de un(a) residente de la ciudad que quiere ayudarlo/la.

NOTA CULTURAL

El Hatillo es un municipio del área metropolitana de Caracas. Forma parte del Patrimonio Cultural de Venezuela y es muy popular por su arquitectura pintoresca, sus restaurantes y sus tiendas de artesanía.

modelo

Plaza Sucre, café Primavera

Estudiante 1: *Perdón, ¿por dónde queda la Plaza Sucre?*

Estudiante 2: *Del café Primavera, camine derecho por la calle Sucre hasta cruzar la calle Comercio...*

1. Plaza Bolívar, farmacia
2. Casa de la Cultura, Plaza Sucre
3. banco, terminal
4. estacionamiento (este), escuela
5. Plaza Sucre, estacionamiento (oeste)
6. joyería, banco
7. farmacia, joyería
8. zapatería, iglesia

9

Cómo llegar En grupos, escriban un minidrama en el que unos/as turistas están preguntando cómo llegar a diferentes sitios de la comunidad en la que ustedes viven.

Corriendo por la ciudad

Maru necesita entregar unos documentos en el Museo de Antropología.

PERSONAJES

MARU

MIGUEL

MARU Miguel, ¿estás seguro de que tu coche está estacionado en la calle de Independencia? Estoy en la esquina de Zaragoza y Francisco Sosa. OK. Estoy enfrente del salón de belleza.

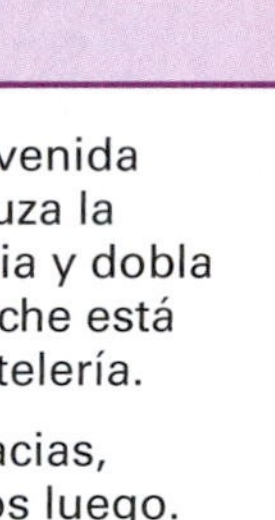

MIGUEL Dobla a la avenida Hidalgo. Luego cruza la calle Independencia y dobla a la derecha. El coche está enfrente de la pastelería.

MARU ¡Ahí está! Gracias, cariño. Hablaremos luego.

MARU Vamos, arranca. Pensé que podías aguantar unos kilómetros más. Necesito un coche que funcione bien. (*en el teléfono*) Miguel, tu coche está descompuesto. Voy a pasar al banco porque necesito dinero, y luego me iré en taxi al museo.

MARU Hola, Moni. Lo siento, tengo que ir a entregar un paquete y todavía tengo que ir a un cajero.

MÓNICA ¡Uf! Y la cola está súper larga.

MARU ¿Me puedes prestar algo de dinero?

MÓNICA Déjame ver cuánto tengo. Estoy haciendo diligencias, y me gasté casi todo el efectivo en la carnicería y en la panadería y en la frutería.

MÓNICA ¿Estás bien? Te ves pálida. Sentémonos un minuto.

MARU ¡No tengo tiempo! Tengo que llegar al Museo de Antropología. Necesito entregar...

MÓNICA ¡Ah, sí, tu proyecto!

MÓNICA

7

MÓNICA ¿Puedes mandarlo por correo? El correo está muy cerca de aquí.

MARU El plazo para mandarlo por correo se venció la semana pasada. Tengo que entregarlo personalmente.

8

MARU ¿Me podrías prestar tu coche?

MÓNICA Estás muy nerviosa para manejar con este tráfico. Te acompaño. ¡No!, mejor, yo te llevo. Mi coche está en el estacionamiento de la calle Constitución.

9

MARU En esta esquina dobla a la derecha. En el semáforo, a la izquierda y sigue derecho.

MÓNICA Hay demasiado tráfico. No sé si podemos...

10

MARU Hola, Miguel. No, no hubo más problemas. Lo entregué justo a tiempo. Nos vemos más tarde. (*a Mónica*) ¡Vamos a celebrar!

Expresiones útiles

Getting/giving directions

Estoy en la esquina de Zaragoza y Francisco Sosa.
I'm at the corner of Zaragoza and Francisco Sosa.
Dobla a la avenida Hidalgo.
Turn on Hidalgo Avenue.
Luego cruza la calle Independencia y dobla a la derecha.
Then cross Independencia Street and turn right.
El coche está enfrente de la pastelería.
The car is in front of the bakery.
En el semáforo, a la izquierda y sigue derecho.
Left at the light, then straight ahead.

Talking about errands

Voy a pasar al banco porque necesito dinero.
I'm going to the bank because I need money.
No tengo tiempo.
I don't have time.
Estoy haciendo diligencias, y me gasté casi todo el efectivo.
I'm running errands, and I spent most of my cash.

Asking for a favor

¿Me puedes prestar algo de dinero?
Could you lend me some money?
¿Me podrías prestar tu coche?
Could I borrow your car?

Talking about deadlines

Tengo que entregar mi proyecto.
I have to turn in my project.
El plazo para mandarlo por correo se venció la semana pasada.
The deadline to mail it in passed last week.

Additional vocabulary

acompañar *to accompany*
aguantar *to endure, to hold up*
ándale *come on*
pálido/a *pale*
¿Qué onda? *What's up?*

recursos

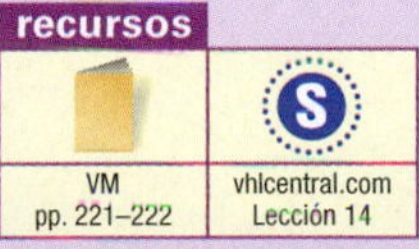

¿Qué pasó?

1 **¿Cierto o falso?** Decide si lo que dicen estas oraciones es **cierto** o **falso**. Corrige las oraciones falsas.

	Cierto	Falso
1. Miguel dice que su coche está estacionado enfrente de la carnicería.	❍	❍
2. Maru necesita pasar al banco porque necesita dinero.	❍	❍
3. Mónica gastó el efectivo en la joyería y el supermercado.	❍	❍
4. Maru puede mandar el paquete por correo.	❍	❍

CONSULTA

To review the use of verbs like **necesitar**, see **Estructura 12.4**, p. 398.

2 **Ordenar** Pon los sucesos de la **Fotonovela** en el orden correcto.

a. Maru le pide dinero prestado a Mónica. ______
b. Maru entregó el paquete justo a tiempo (*just in time*). ______
c. Mónica dice que hay una cola súper larga en el banco. ______
d. Mónica lleva a Maru en su coche. ______
e. Maru dice que se irá en taxi al museo. ______
f. Maru le dice a Mónica que doble a la derecha en la esquina. ______

3 **Otras diligencias** En parejas, hagan una lista de las diligencias que Miguel, Maru y Mónica necesitan hacer para completar estas actividades.

1. enviar un paquete por correo
2. pedir una beca (*scholarship*)
3. visitar una nueva ciudad
4. abrir una cuenta corriente
5. celebrar el cumpleaños de Mónica
6. comprar una nueva computadora portátil

MARU

MIGUEL MÓNICA

4 **Conversación** Un(a) compañero/a y tú son vecinos/as. Uno/a de ustedes acaba de mudarse y necesita ayuda porque no conoce la ciudad. Los/Las dos tienen que hacer algunas diligencias y deciden hacerlas juntos/as. Preparen una conversación breve incluyendo planes para ir a estos lugares.

modelo

Estudiante 1: Necesito lavar mi ropa. ¿Sabes dónde queda una lavandería?
Estudiante 2: Sí. Aquí a dos cuadras hay una. También tengo que lavar mi ropa. ¿Qué te parece si vamos juntos?

- un banco
- una lavandería
- un supermercado
- una heladería
- una panadería

AYUDA

primero *first*
luego *then*
¿Sabes dónde queda...? *Do you know where...is?*
¿Qué te parece? *What do you think?*
¡Cómo no! *But of course!*

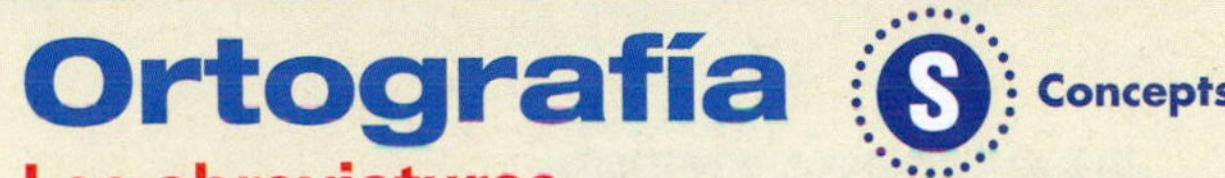

Ortografía

Concepts

Las abreviaturas

In Spanish, as in English, abbreviations are often used in order to save space and time while writing. Here are some of the most commonly used abbreviations in Spanish.

usted → Ud. **ustedes → Uds.**

As you have already learned, the subject pronouns **usted** and **ustedes** are often abbreviated.

---

don → D. **doña → Dña.** **doctor(a) → Dr(a).**

señor → Sr. **señora → Sra.** **señorita → Srta.**

These titles are frequently abbreviated.

---

centímetro → cm **metro → m** **kilómetro → km**

litro → l **gramo → g, gr** **kilogramo → kg**

The abbreviations for these units of measurement are often used, but without periods.

---

por ejemplo → p. ej. **página(s) → pág(s).**

These abbreviations are often seen in books.

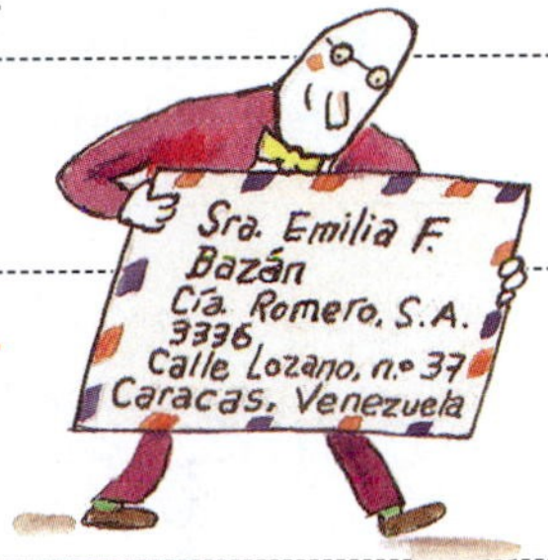

derecha → dcha. **izquierda → izq., izqda.**

código postal → C.P. **número → n.º**

These abbreviations are often used in mailing addresses.

Banco → Bco. **Compañía → Cía.**

cuenta corriente → c/c. **Sociedad Anónima (*Inc.*) → S.A.**

These abbreviations are frequently used in the business world.

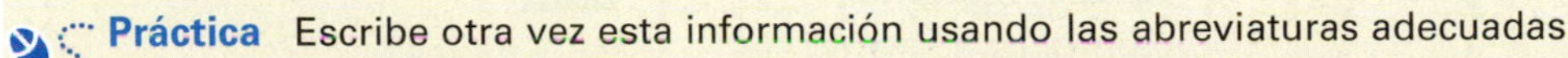

Práctica Escribe otra vez esta información usando las abreviaturas adecuadas.

1. doña María
2. señora Pérez
3. Compañía Mexicana de Inversiones
4. usted
5. Banco de Santander
6. doctor Medina
7. Código Postal 03697
8. cuenta corriente número 20-453

Emparejar En la tabla hay nueve abreviaturas. Empareja los cuadros necesarios para formarlas.

S.	c.	C.	c	co.	U
B	c/	Sr	A.	D	dc
ta.	P.	ña.	ha.	m	d.

recursos

LM p. 80

vhlcentral.com Lección 14

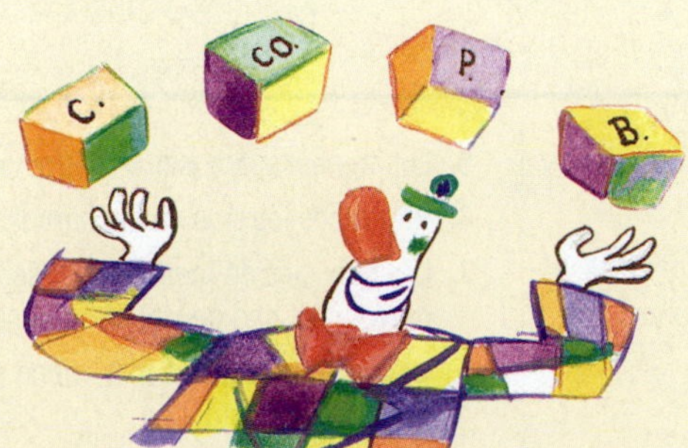

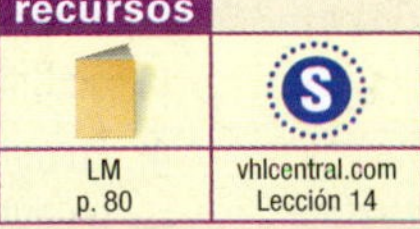

EN DETALLE

Paseando en metro

Hoy es el primer día de Teresa en la Ciudad de México. Debe tomar el metro para ir del centro de la ciudad a Coyoacán, en el sur. Llega a la estación Zócalo y compra un pasaje por el equivalente a veintitrés centavos° de dólar, ¡qué ganga! Con este pasaje puede ir a cualquier° parte de la ciudad o del área metropolitana.

No sólo en México, sino también en ciudades de Venezuela, Chile, Argentina y España, hay sistemas de transporte público eficientes y muy económicos. También suele haber° varios tipos de transporte: autobús, metro, tranvía°, microbús y tren. Generalmente se pueden comprar abonos° de uno o varios días para un determinado tipo de transporte. En algunas ciudades también existen abonos de transporte combinados que permiten usar, por ejemplo, el metro y el autobús o el autobús y el tren. En estas ciudades, los metros, autobuses y trenes pasan con mucha frecuencia. Las paradas° y estaciones están bien señalizadas°.

Vaya°, Teresa ya está llegando a Coyoacán. Con lo que ahorró en el pasaje del metro, puede comprarse un helado de mango y unos esquites° en el jardín Centenario.

El metro

El primer metro de Suramérica que se abrió al público fue el de Buenos Aires, Argentina (1° de diciembre de 1913); el último, el de Valparaíso, Chile (23 de noviembre de 2005).

Ciudad	Pasajeros/Día (aprox.)
México D.F., México	4.500.000
Madrid, España	2.500.000
Santiago, Chile	2.500.000
Buenos Aires, Argentina	1.700.000
Caracas, Venezuela	1.650.000
Medellín, Colombia	500.000
Guadalajara, México	165.000

centavos *cents* **cualquier** *any* **suele haber** *there usually are* **tranvía** *streetcar* **abonos** *passes* **paradas** *stops* **señalizadas** *labeled* **Vaya** *Well* **esquites** *toasted corn kernels*

ACTIVIDADES

1 **¿Cierto o falso?** Indica si lo que dice cada oración es **cierto** o **falso**. Corrige la información falsa.

1. En la Ciudad de México, el pasaje de metro cuesta 23 dólares.
2. En México, un pasaje se puede usar sólo para ir al centro de la ciudad.
3. En Chile hay varios tipos de transporte público.
4. En ningún caso los abonos de transporte sirven para más de un tipo de transporte.
5. Los trenes, autobuses y metros pasan con mucha frecuencia.
6. Hay pocos letreros en las paradas y estaciones.
7. Los servicios de metro de México y España son los que mayor cantidad de viajeros transporta cada día.
8. La ciudad de Buenos Aires tiene el sistema de metro más viejo de Latinoamérica.
9. El metro que lleva menos tiempo en servicio es el de la ciudad de Medellín, Colombia.

ASÍ SE DICE

En la ciudad

el parqueadero (Col., Pan.) **el parqueo (Bol., Cuba, Amér. C.)**	**el estacionamiento**
dar un aventón (Méx.); dar botella (Cuba)	*to give (someone) a ride*
el subterráneo, el subte (Arg.)	**el metro**

EL MUNDO HISPANO

Apodos de ciudades

Así como Nueva York es la Gran Manzana, muchas ciudades hispanas tienen un apodo°.

- **La tacita de plata°** A Cádiz, España, se le llama así por sus edificios blancos de estilo árabe.
- **Ciudad de la eterna primavera** Arica, Chile; Cuernavaca, México, y Medellín, Colombia, llevan este sobrenombre por su clima templado° durante todo el año.
- **La docta°** Así se conoce a la ciudad argentina de Córdoba por su gran tradición universitaria.
- **La ciudad de los reyes** Así se conoce Lima, Perú, porque fue la capital del Virreinato° del Perú y allí vivían los virreyes°.
- **La arenosa** Barranquilla, Colombia, se le llama así por sus orillas del río cubiertas° de arena.

apodo *nickname* **plata** *silver* **templado** *mild* **docta** *erudite* **Virreinato** *Viceroyalty* **virreyes** *viceroys* **cubiertas** *covered*

PERFIL

Luis Barragán: arquitectura y emoción

Para el arquitecto mexicano **Luis Barragán** (1902–1988) los sentimientos° y emociones que despiertan sus diseños eran muy importantes. Afirmaba° que la arquitectura tiene una dimensión espiritual. Para él, era belleza, inspiración, magia°, serenidad, misterio, silencio, privacidad, asombro°...

Casa Barragán, Ciudad de México, 1947-1948

Las obras de Barragán muestran un suave° equilibrio entre la naturaleza y la creación humana. Su estilo también combina la arquitectura tradicional mexicana con conceptos modernos. Una característica de sus casas son las paredes envolventes° de diferentes colores con muy pocas ventanas.

En 1980, Barragán obtuvo° el Premio Pritzker, algo así como el Premio Nobel de Arquitectura. Está claro que este artista logró° que sus casas transmitieran sentimientos especiales.

sentimientos *feelings* **Afirmaba** *He stated* **magia** *magic* **asombro** *amazement* **suave** *smooth* **envolventes** *enveloping* **obtuvo** *received* **logró** *managed*

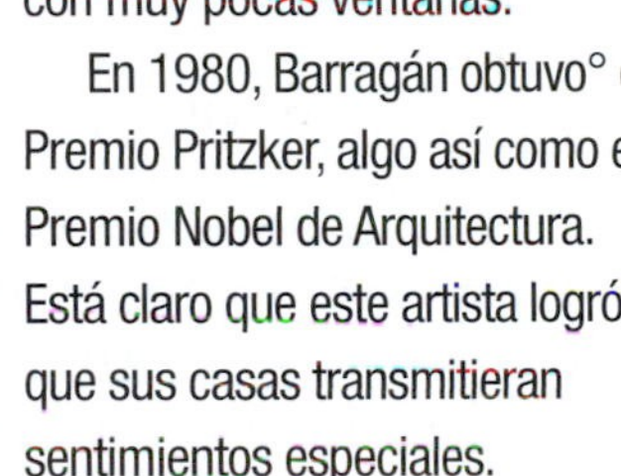

Conexión Internet

¿Qué otros arquitectos combinan las construcciones con la naturaleza?

Go to **vhlcentral.com** to find more cultural information related to this **Cultura** section.

ACTIVIDADES

2 Comprensión Responde a las preguntas.

1. ¿En qué país estás si te dicen "Dame botella al parqueo"?
2. ¿Qué ciudades tienen clima templado todo el año?
3. ¿Qué es más importante en los diseños de Barragán: la naturaleza o la creación humana?
4. ¿Qué premio obtuvo Barragán y cuándo?

3 ¿Qué ciudad te gusta? Escribe un párrafo breve sobre el sentimiento que despiertan las construcciones que hay en una ciudad o un pueblo que te guste mucho. Explica cómo es y cómo te sientes cuando estás allí. Inventa un apodo para este lugar.

Practice more at **vhlcentral.com**.

recursos

VM pp. 293–294 | vhlcentral.com Lección 14

14.1 The subjunctive in adjective clauses

ANTE TODO In **Lección 13**, you learned that the subjunctive is used in adverbial clauses after certain conjunctions. You will now learn how the subjunctive can be used in adjective clauses to express that the existence of someone or something is uncertain or indefinite.

¿Conoces una joyería que esté cerca?

No, no conozco ninguna joyería que esté cerca de aquí.

- The subjunctive is used in an adjective (or subordinate) clause that refers to a person, place, thing, or idea that either does not exist or whose existence is uncertain or indefinite. In the examples below, compare the differences in meaning between the statements using the indicative and those using the subjunctive.

Indicative	Subjunctive
Necesito **el libro** que **tiene** información sobre Venezuela. *I need **the book** that has information about Venezuela.*	Necesito **un libro** que **tenga** información sobre Venezuela. *I need **a book** that has information about Venezuela.*
Quiero vivir en **esta casa** que **tiene** jardín. *I want to live in **this house** that has a garden.*	Quiero vivir en **una casa** que **tenga** jardín. *I want to live in **a house** that has a garden.*
En mi barrio, hay **una heladería** que **vende** helado de mango. *In my neighborhood, **there's an ice cream shop** that sells mango ice cream.*	En mi barrio no hay **ninguna heladería** que **venda** helado de mango. *In my neighborhood, **there is no ice cream shop** that sells mango ice cream.*

- When the adjective clause refers to a person, place, thing, or idea that is clearly known, certain, or definite, the indicative is used.

Quiero ir **al supermercado** que **vende** productos venezolanos.
I want to go to the supermarket that sells Venezuelan products.

Busco **al profesor** que **enseña** japonés.
I'm looking for the professor who teaches Japanese.

Conozco **a alguien** que **va** a esa peluquería.
I know someone who goes to that beauty salon.

Tengo **un amigo** que **vive** cerca de mi casa.
I have a friend who lives near my house.

¡ATENCIÓN!

Adjective clauses are subordinate clauses that modify a noun or pronoun in the main clause of a sentence. That noun or pronoun is called the *antecedent*.

¡ATENCIÓN!

Observe the important role that the indefinite article vs. the definite article plays in determining the use of the subjunctive in adjective clauses. Read the following sentences and notice why they are different:

¿Conoces *un* restaurante italiano que *esté* cerca de mi casa?

¿Conoces *el* restaurante italiano que *está* cerca de mi casa?

- The personal **a** is not used with direct objects that are hypothetical people. However, as you learned in **Lección 7**, **alguien** and **nadie** are always preceded by the personal **a** when they function as direct objects.

Necesitamos **un empleado** que **sepa** usar computadoras.
We need an employee who knows how to use computers.

Necesitamos **al empleado** que **sabe** usar computadoras.
We need the employee who knows how to use computers.

Buscamos **a alguien** que **pueda** cocinar.
We're looking for someone who can cook.

No conocemos **a nadie** que **pueda** cocinar.
We don't know anyone who can cook.

- The subjunctive is commonly used in questions with adjective clauses when the speaker is trying to find out information about which he or she is uncertain. However, if the person who responds to the question knows the information, the indicative is used.

—¿Hay un parque que **esté** cerca de nuestro hotel?
Is there a park that's near our hotel?

—Sí, hay un parque que **está** muy cerca del hotel.
Yes, there's a park that's very near the hotel.

- **¡Atención!** Here are some verbs which are commonly followed by adjective clauses in the subjunctive:

Verbs commonly used with subjunctive

buscar	**haber**
conocer	**necesitar**
encontrar	**querer**

¡INTÉNTALO! Escoge entre el subjuntivo y el indicativo para completar cada oración.

1. Necesito una persona que ___pueda___ (puede/pueda) cantar bien.
2. Buscamos a alguien que __________ (tiene/tenga) paciencia.
3. ¿Hay restaurantes aquí que __________ (sirven/sirvan) comida japonesa?
4. Tengo una amiga que __________ (saca/saque) fotografías muy bonitas.
5. Hay una carnicería que __________ (está/esté) cerca de aquí.
6. No vemos ningún apartamento que nos __________ (interesa/interese).
7. Conozco a un estudiante que __________ (come/coma) hamburguesas todos los días.
8. ¿Hay alguien que __________ (dice/diga) la verdad?

recursos

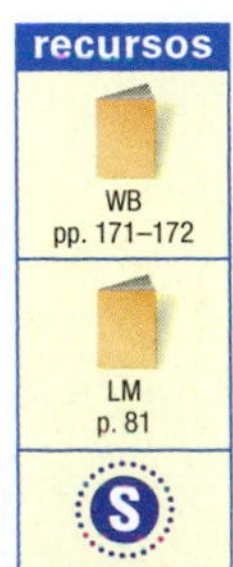

Práctica

1 

Completar Completa estas oraciones con la forma correcta del indicativo o del subjuntivo de los verbos entre paréntesis.

1. Buscamos un hotel que __________ (tener) piscina.
2. ¿Sabe usted dónde __________ (quedar) el Correo Central?
3. ¿Hay algún buzón por aquí donde yo __________ (poder) echar una carta?
4. Ana quiere ir a la carnicería que __________ (estar) en la avenida Lecuna.
5. Encontramos un restaurante que __________ (servir) comida típica venezolana.
6. ¿Conoces a alguien que __________ (saber) mandar un *fax* por computadora?
7. Llamas al empleado que __________ (entender) este nuevo programa de computación.
8. No hay nada en este mundo que __________ (ser) gratis.

2

Oraciones Marta está haciendo diligencias en Caracas con una amiga. Forma oraciones con estos elementos, usando el presente de indicativo o de subjuntivo. Haz los cambios que sean necesarios.

1. yo / conocer / un / panadería / que / vender / pan / cubano
2. ¿hay / alguien / que / saber / dirección / de / un / buen / carnicería?
3. yo / querer / comprarle / mi / hija / un / zapatos / que / gustar
4. ella / no / encontrar / nada / que / gustar / en / ese / zapatería
5. ¿tener / dependientas / algo / que / ser / más / barato?
6. ¿conocer / tú / alguno / banco / que / ofrecer / cuentas / corrientes / gratis?
7. nosotras / no / conocer / nadie / que / hacer / tanto / diligencias / como / nosotras
8. nosotras / necesitar / un / línea / de / metro / que / nos / llevar / a / casa

NOTA CULTURAL

El **metro** de Caracas empezó a funcionar en 1983, después de varios años de intensa publicidad para promoverlo (*promote it*). El arte fue un recurso importante en la promoción del metro. En las estaciones se pueden admirar obras (*works*) de famosos escultores venezolanos como Carlos Cruz-Diez y Jesús Rafael Soto.

3 

Anuncios clasificados En parejas, lean estos anuncios y luego describan el tipo de persona u objeto que se busca.

CLASIFICADOS

VENDEDOR(A) Se necesita persona dinámica y responsable con buena presencia. Experiencia mínima de un año. Horario de trabajo flexible. Llamar a Joyería Aurora de 10 a 13h y de 16 a 18h. Tel: 263-7553

PELUQUERÍA UNISEX Se busca persona con experiencia en peluquería y maquillaje para trabajar tiempo completo. Llamar de 9 a 13: 30h. Tel: 261-3548

COMPARTIR APARTAMENTO Se necesita compañera para compartir apartamento de 2 alcobas en el Chaco. Alquiler $500 por mes. No fumar. Llamar al 951-3642 entre 19 y 22h.

CLASES DE INGLÉS Profesor de Inglaterra con diez años de experiencia ofrece clases para grupos o instrucción privada para individuos. Llamar al 933-4110 de 16:30 a 18:30.

SE BUSCA CONDOMINIO Se busca condominio en Sabana Grande con 3 alcobas, 2 baños, sala, comedor y aire acondicionado. Tel: 977-2018.

EJECUTIVO DE CUENTAS Se requiere joven profesional con al menos dos años de experiencia en el sector financiero. Se ofrecen beneficios excelentes. Enviar currículum vitae al Banco Unión, Avda. Urdaneta 263, Caracas.

Comunicación

4 **Subjuntivo** Completa estas frases de una manera lógica. Luego, con un(a) compañero/a, túrnense para comparar sus respuestas.

modelo

Estudiante 1: *Tengo una novia que sabe bailar tango. ¿Y tú?*
Estudiante 2: *Yo tengo un novio que habla alemán.*

1. Deseo un trabajo (*job*) que...
2. Algún día espero tener un apartamento/una casa que...
3. Mis padres buscan un carro que..., pero yo quiero un carro que...
4. Tengo un(a) novio/a que...
5. Un(a) consejero/a (*advisor*) debe ser una persona que...
6. Me gustaría (*I would like*) conocer a alguien que...
7. En esta clase no hay nadie que...
8. No tengo ningún profesor que...

5   **Encuesta** Tu profesor(a) va a darte una hoja de actividades. Circula por la clase y pregúntales a tus compañeros/as si conocen a alguien que haga cada actividad de la lista. Si responden que sí, pregúntales quién es y anota sus respuestas. Luego informa a la clase de los resultados de tu encuesta.

6  **¿Compatibles?** Vas a mudarte a un apartamento con dos dormitorios. Como no quieres pagar la renta tú solo/a, estás buscando a un(a) compañero/a para que viva contigo. Escribe un anuncio buscando a alguien con cuatro características que consideres importantes y pégalo en la pared de la clase. Puedes usar algunas de estas opciones u otras en tu anuncio y no olvides usar el subjuntivo.

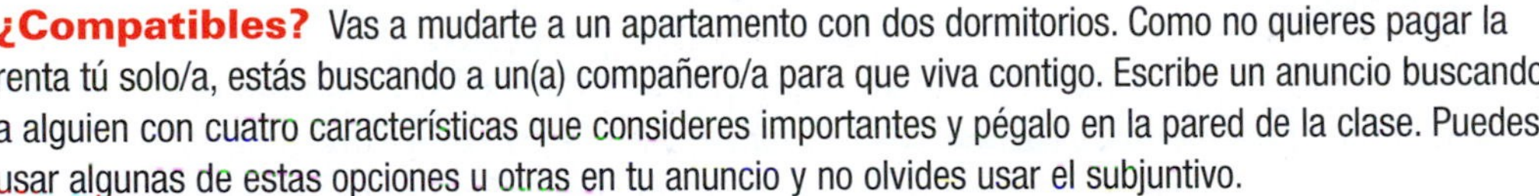

- cocinar
- escuchar hip-hop
- estar informado/a
- gustarle la política/el arte/los deportes
- llevarse bien con los animales
- ser vegetariano/a / limpio/a / optimista
- tener paciencia

modelo

Busco a alguien a quien no le guste el fútbol, que sea vegetariano, juegue videojuegos y le fascine la ciencia ficción.

Luego lee los anuncios de tus compañeros/as. ¿Con quién(es) podrías compartir tu apartamento? Busca tres candidatos/as y entrevístalos/las en dos minutos. Túrnate para entrevistar y ser entrevistado. ¿Encontraste a la persona ideal para que viva contigo?

Síntesis

7   **Busca los cuatro** Tu profesor(a) te va a dar una hoja con ocho anuncios clasificados y a tu compañero/a otra hoja con ocho anuncios distintos a los tuyos. Háganse preguntas para encontrar los cuatro anuncios de cada hoja que tienen su respuesta en la otra.

 Practice more at **vhlcentral.com.**

14.2 Nosotros/as commands

ANTE TODO You have already learned familiar (**tú**) commands and formal (**usted/ustedes**) commands. You will now learn **nosotros/as** commands, which are used to give orders or suggestions that include yourself and other people.

- **Nosotros/as** commands correspond to the English *Let's*.

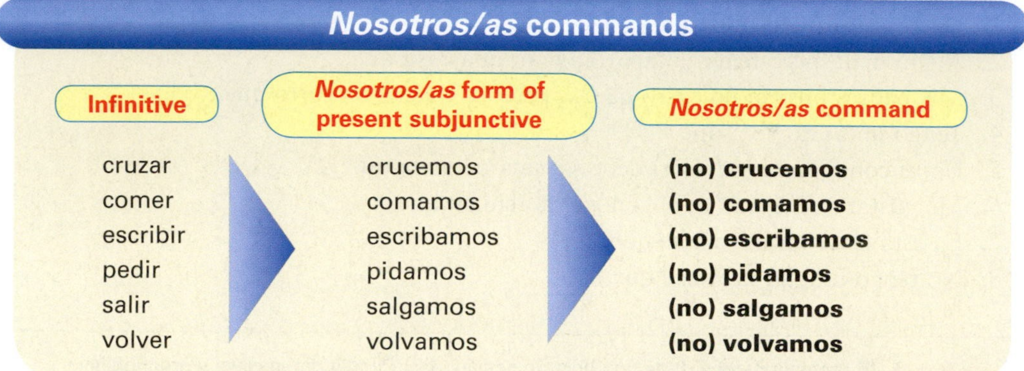

***Nosotros/as* commands**

Infinitive	*Nosotros/as* form of present subjunctive	*Nosotros/as* command
cruzar	crucemos	**(no) crucemos**
comer	comamos	**(no) comamos**
escribir	escribamos	**(no) escribamos**
pedir	pidamos	**(no) pidamos**
salir	salgamos	**(no) salgamos**
volver	volvamos	**(no) volvamos**

- As the chart shows, both affirmative and negative **nosotros/as** commands are generally formed by using the first-person plural form of the present subjunctive.

Crucemos la calle.
Let's cross the street.

No crucemos la calle.
Let's not cross the street.

- The affirmative *Let's* + [*verb*] command may also be expressed with **vamos a** + [*infinitive*]. Remember, however, that **vamos a** + [*infinitive*] can also mean *we are going to (do something)*. Context and tone of voice determine which meaning is being expressed.

Vamos a cruzar la calle.
Let's cross the street.

Vamos a trabajar mucho.
We're going to work a lot.

- To express *Let's go*, the present indicative form of **ir** (**vamos**) is used, not the subjunctive. For the negative command, however, the subjunctive is used.

Vamos a la pescadería.
Let's go to the fishmarket.

No **vayamos** a la pescadería.
Let's not go to the fish market.

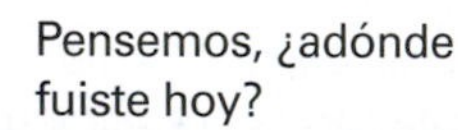

CONSULTA

Remember that stem-changing **–ir** verbs have an additional stem change in the **nosotros/as** and **vosotros/as** forms of the present subjunctive. To review these forms, see **Estructura 12.3**, p. 395.

- Object pronouns are always attached to affirmative **nosotros/as** commands. A written accent is added to maintain the original stress.

  Firmemos el cheque. → **Firmémoslo.**
  Let's sign the check. → *Let's sign it.*

  Escribamos a Ana y Raúl. → **Escribámosles.**
  Let's write Ana and Raúl. → *Let's write them.*

- Object pronouns are placed in front of negative **nosotros/as** commands.

  No **les paguemos** el préstamo.
  Let's not pay them the loan.

  No **se lo digamos** a ellos.
  Let's not tell them.

  No **lo compremos.**
  Let's not buy it.

  No **se la presentemos.**
  Let's not introduce her to him.

- When **nos** or **se** is attached to an affirmative **nosotros/as** command, the final **–s** is dropped from the verb ending.

  Sentémonos allí.
  Let's sit there.

  Démoselo a ella.
  Let's give it to her.

- The **nosotros/as** command form of **irse** (*to go away*) is **vámonos**. Its negative form is **no nos vayamos**.

  ¡**Vámonos** de vacaciones!
  Let's go away on vacation!

  No nos vayamos de aquí.
  Let's not go away from here.

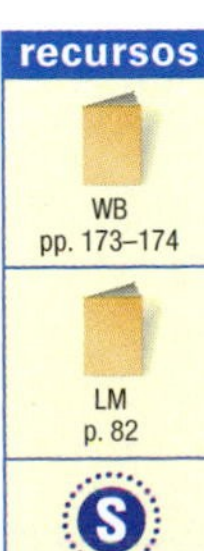

¡INTÉNTALO! Indica los mandatos afirmativos y negativos de la primera persona del plural (**nosotros/as**) de estos verbos.

1. estudiar *estudiemos, no estudiemos*
2. cenar ____
3. leer ____
4. decidir ____
5. decir ____
6. cerrar ____
7. levantarse ____
8. irse ____
9. depositar ____
10. quedarse ____
11. pedir ____
12. vestirse ____

Práctica

1 

Completar Completa esta conversación con mandatos de **nosotros/as.** Luego, representa la conversación con un(a) compañero/a.

MARÍA Sergio, ¿quieres hacer diligencias ahora o por la tarde?

SERGIO No (1)__________ (dejarlas) para más tarde. (2)__________ (Hacerlas) ahora. ¿Qué tenemos que hacer?

MARÍA Necesito comprar sellos.

SERGIO Yo también. (3)__________ (Ir) al correo.

MARÍA Pues, antes de ir al correo, necesito sacar dinero de mi cuenta corriente.

SERGIO Bueno, (4)__________ (buscar) un cajero automático.

MARÍA ¿Tienes hambre?

SERGIO Sí. (5)__________ (Cruzar) la calle y (6)__________ (entrar) en ese café.

MARÍA Buena idea.

SERGIO ¿Nos sentamos aquí?

MARÍA No, no (7)__________ (sentarse) aquí; (8)__________ (sentarse) enfrente de la ventana.

SERGIO ¿Qué pedimos?

MARÍA (9)__________ (Pedir) café y pan dulce.

2

Responder Responde a cada mandato de **nosotros/as** según las indicaciones entre paréntesis. Sustituye los sustantivos por los objetos directos e indirectos.

modelo

Vamos a vender el carro.

Sí, vendámoslo./No, no lo vendamos.

1. Vamos a levantarnos a las seis. (sí)
2. Vamos a enviar los paquetes. (no)
3. Vamos a depositar el cheque. (sí)
4. Vamos al supermercado. (no)
5. Vamos a mandar esta postal a nuestros amigos. (no)
6. Vamos a limpiar la habitación. (sí)
7. Vamos a mirar la televisión. (no)
8. Vamos a bailar. (sí)
9. Vamos a pintar la sala. (no)
10. Vamos a comprar estampillas. (sí)

 Practice more at **vhlcentral.com.**

Comunicación

3 

Preguntar Tú y tu compañero/a están de vacaciones en Caracas y se hacen sugerencias para resolver las situaciones que se presentan. Inventen mandatos afirmativos o negativos de **nosotros/as.**

modelo

Se nos olvidaron las tarjetas de crédito.
Paguemos en efectivo./No compremos más regalos.

1. El museo está a sólo una cuadra de aquí.
2. Tenemos hambre.
3. Hay mucha cola en el cine.

1. Tenemos muchos cheques de viajero.
2. Tenemos prisa para llegar al cine.
3. Estamos cansados y queremos dormir.

4 

Decisiones Trabajen en grupos pequeños. Ustedes están en Caracas por dos días. Lean esta página de una guía turística sobre la ciudad y decidan qué van a hacer hoy por la mañana, por la tarde y por la noche. Hagan oraciones con mandatos afirmativos o negativos de **nosotros/as.**

NOTA CULTURAL

Jesús Rafael Soto (1923–2005) fue un escultor y pintor venezolano. Sus obras cinéticas (*kinetic works*) frecuentemente incluyen formas que brillan (*shimmer*) y vibran. En muchas de ellas el espectador se puede integrar a la obra.

modelo

Visitemos el Museo de Arte Contemporáneo Sofía Imber esta tarde. Quiero ver las esculturas de Jesús Rafael Soto.

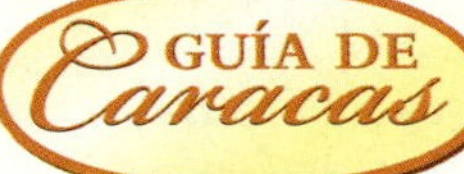

MUSEOS

- **Museo de Arte Colonial** Avenida Panteón
- **Museo de Arte Contemporáneo Sofía Imber** Parque Central. Esculturas de Jesús Rafael Soto y pinturas de Miró, Chagall y Picasso.
- **Galería de Arte Nacional** Parque Central. Colección de más de 4.000 obras de arte venezolano.

SITIOS DE INTERÉS

- **Plaza Bolívar**
- **Jardín Botánico** Avenida Interna UCV. De 8:00 a 5:00.
- **Parque del Este** Avenida Francisco de Miranda. Parque más grande de la ciudad con terrario.
- **Casa Natal de Simón Bolívar** Esquina de Sociedad de la avenida Universitaria. Casa colonial donde nació El Libertador.

RESTAURANTES

- **El Barquero** Avenida Luis Roche
- **Restaurante El Coyuco** Avenida Urdaneta
- **Restaurante Sorrento** Avenida Francisco Solano
- **Café Tonino** Avenida Andrés Bello

Síntesis

5 

Situación Tú y un(a) compañero/a viven juntos/as en un apartamento y tienen problemas económicos. Describan los problemas y sugieran algunas soluciones. Hagan oraciones con mandatos afirmativos o negativos de **nosotros/as.**

modelo

Hagamos un presupuesto (budget).
Es importante que no gastemos tanto dinero.

14.3 The future

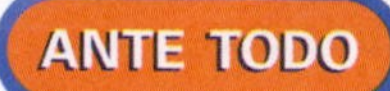

You have already learned ways of expressing the near future in Spanish. You will now learn how to form and use the future tense. Compare the different ways of expressing the future in Spanish and English.

Present indicative

Voy al cine mañana.
I'm going to the movies tomorrow.

Present subjunctive

Ojalá **vaya al cine** mañana.
I hope I go to the movies tomorrow.

ir a + [*infinitive*]

Voy a ir al cine.
I'm going to go to the movies.

Future

Iré al cine.
I will go to the movies.

CONSULTA

To review **ir a** + [*infinitive*], see **Estructura 4.1**, p. 118.

▶ In Spanish, the future is a simple tense that consists of one word, whereas in English it is made up of the auxiliary verb *will* or *shall*, and the main verb.

Future tense

		estudiar	aprender	recibir
SINGULAR FORMS	yo	estudiar**é**	aprender**é**	recibir**é**
	tú	estudiar**ás**	aprender**ás**	recibir**ás**
	Ud./él/ella	estudiar**á**	aprender**á**	recibir**á**
PLURAL FORMS	nosotros/as	estudiar**emos**	aprender**emos**	recibir**emos**
	vosotros/as	estudiar**éis**	aprender**éis**	recibir**éis**
	Uds./ellos/ellas	estudiar**án**	aprender**án**	recibir**án**

▶ **¡Atención!** Note that all of the future endings have a written accent except the **nosotros/as** form.

¿Cuándo **recibirás** la carta?
When will you receive the letter?

Mañana **aprenderemos** más.
Tomorrow we will learn more.

▶ The future endings are the same for regular and irregular verbs. For regular verbs, simply add the endings to the infinitive. For irregular verbs, add the endings to the irregular stem.

Irregular verbs in the future

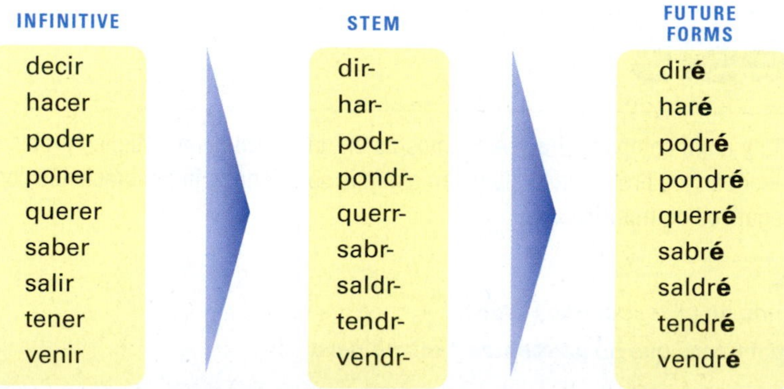

INFINITIVE	STEM	FUTURE FORMS
decir	dir-	dir**é**
hacer	har-	har**é**
poder	podr-	podr**é**
poner	pondr-	pondr**é**
querer	querr-	querr**é**
saber	sabr-	sabr**é**
salir	saldr-	saldr**é**
tener	tendr-	tendr**é**
venir	vendr-	vendr**é**

▶ The future of **hay** (*inf.* **haber**) is **habrá** (*there will be*).

La próxima semana **habrá** un nuevo director.
Next week there will be a new director.

Habrá más formularios en el correo.
There will be more forms at the post office.

▶ Although the English word *will* can refer to future time, it also refers to someone's willingness to do something. In this case, Spanish uses **querer** + [*infinitive*], not the future tense.

¿Quieres llamarme, por favor?
Will you please call me?

¿Quieren ustedes escucharnos, por favor?
Will you please listen to us?

COMPARE & CONTRAST

In Spanish, the future tense has an additional use: expressing conjecture or probability. English sentences involving expressions such as *I wonder, I bet, must be, may, might,* and *probably* are often translated into Spanish using the *future of probability*.

—¿Dónde **estarán** mis llaves?
I wonder where my keys are.

—**Estarán** en la cocina.
They're probably in the kitchen.

—¿Qué hora **será**?
What time can it be? (I wonder what time it is.)

—**Serán** las once o las doce.
It must be (It's probably) eleven or twelve.

Note that although the future tense is used, these verbs express conjecture about *present* conditions, events, or actions.

CONSULTA

To review these conjunctions of time, see **Estructura 13.3,** p. 435.

▶ The future may also be used in the main clause of sentences in which the present subjunctive follows a conjunction of time such as **cuando, después (de) que, en cuanto, hasta que,** and **tan pronto como.**

Cuando llegues a casa, **hablaremos**.
When you get home, we will talk.

Nos verás en cuanto entres en la cafetería.
You'll see us as soon as you enter the cafeteria.

¡INTÉNTALO! Conjuga los verbos entre paréntesis en futuro.

1. (dejar, correr, pedir) yo *dejaré, correré, pediré*
2. (cobrar, beber, vivir) tú ____________
3. (hacer, poner, venir) Lola ____________
4. (tener, decir, querer) nosotros ____________
5. (ir, ser, estar) ustedes ____________
6. (firmar, comer, repetir) usted ____________
7. (saber, salir, poder) yo ____________
8. (encontrar, jugar, servir) tú ____________

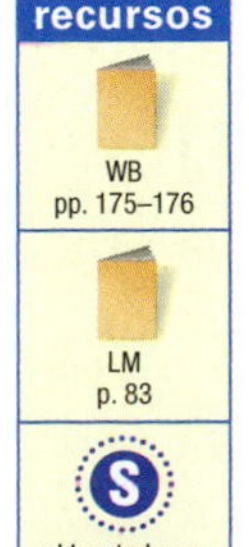

Práctica

1

Planes Celia está hablando de sus planes. Repite lo que dice, usando el tiempo futuro.

modelo

Hoy voy a hacer unas compras.
Hoy haré unas compras.

1. Voy a pasar por el banco a cobrar un cheque.
2. Mi hermana va a venir conmigo al supermercado.
3. Vamos a buscar las mejores rebajas.
4. Voy a comprarme unas botas.
5. Después voy a volver a casa y me voy a duchar.
6. Seguramente mis amigos me van a llamar para salir esta noche.

2

¿Quién será? En parejas, imaginen que están en un café y ven entrar a un hombre o una mujer. Imaginen cómo será su vida y utilicen el futuro de probabilidad en su conversación. Usen estas preguntas como guía y después lean su conversación delante de la clase.

modelo

Estudiante 1: *¿Será simpático?*
Estudiante 2: *Creo que no, está muy serio. Será antipático.*

- ¿Estará soltero/a?
- ¿Cuántos años tendrá?
- ¿Vivirá por aquí cerca?
- ¿Será famoso/a?
- ¿Será de otro país?
- ¿Con quién vivirá?
- ¿Estará esperando a alguien? ¿A quién?

3

¿Qué pasará? Imagina que tienes que adivinar (*to predict*) el futuro de tu compañero/a. Túrnense para hablar sobre cada una de estas categorías usando el futuro.

modelo

Estudiante 1: *¿Seré rico? ¿Tendré una casa grande?*
Estudiante 2: *Mmm... tendrás muy poco dinero durante los próximos cinco años, pero después serás muy, muy rico con una casa enorme. Luego te mudarás a una isla desierta (deserted) donde conocerás a...*

- amor
- dinero
- salud
- trabajo
- vivienda

Comunicación

4 

Conversar Tú y tu compañero/a viajarán a la República Dominicana por siete días. Indiquen lo que harán y no harán. Digan dónde, cómo, con quién o en qué fechas lo harán, usando el anuncio (*ad*) como guía. Pueden usar sus propias ideas también.

modelo

Estudiante 1: ¿Qué haremos el martes?
Estudiante 2: Visitaremos el Jardín Botánico.
Estudiante 1: Pues, tú visitarás el Jardín Botánico y yo caminaré por el Mercado Modelo.

¡Bienvenido a la República Dominicana!

Se divertirá desde el momento en que llegue al **Aeropuerto Internacional de las Américas**.

- Visite la ciudad colonial de **Santo Domingo** con su interesante arquitectura.
- Vaya al **Jardín Botánico** y disfrute de nuestra abundante naturaleza.
- En el **Mercado Modelo** no va a poder resistir la tentación de comprar artesanías.
- No deje de escalar el **Pico Duarte** (se recomiendan 3 días).
- ¿Le gusta bucear? **Cabarete** tiene todo el equipo que usted necesita.
- ¿Desea nadar? **Punta Cana** le ofrece hermosas playas.

NOTA CULTURAL

En la **República Dominicana** están el punto más alto y el más bajo de las Antillas. El Pico Duarte mide (*measures*) 3.175 metros y el lago Enriquillo está a 45 metros bajo el nivel del mar (*sea level*).

5 

Planear En grupos pequeños, hagan planes para empezar un negocio (*business*). Elijan una de las opciones y usen las preguntas como guía. Finalmente, presenten su plan a la clase.

un supermercado | **un salón de belleza** | **una heladería**

1. ¿Cómo se llamará?
2. ¿Cuánta gente trabajará en este lugar? ¿Qué hará cada persona?
3. ¿En qué parte de la ciudad estará? ¿Cómo llegará la gente?
4. ¿Quién será el/la director(a)? ¿Por qué?
5. ¿Van a necesitar un préstamo? ¿Cómo lo pedirán?
6. Este/a supermercado / salón de belleza / heladería será el/la mejor de la ciudad porque...

Síntesis

6    

El futuro de Cristina Tu profesor(a) va a darte una serie incompleta de dibujos sobre el futuro de Cristina. Tú y tu compañero/a tienen dos series diferentes. Háganse preguntas y respondan de acuerdo a los dibujos para completar la historia.

modelo

Estudiante 1: ¿Qué hará Cristina en el año 2020?
Estudiante 2: Ella se graduará en el año 2020.

Recapitulación

Completa estas actividades para repasar los conceptos de gramática que aprendiste en esta lección.

1 **Completar** Completa el cuadro con la forma correspondiente del futuro. 10 pts.

Infinitive	yo	ella	nosotros
ahorrar	ahorraré		
decir		dirá	
poner			pondremos
querer	querré		
salir		saldrá	

2 **Los novios** Completa este diálogo entre dos novios con mandatos en la forma de **nosotros/as**. 10 pts.

SIMÓN ¿Quieres ir al cine mañana?

CARLA Sí, ¡qué buena idea! (1) __________ (Comprar) los boletos (*tickets*) por teléfono.

SIMÓN No, mejor (2) __________ (pedírselos) gratis a mi prima, quien trabaja en el cine.

CARLA ¡Fantástico!

SIMÓN Y también quiero visitar la nueva galería de arte el fin de semana que viene.

CARLA ¿Por qué esperar? (3) __________ (Visitarla) esta tarde.

SIMÓN Bueno, pero primero tengo que limpiar mi apartamento.

CARLA No hay problema. (4) __________ (Limpiarlo) juntos.

SIMÓN Muy bien. ¿Y tú no tienes que hacer diligencias hoy? (5) __________ (Hacerlas) también.

CARLA Sí, tengo que ir al correo y al banco. (6) __________ (Ir) al banco hoy, pero no (7) __________ (ir) al correo todavía. Antes tengo que escribir una carta.

SIMÓN ¿Una carta misteriosa? (8) __________ (Escribirla) ahora.

CARLA No, mejor no (9) __________ (escribirla) hasta que regresemos de la galería donde venden un papel reciclado muy lindo (*cute*).

SIMÓN ¿Papel lindo? ¿Pues para quién es la carta?

CARLA No importa. (10) __________ (Empezar) a limpiar.

RESUMEN GRAMATICAL

14.1 The subjunctive in adjective clauses *pp. 460–461*

- When adjective clauses refer to something that is known, certain, or definite, the indicative is used.

Necesito **el libro** que **tiene** fotos.

- When adjective clauses refer to something that is uncertain or indefinite, the subjunctive is used.

Necesito **un libro** que **tenga** fotos.

14.2 Nosotros/as commands *pp. 464–465*

- Same as **nosotros/as** form of present subjunctive.

Affirmative	Negative
Démosle un libro a Lola. Démoselo.	No le demos un libro a Lola. No se lo demos.

- While the subjunctive form of the verb **ir** is used for the negative **nosotros/as** command, the indicative is used for the affirmative command.

No **vayamos** a la plaza. **Vamos** a la plaza.

14.3 The future *pp. 468–469*

Future tense of **estudiar***	
estudiaré	estudiaremos
estudiarás	estudiaréis
estudiará	estudiarán

*Same ending for **-ar**, **-er**, and **-ir** verbs.

- The future of **hay** is **habrá** (*there will be*).
- The future can also express conjecture or probability.

3

Frases Escribe oraciones con los elementos que se dan. Usa el tiempo futuro. 10 pts.

1. Lorenzo y yo / ir / al banco / mañana / y / pedir / un préstamo
2. la empleada del banco / hacernos / muchas preguntas / y / también / darnos / un formulario
3. Lorenzo / llenar / el formulario / y / yo / firmarlo
4. nosotros / salir / del banco / contentos / porque el dinero / llegar / a nuestra cuenta / muy pronto
5. los dos / tener / que trabajar mucho / para pagar el préstamo / pero nuestros padres / ayudarnos

Irregular verbs in the future		
Infinitive	**Stem**	**Future forms**
decir	dir-	diré
hacer	har-	haré
poder	podr-	podré
poner	pondr-	pondré
querer	querr-	querré
saber	sabr-	sabré
salir	saldr-	saldré
tener	tendr-	tendré
venir	vendr-	vendré

4

Verbos Escribe los verbos en el presente de indicativo o de subjuntivo. 10 pts.

1. —¿Sabes dónde hay un restaurante donde nosotros (1) _________ (poder) comer paella valenciana? —No, no conozco ninguno que (2) _________ (servir) paella, pero conozco uno que (3) _________ (especializarse) en tapas españolas.
2. Busco vendedores que (4) _________ (ser) educados. No estoy seguro de conocer a alguien que (5) _________ (tener) esa característica. Pero ahora que lo pienso, ¡sí! Tengo dos amigos que (6) _________ (trabajar) en el almacén Excelencia. Los voy a llamar. Y debo decirles que necesitamos que (ellos) (7) _________ (saber) hablar inglés.
3. Se busca apartamento que (8) _________ (estar) bien situado, que (9) _________ (costar) menos de $800 al mes y que (10) _________ (permitir) tener perros.

5

La ciudad ideal Escribe un párrafo de al menos cinco oraciones describiendo cómo es la comunidad ideal donde te gustaría (*you would like*) vivir en el futuro y compárala con la comunidad donde vives ahora. Usa cláusulas adjetivas y el vocabulario de esta lección. 10 pts.

6

Adivinanza Completa la adivinanza y adivina la respuesta. ¡2 puntos EXTRA!

"Me llegan las cartas
y no sé _________ (*to read*)
y, aunque° me las como,
no mancho° el papel."
¿Quién soy? _________

aunque *although* no mancho *I don't stain*

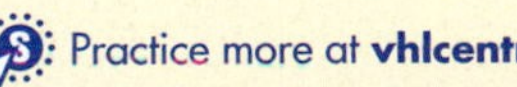

Practice more at **vhlcentral.com.**

Lectura

Antes de leer

Estrategia

Identifying point of view

You can understand a narrative more completely if you identify the point of view of the narrator. You can do this by simply asking yourself from whose perspective the story is being told. Some stories are narrated in the first person. That is, the narrator is a character in the story, and everything you read is filtered through that person's thoughts, emotions, and opinions. Other stories have an omniscient narrator who is not one of the story's characters and who reports the thoughts and actions of all the characters.

Examinar el texto

Lee brevemente este cuento escrito por Marco Denevi. ¿Crees que se narra en primera persona o tiene un narrador omnisciente? ¿Cómo lo sabes?

____

____

Punto de vista

Éstos son fragmentos de *Esquina peligrosa* en los que se cambió el punto de vista° a primera persona. Completa cada oración de manera lógica.

1. Le _______ a mi chofer que me condujese hasta aquel barrio...
2. Al doblar la esquina _______ el almacén, el mismo viejo y sombrío almacén donde _______ había trabajado como dependiente...
3. El recuerdo de _______ niñez me puso nostálgico. Se _______ humedecieron los ojos.
4. Yo _______ la canasta de mimbre, _______ llenándola con paquetes [...] y _______ a hacer el reparto.

punto de vista *point of view*

Practice more at **vhlcentral.com.**

Marco Denevi (1922–1998) fue un escritor y dramaturgo argentino. Estudió derecho y más tarde se convirtió en escritor. Algunas de sus obras, como *Rosaura a las diez*, han sido° llevadas al cine. Denevi se caracteriza por su gran creatividad e ingenio, que jamás dejan de sorprender al lector°.

Esquina peligrosa

Marco Denevi

El señor Epidídimus, el magnate de las finanzas°, uno de los hombres más ricos del mundo, sintió un día el vehemente deseo de visitar el barrio donde había vivido cuando era niño y trabajaba como dependiente de almacén.

Le ordenó a su chofer que lo condujese hasta aquel barrio humilde° y remoto. Pero el barrio estaba tan cambiado que el señor Epidídimus no lo reconoció. En lugar de calles de tierra había bulevares asfaltados°, y las míseras casitas de antaño° habían sido reemplazadas por torres de departamentos°.

Al doblar una esquina vio el almacén, el mismo viejo y sombrío° almacén donde él había trabajado como dependiente cuando tenía doce años.

—Deténgase aquí—le dijo al chofer. Descendió del automóvil y entró en el almacén. Todo se conservaba igual que en la época de su infancia: las estanterías, la anticuada caja registradora°, la balanza de pesas° y, alrededor, el mudo asedio° de la mercadería.

El señor Epidídimus percibió el mismo olor de sesenta años atrás: un olor picante y agridulce a jabón han sido *have been* lector *reader* finanzas *finance* humilde *humble, modest* asfaltados *paved with asphalt* antaño *yesteryear* torres de departamentos *apartment buildings* sombrío *somber* anticuada caja registradora *old-fashioned cash register* balanza de pesas *scale* mudo asedio *silent siege* aserrín *sawdust* acaroína *pesticide* penumbra del fondo *half-light from the back* reparto *delivery* lodazal *bog*

amarillo, a aserrín° húmedo, a vinagre, a aceitunas, a acaroína°. El recuerdo de su niñez lo puso nostálgico. Se le humedecieron los ojos. Le pareció que retrocedía en el tiempo.

Desde la penumbra del fondo° le llegó la voz ruda del patrón:

—¿Estas son horas de venir? Te quedaste dormido, como siempre.

El señor Epidídimus tomó la canasta de mimbre, fue llenándola con paquetes de azúcar, de yerba y de fideos, y salió a hacer el reparto°.

La noche anterior había llovido y las calles de tierra estaban convertidas en un lodazal°.

(1974)

Después de leer

Comprensión

Indica si las oraciones son **ciertas** o **falsas.** Corrige las falsas.

Cierto	Falso	
____	____	1. El señor Epidídimus tiene una tienda con la que gana poco dinero.
____	____	2. Epidídimus vivía en un barrio humilde cuando era pequeño.
____	____	3. Epidídimus le ordenó al chofer que lo llevara a un barrio de gente con poco dinero.
____	____	4. Cuando Epidídimus entró al almacén se acordó de experiencias pasadas.
____	____	5. Epidídimus les dio órdenes a los empleados del almacén.

Interpretación

Responde a estas preguntas con oraciones completas.

1. ¿Es rico o pobre Epidídimus? ¿Cómo lo sabes?
   ____
2. ¿Por qué Epidídimus va al almacén?
   ____
3. ¿De quién es la voz "ruda" que Epidídimus escucha? ¿Qué orden crees que le dio a Epidídimus?
   ____
4. ¿Qué hace Epidídimus al final?
   ____

Coméntalo

En parejas, hablen de sus impresiones y conclusiones. Tomen como guía estas preguntas.

- ¿Te sorprendió el final de este cuento? ¿Por qué?
- ¿Qué va a hacer Epidídimus el resto del día?
- ¿Crees que Epidídimus niño estaba soñando o Epidídimus adulto estaba recordando?
- ¿Por qué crees que el cuento se llama *Esquina peligrosa*?

Video: *Panorama cultural*
Interactive map

Venezuela

El país en cifras

- **Área:** 912.050 km^2 (352.144 millas^2), *aproximadamente dos veces el área de California*
- **Población:** 31.292.000
- **Capital:** Caracas —3.292.000
- **Ciudades principales:** Maracaibo —2.357.000, Valencia —1.905.000, Barquisimeto —1.273.000, Maracay —1.138.000

SOURCE: Population Division, UN Secretariat

- **Moneda:** bolívar
- **Idiomas:** español (oficial), lenguas indígenas (oficiales)

El yanomami es uno de los idiomas indígenas que se habla en Venezuela. La cultura de los yanomami tiene su centro en el sur de Venezuela, en el bosque tropical. Son cazadores° y agricultores y viven en comunidades de hasta 400 miembros.

Bandera de Venezuela

Venezolanos célebres

- **Teresa Carreño,** compositora y pianista (1853–1917)
- **Rómulo Gallegos,** escritor y político (1884–1969)
- **Andrés Eloy Blanco,** poeta (1897–1955)
- **Baruj Benacerraf,** científico (1920–2011)

En 1980, Baruj Benacerraf, junto con dos de sus colegas, recibió el Premio Nobel por sus investigaciones en el campo° de la inmunología y las enfermedades autoinmunes. Nacido en Caracas, Benacerraf también vivió en París y los Estados Unidos.

cazadores *hunters* **campo** *field* **caída** *drop* **Salto Ángel** *Angel Falls* **catarata** *waterfall* **la dio a conocer** *made it known*

Isla Margarita

Maracaibo
Lago de Maracaibo
Valencia
Caracas
Cordillera Central de la Costa
Río Orinoco
Macizo de las Guayanas
GUYANA
BRASIL

Vista de Caracas

Una piragua

ESTADOS UNIDOS
OCÉANO ATLÁNTICO
OCÉANO PACÍFICO
VENEZUELA

recursos

WB pp. 177–178	VM pp. 259–260	vhlcentral.com Lección 14

¡Increíble pero cierto!

Con una caída° de 979 metros (3.212 pies) desde la meseta de Auyan Tepuy, Salto Ángel°, en Venezuela, es la catarata° más alta del mundo, ¡diecisiete veces más alta que las cataratas del Niágara! James C. Angel la dio a conocer° en 1935. Los indígenas de la zona la denominan "Kerepakupai Merú".

Economía • El petróleo

La industria petrolera° es muy importante para la economía venezolana. La mayor concentración de petróleo del país se encuentra debajo del lago Maracaibo. En 1976 se nacionalizaron las empresas° petroleras y pasaron a ser propiedad° del estado con el nombre de *Petróleos de Venezuela*. Este producto representa más del 70% de las exportaciones del país, siendo los Estados Unidos su principal comprador°.

Actualidades • Caracas

El *boom* petrolero de los años cincuenta transformó a Caracas en una ciudad cosmopolita. Sus rascacielos° y excelentes sistemas de transporte la hacen una de las ciudades más modernas de Latinoamérica. El metro, construido en 1983, es uno de los más modernos del mundo y sus extensas carreteras y autopistas conectan la ciudad con el interior del país. El corazón de la capital es el Parque Central, una zona de centros comerciales, tiendas, restaurantes y clubes.

Historia • Simón Bolívar (1783–1830)

A principios del siglo° XIX, el territorio de la actual Venezuela, al igual que gran parte de América, todavía estaba bajo el dominio de la Corona° española. El general Simón Bolívar, nacido en Caracas, es llamado "El Libertador" porque fue el líder del movimiento independentista suramericano en el área que hoy es Venezuela, Colombia, Ecuador, Perú y Bolivia.

¿Qué aprendiste? Responde a cada pregunta con una oración completa.

1. ¿Cuál es la moneda de Venezuela?
2. ¿Quién fue Rómulo Gallegos?
3. ¿Cuándo se dio a conocer el Salto Ángel?
4. ¿Cuál es el producto más exportado de Venezuela?
5. ¿Qué ocurrió en 1976 con las empresas petroleras?
6. ¿Cómo se llama la capital de Venezuela?
7. ¿Qué hay en el Parque Central de Caracas?
8. ¿Por qué es conocido Simón Bolívar como "El Libertador"?

Sombreros y hamacas en Ciudad Bolívar

Conexión Internet Investiga estos temas en **vhlcentral.com**.

1. Busca información sobre Simón Bolívar. ¿Cuáles son algunos de los episodios más importantes de su vida? ¿Crees que Bolívar fue un estadista (*statesman*) de primera categoría? ¿Por qué?
2. Prepara un plan para un viaje de ecoturismo por el Orinoco. ¿Qué quieres ver y hacer durante la excursión?

Practice more at **vhlcentral.com.**

industria petrolera *oil industry* **empresas** *companies* **propiedad** *property* **comprador** *buyer* **rascacielos** *skyscrapers* **siglo** *century* **Corona** *Crown*

La República Dominicana

El país en cifras

- **Área:** 48.730 km² (18.815 millas²), *el área combinada de New Hampshire y Vermont*
- **Población:** 10.867.000

La isla La Española, llamada así tras° el primer viaje de Cristóbal Colón, estuvo bajo el completo dominio de la corona° española hasta 1697, cuando la parte oeste de la isla pasó a ser propiedad° francesa. Hoy día está dividida políticamente en dos países, la República Dominicana en la zona este y Haití en el oeste.

SOURCE: Population Division, UN Secretariat

- **Capital:** Santo Domingo—2.381.000
- **Ciudades principales:** Santiago de los Caballeros, La Vega, Puerto Plata, San Pedro de Macorís
- **Moneda:** peso dominicano
- **Idiomas:** español (oficial), criollo haitiano

Bandera de la República Dominicana

Dominicanos célebres

- **Juan Pablo Duarte,** político y padre de la patria° (1813–1876)
- **Celeste Woss y Gil,** pintora (1891–1985)
- **Juan Luis Guerra,** compositor y cantante de merengue (1957–)

tras *after* corona *crown* propiedad *property*
padre de la patria *founding father* restos *remains* siglo *century*
tumbas *graves* navegante *sailor* reemplazó *replaced*

Hombres tocando los palos en una misa en Nochebuena

Catedral de Santa María la Menor

Océano Atlántico
Isla La Española
Puerto Plata
Santiago
Bahía Escocesa
Río Yuna
Pico Duarte
La Vega
HAITÍ
Cordillera Central
Río San Juan
San Pedro de Macorís
Sierra de Neiba
Santo Domingo
Sierra de Baoruco
Bahía de Ocoa
Mar Caribe

ESTADOS UNIDOS
LA REPÚBLICA DOMINICANA
OCÉANO PACÍFICO
OCÉANO ATLÁNTICO
AMÉRICA DEL SUR

Trabajadores del campo recogen la cosecha de ajos

recursos		
WB pp. 179–180	VM pp. 261–262	vhlcentral.com Lección 14

¡Increíble pero cierto!

Los restos° de Cristóbal Colón pasaron por varias ciudades desde su muerte en el siglo° XVI hasta el siglo XIX. Por esto, se conocen dos tumbas° de este navegante°: una en la Catedral de Sevilla, España y otra en el Museo Faro a Colón en Santo Domingo, que reemplazó° la tumba inicial en la catedral de la capital dominicana.

Ciudades • Santo Domingo

La zona colonial de Santo Domingo, ciudad fundada en 1496, posee° algunas de las construcciones más antiguas del hemisferio. Gracias a las restauraciones°, la arquitectura de la ciudad es famosa no sólo por su belleza sino también por el buen estado de sus edificios. Entre sus sitios más visitados se cuentan° la Calle de las Damas, llamada así porque allí paseaban las señoras de la corte del Virrey; el Alcázar de Colón, un palacio construido entre 1510 y 1514 por Diego Colón, hijo de Cristóbal; y la Fortaleza° Ozama, la más vieja de las Américas, construida entre 1502 y 1508.

Deportes • El béisbol

El béisbol es un deporte muy practicado en el Caribe. Los primeros países hispanos en tener una liga fueron Cuba y México, donde se empezó a jugar al béisbol en el siglo XIX. Hoy día este deporte es una afición° nacional en la República Dominicana. Pedro Martínez (foto, derecha) y David Ortiz son sólo dos de los muchísimos beisbolistas dominicanos que han alcanzado° enorme éxito° e inmensa popularidad entre los aficionados.

Artes • El merengue

El merengue, un ritmo originario de la República Dominicana, tiene sus raíces° en el campo. Tradicionalmente las canciones hablaban de los problemas sociales de los campesinos°. Sus instrumentos eran la guitarra, el acordeón, el guayano° y la tambora, un tambor° característico del lugar. Entre 1930 y 1960, el merengue se popularizó en las ciudades; adoptó un tono más urbano, en el que se incorporaron instrumentos como el saxofón y el bajo°, y empezaron a formarse grandes orquestas. Uno de los cantantes y compositores de merengue más famosos es Juan Luis Guerra.

¿Qué aprendiste? Responde a cada pregunta con una oración completa.

1. ¿Quién es Juan Luis Guerra?
2. ¿Cuándo se fundó la ciudad de Santo Domingo?
3. ¿Qué es el Alcázar de Colón?
4. Nombra dos beisbolistas famosos de la República Dominicana.
5. ¿De qué hablaban las canciones de merengue tradicionales?
6. ¿Qué instrumentos se utilizaban para tocar (*play*) el merengue?
7. ¿Cuándo se transformó el merengue en un estilo urbano?
8. ¿Qué cantante ha ayudado a internacionalizar el merengue?

Conexión Internet Investiga estos temas en **vhlcentral.com.**

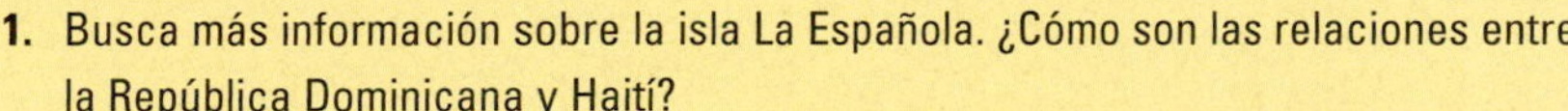

1. Busca más información sobre la isla La Española. ¿Cómo son las relaciones entre la República Dominicana y Haití?

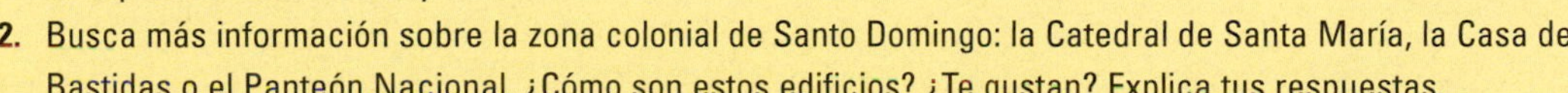

2. Busca más información sobre la zona colonial de Santo Domingo: la Catedral de Santa María, la Casa de Bastidas o el Panteón Nacional. ¿Cómo son estos edificios? ¿Te gustan? Explica tus respuestas.

posee *possesses* restauraciones *restorations* se cuentan *are included* Fortaleza *Fortress* afición *pastime* han alcanzado *have reached* éxito *success* raíces *roots* campesinos *rural people* guayano *metal scraper* tambor *drum* bajo *bass*

En la ciudad

el banco	*bank*
la carnicería	*butcher shop*
el correo	*post office*
el estacionamiento	*parking lot*
la frutería	*fruit store*
la heladería	*ice cream shop*
la joyería	*jewelry store*
la lavandería	*laundromat*
la panadería	*bakery*
la pastelería	*pastry shop*
la peluquería, el salón de belleza	*beauty salon*
la pescadería	*fish market*
el supermercado	*supermarket*
la zapatería	*shoe store*
hacer cola	*to stand in line*
hacer diligencias	*to run errands*

En el banco

el cajero automático	*ATM*
el cheque (de viajero)	*(traveler's) check*
la cuenta corriente	*checking account*
la cuenta de ahorros	*savings account*
ahorrar	*to save (money)*
cobrar	*to cash (a check)*
depositar	*to deposit*
firmar	*to sign*
llenar (un formulario)	*to fill out (a form)*
pagar a plazos	*to pay in installments*
pagar al contado/ en efectivo	*to pay in cash*
pedir prestado/a	*to borrow*
pedir un préstamo	*to apply for a loan*
ser gratis	*to be free of charge*

Cómo llegar

la cuadra	*(city) block*
la dirección	*address*
la esquina	*corner*
el letrero	*sign*
cruzar	*to cross*
doblar	*to turn*
estar perdido/a	*to be lost*
indicar cómo llegar	*to give directions*
quedar	*to be located*
(al) este	*(to the) east*
(al) norte	*(to the) north*
(al) oeste	*(to the) west*
(al) sur	*(to the) south*
derecho	*straight (ahead)*
enfrente de	*opposite; facing*
hacia	*toward*

Expresiones útiles	*See page 455.*

En el correo

el cartero	*mail carrier*
el correo	*mail/post office*
la estampilla, el sello	*stamp*
el paquete	*package*
el sobre	*envelope*
echar (una carta) al buzón	*to put (a letter) in the mailbox; to mail*
enviar, mandar	*to send; to mail*

El bienestar

15

Communicative Goals

You will learn how to:

- Talk about health, well-being, and nutrition
- Talk about physical activities

A PRIMERA VISTA

- ¿Está la chica en un gimnasio o en un lugar al aire libre?
- ¿Practica ella deportes frecuentemente?
- ¿Es activa o sedentaria?
- ¿Es probable que le importe su salud?

Talking Picture, Tutorials & Games
Audio: Activities

El bienestar

Más vocabulario

adelgazar	*to lose weight; to slim down*
aliviar el estrés	*to reduce stress*
aliviar la tensión	*to reduce tension*
apurarse, darse prisa	*to hurry; to rush*
aumentar de peso, engordar	*to gain weight*
calentarse (e:ie)	*to warm up*
disfrutar (de)	*to enjoy; to reap the benefits (of)*
entrenarse	*to practice; to train*
estar a dieta	*to be on a diet*
estar en buena forma	*to be in good shape*
hacer gimnasia	*to work out*
llevar una vida sana	*to lead a healthy lifestyle*
mantenerse en forma	*to stay in shape*
sufrir muchas presiones	*to be under a lot of pressure*
tratar de (+ *inf.*)	*to try (to do something)*
la droga	*drug*
el/la drogadicto/a	*drug addict*
activo/a	*active*
débil	*weak*
en exceso	*in excess; too much*
flexible	*flexible*
fuerte	*strong*
sedentario/a	*sedentary; related to sitting*
tranquilo/a	*calm; quiet*
el bienestar	*well-being*

Variación léxica

hacer ejercicios aeróbicos ↔ hacer aeróbic *(Esp.)*
el/la entrenador(a) ↔ el/la monitor(a)

recursos

WB pp. 181–182	LM p. 85	vhlcentral.com Lección 15

Práctica

1 **Escuchar** Mira el dibujo. Luego escucha las oraciones e indica si lo que se dice en cada oración es **cierto** o **falso**.

	Cierto	Falso		Cierto	Falso
1.	❍	❍	6.	❍	❍
2.	❍	❍	7.	❍	❍
3.	❍	❍	8.	❍	❍
4.	❍	❍	9.	❍	❍
5.	❍	❍	10.	❍	❍

2 **Seleccionar** Escucha el anuncio del gimnasio Sucre. Marca con una **X** los servicios que se ofrecen.

_____ 1. dietas para adelgazar
_____ 2. programa para aumentar de peso
_____ 3. clases de gimnasia
_____ 4. entrenador personal
_____ 5. masajes
_____ 6. programa para dejar de fumar

3 **Identificar** Identifica el antónimo (*antonym*) de cada palabra.

apurarse	fuerte
disfrutar	mantenerse en forma
engordar	sedentario
estar enfermo	sufrir muchas presiones
flexible	tranquilo

1. activo
2. adelgazar
3. aliviar el estrés
4. débil
5. ir despacio
6. estar sano
7. nervioso
8. ser teleadicto

4 **Combinar** Combina elementos de cada columna para formar ocho oraciones lógicas sobre el bienestar.

1. David levanta pesas	a. aumentó de peso.
2. Estás en buena forma	b. estiramiento.
3. Felipe se lastimó	c. porque quieren adelgazar.
4. José y Rafael	d. porque haces ejercicio.
5. Mi hermano	e. sudan mucho en el gimnasio.
6. Sara hace ejercicios de	f. un músculo de la pierna.
7. Mis primas están a dieta	g. no se debe fumar.
8. Para llevar una vida sana,	h. y corre mucho.

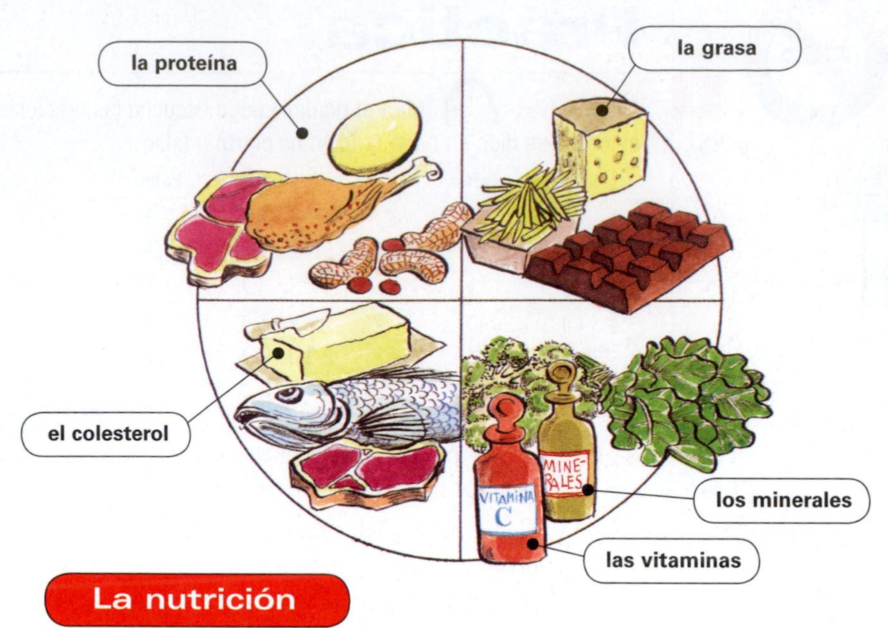

La nutrición

Más vocabulario

la bebida alcohólica	*alcoholic beverage*
la cafeína	*caffeine*
la caloría	*calorie*
la merienda	*afternoon snack*
la nutrición	*nutrition*
el/la nutricionista	*nutritionist*
comer una dieta equilibrada	*to eat a balanced diet*
consumir alcohol	*to consume alcohol*
descafeinado/a	*decaffeinated*

5 **Completar** Completa cada oración con la palabra adecuada.

1. Después de hacer ejercicio, como pollo o bistec porque contienen ______.
   a. drogas b. proteínas c. grasa
2. Para ______, es necesario consumir comidas de todos los grupos alimenticios (*nutrition groups*).
   a. aliviar el estrés b. correr c. comer una dieta equilibrada
3. Mis primas ______ una buena comida.
   a. disfrutan de b. tratan de c. sudan
4. Mi entrenador no come queso ni papas fritas porque contienen ______.
   a. dietas b. vitaminas c. mucha grasa
5. Mi padre no come mantequilla porque él necesita reducir ______.
   a. la nutrición b. el colesterol c. el bienestar
6. Mi novio cuenta ______ porque está a dieta.
   a. las pesas b. los músculos c. las calorías

CONSULTA

To review what you have learned about nutrition and food groups, see **Contextos, Lección 8**, pp. 242–245.

6 **La nutrición** En parejas, hablen de los tipos de comida que comen y las consecuencias que tienen para su salud. Luego compartan la información con la clase.

1. ¿Cuántas comidas con mucha grasa comes regularmente? ¿Piensas que debes comer menos comidas de este tipo? ¿Por qué?
2. ¿Compras comidas con muchos minerales y vitaminas? ¿Necesitas consumir más comidas que los contienen? ¿Por qué?
3. ¿Algún miembro de tu familia tiene problemas con el colesterol? ¿Qué haces para evitar problemas con el colesterol?
4. ¿Eres vegetariano/a? ¿Conoces a alguien que sea vegetariano/a? ¿Qué piensas de la idea de no comer carne u otros productos animales? ¿Es posible comer una dieta equilibrada sin comer carne? Explica.
5. ¿Tomas cafeína en exceso? ¿Qué ventajas (*advantages*) y desventajas tiene la cafeína? Da ejemplos de productos que contienen cafeína y de productos descafeinados.
6. ¿Llevas una vida sana? ¿Y tus amigos? ¿Crees que, en general, los estudiantes llevan una vida sana? ¿Por qué?

AYUDA

Some useful words:
sano = saludable
en general = por lo general
estricto
normalmente
muchas veces
a veces
de vez en cuando

Comunicación

7 **Un anuncio** En grupos de cuatro, imaginen que son dueños/as de un gimnasio con un equipo (*equipment*) moderno, entrenadores cualificados y un(a) nutricionista. Preparen y presenten un anuncio para la televisión que hable del gimnasio y atraiga (*attracts*) a una gran variedad de nuevos clientes. No se olviden de presentar esta información:

- las ventajas de estar en buena forma
- el equipo que tienen
- los servicios y clases que ofrecen
- las características únicas
- la dirección y el teléfono
- el precio para los socios (*members*)

8  **Recomendaciones para la salud** En parejas, imaginen que están preocupados/as por los malos hábitos de un(a) amigo/a que no está bien últimamente (*lately*). Escriban y representen una conversación en la cual hablen de lo que está pasando en la vida de su amigo/a y los cambios que necesita hacer para llevar una vida sana.

9  **El teleadicto** Con un(a) compañero/a, representen los papeles de un(a) nutricionista y un(a) teleadicto/a. La persona sedentaria habla de sus malos hábitos para la comida y de que no hace ejercicio. También dice que toma demasiado café y que siente mucho estrés. El/La nutricionista le sugiere una dieta equilibrada con bebidas descafeinadas y una rutina para mantenerse en buena forma. El/La teleadicto/a le da las gracias por su ayuda.

10  **El gimnasio perfecto** Tú y tu compañero/a quieren encontrar el gimnasio perfecto. Su profesor(a) les va a dar a cada uno/a de ustedes el anuncio de un gimnasio. Túrnense para hacerse preguntas sobre las actividades que se ofrecen en cada uno. Al final, decidan cuál es el mejor gimnasio y compartan su decisión con la clase.

11 **¿Quién es?** Trabajen en grupos. Cada uno/a de ustedes va a elegir a una persona famosa por temas de salud y bienestar. Los demás miembros del grupo deben hacer preguntas hasta descubrir a quién eligió cada quien. Recuerden usar el vocabulario de la lección.

modelo

Estudiante 1: ¿Haces ejercicio todos los días?
Estudiante 2: Sí, sobre todo hago ejercicios aeróbicos. ¡Me encanta la música!
Estudiante 3: ¿Comes una dieta equilibrada?
Estudiante 2: Sí, y hace más de 40 años que perdí más de 100 libras (*pounds*) de peso.
Estudiante 1: ¡Ya sé! ¡Eres Richard Simmons!

Chichén Itzá

Los chicos exploran Chichén Itzá y se relajan en un spa.

PERSONAJES

MARISSA

FELIPE

Video: *Fotonovela*
Record and Compare

MARISSA ¡Chichén Itzá es impresionante! Qué lástima que Maru y Miguel no estén con nosotros. Sobre todo Maru.

FELIPE Ha estado bajo mucha presión.

MARISSA Podría quedarme aquí para siempre. ¿Ustedes ya habían venido antes?

FELIPE Sí. Nuestros papás nos trajeron cuando éramos niños.

(*en otro lugar de las ruinas*)

JUAN CARLOS ¡Hace calor!

JIMENA ¡Sí! Hay que estar en buena forma para recorrer las ruinas.

JUAN CARLOS Siempre había llevado una vida sana antes de entrar a la universidad.

JIMENA Tienes razón. La universidad hace que seamos muy sedentarios.

JUAN CARLOS ¡Busquemos a Felipe y a Marissa!

FELIPE El otro día le gané a Juan Carlos en el parque.

JUAN CARLOS Estaba mirando hacia otro lado, cuando me di cuenta, Felipe ya había empezado a correr.

FELIPE ¡Gané!

JIMENA Qué calor. Tengo una idea. Vamos.

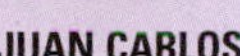

JUAN CARLOS

JIMENA

EMPLEADA

EMPLEADA Ofrecemos varios servicios para aliviar el estrés: masajes, saunas...

FELIPE Me gustaría un masaje.

MARISSA Yo prefiero un baño mineral.

JUAN CARLOS ¿Crees que tendrías un poco de tiempo libre la semana que viene? Me gustaría invitarte a salir.

JIMENA ¿Sin Felipe?

JUAN CARLOS Sin Felipe.

10

EMPLEADA ¿Ya tomaron una decisión?

JIMENA Sí.

Expresiones útiles

Wishing a friend were with you

Qué lástima que no estén con nosotros.
What a shame that they aren't with us.
Sobre todo Maru.
Especially Maru.
Él/Ella ha estado bajo mucha presión.
He/She has been under a lot of pressure.
Creo que ellos ya habían venido antes.
I think they had already come (here) before.

Talking about trips

¿Ustedes ya habían venido antes?
Had you been (here) before?
Sí. He querido regresar desde que leí el *Chilam Balam*.
Yes. I have wanted to come back ever since I read the Chilam Balam.
¿Recuerdas cuando nos trajo papá?
Remember when Dad brought us?
Al llegar a la cima, comenzaste a llorar.
When we got to the top, you started to cry.

Talking about well-being

Siempre había llevado una vida sana antes de entrar a la universidad.
I had always maintained a healthy lifestyle before starting college.
Ofrecemos varios servicios para aliviar el estrés.
We offer many services to relieve stress.
Me gustaría un masaje.
I would like a massage.

Additional vocabulary

la cima *top, peak*
el escalón *step*
el muro *wall*
tomar una decisión *to make a decision*

¿Qué pasó?

1

Seleccionar Selecciona la respuesta que completa mejor cada oración.

1. Felipe y Marissa piensan que Maru ______.
   a. debe hacer ejercicio b. aumentó de peso c. ha estado bajo mucha presión
2. Felipe y Jimena visitaron Chichén Itzá ______.
   a. para aliviar el estrés b. cuando eran niños c. para llevar una vida sana
3. Jimena dice que la universidad hace a los estudiantes ______.
   a. comer una dieta equilibrada b. ser sedentarios c. levantar pesas
4. En el spa ofrecen servicios para ______.
   a. sudar b. aliviar el estrés c. ser flexibles
5. Felipe elige que le den un ______.
   a. baño mineral b. almuerzo c. masaje

2

Identificar Identifica quién puede decir estas oraciones.

1. No me di cuenta (*I didn't realize*) de que habías empezado a correr, por eso ganaste.
2. Miguel y Maru no visitaron Chichén Itzá, ¡qué lástima que no estén con nosotros!
3. Se necesita estar en buena forma para visitar este tipo de lugares.
4. Los masajes, saunas y baños minerales que ofrecemos alivian la tensión.
5. Si salimos, no invites a Felipe.
6. Yo corro más rápido que Juan Carlos.

MARISSA

FELIPE

JIMENA

JUAN CARLOS

EMPLEADA

3

Inventar En parejas, hagan descripciones de los personajes de la **Fotonovela**. Utilicen las oraciones, la lista de palabras y otras expresiones que sepan.

aliviar el estrés	hacer ejercicios de estiramiento	masaje
bienestar	llevar una vida sana	teleadicto/a
grasa	mantenerse en forma	vitamina

modelo

Estudiante 1: *Felipe es activo, flexible y fuerte.*
Estudiante 2: *Marissa siempre hace ejercicios de estiramiento. Está en buena forma y lleva una vida muy sana...*

1. A Juan Carlos le duelen los músculos después de hacer gimnasia.
2. Maru a veces sufre presiones y estrés en la universidad.
3. A Jimena le encanta salir con amigos o leer un buen libro.
4. Felipe trata de comer una dieta equilibrada.
5. Juan Carlos no es muy flexible.

Practice more at **vhlcentral.com.**

Ortografía

Concepts

Las letras b y v

Since there is no difference in pronunciation between the Spanish letters **b** and **v**, spelling words that contain these letters can be tricky. Here are some tips.

nombre **blusa** **absoluto** **descubrir**

The letter **b** is always used before consonants.

bonita **botella** **buscar** **bienestar**

At the beginning of words, the letter **b** is usually used when it is followed by the letter combinations **-on**, **-or**, **-ot**, **-u**, **-ur**, **-us**, **-ien**, and **-ene**.

adelgazaba **disfrutaban** **ibas** **íbamos**

The letter **b** is used in the verb endings of the imperfect tense for **-ar** verbs and the verb **ir**.

voy **vamos** **estuvo** **tuvieron**

The letter **v** is used in the present tense forms of **ir** and in the preterite forms of **estar** and **tener**.

octavo **huevo** **activa** **grave**

The letter **v** is used in these noun and adjective endings: **-avo/a**, **-evo/a**, **-ivo/a**, **-ave**, **-eve**.

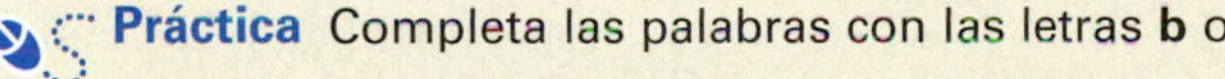

Práctica Completa las palabras con las letras **b** o **v**.

1. Una __ez me lastimé el __razo cuando esta__a __uceando.
2. Manuela se ol__idó sus li__ros en el auto__ús.
3. Ernesto tomó el __orrador y se puso todo __lanco de tiza.
4. Para tener una __ida sana y saluda__le, necesitas tomar __itaminas.
5. En mi pue__lo hay un __ule__ar que tiene muchos ár__oles.

El ahorcado (***Hangman***) Juega al ahorcado para adivinar las palabras.

1. __ u __ __ s — Están en el cielo.
2. __ u __ __ n — Relacionado con el correo
3. __ o __ e __ __ a — Está llena de líquido.
4. __ i __ __ e — Fenómeno meteorológico
5. __ e __ __ __ __ __ s — Los "ojos" de la casa

EN DETALLE

Spas naturales

¿Hay algo mejor que un buen baño° para descansar y aliviar la tensión? Y si el baño se toma en una terma°, el beneficio° es mayor. Los tratamientos con agua y lodo° para mejorar la salud y el bienestar son populares en las Américas desde hace muchos siglos°. Las termas son manantiales° naturales de agua caliente. La temperatura facilita la absorción de minerales y otros elementos que contiene el agua y que son buenos para la salud. El agua de las termas se usa en piscinas, baños y duchas o en el sitio natural en el que surge°: pozas°, estanques° o cuevas°.

Volcán de lodo El Totumo, Colombia

En Baños de San Vicente, en Ecuador, son muy populares los tratamientos° con lodo volcánico.

El lodo caliente se extiende por el cuerpo; así la piel° absorbe los minerales beneficiosos para la salud; también se usa para dar masajes. La lodoterapia es útil para tratar varias enfermedades, además hace que la piel se vea radiante.

Ecotermales en Arenal, Costa Rica

En Costa Rica, la actividad volcánica también ha dado° origen a fuentes° y pozas termales. Si te gusta cuidarte y amas la naturaleza, recuerda estos nombres: Las Hornillas y Las Pailas. Son pozas naturales de aguas termales que están cerca del volcán Rincón de la Vieja. Un baño termal en medio de un paisaje tan hermoso es una experiencia única.

Otros balnearios°

Todos ofrecen piscinas, baños, pozas y duchas de aguas termales y además...

Lugar	Servicios
El Edén y Yanasara, Curgos (Perú)	cascadas° de aguas termales
Montbrió del Camp, Tarragona (España)	baños de algas°
Puyuhuapi (Chile)	duchas de agua de mar; baños de algas
Termas de Río Hondo, Santiago del Estero (Argentina)	baños de lodo
Tepoztlán, Morelos (México)	temazcales° aztecas
Uyuni, Potosí (Bolivia)	baños de sal

baño *bath* **terma** *hot spring* **beneficio** *benefit* **lodo** *mud* **siglos** *centuries* **manantiales** *springs* **surge** *springs forth* **pozas** *small pools* **estanques** *ponds* **cuevas** *caves* **tratamientos** *treatments* **piel** *skin* **ha dado** *has given* **fuentes** *springs* **balnearios** *spas* **cascadas** *waterfalls* **algas** *seaweed* **temazcales** *steam and medicinal herb baths*

ACTIVIDADES

1 **¿Cierto o falso?** Indica si lo que dicen las oraciones es **cierto** o **falso**. Corrige la información falsa.

1. Las aguas termales son beneficiosas para algunas enfermedades, incluido el estrés.
2. Los tratamientos con agua y lodo se conocen sólo desde hace pocos años.
3. Las termas son manantiales naturales de agua caliente.
4. La lodoterapia es un tratamiento con barro.
5. La temperatura de las aguas termales no afecta la absorción de los minerales.
6. Mucha gente va a Baños de San Vicente, Ecuador, por sus playas.
7. Las Hornillas son pozas de aguas termales en Costa Rica.
8. Montbrió del Camp ofrece baños de sal.
9. Es posible ver aguas termales en forma de cascadas.
10. Tepoztlán ofrece temazcales aztecas.

ASÍ SE DICE

El ejercicio

los abdominales	*sit-ups*
la bicicleta estática	*stationary bicycle*
el calambre muscular	*(muscular) cramp*
el (fisi)culturismo; la musculación (Esp.)	*bodybuilding*
las flexiones de pecho; las lagartijas (Méx.; Col.); las planchas (Esp.)	*push-ups*
la cinta (trotadora) (Arg.; Chile)	**la cinta caminadora**

EL MUNDO HISPANO

Creencias° sobre la salud

- **Colombia** Como algunos suelos son de baldosas°, se cree que si uno anda descalzo° se enfrían° los pies y esto puede causar un resfriado o artritis.
- **Cuba** Por la mañana, muchas madres sacan a sus bebés a los patios y a las puertas de las casas. La creencia es que unos cinco minutos de sol ayudan a fijar° el calcio en los huesos y aumentan la inmunidad contra las enfermedades.
- **México** Muchas personas tienen la costumbre de tomar a diario un vaso de jugo del cactus conocido como "nopal". Se dice que es bueno para reducir el colesterol y el azúcar en la sangre y que ayuda a adelgazar.

Creencias *Beliefs* baldosas *tiles* anda descalzo *walks barefoot* se enfrían *get cold* fijar *to set*

PERFIL

Las frutas y la salud

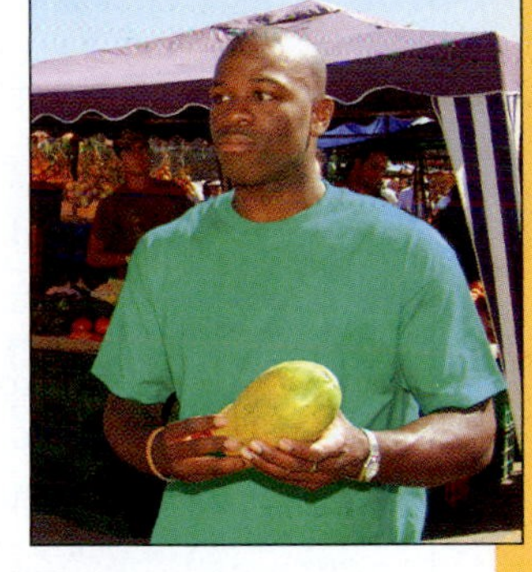

Desde hace muchos años se conocen las propiedades de la papaya para tratar problemas digestivos. Esta fruta originaria de las Américas contiene una enzima, la papaína, que actúa de forma semejante° a como lo hacen los jugos gástricos. Una porción de papaya o un vaso de jugo de esta fruta ayuda a la digestión. La papaya también es rica en vitaminas A y C.

La piña° también es una fruta natural de las Américas que es buena para la digestión. La piña contiene bromelina, una enzima que, como la papaína, ayuda a digerir° las proteínas. Esta deliciosa fruta contiene también ácido cítrico, vitaminas y minerales. Además, tiene efectos diuréticos y antiinflamatorios que pueden aliviar las enfermedades reumáticas. La piña ofrece una ayuda fácil y sabrosa para perder peso por su contenido en fibra y su efecto diurético. Una rodaja° o un vaso de jugo de piña fresca antes de comer puede ayudar en cualquier° dieta para adelgazar.

semejante *similar* piña *pineapple* digerir *to digest* rodaja *slice* cualquier *any*

Conexión Internet

¿Qué sistemas de ejercicio son más populares entre los hispanos?

Go to **vhlcentral.com** to find more cultural information related to this **Cultura** section.

ACTIVIDADES

2 Comprensión Responde a las preguntas.

1. Una argentina te dice: "Voy a usar la cinta." ¿Qué va a hacer?
2. Según los colombianos, ¿qué efectos negativos tiene el no usar zapatos en casa?
3. ¿Cómo se llama la enzima de la papaya que ayuda a la digestión?
4. ¿Cómo se aconseja consumir la piña en dietas de adelgazamiento?

3 Para sentirte mejor Entrevista a un(a) compañero/a sobre las cosas que hace todos los días y las cosas que hace al menos una o dos veces a la semana para sentirse mejor. Hablen sobre actividades deportivas, la alimentación y lo que hacen en sus ratos libres.

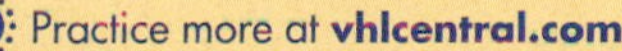

Practice more at **vhlcentral.com.**

recursos

VM pp. 295–296 | vhlcentral.com Lección 15

15.1 The conditional

ANTE TODO The conditional tense in Spanish expresses what you *would do* or what *would happen* under certain circumstances.

The conditional tense

		visitar	comer	escribir
SINGULAR FORMS	yo	visitar**ía**	comer**ía**	escribir**ía**
	tú	visitar**ías**	comer**ías**	escribir**ías**
	Ud./él/ella	visitar**ía**	comer**ía**	escribir**ía**
PLURAL FORMS	nosotros/as	visitar**íamos**	comer**íamos**	escribir**íamos**
	vosotros/as	visitar**íais**	comer**íais**	escribir**íais**
	Uds./ellos/ellas	visitar**ían**	comer**ían**	escribir**ían**

Me gustaría un masaje.

¿Crees que tendrías un poco de tiempo libre?

- The conditional tense is formed much like the future tense. The endings are the same for all verbs, both regular and irregular. For regular verbs, you simply add the appropriate endings to the infinitive. **¡Atención!** All forms of the conditional have an accent mark.
- For irregular verbs, add the conditional endings to the irregular stems.

INFINITIVE	STEM	CONDITIONAL
decir	dir-	dir**ía**
hacer	har-	har**ía**
poder	podr-	podr**ía**
poner	pondr-	pondr**ía**
haber	habr-	habr**ía**

INFINITIVE	STEM	CONDITIONAL
querer	querr-	querr**ía**
saber	sabr-	sabr**ía**
salir	saldr-	saldr**ía**
tener	tendr-	tendr**ía**
venir	vendr-	vendr**ía**

- While in English the conditional is a compound verb form made up of the auxiliary verb *would* and a main verb, in Spanish it is a simple verb form that consists of one word.

Yo no **iría** a ese gimnasio.
I would not go to that gym.

¿**Vendrías** conmigo a la clase de yoga?
Would you come to yoga class with me?

¡ATENCIÓN!

The polite expressions **Me gustaría...** (*I would like...*) and **Te gustaría** (*You would like...*) are commonly used examples of the conditional.

AYUDA

The infinitive of **hay** is **haber**, so its conditional form is **habría.**

AYUDA

Keep in mind the two parallel combinations shown in the example sentences:

1) present tense in main clause → future tense in subordinate clause
2) past tense in main clause → conditional tense in subordinate clause

- The conditional is commonly used to make polite requests.

¿**Podrías** abrir la ventana, por favor?
Would you open the window, please?

¿**Sería** tan amable de venir a mi oficina?
Would you be so kind as to come to my office?

- In Spanish, as in English, the conditional expresses the future in relation to a past action or state of being. In other words, the future indicates what *will happen* whereas the conditional indicates what *would happen*.

Creo que mañana **hará** sol.
I think it will be sunny tomorrow.

Creía que hoy **haría** sol.
I thought it would be sunny today.

- The English *would* is often used with a verb to express the conditional, but it can also mean *used to*, in the sense of past habitual action. To express past habitual actions, Spanish uses the imperfect, not the conditional.

Íbamos al parque los sábados.
We would go to the park on Saturdays.

Antes, me **entrenaba** todos los días.
Before, I used to work out every day.

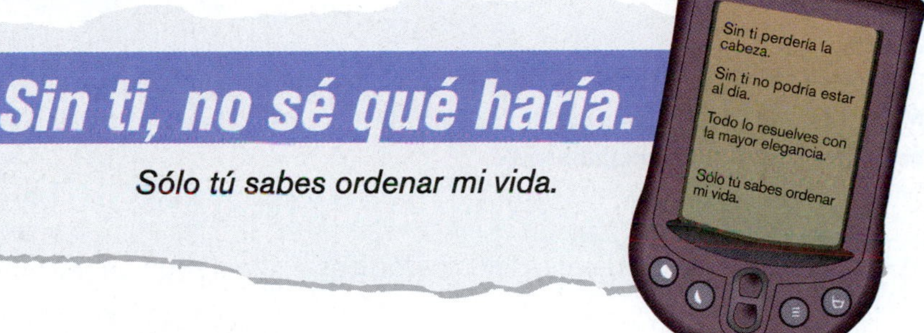

COMPARE & CONTRAST

In **Lección 14**, you learned the *future of probability*. Spanish also has the *conditional of probability*, which expresses conjecture or probability about a past condition, event, or action. Compare these Spanish and English sentences.

Serían las once de la noche cuando Elvira me llamó.
It must have been (It was probably) 11 p.m. when Elvira called me.

Sonó el teléfono. ¿**Llamaría** Emilio para cancelar nuestra cita?
The phone rang. I wondered if it was Emilio calling to cancel our date.

Note that English conveys conjecture or probability with phrases such as *I wondered if*, *probably*, and *must have been*. In contrast, Spanish gets these same ideas across with conditional forms.

¡INTÉNTALO!

Indica la forma apropiada del condicional de los verbos.

1. Yo escucharía, leería, me apuraría (escuchar, leer, apurarse)
2. Tú ______ (mantenerse, comprender, compartir)
3. Marcos ______ (poner, venir, querer)
4. Nosotras ______ (ser, saber, ir)
5. Ustedes ______ (adelgazar, deber, sufrir)
6. Ella ______ (salir, poder, hacer)
7. Yo ______ (tener, tratar, fumar)
8. Tú ______ (decir, ver, engordar)

recursos

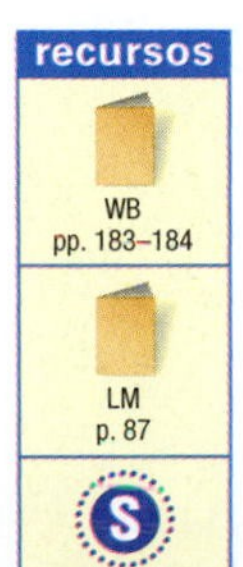

Práctica

1 **¡A ponerse en forma!** Víctor y Emilia quieren apuntarse (*enroll*) a un gimnasio y están hablando con el gerente. Completa las oraciones con el condicional del verbo.

VÍCTOR Buenas tardes. Necesitamos información sobre el gimnasio.
GERENTE Por supuesto. Me (1)__________ (encantar) ayudar.
EMILIA Primero, ¿ (2)__________ (poder) usted decirnos cuánto cuesta al mes?
GERENTE (3)__________ (costar) setenta dólares por persona.
VÍCTOR Y además del uso de las máquinas, ¿qué otros servicios (4)__________ (estar) incluidos?
GERENTE Ustedes (5)__________ (tener) un entrenador particular (*personal*) que los (6)__________ (ayudar) a estar en buena forma y les (7)__________ (recomendar) qué clases de ejercicios les (8)__________ (ser) más beneficiosos.
EMILIA Víctor, ¿qué piensas? ¿Tú (9)__________ (ir) al gimnasio dos veces por semana?

2 **¿Qué harías?** En parejas, pregúntense qué harían en las siguientes situaciones.

modelo

¡No me perdería mi clase de ejercicios aeróbicos por nada del mundo! Me movería a un lado para poder ver bien al instructor y hablaría con la persona de enfrente amablemente.

Estás en una clase de ejercicios aeróbicos y la persona de enfrente no te deja ver.

Vas al banco a depositar un cheque y te das cuenta de (*you realize*) que en tu cuenta hay por error un millón de dólares que no es tuyo.

Estás manejando por el desierto y te quedas sin gasolina.

Vuelves a tu apartamento después de tus clases y tu ex novio/a no te deja entrar.

3 **Presidente por un día** Imagina que eres el/la presidente/a de tu universidad por un día. Escribe ocho cosas que harías en esa situación. Usa el condicional. Luego compara tus ideas con las de un(a) compañero/a.

modelo

Yo tendría un jet privado para mis viajes.

conocer	hacer	poner
dar	invertir en	sufrir
disfrutar	mejorar	tener

 Practice more at **vhlcentral.com.**

Comunicación

4

Conversaciones Tu profesor(a) te dará una hoja de actividades. En ella se presentan dos listas con diferentes problemas que supuestamente tienen los estudiantes. En parejas, túrnense para explicar los problemas de su lista; uno/a cuenta lo que le pasa y el/la otro/a dice lo que haría en esa situación usando la frase "Yo en tu lugar..." (*If I were you...*)

AYUDA

Here are two ways of saying *If I were you:*

Si yo fuera tú...

Yo en tu lugar...

modelo

Estudiante 1: ¡Qué problema! Mi novio/a no me habla desde el domingo.

Estudiante 2: Yo en tu lugar, no le diría nada por unos días para ver qué pasa.

5

Roberto en el gimnasio Roberto es una persona muy sedentaria. El médico le dice que tiene que adelgazar para mejorar su salud. Dile ocho cosas que tú harías si fueras él. Usa el condicional. Después, compara tus sugerencias con las del resto de la clase.

modelo

Si yo fuera tú, vería menos la televisión y haría gimnasia.

Síntesis

6

Encuesta Tu profesor(a) te dará una hoja de actividades. Circula por la clase y pregúntales a tres compañeros/as qué actividad(es) de las que se describen les gustaría realizar. Usa el condicional de los verbos. Anota las respuestas e informa a la clase de los resultados de la encuesta.

modelo

Estudiante 1: ¿Dejarías de fumar?

Estudiante 2: Claro que sí. Sería difícil al principio, pero podría hacerlo.

Actividades	Nombre de tu compañero/a y su respuesta	Nombre de tu compañero/a y su respuesta	Nombre de tu compañero/a y su respuesta
1. tomar vitaminas			
2. adelgazar			
3. levantar pesas			
4. entrenarse para un maratón			
5. comer una dieta equilibrada			
6. mantenerse en forma			

15.2 The present perfect

ANTE TODO In **Lección 13**, you learned how to form past participles. You will now learn how to form the present perfect indicative (**el pretérito perfecto de indicativo**), a compound tense that uses the past participle. The present perfect is used to talk about what someone *has done*. In Spanish, it is formed with the present tense of the auxiliary verb **haber** and a past participle.

NOTA CULTURAL

El Chilam Balam es un grupo de libros sobre la civilización maya. Hablan sobre historia, rituales, medicina, astronomía y literatura, entre otros temas. Fueron escritos en diferentes épocas (*times*) por autores anónimos y en lengua maya.

Present indicative of haber

Singular forms		Plural forms	
yo	**he**	nosotros/as	**hemos**
tú	**has**	vosotros/as	**habéis**
Ud./él/ella	**ha**	Uds./ellos/ellas	**han**

Tú no **has aumentado** de peso.
You haven't gained weight.

Yo ya **he leído** esos libros.
I've already read those books.

¿**Ha asistido** Juan a la clase de yoga?
Has Juan attended the yoga class?

Hemos conocido al entrenador.
We have met the trainer.

CONSULTA

To review what you have learned about past participles, see **Estructura 13.4**, p. 438.

- The past participle does not change in form when it is part of the present perfect tense; it only changes in form when it is used as an adjective.

Clara **ha abierto** las ventanas.
Clara has opened the windows.

Yo **he cerrado** la puerta del gimnasio.
I've closed the door to the gym.

Las ventanas están **abiertas.**
The windows are open.

La puerta del gimnasio está **cerrada.**
The door to the gym is closed.

- In Spanish, the present perfect indicative generally is used just as in English: to talk about what someone has done or what has occurred. It usually refers to the recent past.

He trabajado cuarenta horas esta semana.
I have worked forty hours this week.

¿Cuál es el último libro que **has leído**?
What is the last book that you have read?

CONSULTA

Remember that the Spanish equivalent of the English *to have just* (*done something*) is **acabar de** + [*infinitive*]. Do not use the present perfect to express that English structure.

Juan acaba de llegar.
Juan has just arrived.

See **Estructura 6.3**, p. 191.

- In English, the auxiliary verb and the past participle are often separated. In Spanish, however, these two elements—**haber** and the past participle—cannot be separated by any word.

Siempre **hemos vivido** en Bolivia.
We have always lived in Bolivia.

Usted nunca **ha venido** a mi oficina.
You have never come to my office.

- The word **no** and any object or reflexive pronouns are placed immediately before **haber.**

Yo **no he comido** la merienda.
I haven't eaten the snack.

¿Por qué **no la has comido**?
Why haven't you eaten it?

Susana ya **se ha entrenado**.
Susana has already trained.

Ellos **no lo han terminado**.
They haven't finished it.

- Note that *to have* can be either a main verb or an auxiliary verb in English. As a main verb, it corresponds to **tener,** while as an auxiliary, it corresponds to **haber.**

Tengo muchos amigos.
I have a lot of friends.

He sufrido muchas presiones.
I have been under a lot of pressure.

- To form the present perfect of **hay,** use the third-person singular of **haber (ha) + habido.**

Ha habido muchos problemas con la nueva entrenadora.
There have been a lot of problems with the new trainer.

Ha habido un accidente en la calle Central.
There has been an accident on Central Street.

Indica el pretérito perfecto de indicativo de estos verbos.

1. (disfrutar, comer, vivir) yo *he disfrutado, he comido, he vivido*
2. (traer, adelgazar, compartir) tú ______
3. (venir, estar, correr) usted ______
4. (leer, resolver, poner) ella ______
5. (decir, romper, hacer) ellos ______
6. (mantenerse, dormirse) nosotros ______
7. (estar, escribir, ver) yo ______
8. (vivir, correr, morir) él ______

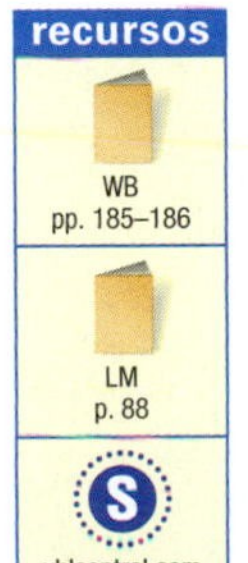

Práctica

1

Completar Estas oraciones describen cómo es la vida de unos estudiantes. Completa las oraciones con el pretérito perfecto de indicativo de los verbos de la lista.

adelgazar	comer	llevar
aumentar	hacer	sufrir

1. Luisa ______________ muchas presiones este año.
2. Juan y Raúl ______________ de peso porque no hacen ejercicio.
3. Pero María y yo ______________ porque trabajamos en exceso y nos olvidamos de comer.
4. Desde siempre, yo ______________ una vida muy sana.
5. Pero tú y yo no ______________ gimnasia este semestre.

2

¿Qué has hecho? Indica si has hecho lo siguiente.

modelo

escalar una montaña

Sí, he escalado varias montañas./No, no he escalado nunca una montaña.

1. jugar al baloncesto
2. viajar a Bolivia
3. conocer a una persona famosa
4. levantar pesas
5. comer un insecto
6. recibir un masaje
7. aprender varios idiomas
8. bailar salsa
9. ver una película en español
10. escuchar música latina
11. estar despierto/a 24 horas
12. bucear

AYUDA

You may use some of these expressions in your answers:

una vez *once*
un par de veces *a couple of times*
algunas veces *a few times*
varias veces *several times*
muchas veces *many times, often*

3

La vida sana En parejas, túrnense para hacer preguntas sobre el tema de la vida sana. Sean creativos.

modelo

encontrar un gimnasio

Estudiante 1: *¿Has encontrado un buen gimnasio cerca de tu casa?*

Estudiante 2: *Yo no he encontrado un gimnasio, pero sé que debo buscar uno.*

1. tratar de estar en forma
2. estar a dieta los últimos dos meses
3. dejar de tomar refrescos
4. hacerse una prueba del colesterol
5. entrenarse cinco días a la semana
6. cambiar de una vida sedentaria a una vida activa
7. tomar vitaminas por las noches y por las mañanas
8. hacer ejercicio para aliviar la tensión
9. consumir mucha proteína
10. dejar de fumar

Comunicación

4 

Descripción En parejas, describan lo que han hecho y no han hecho estas personas. Usen la imaginación.

1. Jorge y Raúl

2. Luisa

3. Jacobo

4. Natalia y Diego

5. Ricardo

6. Carmen

5 

Describir En parejas, identifiquen a una persona que lleva una vida muy sana. Puede ser una persona que conocen o un personaje que aparece en una película o programa de televisión. Entre los dos, escriban una descripción de lo que esta persona ha hecho para llevar una vida sana.

NOTA CULTURAL

Nacido en San Diego e hijo de padres mexicanos, el actor **Mario López** se mantiene en forma haciendo ejercicio todos los días.

modelo

Mario López siempre ha hecho todo lo posible para mantenerse en forma. Él…

Síntesis

6 

Situación Trabajen en parejas para representar una conversación entre un(a) enfermero/a de la clínica de la universidad y un(a) estudiante.

- El/La estudiante no se siente nada bien.
- El/La enfermero/a debe averiguar de dónde viene el problema e investigar los hábitos del/de la estudiante.
- El/La estudiante le explica lo que ha hecho en los últimos meses y cómo se ha sentido.
- Luego el/la enfermero/a le da recomendaciones de cómo llevar una vida más sana.

15.3 The past perfect

ANTE TODO The past perfect indicative (**el pretérito pluscuamperfecto de indicativo**) is used to talk about what someone *had done* or what *had occurred* before another past action, event, or state. Like the present perfect, the past perfect uses a form of **haber**—in this case, the imperfect—plus the past participle.

Past perfect indicative

		cerrar	perder	asistir
SINGULAR FORMS	yo	**había** cerrado	**había** perdido	**había** asistido
	tú	**habías** cerrado	**habías** perdido	**habías** asistido
	Ud./él/ella	**había** cerrado	**había** perdido	**había** asistido
PLURAL FORMS	nosotros/as	**habíamos** cerrado	**habíamos** perdido	**habíamos** asistido
	vosotros/as	**habíais** cerrado	**habíais** perdido	**habíais** asistido
	Uds./ellos/ellas	**habían** cerrado	**habían** perdido	**habían** asistido

Antes de 2010, **había vivido** en La Paz.
Before 2010, I had lived in La Paz.

Cuando llegamos, Luis ya **había salido.**
When we arrived, Luis had already left.

- The past perfect is often used with the word **ya** (*already*) to indicate that an action, event, or state had already occurred before another. Remember that, unlike its English equivalent, **ya** cannot be placed between **haber** and the past participle.

Ella **ya había salido** cuando llamaron.
She had already left when they called.

Cuando llegué, Raúl **ya se había acostado.**
When I arrived, Raúl had already gone to bed.

- **¡Atención!** The past perfect is often used in conjunction with **antes de** + [*noun*] or **antes de** + [*infinitive*] to describe when the action(s) occurred.

Antes de este año, nunca **había estudiado español.**
Before this year, I had never studied Spanish.

Luis **me había llamado antes de venir.**
Luis had called me before he came.

¡INTÉNTALO! Indica el pretérito pluscuamperfecto de indicativo de cada verbo.

1. Nosotros ya *habíamos cenado* (cenar) cuando nos llamaron.
2. Antes de tomar esta clase, yo no ______________ (estudiar) nunca el español.
3. Antes de ir a México, ellos nunca ______________ (ir) a otro país.
4. Eduardo nunca ______________ (entrenarse) tanto en invierno.
5. Tú siempre ______________ (llevar) una vida sana antes del año pasado.
6. Antes de conocerte, yo ya te ______________ (ver) muchas veces.

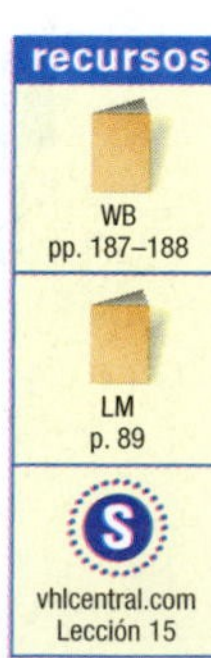

Práctica

1 **Completar** Completa los minidiálogos con las formas correctas del pretérito pluscuamperfecto de indicativo.

NOTA CULTURAL

El mate, una bebida similar al té, es muy popular en Argentina, Uruguay y Paraguay. Se dice que controla el estrés y la obesidad, y que estimula el sistema inmunológico.

1. **SARA** Antes de cumplir los 15 años, ¿_______________ (estudiar) tú otra lengua?
   JOSÉ Sí, _______________ (tomar) clases de inglés y de italiano.
2. **DOLORES** Antes de ir a Argentina, ¿_______________ (probar) tú y tu familia el mate?
   TOMÁS Sí, ya _______________ (tomar) mate muchas veces.
3. **ANTONIO** Antes de este año, ¿_______________ (correr) usted en un maratón?
   SRA. VERA No, nunca lo _______________ (hacer).
4. **SOFÍA** Antes de su enfermedad, ¿_______________ (sufrir) muchas presiones tu tío?
   IRENE Sí... y él nunca _______________ (mantenerse) en buena forma.

2 **Tu vida** Indica si ya habías hecho estas cosas antes de cumplir los dieciséis años.

1. hacer un viaje en avión
2. escalar una montaña
3. escribir un poema
4. filmar un video
5. enamorarte
6. tomar clases de aeróbicos
7. montar a caballo
8. ir de pesca
9. manejar un carro
10. cantar frente a 50 o más personas

Comunicación

3  **Gimnasio Olímpico** En parejas, lean el anuncio y contesten las preguntas.

1. Identifiquen los elementos del pretérito pluscuamperfecto de indicativo en el anuncio.
2. ¿Cómo era la vida del hombre cuando llevaba una vida sedentaria? ¿Cómo es ahora?
3. ¿Se identifican ustedes con algunos de los hábitos, presentes o pasados, de este hombre? ¿Con cuáles?
4. ¿Qué les recomienda el hombre del anuncio a los lectores? ¿Creen que les da buenos consejos?

 Practice more at **vhlcentral.com.**

Recapitulación

Completa estas actividades para repasar los conceptos de gramática que aprendiste en esta lección.

1 **Verbos** Completa el cuadro con la forma correcta de los verbos. 12 pts.

Infinitivo	tú	nosotros	ellas
tratar		trataríamos	
	querrías		querrían
		podríamos	
	habrías		habrían
vivir			

2 **Completar** Completa el cuadro con el pretérito perfecto de los verbos. 6 pts.

Infinitivo	yo	él	ellas
tratar			
entrenarse			

3 **Diálogo** Completa la conversación con la forma adecuada del condicional de los verbos. 8 pts.

aconsejar	encantar	ir	poder
dejar	gustar	llover	volver

OMAR ¿Sabes? La demostración de yoga al aire libre fue un éxito. Yo creía que (1) ________, pero hizo sol.

NIDIA Ah, me alegro. Te dije que Jaime y yo (2) ________, pero tuvimos un imprevisto (*something came up*) y no pudimos. Y a Laura, ¿la viste allí?

OMAR Sí, ella vino. Al contrario que tú, al principio me dijo que ella y su marido no (3) ________ venir, pero al final aparecieron (*showed up*). Necesitaba relajarse un poco; está muy estresada con su trabajo.

NIDIA Yo le (4) ________ que busque otra cosa. En su lugar, (5) ________ esa compañía y (6) ________ a escribir un libro.

OMAR Estoy de acuerdo. Oye, esta noche voy a ir al gimnasio. ¿(7) ________ venir conmigo?

NIDIA Sí, (8) ________. ¿A qué hora vamos?

OMAR A las siete y media.

RESUMEN GRAMATICAL

15.1 The conditional pp. 492–493

The conditional tense* of **disfrutar**	
disfrutaría	disfrutaríamos
disfrutarías	disfrutaríais
disfrutaría	disfrutarían

*Same ending for **-ar, - er,** and **-ir** verbs.

► Verbs with irregular conditional: **decir, haber, hacer, poder, poner, querer, saber, salir, tener, venir**

15.2 The present perfect pp. 496–497

Present indicative of **haber**	
he	hemos
has	habéis
ha	han

Present perfect: present tense of **haber** + past participle

Present perfect indicative	
he empezado	**hemos** empezado
has empezado	**habéis** empezado
ha empezado	**han** empezado

He empezado a ir al gimnasio con regularidad.
*I **have begun** to go to the gym regularly.*

15.3 The past perfect p. 500

Past perfect: imperfect tense of **haber** + past participle

Past perfect indicative	
había vivido	**habíamos** vivido
habías vivido	**habíais** vivido
había vivido	**habían** vivido

Antes de 2011, yo ya **había vivido** en tres países diferentes.
*Before 2011, **I had** already **lived** in three different countries.*

4

Preguntas Completa las preguntas para estas respuestas usando el pretérito perfecto de indicativo. 8 pts.

modelo

—¿*Has llamado* a tus padres? —Sí, los llamé ayer.

1. —¿Tú __________ ejercicio esta mañana en el gimnasio? —No, hice ejercicio en el parque.
2. —Y ustedes, ¿__________ ya? —Sí, desayunamos en el hotel.
3. —Y Juan y Felipe, ¿adónde __________ ? —Fueron al cine.
4. —Paco, ¿(nosotros) __________ la cuenta del gimnasio? —Sí, la recibimos la semana pasada.
5. —Señor Martín, ¿__________ algo ya? —Sí, pesqué uno grande. Ya me puedo ir a casa contento.
6. —Inés, ¿__________ mi pelota de fútbol? —Sí, la vi esta mañana en el coche.
7. —Yo no __________ café todavía. ¿Alguien quiere acompañarme? —No, gracias. Yo ya tomé mi café en casa.
8. —¿Ya te __________ el doctor que puedes comer chocolate? —Sí, me lo dijo ayer.

5

Antes de graduarse Di lo que cada una de estas personas ya había hecho o no había hecho todavía antes de graduarse de la universidad. Sigue el modelo. 6 pts.

modelo

yo / ya conocer a muchos amigos
Yo ya había conocido a muchos amigos.

1. Margarita / ya dejar de fumar
2. tú / ya aprender a mantenerse en forma
3. Julio / ya casarse
4. Mabel y yo / ya practicar yoga
5. los hermanos Falsero / todavía no perder un partido de voleyball
6. yo / ya entrenarse para el maratón

6

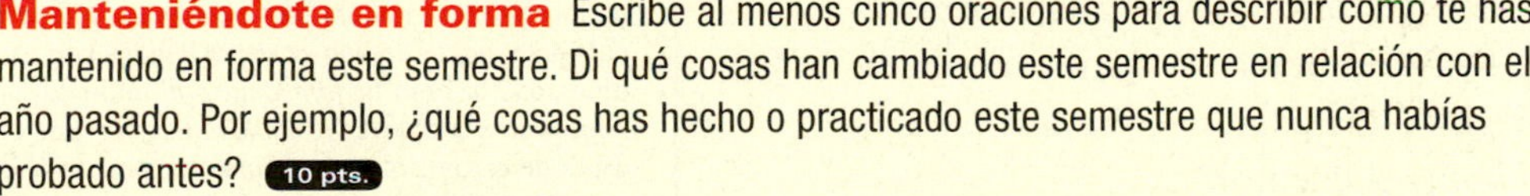

Manteniéndote en forma Escribe al menos cinco oraciones para describir cómo te has mantenido en forma este semestre. Di qué cosas han cambiado este semestre en relación con el año pasado. Por ejemplo, ¿qué cosas has hecho o practicado este semestre que nunca habías probado antes? 10 pts.

7

Poema Completa este fragmento de un poema de Nezahualcóyotl con el pretérito perfecto de indicativo de los verbos. ¡2 puntos EXTRA!

“__________ (Llegar) aquí,
soy Yoyontzin.
Sólo busco las flores
sobre la tierra, __________ (venir)
a cortarlas.”

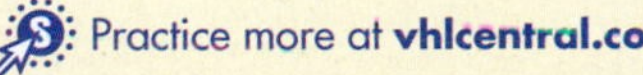

Practice more at **vhlcentral.com.**

Lectura

Antes de leer

Estrategia

Making inferences

For dramatic effect and to achieve a smoother writing style, authors often do not explicitly supply the reader with all the details of a story or poem. Clues in the text can help you infer those things the writer chooses not to state in a direct manner. You simply "read between the lines" to fill in the missing information and draw conclusions. To practice making inferences, read these statements:

A Liliana le encanta ir al gimnasio. Hace años que empezó a levantar pesas.

Based on this statement alone, what inferences can you draw about Liliana?

El autor

Ve a la página 445 de tu libro y lee la biografía de Gabriel García Márquez.

El título

Sin leer el texto del cuento (*story*), lee el título. Escribe cinco oraciones que empiecen con la frase "Un día de éstos".

El cuento

Éstas son algunas palabras que vas a encontrar al leer *Un día de éstos*. Busca su significado en el diccionario. Según estas palabras, ¿de qué piensas que trata (*is about*) el cuento?

alcalde	lágrimas
dentadura postiza	muela
displicente	pañuelo
enjuto	rencor
guerrera	teniente

Practice more at **vhlcentral.com.**

Un día de éstos

Gabriel García Márquez

El lunes amaneció tibio° y sin lluvia. Don Aurelio Escovar, dentista sin título y buen madrugador°, abrió su gabinete° a las seis. Sacó de la vidriera° una dentadura postiza° montada aún° en el molde de yeso° y puso sobre la mesa un puñado° de instrumentos que ordenó de mayor a menor, como en una exposición. Llevaba una camisa a rayas, sin cuello, cerrada arriba con un botón dorado°, y los pantalones sostenidos con cargadores° elásticos. Era rígido, enjuto, con una mirada que raras veces correspondía a la situación, como la mirada de los sordos°.

Cuando tuvo las cosas dispuestas sobre la mesa rodó la fresa° hacia el sillón de resortes y se sentó a pulir° la dentadura postiza. Parecía no pensar en lo que hacía, pero trabajaba con obstinación, pedaleando en la fresa incluso cuando no se servía de ella.

Después de las ocho hizo una pausa para mirar el cielo por la ventana y vio dos gallinazos° pensativos que se secaban al sol en el caballete° de la casa vecina. Siguió trabajando con la idea de que antes del almuerzo volvería a llover°.

La voz destemplada° de su hijo de once años lo sacó de su abstracción.

—Papá.

—Qué.

—Dice el alcalde que si le sacas una muela.

—Dile que no estoy aquí.

Estaba puliendo un diente de oro°. Lo retiró a la distancia del brazo y lo examinó con los ojos a medio cerrar. En la salita de espera volvió a gritar su hijo.

—Dice que sí estás porque te está oyendo.

El dentista siguió examinando el diente. Sólo cuando lo puso en la mesa con los trabajos terminados, dijo:

amaneció tibio *dawn broke warm* madrugador *early riser* gabinete *office* vidriera *glass cabinet* dentadura postiza *detures* montada aún *still set* yeso *plaster* puñado *handful* dorado *gold* sostenidos con cargadores *held by suspenders* sordos *deaf* rodó la fresa *he turned the drill* pulir *to polish* gallinazos *vultures* caballete *ridge* volvería a llover *it would rain again* voz destemplada *harsh voice* oro *gold* cajita de cartón *small cardboard box* puente *bridge* te pega un tiro *he will shoot you* Sin apresurarse *Without haste* gaveta *drawer* Hizo girar *He turned* apoyada *resting* umbral *threshold* mejilla *cheek* hinchada *swollen* barba *beard* marchitos *faded* hervían *were boiling* pomos de loza *china bottles* cancel de tela *cloth screen* se acercaba *was approaching* talones *heels* mandíbula *jaw* cautelosa *cautious* cacerola *saucepan* pinzas *pliers* escupidera *spittoon* aguamanil *washstand* cordal *wisdom tooth* gatillo *pliers* se aferró *clung* barras *arms* descargó *unloaded* vacío helado *icy hollowness* riñones *kidneys* no soltó un suspiro *he didn't let out a sigh* muñeca *wrist* amarga ternura *bitter tenderness* teniente *lieutenant* crujido *crunch* a través de *through* sudoroso *sweaty* jadeante *panting* se desabotonó *he unbuttoned* a tientas *blindly* bolsillo *pocket* trapo *cloth* cielorraso desfondado *ceiling with the paint sagging* telaraña polvorienta *dusty spiderweb* haga buches de *rinse your mouth out with* vaina *thing*

—Mejor.

Volvió a operar la fresa. De una cajita de cartón° donde guardaba las cosas por hacer, sacó un puente° de varias piezas y empezó a pulir el oro.

—Papá.

—Qué.

Aún no había cambiado de expresión.

—Dice que si no le sacas la muela te pega un tiro°.

Sin apresurarse°, con un movimiento extremadamente tranquilo, dejó de pedalear en la fresa, la retiró del sillón y abrió por completo la gaveta° inferior de la mesa. Allí estaba el revólver.

—Bueno —dijo—. Dile que venga a pegármelo.

Hizo girar° el sillón hasta quedar de frente a la puerta, la mano apoyada° en el borde de la gaveta. El alcalde apareció en el umbral°. Se había afeitado la mejilla° izquierda, pero en la otra, hinchada° y dolorida, tenía una barba° de cinco días. El dentista vio en sus ojos marchitos° muchas noches de desesperación. Cerró la gaveta con la punta de los dedos y dijo suavemente:

—Siéntese.

—Buenos días —dijo el alcalde.

—Buenos —dijo el dentista.

Mientras hervían° los instrumentos, el alcalde apoyó el cráneo en el cabezal de la silla y se sintió mejor. Respiraba un olor glacial. Era un gabinete pobre: una vieja silla de madera, la fresa de pedal y una vidriera con pomos de loza°. Frente a la silla, una ventana con un cancel de tela° hasta la altura de un hombre. Cuando sintió que el dentista se acercaba°, el alcalde afirmó los talones° y abrió la boca.

Don Aurelio Escovar le movió la cabeza hacia la luz. Después de observar la muela dañada, ajustó la mandíbula° con una presión cautelosa° de los dedos.

—Tiene que ser sin anestesia —dijo.

—¿Por qué?

—Porque tiene un absceso.

El alcalde lo miró en los ojos.

—Está bien —dijo, y trató de sonreír. El dentista no le correspondió. Llevó a la mesa de trabajo la cacerola° con los instrumentos hervidos y los sacó del agua con unas pinzas° frías, todavía sin apresurarse. Después rodó la escupidera° con la punta del zapato y fue a lavarse las manos en el aguamanil°. Hizo todo sin mirar al alcalde. Pero el alcalde no lo perdió de vista.

Era una cordal° inferior. El dentista abrió las piernas y apretó la muela con el gatillo° caliente. El alcalde se aferró° a las barras° de la silla, descargó° toda su fuerza en los pies y sintió un vacío helado° en los riñones°, pero no soltó un suspiro°. El dentista sólo movió la muñeca°. Sin rencor, más bien con una amarga ternura°, dijo:

—Aquí nos paga veinte muertos, teniente°.

El alcalde sintió un crujido° de huesos en la mandíbula y sus ojos se llenaron de lágrimas. Pero no suspiró hasta que no sintió salir la muela. Entonces la vio a través de° las lágrimas. Le pareció tan extraña a su dolor, que no pudo entender la tortura de sus cinco noches anteriores. Inclinado sobre la escupidera, sudoroso°, jadeante°, se desabotonó° la guerrera y buscó a tientas° el pañuelo en el bolsillo° del pantalón. El dentista le dio un trapo° limpio.

—Séquese las lágrimas —dijo.

El alcalde lo hizo. Estaba temblando. Mientras el dentista se lavaba las manos, vio el cielorraso desfondado° y una telaraña polvorienta° con huevos de araña e insectos muertos. El dentista regresó secándose. "Acuéstese —dijo— y haga buches de° agua de sal." El alcalde se puso de pie, se despidió con un displicente saludo militar, y se dirigió a la puerta estirando las piernas, sin abotonarse la guerrera.

—Me pasa la cuenta —dijo.

—¿A usted o al municipio?

El alcalde no lo miró. Cerró la puerta, y dijo, a través de la red metálica:

—Es la misma vaina°.

Después de leer

Comprensión 

Completa las oraciones con la palabra o expresión correcta.

1. Don Aurelio Escovar es ______________ sin título.
2. Al alcalde le duele ______________.
3. Aurelio Escovar y el alcalde se llevan ______________.
4. El alcalde amenaza (*threatens*) al dentista con pegarle un ______________.
5. Finalmente, Aurelio Escovar ______________ la muela al alcalde.
6. El alcalde llevaba varias noches sin ______________.

Interpretación 

En parejas, respondan a estas preguntas. Luego comparen sus respuestas con las de otra pareja.

1. ¿Cómo reacciona don Aurelio cuando escucha que el alcalde amenaza con pegarle un tiro? ¿Qué les dice esta actitud sobre las personalidades del dentista y del alcalde?
2. ¿Por qué creen que don Aurelio y el alcalde no se llevan bien?
3. ¿Creen que era realmente necesario no usar anestesia?
4. ¿Qué piensan que significa el comentario "aquí nos paga veinte muertos, teniente"? ¿Qué les dice esto del alcalde y su autoridad en el pueblo?
5. ¿Cómo se puede interpretar el saludo militar y la frase final del alcalde "es la misma vaina"?

Escritura

Estrategia

Organizing information logically

Many times a written piece may require you to include a great deal of information. You might want to organize your information in one of three different ways:

- chronologically (e.g., events in the history of a country)
- sequentially (e.g., steps in a recipe)
- in order of importance

Organizing your information beforehand will make both your writing and your message clearer to your readers. If you were writing a piece on weight reduction, for example, you would need to organize your ideas about two general areas: eating right and exercise. You would need to decide which of the two is more important according to your purpose in writing the piece. If your main idea is that eating right is the key to losing weight, you might want to start your piece with a discussion of good eating habits. You might want to discuss the following aspects of eating right in order of their importance:

- quantities of food
- selecting appropriate foods from the food pyramid
- healthy recipes
- percentage of fat in each meal
- calorie count
- percentage of carbohydrates in each meal
- frequency of meals

You would then complete the piece by following the same process to discuss the various aspects of the importance of getting exercise.

Tema

Escribir un plan personal de bienestar

Desarrolla un plan personal para mejorar tu bienestar, tanto físico como emocional. Tu plan debe describir:

1. lo que has hecho para mejorar tu bienestar y llevar una vida sana
2. lo que no has podido hacer todavía
3. las actividades que debes hacer en los próximos meses

Considera también estas preguntas:

La nutrición

- ¿Comes una dieta equilibrada?
- ¿Consumes suficientes vitaminas y minerales?
- ¿Consumes demasiada grasa?
- ¿Quieres aumentar de peso o adelgazar?
- ¿Qué puedes hacer para mejorar tu dieta?

El ejercicio

- ¿Haces ejercicio? ¿Con qué frecuencia?
- ¿Vas al gimnasio? ¿Qué tipo de ejercicios haces allí?
- ¿Practicas algún deporte?
- ¿Qué puedes hacer para mejorar tu bienestar físico?

El estrés

- ¿Sufres muchas presiones?
- ¿Qué actividades o problemas te causan estrés?
- ¿Qué haces (o debes hacer) para aliviar el estrés y sentirte más tranquilo/a?
- ¿Qué puedes hacer para mejorar tu bienestar emocional?

Estrategia

Listening for the gist/ Listening for cognates

Combining these two strategies is an easy way to get a good sense of what you hear. When you listen for the gist, you get the general idea of what you're hearing, which allows you to interpret cognates and other words in a meaningful context. Similarly, the cognates give you information about the details of the story that you might not have understood when listening for the gist.

To practice these strategies, you will listen to a short paragraph. Write down the gist of what you hear and jot down a few cognates. Based on the gist and the cognates, what conclusions can you draw about what you heard?

Preparación

Mira la foto. ¿Qué pistas° te da de lo que vas a oír?

Ahora escucha  

Escucha lo que dice Ofelia Cortez de Bauer. Anota algunos de los cognados que escuchas y también la idea general del discurso°.

____

____

____

____

Idea general: ______________________________

Ahora contesta las siguientes preguntas.

1. ¿Cuál es el género° del discurso?
2. ¿Cuál es el tema?
3. ¿Cuál es el propósito°?

pistas *clues* **discurso** *speech* **género** *genre* **propósito** *purpose* **público** *audience* **debía haber incluido** *should have included*

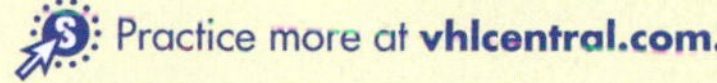
Practice more at **vhlcentral.com.**

Comprensión

¿Cierto o falso?

Indica si lo que dicen estas oraciones es **cierto** o **falso**. Corrige las oraciones falsas.

	Cierto	Falso
1. La señora Bauer habla de la importancia de estar en buena forma y de hacer ejercicio.	❍	❍
2. Según ella, lo más importante es que lleves el programa sugerido por los expertos.	❍	❍
3. La señora Bauer participa en actividades individuales y de grupo.	❍	❍
4. El único objetivo del tipo de programa que ella sugiere es adelgazar.	❍	❍

Preguntas

Responde a las preguntas.

1. Imagina que el programa de radio sigue. Según las pistas que ella dio, ¿qué vas a oír en la segunda parte?
2. ¿A qué tipo de público° le interesa el tema del que habla la señora Bauer?
3. ¿Sigues los consejos de la señora Bauer? Explica tu respuesta.
4. ¿Qué piensas de los consejos que ella da? ¿Hay otra información que ella debía haber incluido°?

En pantalla

Anuncio

En 1990, el periodista argentino Víctor Sueiro vio "un túnel oscuro°, una luz blanca intensa que se hizo más fuerte" y sintió "una paz° total". Durante cuarenta segundos, una muerte clínica causada por un paro cardíaco° lo llevó a tener esa famosa visión. Después de "volver de la muerte", se dedicó° a escribir sobre el fin de la vida, los ángeles y misterios similares, y sus libros tuvieron gran éxito. A continuación vas a ver a Sueiro en un anuncio que, con humor, nos hace una invitación ecológica.

Vocabulario útil

derrochando	*wasting*
energía eléctrica	*electric energy*
el más allá	*the afterlife*
una luz blanca	*a white light*

Preparación

¿Conoces a alguien a quien le ocurrió algo que parecía sobrenatural (*supernatural*)? Explica qué ocurrió, si es posible...

Preguntas

Contesta las preguntas con oraciones completas.

1. ¿Qué vio Víctor Sueiro cuando fue al más allá?
2. ¿Qué le piden que haga? ¿Por qué?
3. ¿Por qué es importante que apague la luz?
4. ¿Qué hace Víctor Sueiro cuando despierta?

Creencias

Víctor Sueiro estuvo clínicamente muerto por 40 segundos. Luego escribió un libro que decía que no debíamos tener miedo del más allá porque hay una luz hermosa al final. ¿Qué opinas de su historia? Usa el subjuntivo en tus respuestas.

modelo

Dudo que haya una luz hermosa. No creo que Sueiro recuerde lo que vio...

oscuro *dark* paz *peace* paro cardíaco *cardiac arrest* se dedicó *he devoted himself*

Edenor

Tenemos información de que usted fue al más allá y volvió. ¿Es correcto?

¿Qué me está pidiendo?

¿Qué hacemos?

Video: TV Clip

Practice more at **vhlcentral.com.**

Cortometraje

A veces, nos encontramos con alguien que conocemos pero no nos acordamos muy bien de cómo. El chico protagonista de *Cloe*, Dani, toma esta idea y la utiliza para acercarse a hablar con una chica en un café. Según él, se conocieron hace un par de años: su amigo Coque dio una fiesta de disfraces en su apartamento en La Latina, un barrio de Madrid.

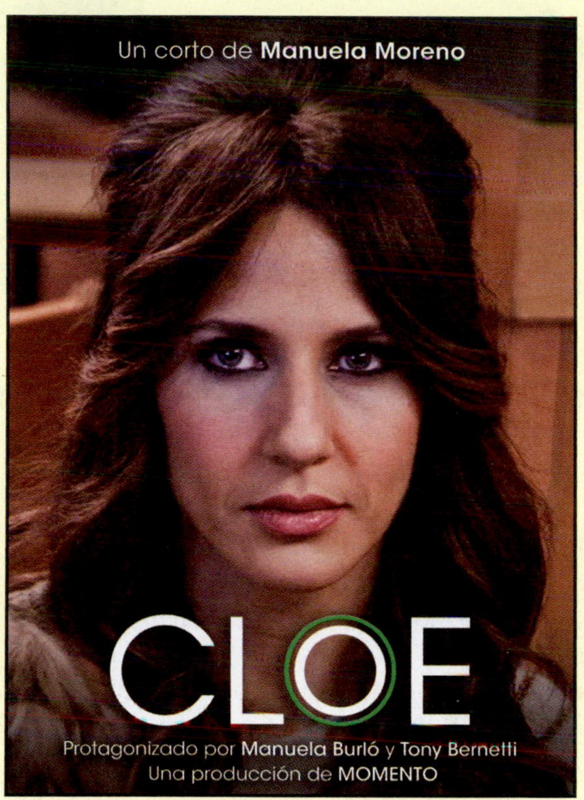

Preparación

¿Alguna vez le has hablado a un desconocido (*stranger*) que creías conocer? ¿Alguna vez te ha hablado un desconocido que creía conocerte? ¿Qué sucedió?

Después de ver

Indica si lo que dice cada oración es **cierto** o **falso**. Corrige las oraciones falsas.

1. La chica protagonista se llama Cloe.
2. La chica dice que se conocieron en una fiesta de Navidad.
3. El chico dice que en la fiesta iba disfrazado del Lobo Feroz.
4. La chica no conoce al chico.
5. Al final, el chico se da cuenta de que ella también le ha mentido.

Conversar

Imagina que la conversación entre el chico y la chica se desarrolla de otra manera y la historia acaba de manera diferente. En parejas, escriban un final diferente para el corto. Luego, compártanlo con la clase.

Expresiones útiles	
la Caperucita Roja	*Little Red Riding Hood*
en la punta de la lengua	*on the tip of one's tongue*
la fiesta de disfraces	*costume party*
ir vestido de algo	*to dress up as something*
el Lobo Feroz	*Big Bad Wolf*
se pasó un poco	*he went too far*
el tipo éste	*this guy*
la trenza	*braid*

Para hablar del corto	
caradura	*cheeky*
encontrarse con (alguien)	*to run into (someone)*
fingir	*to pretend*
mentir (e:ie)	*to lie*

Video: Short Film

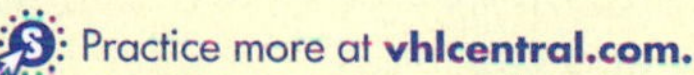
Practice more at **vhlcentral.com.**

Video: *Panorama cultural*
Interactive map

Bolivia

El país en cifras

- **Área:** 1.098.580 km^2 (424.162 millas^2), *equivalente al área total de Francia y España*
- **Población:** 10.854.000

Los indígenas quechua y aimará constituyen más de la mitad° de la población de Bolivia. Estos grupos indígenas han mantenido sus culturas y lenguas tradicionales. Las personas de ascendencia° indígena y europea representan la tercera parte de la población. Los demás son de ascendencia europea nacida en Latinoamérica. Una gran mayoría de los bolivianos, más o menos el 70%, vive en el altiplano°.

- **Capital:** La Paz, sede° del gobierno, capital administrativa—1.840.000; Sucre, sede del Tribunal Supremo, capital constitucional y judicial
- **Ciudades principales:** Santa Cruz de la Sierra—1.916.000, Cochabamba, Oruro, Potosí

SOURCE: Population Division, UN Secretariat

- **Moneda:** peso boliviano
- **Idiomas:** español (oficial), aimará (oficial), quechua (oficial)

Bandera de Bolivia

Bolivianos célebres

- **Jesús Lara,** escritor (1898–1980)
- **Víctor Paz Estenssoro,** político y presidente (1907–2001)
- **María Luisa Pacheco,** pintora (1919–1982)
- **Matilde Casazola,** poeta (1942–)

mitad *half* ascendencia *descent* altiplano *high plateau* sede *seat* paraguas *umbrella* cascada *waterfall*

Plaza 14 de Septiembre

Vista de la ciudad de Sucre

Vista de la ciudad de Oruro

PERÚ
BRASIL
PARAGUAY
ARGENTINA
CHILE
Río Beni
Río Mamoré
Río Grande
Río Pilcomayo
Illampu
La Paz
Lago Titicaca
Tiahuanaco
Cordillera Oriental de los Andes
Cordillera Central de los Andes
Oruro
Lago Poopó
Potosí
Sucre
Santa Cruz de la Sierra
Cochabamba
ESTADOS UNIDOS
OCÉANO ATLÁNTICO
OCÉANO PACÍFICO
BOLIVIA

recursos

WB pp. 189–190	VM pp. 263–264	vhlcentral.com Lección 15

¡Increíble pero cierto!

La Paz es la capital más alta del mundo. Su aeropuerto está situado a una altitud de 4.061 metros (13.325 pies). Ah, y si viajas en carro hasta La Paz, ¡no te olvides del paraguas°! En la carretera, que cruza 9.000 metros de densa selva, te encontrarás con una cascada°.

Lugares • El lago Titicaca

Titicaca, situado en los Andes de Bolivia y Perú, es el lago navegable más alto del mundo, a una altitud de 3.810 metros (12.500 pies). Con un área de más de 8.300 kilómetros^2 (3.200 millas^2), también es el segundo lago más grande de Suramérica, después del lago de Maracaibo (Venezuela). La mitología inca cuenta que los hijos del dios° Sol emergieron de las profundas aguas del lago Titicaca para fundar su imperio°.

Artes • La música andina

La música andina, compartida por Bolivia, Perú, Ecuador, Chile y Argentina, es el aspecto más conocido de su folclore. Hay muchos conjuntos° profesionales que dan a conocer° esta música popular, de origen indígena, alrededor° del mundo. Algunos de los grupos más importantes y que llevan más de treinta años actuando en escenarios internacionales son Los Kjarkas (Bolivia), Inti Illimani (Chile), Los Chaskis (Argentina) e Illapu (Chile).

Historia • Tiahuanaco

Tiahuanaco, que significa "Ciudad de los dioses", es un sitio arqueológico de ruinas preincaicas situado cerca de La Paz y del lago Titicaca. Se piensa que los antepasados° de los indígenas aimará fundaron este centro ceremonial hace unos 15.000 años. En el año 1100, la ciudad tenía unos 60.000 habitantes. En este sitio se pueden ver el Templo de Kalasasaya, el Monolito Ponce, el Templete Subterráneo, la Puerta del Sol y la Puerta de la Luna. La Puerta del Sol es un impresionante monumento que tiene tres metros de alto y cuatro de ancho° y que pesa unas 10 toneladas.

¿Qué aprendiste? Responde a las preguntas con una oración completa.

1. ¿Qué idiomas se hablan en Bolivia?
2. ¿Dónde vive la mayoría de los bolivianos?
3. ¿Cuál es la capital administrativa de Bolivia?
4. Según la mitología inca, ¿qué ocurrió en el lago Titicaca?
5. ¿De qué países es la música andina?
6. ¿Qué origen tiene esta música?
7. ¿Cómo se llama el sitio arqueológico situado cerca de La Paz y el lago Titicaca?
8. ¿Qué es la Puerta del Sol?

Conexión Internet Investiga estos temas en **vhlcentral.com**.

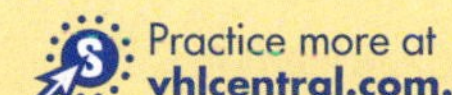

1. Busca información sobre un(a) boliviano/a célebre. ¿Cuáles son algunos de los episodios más importantes de su vida? ¿Qué ha hecho esta persona? ¿Por qué es célebre?
2. Busca información sobre Tiahuanaco u otro sitio arqueológico en Bolivia. ¿Qué han descubierto los arqueólogos en ese sitio?

dios *god* imperio *empire* conjuntos *groups* dan a conocer *make known* alrededor *around* antepasados *ancestors* ancho *wide*

Paraguay

El país en cifras

- **Área:** 406.750 km² (157.046 millas²), *el tamaño° de California*
- **Población:** 7.007.000
- **Capital:** Asunción—2.277.000
- **Ciudades principales:** Ciudad del Este, San Lorenzo, Lambaré, Fernando de la Mora

SOURCE: Population Division, UN Secretariat

- **Moneda:** guaraní
- **Idiomas:** español (oficial), guaraní (oficial)

Las tribus indígenas que habitaban la zona antes de la llegada de los españoles hablaban guaraní. Ahora el 90 por ciento de los paraguayos habla esta lengua, que se usa con frecuencia en canciones, poemas, periódicos y libros. Varios institutos y asociaciones, como el Teatro Guaraní, se dedican a preservar la cultura y la lengua guaraníes.

Bandera de Paraguay

Paraguayos célebres

- **Agustín Barrios,** guitarrista y compositor (1885–1944)
- **Josefina Plá,** escritora y ceramista (1909–1999)
- **Augusto Roa Bastos,** escritor (1917–2005)
- **Olga Blinder,** pintora (1921–2008)

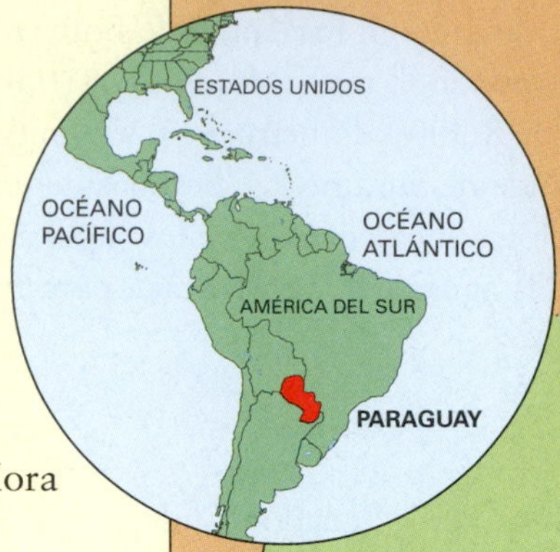

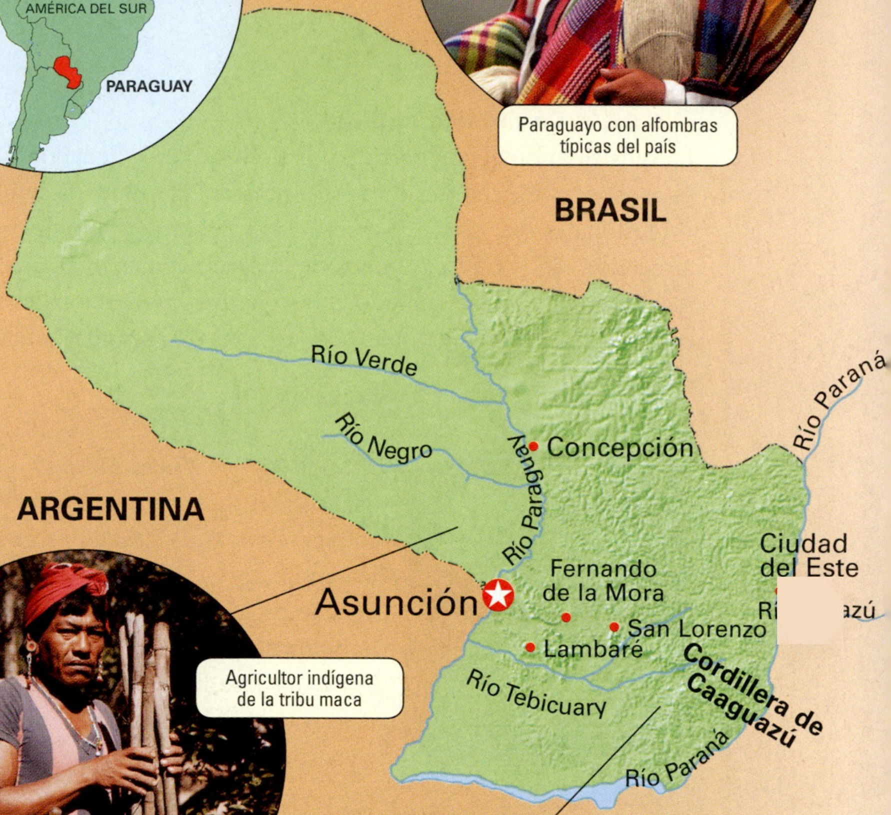

tamaño *size* multara *fined*

BOLIVIA
ESTADOS UNIDOS
OCÉANO PACÍFICO
OCÉANO ATLÁNTICO
AMÉRICA DEL SUR
PARAGUAY
BRASIL
ARGENTINA
Río Verde
Río Negro
Río Paraguay
Concepción
Río Paraná
Ciudad del Este
Fernando de la Mora
Asunción
San Lorenzo
Lambaré
Río Tebicuary
Cordillera de Caaguazú
Río Paraná

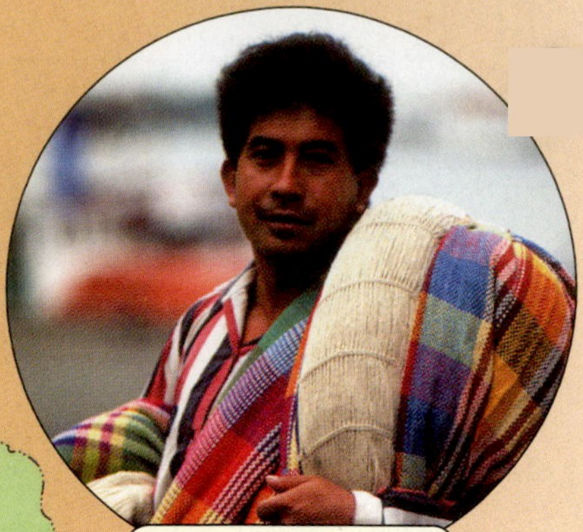

Paraguayo con alfombras típicas del país

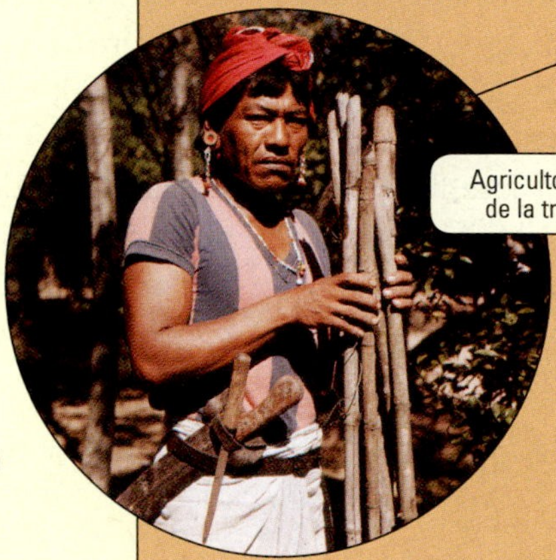

Agricultor indígena de la tribu maca

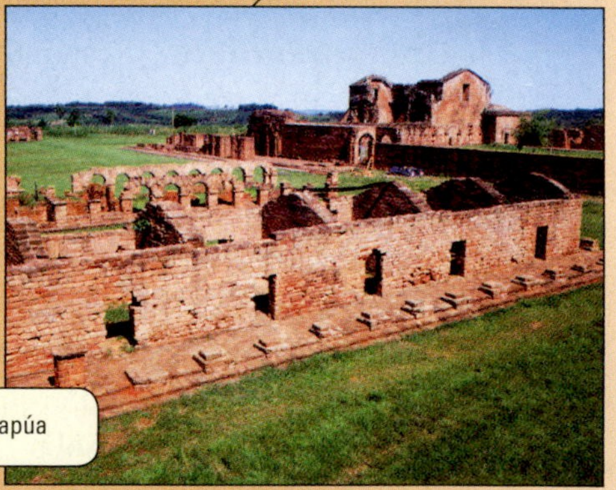

Itapúa

recursos

WB pp. 191–192	VM pp. 265–266	vhlcentral.com Lección 15

¡Increíble pero cierto!

¿Te imaginas qué pasaría si el gobierno multara° a los ciudadanos que no van a votar? En Paraguay es una obligación. Ésta es una ley nacional, que otros países también tienen, para obligar a los ciudadanos a participar en las elecciones. En Paraguay los ciudadanos que no van a votar tienen que pagar una multa al gobierno.

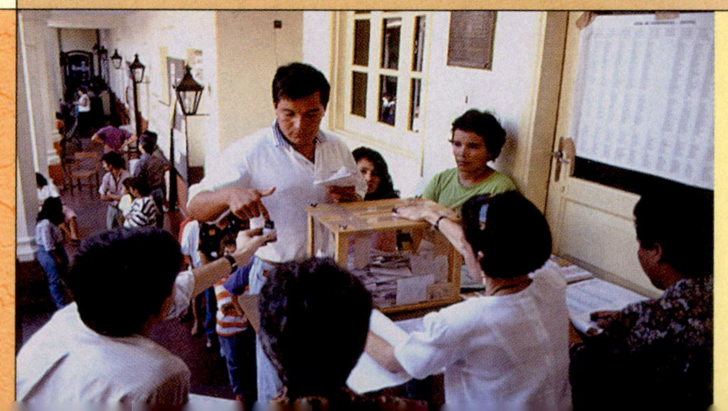

Artesanía • El ñandutí

La artesanía° más famosa de Paraguay se llama ñandutí y es un encaje° hecho a mano originario de Itauguá. En guaraní, la palabra ñandutí significa telaraña° y esta pieza recibe ese nombre porque imita el trazado° que crean los arácnidos. Estos encajes suelen ser° blancos, pero también los hay de colores, con formas geométricas o florales.

Ciencias • La represa Itaipú

La represa° Itaipú es una instalación hidroeléctrica que se encuentra en la frontera entre Paraguay y Brasil. Su construcción inició en 1974 y duró 8 años. La cantidad de concreto que se utilizó durante los primeros cinco años de esta obra fue similar a la que se necesita para construir un edificio de 350 pisos. Cien mil trabajadores paraguayos participaron en el proyecto. En 1984 se puso en funcionamiento la Central Hidroeléctrica de Itaipú y gracias a su cercanía con las famosas Cataratas de Iguazú, muchos turistas la visitan diariamente.

Naturaleza • Los ríos Paraguay y Paraná

Los ríos Paraguay y Paraná sirven de frontera natural entre Argentina y Paraguay, y son las principales rutas de transporte de este último país. El Paraná tiene unos 3.200 kilómetros navegables, y por esta ruta pasan barcos de más de 5.000 toneladas, los cuales viajan desde el estuario° del Río de la Plata hasta la ciudad de Asunción. El río Paraguay divide el Gran Chaco de la meseta° Paraná, donde vive la mayoría de los paraguayos.

¿Qué aprendiste? Responde a cada pregunta con una oración completa.

1. ¿Quién fue Augusto Roa Bastos?
2. ¿Cómo se llama la moneda de Paraguay?
3. ¿Qué es el ñandutí?
4. ¿De dónde es originario el ñandutí?
5. ¿Qué forma imita el ñandutí?
6. En total, ¿cuántos años tomó la construcción de la represa Itaipú?
7. ¿A cuántos paraguayos dio trabajo la construcción de la represa?
8. ¿Qué países separan los ríos Paraguay y Paraná?
9. ¿Qué distancia se puede navegar por el Paraná?

Conexión Internet Investiga estos temas en **vhlcentral.com**.

1. Busca información sobre Alfredo Stroessner, el ex presidente de Paraguay. ¿Por qué se le considera un dictador?
2. Busca información sobre la historia de Paraguay. En tu opinión, ¿cuáles fueron los episodios decisivos en su historia?

Practice more at **vhlcentral.com.**

artesanía *crafts* encaje *lace* telaraña *spiderweb* trazado *outline; design* suelen ser *are usually* represa *dam* estuario *estuary* meseta *plateau*

El bienestar

el bienestar	*well-being*
la droga	*drug*
el/la drogadicto/a	*drug addict*
el masaje	*massage*
el/la teleadicto/a	*couch potato*
adelgazar	*to lose weight; to slim down*
aliviar el estrés	*to reduce stress*
aliviar la tensión	*to reduce tension*
apurarse, darse prisa	*to hurry; to rush*
aumentar de peso, engordar	*to gain weight*
disfrutar (de)	*to enjoy; to reap the benefits (of)*
estar a dieta	*to be on a diet*
(no) fumar	*(not) to smoke*
llevar una vida sana	*to lead a healthy lifestyle*
sufrir muchas presiones	*to be under a lot of pressure*
tratar de (+ *inf.*)	*to try (to do something)*
activo/a	*active*
débil	*weak*
en exceso	*in excess; too much*
flexible	*flexible*
fuerte	*strong*
sedentario/a	*sedentary; related to sitting*
tranquilo/a	*calm; quiet*

En el gimnasio

la cinta caminadora	*treadmill*
la clase de ejercicios aeróbicos	*aerobics class*
el/la entrenador(a)	*trainer*
el músculo	*muscle*
calentarse (e:ie)	*to warm up*
entrenarse	*to practice; to train*
estar en buena forma	*to be in good shape*
hacer ejercicio	*to exercise*
hacer ejercicios aeróbicos	*to do aerobics*
hacer ejercicios de estiramiento	*to do stretching exercises*
hacer gimnasia	*to work out*
levantar pesas	*to lift weights*
mantenerse en forma	*to stay in shape*
sudar	*to sweat*

La nutrición

la bebida alcohólica	*alcoholic beverage*
la cafeína	*caffeine*
la caloría	*calorie*
el colesterol	*cholesterol*
la grasa	*fat*
la merienda	*afternoon snack*
el mineral	*mineral*
la nutrición	*nutrition*
el/la nutricionista	*nutritionist*
la proteína	*protein*
la vitamina	*vitamin*
comer una dieta equilibrada	*to eat a balanced diet*
consumir alcohol	*to consume alcohol*
descafeinado/a	*decaffeinated*

Expresiones útiles	*See page 487.*

Plan de escritura

1 **Ideas y organización**

Begin by organizing your writing materials. If you prefer to write by hand, you may want to have a few spare pens and pencils on hand, as well as an eraser or correction fluid. If you prefer to use a word-processing program, make sure you know how to type Spanish accent marks, the **tilde**, and Spanish punctuation marks. Then make a list of the resources you can consult while writing. Finally, make a list of the basic ideas you want to cover. Beside each idea, jot down a few Spanish words and phrases you may want to use while writing.

2 **Primer borrador**

Write your first draft, using the resources and ideas you gathered in **Ideas y organización.**

3 **Comentario**

Exchange papers with a classmate and comment on each other's work, using these questions as a guide. Begin by mentioning what you like about your classmate's writing.

a. How can your classmate make his or her writing clearer, more logical, or more organized?

b. What suggestions do you have for making the writing more interesting or complete?

c. Do you see any spelling or grammatical errors?

4 **Redacción**

Revise your first draft, keeping in mind your classmate's comments. Also, incorporate any new information you may have. Before handing in the final version, review your work using these guidelines:

a. Make sure each verb agrees with its subject. Then check the gender and number of each article, noun, and adjective.

b. Check your spelling and punctuation.

c. Consult your **Anotaciones para mejorar la escritura** (see description below) to avoid repetition of previous errors.

5 **Evaluación y progreso**

You may want to share what you've written with a classmate, a small group, or the entire class. After your instructor has returned your paper, review the comments and corrections. On a separate sheet of paper, write the heading **Anotaciones para mejorar** (*Notes for improving*) **la escritura** and list your most common errors. Place this list and your corrected document in your writing portfolio (**Carpeta de trabajos**) and consult it from time to time to gauge your progress.

Spanish Terms for Direction Lines and Classroom Use

Below is a list of useful terms that you might hear your instructor say in class. It also includes Spanish terms that appear in the direction lines of your textbook.

En las instrucciones	*In direction lines*
Cambia/Cambien...	*Change...*
Camina/Caminen por la clase.	*Walk around the classroom.*
Ciertas o falsas	*True or false*
Cierto o falso	*True or false*
Circula/Circulen por la clase.	*Walk around the classroom.*
Completa las oraciones de una manera lógica.	*Complete the sentences logically.*
Con un(a) compañero/a...	*With a classmate...*
Contesta las preguntas.	*Answer the questions.*
Corrige las oraciones falsas.	*Correct the false statements.*
Cuenta/Cuenten...	*Tell...*
Di/Digan...	*Say...*
Discute/Discutan...	*Discuss...*
En grupos...	*In groups...*
En parejas...	*In pairs...*
Entrevista...	*Interview...*
Escúchala	*Listen to it*
Forma oraciones completas.	*Create/Make complete sentences.*
Háganse preguntas.	*Ask each other questions.*
Haz el papel de...	*Play the role of...*
Haz los cambios necesarios.	*Make the necessary changes.*
Indica/Indiquen si las oraciones...	*Indicate if the sentences...*
Intercambia/Intercambien...	*Exchange...*
Lee/Lean en voz alta.	*Read aloud.*
Pon/Pongan...	*Put...*
... que mejor completa...	*...that best completes...*
Reúnete...	*Get together...*
... se da/dan como ejemplo.	*...is/are given as a model.*
Toma nota...	*Take note...*
Tomen apuntes.	*Take notes.*
Túrnense...	*Take turns...*

Palabras útiles	*Useful words*
la adivinanza	*riddle*
el anuncio	*advertisement/ad*
los apuntes	*notes*
el borrador	*draft*
la canción	*song*
la concordancia	*agreement*
el contenido	*contents*
el cortometraje	*short film*
eficaz	*efficient*
la encuesta	*survey*
el equipo	*team*
el esquema	*outline*
el folleto	*brochure*
las frases	*statements*
la hoja de actividades	*activity sheet/handout*
la hoja de papel	*piece of paper*
la información errónea	*incorrect information*
el/la lector(a)	*reader*
la lectura	*reading*
las oraciones	*sentences*
la ortografía	*spelling*
el papel	*role*
el párrafo	*paragraph*
el paso	*step*
la(s) persona(s) descrita(s)	*the person (people) described*
la pista	*clue*
por ejemplo	*for example*
el própósito	*purpose*
los recursos	*resources*
el reportaje	*report*
los resultados	*results*
según	*according to*
siguiente	*following*
la sugerencia	*suggestion*
el sustantivo	*noun*
el tema	*topic*
último	*last*
el último recurso	*last resort*

Verbos útiles *Useful verbs*

adivinar	*to guess*
anotar	*to jot down*
añadir	*to add*
apoyar	*to support*
averiguar	*to find out*
cambiar	*to change*
combinar	*to combine*
compartir	*to share*
comprobar (o:ue)	*to check*
corregir (e:i)	*to correct*
crear	*to create*
devolver (o:ue)	*to return*
doblar	*to fold*
dramatizar	*to act out*
elegir (e:i)	*to choose/select*
emparejar	*to match*
entrevistar	*to interview*
escoger	*to choose*
identificar	*to identify*
incluir	*to include*
informar	*to report*
intentar	*to try*
intercambiar	*to exchange*
investigar	*to research*
marcar	*to mark*
preguntar	*to ask*
recordar (o:ue)	*to remember*
responder	*to answer*
revisar	*to revise*
seguir (e:i)	*to follow*
seleccionar	*to select*
subrayar	*to underline*
traducir	*to translate*
tratar de	*to be about*

Expresiones útiles *Useful expressions*

Ahora mismo.	*Right away.*
¿Cómo no?	*But of course.*
¿Cómo se dice ________ en español?	*How do you say ________ in Spanish?*
¿Cómo se escribe ________?	*How do you spell ________?*
¿Comprende(n)?	*Do you understand?*
Con gusto.	*With pleasure.*
Con permiso.	*Excuse me.*
De acuerdo.	*Okay.*
De nada.	*You're welcome.*
¿De veras?	*Really?*
¿En qué página estamos?	*What page are we on?*
¿En serio?	*Seriously?*
Enseguida.	*Right away.*
hoy día	*nowadays*
Más despacio, por favor.	*Slower, please.*
Muchas gracias.	*Thanks a lot.*
No entiendo.	*I don't understand.*
No hay de qué.	*Don't mention it.*
No importa.	*No problem./It doesn't matter.*
¡No me digas!	*You don't say!*
No sé.	*I don't know.*
¡Ojalá!	*Hopefully!*
Perdone.	*Pardon me.*
Por favor.	*Please.*
Por supuesto.	*Of course.*
¡Qué bien!	*Great!*
¡Qué gracioso!	*How funny!*
¡Qué pena!	*What a shame/pity!*
¿Qué significa ________?	*What does ________ mean?*
Repite, por favor.	*Please repeat.*
Tengo una pregunta.	*I have a question.*
¿Tiene(n) alguna pregunta?	*Do you have any questions?*
Vaya(n) a la página dos.	*Go to page 2.*

Glossary of Grammatical Terms

ADJECTIVE A word that modifies, or describes, a noun or pronoun.

muchos libros
many books

un hombre **rico**
a rich man

las mujeres **altas**
the tall women

Demonstrative adjective An adjective that specifies which noun a speaker is referring to.

esta fiesta
this party

ese chico
that boy

aquellas flores
those flowers

Possessive adjective An adjective that indicates ownership or possession.

mi mejor vestido
my best dress

Éste es **mi** hermano.
This is my brother.

Stressed possessive adjective A possessive adjective that emphasizes the owner or possessor.

Es un libro **mío**.
It's my book./It's a book of mine.

Es amiga **tuya**; yo no la conozco.
She's a friend of yours; I don't know her.

ADVERB A word that modifies, or describes, a verb, adjective, or other adverb.

Pancho escribe **rápidamente**.
Pancho writes quickly.

Este cuadro es **muy** bonito.
This picture is very pretty.

ARTICLE A word that points out a noun in either a specific or a non-specific way.

Definite article An article that points out a noun in a specific way.

el libro
the book

la maleta
the suitcase

los diccionarios
the dictionaries

las palabras
the words

Indefinite article An article that points out a noun in a general, non-specific way.

un lápiz
a pencil

una computadora
a computer

unos pájaros
some birds

unas escuelas
some schools

CLAUSE A group of words that contains both a conjugated verb and a subject, either expressed or implied.

Main (or Independent) clause A clause that can stand alone as a complete sentence.

Pienso ir a cenar pronto.
I plan to go to dinner soon.

Subordinate (or Dependent) clause A clause that does not express a complete thought and therefore cannot stand alone as a sentence.

Trabajo en la cafetería **porque necesito dinero para la escuela.**
*I work in the cafeteria **because I need money for school.***

COMPARATIVE A construction used with an adjective or adverb to express a comparison between two people, places, or things.

Este programa es **más interesante que** el otro.
*This program is **more interesting than** the other one.*

Tomás no es **tan alto como** Alberto.
*Tomás is not **as tall as** Alberto.*

CONJUGATION A set of the forms of a verb for a specific tense or mood or the process by which these verb forms are presented.

Preterite conjugation of **cantar:**

cant**é**	cant**amos**
cant**aste**	cant**asteis**
cant**ó**	cant**aron**

CONJUNCTION A word used to connect words, clauses, or phrases.

Susana es de Cuba **y** Pedro es de España.
*Susana is from Cuba **and** Pedro is from Spain.*

No quiero estudiar **pero** tengo que hacerlo.
*I don't want to study, **but** I have to.*

CONTRACTION The joining of two words into one. The only contractions in Spanish are **al** and **del**.

Mi hermano fue **al** concierto ayer.
*My brother went **to the** concert yesterday.*

Saqué dinero **del** banco.
*I took money **from the** bank.*

DIRECT OBJECT A noun or pronoun that directly receives the action of the verb.

Tomás lee **el libro**. *Tomás reads **the book**.*	**La** pagó ayer. *She paid **it** yesterday.*

GENDER The grammatical categorizing of certain kinds of words, such as nouns and pronouns, as masculine, feminine, or neuter.

Masculine
articles **el, un**
pronouns **él, lo, mío, éste, ése, aquél**
adjective **simpático**

Feminine
articles **la, una**
pronouns **ella, la, mía, ésta, ésa, aquélla**
adjective **simpática**

IMPERSONAL EXPRESSION A third-person expression with no expressed or specific subject.

Es muy importante. ***It's very important.***	**Llueve** mucho. ***It's raining** hard.*

Aquí **se habla** español.
*Spanish **is spoken** here.*

INDIRECT OBJECT A noun or pronoun that receives the action of the verb indirectly; the object, often a living being, to or for whom an action is performed.

Eduardo **le** dio un libro **a Linda**.
*Eduardo gave a book **to Linda**.*

La profesora **me** puso una C en el examen.
*The professor gave **me** a C on the test.*

INFINITIVE The basic form of a verb. Infinitives in Spanish end in **-ar**, **-er**, or **-ir**.

hablar ***to speak***	**correr** ***to run***	**abrir** ***to open***

INTERROGATIVE An adjective or pronoun used to ask a question.

¿**Quién** habla? ***Who** is speaking?*	¿**Cuántos** compraste? ***How many** did you buy?*

¿**Qué** piensas hacer hoy?
***What** do you plan to do today?*

INVERSION Changing the word order of a sentence, often to form a question.

Statement: Elena pagó la cuenta del restaurante.

Inversion: ¿Pagó Elena la cuenta del restaurante?

MOOD A grammatical distinction of verbs that indicates whether the verb is intended to make a statement or command or to express a doubt, emotion, or condition contrary to fact.

Imperative mood Verb forms used to make commands.

Di la verdad. ***Tell** the truth.*	**Caminen** ustedes conmigo. ***Walk** with me.*

¡**Comamos** ahora!
***Let's eat** now!*

Indicative mood Verb forms used to state facts, actions, and states considered to be real.

Sé que **tienes** el dinero.
*I know that **you have** the money.*

Subjunctive mood Verb forms used principally in subordinate (dependent) clauses to express wishes, desires, emotions, doubts, and certain conditions, such as contrary-to-fact situations.

Prefieren que **hables** en español.
*They prefer that **you speak** in Spanish.*

Dudo que Luis **tenga** el dinero necesario.
*I doubt that Luis **has** the necessary money.*

NOUN A word that identifies people, animals, places, things, and ideas.

hombre ***man***	**gato** ***cat***
México ***Mexico***	**casa** ***house***
libertad ***freedom***	**libro** ***book***

NUMBER A grammatical term that refers to singular or plural. Nouns in Spanish and English have number. Other parts of a sentence, such as adjectives, articles, and verbs, can also have number.

Singular	Plural
una cosa *a thing*	**unas** cosas *some things*
el profesor ***the** professor*	**los** profesores ***the** professors*

NUMBERS Words that represent amounts.

Cardinal numbers Words that show specific amounts.

cinco minutos
***five** minutes*

el año **dos mil veintitrés**
*the year **2023***

Ordinal numbers Words that indicate the order of a noun in a series.

el **cuarto** jugador
*the **fourth** player*

la **décima** hora
*the **tenth** hour*

PAST PARTICIPLE A past form of the verb used in compound tenses. The past participle may also be used as an adjective, but it must then agree in number and gender with the word it modifies.

Han **buscado** por todas partes.
*They have **searched** everywhere.*

Yo no había **estudiado** para el examen.
*I hadn't **studied** for the exam.*

Hay una **ventana abierta** en la sala.
*There is an **open window** in the living room.*

PERSON The form of the verb or pronoun that indicates the speaker, the one spoken to, or the one spoken about. In Spanish, as in English, there are three persons: first, second, and third.

Person	Singular	Plural
1st	**yo** *I*	**nosotros/as** *we*
2nd	**tú, Ud.** *you*	**vosotros/as, Uds.** *you*
3rd	**él, ella** *he, she*	**ellos, ellas** *they*

PREPOSITION A word or words that describe(s) the relationship, most often in time or space, between two other words.

Anita es **de** California.
*Anita is **from** California.*

La chaqueta está **en** el carro.
*The jacket is **in** the car.*

Marta se peinó **antes de** salir.
*Marta combed her hair **before** going out.*

PRESENT PARTICIPLE In English, a verb form that ends in *-ing*. In Spanish, the present participle ends in **-ndo**, and is often used with **estar** to form a progressive tense.

Mi hermana está **hablando** por teléfono ahora mismo.
*My sister is **talking** on the phone right now.*

PRONOUN A word that takes the place of a noun or nouns.

Demonstrative pronoun A pronoun that takes the place of a specific noun.

Quiero **ésta**.
*I want **this one**.*

¿Vas a comprar **ése**?
*Are you going to buy **that one**?*

Juan prefirió **aquéllos**.
*Juan preferred **those** (over there).*

Object pronoun A pronoun that functions as a direct or indirect object of the verb.

Te digo la verdad.
*I'm telling **you** the truth.*

Me lo trajo Juan.
*Juan brought **it** to **me**.*

Reflexive pronoun A pronoun that indicates that the action of a verb is performed by the subject on itself. These pronouns are often expressed in English with *-self*: *myself*, *yourself*, etc.

Yo **me bañé** antes de salir.
***I bathed (myself)** before going out.*

Elena **se acostó** a las once y media.
*Elena **went to bed** at eleven-thirty.*

Relative pronoun A pronoun that connects a subordinate clause to a main clause.

El chico **que** nos escribió viene de visita mañana.
*The boy **who** wrote us is coming to visit tomorrow.*

Ya sé **lo que** tenemos que hacer.
*I already know **what** we have to do.*

Subject pronoun A pronoun that replaces the name or title of a person or thing, and acts as the subject of a verb.

Tú debes estudiar más.
***You** should study more.*

Él llegó primero.
***He** arrived first.*

SUBJECT A noun or pronoun that performs the action of a verb and is often implied by the verb.

María va al supermercado.
***María** goes to the supermarket.*

(**Ellos**) Trabajan mucho.
***They** work hard.*

Esos **libros** son muy caros.
*Those **books** are very expensive.*

SUPERLATIVE A word or construction used with an adjective or adverb to express the highest or lowest degree of a specific quality among three or more people, places, or things.

De todas mis clases, ésta es la **más interesante**.
*Of all my classes, this is the **most interesting**.*

Raúl es el **menos simpático** de los chicos.
*Raúl is the **least pleasant** of the boys.*

TENSE A set of verb forms that indicates the time of an action or state: past, present, or future.

Compound tense A two-word tense made up of an auxiliary verb and a present or past participle. In Spanish, there are two auxiliary verbs: **estar** and **haber**.

En este momento, **estoy estudiando**.
*At this time, **I am studying**.*

El paquete no **ha llegado** todavía.
*The package **has** not **arrived** yet.*

Simple tense A tense expressed by a single verb form.

María **estaba** enferma anoche.
*María **was** sick last night.*

Juana **hablará** con su mamá mañana.
*Juana **will speak** with her mom tomorrow.*

VERB A word that expresses actions or states-of-being.

Auxiliary verb A verb used with a present or past participle to form a compound tense. **Haber** is the most commonly used auxiliary verb in Spanish.

Los chicos **han** visto los elefantes.
*The children **have** seen the elephants.*

Espero que **hayas** comido.
*I hope you **have** eaten.*

Reflexive verb A verb that describes an action performed by the subject on itself and is always used with a reflexive pronoun.

Me compré un carro nuevo.
*I **bought myself** a new car.*

Pedro y Adela **se levantan** muy temprano.
*Pedro and Adela **get (themselves) up** very early.*

Spelling change verb A verb that undergoes a predictable change in spelling, in order to reflect its actual pronunciation in the various conjugations.

practicar	c→qu	practico	practi**qu**é
dirigir	g→j	dirigí	diri**j**o
almorzar	z→c	almorzó	almor**c**é

Stem-changing verb A verb whose stem vowel undergoes one or more predictable changes in the various conjugations.

entender (e:ie)	ent**ie**ndo
pedir (e:i)	p**i**den
dormir (o:ue, u)	d**ue**rmo, d**u**rmieron

Verb Conjugation Tables

The verb lists

The list of verbs below, and the model-verb tables that start on page A-11, show you how to conjugate every verb taught in **PANORAMA**. Each verb in the list is followed by a model verb conjugated according to the same pattern. The number in parentheses indicates where in the verb tables you can find the conjugated forms of the model verb. If you want to find out how to conjugate **divertirse**, for example, look up number 33, **sentir**, the model for verbs that follow the **e:ie** stem-change pattern.

How to use the verb tables

In the tables you will find the infinitive, present and past participles, and all the simple forms of each model verb. The formation of the compound tenses of any verb can be inferred from the table of compound tenses, pages A-11–12, either by combining the past participle of the verb with a conjugated form of **haber** or by combining the present participle with a conjugated form of **estar**.

abrazar (z:c) like cruzar (37)
abrir like vivir (3) *except* past participle is abierto
aburrir(se) like vivir (3)
acabar de like hablar (1)
acampar like hablar (1)
acompañar like hablar (1)
aconsejar like hablar (1)
acordarse (o:ue) like contar (24)
acostarse (o:ue) like contar (24)
adelgazar (z:c) like cruzar (37)
afeitarse like hablar (1)
ahorrar like hablar (1)
alegrarse like hablar (1)
aliviar like hablar (1)
almorzar (o:ue) like contar (24) *except* (z:c)
alquilar like hablar (1)
andar like hablar (1) *except* preterite stem is anduv-
anunciar like hablar (1)
apagar (g:gu) like llegar (41)
aplaudir like vivir (3)
apreciar like hablar (1)
aprender like comer (2)
apurarse like hablar (1)
arrancar (c:qu) like tocar (43)
arreglar like hablar (1)
asistir like vivir (3)
aumentar like hablar (1)
ayudar(se) like hablar (1)
bailar like hablar (1)
bajar(se) like hablar (1)
bañarse like hablar (1)
barrer like comer (2)
beber like comer (2)
besar(se) like hablar (1)
borrar like hablar (1)
brindar like hablar (1)
bucear like hablar (1)
buscar (c:qu) like tocar (43)
caber (4)
caer(se) (5)
calentarse (e:ie) like pensar (30)
calzar (z:c) like cruzar (37)
cambiar like hablar (1)
caminar like hablar (1)
cantar like hablar (1)
casarse like hablar (1)
cazar (z:c) like cruzar (37)
celebrar like hablar (1)
cenar like hablar (1)
cepillarse like hablar (1)
cerrar (e:ie) like pensar (30)
cobrar like hablar (1)
cocinar like hablar (1)
comenzar (e:ie) (z:c) like empezar (26)
comer (2)
compartir like vivir (3)
comprar like hablar (1)
comprender like comer (2)
comprometerse like comer (2)
comunicarse (c:qu) like tocar (43)
conducir (c:zc) (6)
confirmar like hablar (1)
conocer (c:zc) (35)
conseguir (e:i) (g:gu) like seguir (32)
conservar like hablar (1)
consumir like vivir (3)
contaminar like hablar (1)
contar (o:ue) (24)
contratar like hablar (1)
contestar like hablar (1)
conversar like hablar (1)
controlar like hablar (1)
correr like comer (2)
costar (o:ue) like contar (24)
creer (y) (36)
cruzar (z:c) (37)
cuidar like hablar (1)
cumplir like vivir (3)
dañar like hablar (1)
dar (7)
deber like comer (2)
decidir like vivir (3)
decir (e:i) (8)
declarar like hablar (1)
dejar like hablar (1)
depositar like hablar (1)
desarrollar like hablar (1)
desayunar like hablar (1)
descansar like hablar (1)
descargar like llegar (41)
describir like vivir (3) *except* past participle is descrito
descubrir like vivir (3) *except* past participle is descubierto
desear like hablar (1)
despedirse (e:i) like pedir (29)
despertarse (e:ie) like pensar (30)
destruir (y) (38)
dibujar like hablar (1)
dirigir (g:j) like vivir (3) *except* (g:j)
disfrutar like hablar (1)
divertirse (e:ie) like sentir (33)
divorciarse like hablar (1)
doblar like hablar (1)
doler (o:ue) like volver (34) *except* past participle is regular
dormir(se) (o:ue, u) (25)
ducharse like hablar (1)
dudar like hablar (1)
durar like hablar (1)
echar like hablar (1)
elegir (e:i) like pedir (29) *except* (g:j)

emitir like vivir (3)
empezar (e:ie) (z:c) (26)
enamorarse like hablar (1)
encantar like hablar (1)
encontrar(se) (o:ue) like contar (24)
enfermarse like hablar (1)
engordar like hablar (1)
enojarse like hablar (1)
enseñar like hablar (1)
ensuciar like hablar (1)
entender (e:ie) (27)
entrenarse like hablar (1)
entrevistar like hablar (1)
enviar (envío) (39)
escalar like hablar (1)
escanear like hablar (1)
escoger (g:j) like proteger (42)
escribir like vivir (3) *except* past participle is escrito
escuchar like hablar (1)
esculpir like vivir (3)
esperar like hablar (1)
esquiar (esquío) like enviar (39)
establecer (c:zc) like conocer (35)
estacionar like hablar (1)
estar (9)
estornudar like hablar (1)
estudiar like hablar (1)
evitar like hablar (1)
explicar (c:qu) like tocar (43)
faltar like hablar (1)
fascinar like hablar (1)
firmar like hablar (1)
fumar like hablar (1)
funcionar like hablar (1)
ganar like hablar (1)
gastar like hablar (1)
grabar like hablar (1)
graduarse (gradúo) (40)
guardar like hablar (1)
gustar like hablar (1)
haber (hay) (10)
hablar (1)
hacer (11)
importar like hablar (1)
imprimir like vivir (3)
indicar (c:qu) like tocar (43)
informar like hablar (1)
insistir like vivir (3)
interesar like hablar (1)
invertir (e:ie) like sentir (33)
invitar like hablar (1)
ir(se) (12)
jubilarse like hablar (1)
jugar (u:ue) (g:gu) (28)
lastimarse like hablar (1)
lavar(se) like hablar (1)
leer (y) like creer (36)
levantar(se) like hablar (1)
limpiar like hablar (1)
llamar(se) like hablar (1)
llegar (g:gu) (41)
llenar like hablar (1)
llevar(se) like hablar (1)
llover (o:ue) like volver (34) *except* past participle is regular
luchar like hablar (1)
mandar like hablar (1)
manejar like hablar (1)
mantener(se) (e:ie) like tener (20)
maquillarse like hablar (1)
mejorar like hablar (1)
merendar (e:ie) like pensar (30)
mirar like hablar (1)
molestar like hablar (1)
montar like hablar (1)
morir (o:ue) like dormir (25) *except* past participle is muerto
mostrar (o:ue) like contar (24)
mudarse like hablar (1)
nacer (c:zc) like conocer (35)
nadar like hablar (1)
navegar (g:gu) like llegar (41)
necesitar like hablar (1)
negar (e:ie) like pensar (30) *except* (g:gu)
nevar (e:ie) like pensar (30)
obedecer (c:zc) like conocer (35)
obtener (e:ie) like tener (20)
ocurrir like vivir (3)
odiar like hablar (1)
ofrecer (c:zc) like conocer (35)
oír (13)
olvidar like hablar (1)
pagar (g:gu) like llegar (41)
parar like hablar (1)
parecer (c:zc) like conocer (35)
pasar like hablar (1)
pasear like hablar (1)
patinar like hablar (1)
pedir (e:i) (29)
peinarse like hablar (1)
pensar (e:ie) (30)
perder (e:ie) like entender (27)
pescar (c:qu) like tocar (43)
pintar like hablar (1)
planchar like hablar (1)
poder (o:ue) (14)
poner(se) (15)
practicar (c:qu) like tocar (43)
preferir (e:ie) like sentir (33)
preguntar like hablar (1)
prender like comer (2)
preocuparse like hablar (1)
preparar like hablar (1)
presentar like hablar (1)
prestar like hablar (1)
probar(se) (o:ue) like contar (24)
prohibir like vivir (3)
proteger (g:j) (42)
publicar (c:qu) like tocar (43)
quedar(se) like hablar (1)
querer (e:ie) (16)
quitar(se) like hablar (1)
recetar like hablar (1)
recibir like vivir (3)
reciclar like hablar (1)
recoger (g:j) like proteger (42)
recomendar (e:ie) like pensar (30)
recordar (o:ue) like contar (24)
reducir (c:zc) like conducir (6)
regalar like hablar (1)
regatear like hablar (1)
regresar like hablar (1)
reír(se) (e:i) (31)
relajarse like hablar (1)
renunciar like hablar (1)
repetir (e:i) like pedir (29)
resolver (o:ue) like volver (34)
respirar like hablar (1)
revisar like hablar (1)
rogar (o:ue) like contar (24) *except* (g:gu)
romper(se) like comer (2) *except* past participle is roto
saber (17)
sacar (c:qu) like tocar (43)
sacudir like vivir (3)
salir (18)
saludar(se) like hablar (1)
secar(se) (c:qu) like tocar (43)
seguir (e:i) (32)
sentarse (e:ie) like pensar (30)
sentir(se) (e:ie) (33)
separarse like hablar (1)
ser (19)
servir (e:i) like pedir (29)
solicitar like hablar (1)
sonar (o:ue) like contar (24)
sonreír (e:i) like reír(se) (31)
sorprender like comer (2)
subir like vivir (3)
sudar like hablar (1)
sufrir like vivir (3)
sugerir (e:ie) like sentir (33)
suponer like poner (15)
temer like comer (2)
tener (e:ie) (20)
terminar like hablar (1)
tocar (c:qu) (43)
tomar like hablar (1)
torcerse (o:ue) like volver (34) *except* (c:z) and past participle is regular; e.g., yo tuerzo
toser like comer (2)
trabajar like hablar (1)
traducir (c:zc) like conducir (6)
traer (21)
transmitir like vivir (3)
tratar like hablar (1)
usar like hablar (1)
vender like comer (2)
venir (e:ie, i) (22)
ver (23)
vestirse (e:i) like pedir (29)
viajar like hablar (1)
visitar like hablar (1)
vivir (3)
volver (o:ue) (34)
votar like hablar (1)

Regular verbs: simple tenses

	Infinitive	INDICATIVE					SUBJUNCTIVE		IMPERATIVE
		Present	Imperfect	Preterite	Future	Conditional	Present	Past	
1	hablar	hablo	hablaba	hablé	hablaré	hablaría	hable	hablara	
		hablas	hablabas	hablaste	hablarás	hablarías	hables	hablaras	habla tú (no hables)
	Participles:	habla	hablaba	habló	hablará	hablaría	hable	hablara	hable Ud.
	hablando	hablamos	hablábamos	hablamos	hablaremos	hablaríamos	hablemos	habláramos	hablemos
	hablado	habláis	hablabais	hablasteis	hablaréis	hablaríais	habléis	hablarais	hablad (no habléis)
		hablan	hablaban	hablaron	hablarán	hablarían	hablen	hablaran	hablen Uds.
2	comer	como	comía	comí	comeré	comería	coma	comiera	
		comes	comías	comiste	comerás	comerías	comas	comieras	come tú (no comas)
	Participles:	come	comía	comió	comerá	comería	coma	comiera	coma Ud.
	comiendo	comemos	comíamos	comimos	comeremos	comeríamos	comamos	comiéramos	comamos
	comido	coméis	comíais	comisteis	comeréis	comeríais	comáis	comierais	comed (no comáis)
		comen	comían	comieron	comerán	comerían	coman	comieran	coman Uds.
3	vivir	vivo	vivía	viví	viviré	viviría	viva	viviera	
		vives	vivías	viviste	vivirás	vivirías	vivas	vivieras	vive tú (no vivas)
	Participles:	vive	vivía	vivió	vivirá	viviría	viva	viviera	viva Ud.
	viviendo	vivimos	vivíamos	vivimos	viviremos	viviríamos	vivamos	viviéramos	vivamos
	vivido	vivís	vivíais	vivisteis	viviréis	viviríais	viváis	vivierais	vivid (no viváis)
		viven	vivían	vivieron	vivirán	vivirían	vivan	vivieran	vivan Uds.

All verbs: compound tenses

PERFECT TENSES											
INDICATIVE								SUBJUNCTIVE			
Present Perfect		Past Perfect		Future Perfect		Conditional Perfect		Present Perfect		Past Perfect	
he		había		habré		habría		haya		hubiera	
has	hablado	habías	hablado	habrás	hablado	habrías	hablado	hayas	hablado	hubieras	hablado
ha	comido	había	comido	habrá	comido	habría	comido	haya	comido	hubiera	comido
hemos	vivido	habíamos	vivido	habremos	vivido	habríamos	vivido	hayamos	vivido	hubiéramos	vivido
habéis		habíais		habréis		habríais		hayáis		hubierais	
han		habían		habrán		habrían		hayan		hubieran	

PROGRESSIVE TENSES					
INDICATIVE				SUBJUNCTIVE	
Present Progressive	Past Progressive	Future Progressive	Conditional Progressive	Present Progressive	Past Progressive
estoy estás está estamos estáis están } hablando, comiendo, viviendo	estaba estabas estaba estábamos estabais estaban } hablando, comiendo, viviendo	estaré estarás estará estaremos estaréis estarán } hablando, comiendo, viviendo	estaría estarías estaría estaríamos estaríais estarían } hablando, comiendo, viviendo	esté estés esté estemos estéis estén } hablando, comiendo, viviendo	estuviera estuvieras estuviera estuviéramos estuvierais estuvieran } hablando, comiendo, viviendo

Irregular verbs

		INDICATIVE					SUBJUNCTIVE		IMPERATIVE
	Infinitive	Present	Imperfect	Preterite	Future	Conditional	Present	Past	
4	caber **Participles:** cabiendo cabido	**quepo** cabes cabe cabemos cabéis caben	cabía cabías cabía cabíamos cabíais cabían	**cupe** **cupiste** **cupo** **cupimos** **cupisteis** **cupieron**	**cabré** **cabrás** **cabrá** **cabremos** **cabréis** **cabrán**	**cabría** **cabrías** **cabría** **cabríamos** **cabríais** **cabrían**	**quepa** **quepas** **quepa** **quepamos** **quepáis** **quepan**	**cupiera** **cupieras** **cupiera** **cupiéramos** **cupierais** **cupieran**	cabe tú (no **quepas**) **quepa** Ud. **quepamos** cabed (no **quepáis**) **quepan** Uds.
5	caer(se) **Participles:** **cayendo** **caído**	**caigo** caes cae caemos caéis caen	caía caías caía caíamos caíais caían	caí **caíste** **cayó** **caímos** **caísteis** **cayeron**	caeré caerás caerá caeremos caeréis caerán	caería caerías caería caeríamos caeríais caerían	**caiga** **caigas** **caiga** **caigamos** **caigáis** **caigan**	**cayera** **cayeras** **cayera** **cayéramos** **cayerais** **cayeran**	cae tú (no **caigas**) **caiga** Ud. **caigamos** caed (no **caigáis**) **caigan** Uds.
6	conducir (c:zc) **Participles:** conduciendo conducido	**conduzco** conduces conduce conducimos conducís conducen	conducía conducías conducía conducíamos conducíais conducían	**conduje** **condujiste** **condujo** **condujimos** **condujisteis** **condujeron**	conduciré conducirás conducirá conduciremos conduciréis conducirán	conduciría conducirías conduciría conduciríamos conduciríais conducirían	**conduzca** **conduzcas** **conduzca** **conduzcamos** **conduzcáis** **conduzcan**	**condujera** **condujeras** **condujera** **condujéramos** **condujerais** **condujeran**	conduce tú (no **conduzcas**) **conduzca** Ud. **conduzcamos** conducid (no **conduzcáis**) **conduzcan** Uds.

	Infinitive	INDICATIVE Present	Imperfect	Preterite	Future	Conditional	SUBJUNCTIVE Present	Past	IMPERATIVE
7	dar	**doy**	daba	**di**	daré	daría	**dé**	**diera**	
		das	dabas	**diste**	darás	darías	**des**	**dieras**	da tú (no des)
	Participles:	da	daba	**dio**	dará	daría	**dé**	**diera**	**dé** Ud.
	dando	damos	dábamos	**dimos**	daremos	daríamos	**demos**	**diéramos**	**demos**
	dado	dais	dabais	**disteis**	daréis	daríais	**deis**	**dierais**	dad (no **deis**)
		dan	daban	**dieron**	darán	darían	**den**	**dieran**	**den** Uds.
8	decir (e:i)	**digo**	decía	**dije**	**diré**	**diría**	**diga**	**dijera**	
		dices	decías	**dijiste**	**dirás**	**dirías**	**digas**	**dijeras**	**di** tú (no **digas**)
	Participles:	**dice**	decía	**dijo**	**dirá**	**diría**	**diga**	**dijera**	**diga** Ud.
	diciendo	decimos	decíamos	**dijimos**	**diremos**	**diríamos**	**digamos**	**dijéramos**	**digamos**
	dicho	decís	decíais	**dijisteis**	**diréis**	**diríais**	**digáis**	**dijerais**	decid (no **digáis**)
		dicen	decían	**dijeron**	**dirán**	**dirían**	**digan**	**dijeran**	**digan** Uds.
9	estar	**estoy**	estaba	**estuve**	estaré	estaría	esté	**estuviera**	
		estás	estabas	**estuviste**	estarás	estarías	estés	**estuvieras**	está tú (no estés)
	Participles:	está	estaba	**estuvo**	estará	estaría	esté	**estuviera**	esté Ud.
	estando	estamos	estábamos	**estuvimos**	estaremos	estaríamos	estemos	**estuviéramos**	estemos
	estado	estáis	estabais	**estuvisteis**	estaréis	estaríais	estéis	**estuvierais**	estad (no estéis)
		están	estaban	**estuvieron**	estarán	estarían	estén	**estuvieran**	estén Uds.
10	haber	**he**	había	**hube**	**habré**	**habría**	**haya**	**hubiera**	
		has	habías	**hubiste**	**habrás**	**habrías**	**hayas**	**hubieras**	
	Participles:	**ha**	había	**hubo**	**habrá**	**habría**	**haya**	**hubiera**	
	habiendo	**hemos**	habíamos	**hubimos**	**habremos**	**habríamos**	**hayamos**	**hubiéramos**	
	habido	**habéis**	habíais	**hubisteis**	**habréis**	**habríais**	**hayáis**	**hubierais**	
		han	habían	**hubieron**	**habrán**	**habrían**	**hayan**	**hubieran**	
11	hacer	**hago**	hacía	**hice**	**haré**	**haría**	**haga**	**hiciera**	
		haces	hacías	**hiciste**	**harás**	**harías**	**hagas**	**hicieras**	**haz** tú (no **hagas**)
	Participles:	hace	hacía	**hizo**	**hará**	**haría**	**haga**	**hiciera**	**haga** Ud.
	haciendo	hacemos	hacíamos	**hicimos**	**haremos**	**haríamos**	**hagamos**	**hiciéramos**	**hagamos**
	hecho	hacéis	hacíais	**hicisteis**	**haréis**	**haríais**	**hagáis**	**hicierais**	haced (no **hagáis**)
		hacen	hacían	**hicieron**	**harán**	**harían**	**hagan**	**hicieran**	**hagan** Uds.
12	ir	**voy**	**iba**	**fui**	iré	iría	**vaya**	**fuera**	
		vas	**ibas**	**fuiste**	irás	irías	**vayas**	**fueras**	**ve** tú (no **vayas**)
	Participles:	**va**	**iba**	**fue**	irá	iría	**vaya**	**fuera**	**vaya** Ud.
	yendo	**vamos**	**íbamos**	**fuimos**	iremos	iríamos	**vayamos**	**fuéramos**	**vamos**
	ido	**vais**	**ibais**	**fuisteis**	iréis	iríais	**vayáis**	**fuerais**	id (no **vayáis**)
		van	**iban**	**fueron**	irán	irían	**vayan**	**fueran**	**vayan** Uds.
13	oír (y)	**oigo**	oía	**oí**	oiré	oiría	**oiga**	**oyera**	
		oyes	oías	**oíste**	oirás	oirías	**oigas**	**oyeras**	**oye** tú (no **oigas**)
	Participles:	**oye**	oía	**oyó**	oirá	oiría	**oiga**	**oyera**	**oiga** Ud.
	oyendo	**oímos**	oíamos	**oímos**	oiremos	oiríamos	**oigamos**	**oyéramos**	**oigamos**
	oído	**oís**	oíais	**oísteis**	oiréis	oiríais	**oigáis**	**oyerais**	oíd (no **oigáis**)
		oyen	oían	**oyeron**	oirán	oirían	**oigan**	**oyeran**	**oigan** Uds.

	Infinitive	INDICATIVE					SUBJUNCTIVE		IMPERATIVE
		Present	Imperfect	Preterite	Future	Conditional	Present	Past	
14	poder (o:ue) **Participles:** **pudiendo** podido	**puedo** **puedes** **puede** podemos podéis **pueden**	podía podías podía podíamos podíais podían	**pude** **pudiste** **pudo** **pudimos** **pudisteis** **pudieron**	**podré** **podrás** **podrá** **podremos** **podréis** **podrán**	**podría** **podrías** **podría** **podríamos** **podríais** **podrían**	**pueda** **puedas** **pueda** podamos podáis **puedan**	**pudiera** **pudieras** **pudiera** **pudiéramos** **pudierais** **pudieran**	**puede** tú (no **puedas**) **pueda** Ud. podamos poded (no podáis) **puedan** Uds.
15	poner **Participles:** poniendo **puesto**	**pongo** pones pone ponemos ponéis ponen	ponía ponías ponía poníamos poníais ponían	**puse** **pusiste** **puso** **pusimos** **pusisteis** **pusieron**	**pondré** **pondrás** **pondrá** **pondremos** **pondréis** **pondrán**	**pondría** **pondrías** **pondría** **pondríamos** **pondríais** **pondrían**	**ponga** **pongas** **ponga** **pongamos** **pongáis** **pongan**	**pusiera** **pusieras** **pusiera** **pusiéramos** **pusierais** **pusieran**	**pon** tú (no **pongas**) **ponga** Ud. **pongamos** poned (no **pongáis**) **pongan** Uds.
16	querer (e:ie) **Participles:** queriendo querido	**quiero** **quieres** **quiere** queremos queréis **quieren**	quería querías quería queríamos queríais querían	**quise** **quisiste** **quiso** **quisimos** **quisisteis** **quisieron**	**querré** **querrás** **querrá** **querremos** **querréis** **querrán**	**querría** **querrías** **querría** **querríamos** **querríais** **querrían**	**quiera** **quieras** **quiera** queramos queráis **quieran**	**quisiera** **quisieras** **quisiera** **quisiéramos** **quisierais** **quisieran**	**quiere** tú (no **quieras**) **quiera** Ud. **queramos** quered (no queráis) **quieran** Uds.
17	saber **Participles:** sabiendo sabido	**sé** sabes sabe sabemos sabéis saben	sabía sabías sabía sabíamos sabíais sabían	**supe** **supiste** **supo** **supimos** **supisteis** **supieron**	**sabré** **sabrás** **sabrá** **sabremos** **sabréis** **sabrán**	**sabría** **sabrías** **sabría** **sabríamos** **sabríais** **sabrían**	**sepa** **sepas** **sepa** **sepamos** **sepáis** **sepan**	**supiera** **supieras** **supiera** **supiéramos** **supierais** **supieran**	sabe tú (no **sepas**) **sepa** Ud. **sepamos** sabed (no **sepáis**) **sepan** Uds.
18	salir **Participles:** saliendo salido	**salgo** sales sale salimos salís salen	salía salías salía salíamos salíais salían	salí saliste salió salimos salisteis salieron	**saldré** **saldrás** **saldrá** **saldremos** **saldréis** **saldrán**	**saldría** **saldrías** **saldría** **saldríamos** **saldríais** **saldrían**	**salga** **salgas** **salga** **salgamos** **salgáis** **salgan**	saliera salieras saliera saliéramos salierais salieran	**sal** tú (no **salgas**) **salga** Ud. **salgamos** salid (no **salgáis**) **salgan** Uds.
19	ser **Participles:** siendo sido	**soy** **eres** **es** **somos** **sois** **son**	**era** **eras** **era** **éramos** **erais** **eran**	**fui** **fuiste** **fue** **fuimos** **fuisteis** **fueron**	seré serás será seremos seréis serán	sería serías sería seríamos seríais serían	**sea** **seas** **sea** **seamos** **seáis** **sean**	**fuera** **fueras** **fuera** **fuéramos** **fuerais** **fueran**	**sé** tú (no **seas**) **sea** Ud. **seamos** sed (no **seáis**) **sean** Uds.
20	tener (e:ie) **Participles:** teniendo tenido	**tengo** **tienes** **tiene** tenemos tenéis **tienen**	**tenía** **tenías** **tenía** **teníamos** **teníais** **tenían**	**tuve** **tuviste** **tuvo** **tuvimos** **tuvisteis** **tuvieron**	**tendré** **tendrás** **tendrá** **tendremos** **tendréis** **tendrán**	**tendría** **tendrías** **tendría** **tendríamos** **tendríais** **tendrían**	**tenga** **tengas** **tenga** **tengamos** **tengáis** **tengan**	**tuviera** **tuvieras** **tuviera** **tuviéramos** **tuvierais** **tuvieran**	**ten** tú (no **tengas**) **tenga** Ud. **tengamos** tened (no **tengáis**) **tengan** Uds.

	Infinitive	INDICATIVE Present	Imperfect	Preterite	Future	Conditional	SUBJUNCTIVE Present	Past	IMPERATIVE
21	traer	**traigo**	traía	**traje**	traeré	traería	**traiga**	**trajera**	
		traes	traías	**trajiste**	traerás	traerías	**traigas**	**trajeras**	trae tú (no **traigas**)
	Participles:	trae	traía	**trajo**	traerá	traería	**traiga**	**trajera**	**traiga** Ud.
	trayendo	traemos	traíamos	**trajimos**	traeremos	traeríamos	**traigamos**	**trajéramos**	**traigamos**
	traído	traéis	traíais	**trajisteis**	traeréis	traeríais	**traigáis**	**trajerais**	traed (no **traigáis**)
		traen	traían	**trajeron**	traerán	traerían	**traigan**	**trajeran**	**traigan** Uds.
22	venir (e:ie)	**vengo**	venía	**vine**	**vendré**	**vendría**	**venga**	**viniera**	
		vienes	venías	**viniste**	**vendrás**	**vendrías**	**vengas**	**vinieras**	**ven** tú (no **vengas**)
	Participles:	**viene**	venía	**vino**	**vendrá**	**vendría**	**venga**	**viniera**	**venga** Ud.
	viniendo	venimos	veníamos	**vinimos**	**vendremos**	**vendríamos**	**vengamos**	**viniéramos**	**vengamos**
	venido	venís	veníais	**vinisteis**	**vendréis**	**vendríais**	**vengáis**	**vinierais**	venid (no **vengáis**)
		vienen	venían	**vinieron**	**vendrán**	**vendrían**	**vengan**	**vinieran**	**vengan** Uds.
23	ver	**veo**	**veía**	**vi**	veré	vería	**vea**	**viera**	
		ves	**veías**	**viste**	verás	verías	**veas**	**vieras**	**ve** tú (no **veas**)
	Participles:	ve	**veía**	**vio**	verá	vería	**vea**	**viera**	**vea** Ud.
	viendo	vemos	**veíamos**	**vimos**	veremos	veríamos	**veamos**	**viéramos**	**veamos**
	visto	veis	**veíais**	**visteis**	veréis	veríais	**veáis**	**vierais**	ved (no **veáis**)
		ven	**veían**	**vieron**	verán	verían	**vean**	**vieran**	**vean** Uds.

Stem-changing verbs

	Infinitive	INDICATIVE Present	Imperfect	Preterite	Future	Conditional	SUBJUNCTIVE Present	Past	IMPERATIVE
24	contar (o:ue)	**cuento**	contaba	conté	contaré	contaría	**cuente**	contara	
		cuentas	contabas	contaste	contarás	contarías	**cuentes**	contaras	**cuenta** tú (no **cuentes**)
	Participles:	**cuenta**	contaba	contó	contará	contaría	**cuente**	contara	**cuente** Ud.
	contando	contamos	contábamos	contamos	contaremos	contaríamos	contemos	contáramos	contemos
	contado	contáis	contabais	contasteis	contaréis	contaríais	contéis	contarais	contad (no contéis)
		cuentan	contaban	contaron	contarán	contarían	**cuenten**	contaran	**cuenten** Uds.
25	dormir (o:ue)	**duermo**	dormía	dormí	dormiré	dormiría	**duerma**	**durmiera**	
		duermes	dormías	dormiste	dormirás	dormirías	**duermas**	**durmieras**	**duerme** tú (no **duermas**)
	Participles:	**duerme**	dormía	**durmió**	dormirá	dormiría	**duerma**	**durmiera**	**duerma** Ud.
	durmiendo	dormimos	dormíamos	dormimos	dormiremos	dormiríamos	**durmamos**	**durmiéramos**	**durmamos**
	dormido	dormís	dormíais	dormisteis	dormiréis	dormiríais	**durmáis**	**durmierais**	dormid (no **durmáis**)
		duermen	dormían	**durmieron**	dormirán	dormirían	**duerman**	**durmieran**	**duerman** Uds.
26	empezar	**empiezo**	empezaba	**empecé**	empezaré	empezaría	**empiece**	empezara	
	(e:ie) (z:c)	**empiezas**	empezabas	empezaste	empezarás	empezarías	**empieces**	empezaras	**empieza** tú (no **empieces**)
		empieza	empezaba	empezó	empezará	empezaría	**empiece**	empezara	**empiece** Ud.
	Participles:	empezamos	empezábamos	empezamos	empezaremos	empezaríamos	**empecemos**	empezáramos	**empecemos**
	empezando	empezáis	empezabais	empezasteis	empezaréis	empezaríais	**empecéis**	empezarais	empezad (no **empecéis**)
	empezado	**empiezan**	empezaban	empezaron	empezarán	empezarían	**empiecen**	empezaran	**empiecen** Uds.

	Infinitive	INDICATIVE					SUBJUNCTIVE		IMPERATIVE
		Present	Imperfect	Preterite	Future	Conditional	Present	Past	
27	entender (e:ie) **Participles:** entendiendo entendido	**entiendo** **entiendes** **entiende** entendemos entendéis **entienden**	entendía entendías entendía entendíamos entendíais entendían	entendí entendiste entendió entendimos entendisteis entendieron	entenderé entenderás entenderá entenderemos entenderéis entenderán	entendería entenderías entendería entenderíamos entenderíais entenderían	**entienda** **entiendas** **entienda** entendamos entendáis **entiendan**	entendiera entendieras entendiera entendiéramos entendierais entendieran	**entiende** tú (no **entiendas**) **entienda** Ud. entendamos entended (no entendáis) **entiendan** Uds.
28	jugar (u:ue) (g:gu) **Participles:** jugando jugado	**juego** **juegas** **juega** jugamos jugáis **juegan**	jugaba jugabas jugaba jugábamos jugabais jugaban	**jugué** jugaste jugó jugamos jugasteis jugaron	jugaré jugarás jugará jugaremos jugaréis jugarán	jugaría jugarías jugaría jugaríamos jugaríais jugarían	**juegue** **juegues** **juegue** juguemos juguéis **jueguen**	jugara jugaras jugara jugáramos jugarais jugaran	**juega** tú (no **juegues**) **juegue** Ud. juguemos jugad (no juguéis) **jueguen** Uds.
29	pedir (e:i) **Participles:** **pidiendo** pedido	**pido** **pides** **pide** pedimos pedís **piden**	pedía pedías pedía pedíamos pedíais pedían	pedí pediste **pidió** pedimos pedisteis **pidieron**	pediré pedirás pedirá pediremos pediréis pedirán	pediría pedirías pediría pediríamos pediríais pedirían	**pida** **pidas** **pida** **pidamos** **pidáis** **pidan**	**pidiera** **pidieras** **pidiera** **pidiéramos** **pidierais** **pidieran**	**pide** tú (no **pidas**) **pida** Ud. **pidamos** pedid (no **pidáis**) **pidan** Uds.
30	pensar (e:ie) **Participles:** pensando pensado	**pienso** **piensas** **piensa** pensamos pensáis **piensan**	pensaba pensabas pensaba pensábamos pensabais pensaban	pensé pensaste pensó pensamos pensasteis pensaron	pensaré pensarás pensará pensaremos pensaréis pensarán	pensaría pensarías pensaría pensaríamos pensaríais pensarían	**piense** **pienses** **piense** pensemos penséis **piensen**	pensara pensaras pensara pensáramos pensarais pensaran	**piensa** tú (no **pienses**) **piense** Ud. pensemos pensad (no penséis) **piensen** Uds.
31	reír(se) (e:i) **Participles:** **riendo** **reído**	**río** **ríes** **ríe** **reímos** **reís** **ríen**	reía reías reía reíamos reíais reían	**reí** **reíste** **rió** **reímos** **reísteis** **rieron**	reiré reirás reirá reiremos reiréis reirán	reiría reirías reiría reiríamos reiríais reirían	**ría** **rías** **ría** **riamos** **riáis** **rían**	**riera** **rieras** **riera** **riéramos** **rierais** **rieran**	**ríe** tú (no **rías**) **ría** Ud. **riamos** reíd (no **riáis**) **rían** Uds.
32	seguir (e:i) (gu:g) **Participles:** **siguiendo** seguido	**sigo** **sigues** **sigue** seguimos seguís **siguen**	seguía seguías seguía seguíamos seguíais seguían	seguí seguiste **siguió** seguimos seguisteis **siguieron**	seguiré seguirás seguirá seguiremos seguiréis seguirán	seguiría seguirías seguiría seguiríamos seguiríais seguirían	**siga** **sigas** **siga** **sigamos** **sigáis** **sigan**	**siguiera** **siguieras** **siguiera** **siguiéramos** **siguierais** **siguieran**	**sigue** tú (no **sigas**) **siga** Ud. **sigamos** seguid (no **sigáis**) **sigan** Uds.
33	sentir (e:ie) **Participles:** **sintiendo** sentido	**siento** **sientes** **siente** sentimos sentís **sienten**	sentía sentías sentía sentíamos sentíais sentían	sentí sentiste **sintió** sentimos sentisteis **sintieron**	sentiré sentirás sentirá sentiremos sentiréis sentirán	sentiría sentirías sentiría sentiríamos sentiríais sentirían	**sienta** **sientas** **sienta** **sintamos** **sintáis** **sientan**	**sintiera** **sintieras** **sintiera** **sintiéramos** **sintierais** **sintieran**	**siente** tú (no **sientas**) **sienta** Ud. **sintamos** sentid (no **sintáis**) **sientan** Uds.

	Infinitive	INDICATIVE Present	Imperfect	Preterite	Future	Conditional	SUBJUNCTIVE Present	Past	IMPERATIVE
34	volver (o:ue) **Participles:** volviendo **vuelto**	**vuelvo** **vuelves** **vuelve** volvemos volvéis **vuelven**	volvía volvías volvía volvíamos volvíais volvían	volví volviste volvió volvimos volvisteis volvieron	volveré volverás volverá volveremos volveréis volverán	volvería volverías volvería volveríamos volveríais volverían	**vuelva** **vuelvas** **vuelva** volvamos volváis **vuelvan**	volviera volvieras volviera volviéramos volvierais volvieran	**vuelve** tú (no **vuelvas**) **vuelva** Ud. volvamos volved (no volváis) **vuelvan** Uds.

Verbs with spelling changes only

	Infinitive	INDICATIVE Present	Imperfect	Preterite	Future	Conditional	SUBJUNCTIVE Present	Past	IMPERATIVE
35	conocer (c:zc) **Participles:** conociendo conocido	**conozco** conoces conoce conocemos conocéis conocen	conocía conocías conocía conocíamos conocíais conocían	conocí conociste conoció conocimos conocisteis conocieron	conoceré conocerás conocerá conoceremos conoceréis conocerán	conocería conocerías conocería conoceríamos conoceríais conocerían	**conozca** **conozcas** **conozca** **conozcamos** **conozcáis** **conozcan**	conociera conocieras conociera conociéramos conocierais conocieran	conoce tú (no **conozcas**) **conozca** Ud. **conozcamos** conoced (no **conozcáis**) **conozcan** Uds.
36	creer (y) **Participles:** **creyendo** **creído**	creo crees cree creemos creéis creen	creía creías creía creíamos creíais creían	**creí** **creíste** **creyó** **creímos** **creísteis** **creyeron**	creeré creerás creerá creeremos creeréis creerán	creería creerías creería creeríamos creeríais creerían	crea creas crea creamos creáis crean	**creyera** **creyeras** **creyera** **creyéramos** **creyerais** **creyeran**	cree tú (no creas) crea Ud. creamos creed (no creáis) crean Uds.
37	cruzar (z:c) **Participles:** cruzando cruzado	cruzo cruzas cruza cruzamos cruzáis cruzan	cruzaba cruzabas cruzaba cruzábamos cruzabais cruzaban	**crucé** cruzaste cruzó cruzamos cruzasteis cruzaron	cruzaré cruzarás cruzará cruzaremos cruzaréis cruzarán	cruzaría cruzarías cruzaría cruzaríamos cruzaríais cruzarían	**cruce** **cruces** **cruce** **crucemos** **crucéis** **crucen**	cruzara cruzaras cruzara cruzáramos cruzarais cruzaran	cruza tú (no **cruces**) **cruce** Ud. **crucemos** cruzad (no **crucéis**) **crucen** Uds.
38	destruir (y) **Participles:** **destruyendo** destruido	**destruyo** **destruyes** **destruye** destruimos destruís **destruyen**	destruía destruías destruía destruíamos destruíais destruían	destruí destruiste **destruyó** destruimos destruisteis **destruyeron**	destruiré destruirás destruirá destruiremos destruiréis destruirán	destruiría destruirías destruiría destruiríamos destruiríais destruirían	**destruya** **destruyas** **destruya** **destruyamos** **destruyáis** **destruyan**	**destruyera** **destruyeras** **destruyera** **destruyéramos** **destruyerais** **destruyeran**	**destruye** tú (no **destruyas**) **destruya** Ud. **destruyamos** destruid (no **destruyáis**) **destruyan** Uds.
39	enviar (envío) **Participles:** enviando enviado	**envío** **envías** **envía** enviamos enviáis **envían**	enviaba enviabas enviaba enviábamos enviabais enviaban	envié enviaste envió enviamos enviasteis enviaron	enviaré enviarás enviará enviaremos enviaréis enviarán	enviaría enviarías enviaría enviaríamos enviaríais enviarían	**envíe** **envíes** **envíe** **enviemos** **enviéis** **envíen**	enviara enviaras enviara enviáramos enviarais enviaran	**envía** tú (no **envíes**) **envíe** Ud. enviemos enviad (no **enviéis**) **envíen** Uds.

	Infinitive	INDICATIVE					SUBJUNCTIVE		IMPERATIVE
		Present	Imperfect	Preterite	Future	Conditional	Present	Past	
40	graduarse (gradúo) **Participles:** graduando graduado	**gradúo** **gradúas** **gradúa** graduamos graduáis **gradúan**	graduaba graduabas graduaba graduábamos graduabais graduaban	gradué graduaste graduó graduamos graduasteis graduaron	graduaré graduarás graduará graduaremos graduaréis graduarán	graduaría graduarías graduaría graduaríamos graduaríais graduarían	**gradúe** **gradúes** **gradúe** graduemos graduéis **gradúen**	graduara graduaras graduara graduáramos graduarais graduaran	**gradúa** tú (no **gradúes**) **gradúe** Ud. graduemos graduad (no graduéis) **gradúen** Uds.
41	llegar (g:gu) **Participles:** llegando llegado	llego llegas llega llegamos llegáis llegan	llegaba llegabas llegaba llegábamos llegabais llegaban	**llegué** llegaste llegó llegamos llegasteis llegaron	llegaré llegarás llegará llegaremos llegaréis llegarán	llegaría llegarías llegaría llegaríamos llegaríais llegarían	**llegue** **llegues** **llegue** **lleguemos** **lleguéis** **lleguen**	llegara llegaras llegara llegáramos llegarais llegaran	llega tú (no **llegues**) **llegue** Ud. **lleguemos** llegad (no **lleguéis**) **lleguen** Uds.
42	proteger (g:j) **Participles:** protegiendo protegido	**protejo** proteges protege protegemos protegéis protegen	protegía protegías protegía protegíamos protegíais protegían	protegí protegiste protegió protegimos protegisteis protegieron	protegeré protegerás protegerá protegeremos protegeréis protegerán	protegería protegerías protegería protegeríamos protegeríais protegerían	**proteja** **protejas** **proteja** **protejamos** **protejáis** **protejan**	protegiera protegieras protegiera protegiéramos protegierais protegieran	protege tú (no **protejas**) **proteja** Ud. **protejamos** proteged (no **protejáis**) **protejan** Uds.
43	tocar (c:qu) **Participles:** tocando tocado	toco tocas toca tocamos tocáis tocan	tocaba tocabas tocaba tocábamos tocabais tocaban	**toqué** tocaste tocó tocamos tocasteis tocaron	tocaré tocarás tocará tocaremos tocaréis tocarán	tocaría tocarías tocaría tocaríamos tocaríais tocarían	**toque** **toques** **toque** **toquemos** **toquéis** **toquen**	tocara tocaras tocara tocáramos tocarais tocaran	toca tú (no **toques**) **toque** Ud. **toquemos** tocad (no **toquéis**) **toquen** Uds.

Guide to Vocabulary

Note on alphabetization

For purposes of alphabetization, **ch** and **ll** are not treated as separate letters, but **ñ** follows **n**. Therefore, in this glossary you will find that **año**, for example, appears after **anuncio**.

Abbreviations used in this glossary

adj.	adjective	*form.*	formal	*pl.*	plural
adv.	adverb	*indef.*	indefinite	*poss.*	possessive
art.	article	*interj.*	interjection	*prep.*	preposition
conj.	conjunction	*i.o.*	indirect object	*pron.*	pronoun
def.	definite	*m.*	masculine	*ref.*	reflexive
d.o.	direct object	*n.*	noun	*sing.*	singular
f.	feminine	*obj.*	object	*sub.*	subject
fam.	familiar	*p.p.*	past participle	*v.*	verb

Spanish-English

A

a *prep.* at; to 1
¿A qué hora...? At what time...? 1
a bordo aboard 1
a dieta on a diet 15
a la derecha to the right 2
a la izquierda to the left 2
a la plancha grilled 8
a la(s) + *time* at + *time* 1
a menos que unless 13
a menudo *adv.* often 10
a nombre de in the name of 5
a plazos in installments 14
A sus órdenes. At your service. 11
a tiempo *adv.* on time 10
a veces *adv.* sometimes 10
a ver let's see
¡Abajo! *adv.* Down! 15
abeja *f.* bee
abierto/a *adj.* open 5, 14
abogado/a *m., f.* lawyer
abrazar(se) *v.* to hug; to embrace (each other) 11
abrazo *m.* hug
abrigo *m.* coat 6
abril *m.* April 5
abrir *v.* to open 3
abuelo/a *m., f.* grandfather; grandmother 3
abuelos *pl.* grandparents 3
aburrido/a *adj.* bored; boring 5
aburrir *v.* to bore 7
aburrirse *v.* to get bored
acabar de (+ *inf.*) *v.* to have just done something 6
acampar *v.* to camp 5
accidente *m.* accident 10
acción *f.* action
de acción action (genre)
aceite *m.* oil 8
aceptar: ¡Acepto casarme contigo! I'll marry you!
ácido/a *adj.* acid 13
acompañar *v.* to accompany 14
aconsejar *v.* to advise 12
acontecimiento *m.* event
acordarse (de) (o:ue) *v.* to remember 7
acostarse (o:ue) *v.* to go to bed 7
activo/a *adj.* active 15
actor *m.* actor
actriz *f.* actor
actualidades *f., pl.* news; current events
acuático/a *adj.* aquatic 4
adelgazar *v.* to lose weight; to slim down 15
además (de) *adv.* furthermore; besides 10
adicional *adj.* additional
adiós *m.* good-bye 1
adjetivo *m.* adjective
administración de empresas *f.* business administration 2
adolescencia *f.* adolescence 9
¿adónde? *adv.* where (to)? (destination) 2
aduana *f.* customs 5
aeróbico/a *adj.* aerobic 15
aeropuerto *m.* airport 5
afectado/a *adj.* affected 13
afeitarse *v.* to shave 7
aficionado/a *adj.* fan 4
afirmativo/a *adj.* affirmative
afuera *adv.* outside 5
afueras *f., pl.* suburbs; outskirts 12
agencia de viajes *f.* travel agency 5
agente de viajes *m., f.* travel agent 5
agosto *m.* August 5
agradable *adj.* pleasant 5
agua *f.* water 8
agua mineral mineral water 8
aguantar *v.* to endure, to hold up 14
ahora *adv.* now 2
ahora mismo right now 5
ahorrar *v.* to save (money) 14
ahorros *m.* savings 14
aire *m.* air 5
ajo *m.* garlic 8
al (*contraction of* **a + el**) 2
al aire libre open-air 6
al contado in cash 14
(al) este (to the) east 14
al fondo (de) at the end (of) 12
al lado de beside 2
(al) norte (to the) north 14
(al) oeste (to the) west 14
(al) sur (to the) south 14
alcoba *f.* bedroom 12
alcohol *m.* alcohol 15
alcohólico/a *adj.* alcoholic 15
alegrarse (de) *v.* to be happy 13
alegre *adj.* happy; joyful 5
alegría *f.* happiness 9
alemán, alemana *adj.* German 3
alérgico/a *adj.* allergic 10
alfombra *f.* carpet; rug 12
algo *pron.* something; anything 7
algodón *m.* cotton 6
alguien *pron.* someone; somebody; anyone 7
algún, alguno/a(s) *adj.* any; some 7
alimento *m.* food
alimentación *f.* diet
aliviar *v.* to reduce 15
aliviar el estrés/la tensión to reduce stress/tension 15
allá *adv.* over there 2
allí *adv.* there 2
allí mismo right there 14
alma *f.* soul 9
almacén *m.* department store 6

almohada *f.* pillow 12
almorzar (o:ue) *v.* to have lunch 4
almuerzo *m.* lunch 4, 8
aló *interj.* hello (*on the telephone*) 11
alquilar *v.* to rent 12
alquiler *m.* rent (payment) 12
altar *m.* altar 9
altillo *m.* attic 12
alto/a *adj.* tall 3
aluminio *m.* aluminum 13
ama de casa *m., f.* housekeeper; caretaker 12
amable *adj.* nice; friendly 5
amarillo/a *adj.* yellow 6
amigo/a *m., f.* friend 3
amistad *f.* friendship 9
amor *m.* love 9
  amor a primera vista love at first sight 9
anaranjado/a *adj.* orange 6
ándale *interj.* come on 14
andar *v.* **en patineta** to skateboard 4
ángel *m.* angel 9
anillo *m.* ring
animal *m.* animal 13
aniversario (de bodas) *m.* (wedding) anniversary 9
anoche *adv.* last night 6
anteayer *adv.* the day before yesterday 6
antes *adv.* before 7
  antes (de) que *conj.* before 13
  antes de *prep.* before 7
antibiótico *m.* antibiotic 10
antipático/a *adj.* unpleasant 3
anunciar *v.* to announce; to advertise
anuncio *m.* advertisement
año *m.* year 5
  año pasado last year 6
apagar *v.* to turn off 11
aparato *m.* appliance
apartamento *m.* apartment 12
apellido *m.* last name 3
apenas *adv.* hardly; scarcely 10
aplaudir *v.* to applaud
apreciar *v.* to appreciate
aprender (a + *inf.*) *v.* to learn 3
apurarse *v.* to hurry; to rush 15
aquel, aquella *adj.* that; those (over there) 6
aquél, aquélla *pron.* that; those (over there) 6
aquello *neuter, pron.* that; that thing; that fact 6
aquellos/as *pl. adj.* those (over there) 6
aquéllos/as *pl. pron.* those (ones) (over there) 6
aquí *adv.* here 1
  Aquí está(n)... Here is/are... 5
  aquí mismo right here 11
árbol *m.* tree 13
archivo *m.* file 11
arete *m.* earing 6
Argentina *f.* Argentina 1
argentino/a *adj.* Argentine 3
armario *m.* closet 12
arqueología *f.* archaeology 2
arqueólogo/a *m., f.* archaeologist
arquitecto/a *m., f.* architect
arrancar *v.* to start (*a car*) 11
arreglar *v.* to fix; to arrange 11; to neaten; to straighten up 12
arreglarse *v.* to get ready 7; to fix oneself (*clothes, hair, etc. to go out*) 7
arriba: hasta arriba to the top 15
arroba *f.* @ symbol 11
arroz *m.* rice 8
arte *m.* art 2
artes *f., pl.* arts
artesanía *f.* craftsmanship; crafts
artículo *m.* article
artista *m., f.* artist 3
artístico/a *adj.* artistic
arveja *m.* pea 8
asado/a *adj.* roast 8
ascenso *m.* promotion
ascensor *m.* elevator 5
así *adv.* like this; so (*in such a way*) 10
asistir (a) *v.* to attend 3
aspiradora *f.* vacuum cleaner 12
aspirante *m., f.* candidate; applicant
aspirina *f.* aspirin 10
atún *m.* tuna 8
aumentar *v.* to grow; to get bigger 13
aumentar *v.* **de peso** to gain weight 15
aumento *m.* increase
  aumento de sueldo pay raise
aunque although
autobús *m.* bus 1
automático/a *adj.* automatic
auto(móvil) *m.* auto(mobile) 5
autopista *f.* highway 11
ave *f.* bird 13
avenida *f.* avenue
aventura *f.* adventure
  de aventura adventure (genre)
avergonzado/a *adj.* embarrassed 5
avión *m.* airplane 5
¡Ay! *interj.* Oh!
  ¡Ay, qué dolor! Oh, what pain!
ayer *adv.* yesterday 6
ayudar(se) *v.* to help (each other) 11, 12
azúcar *m.* sugar 8
azul *adj. m., f.* blue 6

B

bailar *v.* to dance 2
bailarín/bailarina *m., f.* dancer
baile *m.* dance
bajar(se) de *v.* to get off of/out of (a vehicle) 11
bajo/a *adj.* short (*in height*) 3
bajo control under control 7
balcón *m.* balcony 12
balde *m.* bucket 5
ballena *f.* whale 13
baloncesto *m.* basketball 4
banana *f.* banana 8
banco *m.* bank 14
banda *f.* band
bandera *f.* flag
bañarse *v.* to bathe; to take a bath 7
baño *m.* bathroom 7
barato/a *adj.* cheap 6
barco *m.* boat 5
barrer *v.* to sweep 12
  barrer el suelo *v.* to sweep the floor 12
barrio *m.* neighborhood 12
bastante *adv.* enough; rather 10; pretty 13
basura *f.* trash 12
baúl *m.* trunk 11
beber *v.* to drink 3
bebida *f.* drink 8
  bebida alcohólica *f.* alcoholic beverage 15
béisbol *m.* baseball 4
bellas artes *f., pl.* fine arts
belleza *f.* beauty 14
beneficio *m.* benefit
besar(se) *v.* to kiss (each other) 11
beso *m.* kiss 9
biblioteca *f.* library 2
bicicleta *f.* bicycle 4
bien *adj.* well 1
bienestar *m.* well-being 15
bienvenido(s)/a(s) *adj.* welcome 12
billete *m.* paper money; ticket
billón *m.* trillion
biología *f.* biology 2
bisabuelo/a *m., f.* great-grandfather/great-grandmother 3
bistec *m.* steak 8
bizcocho *m.* biscuit
blanco/a *adj.* white 6
blog *m.* blog 11
(blue)jeans *m., pl.* jeans 6
blusa *f.* blouse 6
boca *f.* mouth 10
boda *f.* wedding 9
boleto *m.* ticket 2
bolsa *f.* purse, bag 6
bombero/a *m., f.* firefighter
bonito/a *adj.* pretty 3
borrador *m.* eraser 2
borrar *v.* to erase 11

bosque *m.* forest 13
bosque tropical tropical forest; rainforest 13
bota *f.* boot 6
botella *f.* bottle 9
botella de vino bottle of wine 9
botones *m., f. sing.* bellhop 5
brazo *m.* arm 10
brindar *v.* to toast (*drink*) 9
bucear *v.* to scuba dive 4
bueno *adv.* well
buen, bueno/a *adj.* good 3, 6
buena forma good shape (*physical*) 15
Buena idea. Good idea.
Buenas noches. Good evening; Good night. 1
Buenas tardes. Good afternoon. 1
buenísimo/a extremely good
Bueno. Hello. (*on telephone*) 11
Buenos días. Good morning. 1
bulevar *m.* boulevard
buscar *v.* to look for 2
buzón *m.* mailbox 14

C

caballero *m.* gentleman, sir 8
caballo *m.* horse 5
cabe: no cabe duda de there's no doubt 13
cabeza *f.* head 10
cada *adj. m., f.* each 6
caerse *v.* to fall (down) 10
café *m.* café 4; *adj. m., f.* brown 6; *m.* coffee 8
cafeína *f.* caffeine 14
cafetera *f.* coffee maker 12
cafetería *f.* cafeteria 2
caído/a *p.p.* fallen 14
caja *f.* cash register 6
cajero/a *m., f.* cashier 14
cajero automático *m.* ATM 14
calavera de azúcar *f.* skull made out of sugar 9
calcetín (calcetines) *m.* sock(s) 6
calculadora *f.* calculator 2
caldo *m.* soup
calentamiento global *m.* global warming 13
calentarse (e:ie) *v.* to warm up 15
calidad *f.* quality 6
calle *f.* street 11
calor *m.* heat 4
caloría *f.* calorie 15
calzar *v.* to take size... shoes 6
cama *f.* bed 5
cámara digital *f.* digital camera 11
cámara de video *f.* video camera 11
camarero/a *m., f.* waiter/ waitress 8
camarón *m.* shrimp 8
cambiar (de) *v.* to change 9
cambio: de cambio in change 2
cambio *m.* **climático** climate change 13
cambio *m.* **de moneda** currency exchange
caminar *v.* to walk 2
camino *m.* road
camión *m.* truck; bus
camisa *f.* shirt 6
camiseta *f.* t-shirt 6
campo *m.* countryside 5
canadiense *adj.* Canadian 3
canal *m.* (TV) channel 11
canción *f.* song
candidato/a *m., f.* candidate
canela *f.* cinnamon 10
cansado/a *adj.* tired 5
cantante *m., f.* singer
cantar *v.* to sing 2
capital *f.* capital city 1
capó *m.* hood 11
cara *f.* face 7
caramelo *m.* caramel 9
carne *f.* meat 8
carne de res *f.* beef 8
carnicería *f.* butcher shop 14
caro/a *adj.* expensive 6
carpintero/a *m., f.* carpenter
carrera *f.* career
carretera *f.* highway 11
carro *m.* car; automobile 11
carta *f.* letter 4; (playing) card 5
cartel *m.* poster 12
cartera *f.* wallet 4, 6
cartero *m.* mail carrier 14
casa *f.* house; home 2
casado/a *adj.* married 9
casarse (con) *v.* to get married (to) 9
casi *adv.* almost 10
catorce *adj.* fourteen 1
cazar *v.* to hunt 13
cebolla *f.* onion 8
cederrón *m.* CD-ROM 11
celebrar *v.* to celebrate 9
cementerio *m.* cemetery 9
cena *f.* dinner 8
cenar *v.* to have dinner 2
centro *m.* downtown 4
centro comercial shopping mall 6
cepillarse los dientes/el pelo *v.* to brush one's teeth/one's hair 7
cerámica *f.* pottery
cerca de *prep.* near 2
cerdo *m.* pork 8
cereales *m., pl.* cereal; grains 8
cero *m.* zero 1
cerrado/a *adj.* closed 5, 14
cerrar (e:ie) *v.* to close 4
cerveza *f.* beer 8
césped *m.* grass
ceviche *m.* marinated fish dish 8
ceviche de camarón *m.* lemon-marinated shrimp 8
chaleco *m.* vest
champán *m.* champagne 9
champiñón *m.* mushroom 8
champú *m.* shampoo 7
chaqueta *f.* jacket 6
chau *fam. interj.* bye 1
cheque *m.* (bank) check 14
cheque (de viajero) *m.* (traveler's) check 14
chévere *adj., fam.* terrific
chico/a *m., f.* boy/girl 1
chino/a *adj.* Chinese 3
chocar (con) *v.* to run into
chocolate *m.* chocolate 9
choque *m.* collision
chuleta *f.* chop (*food*) 8
chuleta de cerdo *f.* pork chop 8
cibercafé *m.* cybercafé
ciclismo *m.* cycling 4
cielo *m.* sky 13
cien(to) one hundred 2
ciencia *f.* science 2
ciencias ambientales environmental sciences 2
de ciencia ficción *f.* science fiction (genre)
científico/a *m., f.* scientist
cierto *m.* certain 13
es cierto it's certain 13
no es cierto it's not certain 13
cima *f.* top, peak 15
cinco five 1
cincuenta fifty 2
cine *m.* movie theater 4
cinta *f.* (audio)tape
cinta caminadora *f.* treadmill 15
cinturón *m.* belt 6
circulación *f.* traffic 11
cita *f.* date; appointment 9
ciudad *f.* city 4
ciudadano/a *m., f.* citizen
Claro (que sí). *fam.* Of course.
clase *f.* class 2
clase de ejercicios aeróbicos *f.* aerobics class 15
clásico/a *adj.* classical
cliente/a *m., f.* customer 6
clínica *f.* clinic 10
cobrar *v.* to cash (a check) 14
coche *m.* car; automobile 11
cocina *f.* kitchen; stove 9, 12
cocinar *v.* to cook 12
cocinero/a *m., f.* cook, chef
cofre *m.* hood 14
cola *f.* line 14
colesterol *m.* cholesterol 15
color *m.* color 6
comedia *f.* comedy; play
comedor *m.* dining room 12
comenzar (e:ie) *v.* to begin 4
comer *v.* to eat 3
comercial *adj.* commercial; business-related
comida *f.* food; meal 4, 8

como like; as 8
¿cómo? what?; how? 1
¿Cómo es...? What's... like? 3
¿Cómo está usted? *form.* How are you? 1
¿Cómo estás? *fam.* How are you? 1
¿Cómo les fue...? *pl.* How did ... go for you? 15
¿Cómo se llama usted? *(form.)* What's your name? 1
¿Cómo te llamas? *fam.* What's your name? 1
cómoda *f.* chest of drawers 12
cómodo/a *adj.* comfortable 5
compañero/a de clase *m., f.* classmate 2
compañero/a de cuarto *m., f.* roommate 2
compañía *f.* company; firm
compartir *v.* to share 3
completamente *adv.* completely 5
compositor(a) *m., f.* composer
comprar *v.* to buy 2
compras *f., pl.* purchases 5
ir de compras go shopping 5
comprender *v.* to understand 3
comprobar *v.* to check
comprometerse (con) *v.* to get engaged (to) 9
computación *f.* computer science 2
computadora *f.* computer 1
computadora portátil *f.* portable computer; laptop 11
comunicación *f.* communication
comunicarse (con) *v.* to communicate (with)
comunidad *f.* community 1
con *prep.* with 2
Con él/ella habla. Speaking./ This is he/she. (*on telephone*) 11
con frecuencia *adv.* frequently 10
Con permiso. Pardon me; Excuse me. 1
con tal (de) que provided (that) 13
concierto *m.* concert
concordar *v.* to agree
concurso *m.* game show; contest
conducir *v.* to drive 6, 11
conductor(a) *m., f.* driver 1
conexión *f.* **inalámbrica** wireless (connection) 11
confirmar *v.* to confirm 5
confirmar *v.* **una reservación** *f.* to confirm a reservation 5
confundido/a *adj.* confused 5
congelador *m.* freezer 12
congestionado/a *adj.* congested; stuffed-up 10
conmigo *pron.* with me 4, 9
conocer *v.* to know; to be acquainted with 6
conocido *adj.; p.p.* known
conseguir (e:i) *v.* to get; to obtain 4
consejero/a *m., f.* counselor; advisor
consejo *m.* advice
conservación *f.* conservation 13
conservar *v.* to conserve 13
construir *v.* to build
consultorio *m.* doctor's office 10
consumir *v.* to consume 15
contabilidad *f.* accounting 2
contador(a) *m., f.* accountant
contaminación *f.* pollution 13
contaminación del aire/del agua air/water pollution 13
contaminado/a *adj.* polluted 13
contaminar *v.* to pollute 13
contar (o:ue) *v.* to count; to tell 4
contar (con) *v.* to count (on) 12
contento/a *adj.* happy; content 5
contestadora *f.* answering machine 11
contestar *v.* to answer 2
contigo *fam. pron.* with you 5, 9
contratar *v.* to hire
control *m.* control 7
control remoto remote control 11
controlar *v.* to control 13
conversación *f.* conversation 1
conversar *v.* to converse, to chat 2
copa *f.* wineglass; goblet 12
corazón *m.* heart 10
corbata *f.* tie 6
corredor(a) *m., f.* **de bolsa** stockbroker
correo *m.* mail; post office 14
correo electrónico *m.* e-mail 4
correo de voz *m.* voice mail 11
correr *v.* to run 3
cortesía *f.* courtesy
cortinas *f., pl.* curtains 12
corto/a *adj.* short (*in length*) 6
cosa *f.* thing 1
Costa Rica *f.* Costa Rica 1
costar (o:ue) *f.* to cost 6
costarricense *adj.* Costa Rican 3
cráter *m.* crater 13
creer *v.* to believe 13
creer (en) *v.* to believe (in) 3
no creer (en) *v.* not to believe (in) 13
creído/a *adj., p.p.* believed 14
crema de afeitar *f.* shaving cream 5, 7
crimen *m.* crime; murder
cruzar *v.* to cross 14
cuaderno *m.* notebook 1
cuadra *f.* (city) block 14
¿cuál(es)? which?; which one(s)? 2
¿Cuál es la fecha de hoy? What is today's date? 5
cuadro *m.* picture 12
cuadros *m., pl.* plaid 6
cuando when 7; 13
¿cuándo? when? 2
¿cuánto(s)/a(s)? how much/how many? 1
¿Cuánto cuesta...? How much does... cost? 6
¿Cuántos años tienes? How old are you? 3
cuarenta forty 2
cuarto de baño *m.* bathroom 7
cuarto *m.* room 2; 7
cuarto/a *adj.* fourth 5
menos cuarto quarter to (time)
y cuarto quarter after (time) 1
cuatro four 1
cuatrocientos/as four hundred 2
Cuba *f.* Cuba 1
cubano/a *adj.* Cuban 3
cubiertos *m., pl.* silverware
cubierto/a *p.p.* covered
cubrir *v.* to cover
cuchara *f.* (table or large) spoon 12
cuchillo *m.* knife 12
cuello *m.* neck 10
cuenta *f.* bill 8; account 14
cuenta corriente *f.* checking account 14
cuenta de ahorros *f.* savings account 14
cuento *m.* short story
cuerpo *m.* body 10
cuidado *m.* care 3
cuidar *v.* to take care of 13
¡Cuídense! Take care! 14
cultura *f.* culture 2
cumpleaños *m., sing.* birthday 9
cumplir años *v.* to have a birthday 9
cuñado/a *m., f.* brother-in-law; sister-in-law 3
currículum *m.* résumé
curso *m.* course 2

D

danza *f.* dance
dañar *v.* to damage; to break down 10
dar *v.* to give 6, 9
dar un consejo *v.* to give advice
darse con *v.* to bump into; to run into (something) 10
darse prisa *v.* to hurry; to rush 15
de *prep.* of; from 1
¿De dónde eres? *fam.* Where are you from? 1
¿De dónde es usted? *form.* Where are you from? 1
¿De parte de quién? Who is speaking/calling? (*on telephone*) 11
¿de quién...? whose...? (*sing.*) 1
¿de quiénes...? whose...? (*pl.*) 1
de algodón (made) of cotton 6
de aluminio (made) of aluminum 13
de buen humor in a good mood 5

de compras shopping 5
de cuadros plaid 6
de excursión hiking 4
de hecho in fact
de ida y vuelta roundtrip 5
de la mañana in the morning; A.M. 1
de la noche in the evening; at night; P.M. 1
de la tarde in the afternoon; in the early evening; P.M. 1
de lana (made) of wool 6
de lunares polka-dotted 6
de mal humor in a bad mood 5
de mi vida of my life 15
de moda in fashion 6
De nada. You're welcome. 1
de niño/a as a child 10
de parte de on behalf of 11
de plástico (made) of plastic 13
de rayas striped 6
de repente suddenly 6
de seda (made) of silk 6
de vaqueros western (genre)
de vez en cuando from time to time 10
de vidrio (made) of glass 13
debajo de *prep.* below; under 2
deber (+ *inf.*) *v.* should; must; ought to 3
Debe ser... It must be... 6
deber *m.* responsibility; obligation
debido a due to (the fact that)
débil *adj.* weak 15
decidido/a *adj.* decided 14
decidir (+ *inf.*) *v.* to decide 3
décimo/a *adj.* tenth 5
decir (e:i) *v.* **(que)** to say (that); to tell (that) 4, 9
decir la respuesta to say the answer 4
decir la verdad to tell the truth 4
decir mentiras to tell lies 4
declarar *v.* to declare; to say
dedo *m.* finger 10
dedo del pie *m.* toe 10
deforestación *f.* deforestation 13
dejar *v.* to let 12; to quit; to leave behind
dejar de (+ *inf.*) *v.* to stop (*doing something*) 13
dejar una propina *v.* to leave a tip 9
del (*contraction of* **de + el**) of the; from the
delante de *prep.* in front of 2
delgado/a *adj.* thin; slender 3
delicioso/a *adj.* delicious 8
demás *adj.* the rest
demasiado *adj., adv.* too much 6
dentista *m., f.* dentist 10
dentro de (diez años) within (ten years); inside
dependiente/a *m., f.* clerk 6
deporte *m.* sport 4
deportista *m.* sports person
deportivo/a *adj.* sports-related 4
depositar *v.* to deposit 14
derecha *f.* right 2
derecho *adj.* straight (ahead) 14
a la derecha de to the right of 2
derechos *m., pl.* rights
desarrollar *v.* to develop 13
desastre (natural) *m.* (natural) disaster
desayunar *v.* to have breakfast 2
desayuno *m.* breakfast 8
descafeinado/a *adj.* decaffeinated 15
descansar *v.* to rest 2
descargar *v.* to download 11
descompuesto/a *adj.* not working; out of order 11
describir *v.* to describe 3
descrito/a *p.p.* described 14
descubierto/a *p.p.* discovered 14
descubrir *v.* to discover 13
desde *prep.* from 6
desear *v.* to wish; to desire 2
desempleo *m.* unemployment
desierto *m.* desert 13
desigualdad *f.* inequality
desordenado/a *adj.* disorderly 5
despacio *adv.* slowly 10
despedida *f.* farewell; good-bye
despedir (e:i) *v.* to fire
despedirse (de) (e:i) *v.* to say goodbye (to) 7
despejado/a *adj.* clear (*weather*)
despertador *m.* alarm clock 7
despertarse (e:ie) *v.* to wake up 7
después *adv.* afterwards; then 7
después de after 7
después de que *conj.* after 13
destruir *v.* to destroy 13
detrás de *prep.* behind 2
día *m.* day 1
día de fiesta holiday 9
diario *m.* diary 1; newspaper
diario/a *adj.* daily 7
dibujar *v.* to draw 2
dibujo *m.* drawing
dibujos animados *m., pl.* cartoons
diccionario *m.* dictionary 1
dicho/a *p.p.* said 14
diciembre *m.* December 5
dictadura *f.* dictatorship
diecinueve nineteen 1
dieciocho eighteen 1
dieciséis sixteen 1
diecisiete seventeen 1
diente *m.* tooth 7
dieta *f.* diet 15
comer una dieta equilibrada to eat a balanced diet 15
diez ten 1
difícil *adj.* difficult; hard 3
Diga. Hello. (*on telephone*) 11
diligencia *f.* errand 14
dinero *m.* money 6
dirección *f.* address 14
dirección electrónica *f.* e-mail address 11
director(a) *m., f.* director; (*musical*) conductor
dirigir *v.* to direct
disco compacto compact disc (CD) 11
discriminación *f.* discrimination
discurso *m.* speech
diseñador(a) *m., f.* designer
diseño *m.* design
disfraz *m.* costume
disfrutar (de) *v.* to enjoy; to reap the benefits (of) 15
disminuir *v.* to reduce
diversión *f.* fun activity; entertainment; recreation 4
divertido/a *adj.* fun 7
divertirse (e:ie) *v.* to have fun 9
divorciado/a *adj.* divorced 9
divorciarse (de) *v.* to get divorced (from) 9
divorcio *m.* divorce 9
doblar *v.* to turn 14
doble *adj.* double
doce twelve 1
doctor(a) *m., f.* doctor 3; 10
documental *m.* documentary
documentos de viaje *m., pl.* travel documents
doler (o:ue) *v.* to hurt 10
dolor *m.* ache; pain 10
dolor de cabeza *m.* head ache 10
doméstico/a *adj.* domestic 12
domingo *m.* Sunday 2
don *m.* Mr.; sir 1
doña *f.* Mrs.; ma'am 1
donde *prep.* where
¿Dónde está...? Where is...? 2
¿dónde? where? 1
dormir (o:ue) *v.* to sleep 4
dormirse (o:ue) *v.* to go to sleep; to fall asleep 7
dormitorio *m.* bedroom 12
dos two 1
dos veces *f.* twice; two times 6
doscientos/as two hundred 2
drama *m.* drama; play
dramático/a *adj.* dramatic
dramaturgo/a *m., f.* playwright
droga *f.* drug 15
drogadicto/a *adj.* drug addict 15
ducha *f.* shower 7
ducharse *v.* to shower; to take a shower 7
duda *f.* doubt 13
dudar *v.* to doubt 13
no dudar *v.* not to doubt 13
dueño/a *m., f.* owner; landlord 8
dulces *m., pl.* sweets; candy 9
durante *prep.* during 7
durar *v.* to last

E

e *conj. (used instead of* **y** *before words beginning with* **i** *and* **hi)** and 4
echar *v.* to throw
echar (una carta) al buzón *v.* to put (a letter) in the mailbox 14; to mail 14
ecología *f.* ecology 13
ecologista *m., f.* ecologist 13;
ecológico/a *adj.* ecological 13
economía *f.* economics 2
ecoturismo *m.* ecotourism 13
Ecuador *m.* Ecuador 1
ecuatoriano/a *adj.* Ecuadorian 3
edad *f.* age 9
edificio *m.* building 12
edificio de apartamentos apartment building 12
(en) efectivo *m.* cash 6
ejercer *v.* to practice/exercise (a degree/profession)
ejercicio *m.* exercise 15
ejercicios aeróbicos aerobic exercises 15
ejercicios de estiramiento stretching exercises 15
ejército *m.* army
el *m., sing., def. art.* the 1
él *sub. pron.* he 1; *adj. pron.* him
elecciones *f., pl.* election
electricista *m., f.* electrician
electrodoméstico *m.* electric appliance 12
elegante *adj. m., f.* elegant 6
elegir (e:i) *v.* to elect
ella *sub. pron.* she 1; *obj. pron.* her
ellos/as *sub. pron.* they 1; them 1
embarazada *adj.* pregnant 10
emergencia *f.* emergency 10
emitir *v.* to broadcast
emocionante *adj. m., f.* exciting
empezar (e:ie) *v.* to begin 4
empleado/a *m., f.* employee 5
empleo *m.* job; employment
empresa *f.* company; firm
en *prep.* in; on; at 2
en casa at home 7
en caso (de) que in case (that) 13
en cuanto as soon as 13
en efectivo in cash 14
en exceso in excess; too much 15
en línea in-line 4
¡En marcha! Let's get going! 15
en mi nombre in my name
en punto on the dot; exactly; sharp (*time*) 1
en qué in what; how 2
¿En qué puedo servirles? How can I help you? 5
en vivo live 7
enamorado/a (de) *adj.* in love (with) 5
enamorarse (de) *v.* to fall in love (with) 9
encantado/a *adj.* delighted; pleased to meet you 1
encantar *v.* to like very much; to love (*inanimate objects*) 7
¡Me encantó! I loved it! 15
encima de *prep.* on top of 2
encontrar (o:ue) *v.* to find 4
encontrar(se) (o:ue) *v.* to meet (each other); to run into (each other) 11
encontrarse con to meet up with 7
encuesta *f.* poll; survey
energía *f.* energy 13
energía nuclear nuclear energy 13
energía solar solar energy 13
enero *m.* January 5
enfermarse *v.* to get sick 10
enfermedad *f.* illness 10
enfermero/a *m., f.* nurse 10
enfermo/a *adj.* sick 10
enfrente de *adv.* opposite; facing 14
engordar *v.* to gain weight 15
enojado/a *adj.* mad; angry 5
enojarse (con) *v.* to get angry (with) 7
ensalada *f.* salad 8
ensayo *m.* essay 3
enseguida *adv.* right away
enseñar *v.* to teach 2
ensuciar *v.* to get (something) dirty 12
entender (e:ie) *v.* to understand 4
enterarse *v.* to find out
entonces *adv.* so, then 5, 7
entrada *f.* entrance 12; ticket
entre *prep.* between; among 2
entregar *v.* to hand in 11
entremeses *m., pl.* hors d'oeuvres; appetizers 8
entrenador(a) *m., f.* trainer 15
entrenarse *v.* to practice; to train 15
entrevista *f.* interview
entrevistador(a) *m., f.* interviewer
entrevistar *v.* to interview
envase *m.* container 13
enviar *v.* to send; to mail 14
equilibrado/a *adj.* balanced 15
equipado/a *adj.* equipped 15
equipaje *m.* luggage 5
equipo *m.* team 4
equivocado/a *adj.* wrong 5
eres *fam.* you are 1
es he/she/it is 1
Es bueno que... It's good that... 12
Es de... He/She is from... 1
es extraño it's strange 13
es igual it's the same 5
Es importante que... It's important that... 12
es imposible it's impossible 13
es improbable it's improbable 13
Es malo que... It's bad that... 12
Es mejor que... It's better that... 12
Es necesario que... It's necessary that... 12
es obvio it's obvious 13
es ridículo it's ridiculous 13
es seguro it's sure 13
es terrible it's terrible 13
es triste it's sad 13
Es urgente que... It's urgent that... 12
Es la una. It's one o'clock. 1
es una lástima it's a shame 13
es verdad it's true 13
esa(s) *f., adj.* that; those 6
ésa(s) *f., pron.* that (one); those (ones) 6
escalar *v.* to climb 4
escalar montañas *v.* to climb mountains 4
escalera *f.* stairs; stairway 12
escalón *m.* step 15
escanear *v.* to scan 11
escoger *v.* to choose 8
escribir *v.* to write 3
escribir un mensaje electrónico to write an e-mail message 4
escribir una postal to write a postcard 4
escribir una carta to write a letter 4
escrito/a *p.p.* written 14
escritor(a) *m., f.* writer
escritorio *m.* desk 2
escuchar *v.* to listen to
escuchar la radio to listen (to) the radio 2
escuchar música to listen (to) music 2
escuela *f.* school 1
esculpir *v.* to sculpt
escultor(a) *m., f.* sculptor
escultura *f.* sculpture
ese *m., sing., adj.* that 6
ése *m., sing., pron.* that one 6
eso *neuter, pron.* that; that thing 6
esos *m., pl., adj.* those 6
ésos *m., pl., pron.* those (ones) 6
España *f.* Spain 1
español *m.* Spanish (*language*) 2
español(a) *adj. m., f.* Spanish 3
espárragos *m., pl.* asparagus 8
especialidad: las especialidades del día today's specials 8
especialización *f.* major 2
espectacular *adj.* spectacular 15
espectáculo *m.* show
espejo *m.* mirror 7
esperar *v.* to hope; to wish 13
esperar (+ *infin.*) *v.* to wait (for); to hope 2
esposo/a *m., f.* husband/wife; spouse 3
esquí (acuático) *m.* (water) skiing 4

esquiar *v.* to ski 4
esquina *m.* corner 14
está he/she/it is, you are
  Está (muy) despejado. It's (very) clear. (*weather*)
  Está lloviendo. It's raining. 5
  Está nevando. It's snowing. 5
  Está (muy) nublado. It's (very) cloudy. (*weather*) 5
  Está bien. That's fine. 11
esta(s) *f., adj.* this; these 6
  esta noche tonight 4
ésta(s) *f., pron.* this (one); these (ones) 6
  Ésta es... *f.* This is... (*introducing someone*) 1
establecer *v.* to establish
estación *f.* station; season 5
  estación de autobuses bus station 5
  estación del metro subway station 5
  estación de tren train station 5
estacionamiento *m.* parking lot 14
estacionar *v.* to park 11
estadio *m.* stadium 2
estado civil *m.* marital status 9
Estados Unidos *m., pl.* (EE.UU.; E.U.) United States 1
estadounidense *adj. m., f.* from the United States 3
estampado/a *adj.* print
estampilla *f.* stamp 14
estante *m.* bookcase; bookshelves 12
estar *v.* to be 2
  estar a (veinte kilómetros) de aquí to be (20 kilometers) from here 11
  estar a dieta to be on a diet 15
  estar aburrido/a to be bored 5
  estar afectado/a (por) to be affected (by) 13
  estar bajo control to be under control 7
  estar cansado/a to be tired 5
  estar contaminado/a to be polluted 13
  estar de acuerdo to agree
    Estoy de acuerdo. I agree.
    No estoy de acuerdo. I don't agree.
  estar de moda to be in fashion 6
  estar de vacaciones *f., pl.* to be on vacation 5
  estar en buena forma to be in good shape 15
  estar enfermo/a to be sick 10
  estar harto/a de... to be sick of...
  estar listo/a to be ready 15
  estar perdido/a to be lost 14
  estar roto/a to be broken 10
  estar seguro/a to be sure 5
  estar torcido/a to be twisted; to be sprained 10
  No está nada mal. It's not bad at all. 5
estatua *f.* statue
este *m.* east 14
este *m., sing., adj.* this 6
éste *m., sing., pron.* this (one) 6
  Éste es... *m.* This is... (*introducing someone*) 1
estéreo *m.* stereo 11
estilo *m.* style
estiramiento *m.* stretching 15
esto *neuter pron.* this; this thing 6
estómago *m.* stomach 10
estornudar *v.* to sneeze 10
estos *m., pl., adj.* these 6
éstos *m., pl., pron.* these (ones) 6
estrella *f.* star 13
  estrella de cine *m., f.* movie star
estrés *m.* stress 15
estudiante *m., f.* student 1, 2
estudiantil *adj. m., f.* student 2
estudiar *v.* to study 2
estufa *f.* stove 12
estupendo/a *adj.* stupendous 5
etapa *f.* stage 9
evitar *v.* to avoid 13
examen *m.* test; exam 2
  examen médico physical exam 10
excelente *adj. m., f.* excellent 5
exceso *m.* excess; too much 15
excursión *f.* hike; tour; excursion 4
excursionista *m., f.* hiker
éxito *m.* success
experiencia *f.* experience
explicar *v.* to explain 2
explorar *v.* to explore
expresión *f.* expression
extinción *f.* extinction 13
extranjero/a *adj.* foreign
extrañar *v.* to miss
extraño/a *adj.* strange 13

F

fábrica *f.* factory 13
fabuloso/a *adj* fabulous 5
fácil *adj.* easy 3
falda *f.* skirt 6
faltar *v.* to lack; to need 7
familia *f.* family 3
famoso/a *adj.* famous
farmacia *f.* pharmacy 10
fascinar *v.* to fascinate 7
favorito/a *adj.* favorite 4
fax *m.* fax (machine) 11
febrero *m.* February 5
fecha *f.* date 5
feliz *adj.* happy 5
  ¡Felicidades! Congratulations! 9
  ¡Felicitaciones! Congratulations! 9
  ¡Feliz cumpleaños! Happy birthday! 9
fenomenal *adj.* great, phenomenal 5
feo/a *adj.* ugly 3
festival *m.* festival
fiebre *f.* fever 10
fiesta *f.* party 9
fijo/a *adj.* fixed, set 6
fin *m.* end 4
  fin de semana weekend 4
finalmente *adv.* finally 15
firmar *v.* to sign (*a document*) 14
física *f.* physics 2
flan (de caramelo) *m.* baked (caramel) custard 9
flexible *adj.* flexible 15
flor *f.* flower 13
folclórico/a *adj.* folk; folkloric
folleto *m.* brochure
fondo *m.* end 12
forma *f.* shape 15
formulario *m.* form 14
foto(grafía) *f.* photograph 1
francés, francesa *adj. m., f.* French 3
frecuentemente *adv.* frequently 10
frenos *m., pl.* brakes
frente (frío) *m.* (cold) front 5
fresco/a *adj.* cool 5
frijoles *m., pl.* beans 8
frío/a *adj.* cold 5
frito/a *adj.* fried 8
fruta *f.* fruit 8
frutería *f.* fruit store 14
frutilla *f.* strawberry 8
fuera *adv.* outside
fuerte *adj. m., f.* strong 15
fumar *v.* to smoke 15
  (no) fumar *v.* (not) to smoke 15
funcionar *v.* to work 11; to function
fútbol *m.* soccer 4
fútbol americano *m.* football 4
futuro/a *adj.* future
  en el futuro in the future

G

gafas (de sol) *f., pl.* (sun)glasses 6
gafas (oscuras) *f., pl.* (sun)glasses
galleta *f.* cookie 9
ganar *v.* to win 4; to earn (money)
ganga *f.* bargain 6
garaje *m.* garage; (mechanic's) repair shop 11; garage (*in a house*) 12
garganta *f.* throat 10
gasolina *f.* gasoline 11
gasolinera *f.* gas station 11
gastar *v.* to spend (*money*) 6
gato *m.* cat 13

gemelo/a *m., f.* twin 3
genial *adj.* great
gente *f.* people 3
geografía *f.* geography 2
gerente *m., f.* manager 8
gimnasio *m.* gymnasium 4
gobierno *m.* government 13
golf *m.* golf 4
gordo/a *adj.* fat 3
grabar *v.* to record 11
gracias *f., pl.* thank you; thanks 1
 Gracias por invitarme. Thanks for having me. 9
graduarse (de/en) *v.* to graduate (from/in) 9
gran, grande *adj.* big; large 3
grasa *f.* fat 15
gratis *adj. m., f.* free of charge 14
grave *adj.* grave; serious 10
gravísimo/a *adj.* extremely serious 13
grillo *m.* cricket
gripe *f.* flu 10
gris *adj. m., f.* gray 6
gritar *v.* to scream, to shout 7
grito *m.* scream 5
guantes *m., pl.* gloves 6
guapo/a *adj.* handsome; good-looking 3
guardar *v.* to save (on a computer) 11
guerra *f.* war
guía *m., f.* guide
gustar *v.* to be pleasing to; to like 2
 Me gustaría... I would like...
gusto *m.* pleasure 1
 El gusto es mío. The pleasure is mine. 1
 Gusto de verlo/la. *(form.)* It's nice to see you.
 Gusto de verte. *(fam.)* It's nice to see you.
 Mucho gusto. Pleased to meet you. 1
 ¡Qué gusto verlo/la! *(form.)* How nice to see you!
 ¡Qué gusto verte! *(fam.)* How nice to see you!

H

haber *(auxiliar) v.* to have (done something) 15
 Ha sido un placer. It's been a pleasure. 15
habitación *f.* room 5
 habitación doble double room 5
 habitación individual single room 5
hablar *v.* to talk; to speak 2
hacer *v.* to do; to make 4
 Hace buen tiempo. The weather is good. 5
 Hace (mucho) calor. It's (very) hot. *(weather)* 5
 Hace fresco. It's cool. *(weather)* 5
 Hace (mucho) frío. It's (very) cold. *(weather)* 5
 Hace mal tiempo. The weather is bad. 5
 Hace (mucho) sol. It's (very) sunny. *(weather)* 5
 Hace (mucho) viento. It's (very) windy. *(weather)* 5
 hacer cola to stand in line 14
 hacer diligencias to run errands 14
 hacer ejercicio to exercise 15
 hacer ejercicios aeróbicos to do aerobics 15
 hacer ejercicios de estiramiento to do stretching exercises 15
 hacer el papel (de) to play the role (of)
 hacer gimnasia to work out 15
 hacer juego (con) to match (with) 6
 hacer la cama to make the bed 12
 hacer las maletas to pack (one's) suitcases 5
 hacer quehaceres domésticos to do household chores 12
 hacer (wind)surf to (wind)surf 5
 hacer turismo to go sightseeing
 hacer un viaje to take a trip 5
 ¿Me harías el honor de casarte conmigo? Would you do me the honor of marrying me?
hacia *prep.* toward 14
hambre *f.* hunger 3
hamburguesa *f.* hamburger 8
hasta *prep.* until 6; toward
 Hasta la vista. See you later. 1
 Hasta luego. See you later. 1
 Hasta mañana. See you tomorrow. 1
 hasta que until 13
 Hasta pronto. See you soon. 1
hay there is; there are 1
 Hay (mucha) contaminación. It's (very) smoggy.
 Hay (mucha) niebla. It's (very) foggy.
 Hay que It is necessary that 14
 No hay duda de There's no doubt 13
 No hay de qué. You're welcome. 1
hecho/a *p.p.* done 14
heladería *f.* ice cream shop 14
helado/a *adj.* iced 8
helado *m.* ice cream 9
hermanastro/a *m., f.* stepbrother/stepsister 3
hermano/a *m., f.* brother/sister 3
hermano/a mayor/menor *m., f.* older/younger brother/sister 3
hermanos *m., pl.* siblings (brothers and sisters) 3
hermoso/a *adj.* beautiful 6
hierba *f.* grass 13
hijastro/a *m., f.* stepson/stepdaughter 3
hijo/a *m., f.* son/daughter 3
 hijo/a único/a *m., f.* only child 3
 hijos *m., pl.* children 3
híjole *interj.* wow 6
historia *f.* history 2; story
hockey *m.* hockey 4
hola *interj.* hello; hi 1
hombre *m.* man 1
 hombre de negocios *m.* businessman
hora *f.* hour 1; the time
horario *m.* schedule 2
horno *m.* oven 12
 horno de microondas *m.* microwave oven 12
horror *m.* horror
 de horror horror (genre)
hospital *m.* hospital 10
hotel *m.* hotel 5
hoy *adv.* today 2
 hoy día *adv.* nowadays
 Hoy es... Today is... 2
hueco *m.* hole 4
huelga *f.* strike *(labor)*
hueso *m.* bone 10
huésped *m., f.* guest 5
huevo *m.* egg 8
humanidades *f., pl.* humanities 2
huracán *m.* hurricane

I

ida *f.* one way *(travel)*
idea *f.* idea 4
iglesia *f.* church 4
igualdad *f.* equality
igualmente *adv.* likewise 1
impermeable *m.* raincoat 6
importante *adj. m., f.* important 3
importar *v.* to be important to; to matter 7
imposible *adj. m., f.* impossible 13
impresora *f.* printer 11
imprimir *v.* to print 11
improbable *adj. m., f.* improbable 13
impuesto *m.* tax
incendio *m.* fire
increíble *adj. m., f.* incredible 5
indicar cómo llegar *v.* to give directions 14
individual *adj.* private *(room)* 5
infección *f.* infection 10
informar *v.* to inform
informe *m.* report; paper *(written work)*
ingeniero/a *m., f.* engineer 3

inglés *m.* English (*language*) 2
inglés, inglesa *adj.* English 3
inodoro *m.* toilet 7
insistir (en) *v.* to insist (on) 12
inspector(a) de aduanas *m., f.* customs inspector 5
inteligente *adj. m., f.* intelligent 3
intento *m.* attempt 11
intercambiar *v.* to exchange
interesante *adj. m., f.* interesting 3
interesar *v.* to be interesting to; to interest 7
internacional *adj. m., f.* international
Internet Internet 11
inundación *f.* flood
invertir (e:ie) *v.* to invest
invierno *m.* winter 5
invitado/a *m., f.* guest 9
invitar *v.* to invite 9
inyección *f.* injection 10
ir *v.* to go 4
ir a (+ *inf.*) to be going to do something 4
ir de compras to go shopping 5
ir de excursión (a las montañas) to go on a hike (in the mountains) 4
ir de pesca to go fishing
ir de vacaciones to go on vacation 5
ir en autobús to go by bus 5
ir en auto(móvil) to go by auto(mobile); to go by car 5
ir en avión to go by plane 5
ir en barco to go by boat 5
ir en metro to go by subway
ir en motocicleta to go by motorcycle 5
ir en taxi to go by taxi 5
ir en tren to go by train
irse *v.* to go away; to leave 7
italiano/a *adj.* Italian 3
izquierdo/a *adj.* left 2
a la izquierda de to the left of 2

J

jabón *m.* soap 7
jamás *adv.* never; not ever 7
jamón *m.* ham 8
japonés, japonesa *adj.* Japanese 3
jardín *m.* garden; yard 12
jefe, jefa *m., f.* boss
jengibre *m.* ginger 10
joven *adj. m., f., sing.* (**jóvenes** *pl.*) young 3
joven *m., f., sing.* (**jóvenes** *pl.*) youth; young person 1
joyería *f.* jewelry store 14
jubilarse *v.* to retire (*from work*) 9
juego *m.* game
jueves *m., sing.* Thursday 2
jugador(a) *m., f.* player 4
jugar (u:ue) *v.* to play 4
jugar a las cartas *f., pl.* to play cards 5
jugo *m.* juice 8
jugo de fruta *m.* fruit juice 8
julio *m.* July 5
jungla *f.* jungle 13
junio *m.* June 5
juntos/as *adj.* together 9
juventud *f.* youth 9

K

kilómetro *m.* kilometer 1

L

la *f., sing., def. art.* the 1
la *f., sing., d.o. pron.* her, it, *form.* you 5
laboratorio *m.* laboratory 2
lago *m.* lake 13
lámpara *f.* lamp 12
lana *f.* wool 6
langosta *f.* lobster 8
lápiz *m.* pencil 1
largo/a *adj.* long 6
las *f., pl., def. art.* the 1
las *f., pl., d.o. pron.* them; *form.* you 5
lástima *f.* shame 13
lastimarse *v.* to injure oneself 10
lastimarse el pie to injure one's foot 10
lata *f.* (*tin*) can 13
lavabo *m.* sink 7
lavadora *f.* washing machine 12
lavandería *f.* laundromat 14
lavaplatos *m., sing.* dishwasher 12
lavar *v.* to wash 12
lavar (el suelo, los platos) to wash (the floor, the dishes) 12
lavarse *v.* to wash oneself 7
lavarse la cara to wash one's face 7
lavarse las manos to wash one's hands 7
le *sing., i.o. pron.* to/for him, her, *form.* you 6
Le presento a... *form.* I would like to introduce you to (name). 1
lección *f.* lesson 1
leche *f.* milk 8
lechuga *f.* lettuce 8
leer *v.* to read 3
leer correo electrónico to read e-mail 4
leer un periódico to read a newspaper 4
leer una revista to read a magazine 4
leído/a *p.p.* read 14
lejos de *prep.* far from 2
lengua *f.* language 2
lenguas extranjeras *f., pl.* foreign languages 2
lentes de contacto *m., pl.* contact lenses
lentes (de sol) (sun)glasses
lento/a *adj.* slow 11
les *pl., i.o. pron.* to/for them, *form.* you 6
letrero *m.* sign 14
levantar *v.* to lift 15
levantar pesas to lift weights 15
levantarse *v.* to get up 7
ley *f.* law 13
libertad *f.* liberty; freedom
libre *adj. m., f.* free 4
librería *f.* bookstore 2
libro *m.* book 2
licencia de conducir *f.* driver's license 11
limón *m.* lemon 8
limpiar *v.* to clean 12
limpiar la casa *v.* to clean the house 12
limpio/a *adj.* clean 5
línea *f.* line 4
listo/a *adj.* ready; smart 5
literatura *f.* literature 2
llamar *v.* to call 11
llamar por teléfono to call on the phone
llamarse *v.* to be called; to be named 7
llanta *f.* tire 11
llave *f.* key 5; wrench 11
llegada *f.* arrival 5
llegar *v.* to arrive 2
llenar *v.* to fill 11, 14
llenar el tanque to fill the tank 11
llenar (un formulario) to fill out (a form) 14
lleno/a *adj.* full 11
llevar *v.* to carry 2; *v.* to wear; to take 6
llevar una vida sana to lead a healthy lifestyle 15
llevarse bien/mal (con) to get along well/badly (with) 9
llorar *v.* to cry 15
llover (o:ue) *v.* to rain 5
Llueve. It's raining. 5
lluvia *f.* rain
lo *m., sing. d.o. pron.* him, it, *form.* you 5
¡Lo he pasado de película! I've had a fantastic time!
lo mejor the best (thing)
lo que that which; what 12
Lo siento. I'm sorry. 1
loco/a *adj.* crazy 6
locutor(a) *m., f.* (TV or radio) announcer
lodo *m.* mud
los *m., pl., def. art.* the 1

los *m. pl., d.o. pron.* them, *form.* you 5
luchar (contra/por) *v.* to fight; to struggle (against/for)
luego *adv.* then 7; *adv.* later 1
lugar *m.* place 2, 4
luna *f.* moon 13
lunares *m.* polka dots 6
lunes *m., sing.* Monday 2
luz *f.* light; electricity 12

M

madrastra *f.* stepmother 3
madre *f.* mother 3
madurez *f.* maturity; middle age 9
maestro/a *m., f.* teacher
magnífico/a *adj.* magnificent 5
maíz *m.* corn 8
mal, malo/a *adj.* bad 3
maleta *f.* suitcase 1
mamá *f.* mom 3
mandar *v.* to order 12; to send; to mail 14
manejar *v.* to drive 11
manera *f.* way
mano *f.* hand 1
manta *f.* blanket 12
mantener (e:ie) *v.* to maintain 15
  mantenerse en forma to stay in shape 15
mantequilla *f.* butter 8
manzana *f.* apple 8
mañana *f.* morning, a.m. 1; tomorrow 1
mapa *m.* map 2
maquillaje *m.* makeup 7
maquillarse *v.* to put on makeup 7
mar *m.* sea 5
maravilloso/a *adj.* marvelous 5
mareado/a *adj.* dizzy; nauseated 10
margarina *f.* margarine 8
mariscos *m., pl.* shellfish 8
marrón *adj. m., f.* brown 6
martes *m., sing.* Tuesday 2
marzo *m.* March 5
más *pron.* more 2
  más de (+ *number*) more than 8
  más tarde later (on) 7
  más... que more... than 8
masaje *m.* massage 15
matemáticas *f., pl.* mathematics 2
materia *f.* course 2
matrimonio *m.* marriage 9
máximo/a *adj.* maximum 11
mayo *m.* May 5
mayonesa *f.* mayonnaise 8
mayor *adj.* older 3
  el/la mayor *adj.* eldest 8; oldest
me *sing., d.o. pron.* me 5; *sing. i.o. pron.* to/for me 6
  Me duele mucho. It hurts me a lot. 10
  Me gusta... I like... 2
  No me gustan nada. I don't like them at all. 2
  Me gustaría(n)... I would like...
  Me llamo... My name is... 1
  Me muero por... I'm dying to (for)...
mecánico/a *m., f.* mechanic 11
mediano/a *adj.* medium
medianoche *f.* midnight 1
medias *f., pl.* pantyhose, stockings 6
medicamento *m.* medication 10
medicina *f.* medicine 10
médico/a *m., f.* doctor 3; *adj.* medical 10
medio/a *adj.* half 3
  medio ambiente *m.* environment 13
  medio/a hermano/a *m., f.* half-brother/half-sister 3
  mediodía *m.* noon 1
  medios de comunicación *m., pl.* means of communication; media
  y media thirty minutes past the hour (time) 1
mejor *adj.* better 8
  el/la mejor *m., f.* the best 8
mejorar *v.* to improve 13
melocotón *m.* peach 8
menor *adj.* younger 3
  el/la menor *m., f.* youngest 8
menos *adv.* less 10
  menos cuarto..., menos quince... quarter to... (*time*) 1
  menos de (+ *number*) fewer than 8
  menos... que less... than 8
mensaje *m.* **de texto** text message 11
mensaje electrónico *m.* e-mail message 4
mentira *f.* lie 4
menú *m.* menu 8
mercado *m.* market 6
  mercado al aire libre open-air market 6
merendar (e:ie) *v.* to snack 8; to have an afternoon snack
merienda *f.* afternoon snack 15
mes *m.* month 5
mesa *f.* table 2
mesita *f.* end table 12
  mesita de noche night stand 12
meterse en problemas *v.* to get into trouble 13
metro *m.* subway 5
mexicano/a *adj.* Mexican 3
México *m.* Mexico 1
mí *pron., obj. of prep.* me 8
mi(s) *poss. adj.* my 3
microonda *f.* microwave 12
  horno de microondas *m.* microwave oven 12
miedo *m.* fear 3
miel *f.* honey 10
mientras *adv.* while 10
miércoles *m., sing.* Wednesday 2
mil *m.* one thousand 2
  mil millones billion
milla *f.* mile 11
millón *m.* million 2
millones (de) *m.* millions (of)
mineral *m.* mineral 15
minuto *m.* minute 1
mío(s)/a(s) *poss.* my; (of) mine 11
mirar *v.* to look (at); to watch 2
  mirar (la) televisión to watch television 2
mismo/a *adj.* same 3
mochila *f.* backpack 2
moda *f.* fashion 6
módem *m.* modem
moderno/a *adj.* modern
molestar *v.* to bother; to annoy 7
monitor *m.* (computer) monitor 11
  monitor(a) *m., f.* trainer
mono *m.* monkey 13
montaña *f.* mountain 4
montar *v.* **a caballo** to ride a horse 5
montón: un montón de a lot of 4
monumento *m.* monument 4
morado/a *adj.* purple 6
moreno/a *adj.* brunet(te) 3
morir (o:ue) *v.* to die 8
mostrar (o:ue) *v.* to show 4
motocicleta *f.* motorcycle 5
motor *m.* motor
muchacho/a *m., f.* boy; girl 3
mucho/a *adj., adv.* a lot of; much 2; many 3
  (Muchas) gracias. Thank you (very much); Thanks (a lot). 1
  muchas veces *adv.* a lot; many times 10
  Muchísimas gracias. Thank you very, very much. 9
  Mucho gusto. Pleased to meet you. 1
muchísimo very much 2
mudarse *v.* to move (from one house to another) 12
muebles *m., pl.* furniture 12
muela *f.* tooth
muerte *f.* death 9
muerto/a *p.p.* died 14
mujer *f.* woman 1
  mujer de negocios *f.* business woman
  mujer policía *f.* female police officer
multa *f.* fine
mundial *adj. m., f.* worldwide
mundo *m.* world 8, 13
muro *m.* wall 15
músculo *m.* muscle 15
museo *m.* museum 4
música *f.* music 2
musical *adj. m., f.* musical

músico/a *m., f.* musician
muy *adv.* very 1
Muy amable. That's very kind of you. 5
(Muy) bien, gracias. (Very) well, thanks. 1

N

nacer *v.* to be born 9
nacimiento *m.* birth 9
nacional *adj. m., f.* national
nacionalidad *f.* nationality 1
nada nothing 1; not anything 7
nada mal not bad at all 5
nadar *v.* to swim 4
nadie *pron.* no one, nobody, not anyone 7
naranja *f.* orange 8
nariz *f.* nose 10
natación *f.* swimming 4
natural *adj. m., f.* natural 13
naturaleza *f.* nature 13
navegador *m.* **GPS** GPS 11
navegar (en Internet) *v.* to surf (the Internet) 11
Navidad *f.* Christmas 9
necesario/a *adj.* necessary 12
necesitar (+ ***inf.*****)** *v.* to need 2
negar (e:ie) *v.* to deny 13
no negar (e:ie) *v.* not to deny 13
negocios *m., pl.* business; commerce
negro/a *adj.* black 6
nervioso/a *adj.* nervous 5
nevar (e:ie) *v.* to snow 5
Nieva. It's snowing. 5
ni...ni neither... nor 7
niebla *f.* fog
nieto/a *m., f.* grandson/granddaughter 3
nieve *f.* snow
ningún, ninguno/a(s) *adj.* no; none; not any 7
niñez *f.* childhood 9
niño/a *m., f.* child 3
no no; not 1
¿no? right? 1
No cabe duda de... There is no doubt... 13
No es para tanto. It's not a big deal. 12
no es seguro it's not sure 13
no es verdad it's not true 13
No está nada mal. It's not bad at all. 5
no estar de acuerdo to disagree
No estoy seguro. I'm not sure.
no hay there is not; there are not 1
No hay de qué. You're welcome. 1
No hay duda de... There is no doubt... 13
No hay problema. No problem. 7
¡No me diga(s)! You don't say!
No me gustan nada. I don't like them at all. 2
no muy bien not very well 1
No quiero. I don't want to. 4
No sé. I don't know.
No se preocupe. (*form.*) Don't worry. 7
No te preocupes. (*fam.*) Don't worry. 7
no tener razón to be wrong 3
noche *f.* night 1
nombre *m.* name 1
norte *m.* north 14
norteamericano/a *adj.* (North) American 3
nos *pl., d.o. pron.* us 5; *pl., i.o. pron.* to/for us 6
Nos vemos. See you. 1
nosotros/as *sub. pron.* we 1; *ob. pron.* us
noticia *f.* news 11
noticias *f., pl.* news
noticiero *m.* newscast
novecientos/as nine hundred 2
noveno/a *adj.* ninth 5
noventa ninety 2
noviembre *m.* November 5
novio/a *m., f.* boyfriend/girlfriend 3
nube *f.* cloud 13
nublado/a *adj.* cloudy 5
Está (muy) nublado. It's very cloudy. 5
nuclear *adj. m. f.* nuclear 13
nuera *f.* daughter-in-law 3
nuestro(s)/a(s) *poss. adj.* our 3; (of ours) 11
nueve nine 1
nuevo/a *adj.* new 6
número *m.* number 1; (shoe) size 6
nunca *adj.* never; not ever 7
nutrición *f.* nutrition 15
nutricionista *m., f.* nutritionist 15

O

o or 7
o... o; either... or 7
obedecer *v.* to obey
obra *f.* work (*of art, literature, music, etc.*)
obra maestra *f.* masterpiece
obtener *v.* to obtain; to get
obvio/a *adj.* obvious 13
océano *m.* ocean
ochenta eighty 2
ocho eight 1
ochocientos/as eight hundred 2
octavo/a *adj.* eighth 5
octubre *m.* October 5
ocupación *f.* occupation
ocupado/a *adj.* busy 5
ocurrir *v.* to occur; to happen
odiar *v.* to hate 9
oeste *m.* west 14
oficina *f.* office 12
oficio *m.* trade
ofrecer *v.* to offer 6
oído *m.* (sense of) hearing; inner ear 10
oído/a *p.p.* heard 14
oír *v.* to hear 4
Oiga/Oigan. *form., sing./pl.* Listen. (*in conversation*) 1
Oye. *fam., sing.* Listen. (*in conversation*) 1
ojalá (que) *interj.* I hope (that); I wish (that) 13
ojo *m.* eye 10
olvidar *v.* to forget 10
once eleven 1
ópera *f.* opera
operación *f.* operation 10
ordenado/a *adj.* orderly 5
ordinal *adj.* ordinal (*number*)
oreja *f.* (outer) ear 10
organizarse *v.* to organize oneself 12
orquesta *f.* orchestra
ortografía *f.* spelling
ortográfico/a *adj.* spelling
os *fam., pl. d.o. pron.* you 5; *fam., pl. i.o. pron.* to/for you 6
otoño *m.* autumn 5
otro/a *adj.* other; another 6
otra vez again

P

paciente *m., f.* patient 10
padrastro *m.* stepfather 3
padre *m.* father 3
padres *m., pl.* parents 3
pagar *v.* to pay 6, 9
pagar a plazos to pay in installments 14
pagar al contado to pay in cash 14
pagar en efectivo to pay in cash 14
pagar la cuenta to pay the bill 9
página *f.* page 11
página principal *f.* home page 11
país *m.* country 1
paisaje *m.* landscape 5
pájaro *m.* bird 13
palabra *f.* word 1
paleta helada *f.* popsicle 4
pálido/a *adj.* pale 14
pan *m.* bread 8
pan tostado *m.* toasted bread 8
panadería *f.* bakery 14
pantalla *f.* screen 11
pantalla táctil *f.* touch screen 11

pantalones *m., pl.* pants 6
  pantalones cortos *m., pl.* shorts 6
pantuflas *f.* slippers 7
papa *f.* potato 8
  papas fritas *f., pl.* fried potatoes; French fries 8
papá *m.* dad 3
  papás *m., pl.* parents 3
papel *m.* paper 2; role
papelera *f.* wastebasket 2
paquete *m.* package 14
par *m.* pair 6
  par de zapatos pair of shoes 6
para *prep.* for; in order to; by; used for; considering 11
  para que so that 13
parabrisas *m., sing.* windshield 11
parar *v.* to stop 11
parecer *v.* to seem 6
pared *f.* wall 12
pareja *f.* (married) couple; partner 9
parientes *m., pl.* relatives 3
parque *m.* park 4
párrafo *m.* paragraph
parte: de parte de on behalf of 11
partido *m.* game; match (*sports*) 4
pasado/a *adj.* last; past 6
  pasado *p.p.* passed
pasaje *m.* ticket 5
  pasaje de ida y vuelta *m.* roundtrip ticket 5
pasajero/a *m., f.* passenger 1
pasaporte *m.* passport 5
pasar *v.* to go through 5
  pasar la aspiradora to vacuum 12
  pasar por el banco to go by the bank 14
  pasar por la aduana to go through customs
  pasar tiempo to spend time
  pasarlo bien/mal to have a good/bad time 9
pasatiempo *m.* pastime; hobby 4
pasear *v.* to take a walk; to stroll 4
  pasear en bicicleta to ride a bicycle 4
  pasear por to walk around 4
pasillo *m.* hallway 12
pasta *f.* **de dientes** toothpaste 7
pastel *m.* cake; pie 9
  pastel de chocolate *m.* chocolate cake 9
  pastel de cumpleaños *m.* birthday cake
pastelería *f.* pastry shop 14
pastilla *f.* pill; tablet 10
patata *f.* potato; 8
  patatas fritas *f., pl.* fried potatoes; French fries 8
patinar (en línea) *v.* to (inline) skate 4
patineta *f.* skateboard 4
patio *m.* patio; yard 12
pavo *m.* turkey 8
paz *f.* peace
pedir (e:i) *v.* to ask for; to request 4; to order (*food*) 8
  pedir prestado *v.* to borrow 14
  pedir un préstamo *v.* to apply for a loan 14
  Todos me dijeron que te pidiera disculpas de su parte. They all told me to ask you to excuse them/forgive them.
peinarse *v.* to comb one's hair 7
película *f.* movie 4
peligro *m.* danger 13
peligroso/a *adj.* dangerous
pelirrojo/a *adj.* red-haired 3
pelo *m.* hair 7
pelota *f.* ball 4
peluquería *f.* beauty salon 14
peluquero/a *m., f.* hairdresser
penicilina *f.* penicillin 10
pensar (e:ie) *v.* to think 4
  pensar (+ *inf.*) *v.* to intend to; to plan to (*do something*) 4
  pensar en *v.* to think about 4
pensión *f.* boardinghouse
peor *adj.* worse 8
  el/la peor *adj.* the worst 8
pequeño/a *adj.* small 3
pera *f.* pear 8
perder (e:ie) *v.* to lose; to miss 4
perdido/a *adj.* lost 13, 14
Perdón. Pardon me.; Excuse me. 1
perezoso/a *adj.* lazy
perfecto/a *adj.* perfect 5
periódico *m.* newspaper 4
periodismo *m.* journalism 2
periodista *m., f.* journalist 3
permiso *m.* permission
pero *conj.* but 2
perro *m.* dog 13
persona *f.* person 3
personaje *m.* character
  personaje principal *m.* main character
pesas *f. pl.* weights 15
pesca *f.* fishing
pescadería *f.* fish market 14
pescado *m.* fish (*cooked*) 8
pescar *v.* to fish 5
peso *m.* weight 15
pez *m., sing.* (**peces** *pl.*) fish (*live*) 13
pie *m.* foot 10
piedra *f.* stone 13
pierna *f.* leg 10
pimienta *f.* black pepper 8
pintar *v.* to paint
pintor(a) *m., f.* painter
pintura *f.* painting; picture 12
piña *f.* pineapple 8
piscina *f.* swimming pool 4
piso *m.* floor (*of a building*) 5
pizarra *f.* blackboard 2
placer *m.* pleasure 15
  Ha sido un placer. It's been a pleasure. 15
planchar la ropa *v.* to iron the clothes 12
planes *m., pl.* plans 4
planta *f.* plant 13
  planta baja *f.* ground floor 5
plástico *m.* plastic 13
plato *m.* dish (*in a meal*) 8; *m.* plate 12
  plato principal *m.* main dish 8
playa *f.* beach 5
plaza *f.* city or town square 4
plazos *m., pl.* periods; time 14
pluma *f.* pen 2
plumero *m.* duster 12
población *f.* population 13
pobre *adj. m., f.* poor 6
pobrecito/a *adj.* poor thing 3
pobreza *f.* poverty
poco/a *adj.* little; few 5; 10
poder (o:ue) *v.* to be able to; can 4
  ¿Podría pedirte algo? Could I ask you something?
  ¿Puedo dejar un recado? May I leave a message? 11
poema *m.* poem
poesía *f.* poetry
poeta *m., f.* poet
policía *f.* police (force) 11
política *f.* politics
político/a *m., f.* politician; *adj.* political
pollo *m.* chicken 8
  pollo asado *m.* roast chicken 8
ponchar *v.* to go flat
poner *v.* to put; to place 4; *v.* to turn on (*electrical appliances*) 11
  poner la mesa *v.* to set the table 12
  poner una inyección *v.* to give an injection 10
ponerse (+ *adj.*) *v.* to become (+ *adj.*) 7; to put on 7
  ponerle el nombre to name someone/something 9
por *prep.* in exchange for; for; by; in; through; around; along; during; because of; on account of; on behalf of; in search of; by way of; by means of 11
  por aquí around here 11
  por avión by plane
  por ejemplo for example 11
  por eso that's why; therefore 11
  por favor please 1
  por fin finally 11
  por la mañana in the morning 7
  por la noche at night 7
  por la tarde in the afternoon 7
  por lo menos *adv.* at least 10
  ¿por qué? why? 2
  Por supuesto. Of course.
  por teléfono by phone; on the phone
  por último finally 7

porque *conj.* because 2
portátil *m.* portable 11
portero/a *m., f.* doorman/ doorwoman 1
porvenir *m.* future
¡Por el porvenir! Here's to the future!
posesivo/a *adj.* possessive 3
posible *adj.* possible 13
es posible it's possible 13
no es posible it's not possible 13
postal *f.* postcard 4
postre *m.* dessert 9
practicar *v.* to practice 2
practicar deportes *m., pl.* to play sports 4
precio (fijo) *m.* (fixed; set) price 6
preferir (e:ie) *v.* to prefer 4
pregunta *f.* question
preguntar *v.* to ask (*a question*) 2
premio *m.* prize; award
prender *v.* to turn on 11
prensa *f.* press
preocupado/a (por) *adj.* worried (about) 5
preocuparse (por) *v.* to worry (about) 7
preparar *v.* to prepare 2
preposición *f.* preposition
presentación *f.* introduction
presentar *v.* to introduce; to present; to put on (*a performance*)
Le presento a... I would like to introduce you to (name). (*form.*) 1
Te presento a... I would like to introduce you to (name). (*fam.*) 1
presiones *f., pl.* pressures 15
prestado/a *adj.* borrowed
préstamo *m.* loan 14
prestar *v.* to lend; to loan 6
primavera *f.* spring 5
primer, primero/a *adj.* first 2, 5
primo/a *m., f.* cousin 3
principal *adj. m., f.* main 8
prisa *f.* haste 3
darse prisa *v.* to hurry; to rush 15
probable *adj. m., f.* probable 13
es probable it's probable 13
no es probable it's not probable 13
probar (o:ue) *v.* to taste; to try 8
probarse (o:ue) *v.* to try on 7
problema *m.* problem 1
profesión *f.* profession 3
profesor(a) *m., f.* teacher 1, 2
programa *m.* 1
programa de computación *m.* software 11
programa de entrevistas *m.* talk show
programa de realidad *m.* reality show
programador(a) *m., f.* computer programmer 3
prohibir *v.* to prohibit 10; to forbid
pronombre *m.* pronoun
pronto *adv.* soon 10
propina *f.* tip 8
propio/a *adj.* own
proteger *v.* to protect 13
proteína *f.* protein 15
próximo/a *adj.* next 3
proyecto *m.* project 11
prueba *f.* test; quiz 2
psicología *f.* psychology 2
psicólogo/a *m., f.* psychologist
publicar *v.* to publish
público *m.* audience
pueblo *m.* town 4
puerta *f.* door 2
Puerto Rico *m.* Puerto Rico 1
puertorriqueño/a *adj.* Puerto Rican 3
pues *conj.* well
puesto *m.* position; job
puesto/a *p.p.* put 14
puro/a *adj.* pure 13

Q

que *pron.* that; which; who 12
¿En qué...? In which...? 2
¡Qué...! How...!
¡Qué dolor! What pain!
¡Qué ropa más bonita! What pretty clothes! 6
¡Qué sorpresa! What a surprise!
¿qué? what? 1
¿Qué día es hoy? What day is it? 2
¿Qué hay de nuevo? What's new? 1
¿Qué hora es? What time is it? 1
¿Qué les parece? What do you (*pl.*) think?
Qué onda? What's up? 14
¿Qué pasa? What's happening? What's going on? 1
¿Qué pasó? What happened? 11
¿Qué precio tiene? What is the price?
¿Qué tal...? How are you?; How is it going? 1; How is/are...? 2
¿Qué talla lleva/usa? What size do you wear? 6
¿Qué tiempo hace? How's the weather? 5
quedar *v.* to be left over; to fit (*clothing*) 7; to be left behind; to be located 14
quedarse *v.* to stay; to remain 7
quehaceres domésticos *m., pl.* household chores 12
quemado/a *adj.* burned (out) 11
quemar (un CD/DVD) *v.* to burn (a CD/DVD)
querer (e:ie) *v.* to want; to love 4
queso *m.* cheese 8
quien(es) *pron.* who; whom; that 12
¿quién(es)? who?; whom? 1
¿Quién es...? Who is...? 1
¿Quién habla? Who is speaking/calling? (*telephone*) 11
química *f.* chemistry 2
quince fifteen 1
menos quince quarter to (time) 1
y quince quarter after (time) 1
quinceañera *f.* young woman celebrating her fifteenth birthday 9
quinientos/as *adj.* five hundred 2
quinto/a *adj.* fifth 5
quisiera *v.* I would like
quitar el polvo *v.* to dust 12
quitar la mesa *v.* to clear the table 12
quitarse *v.* to take off 7
quizás *adv.* maybe 5

R

racismo *m.* racism
radio *f.* radio (*medium*) 2; *m.* radio (set) 2
radiografía *f.* X-ray 10
rápido/a *adv.* quickly 10
ratón *m.* mouse 11
ratos libres *m., pl.* spare (free) time 4
raya *f.* stripe 6
razón *f.* reason 3
rebaja *f.* sale 6
receta *f.* prescription 10
recetar *v.* to prescribe 10
recibir *v.* to receive 3
reciclaje *m.* recycling 13
reciclar *v.* to recycle 13
recién casado/a *m., f.* newlywed 9
recoger *v.* to pick up 13
recomendar (e:ie) *v.* to recommend 8, 12
recordar (o:ue) *v.* to remember 4
recorrer *v.* to tour an area
recorrido *m.* tour 13
recuperar *v.* to recover 11
recurso *m.* resource 13
recurso natural *m.* natural resource 13
red *f.* network; Web 11
reducir *v.* to reduce 13
refresco *m.* soft drink 8
refrigerador *m.* refrigerator 12
regalar *v.* to give (a gift) 9
regalo *m.* gift 6
regatear *v.* to bargain 6
región *f.* region; area 13
regresar *v.* to return 2

regular *adv.* so-so.; OK 1
reído *p.p.* laughed 14
reírse (e:i) *v.* to laugh 9
relaciones *f., pl.* relationships
relajarse *v.* to relax 9
reloj *m.* clock; watch 2
renovable *adj.* renewable 13
renunciar (a) *v.* to resign (from)
repetir (e:i) *v.* to repeat 4
reportaje *m.* report
reportero/a *m., f.* reporter; journalist
representante *m., f.* representative
reproductor de CD *m.* CD player 11
reproductor de DVD *m.* DVD player 11
reproductor de MP3 *m.* MP3 player 11
resfriado *m.* cold (*illness*) 10
residencia estudiantil *f.* dormitory 2
resolver (o:ue) *v.* to resolve; to solve 13
respirar *v.* to breathe 13
responsable *adj.* responsible 8
respuesta *f.* answer
restaurante *m.* restaurant 4
resuelto/a *p.p.* resolved 14
reunión *f.* meeting
revisar *v.* to check 11
  revisar el aceite *v.* to check the oil 11
revista *f.* magazine 4
rico/a *adj.* rich 6; *adj.* tasty; delicious 8
ridículo/a *adj.* ridiculous 13
río *m.* river 13
riquísimo/a *adj.* extremely delicious 8
rodilla *f.* knee 10
rogar (o:ue) *v.* to beg; to plead 12
rojo/a *adj.* red 6
romántico/a *adj.* romantic
romper *v.* to break 10
  romperse la pierna *v.* to break one's leg 10
romper (con) *v.* to break up (with) 9
ropa *f.* clothing; clothes 6
  ropa interior *f.* underwear 6
rosado/a *adj.* pink 6
roto/a *adj.* broken 10, 14
rubio/a *adj.* blond(e) 3
ruso/a *adj.* Russian 3
rutina *f.* routine 7
  rutina diaria *f.* daily routine 7

S

sábado *m.* Saturday 2
saber *v.* to know; to know how 6; to taste 8
  saber a to taste like 8
sabrosísimo/a *adj.* extremely delicious 8
sabroso/a *adj.* tasty; delicious 8
sacar *v.* to take out
  sacar buenas notas to get good grades 2
  sacar fotos to take photos 5
  sacar la basura to take out the trash 12
  sacar(se) un diente to have a tooth removed 10
sacudir *v.* to dust 12
  sacudir los muebles to dust the furniture 12
sal *f.* salt 8
sala *f.* living room 12; room
  sala de emergencia(s) emergency room 10
salario *m.* salary
salchicha *f.* sausage 8
salida *f.* departure; exit 5
salir *v.* to leave 4; to go out
  salir (con) to go out (with); to date 9
  salir de to leave from
  salir para to leave for (*a place*)
salmón *m.* salmon 8
salón de belleza *m.* beauty salon 14
salud *f.* health 10
saludable *adj.* healthy 10
saludar(se) *v.* to greet (each other) 11
saludo *m.* greeting 1
  saludos a... greetings to... 1
sandalia *f.* sandal 6
sandía *f.* watermelon
sándwich *m.* sandwich 8
sano/a *adj.* healthy 10
se *ref. pron.* himself, herself, itself, *form.* yourself, themselves, yourselves 7
se *impersonal* one 10
  Se nos dañó... The... broke down. 11
  Se hizo... He/she/it became...
  Se nos pinchó una llanta. We had a flat tire. 11
secadora *f.* clothes dryer 12
secarse *v.* to dry oneself 7
sección de (no) fumar *f.* (non) smoking section 8
secretario/a *m., f.* secretary
secuencia *f.* sequence
sed *f.* thirst 3
seda *f.* silk 6
sedentario/a *adj.* sedentary; related to sitting 15
seguir (e:i) *v.* to follow; to continue 4
según according to
segundo/a *adj.* second 5
seguro/a *adj.* sure; safe 5
seis six 1
seiscientos/as six hundred 2
sello *m.* stamp 14
selva *f.* jungle 13
semáforo *m.* traffic light 14
semana *f.* week 2
  fin *m.* **de semana** weekend 4
  semana *f.* **pasada** last week 6
semestre *m.* semester 2
sendero *m.* trail; trailhead 13
sentarse (e:ie) *v.* to sit down 7
sentir(se) (e:ie) *v.* to feel 7; to be sorry; to regret 13
señor (Sr.); don *m.* Mr.; sir 1
señora (Sra.); doña *f.* Mrs.; ma'am 1
señorita (Srta.) *f.* Miss 1
separado/a *adj.* separated 9
separarse (de) *v.* to separate (from) 9
septiembre *m.* September 5
séptimo/a *adj.* seventh 5
ser *v.* to be 1
  ser aficionado/a (a) to be a fan (of) 4
  ser alérgico/a (a) to be allergic (to) 10
  ser gratis to be free of charge 14
serio/a *adj.* serious
servicio *m.* service 15
servilleta *f.* napkin 12
servir (e:i) *v.* to serve 8; to help 5
sesenta sixty 2
setecientos/as *adj.* seven hundred 2
setenta seventy 2
sexismo *m.* sexism
sexto/a *adj.* sixth 5
sí *adv.* yes 1
si *conj.* if 4
SIDA *m.* AIDS
sido *p.p.* been 15
siempre *adv.* always 7
siete seven 1
silla *f.* seat 2
sillón *m.* armchair 12
similar *adj. m., f.* similar
simpático/a *adj.* nice; likeable 3
sin *prep.* without 2, 13
  sin duda without a doubt
  sin embargo however
  sin que *conj.* without 13
sino but (rather) 7
síntoma *m.* symptom 10
sitio *m.* place 3
sitio *m.* **web;** website 11
situado/a *p.p.* located
sobre *m.* envelope 14; *prep.* on; over 2
  sobre todo above all 13
(sobre)población *f.* (over)population 13
sobrino/a *m., f.* nephew; niece 3
sociología *f.* sociology 2
sofá *m.* couch; sofa 12
sol *m.* sun 4; 5; 13
solar *adj. m., f.* solar 13
soldado *m., f.* soldier
soleado/a *adj.* sunny
solicitar *v.* to apply (*for a job*)
solicitud (de trabajo) *f.* (job) application
sólo *adv.* only 3
solo/a *adj.* alone

soltero/a *adj.* single 9
solución *f.* solution 13
sombrero *m.* hat 6
Son las dos. It's two o'clock. 1
sonar (o:ue) *v.* to ring 11
sonreído *p.p.* smiled 14
sonreír (e:i) *v.* to smile 9
sopa *f.* soup 8
sorprender *v.* to surprise 9
sorpresa *f.* surprise 9
sótano *m.* basement; cellar 12
soy I am 1
Soy de... I'm from... 1
Soy yo. That's me.
su(s) *poss. adj.* his; her; its; *form.* your; their 3
subir(se) a *v.* to get on/into (*a vehicle*) 11
sucio/a *adj.* dirty 5
sudar *v.* to sweat 15
suegro/a *m., f.* father-in-law; mother-in-law 3
sueldo *m.* salary
suelo *m.* floor 12
sueño *m.* sleep 3
suerte *f.* luck 3
suéter *m.* sweater 6
sufrir *v.* to suffer 10
sufrir muchas presiones to be under a lot of pressure 15
sufrir una enfermedad to suffer an illness 10
sugerir (e:ie) *v.* to suggest 12
supermercado *m.* supermarket 14
suponer *v.* to suppose 4
sur *m.* south 14
sustantivo *m.* noun
suyo(s)/a(s) *poss.* (of) his/her; (of) hers; (of) its; (of) *form.* your, (of) yours, (of) their 11

T

tabla de (wind)surf *f.* surf board/sailboard 3
tal vez *adv.* maybe 5
talentoso/a *adj.* talented
talla *f.* size 6
talla grande *f.* large
taller *m.* **mecánico** garage; mechanic's repairshop 11
también *adv.* also; too 2; 7
tampoco *adv.* neither; not either 7
tan *adv.* so 5
tan... como as... as 8
tan pronto como *conj.* as soon as 13
tanque *m.* tank 11
tanto *adv.* so much
tanto... como as much... as 8
tantos/as... como as many... as 8
tarde *adv.* late 7; *f.* afternoon; evening; P.M. 1
tarea *f.* homework 2
tarjeta *f.* (post) card
tarjeta de crédito *f.* credit card 6
tarjeta postal *f.* postcard 4
taxi *m.* taxi 5
taza *f.* cup 12
te *sing., fam., d.o. pron.* you 5; *sing., fam., i.o. pron.* to/for you 6
Te presento a... *fam.* I would like to introduce you to (name). 1
¿Te gustaría? Would you like to?
¿Te gusta(n)...? Do you like...? 2
té *m.* tea 8
té helado *m.* iced tea 8
teatro *m.* theater
teclado *m.* keyboard 11
técnico/a *m., f.* technician
tejido *m.* weaving
teleadicto/a *m., f.* couch potato 15
(teléfono) celular *m.* (cell) phone 11
telenovela *f.* soap opera
teletrabajo *m.* telecommuting
televisión *f.* television 2; 11
televisión por cable *f.* cable television 11
televisor *m.* television set 11
temer *v.* to fear 13
temperatura *f.* temperature 10
temporada *f.* period of time 5
temprano *adv.* early 7
tenedor *m.* fork 12
tener *v.* to have 3
tener... años to be... years old 3
Tengo... años. I'm... years old. 3
tener (mucho) calor to be (very) hot 3
tener (mucho) cuidado to be (very) careful 3
tener dolor to have a pain 10
tener éxito to be successful
tener fiebre to have a fever 10
tener (mucho) frío to be (very) cold 3
tener ganas de (+ *inf.*) to feel like (*doing something*) 3
tener (mucha) hambre *f.* to be (very) hungry 3
tener (mucho) miedo (de) to be (very) afraid (of); to be (very) scared (of) 3
tener miedo (de) que to be afraid that
tener planes *m., pl.* to have plans 4
tener (mucha) prisa to be in a (big) hurry 3
tener que (+ *inf.*) *v.* to have to (*do something*) 3
tener razón *f.* to be right 3
tener (mucha) sed *f.* to be (very) thirsty 3
tener (mucho) sueño to be (very) sleepy 3
tener (mucha) suerte to be (very) lucky 3
tener tiempo to have time 4
tener una cita to have a date; to have an appointment 9
tenis *m.* tennis 4
tensión *f.* tension 15
tercer, tercero/a *adj.* third 5
terco/a *adj.* stubborn 10
terminar *v.* to end; to finish 2
terminar de (+ *inf.*) *v.* to finish (*doing something*) 4
terremoto *m.* earthquake
terrible *adj. m., f.* terrible 13
ti *prep., obj. of prep., fam.* you
tiempo *m.* time 4; weather 5
tiempo libre free time
tienda *f.* shop; store 6
tierra *f.* land; soil 13
tinto/a *adj.* red (wine) 8
tío/a *m., f.* uncle; aunt 3
tíos *m., pl.* aunts and uncles 3
título *m.* title
tiza *f.* chalk 2
toalla *f.* towel 7
tobillo *m.* ankle 10
tocar *v.* to play (*a musical instrument*); to touch
todavía *adv.* yet; still 3, 5
todo *m.* everything 5
en todo el mundo throughout the world 13
Todo está bajo control. Everything is under control. 7
todo derecho straight (ahead) 14
todo(s)/a(s) *adj.* all 4; whole
todos *m., pl.* all of us; *m., pl.* everybody; everyone
todos los días *adv.* every day 10
tomar *v.* to take; to drink 2
tomar clases *f., pl.* to take classes 2
tomar el sol to sunbathe 4
tomar en cuenta to take into account
tomar fotos *f., pl.* to take photos 5
tomar la temperatura to take someone's temperature 10
tomar una decisión to make a decision 15
tomate *m.* tomato 8
tonto/a *adj.* silly; foolish 3
torcerse (o:ue) (el tobillo) *v.* to sprain (one's ankle) 10
torcido/a *adj.* twisted; sprained 10
tormenta *f.* storm
tornado *m.* tornado
tortilla *f.* tortilla 8
tortilla de maíz corn tortilla 8
tortuga (marina) *f.* (sea) turtle 13
tos *f., sing.* cough 10
toser *v.* to cough 10
tostado/a *adj.* toasted 8
tostadora *f.* toaster 12
trabajador(a) *adj.* hard-working 3
trabajar *v.* to work 2
trabajo *m.* job; work

traducir *v.* to translate 6
traer *v.* to bring 4
tráfico *m.* traffic 11
tragedia *f.* tragedy
traído/a *p.p.* brought 14
traje *m.* suit 6
  traje (de baño) *m.* (bathing) suit 6
trajinera *f.* type of barge 3
tranquilo/a *adj.* calm; quiet 15
  Tranquilo. Don't worry.; Be cool. 7
  Tranquilo/a, cariño. Relax, sweetie. 11
transmitir *v.* to broadcast
tratar de (+ *inf.*) *v.* to try (*to do something*) 15
trece thirteen 1
treinta thirty 1, 2
  y treinta thirty minutes past the hour (time) 1
tren *m.* train 5
tres three 1
trescientos/as *adj.* three hundred 2
trimestre *m.* trimester; quarter 2
triste *adj.* sad 5
tú *fam. sub. pron.* you 1
  Tú eres... You are... 1
tu(s) *fam. poss. adj.* your 3
turismo *m.* tourism 5
turista *m., f.* tourist 1
turístico/a *adj.* touristic
tuyo(s)/a(s) *fam. poss. pron.* your; (of) yours 11

U

Ud. *form. sing.* you 1
Uds. *form., pl.* you 1
último/a *adj.* last 7
  la última vez the last time 7
un, uno/a *indef. art.* a; one 1
  uno/a *m., f., sing. pron.* one 1
    a la una at one o'clock 1
  una vez once; one time 6
  una vez más one more time 9
único/a *adj.* only 3; unique 9
universidad *f.* university; college 2
unos/as *m., f., pl. indef. art.* some 1
  los unos a los otros each other 11
  unos/as *pron.* some 1
urgente *adj.* urgent 12
usar *v.* to wear; to use 6
usted (Ud.) *form. sing.* you 1
  ustedes (Uds.) *form., pl.* you 1
útil *adj.* useful
uva *f.* grape 8

V

vaca *f.* cow 13
vacaciones *f. pl.* vacation 5
valle *m.* valley 13
vamos let's go 4
vaquero *m.* cowboy
  de vaqueros *m., pl.* western (genre)
varios/as *adj. m. f., pl.* various; several 8
vaso *m.* glass 12
veces *f., pl.* times 6
vecino/a *m., f.* neighbor 12
veinte twenty 1
veinticinco twenty-five 1
veinticuatro twenty-four 1
veintidós twenty-two 1
veintinueve twenty-nine 1
veintiocho twenty-eight 1
veintiséis twenty-six 1
veintisiete twenty-seven 1
veintitrés twenty-three 1
veintiún, veintiuno/a twenty-one 1
vejez *f.* old age 9
velocidad *f.* speed 11
  velocidad máxima *f.* speed limit 11
vencer *v.* to expire 14
vendedor(a) *m., f.* salesperson 6
vender *v.* to sell 6
venir *v.* to come 3
ventana *f.* window 2
ver *v.* to see 4
  a ver *v.* let's see 2
  ver películas *f., pl.* to see movies 4
verano *m.* summer 5
verbo *m.* verb
verdad *f.* truth
  ¿verdad? right? 1
verde *adj., m. f.* green 6
verduras *pl., f.* vegetables 8
vestido *m.* dress 6
vestirse (e:i) *v.* to get dressed 7
vez *f.* time 6
viajar *v.* to travel 2
viaje *m.* trip 5
viajero/a *m., f.* traveler 5
vida *f.* life 9
video *m.* video 1, 11
videoconferencia *f.* videoconference
videojuego *m.* video game 4
vidrio *m.* glass 13
viejo/a *adj.* old 3
viento *m.* wind 5
viernes *m., sing.* Friday 2
vinagre *m.* vinegar 8
vino *m.* wine 8
  vino blanco *m.* white wine 8
  vino tinto *m.* red wine 8
violencia *f.* violence
visitar *v.* to visit 4
  visitar monumentos *m., pl.* to visit monuments 4
visto/a *p.p.* seen 14
vitamina *f.* vitamin 15
viudo/a *adj.* widower/widow 9
vivienda *f.* housing 12
vivir *v.* to live 3
vivo/a *adj.* bright; lively; living
volante *m.* steering wheel 11
volcán *m.* volcano 13
vóleibol *m.* volleyball 4
volver (o:ue) *v.* to return 4
volver a ver(te, lo, la) *v.* to see (you, him, her) again
vos *pron.* you
vosotros/as *form., pl.* you 1
votar *v.* to vote
vuelta *f.* return trip
vuelto/a *p.p.* returned 14
vuestro(s)/a(s) *poss. adj.* your 3; (of) yours *fam.* 11

W

walkman *m.* walkman

Y

y *conj.* and 1
  y cuarto quarter after (time) 1
  y media half-past (time) 1
  y quince quarter after (time) 1
  y treinta thirty (minutes past the hour) 1
  ¿Y tú? *fam.* And you? 1
  ¿Y usted? *form.* And you? 1
ya *adv.* already 6
yerno *m.* son-in-law 3
yo *sub. pron.* I 1
  Yo soy... I'm... 1
yogur *m.* yogurt 8

Z

zanahoria *f.* carrot 8
zapatería *f.* shoe store 14
zapatos de tenis *m., pl.* tennis shoes, sneakers 6

English-Spanish

A

a **un/a** *m., f., sing.; indef. art.* 1
@ (*symbol*) **arroba** *f.* 11
A.M. **mañana** *f.* 1
able: be able to **poder (o:ue)** *v.* 4
aboard **a bordo** 1
above all **sobre todo** 13
accident **accidente** *m.* 10
accompany **acompañar** *v.* 14
account **cuenta** *f.* 14
  on account of **por** *prep.* 11
accountant **contador(a)** *m., f.*
accounting **contabilidad** *f.* 2
ache **dolor** *m.* 10
acquainted: be acquainted with **conocer** *v.* 6
action (genre) **de acción** *f.*
active **activo/a** *adj.* 15
actor **actor** *m.*, **actriz** *f.*
addict (*drug*) **drogadicto/a** *adj.* 15
additional **adicional** *adj.*
address **dirección** *f.* 14
adjective **adjetivo** *m.*
adolescence **adolescencia** *f.* 9
adventure (genre) **de aventura** *f.*
advertise **anunciar** *v.*
advertisement **anuncio** *m.*
advice **consejo** *m.* 6
  give advice **dar consejos** 6
advise **aconsejar** *v.* 12
advisor **consejero/a** *m., f.*
aerobic **aeróbico/a** *adj.* 15
  aerobics class **clase de ejercicios aeróbicos** 15
  to do aerobics **hacer ejercicios aeróbicos** 15
affected **afectado/a** *adj.* 13
  be affected (by) **estar** *v.* **afectado/a (por)** 13
affirmative **afirmativo/a** *adj.*
afraid: be (very) afraid (of) **tener (mucho) miedo (de)** 3
  be afraid that **tener miedo (de) que**
after **después de** *prep.* 7; **después de que** *conj.* 13
afternoon **tarde** *f.* 1
afterward **después** *adv.* 7
again **otra vez**
age **edad** *f.* 9
agree **concordar** *v.*
agree **estar** *v.* **de acuerdo**
  I agree. **Estoy de acuerdo.**
  I don't agree. **No estoy de acuerdo.**
agreement **acuerdo** *m.*
AIDS **SIDA** *m.*
air **aire** *m.* 13
  air pollution **contaminación del aire** 13
airplane **avión** *m.* 5
airport **aeropuerto** *m.* 5
alarm clock **despertador** *m.* 7
alcohol **alcohol** *m.* 15
  to consume alcohol **consumir alcohol** 15
alcoholic **alcohólico/a** *adj.* 15
all **todo(s)/a(s)** *adj.* 4
  all of us **todos** 1
  all over the world **en todo el mundo**
allergic **alérgico/a** *adj.* 10
  be allergic (to) **ser alérgico/a (a)** 10
alleviate **aliviar** *v.*
almost **casi** *adv.* 10
alone **solo/a** *adj.*
along **por** *prep.* 11
already **ya** *adv.* 6
also **también** *adv.* 2; 7
altar **altar** *m.* 9
aluminum **aluminio** *m.* 13
  (made) of aluminum **de aluminio** 13
always **siempre** *adv.* 7
American (*North*) **norteamericano/a** *adj.* 3
among **entre** *prep.* 2
amusement **diversión** *f.*
and **y** 1, **e** (*before words beginning with i or hi*) 4
  And you? **¿Y tú?** *fam.* 1; **¿Y usted?** *form.* 1
angel **ángel** *m.* 9
angry **enojado/a** *adj.* 5
  get angry (with) **enojarse** *v.* **(con)** 7
animal **animal** *m.* 13
ankle **tobillo** *m.* 10
anniversary **aniversario** *m.* 9
  (wedding) anniversary **aniversario** *m.* **(de bodas)** 9
announce **anunciar** *v.*
announcer (*TV/radio*) **locutor(a)** *m., f.*
annoy **molestar** *v.* 7
another **otro/a** *adj.* 6
answer **contestar** *v.* 2; **respuesta** *f.*
answering machine **contestadora** *f.*
antibiotic **antibiótico** *m.* 10
any **algún, alguno/a(s)** *adj.* 7
anyone **alguien** *pron.* 7
anything **algo** *pron.* 7
apartment **apartamento** *m.* 12
apartment building **edificio de apartamentos** 12
appear **parecer** *v.*
appetizers **entremeses** *m., pl.* 8
applaud **aplaudir** *v.*
apple **manzana** *f.* 8
appliance (electric) **electrodoméstico** *m.* 12
applicant **aspirante** *m., f.*
application **solicitud** *f.*
  job application **solicitud de trabajo**
apply (*for a job*) **solicitar** *v.*
  apply for a loan **pedir (e:ie)** *v.* **un préstamo** 14
appointment **cita** *f.* 9
  have an appointment **tener** *v.* **una cita** 9
appreciate **apreciar** *v.*
April **abril** *m.* 5
aquatic **acuático/a** *adj.*
archaeologist **arqueólogo/a** *m., f.*
archaeology **arqueología** *f.* 2
architect **arquitecto/a** *m., f.*
area **región** *f.* 13
Argentina **Argentina** *f.* 1
Argentine **argentino/a** *adj.* 3
arm **brazo** *m.* 10
armchair **sillón** *m.* 12
army **ejército** *m.*
around **por** *prep.* 11
  around here **por aquí** 11
arrange **arreglar** *v.* 11
arrival **llegada** *f.* 5
arrive **llegar** *v.* 2
art **arte** *m.* 2
  (fine) arts **bellas artes** *f., pl.*
article *m.* **artículo**
artist **artista** *m., f.* 3
artistic **artístico/a** *adj.*
arts **artes** *f., pl.*
as **como** 8
  as a child **de niño/a** 10
  as... as **tan... como** 8
  as many... as **tantos/as... como** 8
  as much... as **tanto... como** 8
  as soon as **en cuanto** *conj.* 13; **tan pronto como** *conj.* 13
ask (*a question*) **preguntar** *v.* 2
  ask for **pedir (e:i)** *v.* 4
asparagus **espárragos** *m., pl.* 8
aspirin **aspirina** *f.* 10
at **a** *prep.* 1; **en** *prep.* 2
  at + *time* **a la(s)** + *time* 1
  at home **en casa** 7
  at least **por lo menos** 10
  at night **por la noche** 7
  at the end (of) **al fondo (de)** 12
  At what time...? **¿A qué hora...?** 1
  At your service. **A sus órdenes.** 11
ATM **cajero automático** *m.* 14
attempt **intento** *m.* **11**
attend **asistir (a)** *v.* 3
attic **altillo** *m.* 12
attract **atraer** *v.* 4
audience **público** *m.*
August **agosto** *m.* 5
aunt **tía** *f.* 3
  aunts and uncles **tíos** *m., pl.* 3
automobile **automóvil** *m.* 5; **carro** *m.*; **coche** *m.* 11
autumn **otoño** *m.* 5
avenue **avenida** *f.*
avoid **evitar** *v.* 13
award **premio** *m.*

B

backpack **mochila** *f.* 2
bad **mal, malo/a** *adj.* 3
  It's bad that... **Es malo que...** 12

It's not at all bad. **No está nada mal.** 5
bag **bolsa** *f.* 6
bakery **panadería** *f.* 14
balanced **equilibrado/a** *adj.* 15
to eat a balanced diet **comer una dieta equilibrada** 15
balcony **balcón** *m.* 12
ball **pelota** *f.* 4
banana **banana** *f.* 8
band **banda** *f.*
bank **banco** *m.* 14
bargain **ganga** *f.* 6; **regatear** *v.* 6
baseball (*game*) **béisbol** *m.* 4
basement **sótano** *m.* 12
basketball (*game*) **baloncesto** *m.* 4
bathe **bañarse** *v.* 7
bathing suit **traje** *m.* **de baño** 6
bathroom **baño** *m.* 7; **cuarto de baño** *m.* 7
be **ser** *v.* 1; **estar** *v.* 2
be... years old **tener... años** 3
be sick of... **estar harto/a de...**
beach **playa** *f.* 5
beans **frijoles** *m., pl.* 8
beautiful **hermoso/a** *adj.* 6
beauty **belleza** *f.* 14
beauty salon **peluquería** *f.* 14; **salón** *m.* **de belleza** 14
because **porque** *conj.* 2
because of **por** *prep.* 11
become (+ *adj.*) **ponerse (+ *adj.*)** 7; **convertirse** *v.*
bed **cama** *f.* 5
go to bed **acostarse (o:ue)** *v.* 7
bedroom **alcoba** *f.*; **dormitorio** *m.* 12; **recámara** *f.*
beef **carne de res** *f.* 8
been **sido** *p.p.* 15
beer **cerveza** *f.* 8
before **antes** *adv.* 7; **antes de** *prep.* 7; **antes (de) que** *conj.* 13
beg **rogar (o:ue)** *v.* 12
begin **comenzar (e:ie)** *v.* 4; **empezar (e:ie)** *v.* 4
behalf: on behalf of **de parte de** 11
behind **detrás de** *prep.* 2
believe (in) **creer** *v.* **(en)** 3; **creer** *v.* 13
not to believe **no creer** 13
believed **creído/a** *p.p.* 14
bellhop **botones** *m., f. sing.* 5
below **debajo de** *prep.* 2
belt **cinturón** *m.* 6
benefit **beneficio** *m.*
beside **al lado de** *prep.* 2
besides **además (de)** *adv.* 10
best **mejor** *adj.*
the best **el/la mejor** *m., f.* 8; **lo mejor** *neuter*
better **mejor** *adj.* 8
It's better that... **Es mejor que...** 12
between **entre** *prep.* 2
beverage **bebida** *f.*
alcoholic beverage **bebida alcohólica** *f.* 15
bicycle **bicicleta** *f.* 4
big **gran, grande** *adj.* 3
bill **cuenta** *f.* 9
billion **mil millones**
biology **biología** *f.* 2
bird **ave** *f.* 13; **pájaro** *m.* 13
birth **nacimiento** *m.* 9
birthday **cumpleaños** *m., sing.* 9
have a birthday **cumplir** *v.* **años** 9
black **negro/a** *adj.* 6
blackboard **pizarra** *f.* 2
blanket **manta** *f.* 12
block (city) **cuadra** *f.* 14
blog **blog** *m.* 11
blond(e) **rubio/a** *adj.* 3
blouse **blusa** *f.* 6
blue **azul** *adj. m., f.* 6
boarding house **pensión** *f.*
boat **barco** *m.* 5
body **cuerpo** *m.* 10
bone **hueso** *m.* 10
book **libro** *m.* 2
bookcase **estante** *m.* 12
bookshelves **estante** *m.* 12
bookstore **librería** *f.* 2
boot **bota** *f.* 6
bore **aburrir** *v.* 7
bored **aburrido/a** *adj.* 5
be bored **estar** *v.* **aburrido/a** 5
get bored **aburrirse** *v.*
boring **aburrido/a** *adj.* 5
born: be born **nacer** *v.* 9
borrow **pedir (e:ie)** *v.* **prestado** 14
borrowed **prestado/a** *adj.*
boss **jefe** *m.*, **jefa** *f.*
bother **molestar** *v.* 7
bottle **botella** *f.* 9
bottle of wine **botella de vino** 9
bottom **fondo** *m.*
boulevard **bulevar** *m.*
boy **chico** *m.* 1; **muchacho** *m.* 3
boyfriend **novio** *m.* 3
brakes **frenos** *m., pl.*
bread **pan** *m.* 8
break **romper** *v.* 10
break (one's leg) **romperse (la pierna)** 10
break down **dañar** *v.* 10
The... broke down. **Se nos dañó el/la...** 11
break up (with) **romper** *v.* **(con)** 9
breakfast **desayuno** *m.* 2, 8
have breakfast **desayunar** *v.* 2
breathe **respirar** *v.* 13
bring **traer** *v.* 4
broadcast **transmitir** *v.*; **emitir** *v.*
brochure **folleto** *m.*
broken **roto/a** *adj.* 10, 14
be broken **estar roto/a** 10
brother **hermano** *m.* 3
brother-in-law **cuñado** *m., f.* 3
brothers and sisters **hermanos** *m., pl.* 3
brought **traído/a** *p.p.* 14
brown **café** *adj.* 6; **marrón** *adj.* 6
brunet(te) **moreno/a** *adj.* 3
brush **cepillar** *v.* 7
brush one's hair **cepillarse el pelo** 7
brush one's teeth **cepillarse los dientes** 7
bucket **balde** *m.* 5
build **construir** *v.* 4
building **edificio** *m.* 12
bump into (*something accidentally*) **darse con** 10; (*someone*) **encontrarse** *v.* 11
burn (a CD/DVD) **quemar** *v.* **(un CD/DVD)**
burned (out) **quemado/a** *adj.* 11
bus **autobús** *m.* 1
bus station **estación** *f.* **de autobuses** 5
business **negocios** *m. pl.*
business administration **administración** *f.* **de empresas** 2
business-related **comercial** *adj.*
businessperson **hombre** *m.* **/ mujer** *f.* **de negocios**
busy **ocupado/a** *adj.* 5
but **pero** *conj.* 2; (rather) **sino** *conj.* (*in negative sentences*) 7
butcher shop **carnicería** *f.* 14
butter **mantequilla** *f.* 8
buy **comprar** *v.* 2
by **por** *prep.* 11; **para** *prep.* 11
by means of **por** *prep.* 11
by phone **por teléfono** 11
by plane **en avión** 5
by way of **por** *prep.* 11
bye **chau** *interj. fam.* 1

C

cable television **televisión** *f.* **por cable** *m.* 11
café **café** *m.* 4
cafeteria **cafetería** *f.* 2
caffeine **cafeína** *f.* 15
cake **pastel** *m.* 9
chocolate cake **pastel de chocolate** *m.* 9
calculator **calculadora** *f.* 2
call **llamar** *v.* 11
be called **llamarse** *v.* 7
call on the phone **llamar por teléfono**
calm **tranquilo/a** *adj.* 15
calorie **caloría** *f.* 15
camera **cámara** *f.* 11
camp **acampar** *v.* 5
can (*tin*) **lata** *f.* 13
can **poder (o:ue)** *v.* 4
Could I ask you something? **¿Podría pedirte algo?**

Canadian **canadiense** *adj.* 3
candidate **aspirante** *m., f.;*
candidate **candidato/a** *m., f.*
candy **dulces** *m., pl.* 9
capital city **capital** *f.* 1
car **coche** *m.* 11; **carro** *m.* 11; **auto(móvil)** *m.* 5
caramel **caramelo** *m.* 9
card **tarjeta** *f.;* (*playing*) **carta** *f.* 5
care **cuidado** *m.* 3
Take care! **¡Cuídense!** *v.* 15
take care of **cuidar** *v.* 13
career **carrera** *f.*
careful: be (very) careful **tener** *v.* **(mucho) cuidado** 3
caretaker **ama** *m., f.* **de casa** 12
carpenter **carpintero/a** *m., f.*
carpet **alfombra** *f.* 12
carrot **zanahoria** *f.* 8
carry **llevar** *v.* 2
cartoons **dibujos** *m, pl.* **animados**
case: in case (that) **en caso (de) que** 13
cash (a check) **cobrar** *v.* 14;
cash **(en) efectivo** 6
cash register **caja** *f.* 6
pay in cash **pagar** *v.* **al contado** 14; **pagar en efectivo** 14
cashier **cajero/a** *m., f.*
cat **gato** *m.* 13
CD **disco compacto** *m.* 11
CD player **reproductor de CD** *m.* 11
CD-ROM **cederrón** *m.* 11
celebrate **celebrar** *v.* 9
celebration **celebración** *f.*
young woman's fifteenth birthday celebration **quinceañera** *f.* 9
cellar **sótano** *m.* 12
(cell) phone **(teléfono) celular** *m.* 11
cemetery **cementerio** *m.* 9
cereal **cereales** *m., pl.* 8
certain **cierto** *m.;* **seguro** *m.* 13
it's (not) certain **(no) es cierto/seguro** 13
chalk **tiza** *f.* 2
champagne **champán** *m.* 9
change: in change **de cambio** 2
change **cambiar** *v.* **(de)** 9
channel (*TV*) **canal** *m.* 11
character (*fictional*) **personaje** *m.* 11
(main) character *m.* **personaje (principal)**
chat **conversar** *v.* 2
chauffeur **conductor(a)** *m., f.* 1
cheap **barato/a** *adj.* 6
check **comprobar (o:ue)** *v.;* **revisar** *v.* 11; (*bank*) **cheque** *m.* 14
check the oil **revisar el aceite** 11
checking account **cuenta** *f.* **corriente** 14
cheese **queso** *m.* 8
chef **cocinero/a** *m., f.*
chemistry **química** *f.* 2
chest of drawers **cómoda** *f.* 12
chicken **pollo** *m.* 8
child **niño/a** *m., f.* 3
childhood **niñez** *f.* 9
children **hijos** *m., pl.* 3
Chinese **chino/a** *adj.* 3
chocolate **chocolate** *m.* 9
chocolate cake **pastel** *m.* **de chocolate** 9
cholesterol **colesterol** *m.* 15
choose **escoger** *v.* 8
chop (*food*) **chuleta** *f.* 8
Christmas **Navidad** *f.* 9
church **iglesia** *f.* 4
cinnamon **canela** *f.* 10
citizen **ciudadano/a** *adj.*
city **ciudad** *f.* 4
class **clase** *f.* 2
take classes **tomar clases** 2
classical **clásico/a** *adj.*
classmate **compañero/a** *m., f.* **de clase** 2
clean **limpio/a** *adj.* 5; **limpiar** *v.* 12
clean the house *v.* **limpiar la casa** 12
clear (*weather*) **despejado/a** *adj.*
clear the table **quitar la mesa** 12
It's (very) clear. (*weather*) **Está (muy) despejado.**
clerk **dependiente/a** *m., f.* 6
climate change **cambio climático** *m.* 13
climb **escalar** *v.* 4
climb mountains **escalar montañas** 4
clinic **clínica** *f.* 10
clock **reloj** *m.* 2
close **cerrar (e:ie)** *v.* 4
closed **cerrado/a** *adj.* 5
closet **armario** *m.* 12
clothes **ropa** *f.* 6
clothes dryer **secadora** *f.* 12
clothing **ropa** *f.* 6
cloud **nube** *f.* 13
cloudy **nublado/a** *adj.* 5
It's (very) cloudy. **Está (muy) nublado.** 5
coat **abrigo** *m.* 6
coffee **café** *m.* 8
coffee maker **cafetera** *f.* 12
cold **frío** *m.* 5;
(*illness*) **resfriado** *m.* 10
be (*feel*) (very) cold **tener (mucho) frío** 3
It's (very) cold. (*weather*) **Hace (mucho) frío.** 5
college **universidad** *f.* 2
collision **choque** *m.*
color **color** *m.* 6
comb one's hair **peinarse** *v.* 7
come **venir** *v.* 3
come on **ándale** *interj.* 14
comedy **comedia** *f.*
comfortable **cómodo/a** *adj.* 5
commerce **negocios** *m., pl.*
commercial **comercial** *adj.*
communicate (with) **comunicarse** *v.* **(con)**
communication **comunicación** *f.*
means of communication **medios** *m. pl.* **de comunicación**
community **comunidad** *f.* 1
company **compañía** *f.;* **empresa** *f.*
comparison **comparación** *f.*
completely **completamente** *adv.*
composer **compositor(a)** *m., f.*
computer **computadora** *f.* 1
computer disc **disco** *m.*
computer monitor **monitor** *m.* 11
computer programmer **programador(a)** *m., f.* 3
computer science **computación** *f.* 2
concert **concierto** *m.*
conductor (*musical*) **director(a)** *m., f.*
confirm **confirmar** *v.* 5
confirm a reservation **confirmar una reservación** 5
confused **confundido/a** *adj.* 5
congested **congestionado/a** *adj.* 10
Congratulations! **¡Felicidades!; ¡Felicitaciones!** *f., pl.* 9
conservation **conservación** *f.* 13
conserve **conservar** *v.* 13
considering **para** *prep.* 11
consume **consumir** *v.* 15
container **envase** *m.* 13
contamination **contaminación** *f.*
content **contento/a** *adj.* 5
contest **concurso** *m.*
continue **seguir (e:i)** *v.* 4
control **control** *m.;* **controlar** *v.* 13
be under control **estar bajo control** 7
conversation **conversación** *f.* 1
converse **conversar** *v.* 2
cook **cocinar** *v.* 12; **cocinero/a** *m., f.*
cookie **galleta** *f.* 9
cool **fresco/a** *adj.* 5
Be cool. **Tranquilo.** 7
It's cool. (*weather*) **Hace fresco.** 5
corn **maíz** *m.* 8
corner **esquina** *f.* 14
cost **costar (o:ue)** *v.* 6
Costa Rica **Costa Rica** *f.* 1
Costa Rican **costarricense** *adj.* 3
costume **disfraz** *m.*
cotton **algodón** *f.* 6
(made of) cotton **de algodón** 6
couch **sofá** *m.* 12
couch potato **teleadicto/a** *m., f.* 15
cough **tos** *f.* 10; **toser** *v.* 10
counselor **consejero/a** *m., f.*
count (on) **contar (o:ue)** *v.* **(con)** 4, 12
country (*nation*) **país** *m.* 1
countryside **campo** *m.* 5

(married) couple **pareja** *f.* 9
course **curso** *m.* 2; **materia** *f.* 2
courtesy **cortesía** *f.*
cousin **primo/a** *m., f.* 3
cover **cubrir** *v.*
covered **cubierto/a** *p.p.*
cow **vaca** *f.* 13
crafts **artesanía** *f.*
craftsmanship **artesanía** *f.*
crater **cráter** *m.* 13
crazy **loco/a** *adj.* 6
create **crear** *v.*
credit **crédito** *m.* 6
  credit card **tarjeta** *f.* **de crédito** 6
crime **crimen** *m.*
cross **cruzar** *v.* 14
cry **llorar** *v.* 15
Cuba **Cuba** *f.* 1
Cuban **cubano/a** *adj.* 3
culture **cultura** *f.* 2
cup **taza** *f.* 12
currency exchange **cambio** *m.* **de moneda**
current events **actualidades** *f., pl.*
curtains **cortinas** *f., pl.* 12
custard (*baked*) **flan** *m.* 9
custom **costumbre** *f.* 1
customer **cliente/a** *m., f.* 6
customs **aduana** *f.* 5
  customs inspector **inspector(a)** *m., f.* **de aduanas** 5
cybercafé **cibercafé** *m.* 11
cycling **ciclismo** *m.* 4

D

dad **papá** *m.* 3
daily **diario/a** *adj.* 7
  daily routine **rutina** *f.* **diaria** 7
damage **dañar** *v.* 10
dance **bailar** *v.* 2; **danza** *f.*; **baile** *m.*
dancer **bailarín/bailarina** *m., f.*
danger **peligro** *m.* 13
dangerous **peligroso/a** *adj.*
date (*appointment*) **cita** *f.* 9; (*calendar*) **fecha** *f.* 5; (*someone*) **salir** *v.* **con (alguien)** 9
  have a date **tener una cita** 9
daughter **hija** *f.* 3
daughter-in-law **nuera** *f.* 3
day **día** *m.* 1
  day before yesterday **anteayer** *adv.* 6
deal: It's not a big deal. **No es para tanto.** 12
death **muerte** *f.* 9
decaffeinated **descafeinado/a** *adj.* 15
December **diciembre** *m.* 5
decide **decidir** *v.* **(+** *inf.***)** 3
decided **decidido/a** *adj. p.p.* 14
declare **declarar** *v.*
deforestation **deforestación** *f.* 13
delicious **delicioso/a** *adj.* 8; **rico/a** *adj.* 8; **sabroso/a** *adj.* 8
delighted **encantado/a** *adj.* 1
dentist **dentista** *m., f.* 10
deny **negar (e:ie)** *v.* 13
  not to deny **no dudar** 13
department store **almacén** *m.* 6
departure **salida** *f.* 5
deposit **depositar** *v.* 14
describe **describir** *v.* 3
described **descrito/a** *p.p.* 14
desert **desierto** *m.* 13
design **diseño** *m.*
designer **diseñador(a)** *m., f.*
desire **desear** *v.* 2
desk **escritorio** *m.* 2
dessert **postre** *m.* 9
destroy **destruir** *v.* 13
develop **desarrollar** *v.* 13
diary **diario** *m.* 1
dictatorship **dictadura** *f.*
dictionary **diccionario** *m.* 1
die **morir (o:ue)** *v.* 8
died **muerto/a** *p.p.* 14
diet **dieta** *f.* 15; **alimentación**
  balanced diet **dieta equilibrada** 15
  be on a diet **estar a dieta** 15
difficult **difícil** *adj. m., f.* 3
digital camera **cámara** *f.* **digital** 11
dining room **comedor** *m.* 12
dinner **cena** *f.* 2, 8
  have dinner **cenar** *v.* 2
direct **dirigir** *v.*
director **director(a)** *m., f.*
dirty **ensuciar** *v.*; **sucio/a** *adj.* 5
  get (something) dirty **ensuciar** *v.* 12
disagree **no estar de acuerdo**
disaster **desastre** *m.*
discover **descubrir** *v.* 13
discovered **descubierto/a** *p.p.* 14
discrimination **discriminación** *f.*
dish **plato** *m.* 8, 12
  main dish *m.* **plato principal** 8
dishwasher **lavaplatos** *m., sing.* 12
disk **disco** *m.*
disorderly **desordenado/a** *adj.* 5
dive **bucear** *v.* 4
divorce **divorcio** *m.* 9
divorced **divorciado/a** *adj.* 9
  get divorced (from) **divorciarse** *v.* **(de)** 9
dizzy **mareado/a** *adj.* 10
do **hacer** *v.* 4
  do aerobics **hacer ejercicios aeróbicos** 15
  do household chores **hacer quehaceres domésticos** 12
  do stretching exercises **hacer ejercicios de estiramiento** 15
  (I) don't want to. **No quiero.** 4
doctor **doctor(a)** *m., f.* 3; 10; **médico/a** *m., f.* 3
documentary (*film*) **documental** *m.*
dog **perro** *m.* 13
domestic **doméstico/a** *adj.*
  domestic appliance **electrodoméstico** *m.*
done **hecho/a** *p.p.* 14
door **puerta** *f.* 2
doorman/doorwoman **portero/a** *m., f.* 1
dormitory **residencia** *f.* **estudiantil** 2
double **doble** *adj.* 5
  double room **habitación** *f.* **doble** 5
doubt **duda** *f.* 13; **dudar** *v.* 13
  not to doubt 13
  There is no doubt that... **No cabe duda de** 13; **No hay duda de** 13
Down with...! **¡Abajo el/la...!**
download **descargar** *v.* 11
downtown **centro** *m.* 4
drama **drama** *m.*
dramatic **dramático/a** *adj.*
draw **dibujar** *v.* 2
drawing **dibujo** *m.*
dress **vestido** *m.* 6
  get dressed **vestirse (e:i)** *v.* 7
drink **beber** *v.* 3; **bebida** *f.* 8; **tomar** *v.* 2
drive **conducir** *v.* 6; **manejar** *v.* 11
driver **conductor(a)** *m., f.* 1
drug **droga** *f.* 15
  drug addict **drogadicto/a** *adj.* 15
dry oneself **secarse** *v.* 7
during **durante** *prep.* 7; **por** *prep.* 11
dust **sacudir** *v.* 12; **quitar** *v.* **el polvo** 12
dust the furniture **sacudir los muebles** 12
duster **plumero** *m.* 12
DVD player **reproductor** *m.* **de DVD** 11

E

each **cada** *adj.* 6
each other **los unos a los otros** 11
eagle **águila** *f.*
ear (outer) **oreja** *f.* 10
earing **arete** *m.* 6
early **temprano** *adv.* 7
earn **ganar** *v.*
earthquake **terremoto** *m.*
ease **aliviar** *v.*
east **este** *m.* 14
  to the east **al este** 14
easy **fácil** *adj. m., f.* 3
eat **comer** *v.* 3
ecological **ecológico/a** *adj. m., f.* 13
ecologist **ecologista** *m., f.* 13
ecology **ecología** *f.* 13
economics **economía** *f.* 2
ecotourism **ecoturismo** *m.* 13
Ecuador **Ecuador** *m.* 1
Ecuadorian **ecuatoriano/a** *adj.* 3
effective **eficaz** *adj. m., f.*
egg **huevo** *m.* 8

eight **ocho** 1
eight hundred **ochocientos/as** 2
eighteen **dieciocho** 1
eighth **octavo/a** 5
eighty **ochenta** 2
either... or **o... o** *conj.* 7
eldest **el/la mayor** 8
elect **elegir** *v.*
election **elecciones** *f. pl.*
electric appliance **electrodoméstico** *m.* 12
electrician **electricista** *m., f.*
electricity **luz** *f.* 12
elegant **elegante** *adj. m., f.* 6
elevator **ascensor** *m.* 5
eleven **once** 1
e-mail **correo** *m.* **electrónico** 4
e-mail address **dirección** *f.* **electrónica** 11
e-mail message **mensaje** *m.* **electrónico** 4
read e-mail **leer** *v.* **el correo electrónico** 4
embarrassed **avergonzado/a** *adj.* 5 embrace (each other) **abrazar(se)** *v.* 11
emergency **emergencia** *f.* 10
emergency room **sala** *f.* **de emergencia** 10
employee **empleado/a** *m., f.* 5
employment **empleo** *m.*
end **fin** *m.* 4; **terminar** *v.* 2
end table **mesita** *f.* 12
endure **aguantar** *v.* 14
energy **energía** *f.* 13
engaged: get engaged (to) **comprometerse** *v.* **(con)** 9
engineer **ingeniero/a** *m., f.* 3
English (*language*) **inglés** *m.* 2; **inglés, inglesa** *adj.* 3
enjoy **disfrutar** *v.* **(de)** 15
enough **bastante** *adv.* 10
entertainment **diversión** *f.* 4
entrance **entrada** *f.* 12
envelope **sobre** *m.* 14
environment **medio ambiente** *m.* 13
environmental sciences **ciencias ambientales** 2
equality **igualdad** *f.*
equipped **equipado/a** *adj.* 15
erase **borrar** *v.* 11
eraser **borrador** *m.* 2
errand **diligencia** *f.* 14
essay **ensayo** *m.* 3
evening **tarde** *f.* 1
event **acontecimiento** *m.*
every day **todos los días** 10
everything **todo** *m.* 5
Everything is under control. **Todo está bajo control.** 7
exactly **en punto** 1
exam **examen** *m.* 2
excellent **excelente** *adj.* 5
excess **exceso** *m.* 15
in excess **en exceso** 15
exchange **intercambiar** *v.*
in exchange for **por** 11
exciting **emocionante** *adj. m., f.*
excursion **excursión** *f.*
excuse **disculpar** *v.*
Excuse me. (*May I?*) **Con permiso.** 1; (*I beg your pardon.*) **Perdón.** 1
exercise **ejercicio** *m.* 15; **hacer** *v.* **ejercicio** 15; (a degree/profession) **ejercer** *v.*
exit **salida** *f.* 5
expensive **caro/a** *adj.* 6
experience **experiencia** *f.*
expire **vencer** *v.* 14
explain **explicar** *v.* 2
explore **explorar** *v.*
expression **expresión** *f.*
extinction **extinción** *f.* 13
extremely delicious **riquísimo/a** *adj.* 8
extremely serious **gravísimo** *adj.* 13
eye **ojo** *m.* 10

F

fabulous **fabuloso/a** *adj.* 5
face **cara** *f.* 7
facing **enfrente de** *prep.* 14
fact: in fact **de hecho**
factory **fábrica** *f.* 13
fall (down) **caerse** *v.* 10
fall asleep **dormirse (o:ue)** *v.* 7
fall in love (with) **enamorarse** *v.* **(de)** 9
fall (season) **otoño** *m.* 5
fallen **caído/a** *p.p.* 14
family **familia** *f.* 3
famous **famoso/a** *adj.*
fan **aficionado/a** *adj.* 4
be a fan (of) **ser aficionado/a (a)** 4
far from **lejos de** *prep.* 2
farewell **despedida** *f.*
fascinate **fascinar** *v.* 7
fashion **moda** *f.* 6
be in fashion **estar de moda** 6
fast **rápido/a** *adj.*
fat **gordo/a** *adj.* 3; **grasa** *f.* 15
father **padre** *m.* 3
father-in-law **suegro** *m.* 3
favorite **favorito/a** *adj.* 4
fax (machine) ***fax*** *m.* 11
fear **miedo** *m.* 3; **temer** *v.* 13
February **febrero** *m.* 5
feel **sentir(se) (e:ie)** *v.* 7
feel like (*doing something*) **tener ganas de (+ *inf.*)** 3
festival **festival** *m.*
fever **fiebre** *f.* 10
have a fever **tener** *v.* **fiebre** 10
few **pocos/as** *adj. pl.*
fewer than **menos de** (+ *number*) 8
field: major field of study **especialización** *f.*
fifteen **quince** 1
fifteen-year-old girl **quinceañera** *f.*
young woman celebrating her fifteenth birthday **quinceañera** *f.* 9
fifth **quinto/a** 5
fifty **cincuenta** 2
fight (for/against) **luchar** *v.* **(por/contra)**
figure (*number*) **cifra** *f.*
file **archivo** *m.* 11
fill **llenar** *v.* 11
fill out (a form) **llenar (un formulario)** 14
fill the tank **llenar el tanque** 11
finally **finalmente** *adv.* 15; **por último** 7; **por fin** 11
find **encontrar (o:ue)** *v.* 4
find (each other) **encontrar(se)**
find out **enterarse** *v.*
fine **multa** *f.*
That's fine. **Está bien.** 11
(fine) arts **bellas artes** *f., pl.*
finger **dedo** *m.* 10
finish **terminar** *v.* 2
finish (*doing something*) **terminar** *v.* **de (+ *inf.*)** 4
fire **incendio** *m.*; **despedir (e:i)** *v.*
firefighter **bombero/a** *m., f.*
firm **compañía** *f.*; **empresa** *f.*
first **primer, primero/a** 2, 5
fish (*food*) **pescado** *m.* 8; **pescar** *v.* 5; (*live*) **pez** *m., sing.* (**peces** *pl.*) 13
fish market **pescadería** *f.* 14
fishing **pesca** *f.* 5
fit (*clothing*) **quedar** *v.* 7
five **cinco** 1
five hundred **quinientos/as** 2
fix (*put in working order*) **arreglar** *v.* 11; (*clothes, hair, etc. to go out*) **arreglarse** 7
fixed **fijo/a** *adj.* 6
flag **bandera** *f.*
flank steak **lomo** *m.* 8
flat tire: We had a flat tire. **Se nos pinchó una llanta.** 11
flexible **flexible** *adj.* 15
flood **inundación** *f.*
floor (*of a building*) **piso** *m.* 5; **suelo** *m.* 12
ground floor **planta baja** *f.* 5
top floor **planta** *f.* **alta**
flower **flor** *f.* 13
flu **gripe** *f.* 10
fog **niebla** *f.*
folk **folclórico/a** *adj.*
follow **seguir (e:i)** *v.* 4
food **comida** *f.* 4, 8
foolish **tonto/a** *adj.* 3
foot **pie** *m.* 10
football **fútbol** *m.* **americano** 4
for **para** *prep.* 11; **por** *prep.* 11
for example **por ejemplo** 11
for me **para mí** 8

forbid **prohibir** *v.*
foreign **extranjero/a** *adj.*
foreign languages **lenguas** *f., pl.* **extranjeras** 2
forest **bosque** *m.* 13
forget **olvidar** *v.* 10
fork **tenedor** *m.* 12
form **formulario** *m.* 14
forty **cuarenta** *m.* 2
four **cuatro** 1
four hundred **cuatrocientos/as** 2
fourteen **catorce** 1
fourth **cuarto/a** *m., f.* 5
free **libre** *adj. m., f.* 4
be free (of charge) **ser gratis** 14
free time **tiempo libre**; spare (free) time **ratos libres** 4
freedom **libertad** *f.*
freezer **congelador** *m.* 12
French **francés, francesa** *adj.* 3
French fries **papas** *f., pl.* **fritas** 8; **patatas** *f., pl.* **fritas** 8
frequently **frecuentemente** *adv.* 10; **con frecuencia** *adv.* 10
Friday **viernes** *m., sing.* 2
fried **frito/a** *adj.* 8
fried potatoes **papas** *f., pl.* **fritas** 8; **patatas** *f., pl.* **fritas** 8
friend **amigo/a** *m., f.* 3
friendly **amable** *adj. m., f.* 5
friendship **amistad** *f.* 9
from **de** *prep.* 1; **desde** *prep.* 6
from the United States **estadounidense** *m., f. adj.* 3
from time to time **de vez en cuando** 10
He/She/It is from... **Es de...**; I'm from... **Soy de...** 1
front: (cold) front **frente (frío)** *m.* 5
fruit **fruta** *f.* 8
fruit juice **jugo** *m.* **de fruta** 8
fruit store **frutería** *f.* 14
full **lleno/a** *adj.* 11
fun **divertido/a** *adj.* 7
fun activity **diversión** *f.* 4
have fun **divertirse (e:ie)** *v.* 9
function **funcionar** *v.*
furniture **muebles** *m., pl.* 12
furthermore **además (de)** *adv.* 10
future **futuro** *adj.*; **porvenir** *m.*
Here's to the future! **¡Por el porvenir!**
in the future **en el futuro**

G

gain weight **aumentar** *v.* **de peso** 15; **engordar** *v.* 15
game **juego** *m.*; (*match*) **partido** *m.* 4
game show **concurso** *m.*
garage (*in a house*) **garaje** *m.* 12; **garaje** *m.* 11; **taller (mecánico)** 11
garden **jardín** *m.* 12
garlic **ajo** *m.* 8
gas station **gasolinera** *f.* 11
gasoline **gasolina** *f.* 11
gentleman **caballero** *m.* 8
geography **geografía** *f.* 2
German **alemán, alemana** *adj.* 3
get **conseguir (e:i)** *v.* 4; **obtener** *v.*
get along well/badly (with) **llevarse bien/mal (con)** 9
get bigger **aumentar** *v.* 13
get bored **aburrirse** *v.*
get good grades **sacar buenas notas** 2
get into trouble **meterse en problemas** *v.* 13
get off of (a vehicle) **bajar(se)** *v.* **de** 11
get on/into (a vehicle) **subir(se)** *v.* **a** 11
get out of (a vehicle) **bajar(se)** *v.* **de** 11
get ready **arreglarse** *v.* 7
get up **levantarse** *v.* 7
gift **regalo** *m.* 6
ginger **jengibre** *m.* 10
girl **chica** *f.* 1; **muchacha** *f.* 3
girlfriend **novia** *f.* 3
give **dar** *v.* 6, 9; (*as a gift*) **regalar** 9
give directions **indicar cómo llegar** 14
glass (*drinking*) **vaso** *m.* 12; **vidrio** *m.* 13
(made) of glass **de vidrio** 13
glasses **gafas** *f., pl.* 6
sunglasses **gafas** *f., pl.* **de sol** 6
global warming **calentamiento global** *m.* 13
gloves **guantes** *m., pl.* 6
go **ir** *v.* 4
go away **irse** 7
go by boat **ir en barco** 5
go by bus **ir en autobús** 5
go by car **ir en auto(móvil)** 5
go by motorcycle **ir en motocicleta** 5
go by taxi **ir en taxi** 5
go by the bank **pasar por el banco** 14
go down **bajar(se)** *v.*
go on a hike (in the mountains) **ir de excursión (a las montañas)** 4
go out **salir** *v.* 9
go out (with) **salir** *v.* **(con)** 9
go up **subir** *v.*
Let's go. **Vamos.** 4
goblet **copa** *f.* 12
going to: be going to (*do something*) **ir a (+ *inf.*)** 4
golf **golf** *m.* 4
good **buen, bueno/a** *adj.* 3, 6
Good afternoon. **Buenas tardes.** 1
Good evening. **Buenas noches.** 1
Good idea. **Buena idea.** 4
Good morning. **Buenos días.** 1
Good night. **Buenas noches.** 1
It's good that... **Es bueno que...** 12
goodbye **adiós** *m.* 1
say goodbye (to) **despedirse** *v.* **(de) (e:i)** 7
good-looking **guapo/a** *adj.* 3
government **gobierno** *m.* 13
GPS **navegador GPS** *m.* 11
graduate (from/in) **graduarse** *v.* **(de/en)** 9
grains **cereales** *m., pl.* 8
granddaughter **nieta** *f.* 3
grandfather **abuelo** *m.* 3
grandmother **abuela** *f.* 3
grandparents **abuelos** *m., pl.* 3
grandson **nieto** *m.* 3
grape **uva** *f.* 8
grass **hierba** *f.* 13
grave **grave** *adj.* 10
gray **gris** *adj. m., f.* 6
great **fenomenal** *adj. m., f.* 5; **genial** *adj.*
great-grandfather **bisabuelo** *m.* 3
great-grandmother **bisabuela** *f.* 3
green **verde** *adj. m., f.* 6
greet (each other) **saludar(se)** *v.* 11
greeting **saludo** *m.* 1
Greetings to... **Saludos a...** 1
grilled **a la plancha** 8
ground floor **planta baja** *f.* 5
grow **aumentar** *v.* 13
guest (*at a house/hotel*) **huésped** *m., f.* 5 (*invited to a function*) **invitado/a** *m., f.* 9
guide **guía** *m., f.* 13
gymnasium **gimnasio** *m.* 4

H

hair **pelo** *m.* 7
hairdresser **peluquero/a** *m., f.*
half **medio/a** *adj.* 3
half-brother **medio hermano** 3
half-sister **media hermana** 3
half-past... (*time*) **...y media** 1
hallway **pasillo** *m.* 12
ham **jamón** *m.* 8
hamburger **hamburguesa** *f.* 8
hand **mano** *f.* 1
hand in **entregar** *v.* 11
handsome **guapo/a** *adj.* 3
happen **ocurrir** *v.*
happiness **alegría** *v.* 9
Happy birthday! **¡Feliz cumpleaños!** 9
happy **alegre** *adj.* 5; **contento/a** *adj.* 5; **feliz** *adj. m., f.* 5
be happy **alegrarse** *v.* **(de)** 13
hard **difícil** *adj. m., f.* 3

hard-working **trabajador(a)** *adj.* 3
hardly **apenas** *adv.* 10
haste **prisa** *f.* 3
hat **sombrero** *m.* 6
hate **odiar** *v.* 9
have **tener** *v.* 3
have time **tener tiempo** 4
have to (*do something*) **tener que (+ *inf.*)** 3; **deber (+ *inf.*)**
have a tooth removed **sacar(se) un diente** 10
he **él** 1
head **cabeza** *f.* 10
headache **dolor** *m.* **de cabeza** 10
health **salud** *f.* 10
healthy **saludable** *adj. m., f.* 10; **sano/a** *adj.* 10
lead a healthy lifestyle **llevar** *v.* **una vida sana** 15
hear **oír** *v.* 4
heard **oído/a** *p.p.* 14
hearing: sense of hearing **oído** *m.* 10
heart **corazón** *m.* 10
heat **calor** *m.* 5
Hello. **Hola.** 1; (*on the telephone*) **Aló.** 11; **Bueno.** 11; **Diga.** 11
help **ayudar** *v.* 12; **servir (e:i)** *v.* 5
help each other **ayudarse** *v.* 11
her **su(s)** *poss. adj.* 3; (of) hers **suyo(s)/a(s)** *poss.* 11
her **la** *f., sing., d.o. pron.* 5
to/for her **le** *f., sing., i.o. pron.* 6
here **aquí** *adv.* 1
Here is/are... **Aquí está(n)...** 5
Hi. **Hola.** 1
highway **autopista** *f.* 11; **carretera** *f.* 11
hike **excursión** *f.* 4
go on a hike **hacer una excursión** 5; **ir de excursión** 4
hiker **excursionista** *m., f.*
hiking **de excursión** 4
him: to/for him **le** *m., sing., i.o. pron.* 6
hire **contratar** *v.*
his **su(s)** *poss. adj.* 3; (of) his **suyo(s)/a(s)** *poss. pron.* 11
his **lo** *m., sing., d.o. pron.* 5
history **historia** *f.* 2
hobby **pasatiempo** *m.* 4
hockey **hockey** *m.* 4
hold up **aguantar** *v.* 14
hole **hueco** *m.* 4
holiday **día** *m.* **de fiesta** 9
home **casa** *f.* 2
home page **página** *f.* **principal** 11
homework **tarea** *f.* 2
honey **miel** *f.* 10
hood **capó** *m.* 11; **cofre** *m.* 11
hope **esperar** *v.* **(+ *inf.*)** 2; **esperar** *v.* 13
I hope (that) **ojalá (que)** 13
horror (genre) **de horror** *m.*
hors d'oeuvres **entremeses** *m., pl.* 8
horse **caballo** *m.* 5
hospital **hospital** *m.* 10
hot: be (*feel*) (very) hot **tener (mucho) calor** 3
It's (very) hot. **Hace (mucho) calor.** 5
hotel **hotel** *m.* 5
hour **hora** *f.* 1
house **casa** *f.* 2
household chores **quehaceres** *m. pl.* **domésticos** 12
housekeeper **ama** *m., f.* **de casa** 12
housing **vivienda** *f.* 12
How...! **¡Qué...!**
how **¿cómo?** *adv.* 1
How are you? **¿Qué tal?** 1
How are you?**¿Cómo estás?** *fam.* 1
How are you?**¿Cómo está usted?** *form.* 1
How can I help you? **¿En qué puedo servirles?** 5
How did it go for you...? **¿Cómo le/les fue...?** 15
How is it going? **¿Qué tal?** 1
How is/are...? **¿Qué tal...?** 2
How is the weather? **¿Qué tiempo hace?** 15
How much/many? **¿Cuánto(s)/a(s)?** 1
How much does... cost? **¿Cuánto cuesta...?** 6
How old are you? **¿Cuántos años tienes?** *fam.* 3
however **sin embargo**
hug (each other) **abrazar(se)** *v.* 11
humanities **humanidades** *f., pl.* 2
hundred **cien, ciento** 2
hunger **hambre** *f.* 3
hungry: be (very) hungry **tener** *v.* **(mucha) hambre** 3
hunt **cazar** *v.* 13
hurricane **huracán** *m.*
hurry **apurarse** *v.* 15; **darse prisa** *v.* 15
be in a (big) hurry **tener** *v.* **(mucha) prisa** 3
hurt **doler (o:ue)** *v.* 10
It hurts me a lot... **Me duele mucho...** 10
husband **esposo** *m.* 3

I

I **yo** 1
I am... **Yo soy...** 1
I hope (that) **Ojalá (que)** *interj.* 13
I wish (that) **Ojalá (que)** *interj.* 13
ice cream **helado** *m.* 9
ice cream shop **heladería** *f.* 14
iced **helado/a** *adj.* 8
iced tea **té** *m.* **helado** 8
idea **idea** *f.* 4
if **si** *conj.* 4
illness **enfermedad** *f.* 10
important **importante** *adj.* 3
be important to **importar** *v.* 7
It's important that... **Es importante que...** 12
impossible **imposible** *adj.* 13
it's impossible **es imposible** 13
improbable **improbable** *adj.* 13
it's improbable **es improbable** 13
improve **mejorar** *v.* 13
in **en** *prep.* 2; **por** *prep.* 11
in the afternoon **de la tarde** 1; **por la tarde** 7
in a bad mood **de mal humor** 5
in the direction of **para** *prep.* 1
in the early evening **de la tarde** 1
in the evening **de la noche** 1; **por la tarde** 7
in a good mood **de buen humor** 5
in the morning **de la mañana** 1; **por la mañana** 7
in love (with) **enamorado/a (de)** 5
in search of **por** *prep.* 11
in front of **delante de** *prep.* 2
increase **aumento** *m.*
incredible **increíble** *adj.* 5
inequality **desigualdad** *f.*
infection **infección** *f.* 10
inform **informar** *v.*
injection **inyección** *f.* 10
give an injection *v.* **poner una inyección** 10
injure (oneself) **lastimarse** 10
injure (one's foot) **lastimarse** *v.* **(el pie)** 10
inner ear **oído** *m.* 10
inside **dentro** *adv.*
insist (on) **insistir** *v.* **(en)** 12
installments: pay in installments **pagar** *v.* **a plazos** 14
intelligent **inteligente** *adj.* 3
intend to **pensar** *v.* **(+ *inf.*)** 4
interest **interesar** *v.* 7
interesting **interesante** *adj.* 3
be interesting to **interesar** *v.* 7
international **internacional** *adj. m., f.*
Internet **Internet** 11
interview **entrevista** *f.*; **entrevistar** *v.*
interviewer **entrevistador(a)** *m., f.*
introduction **presentación** *f.*
I would like to introduce you to (name). **Le presento a...** *form.* 1; **Te presento a...** *fam.* 1
invest **invertir (e:ie)** *v.*
invite **invitar** *v.* 9

iron (clothes) **planchar** *v.* **la ropa** 12
it **lo/la** *sing., d.o., pron.* 5
Italian **italiano/a** *adj.* 3
its **su(s)** *poss. adj.* 3; **suyo(s)/a(s)** *poss. pron.* 11
It's me. **Soy yo.**
it's the same **es igual** 5

J

jacket **chaqueta** *f.* 6
January **enero** *m.* 5
Japanese **japonés, japonesa** *adj.* 3
jeans **(blue)jeans** *m., pl.* 6
jewelry store **joyería** *f.* 14
job **empleo** *m.*; **puesto** *m.*; **trabajo** *m.*
  job application **solicitud** *f.* **de trabajo**
jog **correr** *v.*
journalism **periodismo** *m.* 2
journalist **periodista** *m., f.* 3; **reportero/a** *m., f.*
joy **alegría** *f.* 9
  give joy **dar** *v.* **alegría** 9
joyful **alegre** *adj.* 5
juice **jugo** *m.* 8
July **julio** *m.* 5
June **junio** *m.* 5
jungle **selva, jungla** *f.* 13
just **apenas** *adv.*
  have just done something **acabar de (+** *inf.***)** 6

K

key **llave** *f.* 5
keyboard **teclado** *m.* 11
kilometer **kilómetro** *m.* 11
kind: That's very kind of you. **Muy amable.** 5
kiss **beso** *m.* 9
  kiss each other **besarse** *v.* 11
kitchen **cocina** *f.* 9, 12
knee **rodilla** *f.* 10
knife **cuchillo** *m.* 12
know **saber** *v.* 6; **conocer** *v.* 6
know how **saber** *v.* 6

L

laboratory **laboratorio** *m.* 2
lack **faltar** *v.* 7
lake **lago** *m.* 13
lamp **lámpara** *f.* 12
land **tierra** *f.* 13
landlord **dueño/a** *m., f.* 8
landscape **paisaje** *m.* 5
language **lengua** *f.* 2
laptop (computer) **computadora** *f.* **portátil** 11
large **grande** *adj.* 3
large (*clothing size*) **talla grande**
last **durar** *v.*; **pasado/a** *adj.* 6; **último/a** *adj.* 7
  last name **apellido** *m.* 3
  last night **anoche** *adv.* 6
  last week **semana** *f.* **pasada** 6
  last year **año** *m.* **pasado** 6
  the last time **la última vez** 7
late **tarde** *adv.* 7
later (on) **más tarde** 7
  See you later. **Hasta la vista.** 1; **Hasta luego.** 1
laugh **reírse (e:i)** *v.* 9
laughed **reído** *p.p.* 14
laundromat **lavandería** *f.* 14
law **ley** *f.* 13
lawyer **abogado/a** *m., f.*
lazy **perezoso/a** *adj.*
learn **aprender** *v.* **(a +** *inf.***)** 3
least, at **por lo menos** *adv.* 10
leave **salir** *v.* 4; **irse** *v.* 7
  leave a tip **dejar una propina** 9
  leave behind **dejar** *v.*
  leave for (*a place*) **salir para**
  leave from **salir de**
left **izquierdo/a** *adj.* 2
  be left over **quedar** *v.* 7
  to the left of **a la izquierda de** 2
leg **pierna** *f.* 10
lemon **limón** *m.* 8
lend **prestar** *v.* 6
less **menos** *adv.* 10
  less... than **menos... que** 8
  less than **menos de (+** *number***)**
lesson **lección** *f.* 1
let **dejar** *v.* 12
let's see **a ver** 2
letter **carta** *f.* 4, 14
lettuce **lechuga** *f.* 8
liberty **libertad** *f.*
library **biblioteca** *f.* 2
license (*driver's*) **licencia** *f.* **de conducir** 11
lie **mentira** *f.* 4
life **vida** *f.* 9
  of my life **de mi vida** 15
lifestyle: lead a healthy lifestyle **llevar una vida sana** 15
lift **levantar** *v.* 15
  lift weights **levantar pesas** 15
light **luz** *f.* 12
like **como** *prep.* 8; **gustar** *v.* 2
  I don't like them at all. **No me gustan nada.** 2
  I like... **Me gusta(n)...** 2
  like this **así** *adv.* 10
  like very much **encantar** *v.*; **fascinar** *v.* 7
  Do you like...? **¿Te gusta(n)...?** 2
likeable **simpático/a** *adj.* 3
likewise **igualmente** *adv.* 1
line **línea** *f.* 4; **cola** (*queue*) *f.* 14
  listen (to) **escuchar** *v.* 2
  Listen! (*command*) **¡Oye!** *fam., sing.* 1; **¡Oiga/Oigan!** *form., sing./pl.* 1
  listen to music **escuchar música** 2
  listen (to) the radio **escuchar la radio** 2
literature **literatura** *f.* 2
little (*quantity*) **poco/a** *adj.* 5; **poco** *adv.* 10
live **vivir** *v.* 3; **en vivo** *adj.* 7
living room **sala** *f.* 12
loan **préstamo** *m.* 14; **prestar** *v.* 6, 14
lobster **langosta** *f.* 8
located **situado/a** *adj.*
  be located **quedar** *v.* 14
long **largo/a** *adj.* 6
look (at) **mirar** *v.* 2
look for **buscar** *v.* 2
lose **perder (e:ie)** *v.* 4
  lose weight **adelgazar** *v.* 15
lost **perdido/a** *adj.* 13, 14
  be lost **estar perdido/a** 14
lot, a **muchas veces** *adv.* 10
lot of, a **mucho/a** *adj.* 2, 3; **un montón de** 4
love (*another person*) **querer (e:ie)** *v.* 4; (*inanimate objects*) **encantar** *v.* 7; **amor** *m.* 9
  in love **enamorado/a** *adj.* 5
  I loved it! **¡Me encantó!** 15
  love at first sight **amor a primera vista** 9
luck **suerte** *f.* 3
lucky: be (very) lucky **tener (mucha) suerte** 3
luggage **equipaje** *m.* 5
lunch **almuerzo** *m.* 4, 8
  have lunch **almorzar (o:ue)** *v.* 4

M

ma'am **señora (Sra.); doña** *f.* 1
mad **enojado/a** *adj.* 5
magazine **revista** *f.* 4
magnificent **magnífico/a** *adj.* 5
mail **correo** *m.* 14; **enviar** *v.*, **mandar** *v.* 14; **echar (una carta) al buzón** 14
  mail **correo** *m.* 14; **enviar** *v.*, **mandar** *v.* 14
  mail carrier **cartero** *m.* 14
mailbox **buzón** *m.* 14
main **principal** *adj. m., f.* 8
maintain **mantener** *v.* 15
major **especialización** *f.* 2
make **hacer** *v.* 4
  make a decision **tomar una decisión** 15
  make the bed **hacer la cama** 12
makeup **maquillaje** *m.* 7
  put on makeup **maquillarse** *v.* 7
man **hombre** *m.* 1
manager **gerente** *m., f.* 8
many **mucho/a** *adj.* 3
  many times **muchas veces** 10
map **mapa** *m.* 2

March **marzo** *m.* 5
margarine **margarina** *f.* 8
marinated fish **ceviche** *m.* 8
lemon-marinated shrimp **ceviche** *m.* **de camarón** 8
marital status **estado** *m.* **civil** 9
market **mercado** *m.* 6
open-air market **mercado al aire libre** 6
marriage **matrimonio** *m.* 9
married **casado/a** *adj.* 9
get married (to) **casarse** *v.* **(con)** 9
I'll marry you! **¡Acepto casarme contigo!**
marvelous **maravilloso/a** *adj.* 5
massage **masaje** *m.* 15
masterpiece **obra maestra** *f.*
match (*sports*) **partido** *m.* 4
match (with) **hacer** *v.* **juego (con)** 6
mathematics **matemáticas** *f., pl.* 2
matter **importar** *v.* 7
maturity **madurez** *f.* 9
maximum **máximo/a** *adj.* 11
May **mayo** *m.* 5
May I leave a message? **¿Puedo dejar un recado?** 11
maybe **tal vez** 5; **quizás** 5
mayonnaise **mayonesa** *f.* 8
me **me** *sing., d.o. pron.* 5
to/for me **me** *sing., i.o. pron.* 6
meal **comida** *f.* 4, 8
means of communication **medios** *m., pl.* **de comunicación**
meat **carne** *f.* 8
mechanic **mecánico/a** *m., f.* 11
mechanic's repair shop **taller mecánico** 11
media **medios** *m., pl.* **de comunicación**
medical **médico/a** *adj.* 10
medication **medicamento** *m.* 10
medicine **medicina** *f.* 10
medium **mediano/a** *adj.*
meet (each other) **encontrar(se)** *v.* 11; **conocerse(se)** *v.* 8
meet up with **encontrarse con** 7
meeting **reunión** *f.*
menu **menú** *m.* 8
message **mensaje** *m.*
Mexican **mexicano/a** *adj.* 3
Mexico **México** *m.* 1
microwave **microonda** *f.* 12
microwave oven **horno** *m.***de microondas** 12
middle age **madurez** *f.* 9
midnight **medianoche** *f.* 1
mile **milla** *f.* 11
milk **leche** *f.* 8
million **millón** *m.* 2
million of **millón de** 2
mine **mío(s)/a(s)** *poss.* 11
mineral **mineral** *m.* 15
mineral water **agua** *f.* **mineral** 8
minute **minuto** *m.* 1
mirror **espejo** *m.* 7
Miss **señorita (Srta.)** *f.* 1
miss **perder (e:ie)** *v.* 4; **extrañar** *v.*
mistaken **equivocado/a** *adj.*
modem **módem** *m.*
modern **moderno/a** *adj.*
mom **mamá** *f.* 3
Monday **lunes** *m., sing.* 2
money **dinero** *m.* 6
monitor **monitor** *m.* 11
monkey **mono** *m.* 13
month **mes** *m.* 5
monument **monumento** *m.* 4
moon **luna** *f.* 13
more **más** 2
more... than **más... que** 8
more than **más de (+ *number*)** 8
morning **mañana** *f.* 1
mother **madre** *f.* 3
mother-in-law **suegra** *f.* 3
motor **motor** *m.*
motorcycle **motocicleta** *f.* 5
mountain **montaña** *f.* 4
mouse **ratón** *m.* 11
mouth **boca** *f.* 10
move (*from one house to another*) **mudarse** *v.* 12
movie **película** *f.* 4
movie star **estrella** *f.* **de cine**
movie theater **cine** *m.* 4
MP3 player **reproductor** *m.* **de MP3** 11
Mr. **señor (Sr.)**; **don** *m.* 1
Mrs. **señora (Sra.)**; **doña** *f.* 1
much **mucho/a** *adj.* 2, 3
very much **muchísimo/a** *adj.* 2
mud **lodo** *m.*
murder **crimen** *m.*
muscle **músculo** *m.* 15
museum **museo** *m.* 4
mushroom **champiñón** *m.* 8
music **música** *f.* 2
musical **musical** *adj., m., f.*
musician **músico/a** *m., f.*
must **deber** *v.* **(+ *inf.*)** 3
It must be... **Debe ser...** 6
my **mi(s)** *poss. adj.* 3; **mío(s)/a(s)** *poss. pron.* 11

N

name **nombre** *m.* 1
be named **llamarse** *v.* 7
in the name of **a nombre de** 5
last name **apellido** *m.*
My name is... **Me llamo...** 1
name someone/something **ponerle el nombre** 9
napkin **servilleta** *f.* 12
national **nacional** *adj. m., f.*
nationality **nacionalidad** *f.* 1
natural **natural** *adj. m., f.* 13
natural disaster **desastre** *m.* **natural**
natural resource **recurso** *m.* **natural** 13
nature **naturaleza** *f.* 13
nauseated **mareado/a** *adj.* 10
near **cerca de** *prep.* 2
neaten **arreglar** *v.* 12
necessary **necesario/a** *adj.* 12
It is necessary that... **Hay que...** 12, 14
neck **cuello** *m.* 10
need **faltar** *v.* 7; **necesitar** *v.* **(+ *inf.*)** 2
neighbor **vecino/a** *m., f.* 12
neighborhood **barrio** *m.* 12
neither **tampoco** *adv.* 7
neither... nor **ni... ni** *conj.* 7
nephew **sobrino** *m.* 3
nervous **nervioso/a** *adj.* 5
network **red** *f.* 11
never **nunca** *adj.* 7; **jamás** 7
new **nuevo/a** *adj.* 6
newlywed **recién casado/a** *m., f.* 9
news **noticias** *f., pl.*; **actualidades** *f., pl.*; **noticia** *f.* 11
newscast **noticiero** *m.*
newspaper **periódico** 4; **diario** *m.*
next **próximo/a** *adj.* 3
next to **al lado de** *prep.* 2
nice **simpático/a** *adj.* 3; **amable** *adj. m., f.* 5
niece **sobrina** *f.* 3
night **noche** *f.* 1
night stand **mesita** *f.* **de noche** 12
nine **nueve** 1
nine hundred **novecientos/as** 2
nineteen **diecinueve** 1
ninety **noventa** 2
ninth **noveno/a** 5
no **no** 1; **ningún, ninguno/a(s)** *adj.* 7
no one **nadie** *pron.* 7
No problem. **No hay problema.**
nobody **nadie** 7
none **ningún, ninguno/a(s)** *adj.* 7
noon **mediodía** *m.* 1
nor **ni** *conj.* 7
north **norte** *m.* 14
to the north **al norte** 14
nose **nariz** *f.* 10
not **no** 1
not any **ningún, ninguno/a(s)** *adj.* 7
not anyone **nadie** *pron.* 7
not anything **nada** *pron.* 7
not bad at all **nada mal** 5
not either **tampoco** *adv.* 7

not ever **nunca** *adv.* 7; **jamás** *adv.* 7
not very well **no muy bien** 1
not working **descompuesto/a** *adj.* 11
outside **afuera** *adv.* 5
notebook **cuaderno** *m.* 1
nothing **nada** 1; 7
noun **sustantivo** *m.*
November **noviembre** *m.* 5
now **ahora** *adv.* 2
nowadays **hoy día** *adv.*
nuclear **nuclear** *adj. m., f.* 13
nuclear energy **energía nuclear** 13
number **número** *m.* 1
nurse **enfermero/a** *m., f.* 10
nutrition **nutrición** *f.* 15
nutritionist **nutricionista** *m., f.* 15

O

o'clock: It's... o'clock **Son las...** 1
It's one o'clock. **Es la una.** 1
obey **obedecer** *v.*
obligation **deber** *m.*
obtain **conseguir (e:i)** *v.* 4; **obtener** *v.*
obvious **obvio/a** *adj.* 13
it's obvious **es obvio** 13
occupation **ocupación** *f.*
occur **ocurrir** *v.*
October **octubre** *m.* 5
of **de** *prep.* 1
Of course. **Claro que sí.; Por supuesto.**
offer **ofrecer (c:zc)** *v.* 6
office **oficina** *f.* 12
doctor's office **consultorio** *m.* 10
often **a menudo** *adv.* 10
Oh! **¡Ay!**
oil **aceite** *m.* 8
OK **regular** *adj.* 1
It's okay. **Está bien.**
old **viejo/a** *adj.* 3
old age **vejez** *f.* 9
older **mayor** *adj. m., f.* 3
older brother, sister **hermano/a mayor** *m., f.* 3
oldest **el/la mayor** 8
on **en** *prep.* 2; **sobre** *prep.* 2
on behalf of **por** *prep.* 11
on the dot **en punto** 1
on time **a tiempo** 10
on top of **encima de** 2
once **una vez** 6
one **un, uno/a** *m., f., sing. pron.* 1
one hundred **cien(to)** 2
one million **un millón** *m.* 2
one more time **una vez más** 9
one thousand **mil** 2
one time **una vez** 6
onion **cebolla** *f.* 8
only **sólo** *adv.* 3; **único/a** *adj.* 3
only child **hijo/a único/a** *m., f.* 3
open **abierto/a** *adj.* 5, 14; **abrir** *v.* 3
open-air **al aire libre** 6
opera **ópera** *f.*
operation **operación** *f.* 10
opposite **enfrente de** *prep.* 14
or **o** *conj.* 7
orange **anaranjado/a** *adj.* 6; **naranja** *f.* 8
orchestra **orquesta** *f.*
order **mandar** 12; (*food*) **pedir (e:i)** *v.* 8
in order to **para** *prep.* 11
orderly **ordenado/a** *adj.* 5
ordinal (*numbers*) **ordinal** *adj.*
organize oneself **organizarse** *v.* 12
other **otro/a** *adj.* 6
ought to **deber** *v.* **(+ *inf.*)** *adj.* 3
our **nuestro(s)/a(s)** *poss. adj.* 3; *poss. pron.* 11
out of order **descompuesto/a** *adj.* 11
outside **afuera** *adv.* 5
outskirts **afueras** *f., pl.* 12
oven **horno** *m.* 12
over **sobre** *prep.* 2
(over)population **(sobre)población** *f.* 13
over there **allá** *adv.* 2
own **propio/a** *adj.*
owner **dueño/a** *m., f.* 8

P

p.m. **tarde** *f.* 1
pack (one's suitcases) **hacer** *v.* **las maletas** 5
package **paquete** *m.* 14
page **página** *f.* 11
pain **dolor** *m.* 10
have a pain **tener** *v.* **dolor** 10
paint **pintar** *v.*
painter **pintor(a)** *m., f.*
painting **pintura** *f.* 12
pair **par** *m.* 6
pair of shoes **par** *m.* **de zapatos** 6
pale **pálido/a** *adj.* 14
pants **pantalones** *m., pl.* 6
pantyhose **medias** *f., pl.* 6
paper **papel** *m.* 2; (*report*) **informe** *m.*
Pardon me. (*May I?*) **Con permiso.** 1; (*Excuse me.*)
Pardon me. **Perdón.** 1
parents **padres** *m., pl.* 3; **papás** *m., pl.* 3
park **estacionar** *v.* 11; **parque** *m.* 4
parking lot **estacionamiento** *m.* 14
partner (*one of a married couple*) **pareja** *f.* 9
party **fiesta** *f.* 9
passed **pasado/a** *p.p.*
passenger **pasajero/a** *m., f.* 1
passport **pasaporte** *m.* 5
past **pasado/a** *adj.* 6
pastime **pasatiempo** *m.* 4
pastry shop **pastelería** *f.* 14
patient **paciente** *m., f.* 10
patio **patio** *m.* 12
pay **pagar** *v.* 6
pay in cash **pagar** *v.* **al contado; pagar en efectivo** 14
pay in installments **pagar** *v.* **a plazos** 14
pay the bill **pagar la cuenta** 9
pea **arveja** *m.* 8
peace **paz** *f.*
peach **melocotón** *m.* 8
peak **cima** *f.* 15
pear **pera** *f.* 8
pen **pluma** *f.* 2
pencil **lápiz** *m.* 1
penicillin **penicilina** *f.* 10
people **gente** *f.* 3
pepper (*black*) **pimienta** *f.* 8
per **por** *prep.* 11
perfect **perfecto/a** *adj.* 5
period of time **temporada** *f.* 5
person **persona** *f.* 3
pharmacy **farmacia** *f.* 10
phenomenal **fenomenal** *adj.* 5
photograph **foto(grafía)** *f.* 1
physical (exam) **examen** *m.* **médico** 10
physician **doctor(a), médico/a** *m., f.* 3
physics **física** *f. sing.* 2
pick up **recoger** *v.* 13
picture **cuadro** *m.* 12; **pintura** *f.* 12
pie **pastel** *m.* 9
pill (tablet) **pastilla** *f.* 10
pillow **almohada** *f.* 12
pineapple **piña** *f.* 8
pink **rosado/a** *adj.* 6
place **lugar** *m.* 2, 4; **sitio** *m.* 3; **poner** *v.* 4
plaid **de cuadros** 6
plans **planes** *m., pl.* 4
have plans **tener planes** 4
plant **planta** *f.* 13
plastic **plástico** *m.* 13
(made) of plastic **de plástico** 13
plate **plato** *m.* 12
play **drama** *m.*; **comedia** *f.*; **jugar (u:ue)** *v.* 4; (*a musical instrument*) **tocar** *v.*; (*a role*) **hacer el papel de**; (*cards*) **jugar a (las cartas)** 5; (*sports*) **practicar deportes** 4
player **jugador(a)** *m., f.* 4
playwright **dramaturgo/a** *m., f.*
plead **rogar (o:ue)** *v.* 12
pleasant **agradable** *adj.* 5

please **por favor** 1
Pleased to meet you. **Mucho gusto.** 1; **Encantado/a.** *adj.* 1
pleasing: be pleasing to **gustar** *v.* 7
pleasure **gusto** *m.* 1; **placer** *m.* 15
  It's a pleasure to… **Gusto de** *(+ inf.)*
  It's been a pleasure. **Ha sido un placer.** 15
  The pleasure is mine. **El gusto es mío.** 1
poem **poema** *m.*
poet **poeta** *m., f.*
poetry **poesía** *f.*
police (force) **policía** *f.* 11
political **político/a** *adj.*
politician **político/a** *m., f.*
politics **política** *f.*
polka-dotted **de lunares** 6
poll **encuesta** *f.*
pollute **contaminar** *v.* 13
polluted **contaminado/a** *m., f.* 13
  be polluted **estar contaminado/a** 13
pollution **contaminación** *f.* 13
pool **piscina** *f.* 4
poor **pobre** *adj., m., f.* 6
  poor thing **pobrecito/a** *adj.* 3
popsicle **paleta helada** *f.* 4
population **población** *f.* 13
pork **cerdo** *m.* 8
  pork chop **chuleta** *f.* **de cerdo** 8
portable **portátil** *adj.* 11
  portable computer **computadora** *f.* **portátil** 11
position **puesto** *m.*
possessive **posesivo/a** *adj.* 3
possible **posible** *adj.* 13
  it's (not) possible **(no) es posible** 13
post office **correo** *m.* 14
postcard **postal** *f.* 4
poster **cartel** *m.* 12
potato **papa** *f.* 8; **patata** *f.* 8
pottery **cerámica** *f.*
practice **entrenarse** *v.* 15; **practicar** *v.* 2; (a degree/profession) **ejercer** *v.*
prefer **preferir (e:ie)** *v.* 4
pregnant **embarazada** *adj. f.* 10
prepare **preparar** *v.* 2
preposition **preposición** *f.*
prescribe *(medicine)* **recetar** *v.* 10
prescription **receta** *f.* 10
present **regalo** *m.*; **presentar** *v.*
press **prensa** *f.*
pressure **presión** *f.*
  be under a lot of pressure **sufrir muchas presiones** 15
pretty **bonito/a** *adj.* 3; **bastante** *adv.* 13
price **precio** *m.* 6
  (fixed, set) price **precio** *m.* **fijo** 6
print **estampado/a** *adj.*; **imprimir** *v.* 11
printer **impresora** *f.* 11
private *(room)* **individual** *adj.*
prize **premio** *m.*
probable **probable** *adj.* 13
  it's (not) probable **(no) es probable** 13
problem **problema** *m.* 1
profession **profesión** *f.* 3
professor **profesor(a)** *m., f.*
program **programa** *m.* 1
programmer **programador(a)** *m., f.* 3
prohibit **prohibir** *v.* 10
project **proyecto** *m.* 11
promotion *(career)* **ascenso** *m.*
pronoun **pronombre** *m.*
protect **proteger** *v.* 13
protein **proteína** *f.* 15
provided (that) **con tal (de) que** *conj.* 13
psychologist **psicólogo/a** *m., f.*
psychology **psicología** *f.* 2
publish **publicar** *v.*
Puerto Rican **puertorriqueño/a** *adj.* 3
Puerto Rico **Puerto Rico** *m.* 1
pull a tooth **sacar una muela**
purchases **compras** *f., pl.* 5
pure **puro/a** *adj.* 13
purple **morado/a** *adj.* 6
purse **bolsa** *f.* 6
put **poner** *v.* 4; **puesto/a** *p.p.* 14
  put (a letter) in the mailbox **echar (una carta) al buzón** 14
  put on *(a performance)* **presentar** *v.*
  put on *(clothing)* **ponerse** *v.* 7
  put on makeup **maquillarse** *v.* 7

Q

quality **calidad** *f.* 6
quarter *(academic)* **trimestre** *m.* 2
  quarter after *(time)* **y cuarto** 1; **y quince** 1
  quarter to *(time)* **menos cuarto** 1; **menos quince** 1
question **pregunta** *f.* 2
quickly **rápido** *adv.* 10
quiet **tranquilo/a** *adj.* 15
quit **dejar** *v.*
quiz **prueba** *f.* 2

R

racism **racismo** *m.*
radio *(medium)* **radio** *f.* 2
  radio (set) **radio** *m.* 11
rain **llover (o:ue)** *v.* 5; **lluvia** *f.* 13
  It's raining. **Llueve.** 5; **Está lloviendo.** 5
raincoat **impermeable** *m.* 6
rainforest **bosque** *m.* **tropical** 13
raise *(salary)* **aumento** *m.* **de sueldo**
rather **bastante** *adv.* 10
reality show **programa** *m.* **de realidad**
read **leer** *v.* 3; **leído/a** *p.p.* 14
  read e-mail **leer correo electrónico** 4
  read a magazine **leer una revista** 4
  read a newspaper **leer un periódico** 4
ready **listo/a** *adj.* 5
  (Are you) ready? **¿(Están) listos?** 15
reap the benefits (of) *v.* **disfrutar** *v.* **(de)** 15
receive **recibir** *v.* 3
recommend **recomendar (e:ie)** *v.* 8; 12
record **grabar** *v.* 11
recover **recuperar** *v.* 11
recreation **diversión** *f.* 4
recycle **reciclar** *v.* 13
recycling **reciclaje** *m.* 13
red **rojo/a** *adj.* 6
red-haired **pelirrojo/a** *adj.* 3
reduce **reducir** *v.* 13; **disminuir** *v.*
  reduce stress/tension **aliviar el estrés/la tensión** 15
refrigerator **refrigerador** *m.* 12
region **región** *f.* 13
regret **sentir (e:ie)** *v.* 13
related to sitting **sedentario/a** *adj.* 15
relatives **parientes** *m., pl.* 3
relax **relajarse** *v.* 9
  Relax, sweetie. **Tranquilo/a, cariño.** 11
remain **quedarse** *v.* 7
remember **acordarse (o:ue)** *v.* **(de)** 7; **recordar (o:ue)** *v.* 4
remote control **control remoto** *m.* 11
renewable **renovable** *adj.* 13
rent **alquilar** *v.* 12; (payment) **alquiler** *m.* 12
repeat **repetir (e:i)** *v.* 4
report **informe** *m.*; **reportaje** *m.*
reporter **reportero/a** *m., f.*
representative **representante** *m., f.*
request **pedir (e:i)** *v.* 4
reservation **reservación** *f.* 5
resign (from) **renunciar (a)** *v.*
resolve **resolver (o:ue)** *v.* 13
resolved **resuelto/a** *p.p.* 14
resource **recurso** *m.* 13
responsibility **deber** *m.*; **responsabilidad** *f.*
responsible **responsable** *adj.* 8
rest **descansar** *v.* 2
restaurant **restaurante** *m.* 4
résumé **currículum** *m.*

retire (from work) **jubilarse** *v.* 9
return **regresar** *v.* 2; **volver (o:ue)** *v.* 4
returned **vuelto/a** *p.p.* 14
rice **arroz** *m.* 8
rich **rico/a** *adj.* 6
ride a bicycle **pasear** *v.* **en bicicleta** 4
ride a horse **montar** *v.* **a caballo** 5
ridiculous **ridículo/a** *adj.* 13
it's ridiculous **es ridículo** 13
right **derecha** *f.* 2
be right **tener razón** 3
right? (*question tag*) **¿no?** 1; **¿verdad?** 1
right away **enseguida** *adv.*
right here **aquí mismo** 11
right now **ahora mismo** 5
right there **allí mismo** 14
to the right of **a la derecha de** 2
rights **derechos** *m.*
ring **anillo** *m.*
ring (*a doorbell*) **sonar (o:ue)** *v.* 11
river **río** *m.* 13
road **camino** *m.*
roast **asado/a** *adj.* 8
roast chicken **pollo** *m.* **asado** 8
rollerblade **patinar en línea** *v.*
romantic **romántico/a** *adj.*
room **habitación** *f.* 5; **cuarto** *m.* 2; 7
living room **sala** *f.* 12
roommate **compañero/a** *m., f.* **de cuarto** 2
roundtrip **de ida y vuelta** 5
roundtrip ticket **pasaje** *m.* **de ida y vuelta** 5
routine **rutina** *f.* 7
rug **alfombra** *f.* 12
run **correr** *v.* 3
run errands **hacer diligencias** 14
run into (*have an accident*) **chocar (con)** *v.*; (*meet accidentally*) **encontrar(se) (o:ue)** *v.* 11; (*run into something*) **darse (con)** 10
run into (each other) **encontrar(se) (o:ue)** *v.* 11
rush **apurarse, darse prisa** *v.* 15
Russian **ruso/a** *adj.* 3

S

sad **triste** *adj.* 5; 13
it's sad **es triste** 13
safe **seguro/a** *adj.* 5
said **dicho/a** *p.p.* 14
sailboard **tabla de windsurf** *f.* 5
salad **ensalada** *f.* 8
salary **salario** *m.*; **sueldo** *m.*
sale **rebaja** *f.* 6
salesperson **vendedor(a)** *m., f.* 6
salmon **salmón** *m.* 8
salt **sal** *f.* 8
same **mismo/a** *adj.* 3
sandal **sandalia** *f.* 6
sandwich **sándwich** *m.* 8
Saturday **sábado** *m.* 2
sausage **salchicha** *f.* 8
save (*on a computer*) **guardar** *v.* 11; save (money) **ahorrar** *v.* 14
savings **ahorros** *m.* 14
savings account **cuenta** *f.* **de ahorros** 14
say **decir** *v.* 4; **declarar** *v.*
say (that) **decir (que)** *v.* 4, 9
say the answer **decir la respuesta** 4
scan **escanear** *v.* 11
scarcely **apenas** *adv.* 10
scared: be (very) scared (of) **tener (mucho) miedo (de)** 3
schedule **horario** *m.* 2
school **escuela** *f.* 1
science *f.* **ciencia** 2
science fiction **ciencia ficción** *f.*
scientist **científico/a** *m., f.*
scream **grito** *m.* 5; **gritar** *v.* 7
screen **pantalla** *f.* 11
scuba dive **bucear** *v.* 4
sculpt **esculpir** *v.*
sculptor **escultor(a)** *m., f.*
sculpture **escultura** *f.*
sea **mar** *m.* 5
(sea) turtle **tortuga (marina)** *f.* 13
season **estación** *f.* 5
seat **silla** *f.* 2
second **segundo/a** 5
secretary **secretario/a** *m., f.*
sedentary **sedentario/a** *adj.* 15
see **ver** *v.* 4
see (you, him, her) again **volver a ver(te, lo, la)**
see movies **ver películas** 4
See you. **Nos vemos.** 1
See you later. **Hasta la vista.** 1; **Hasta luego.** 1
See you soon. **Hasta pronto.** 1
See you tomorrow. **Hasta mañana.** 1
seem **parecer** *v.* 6
seen **visto/a** *p.p.* 14
sell **vender** *v.* 6
semester **semestre** *m.* 2
send **enviar; mandar** *v.* 14
separate (from) **separarse** *v.* **(de)** 9
separated **separado/a** *adj.* 9
September **septiembre** *m.* 5
sequence **secuencia** *f.*
serious **grave** *adj.* 10
serve **servir (e:i)** *v.* 8
service **servicio** *m.* 15
set (*fixed*) **fijo** *adj.* 6
set the table **poner la mesa** 12
seven **siete** 1
seven hundred **setecientos/as** 2
seventeen **diecisiete** 1
seventh **séptimo/a** 5
seventy **setenta** 2
several **varios/as** *adj. pl.* 8
sexism **sexismo** *m.*
shame **lástima** *f.* 13
it's a shame **es una lástima** 13
shampoo **champú** *m.* 7
shape **forma** *f.* 15
be in good shape **estar en buena forma** 15
stay in shape **mantenerse en forma** 15
share **compartir** *v.* 3
sharp (*time*) **en punto** 1
shave **afeitarse** *v.* 7
shaving cream **crema** *f.* **de afeitar** 5, 7
she **ella** 1
shellfish **mariscos** *m., pl.* 8
ship **barco** *m.*
shirt **camisa** *f.* 6
shoe **zapato** *m.* 6
shoe size **número** *m.* 6
shoe store **zapatería** *f.* 14
tennis shoes **zapatos** *m., pl.* **de tenis** 6
shop **tienda** *f.* 6
shopping, to go **ir de compras** 5
shopping mall **centro comercial** *m.* 6
short (*in height*) **bajo/a** *adj.* 3; (*in length*) **corto/a** *adj.* 6
short story **cuento** *m.*
shorts **pantalones cortos** *m., pl.* 6
should (*do something*) **deber** *v.* **(+ *inf.*)** 3
shout **gritar** *v.* 7
show **espectáculo** *m.*; **mostrar (o:ue)** *v.* 4
game show **concurso** *m.*
shower **ducha** *f.* 7; **ducharse** *v.* 7
shrimp **camarón** *m.* 8
siblings **hermanos/as** *pl.* 3
sick **enfermo/a** *adj.* 10
be sick **estar enfermo/a** 10
get sick **enfermarse** *v.* 10
sign **firmar** *v.* 14; **letrero** *m.* 14
silk **seda** *f.* 6
(made of) **de seda** 6
silly **tonto/a** *adj.* 3
since **desde** *prep.*
sing **cantar** *v.* 2
singer **cantante** *m., f.*
single **soltero/a** *adj.* 9
single room **habitación** *f.* **individual** 5
sink **lavabo** *m.* 7
sir **señor (Sr.), don** *m.* 1; **caballero** *m.* 8
sister **hermana** *f.* 3
sister-in-law **cuñada** *f.* 3
sit down **sentarse (e:ie)** *v.* 7
six **seis** 1
six hundred **seiscientos/as** 2
sixteen **dieciséis** 1
sixth **sexto/a** 5
sixty **sesenta** 2
size **talla** *f.* 6
shoe size *m.* **número** 6

(in-line) skate **patinar (en línea)** 4
skateboard **andar en patineta** *v.* 4
ski **esquiar** *v.* 4
skiing **esquí** *m.* 4
water-skiing **esquí** *m.* **acuático** 4
skirt **falda** *f.* 6
skull made out of sugar **calavera de azúcar** *f.* 9
sky **cielo** *m.* 13
sleep **dormir (o:ue)** *v.* 4; **sueño** *m.* 3
go to sleep **dormirse (o:ue)** *v.* 7
sleepy: be (very) sleepy **tener (mucho) sueño** 3
slender **delgado/a** *adj.* 3
slim down **adelgazar** *v.* 15
slippers **pantuflas** *f.* 7
slow **lento/a** *adj.* 11
slowly **despacio** *adv.* 10
small **pequeño/a** *adj.* 3
smart **listo/a** *adj.* 5
smile **sonreír (e:i)** *v.* 9
smiled **sonreído** *p.p.* 14
smoggy: It's (very) smoggy. **Hay (mucha) contaminación.** 4
smoke **fumar** *v.* 8; 15
(not) to smoke **(no) fumar** 15
smoking section **sección** *f.* **de fumar** 8
(non) smoking section *f.* **sección de (no) fumar** 8
snack **merendar** *v.* 8; 15;
afternoon snack **merienda** *f.* 15
have a snack **merendar** *v.*
sneakers **los zapatos de tenis** 6
sneeze **estornudar** *v.* 10
snow **nevar (e:ie)** *v.* 5; **nieve** *f.*
snowing: It's snowing. **Nieva.** 5; **Está nevando.** 5
so (*in such a way*) **así** *adv.* 10; **tan** *adv.* 5; **tan** *adv.* 5, 7
so much **tanto** *adv.*
so-so **regular** 1
so that **para que** *conj.* 13
soap **jabón** *m.* 7
soap opera **telenovela** *f.*
soccer **fútbol** *m.* 4
sociology **sociología** *f.* 2
sock(s) **calcetín (calcetines)** *m.* 6
sofa **sofá** *m.* 12
soft drink **refresco** *m.* 8
software **programa** *m.* **de computación** 11
soil **tierra** *f.* 13
solar **solar** *adj., m., f.* 13
solar energy **energía solar** 13
soldier **soldado** *m., f.*
solution **solución** *f.* 13
solve **resolver (o:ue)** *v.* 13
some **algún, alguno/a(s)** *adj.* 7; **unos/as** *pron./ m., f., pl; indef. art.* 1
somebody **alguien** *pron.* 7
someone **alguien** *pron.* 7
something **algo** *pron.* 7
sometimes **a veces** *adv.* 10
son **hijo** *m.* 3
song **canción** *f.*
son-in-law **yerno** *m.* 3
soon **pronto** *adv.* 10
See you soon. **Hasta pronto.** 1
sorry: be sorry **sentir (e:ie)** *v.* 13
I'm sorry. **Lo siento.** 1
soul **alma** *f.* 9
soup **caldo** *m.* **sopa** *f.*
south **sur** *m.* 14
to the south **al sur** 14
Spain **España** *f.* 1
Spanish (*language*) **español** *m.* 2; **español(a)** *adj.* 3
spare (free) time **ratos libres** 4
speak **hablar** *v.* 2
Speaking. (*on the telephone*) **Con él/ella habla.** 11
special: today's specials **las especialidades del día** 8
spectacular **espectacular** *adj. m., f.* 15
speech **discurso** *m.*
speed **velocidad** *f.* 11
speed limit **velocidad** *f.* **máxima** 11
spelling **ortografía** *f.*, **ortográfico/a** *adj.*
spend (*money*) **gastar** *v.* 6
spoon (*table or large*) **cuchara** *f.* 12
sport **deporte** *m.* 4
sports-related **deportivo/a** *adj.* 4
spouse **esposo/a** *m., f.* 3
sprain (one's ankle) **torcerse (o:ue)** *v.* **(el tobillo)** 10
sprained **torcido/a** *adj.* 10
be sprained **estar torcido/a** 10
spring **primavera** *f.* 5
(city or town) square **plaza** *f.* 4
stadium **estadio** *m.* 2
stage **etapa** *f.* 9
stairs **escalera** *f.* 12
stairway **escalera** *f.* 12
stamp **estampilla** *f.* 14; **sello** *m.* 14
stand in line **hacer** *v.* **cola** 14
star **estrella** *f.* 13
start (*a vehicle*) **arrancar** *v.* 11
station **estación** *f.* 5
statue **estatua** *f.*
status: marital status **estado** *m.* **civil** 9
stay **quedarse** *v.* 7
stay in shape **mantenerse en forma** 15
steak **bistec** *m.* 8
steering wheel **volante** *m.* 11
step **escalón** *m.* 15
stepbrother **hermanastro** *m.* 3
stepdaughter **hijastra** *f.* 3
stepfather **padrastro** *m.* 3
stepmother **madrastra** *f.* 3
stepsister **hermanastra** *f.* 3
stepson **hijastro** *m.* 3
stereo **estéreo** *m.* 11
still **todavía** *adv.* 5
stockbroker **corredor(a)** *m., f.* **de bolsa**
stockings **medias** *f., pl.* 6
stomach **estómago** *m.* 10
stone **piedra** *f.* 13
stop **parar** *v.* 11
stop (*doing something*) **dejar de (+ *inf.*)** 13
store **tienda** *f.* 6
storm **tormenta** *f.*
story **cuento** *m.*; **historia** *f.*
stove **cocina, estufa** *f.* 9, 12
straight **derecho** *adj.* 14
straight (ahead) **derecho** 14
straighten up **arreglar** *v.* 12
strange **extraño/a** *adj.* 13
it's strange **es extraño** 13
strawberry **frutilla** *f.* 8, **fresa**
street **calle** *f.* 11
stress **estrés** *m.* 15
stretching **estiramiento** *m.* 15
do stretching exercises **hacer ejercicios**; *m. pl.* **de estiramiento** 15
strike (*labor*) **huelga** *f.*
stripe **raya** *f.* 6
striped **de rayas** 6
stroll **pasear** *v.* 4
strong **fuerte** *adj. m. f.* 15
struggle (for/against) **luchar** *v.* **(por/contra)**
student **estudiante** *m., f.* 1; 2; **estudiantil** *adj.* 2
study **estudiar** *v.* 2
stuffed-up (*sinuses*) **congestionado/a** *adj.* 10
stupendous **estupendo/a** *adj.* 5
style **estilo** *m.*
suburbs **afueras** *f., pl.* 12
subway **metro** *m.* 5
subway station **estación** *f.* **del metro** 5
success **éxito** *m.*
successful: be successful **tener éxito**
such as **tales como**
suddenly **de repente** *adv.* 6
suffer **sufrir** *v.* 10
suffer an illness **sufrir una enfermedad** 10
sugar **azúcar** *m.* 8
suggest **sugerir (e:ie)** *v.* 12
suit **traje** *m.* 6
suitcase **maleta** *f.* 1
summer **verano** *m.* 5
sun **sol** *m.* 5; 13
sunbathe **tomar** *v.* **el sol** 4
Sunday **domingo** *m.* 2
(sun)glasses **gafas** *f., pl.* **(oscuras/de sol)** 6; **lentes** *m. pl.* **(de sol)** 6
sunny: It's (very) sunny. **Hace (mucho) sol.** 5
supermarket **supermercado** *m.* 14
suppose **suponer** *v.* 4

sure **seguro/a** *adj.* 5
be sure **estar seguro/a** 5
surf (*the Internet*) **navegar** *v.* **(en Internet)** 11
surfboard **tabla de surf** *f.* 5
surprise **sorprender** *v.* 9; **sorpresa** *f.* 9
survey **encuesta** *f.*
sweat **sudar** *v.* 15
sweater **suéter** *m.* 6
sweep the floor **barrer el suelo** 12
sweets **dulces** *m., pl.* 9
swim **nadar** *v.* 4
swimming **natación** *f.* 4
swimming pool **piscina** *f.* 4
symptom **síntoma** *m.* 10

T

table **mesa** *f.* 2
tablespoon **cuchara** *f.* 12
tablet (*pill*) **pastilla** *f.* 10
take **tomar** *v.* 2; **llevar** *v.* 6;
take care of **cuidar** *v.* 13
take someone's temperature **tomar** *v.* **la temperatura** 10
take (*wear*) a shoe size **calzar** *v.* 6
take a bath **bañarse** *v.* 7
take a shower **ducharse** *v.* 7
take off **quitarse** *v.* 7
take out the trash *v.* **sacar la basura** 12
take photos **tomar** *v.* **fotos** 5; **sacar** *v.* **fotos** 5
talented **talentoso/a** *adj.*
talk **hablar** *v.* 2
talk show **programa** *m.* **de entrevistas**
tall **alto/a** *adj.* 3
tank **tanque** *m.* 11
taste **probar (o:ue)** *v.* 8; **saber** *v.* 8
taste like **saber a** 8
tasty **rico/a** *adj.* 8; **sabroso/a** *adj.* 8
tax **impuesto** *m.*
taxi **taxi** *m.* 5
tea **té** *m.* 8
teach **enseñar** *v.* 2
teacher **profesor(a)** *m., f.* 1, 2; **maestro/a** *m., f.*
team **equipo** *m.* 4
technician **técnico/a** *m., f.*
telecommuting **teletrabajo** *m.*
telephone **teléfono** 11
(cell) phone **(teléfono)** *m.* **celular** 11
television **televisión** *f.* 2; 11
television set **televisor** *m.* 11
tell **contar** *v.* 4; **decir** *v.* 4
tell (that) **decir** *v.* **(que)** 4, 9
tell lies **decir mentiras** 4
tell the truth **decir la verdad** 4
temperature **temperatura** *f.* 10
ten **diez** 1
tennis **tenis** *m.* 4
tennis shoes **zapatos** *m., pl.* **de tenis** 6
tension **tensión** *f.* 15
tent **tienda** *f.* **de campaña**
tenth **décimo/a** 5
terrible **terrible** *adj. m., f.* 13
it's terrible **es terrible** 13
terrific **chévere** *adj.*
test **prueba** *f.* 2; **examen** *m.* 2
text message **mensaje** *m.* **de texto** 11
Thank you. **Gracias.** *f., pl.* 1
Thank you (very much). **(Muchas) gracias.** 1
Thank you very, very much. **Muchísimas gracias.** 9
Thanks (a lot). **(Muchas) gracias.** 1
Thanks for having me. **Gracias por invitarme.** 9
that **que, quien(es), lo que** *pron.* 12
that (one) **ése, ésa, eso** *pron.* 6; **ese, esa,** *adj.* 6
that (*over there*) **aquél, aquélla, aquello** *pron.* 6; **aquel, aquella** *adj.* 6
that which **lo que** *conj.* 12
that's me **soy yo**
that's why **por eso** 11
the **el** *m.*, **la** *f. sing.*, **los** *m.*, **las** *f., pl.* 1
theater **teatro** *m.*
their **su(s)** *poss. adj.* 3; **suyo(s)/a(s)** *poss. pron.* 11
them **los/las** *pl., d.o. pron.* 5
to/for them **les** *pl., i.o. pron.* 6
then (*afterward*) **después** *adv.* 7; (*as a result*) **entonces** *adv.* 5, 7; (*next*) **luego** *adv.* 7; **pues** *adv.* 15
there **allí** *adv.* 2
There is/are... **Hay...** 1; There is/are not... **No hay...** 1
therefore **por eso** 11
these **éstos, éstas** *pron.* 6; **estos, estas** *adj.* 6
they **ellos** *m.*, **ellas** *f. pron.*
They all told me to ask you to excuse them/forgive them. **Todos me dijeron que te pidiera disculpas de su parte.**
thin **delgado/a** *adj.* 3
thing **cosa** *f.* 1
think **pensar (e:ie)** *v.* 4; (believe) **creer** *v.*
think about **pensar en** *v.* 4
third **tercero/a** 5
thirst **sed** *f.* 3
thirsty: be (very) thirsty **tener (mucha) sed** 3
thirteen **trece** 1
thirty **treinta** 1, 2; thirty (*minutes past the hour*) **y treinta; y media** 1
this **este, esta** *adj.*; **éste, ésta, esto** *pron.* 6
This is... (*introduction*) **Éste/a es...** 1
This is he/she. (*on telephone*) **Con él/ella habla.** 11
those **ésos, ésas** *pron.* 6; **esos, esas** *adj.* 6
those (over there) **aquéllos, aquéllas** *pron.* 6; **aquellos, aquellas** *adj.* 6
thousand **mil** *m.* 6
three **tres** 1
three hundred **trescientos/as** 2
throat **garganta** *f.* 10
through **por** *prep.* 11
throughout: throughout the world **en todo el mundo** 13
Thursday **jueves** *m., sing.* 2
thus (*in such a way*) **así** *adj.*
ticket **boleto** *m.* 2; **pasaje** *m.* 5
tie **corbata** *f.* 6
time **vez** *f.* 6; **tiempo** *m.* 4
have a good/bad time **pasarlo bien/mal** 9
I've had a fantastic time. **Lo he pasado de película.**
What time is it? **¿Qué hora es?** 1
(At) What time...? **¿A qué hora...?** 1
times **veces** *f., pl.* 6
many times **muchas veces** 10
two times **dos veces** 6
tip **propina** *f.* 9
tire **llanta** *f.* 11
tired **cansado/a** *adj.* 5
be tired **estar cansado/a** 5
to **a** *prep.* 1
toast (*drink*) **brindar** *v.* 9
toast **pan** *m.* **tostado**
toasted **tostado/a** *adj.* 8
toasted bread **pan tostado** *m.* 8
toaster **tostadora** *f.* 12
today **hoy** *adv.* 2
Today is... **Hoy es...** 2
toe **dedo** *m.* **del pie** 10
together **juntos/as** *adj.* 9
toilet **inodoro** *m.* 7
tomato **tomate** *m.* 8
tomorrow **mañana** *f.* 1
See you tomorrow. **Hasta mañana.** 1
tonight **esta noche** *adv.* 4
too **también** *adv.* 2; 7
too much **demasiado** *adv.* 6; **en exceso** 15
tooth **diente** *m.* 7
toothpaste **pasta** *f.* **de dientes** 7
top **cima** *f.* 15
to the top **hasta arriba** 15
tornado **tornado** *m.*
tortilla **tortilla** *f.* 8
touch **tocar** *v.*
touch screen **pantalla táctil** *f.* 11
tour **excursión** *f.* 4; **recorrido** *m.* 13
tour an area **recorrer** *v.*
tourism **turismo** *m.* 5
tourist **turista** *m., f.* 1; **turístico/a** *adj.*
toward **hacia** *prep.* 14; **para** *prep.* 11
towel **toalla** *f.* 7
town **pueblo** *m.* 4
trade **oficio** *m.*
traffic **circulación** *f.* 11; **tráfico** *m.* 11
traffic light **semáforo** *m.* 14
tragedy **tragedia** *f.*

trail **sendero** *m.* 13
trailhead **sendero** *m.* 13
train **entrenarse** *v.* 15; **tren** *m.* 5
train station **estación** *f.* **(de) tren** *m.* 5
trainer **entrenador(a)** *m., f.* 15
translate **traducir** *v.* 6
trash **basura** *f.* 12
travel **viajar** *v.* 2
travel agent **agente** *m., f.* **de viajes** 5
traveler **viajero/a** *m., f.* 5
(traveler's) check **cheque (de viajero)** 14
treadmill **cinta caminadora** *f.* 15
tree **árbol** *m.* 13
trillion **billón** *m.*
trimester **trimestre** *m.* 2
trip **viaje** *m.* 5
take a trip **hacer un viaje** 5
tropical forest **bosque** *m.* **tropical** 13
true **verdad** *adj.* 13
it's (not) true **(no) es verdad** 13
trunk **baúl** *m.* 11
truth **verdad** *f.*
try **intentar** *v.*; **probar (o:ue)** *v.* 8
try (*to do something*) **tratar de (+ *inf.*)** 15
try on **probarse (o:ue)** *v.* 7
t-shirt **camiseta** *f.* 6
Tuesday **martes** *m., sing.* 2
tuna **atún** *m.* 8
turkey **pavo** *m.* 8
turn **doblar** *v.* 14
turn off (*electricity/appliance*) **apagar** *v.* 11
turn on (*electricity/appliance*) **poner** *v.* 11; **prender** *v.* 11
twelve **doce** 1
twenty **veinte** 1
twenty-eight **veintiocho** 1
twenty-five **veinticinco** 1
twenty-four **veinticuatro** 1
twenty-nine **veintinueve** 1
twenty-one **veintiún, veintiuno/a** 1
twenty-seven **veintisiete** 1
twenty-six **veintiséis** 1
twenty-three **veintitrés** 1
twenty-two **veintidós** 1
twice **dos veces** 6
twin **gemelo/a** *m., f.* 3
twisted **torcido/a** *adj.* 10
be twisted **estar torcido/a** 10
two **dos** 1
two hundred **doscientos/as** 2
two times **dos veces** 6

U

ugly **feo/a** *adj.* 3
uncle **tío** *m.* 3
under **bajo** *adv.* 7; **debajo de** *prep.* 2
understand **comprender** *v.* 3; **entender (e:ie)** *v.* 4
underwear **ropa interior** 6
unemployment **desempleo** *m.*
unique **único/a** *adj.* 9
United States **Estados Unidos (EE.UU.)** *m. pl.* 1
university **universidad** *f.* 2
unless **a menos que** *adv.* 13
unmarried **soltero/a** *adj.*
unpleasant **antipático/a** *adj.* 3
until **hasta** *prep.* 6; **hasta que** *conj.* 13
up **arriba** *adv.* 15
urgent **urgente** *adj.* 12
It's urgent that... **Es urgente que...** 12
us **nos** *pl., d.o. pron.* 5
to/for us **nos** *pl., i.o. pron.* 6
use **usar** *v.* 6
used for **para** *prep.* 11
useful **útil** *adj. m., f.*

V

vacation **vacaciones** *f., pl.* 5
be on vacation **estar de vacaciones** 5
go on vacation **ir de vacaciones** 5
vacuum **pasar** *v.* **la aspiradora** 12
vacuum cleaner **aspiradora** *f.* 12
valley **valle** *m.* 13
various **varios/as** *adj. m., f. pl.* 8
vegetables **verduras** *pl., f.* 8
verb **verbo** *m.*
very **muy** *adv.* 1
very much **muchísimo** *adv.* 2
(Very) well, thank you. **(Muy) bien, gracias.** 1
video **video** *m.* 1, 11
video camera **cámara** *f.* **de video** 11
videoconference **videoconferencia** *f.*
video game **videojuego** *m.* 4
vinegar **vinagre** *m.* 8
violence **violencia** *f.*
visit **visitar** *v.* 4
visit monuments **visitar monumentos** 4
vitamin **vitamina** *f.* 15
voice mail **correo de voz** *m.* 11
volcano **volcán** *m.* 13
volleyball **vóleibol** *m.* 4
vote **votar** *v.*

W

wait (for) **esperar** *v.* **(+ *inf.*)** 2
waiter/waitress **camarero/a** *m., f.* 8
wake up **despertarse (e:ie)** *v.* 7
walk **caminar** *v.* 2
take a walk **pasear** *v.* 4; walk around **pasear por** 4
walkman ***walkman*** *m.*
wall **pared** *f.* 12; **muro** *m.* 15
wallet **cartera** *f.* 4, 6
want **querer (e:ie)** *v.* 4
war **guerra** *f.*
warm (oneself) up **calentarse (e:ie)** *v.* 15
wash **lavar** *v.* 12
wash one's face/hands **lavarse la cara/las manos** 7
wash (the floor, the dishes) **lavar (el suelo, los platos)** 12
wash oneself **lavarse** *v.* 7
washing machine **lavadora** *f.* 12
wastebasket **papelera** *f.* 2
watch **mirar** *v.* 2; **reloj** *m.* 2
watch television **mirar (la) televisión** 2
water **agua** *f.* 8
water pollution **contaminación del agua** 13
water-skiing **esquí** *m.* **acuático** 4
way **manera** *f.*
we **nosotros(as)** *m., f.* 1
weak **débil** *adj. m., f.* 15
wear **llevar** *v.* 6; **usar** *v.* 6
weather **tiempo** *m.*
The weather is bad. **Hace mal tiempo.** 5
The weather is good. **Hace buen tiempo.** 5
weaving **tejido** *m.*
Web **red** *f.* 11
website **sitio** *m.* **web** 11
wedding **boda** *f.* 9
Wednesday **miércoles** *m., sing.* 2
week **semana** *f.* 2
weekend **fin** *m.* **de semana** 4
weight **peso** *m.* 15
lift weights **levantar** *v.* **pesas** *f., pl.* 15
welcome **bienvenido(s)/a(s)** *adj.* 12
well: (Very) well, thanks. **(Muy) bien, gracias.** 1
well-being **bienestar** *m.* 15
well organized **ordenado/a** *adj.*
west **oeste** *m.* 14
to the west **al oeste** 14
western (*genre*) **de vaqueros**
whale **ballena** *f.* 13
what **lo que** *pron.* 12
what? **¿qué?** 1
At what time...? **¿A qué hora...?** 1
What a pleasure to...! **¡Qué gusto (+ *inf.*)...!**
What day is it? **¿Qué día es hoy?** 2
What do you guys think? **¿Qué les parece?** 9
What happened? **¿Qué pasó?** 11
What is today's date? **¿Cuál es la fecha de hoy?** 5

What nice clothes! **¡Qué ropa más bonita!** 6
What size do you take? **¿Qué talla lleva (usa)?** 6
What time is it? **¿Qué hora es?** 1
What's going on? **¿Qué pasa?** 1
What's happening? **¿Qué pasa?** 1
What's... like? **¿Cómo es...?** 3
What's new? **¿Qué hay de nuevo?** 1
What's the weather like? **¿Qué tiempo hace?** 5
What's up? **¿Qué onda?** 14
What's wrong? **¿Qué pasó?** 11
What's your name? **¿Cómo se llama usted?** *form.* 1
What's your name? **¿Cómo te llamas (tú)?** *fam.* 1
when **cuando** *conj.* 7; 13
When? **¿Cuándo?** 2
where **donde**
where (to)? (*destination*) **¿adónde?** 2; (*location*) **¿dónde?** 1
Where are you from? **¿De dónde eres (tú)?** (*fam.*) 1; **¿De dónde es (usted)?** (*form.*) 1
Where is...? **¿Dónde está...?** 2
(to) where? **¿adónde?** 2
which **que** *pron.*, **lo que** *pron.* 12
which? **¿cuál?** 2; **¿qué?** 2
In which...? **¿En qué...?** 2
which one(s)? **¿cuál(es)?** 2
while **mientras** *adv.* 10
white **blanco/a** *adj.* 6
white wine **vino blanco** 8
who **que** *pron.* 12; **quien(es)** *pron.* 12
who? **¿quién(es)?** 1
Who is...? **¿Quién es...?** 1
Who is speaking/calling? (*on telephone*) **¿De parte de quién?** 11
Who is speaking? (*on telephone*) **¿Quién habla?** 11
whole **todo/a** *adj.*
whom **quien(es)** *pron.* 12
whose? **¿de quién(es)?** 1
why? **¿por qué?** 2
widower/widow **viudo/a** *adj.* 9
wife **esposa** *f.* 3
win **ganar** *v.* 4
wind **viento** *m.* 5
window **ventana** *f.* 2
windshield **parabrisas** *m., sing.* 11
windy: It's (very) windy. **Hace (mucho) viento.** 5
wine **vino** *m.* 8
red wine **vino tinto** 8
white wine **vino blanco** 8
wineglass **copa** *f.* 12
winter **invierno** *m.* 5
wireless (connection) **conexión inalámbrica** *f.* 11
wish **desear** *v.* 2; **esperar** *v.* 13
I wish (that) **ojalá (que)** 13
with **con** *prep.* 2
with me **conmigo** 4; 9
with you **contigo** *fam.* 5, 9
within (ten years) **dentro de (diez años)** *prep.*
without **sin** *prep.* 2; 13; 15; **sin que** *conj.* 13
woman **mujer** *f.* 1
wool **lana** *f.* 6
(made of) wool **de lana** 6
word **palabra** *f.* 1
work **trabajar** *v.* 2; **funcionar** *v.* 11; **trabajo** *m.*
work (*of art, literature, music, etc.*) **obra** *f.*
work out **hacer gimnasia** 15
world **mundo** *m.* 8, 13
worldwide **mundial** *adj. m., f.*
worried (about) **preocupado/a (por)** *adj.* 5
worry (about) **preocuparse** *v.* **(por)** 7
Don't worry. **No se preocupe.** *form.* 7; **Tranquilo.; No te preocupes.** *fam.* 7
worse **peor** *adj. m., f.* 8
worst **el/la peor** 8
Would you like to...? **¿Te gustaría...?** *fam.* 4
Would you do me the honor of marrying me? **¿Me harías el honor de casarte conmigo?**
wow **híjole** *interj.* 6
wrench **llave** *f.* 11
write **escribir** *v.* 3
write a letter/post card/e-mail message **escribir una carta/postal/mensaje electrónico** 4
writer **escritor(a)** *m., f*
written **escrito/a** *p.p.* 14
wrong **equivocado/a** *adj.* 5
be wrong **no tener razón** 3

X

X-ray **radiografía** *f.* 10

Y

yard **jardín** *m.* 12; **patio** *m.* 12
year **año** *m.* 5
be... years old **tener... años** 3
yellow **amarillo/a** *adj.* 6
yes **sí** *interj.* 1
yesterday **ayer** *adv.* 6
yet **todavía** *adv.* 5
yogurt **yogur** *m.* 8
You **tú** *fam.* **usted (Ud.)** *form. sing.* **vosotros/as** *m., f. fam.* **ustedes (Uds.)** *form.* 1; (to, for) you *fam. sing.* **te** *pl.* **os** 6; *form. sing.* **le** *pl.* **les** 6
you **te** *fam., sing.*, **lo/la** *form., sing.*, **os** *fam., pl.*, **los/las** *form., pl, d.o. pron.* 5
You don't say! **¡No me digas!** *fam.;* **¡No me diga!** *form.* 11
You are... **Tú eres...** 1
You're welcome. **De nada.** 1; **No hay de qué.** 1
young **joven** *adj., sing.* (**jóvenes** *pl.*) 3
young person **joven** *m., f., sing.* (**jóvenes** *pl.*) 1
young woman **señorita (Srta.)** *f.*
younger **menor** *adj. m., f.* 3
younger: younger brother, sister *m., f.* **hermano/a menor** 3
youngest **el/la menor** *m., f.* 8
your **su(s)** *poss. adj. form.* 3
your **tu(s)** *poss. adj. fam. sing.* 3
your **vuestro/a(s)** *poss. adj. form. pl.* 3
your(s) *form.* **suyo(s)/a(s)** *poss. pron. form.* 11
your(s) **tuyo(s)/a(s)** *poss. fam. sing.* 11
your(s) **vuestro(s)/a(s)** *poss. fam.* 11
youth *f.* **juventud** 9

Z

zero **cero** *m.* 1

Text Credits

31 © Joaquín Salvador Lavado (QUINO). *Toda Mafalda* – Ediciones de La Flor, 1993.
368–369 © Juan Matías Loiseau "Tute", *El celular*, reprinted by permission of the author.
474–475 © Denevi, Marco, *Cartas peligrosas y otros cuentos. Obras completas, Tomo 5*, Buenos Aires, Corregidor, 1999, págs. 192–193.
504–505 Gabriel García Márquez, "Un día de éstos", *Los funerales de la mamá grande* © Gabriel García Márquez, 1962.

Photo and Art Credits

All images © Vista Higher Learning unless otherwise noted.

Cover: Elogio del Horizonte by Eduardo Chillida. © 2011 Artists Rights Society (ARS), New York/VEGAP, Madrid. Photo credit: © Atlantide Phototravel/Corbis.

Front Matter: **iii** (l) © Andresr/Shutterstock.com; **xxviii** (tl, tml, ml, tr, tmr, mr, ml, bl) Carolina Zapata; **xxix** (tl, tr, b) Carolina Zapata.

All Fotonovela photos taken by Carolina Zapata.

Repaso: **1** (full pg) Carolina Zapata; **2** (t) © FogStock LLC/Index Open; (m) © Dean Uhlinger/Corbis; (b) © Yuri Arcurs/Big Stock Photo; **6** Martín Bernetti; **7** Janet Dracksdorf; **8** © Joel Nito/AFP/Getty Images; **9** © Sylvain Cazenave/Corbis.

Lesson One: **1** (full pg) Paula Díez; **2** © John Henley/Corbis; **3** Martín Bernetti; **4** Martín Bernetti; **10** (l) Rachel Distler; (r) Ali Burafi; **11** (l) © Mark Mainz/Getty Images; (m) Paola Ríos-Schaaf; (r) © Hans Georg Roth/Corbis; **12** (l) Janet Dracksdorf; (r) © Tom Grill/Corbis; **16** (l) © José Girarte/iStockphoto; (r) © Blend Images/Alamy; **19** (m) Anne Loubet; (r) © Digital Vision/Getty Images; **28** (bl) © Digital Vision/Getty Images; **31** (ml) Ana Cabezas Martín; (mml) Martín Bernetti; (mmr) © Serban Enache/Dreamstime.com; (mr) Vanessa Bertozzi; (bl) © Corey Hochachka/Design Pics/Corbis; (br) Ramiro Isaza © Fotocolombia.com; **32** (t) © Robert Holmes/Corbis; (m) © Jon Arnold Images Ltd./Alamy; (b) © Andresr/Shutterstock.com; **33** (tl) © PhotoLink/Getty Images; (tr) © Tony Arruza/Corbis; (ml) © Shaul Schwarz/Sygma/Corbis; (br) Marta Mesa.

Lesson Two: **35** (full pg) Paula Díez; **38** Martín Bernetti; **44** (r) © Pablo Corral V/Corbis; **45** (t) © Murle/Dreamstime.com; (b) © Paul Almasy/Corbis; **53** © Stephen Coburn/Shutterstock.com; **55** (l) Paola Ríos-Schaaf; (r) © Image Source/Corbis; **63** (tl) © Rick Gómez/Corbis; (tr) © Hola Images/Workbook.com; **64** José Blanco; **65** (r) Pascal Pernix; **66** (tl) Sarah Kenney; (tr) José Blanco; (m) © Elke Stolzenberg/Corbis; (b) © Reuters/Corbis; **67** (tl) Photo courtesy of Charles Ommanney; (tmr) José Blanco; (ml) Diego Velázquez. *Las meninas*. 1656. Derechos reservados © Museo Nacional del Prado, Madrid. © Erich Lessing/Art Resource, NY; (bl) © Iconotec/Fotosearch; (mr) © Owen Franken/Corbis.

Lesson Three: **69** (full pg) © Ronnie Kaufman/Corbis; **71** Martín Bernetti; **72** (tl) Anne Loubet; (tr) © Blend Images/Alamy; (tml) Ana Cabezas Martín; (bml, br) Martín Bernetti; (bl) © Ariel Skelley/Corbis; **78** (tl) © AP Photo/David Cantor; (tr) © Rafael Pérez/Reuters/Corbis; (b) © Martial Trezzini/epa/Corbis; **79** (t) © Dani Cardona/Reuters/Corbis; (b) © Ballesteros/epa/Corbis; **82** (l) Martín Bernetti; (r) José Blanco; **84** © Andrés Rodríguez/Alamy; **89** (l) © Warren Morgan/Corbis; (r) Martín Bernetti; **90** Martín Bernetti; **98** (t, m, b) Martín Bernetti; **99** (t) Nora y Susana © Fotocolombia.com; (m) © Chuck Savage/Corbis; (b) Martín Bernetti; **100** © Tom & Dee Ann McCarthy/Corbis; **101** Martín Bernetti; **104** (tr, tl, b) Martín Bernetti; (ml) Iván Mejía; (mr) Lauren Krolick; **105** (tl, ml, bl) Martín Bernetti; (tr) © Oswaldo Guayasamín. *Madre y niño en azul*. 1986. Cortesía Fundación Guayasamín. Quito, Ecuador; (br) © Gerardo Mora.

Lesson Four: **107** (full pg) © Digital Vision/Getty Images; **109** © George Shelley/Corbis; **111** © Nora y Susana/fotocolombia.com; **116** (l) © Javier Soriano/AFP/Getty Images; (r) © AP Photo/Fernando Bustamante; **117** (t) © sportgraphic/Shutterstock.com; (b) © Aurora Photos/Alamy; **127** The Kobal Collection/Art Resource, NY; **131** Anne Loubet; **133** © Images.com/Corbis; **134** Martín Bernetti; **135** © AP Photo/Fernando Llano; **136** (tl) © Randy Miramontez/Shutterstock.com; (tr) Frida Kahlo. *Autorretrato con mono*. 1938. Oil on masonite, overall 16 x 12" (40.64 x 30.48 cms.) © 2012 Banco de México Diego Rivera Frida Kahlo Museums Trust, Mexico, D.F./Artists Rights Society (ARS), New York © Albright-Knox Art Gallery/CORBIS; (ml) Rubén Varela; (mr) Isabelle Alouane; (b) © Henry Romero/Reuters/Corbis; **137** (tl) © Radius Images/Alamy; (tr) © Bettmann/Corbis; (b) © David R. Frazier Photolibrary, Inc./Alamy.

Lesson Five: **139** (full pg) © Gavin Hellier/Getty Images; **150** © Gary Cook/Alamy; **151** (t) © AFP/Getty Images; (b) © Mark A. Johnson/Corbis; **155** © Ronnie Kaufman/Corbis; **168** Carlos Gaudier; **169** (tr, m ,b) Carlos Gaudier; **170** (tl) © Nanniqui/Dreamstime.com; (tr) José Blanco; (ml) Carlos Gaudier; (mr) © Capricornis Photographic Inc./Shutterstock.com; (b) © Dave G. Houser/Corbis; **171** (tl, bl) Carlos Gaudier; (tr) © Lawrence Manning/Corbis; (br) © StockTrek/Getty Images.

Lesson Six: **173** (full pg) © Asiapix Royalty-Free/Inmagine; **182** (l) © Jose Caballero Digital Press Photos/Newscom; (b) Janet Dracksdorf; **183** (t) © Carlos Álvarez/Getty Images; (bl) © Guiseppe Cacace/Stringer/Getty Images; (br) © Mark Mainz/Staff/Getty Images; **185** © Jack Hollingsworth/Corbis; **188** (tl, tm, tr, bl, bm, br) Pascal Pernix; **193** (tl, tr, ml, mr) Martín Bernetti; **194** (t, b) Paula Díez; **195** Paula Díez; **200** Paula Díez; **201** Paula Díez; **202** © Noam/fotolia; **206** (t, mtl, mtr, mb) Pascal Pernix; (b) © PhotoLink/Getty Images; **207** (tl) © Don Emmert/AFP/Getty Images; (tr, bl) Pascal Pernix; (br) The Kobal Collection/Art Resource, NY.

Lesson Seven: **209** (full pg) © Flying Colours Ltd/Getty Images; **218** © Stewart Cohen/Blend Images/Corbis; **219** (t) Ali Burafi; (b) Janet Dracksdorf; **221** (l, r) Martín Bernetti; **223** (l) Martín Bernetti; (r) © Ariel Skelley/Corbis; **226** José Blanco; **227** Martín Bernetti; **236-237** © DIDEM HIZAR/fotolia; **238** (t, mtr) Martín Bernetti; (mbl) © Richard Franck Smith/Sygma/Corbis; (mbr) © Charles & Josette Lenars/Corbis; (b) © Yann Arthus-Bertrand/Corbis; **239** (tr) © Mick Roessler/Corbis; (bl) © Jeremy Horner/Corbis; (br) © Marshall Bruce/iStockphoto.

Lesson Eight: 241 (full pg) © Mark Leibowitz/Masterfile; **247** (r) Anne Loubet; **252** (t) Rachel Distler; (b) © Greg Elms/Lonely Planet Images; **253** (t, m) © Carlos Cazalis/Corbis; (b) © Barbara Bonisolli/Stockfood; **256** Paula Díez; **258** (l) © Pixtal/Age Fotostock; (r) José Blanco; **262** (r) José Blanco; **263** (l) José Blanco; **272** (t) © Henryk Sadura/Shutterstock.com; (ml, b) © Dave G. Houser/Corbis; (mr) © Henryk Sadura/Shutterstock.com; **273** (tl) © Jenkedco/Shutterstock.com; (tr) © Michael & Patricia Fogden/Corbis; (bl) © Vladimir Korostyshevskiy/Shutterstock.com; (br) © Paul W. Liebhardt/Corbis.

Lesson Nine: 275 (full pg) © Susana/Fotocolombia.com; **284** (l) © Sylwia Blaszczyszyn/Dreamstime.com; (r) © PictureNet/Corbis; **285** (t) © AP Photo/Simón Cruz; (b) © Rune Hellestad/Corbis; **298** (t) © Katrina Brown/123RF; (b) Esteban Corbo; **299** Armando Brito; **300** © Blend Images/Alamy; **304** (tl, tr, mtr) Lauren Krolick; (mtl) Kathryn Alena Korf; (mbl) © Bettmann/Corbis; (mbr) © MACARENA MINGUELL/AFP/Getty Images; (b) Bruce R. Korf; **305** (tl) Lars Rosen Gunnilstam; (tr, br) Lauren Krolick; (bl) © Nikolay Starchenko/Shutterstock.com.

Lesson Ten: 307 (full pg) © Steve Cole/iStockphoto; **316** (t) Ali Burafi; (b) © AP Photo/Ricardo Figueroa; **317** (t) The Art Archive/Templo Mayor Library Mexico/Gianni Dagli Orti/Art Resource, NY; (m) © Photolicensors International AG/Alamy; (b) © AFP/Getty Images; **321** © ISO K° - photography/fotolia; **325** Oscar Artavia Solano; **326** (l) © Lisa Fletcher/iStockphoto; **331** Martín Bernetti; **335** © Galen Rowell/Mountain Light; **336** (tl, tr, mm, mr) Oscar Artavia Solano; (ml) © Bill Gentile/Corbis; (b) © Bob Winsett/Corbis; **337** (tl) © Frank Burek/Corbis; (mr) © Martin Rogers/Corbis; (ml) © Jacques M. Chenet/Corbis; (b) Oscar Artavia Solano; **338** (tl) © Holger Mette/Shutterstock.com; (tr) © rj lerich/Shutterstock.com; (tm) © tobe_dw/Shutterstock.com; (bm) © Bill Gentile/Corbis; (b) © Scott B. Rosen/Alamy; **339** (t) © Grigory Kubatyan/Shutterstock.com; (m) © Claudia Daut/Reuters/Corbis; (b) © holdeneye/Shutterstock.com.

Lesson Eleven: 341 (full pg) Paula Díez; **350** (l) © Ariel Skelley/Getty Images; (r) Paula Díez; **351** (t) © StockLite/Shutterstock.com; (b) © M. Timothy O'Keefe/Alamy; **355** © LdF/iStockphoto; **359** Katie Wade; **360** Paula Díez; **364** (t) © Greg Nicholas/iStockphoto; (ml, bm) Martín Bernetti; (mm) © Dmitry Kutlayev/iStockphoto; (tr[1]) © Nicole Blade/iStockphoto; (tr[2] , tm) © LdF/iStockphoto; (br) © Art Directors & TRIP/Alamy; **370** (t, b) Ali Burafi; (ml) María Eugenia Corbo; (mm) © Galen Rowell/Corbis; (mr) Lauren Krolick; **371** (tl) María Eugenia Corbo; (tr, b) Ali Burafi; (m) © Michael Hieber/Shutterstock.com; **372** (tl) © Bettmann/Corbis; (tr) © Reuters/Corbis; (m, b) María Eugenia Corbo; **373** (tl) Janet Dracksdorf; (tr) © Simon Bruty; (m) © Andres Stapff/Reuters/Corbis; (b) © Wolfgang Kaehler/Corbis.

Lesson Twelve: 375 (full pg) © Rolf Bruderer/Corbis; **379** (t) © Terry J Alcorn/iStockphoto; (b) © Harry Neave/fotolia; **384** (l) © Dusko Despotovic/Corbis; (r) Martín Bernetti; **385** (l) Maribel García; (r) © Michele Falzone/Alamy; **387** (l) © Monkeybusinessimages/Dreamstime; (r) Anne Loubet; **388** © Blend Images/Alamy; **404** © Danny Lehman/Corbis; **406** Martín Bernetti; **410** (tl) © Kevin Schafer/Corbis; (tr) © Danny Lehman/Corbis; (m) © Hernan H. Hernandez A./Shutterstock.com; **411** (tl, tr) © Danny Lehman/Corbis; (m) © fotocolombia.com/Jorge Sánchez; (b) © Claudio Lovo/Shutterstock.com; **412** (tl) © José F. Poblete/Corbis; (tr) © L. Kragt Bakker/Shutterstock.com; (ml) © Leif Skoogfors/Corbis; (mr) © Andre Nantel/Shutterstock.com; (b) © Royalty Free/Corbis; **413** (t) Photos courtesy of www.Tahiti-Tourisme.com; (m) © Royalty-Free/Corbis; (b) © Romeo A. Escobar, La Sala de La Miniatura, San Salvador. www.ilobasco.net.

Lesson Thirteen: 415 (full pg) © Gabriela Medina/Getty Images; **417** (tl) © gaccworship/Big Stock Photo; (tr) © GOODSHOOT/Alamy; (bl) © National Geographic Singles 65/Inmagine; (br) © Les Cunliffe/123RF; **424** (t) Lauren Krolik; (b) © Digital Vision/Fotosearch; **425** (t) © Cédric Hunt; (bl) © Courtesy of Doug Myerscough; (br) © David South/Alamy; **433** (t, b) © Courtesy of Mary Axtmann; **444** (tr) © Cédric Hunt; (b) © Adam Woolfitt/Corbis; **445** (tl) Mónica María González; (tr) © Reuters/Corbis; (br) © Jeremy Horner/Corbis; **446** (tl) © Stuart Westmorland/Corbis; (tr, mr) © ImageState/Alamy; (ml) © Sandra A. Dunlap/Shutterstock.com; **447** (t) © Holger Mette/Shutterstock.com; (m) © Elmer Martinez/AFP/Getty Images; (b) © José Antonio Velásquez (Honduran, b.1906, d.1983) View of San Antonio de Oriente,1957 oil on canvas, 26 x 37" Art Museum of the Americas Organization of American States, Washington, D.C.

Lesson Fourteen: 449 (full pg) © David R. Frazier/DanitaDelimont.com; **458** (l) www.metro.df.gob.mx; (r) Ali Burafi; **459** (t) D.R. © LUIS BARRAGAN MORFIN/PROLITTERIS/SOMAAP/México/2011; (b) D.R. © ARMANDO SALAS PORTUGAL/PROLITTERIS/SOMAAP/México/2011; **465** © Warren Morgan/CORBIS; **466** Paula Díez; **475** © Radius Images/Alamy; **476** (t) © Janne Hämäläinen/Shutterstock.com; (mt) © Alexander Chaikin/Shutterstock.com; (mb) © Buddy Mays/Corbis; (b) © Vladimir Melnik/Shutterstock.com; **477** (tl) © Reuters/Corbis; (tr) © Royalty-Free/Corbis; (bl) © Pablo Corral V./Corbis; (br) © Mireille Vautier/Alamy; **478** (tr) © Reinhard Eisele/Corbis; (m) © Richard Bickel/Corbis; (b) Columbus, Christopher (Italian Cristoforo Colombo). Navigator, discoverer of America. Genoa 1451-Valladolid 20.5.1506. Portrait. Painting by Ridolfo Ghirlandaio (1483-1561). © akg-images/The Image Works; **479** (t) © Jeremy Horner/Corbis; (m) © Reuters/Corbis; (b) © Lawrence Manning/Corbis.

Lesson Fifteen: 481 (full pg) © Thinkstock Images/Getty Images; **485** © Javier Larrea/Age Fotostock; **490** (l) © Krysztof Dydynski/Getty Images; (r) Oscar Artavia Solano; **491** (t, b) Oscar Artavia Solano; **501** © Diego Cervo/iStockphoto; **504-505** © Tom Grill/Corbis; **506** Martín Bernetti; **507** © Javier Larrea/Age Fotostock; **509** (l) Katie Wade; **510** (tr) © SIME SRL/eStock Photo; (m) © INTERFOTO/Alamy; **511** (t) © Daniel Wiedemann/Shutterstock.com; (m) © Anders Ryman/Alamy; (b) Martín Bernetti; **512** (t) © Peter Guttman/Corbis; (ml) © Paul Almasy/Corbis; (b) © Carlos Carrión/Sygma/Corbis; **513** (t) © Chris R. Sharp/DDB Stock; (m) © Joel Creed; Ecoscene/Corbis; (b) © Francis E. Caldwell/DDB Stock.

About the Authors

José A. Blanco founded Vista Higher Learning in 1998. A native of Barranquilla, Colombia, Mr. Blanco holds a B.A. in Literature from the University of California, Santa Cruz, and an M.A. in Hispanic Studies from Brown University. He has worked as a writer, editor, and translator for Houghton Mifflin and D.C. Heath and Company and has taught Spanish at the secondary and university levels. Mr. Blanco is also the co-author of several other Vista Higher Learning programs: **Vistas, Aventuras,** and **¡Viva!** at the introductory level, **Ventanas, Facetas, Enfoques, Imagina,** and **Sueña** at the intermediate level, and **Revista** at the advanced conversation level.

Philip Redwine Donley received his M.A. in Hispanic Literature from the University of Texas at Austin in 1986 and his Ph.D. in Foreign Language Education from the University of Texas at Austin in 1997. Dr. Donley taught Spanish at Austin Community College, Southwestern University, and the University of Texas at Austin. He published articles and conducted workshops about language anxiety management, and the development of critical thinking skills, and was involved in research about teaching languages to the visually impaired. Dr. Donley was also the co-author of **Vistas** and **Aventuras,** two other introductory college Spanish textbook programs published by Vista Higher Learning.

About the Illustrators

Yayo, an internationally acclaimed illustrator, was born in Colombia. He has illustrated children's books, newspapers, and magazines, and has been exhibited around the world. He currently lives in Montreal, Canada.

Pere Virgili lives and works in Barcelona, Spain. His illustrations have appeared in textbooks, newspapers, and magazines throughout Spain and Europe.

Born in Caracas, Venezuela, **Hermann Mejía** studied illustration at the *Instituto de Diseño de Caracas.* Hermann currently lives and works in the United States.

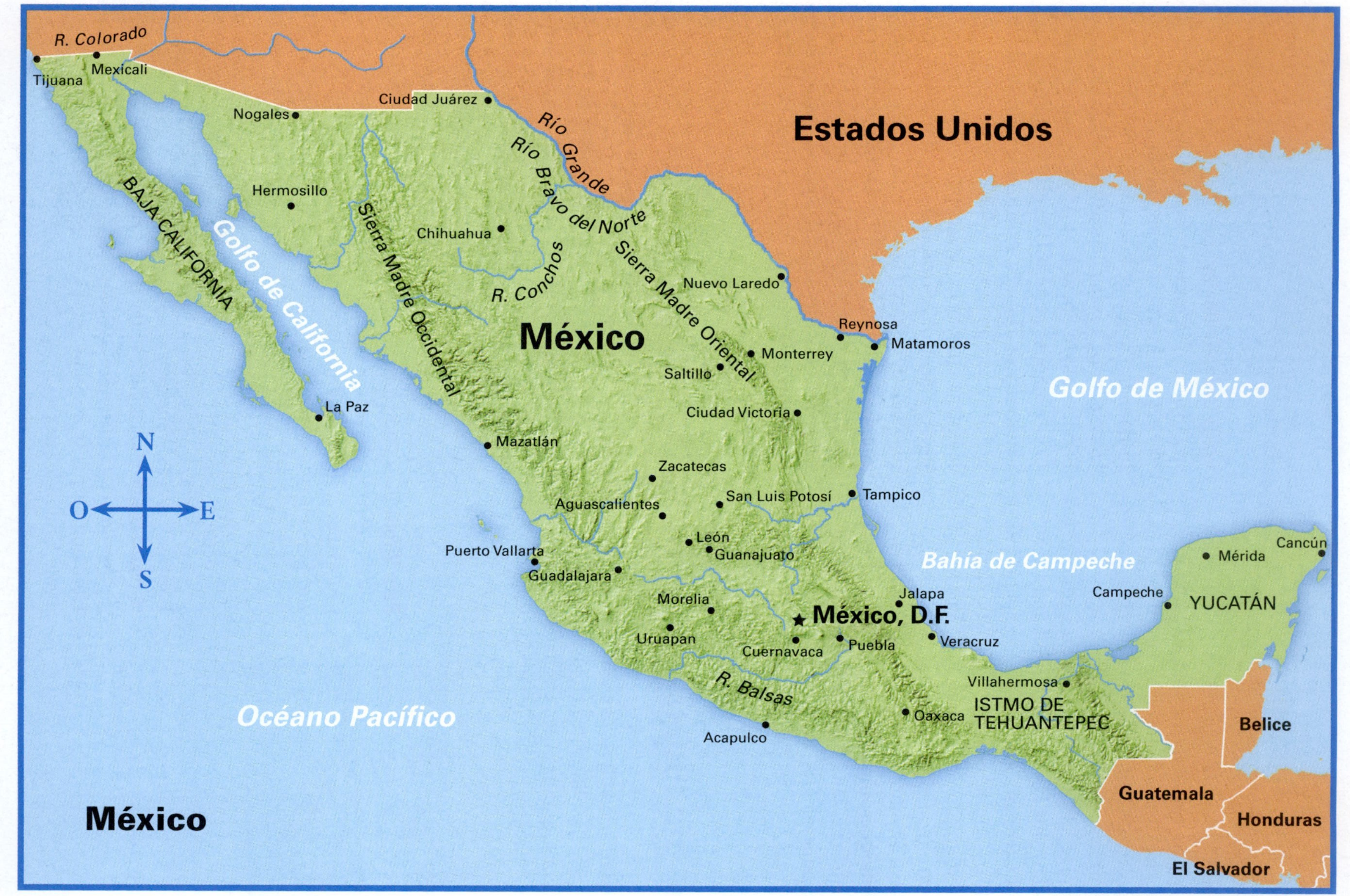
R. Colorado
Tijuana
Mexicali
Ciudad Juárez
Nogales
Estados Unidos
Río Grande
Río Bravo del Norte
Hermosillo
BAJA CALIFORNIA
Golfo de California
Sierra Madre Occidental
Chihuahua
R. Conchos
Sierra Madre Oriental
Nuevo Laredo
Reynosa
Matamoros
México
Monterrey
Saltillo
Golfo de México
La Paz
Ciudad Victoria
Mazatlán
Zacatecas
San Luis Potosí
Tampico
N
O
E
S
Aguascalientes
León
Guanajuato
Puerto Vallarta
Guadalajara
Bahía de Campeche
Mérida
Cancún
Jalapa
Campeche
YUCATÁN
Morelia
México, D.F.
Uruapan
Puebla
Veracruz
Cuernavaca
Villahermosa
R. Balsas
ISTMO DE TEHUANTEPEC
Oaxaca
Océano Pacífico
Acapulco
Belice
Guatemala
Honduras
El Salvador
México

América Central y el Caribe
N
O
E
S
Estados Unidos
Golfo de México
Océano Atlántico
Estrecho de la Florida
Canal de Yucatán
Islas Bahamas
La Habana
Pinar del Río
Matanzas
Cienfuegos
Cuba
Camagüey
Guantánamo
Santiago de Cuba
República Dominicana
Haití
Puerto Príncipe
Santo Domingo
Puerto Rico
Mayagüez
San Juan
Ponce
Jamaica
Kingston
México
Belice
Belmopán
Guatemala
Quetzaltenango
Ciudad de Guatemala
Copán
Honduras
Tegucigalpa
San Salvador
El Salvador
Nicaragua
Managua
Mar Caribe
Islas Vírgenes (EE.UU. y R.U.)
Antigua
Antillas Menores
Guadalupe
Dominica
Martinica
Sta. Lucía
San Vicente
Barbados
Granada
Aruba
Bonaire
Curaçao
Isla de Margarita
Puerto España
Trinidad y Tobago
Puntarenas
San José
Limón
Canal de Panamá
Colón
Panamá
Islas de San Blas
Costa Rica
Océano Pacífico
Colombia
Venezuela

Mar Caribe
Barranquilla
Maracaibo
Caracas
Puerto España
Trinidad y Tobago
Venezuela
Colombia
Medellín
Bogotá
Cali
Pasto
R. Orinoco
Georgetown
Guyana
Paramaribo
Surinam
Cayena
Guayana Francesa
Islas Galápagos
Océano Pacífico
Isla Pinta
Isla Marchena
Isla Genovesa
Isla Isabela
Línea Ecuatorial
ECUADOR
Volcán Darwin
Isla Santiago
(San Salvador)
Isla Fernandina
Puerto Ayora
Isla San Cristóbal
Santo Tomás
Isla Santa Cruz
Puerto Barquerizo Moreno
Isla Santa María
Isla Española
Quito
Ecuador
Guayaquil
R. Negro
R. Amazonas
Manaus
Belém
Iquitos
Perú
R. Madeira
Cordillera de los Andes
Recife
Lima
Cuzco
Lago Titicaca
Salvador
Brasil
Brasilia
Arequipa
La Paz
Bolivia
R. Paraguay
Arica
Sucre
Océano Pacífico
Iquique
Belo Horizonte
R. Paraná
Antofagasta
São Paulo
Río de Janeiro
Santos
Paraguay
Salta
Asunción
Chile
R. Uruguay
R. Paraná
Córdoba
Porto Alegre
Mendoza
Valparaíso
Rosario
Santiago
Uruguay
Buenos Aires
Montevideo
Concepción
Argentina
Océano Atlántico
Bahía Blanca
Cordillera de los Andes
Puerto Montt
N
O
E
S
Estrecho de Magallanes
Islas Malvinas
Punta Arenas
Tierra del Fuego
América del Sur

Mar Cantábrico
Océano Atlántico
Gijón
Avilés
Santander
La Coruña
Oviedo
CANTABRIA
San Sebastián
Bilbao
GALICIA
ASTURIAS
PAÍS VASCO
Pirineos
Andorra
Pamplona
Pontevedra
Burgos
NAVARRA
Vigo
LA RIOJA
Palencia
CATALUÑA
Gerona
Zamora
Valladolid
Lérida
Braga
Zaragoza
Barcelona
CASTILLA-LEÓN
Oporto
Tarragona
España
ARAGÓN
Salamanca
Segovia
Ávila
Madrid
Coimbra
COMUNIDAD VALENCIANA
Serra da Estrela
Menorca
Islas Baleares
Toledo
Cáceres
Valencia
Palma
Mallorca
Portugal
EXTREMADURA
CASTILLA-LA MANCHA
Mérida
Ibiza
Lisboa
Badajoz
Albacete
Setúbal
Formentera
Mar Mediterráneo
Sierra Morena
Alicante
Córdoba
Murcia
Jaén
ANDALUCÍA
Sevilla
Cartagena
Huelva
Granada
Sierra Nevada
Almería
Cádiz
Málaga
Gibraltar (R.U.)
Algeciras
Estrecho de Gibraltar
Ceuta (Esp.)
Melilla (Esp.)
Marruecos
N
O
E
S
La Palma
Islas Canarias
Santa Cruz de la Palma
Lanzarote
Tenerife
Santa Cruz de Tenerife
Gomera
Arrecife
Hierro
Las Palmas
Puerto del Rosario
Fuerteventura
Gran Canaria
Océano Atlántico
Marruecos